证券交易教程

彭冬初 著

SPM
南方出版传媒
广东经济出版社
·广州·

图书在版编目（CIP）数据

证券交易教程／彭冬初著. —广州：广东经济出版社，2019.4
ISBN 978-7-5454-6337-8

Ⅰ.①证… Ⅱ.①彭… Ⅲ.①证券交易--基本知识 Ⅳ.①F830.91

中国版本图书馆 CIP 数据核字（2018）第 132320 号

出 版 人：李 鹏
责任编辑：赖芳琨 周伊凌
责任技编：许伟斌
ZHENGQUAN JIAOYI JIAOCHENG

出版发行	广东经济出版社（广州市环市东路水荫路 11 号 11～12 楼）
经销	全国新华书店
印刷	佛山市迎高彩印有限公司
	（佛山市顺德区陈村镇广隆工业区兴业七路 9 号）
开本	787 毫米×1092 毫米 1/16
印张	23
字数	164 000 字
版次	2019 年 4 月第 1 版
印次	2019 年 4 月第 1 次
书号	ISBN 978-7-5454-6337-8
定价	108.00 元

如发现印装质量问题，影响阅读，请与承印厂联系调换。
发行部地址：广州市环市东路水荫路 11 号 11 楼
电话：（020）38306055 邮政编码：510075
邮购地址：广州市环市东路水荫路 11 号 11 楼
电话：（020）37601950 营销网址：**http://www.gebook.com**
广东经济出版社新浪官方微博：**http://e.weibo.com/gebook**
广东经济出版社常年法律顾问：胡志海律师

前言

PREFACE

这是一部大道至简的证券交易著作。本书第二章“初级教程”中的“彭石K线交易法”脱胎于《证券交易方法》中的“ETF交易法”，但是比其更精简，且是单独针对股票的一种简单实用的交易方法，即使是没有任何证券交易基础的读者，也可以很快上手，而不需要去看我之前所著的四本证券类书籍。也就是说，若是为了求知，可以去看我过去所写的几本证券书，但若仅仅是为了盈利，则只需研究本教程即可。本书第三章“中级教程”主要讲的是均线交易法，本质上是讲如何捕捉牛市中的大涨股，且在何时离场才算比较明智。这在我以前所著的书里没有讲述过，所以值得将其纳入继续深造的教程之中。本书第四章“高级教程”则主要是讲资金管理方法，这在我之前出版的《证券市场操作》里曾有论述，但论述得不够深也不够细，更没有讲到具体的交易策略。但资金管理方法确实是保证交易者盈多亏少的利器，即便可以阶段性地忽略交易方法，也要重视资金管理，所以它就有必要被纳入更深层的教程之中。

初级、中级、高级教程都是针对股票的，也都是针对职业交易者的，需要每天收盘后看一次股票并做好画线交易准备；但是，“四项求解”则是针对非职业交易者的，非职业交易者即指那些没有时间看盘也不懂股票操作的人。其本质上讲述的是一种关于定投及其改进的方法，所以几乎所有的散户和非职业交易者都可以应用。但是，即使是同一种方法，套用到不同的品种上，其成效也相差甚大，所以才有了后面的“求解简单盈利品种、求解简单高盈利品种、求解简单超高盈利品种”。这种技术内容之所以叫“求解”，是“大众欲求解市场简单获利技术，我来给出解决方案”之意。因为该技术本身难度不大，且大众也不愿意接受复杂深奥的讲解，所以“四项求解”讲得比较简单，能使大众明白、接受即可，但因某些原因，“四项求解”暂不出版，仅在彭石交易院网站可见。

本书中的图谱均是一面一图，如果读者看不清楚，则可自行登录投资交易院网站www.touzijiaoyi.com查看放大后的图谱。

彭冬初

2018年11月20日

目 录

CONTENTS

CHAPTER 1

第一章 引 子

第一节 股市入市交易前须知 001

第二节 理性认识标的物、市场、交易者 009

CHAPTER 2

第二章 初级教程

第一节 彭石 K 线交易法 015

一、彭石 K 线交易法的优点及特色 015

二、K 线图简述 016

三、彭石 K 线交易法的重点 018

四、彭石 K 线交易法的规则 019

五、彭石 K 线交易法的要领 019

第二节 彭石K线交易法模拟交易 020

一、彭石K线交易法模拟交易说明 020

二、彭石K线交易法模拟交易结果 021

三、彭石K线交易法模拟交易图谱……022
四、彭石K线交易法模拟交易完整信号点……323

CHAPTER 3

第三章

中级教程

第一节　彭石均线交易法……325
一、彭石均线交易法的优点及特色……325
二、均线图简述……326
三、彭石均线交易法的规则……329
第二节　彭石均线交易法模拟交易……330
一、彭石均线交易法模拟交易说明……330
二、彭石均线交易法模拟交易结果……331
三、彭石均线交易法模拟交易图谱……332

CHAPTER 4

第四章

高级教程

第一节　彭石资金管理法……343
一、彭石资金管理法的优点及特色……343
二、资金管理简述……343
第二节　彭石资金管理法的策略……357
一、牛市资金加减仓策略……357
二、熊市资金盈利策略……359
三、盈利前后的风险控制……360

第一章
CHAPTER 1
引　子

第一节　股市入市交易前须知

背景：高大上的办公室，古色古香的功夫茶。

侍者：客官，您来了？您坐，喝口茶吧！都说天下没有免费的午餐，但这里却有免费的好茶，还特别好喝。

侍者：客官，来这里有何贵干？啥？来赚钱？这里可没有钱赚哦！想知道如何在股市赚钱？这个……不急，您先看本漫画，我去换壶茶，稍等。

一本《股市江湖录》赫然出现在桌上，上有以下文字：入江湖、江湖志、修炼道。

入江湖

背景：写字楼门口的花坛边摆放着一张证券公司的小桌子，无人但有一招牌，上写“股票对折，数量有限，欲购从速”。

清洁工看向招牌：隔壁王老头炒股又赚了，我也去碰碰运气吧！

退休者看向招牌：这年头，储蓄负利率，得寻找增值渠道！

白领行色匆匆看向招牌：打工存钱太慢了，听说股市有暴利！

老总刚出车门也看向招牌：公司正在重组并购，是不是也可以买一点？

背景：证券公司门口竖着一警示牌，上写“投资有风险，入市须谨慎”。

清洁工看向警示牌，心想：跟着王老头买，怕什么？

退休者看向警示牌，心想：赚点菜钱而已，不至于吧？

白领看向老板，心想：像投资您公司一样去投资，没什么问题吧？

老总看向白领，心想：向巴菲特学习，我看好你！

背景：证券公司内部大厅。

清洁工心想：什么是股票？

退休者心想：怎么做交易？

白领心想：投资没那么难吧？

老总心想：内幕交易不会真给逮住吧？

一个穿制服的女生笑眯眯地说：地球人都在买股票呢，您怕什么？

背景：营业大厅内外、办公室内外。

清洁工在打电话：老王头，帮我也买点吧？

退休者在交易大厅挠头：买哪一只呢？

白领托着下巴看电脑：看来这只不错，买了！

老总乐呵呵地看手机：又涨了！

周围有些人，也想打听些什么。

背景：上市公司股东大会。

人头攒动，纷纷要求分红。

清洁工说：买了这么久，却什么红利都没有！

退休者说：还不如存在银行吃利息！

白领说：这不是让我们的投资打水漂么？

老总说：不分红，我们把钱投给你做什么啊！

一个胖乎乎的中年人无奈地摊开双手，说：遇到瓶颈，需要扩张，争取送股。

背景：一个有大吊灯的小房里。

清洁工说：这不是偷鸡不成反蚀一把米嘛！

退休者说：得想想办法自救！

白领说：咱们相互把股价抬起来吧？

老总说：对，抬高了再转给别人！

于是相互报价：20元，30元，40元，50元……

背景：上市公司投资介绍会现场。

清洁工把股票递给路人甲说：这股票都在抢呢，所以这么贵！手直接抓向对方鼓囊囊的口袋。

退休者把股票递给路人乙说：听说马上每买10股送10股呢！眼睛盯着对方的大皮包。

白领一手接过路人丙的钞票一手递出股票说：公司还在继续扩张，未来还会涨更多！

老总接过路人丁厚厚的一个信封说：公司下周就会发重组并购的公告！

得到股票的一群人在现场介绍会的横幅下兴奋不已，并相互传达信息。

背景：十字路口。

清洁工心想：不能怪我，是上市公司恶意坑我们！

退休者心想：幸亏自救，否则不知道要亏多少！

白领心想：哄抬股价，倒卖差价，这也叫投资？

老总心想：投资是面子，投机是底子，相信的人是傻子！

之后，每个人心里都出现同一个声音：再来一次！

侍者：客官，您怎么看股市？是要理想还是要现实？是要面子还是要底子？是要感觉还是要挣钱？是您去适应它，还是让它来适应您？

侍者：指着一张地图上的“股票综合指数走势图”说，您看，您要是坚持长期投资，2008年9月您还剩多少资产？2015年9月您还剩多少资产？后果能接受吗?

侍者:理想很丰满,现实很残酷,长期投资是主观理想,但要看有没有客观环境来实现。您要是只会买不会卖,我劝您还是打道回府吧!

侍者:啥?您还是想入股市?确定及一定?

侍者:好吧,那您接着看!

江湖志

背景:一座银行大楼,上有旗帜,写着“年利率1.5%”。

路人甲看着旗帜想:物价天天涨,这点利率有啥用?

路人乙看着旗帜想:这点利率完全抵不过通货膨胀率嘛!

路人丙看着旗帜想:银行不是救世主,存钱实在不划算!

路人丁看着旗帜想:要想保值增值,还得靠理财投资!

背景:一排工厂,上有招牌AA公司、BB公司、CC公司、DD公司。

AA公司正在考虑:找内部员工募集资金的可能性太小了!

BB公司正在考虑:找外部个人募集资金的风险太高了!

CC公司正在考虑:找借贷公司融资的成本太高了!

DD公司正在考虑:没资格找银行贷款、发公司债券啊!

背景:一条街道上,一边是店铺,一边是民房。

店铺里伸出无数双手呼吁:要融资!

民房里伸出无数双手呼吁:要投资!

路的尽头是三根大柱,分别写着:高——房产投资、大——股权投资、上——艺术品投资。

路的另一个尽头是闷闷不乐的银行,楼上的大旗上写着:140万亿元储蓄。

政府官员背着手站在街道中间思考:金钱的价值在于流通,得赶紧使金钱和产业对接。

官方职能部门：证监会（依靠财政拨款）。

背景：一排长桌，桌上的工作牌上写着“证监会”，后面坐着一排人，前面的人排成几队。

大中型企业排队：申请主板上市。

中小型企业排队：申请中小板上市。

创业型企业排队：申请创业板上市。

新三板企业排队：申请转板上市。

科技型小企业排队：申请挂牌新三板，被隔壁队伍指出“你站错队了”。

江湖四大鳄之一：证券交易所（收取上市初费、上市年费、交易经手费）。

背景：一个环形大圆桌，里外三层，上面有个吊牌，写着“证券交易大厅”。

内部一层全是电脑，上面写着：撮合交易，时间优先，价格优先。

中间一层全是证券公司，上面写着：请先开户，后买卖股票。

还有几条线从证券公司连接到了最外面的几张小桌子的电脑上，桌子上标注着：基金公司，社保基金，保险机构，QFII。

场外是证监会巡视人员，头上有三面锦旗，分别写着：盘活资产，促进经济；升级产业，优化资源；改善居民投资渠道，改善企业融资渠道。

江湖四大鳄之二：国家税务总局（收取交易印花税）。

背景：几个佩戴着证券公司证件的人，各自扛着一麻袋，上面写着“交易印花税”，向国家税务总局走去。

江湖四大鳄之三：证券登记结算公司（收取证券过户费）。

背景：几个佩戴着证券公司证件的人，各自扛着一麻袋，上面写着“过户费”，向证券登记结算公司走去。

江湖四大鳄之四：证券公司（收取各类服务费）。

背景：几张桌子，几个人，几张工作牌。

一张工作牌是证券经纪，一人向前面的投资人说：此路是我开，要想从此入场，交费！

一张工作牌是投资咨询，一人向前面的投资公司说：想要第一手的投资报告，交费！

一张工作牌是财务顾问，一人向前面的股份制公司说：可以辅导你上市，但要收费！

一张工作牌是证券承销，一人向前面的拟上市公司说：可以代销你的股票，但要收费！

江湖九大门派：九个神态各异的人站成一个环形。

国家队——社保基金，跟右边的门派说：牛市我能盈利，熊市我能自保，你能吗？

国家队——公募基金，跟右边的门派说：我先收客户管理费，稳赚不赔，你能吗？

国家队——信托公司资金，跟右边的门派说：我先收阳光私募的通道费，稳赚不赔，你能吗？

国家队——保险公司资金，跟右边的门派说：我钱多，扛得住，你行吗？

国家队——QFII资金，跟右边的门派说：我情报多，公关强，你行吗？

国家队——证券公司资金，跟右边的门派说：我有一手研报，又能组织大户进攻，你行吗？

民间队——各类公司资金，跟右边的门派说：我有内幕消息，你有吗？

民间队——私募基金，跟右边的门派说：我善于调研，纪律性强，还能对冲，你行吗？

民间队——散户资金，豪情万丈：我是散户我怕谁！

侍者：客官，这就是股市当前格局，大块头都有“大智慧”，您确信您有能力从这里获取收益？

侍者：啥？您还想入市？来，您看看这张图，无数小河汇聚成大海湾，那都是资金；可海湾被江湖四鳄凿开了四条小渠，有些水流到渠里再也回不来了；海湾里，八条大船各显神通，唯有散户的帆板七零八落；远方有一座高山和一望无际的沙漠，上市公司在那里摇旗高喊：“吾等可发无尽股票，尔等可有无尽钞票？”

侍者：连证监会主席都说了，低收入者和靠养老金为生的人不太适合在股市投资。您要是实在想入场，那么就在牛市把钱交给公募基金打理，在熊市把钱交给私募基金打理吧！

侍者：啥？您想掌握自己的命运？您想入市交易？好吧！

侍者：茶凉了，我烧茶去，您继续！

修炼道

背景：练武场，九个方位插着九样兵器，一个修行者在犹豫。

剑上标注——价值投资：万法之宗。修行者在想：适合国情吗？

刀上标注——技术分析：万法之门。修行者在想：容易学吗？

枪上标注——内幕消息：法是表象。修行者在想：没那机会啊！

斧上标注——股票坐庄：我就是法。修行者在想：没那本钱啊！

叉上标注——盘感交易：无所谓法。修行者在想：这不是胡来吗？

钩上标注——跟风交易：没法的法。修行者在想：倒是有人肯让我跟啊！

棒上标注——跟随经济：脱离万法。修行者在想：这个适合经济学家吧！

锤上标注——只做牛市：万法之王。修行者在想：倒是要先能分辨牛熊市啊！

鞭上标注——高频交易：速度为王。修行者在想：这还是人学的吗？

一个老者朝他走来，说：世人都只是价格的投机者而已，还是从万法之门开始吧。

背景：练武场，老者向修行者摊开一幅长卷，上写“彭石交易法”，下有小字“术虽易，人难易”。

老者第一句话：此乃技术分析之结晶、趋势交易之精华，属看图交易，但蕴含世间基本常识和逻辑。

老者第二句话：无论何种惯性、阴谋、意外等，都会在图里体现，依据此法，市场无法伤尔之根基。

老者第三句话：坚持此法，必然收获累累，是世人的贪、嗔、痴、慢、疑，致其陷入无常的轮回中。

老者第四句话：此法传一万人会有一万种结果，关键是人的习性作祟，最终好坏不在于法而在于人。

背景：练武场，老者盘坐，出现四位询问者。

一个人问：学该法一定可以盈利吗？老者答：只要“相信+坚持+平常心”，就一定可以盈利。

一个人问：该法可用在任何品种上吗？老者答：只需有K线图、成交量正常、隔夜跳空少即可。

一个人问：该方法难学吗？老者答：只要肯用心，快则一周，慢则一月，足以学会。

一个人问：这是最好的方法吗？老者答：没有最好的方法，只有适合你的方法，此乃万法之门。

背景：练武场，四位询问者起身，个个意气风发。

一个人想：欲练神功，不必困苦几年啊！

一个人想：练成此功，岂不快意江湖？！

一个人想：练就此功，豪车、豪宅岂非唾手可得？！

一个人想：这可是打开金库的一把钥匙啊！

老者渐行渐远，丢了句话：圣贤书到处有，圣贤却没见几个；技术方法容易得，功成身退的却没几人。

侍者：客官，想什么呢？我劝你还是算了吧，交易这碗饭不是谁都可以吃的，跟人性做斗争可难着呢！

侍者：啥？与人斗，其乐无穷？好吧，若您非要坚持，就先求知后行动吧，就此别过！

本节内容已做成漫画和动画，读者可自行登录www.peng-shi.com（现已迁至新网站www.touzijiaoyi.com）进行观阅。

第二节 理性认识标的物、市场、交易者

先来谈谈股市里的交易标的物——上市公司。环顾四周，如今的商业社会，“上市”声音不绝于耳，全社会都热衷于上市，热衷于在一级市场买股票，然后在二级市场套现。人们普遍忘了开公司的意义：展现自己的商业能力和价值；忘了开公司的使命：为社会创造财富和就业机会；忘了开公司的义务：为股东争取可见的红利。诸多法人和股东常向他们的信任者虚构一个个远景以获取支持并慰藉自身，他们从一开始就忘了应对投资者肩负什么样的责任，忘了应对这个社会尽什么样的义务，你能指望他们的公司上市后不会为了卖个好身价、为了恶意圈钱、为了挥霍权利而无视你的权益吗？你能指望你一定可以从股市中百里挑一地找到那家有良知的公司吗？即便这家公司有良知，它就一定有大好前途吗？即便它有大好前途，它就可以成为百年企业吗？即便它可以成为百年企业，你就能跟它安度牛市、熊市更迭吗？看看那么多上市公司重融资、轻经营，重投资、轻管理，看看那么多上市公司第一年绩优、第二年亏损、第三年重组，看看那么多上市公司送股、配股、增发，就是不分红……再看看那些动荡的金融风波不仅洗劫了大众甚至洗劫了一个国家，你还有什么理由来坚持投资呢？

真正的投资是入股一家企业，与其一同经历荣衰，只期望股息收益，绝不会中途退出，就像真正的企业家不会出售自己的公司一样。凡是因为价高或价低或别的因素转让股份的，都只是价格的投机者。但是，理想往往很美好，现实却往往很冷酷。面对公司内部的道德与操守、人事与财务、经营与管理等诸多不可确信的事项，面对公司外部的行业竞争、国家政策、国际金融、信息舆论等诸多不可确定的因素，谁又真敢长期持股呢？暂不论多数上市公司从来就不分红因而导致股息率不如利息率，即使上市公司有分红，谁又能抵住股票差价收益数倍于股票分红的诱惑呢？谁又受得了股票差价损失数倍于股票分红的煎熬呢？纵观全球，好的投资标的非常稀少，不可能所有的人都去高价购入，所以更多的人不得不披着投资的外衣去对那些貌似有机会的公司搞投机，或是因为有牛市、熊市的存在而不得不围绕着投资标的进行价格投机。很多人在股市中的失败，是因为他不仅蒙蔽了别人也蒙蔽了自己，心存侥幸蜷伏于股市。明知无而说有，以为有而说有，希望有而说有……人类的无知、虚伪和狡诈，在这里体现得淋漓尽致。

再来谈谈股票流通的场所——股票市场。股票要流通就需要有一个集市，这个集市就是股票市场。这个集市以投资的名义号召流通货币直接对接上市公司，省掉诸多中介机构，为企业融资提供便利、减少成本，也为盘活资产、繁荣经济、优化结构等提供动力，同时增大了群众投资渠道且缓解了储蓄负利率的影响。可想而知，这是一个多么庞大的市场，尤其是这个市场又有13亿人口和近1000万平方公里的资源作为支撑，且还是一个涉及亿万大众利益却无法被亿万大众监督的市场。于是，各路财团纷纷登台，联手失去道德底线的政客和媒体，坑蒙拐骗、强取豪夺……既然大家都是在博取股票价差，那么一方的盈利必然得自于另一方的亏损，非生产所得也非公司红利，实则是洗劫他人所致。这个集市的上空飘扬着投资的旗帜，实际上却是一个公开的洗劫场，有话语权的大佬们都在心领神会地洗劫收割，所谓“宝马车进去，自行车出来；老板进去，打工仔出来”即是此因。为什么证监会一再强调要普及投资者教育？为什么证监会主席说低收入者不适合在股市投资？因为他们比谁都清楚——这就是个劫贫济富的场所，但他们不愿也不能透露太多，如此又怎能阻止汹涌的淘金者呢？

几乎所有二级市场的介入者都是傻子或是骗子，他们不但要以几十倍甚至数百倍的价格承接上市公司的虚高权益、不良资产、恶意圈套，而且还要豢养这条生物链上的诸多栖息者，如证券交易所、证券登记结算公司、国家税务总局、证券公司、会计师事务所、基金公司等。无数入场资金源源不断被各路神仙蚕食鲸吞，几千万买卖者中终是诞生了几十个大户明星，但是每一个大户盈利神话的背后，都是无尽储蓄的改名换姓、无数家庭的欲哭无泪。除去那些无良官员和大财团外，上市公司就是股市里最大的赢家了，其股票一上市就是N倍的差价，而二级市场的接手者却要绞尽脑汁地抬高价格并寻找下一个买家。实际上，多数公司的股东从成立公司之日起就一直在忽悠下一个股东进入，如此循环直到公司上市，所有股东才得以解脱，然后故事就如出一辙地在股市继续上演。上市公司也是市场最大的空头，它们上市的目的就是融资与套现，所以它们有无穷的理由发行无尽的股票，但流通市场的资金是有限的，所以理论上，股市永远都是空头的天下，只有在流通市场的钞票累积过多而上市公司发行股票的势头有所遏制的局部时期，牛市才有机会抬头。只是身在一个洗劫场，你有什么信心可以胜过那些手持长枪短炮的“八国联军”呢？

再来谈谈商品期货和期货市场。商品大致可分为自然开采物品、生产加工物品、农业种植物品、畜牧养殖物品等四种，其产量与地域环境、开采工艺、加工技术、天气气候、各地政策、市场需求甚至金融动荡等都有关。对商品的研究比较简单，往往是供应和需求决定了价格；对商品的交易也比较简单，纯粹是围绕着商品价格进行投机。商品交易市场是一个光明正大的投机市场，不像股市那样挂羊头卖狗肉、坑人到底。正因为如此，绝大多数人宁可抱着投资的幻想进入股市，也不会进入以投机著称的期市；也正因为如此，那些看穿股市面目的人反而更愿意进入期市，因为这里有备受投机者欢迎的保证金制度和双向的“T+0”交易。保证金制度使参与者天然拥有资本杠杆，不必再花成本去融资或配资，这相对于股市而言显然具有莫大的吸引力。但就是这个平均10倍的杠杆，在放大利润的同时也放大了亏损。本来放大亏损就容易使本金快速减少，而杠杆的特性又会迫使或诱使你追涨杀跌、频繁交易，于是本金就很容易消失殆尽。常听说某人在期货市场又爆仓了，好像期货市场吃人不吐骨头，其实股市才是如此，因为你根本不知道本金是怎么被消灭的（其实根本原因是失去监督的市场制度和挂羊头卖狗肉的市场行为），但在期货市场，你一定知道被消灭的原因无非包括以下三种：在单个品种上满仓交易；非满仓交易但不设止损；有止损但频繁交易。

股市因为能够扯上投资的大旗，所以世人趋之若鹜，尽管他们并不了解什么是投资，而仅仅只是觉得那个名词很美好，那种买入便持有的方法很安逸；期市因为品种有限且又属于高度投机，所以世人皆恶之。这就有点像谎言偷了真实的衣服后备受世人追捧，而真实不愿穿上谎言的衣服所以不招世人待见。实际上，万事万物无时不在运动和变化，导致这个宇宙永远充满着不确定性，置身此中的我们在做每一次选择、完成每一步行动时，其实都是在赌博，没有人可以对未来做100%的保证，除非他是个傻子或骗子。股市虽然可以使散户和上市公司直接对接，但最终散户会委托专业化基金去交易；期市想要繁荣，也必须大力发展机构投资者或私募基金，只要他们有方法于市场中长期获利，散户自然就会委托他们跟进。实际上，因为可以双边交易且商品的系统性风险相对较小，所以相对于股市而言，期市才可能是长期稳定获利的地方（但坚决不建议非5年以上的职业交易者进入期货市场，因为期货市场亏损的概率超过95%）。

最后再来谈谈交易者。自第二次世界大战结束之后，世界经济已发展了70多年，物质大量生产促使货币超额供应，如此年复一年，市场所累积的货币数量已非常庞大。这么多资本都需要保值增值，这是一股多么汹涌的洪流，无论冲击哪个国家，哪个国家都会被洗劫一空。但谁也无法阻挡金钱流动的步伐，谁也难以遏制人类逐利的本性。在全球负利率时代，货币证券化已是必然趋势，而无数家庭储蓄也必然会沦为财团们保值增值的牺牲品，成为官商勾结利益体的洗劫对象。面对这样一股洪流、一座金山，大众难道就注定只能被动洗劫吗？其实有两条路可以走：一是在牛市、熊市分别把钱交给公募基金、私募基金公司去打理，让它们用职业化手段帮你盈利（如果不是热衷交易，切勿自己买卖股票，否则既输钱，又输时间、精力，透支太大、失去太多）；二是自己成为职业交易者，拥有清醒的认识、独到的技术和职业化行为。所谓职业化行为，并非意味着天天盯盘、时时交易，只需做到求知、有法、守纪。职业交易者将打败绝大多数非职业交易者，那些一知半解、自以为是、自由散漫、稀里糊涂的交易者，将以损失多年的积蓄来成就这些职业交易者。职业交易者不会局限于投资或投机这两个名词，他只是更明白事理、更懂得取舍而已。忘掉投资和投机吧，交易才是资本买卖的真实写照。但大众是无法接受交易的，因为这意味着一份辛苦的工作，他们喜欢投资，那是一个轻易就能实现的举动。所以，他们注定失败。

在资本市场，有靠市场制度获利的，有靠内幕消息获利的，有靠操纵市场获利的，有靠幸运获利的，也有靠时运获利的，还有靠技术获利的……而作为职业交易者，你只能依靠时运和技术，但靠技术获利是最难的，因为大多数人都在走同一条路，是成为佼佼者的概率大还是抓住时运的概率大呢？显然是后者。所以你要明白，绝大多数人盈利不是因为选择对了股票，而是选择对了时机。当好时机来临时，无论是大象还是猪，都会被吹到天上；无论是大船还是帆板，都会被冲到另一个国度。所有人都只是长年累月地在押宝，获得好收成仅仅是因为牛市来了或是今年上涨的板块里正好有他的持仓而已。股市大盈利与人生里的财富所得一样，其实都是时运之果。但是股市里有那么多的盘踞者，为了自我生存和利益，他们当然要想方设法地诱惑你，若大家都不上当，谁来供养他们、成全他们呢？个人生命是有限的，而钞票可以无限印制；个人资本是有限的，而股票可以无限发行；其实无论你是否入场，无论你身在哪个国家，都是被洗劫的命运，除非你爬上金字塔的顶尖。入市容易出市难，一将功成万骨枯，你确定要进入二级市场吗？别忘了还有一条大路：像马化腾一样创业，让二级市场为你埋单；像任正非一样创业，永不向资本市场献媚。

第二章

CHAPTER 2

初级教程

第一节　彭石K线交易法

一、彭石K线交易法的优点及特色

1. 之所以在方法前面加上“彭石”二字，是为了区别市场上其他K线技术，那些技术并非交易方法。

2. 本交易法完全凭K线交易，且自成一体，既是对K线技术的灵活运用，也是对趋势的高度跟随。

3. 本交易法本质上是追涨的交易方法，属于右侧交易法，但其买入成本往往比左侧交易法更优。

4. 无机会则多数不会入场，有机会则一定在里面，有风险则一定不在内——除非开盘即涨停或跌停。

5. 正是因为上条，所以有时会出现频繁进出的现象，且永远只能获得波段行情中间的那段利润。

6. 所有的买卖点均在一日或多日之前就已设置好，且可能会逐日移动，完全杜绝非理性交易行为。

7. 不必预测行情走势，不必追随新闻消息，不必研究行业报告，不必时刻盯盘，纯粹顺势而为。

8. 本方法几乎适合所有有K线图、成交量正常、隔夜跳空少的个股、ETF、基金、商品、外汇等。

9. 本方法用灵活性打败基金，用前瞻性打败大鳄，用纪律性打败散户，使善用本交易法的人速成20%赢家。

10. 不用怀疑本方法的有效性，因为它始终坚持高概率、高盈亏比、高前瞻性、无情绪化的原则。

11. 本方法若能用类似“投资赢家”的自动埋单软件，则实用性会更出众，使上班、开会皆不误。

二、K线图简述

K线图是用来记录交易行情价格的符号，因其形状如同两端有蕊芯的蜡烛，故而在西方称之为蜡烛图。蜡烛图来源于日本，在日本称之为“罫线”，“罫”发音为“kei”，于是西方人以其英文第一个字母“K”直译为“K线”，K线图由此发展而来。

K线图产生于日本德川幕府时代的1710年以后，比起西方的线形图要早100年以上，且其表达形式更丰富、更直观、更灵活。经过300多年的演化后，K线图分析技术目前已被广泛应用于全世界各类交易市场，成为诸多技术分析中不可或缺的一部分。

K线根据计算时间的不同，可分为分钟K线、日K线、周K线等。其形成取决于每一计算单位中的四个数据：开盘价、最高价、最低价、收盘价。在日K线图中，开盘价是交易所开始交易时的第一笔成交价格，收盘价则是当天最后一笔成交价格。

以下是K线图的形状：

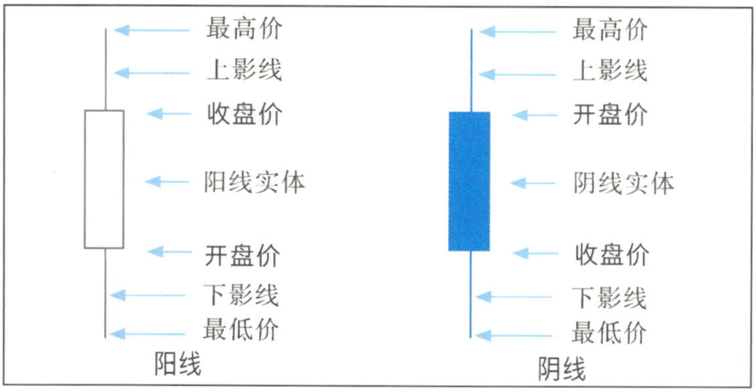

图1

当收盘价高于开盘价时，K线为阳线，一般用红色空心线表示；当收盘价低于开盘价时，K线为阴线，一般用绿色实心线表示；当收盘价约等于开盘价且有新的最高价和最低价时，K线称为十字星线。当K线为阳线时，最高价与收盘价之间的细线部分称为上影线，最低价与开盘价之间的细线部分称为下影线，开盘价与收盘价之间的柱状称为实体。

在图1的阳线中，市场价在开盘后曾向下跌过一段时间，至最低价后又曾涨到了最高价，后又返回到收盘价，形成一根上涨的阳线；在图1的阴线中，市场价在开盘后曾一度涨到了最高价，后一直跌到了最低价，最后又上升到收盘价，形成一根下跌的阴线。

无数的K线组成了一幅连续的K线走势图，但是，每根K线都有其自身的含义。见图2：

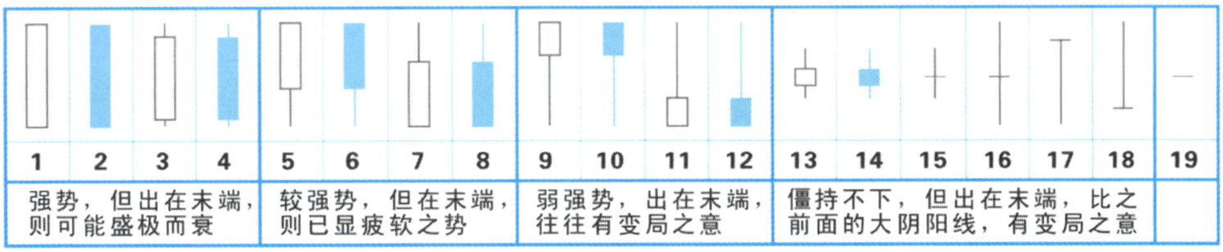

图2

一般来说，阳线实体越长，越有利于价格上涨，但连续强势上涨后，谨防盛极而衰；阴线实体越长，越有利于价格下跌，但连续强势下跌后，可能否极泰来；如果影线相对于实体来说非常小，则等同于没有；指向一个方向的影线越长，越不利于市场价格今后向这个方向前进；上、下影线同时长，说明空、多双方争夺剧烈，但最后势均力敌，后市方向不确定；十字星的出现往往是过渡信号而不是反转信号，意味着市场暂时失去了方向感。

对于K线何谓大、何谓小、多长为长、多长为短的度量问题，没有标准答案。在不同的交易市场，比如股票、期货、外汇等领域，这些度量标准都不一样。入乡随俗，因地制宜，随着交易者识别经验的积累，这些感性的主观识别能力就会形成个人经验，为我们提供出、入市的凭据。

一根K线虽然具有特定的意义，但是其意义不如多根K线组合的意义大。

因为市场价格是连续的，单一K线的出现只是很短暂的现象，只有把某些重要的K线放在整个价格走势图里进行整体分析，K线的预测价值才能得以体现。

下面是一段连续上涨之后的K线图：

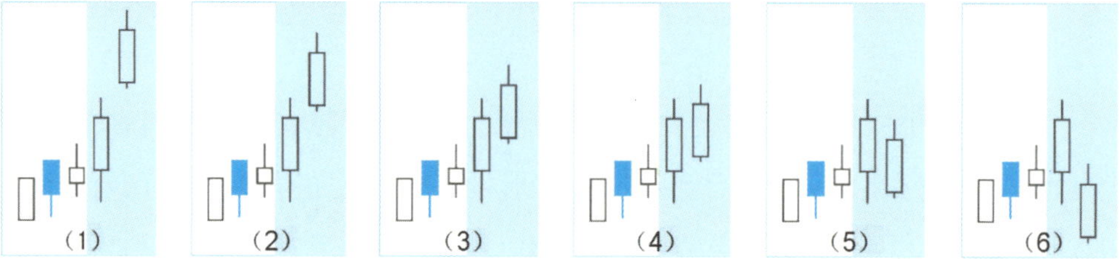

图3

图3中（1）~（6）的最后一根K线尽管都是阳线，但因为所处的位置不同，所体现的意义也就不同了。

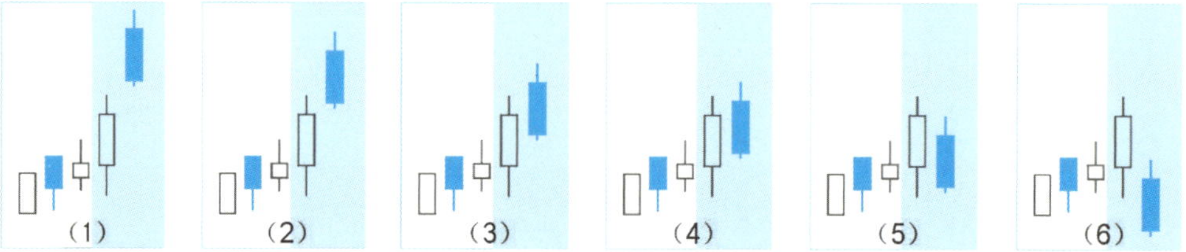

图4

图4中（1）~（6）的最后一根K线都是阴线，但因为所处的位置不同，所表现的危机感也就不一样了。

可见，对于两根及两根以上的K线而言，首先要关注的是它们相对的位置，不同的位置意味着不同的价格区间；其次是它们分别是什么模样，即带影线还是不带影线，多长或多短等；最后才是它们究竟是阴线还是阳线，千万不要因为是大阴线或大阳线就匆忙下结论。

三、彭石K线交易法的重点

1. 很多K线的开盘价、收盘价、最高价、最低价、中间价都较重要。

2. 涨超5%的阳线或跌超5%的阴线很重要，其1/2或2/3的地方也很重要。

3. 带影线的K线比较重要，但多数要等后面的K线出现才能弄清方向。

4. 连续出现2根阳线或2根阴线也很重要（或许2线之间会多1根十字

星线）。

5. 若短期内累积的K线较多，要注意由这些K线所形成的平台边缘线。

6. K线之间的跳空缺口也较重要，价格多数在覆盖此缺口后上扬。

四、彭石K线交易法的规则

1. 在连续涨15%或连续跌15%的区间内，依据K线大小、部位、平台等来设置买卖线。

2. 折返幅度最重要（至少要连涨7%或连跌7%才能进出），勿轻易被大K线诱惑。

3. 买卖线须在收盘后开始设置，每日收盘后须重新确认，有时或需逐日移动。

4. 若个股连续上涨超过1倍，则为强势股；若连续下跌超过30%，则为弱势股。

5. 当个股强势时，若价格只触及买入线则立即买入，若只触及止损线则次日卖出。

6. 当个股弱势时，若价格只触及买入线则次日买入，若只触及止损线则立即卖出。

7. 当个股强势时，总原则是早进晚出；而当个股弱势时，总原则是晚进早出。

8. 买入时个股至少要涨1%，即若某日收盘价离买入线很近，则须抬高买入线。

9. 开盘价高于买入线或低于卖出线，涨过开盘价0.5%或跌过开盘价0.5%再动手。

五、彭石K线交易法的要领

1. 一定要在入场之前先设买入线，只有瞄准入场的位置，才能忍得住异动，减少冲动入场的错误。

2. 一定要在出场之前先设止损线，若不给自己找好后路，一旦市场反向，则节节败退、一错再错。

3. 一定要先设好买入线和止损线，虽然收益略少，但失误率将大减，而少一次失误足以补歉收。

4. 一定是决策于盘外实施于盘中，在盘外的决策往往是理性而明智的，盘中决策则常是失误的。

5. 一定要紧盯着买入线和止损线，然后等待或执行，切勿中途改变主意（除非交易规则允许）。

6. 一定要根据事实和经验来交易，不要凭猜测行动，不要被情绪影响，不要忘记高概率的现象。

7. 一定要有耐心、信心、平常心，有耐心等待机会，有信心持仓，再用平常心看待利益得失。

概括来说则是：盘外决策，盘中实施；有亏斩断，有利放手；只止损，不止赢；不预测，讲事实。

第二节　彭石K线交易法模拟交易

一、彭石K线交易法模拟交易说明

1. 之所以选择在海通证券上做模拟交易，是因为该股在2016年1月20日的流通市值为1000亿元左右，在A股市场上排在第30位左右，基本上可以代表大盘股的走势。

2. 之所以选择从2014年10月30日开始做模拟交易，是因为该股乃至大盘都是从次日之后开始进入明确上升通道的，从此时开始交易，有助于把握整个牛市行情。

3. 交易数据涵盖2014年10月30日至2016年1月20日，总计有300个交易日数据，完整地覆盖了整个牛市行情及大部分熊市行情（最低价又跌到了首次买入价附近）。

4. 所参考的数据仅仅只有K线。之所以没有显示均线，是因为K线交易法本身就可以自成一体；而之所以没有显示成交量，是因为多数时候是价格决定了成交量。

5. 每张图中均有一根买入线或止损线，买入线的箭头向右，止损线的箭头向左；没有成交时为虚线，成交时为实线；只要价格有显著变化，这些线就会被移动。

6. 每张图都是日K线图，都是随着时间向后移动的，右边最后一根K线即为当日收盘后的K线。这样即相当于是在做实盘交易，因为此时无法知道未来的图形走势。

7. 所有的卖出行为，无论盈亏均称为“止损”。这是因为买入后就要设止损线，当价格继续上升时，止损线就会上移，且一定是浮盈有所减少后才会按计划卖出。

8. “价格未新涨过多”是指价格没有继续创新高且没有距离之前的止损线更远，“价格未新跌过多”则是指价格没有继续创新低且没有距离之前的买入线更远。

9. 不用担心K线交易法的有效性，因为K线交易法脱胎于《证券交易方法》中的ETF交易法，那套方法曾于49个月内在深100ETF中获得了35倍的模拟复合盈利率。

二、彭石K线交易法模拟交易结果

在海通证券上依据彭石K线交易法模拟交易了300个交易日，时间从2014年10月30日到2016年1月20日。模拟交易时，没有计算交易滑点、手续费和印花税。以下是具体交易统计情况。

表1　彭石K线交易法模拟交易结果

海通证券	交易次数/次	买入价/元	卖出价/元	赢/平/亏	盈亏比例	复合收益率
上半年牛市 2赢1平4亏	1	9.65	20.60	赢	113.47%	113.47%
	2	21.00	21.00	平	0.00%	113.47%
	3	19.60	19.35	亏	−1.28%	110.74%
	4	19.85	19.00	亏	−4.28%	101.72%
	5	20.85	27.80	赢	33.33%	168.95%
	6	27.00	25.90	亏	−4.07%	158.00%
	7	27.00	25.20	亏	−6.67%	140.80%
下半年熊市 3赢5亏	8	20.10	20.20	赢	0.50%	142.00%
	9	12.00	11.00	亏	−8.33%	121.84%
	10	12.10	11.75	亏	−2.89%	115.43%
	11	12.75	12.50	亏	−1.96%	111.21%
	12	13.15	13.90	赢	5.70%	123.25%
	13	15.10	14.10	亏	−6.62%	108.47%
	14	14.90	16.30	赢	9.40%	128.06%
	15	16.10	15.50	亏	−3.73%	119.56%

2014年10月30日至2016年1月20日，沪市指数从2391.08上涨到5178.19后又跌到2976.69，总计涨幅为24.49%。海通证券在此期间的涨幅为32%；本交易法此期间的复合收益率为119.56%；在为期15个月（300个交易日）的模拟交易中，该股票的交易频率为每月1次

三、彭石K线交易法模拟交易图谱

以下是依据彭石K线交易法在海通证券上所做的300张模拟交易图谱。

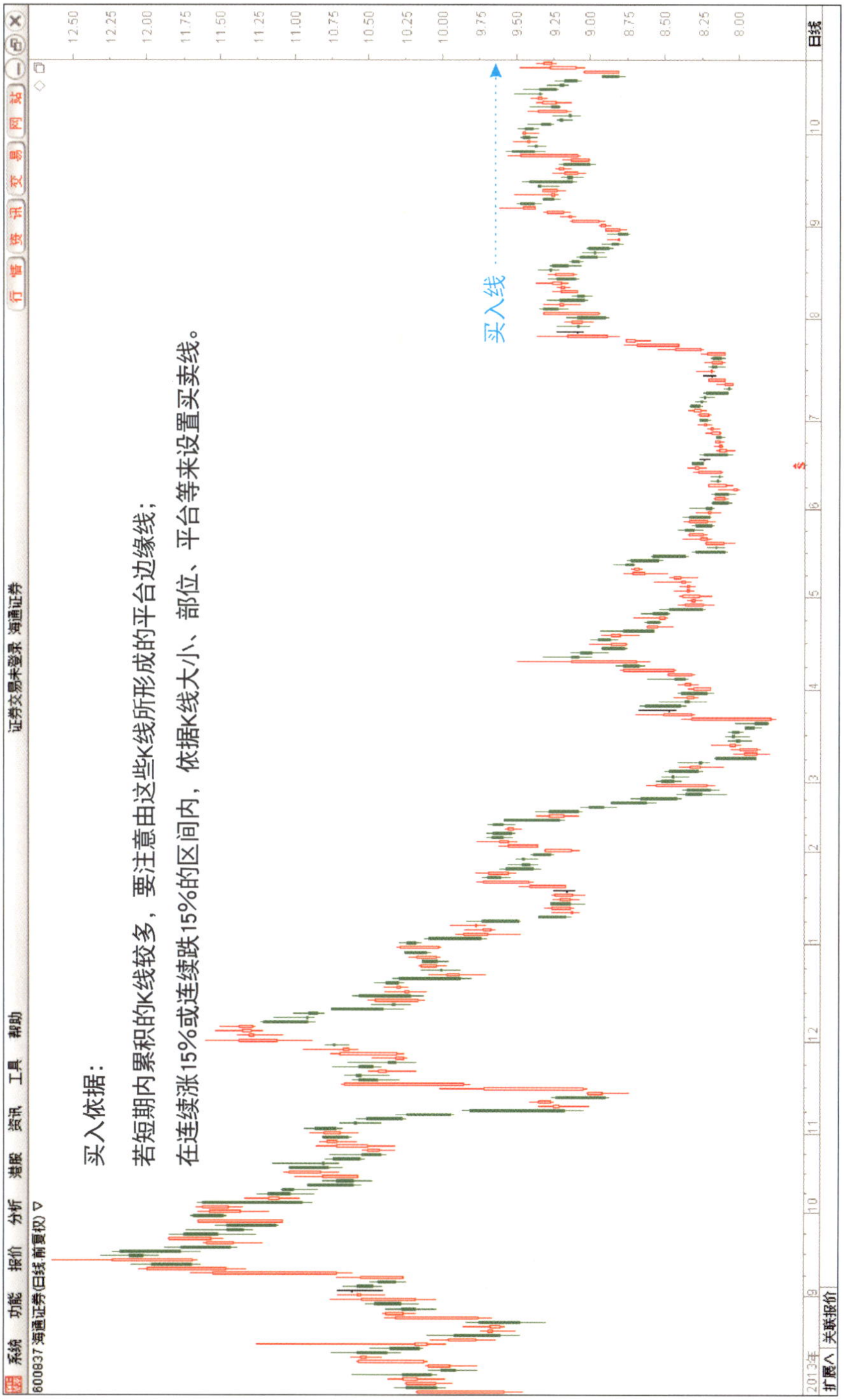
系统 功能 报价 分析 港股 资讯 工具 帮助
证券交易未登录 海通证券
600837 海通证券(日线 前复权)
行情 资讯 交易 网站
买入依据：
若短期内累积的K线较多，要注意由这些K线所形成的平台边缘线；
在连续涨15%或连续跌15%的区间内，依据K线大小、部位、平台等来设置买卖线。
买入线
12.50
12.25
12.00
11.75
11.50
11.25
11.00
10.75
10.50
10.25
10.00
9.75
9.50
9.25
9.00
8.75
8.50
8.25
8.00
2013年
日线
扩展 关联报价

图5

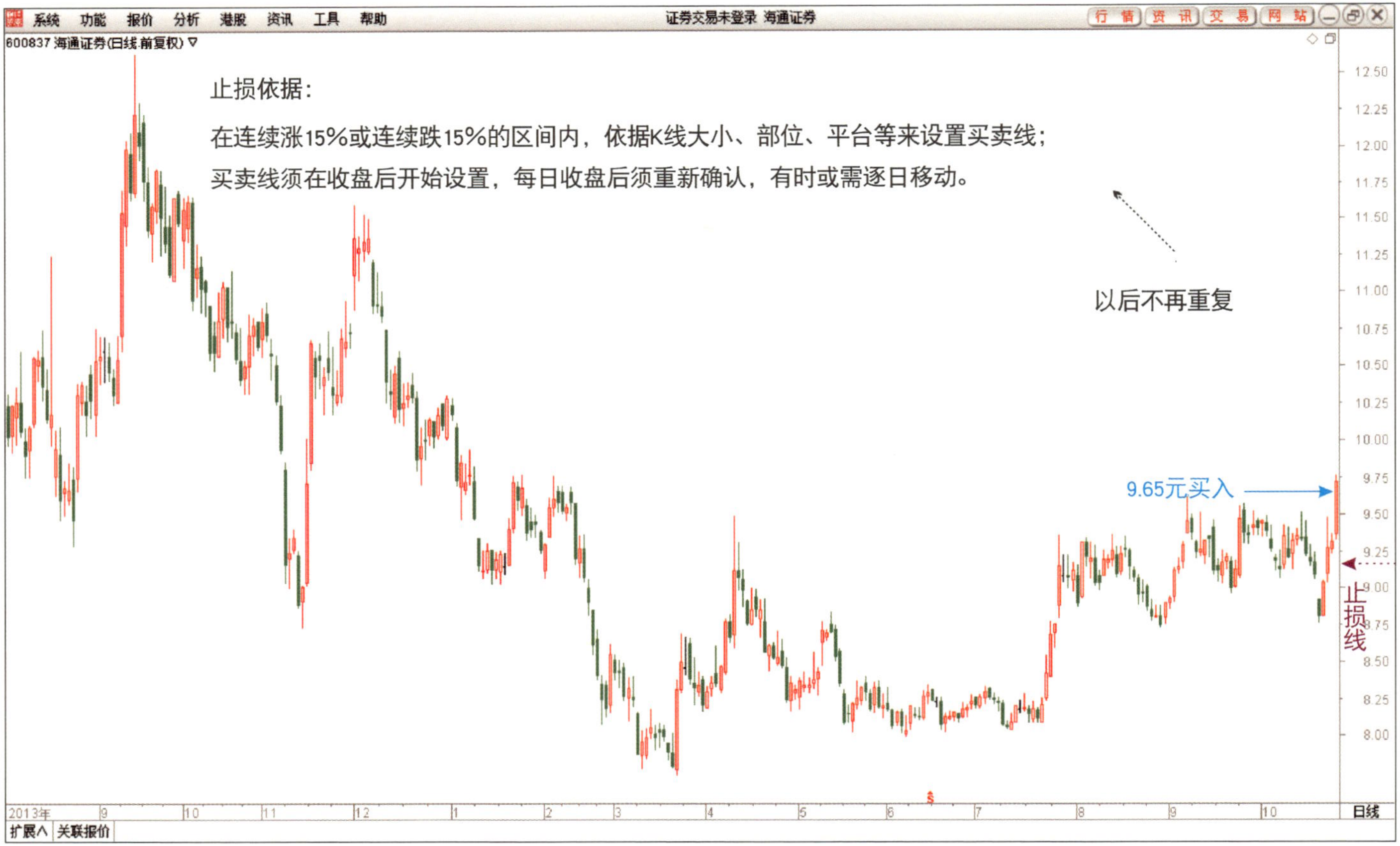
系统 功能 报价 分析 港股 资讯 工具 帮助
证券交易未登录 海通证券
行情 资讯 交易 网站
600837 海通证券(日线 前复权)
止损依据：
在连续涨15%或连续跌15%的区间内，依据K线大小、部位、平台等来设置买卖线；
买卖线须在收盘后开始设置，每日收盘后须重新确认，有时或需逐日移动。
以后不再重复
9.65元买入
止损线
12.50
12.25
12.00
11.75
11.50
11.25
11.00
10.75
10.50
10.25
10.00
9.75
9.50
9.25
9.00
8.75
8.50
8.25
8.00
2013年
日线
扩展 关联报价

图6

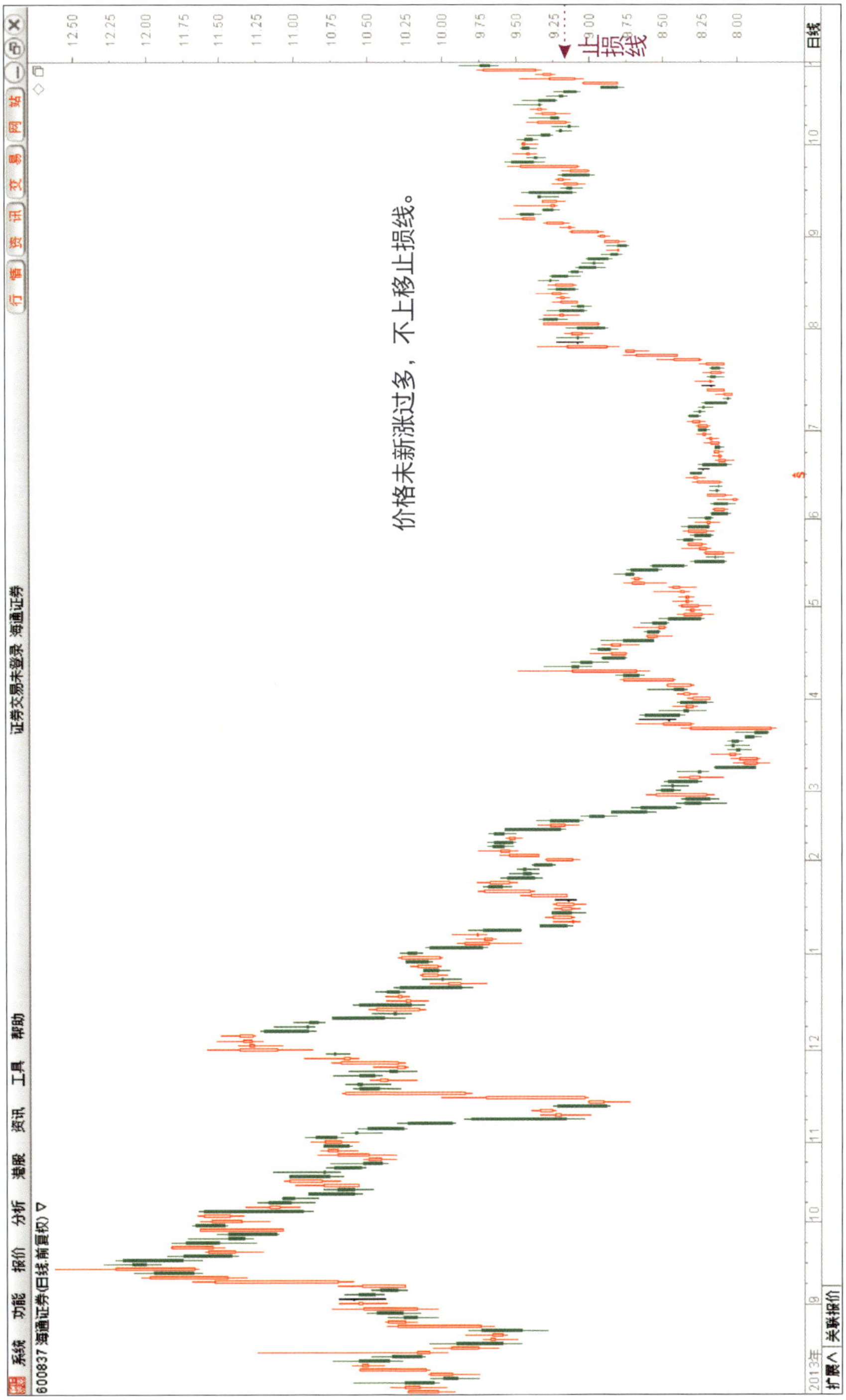

图7

系统 功能 报价 分析 港股 资讯 工具 帮助
证券交易未登录 海通证券
行情 资讯 交易 网站
600837 海通证券(日线,前复权)
价格未新涨过多，不上移止损线。
止损线
12.50
12.25
12.00
11.75
11.50
11.25
11.00
10.75
10.50
10.25
10.00
9.75
9.50
9.25
9.00
8.75
8.50
8.25
8.00
2013年
9
10
11
12
1
2
3
4
5
6
7
8
9
10
1
日线
扩展∧ 关联报价

图8

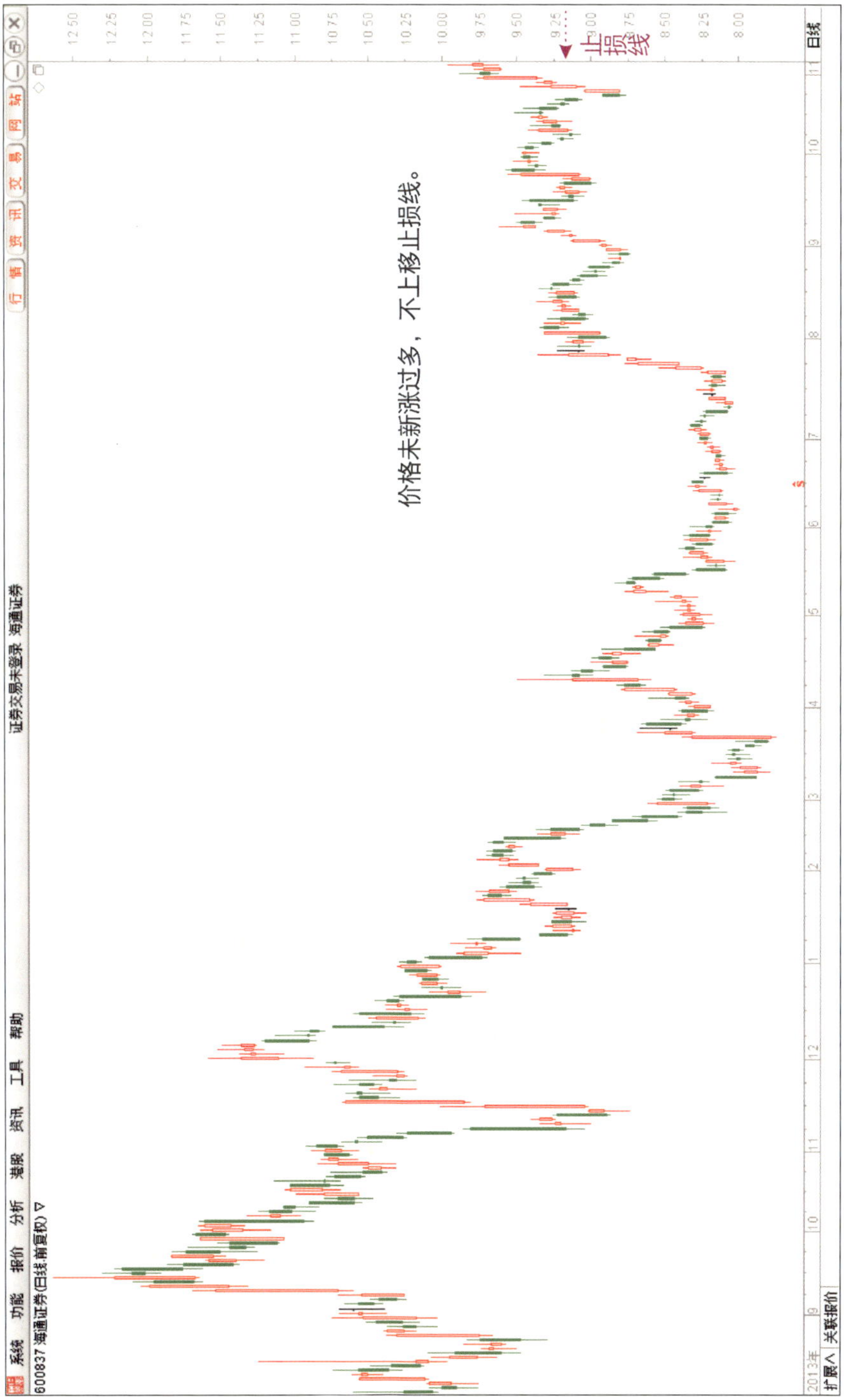

图9

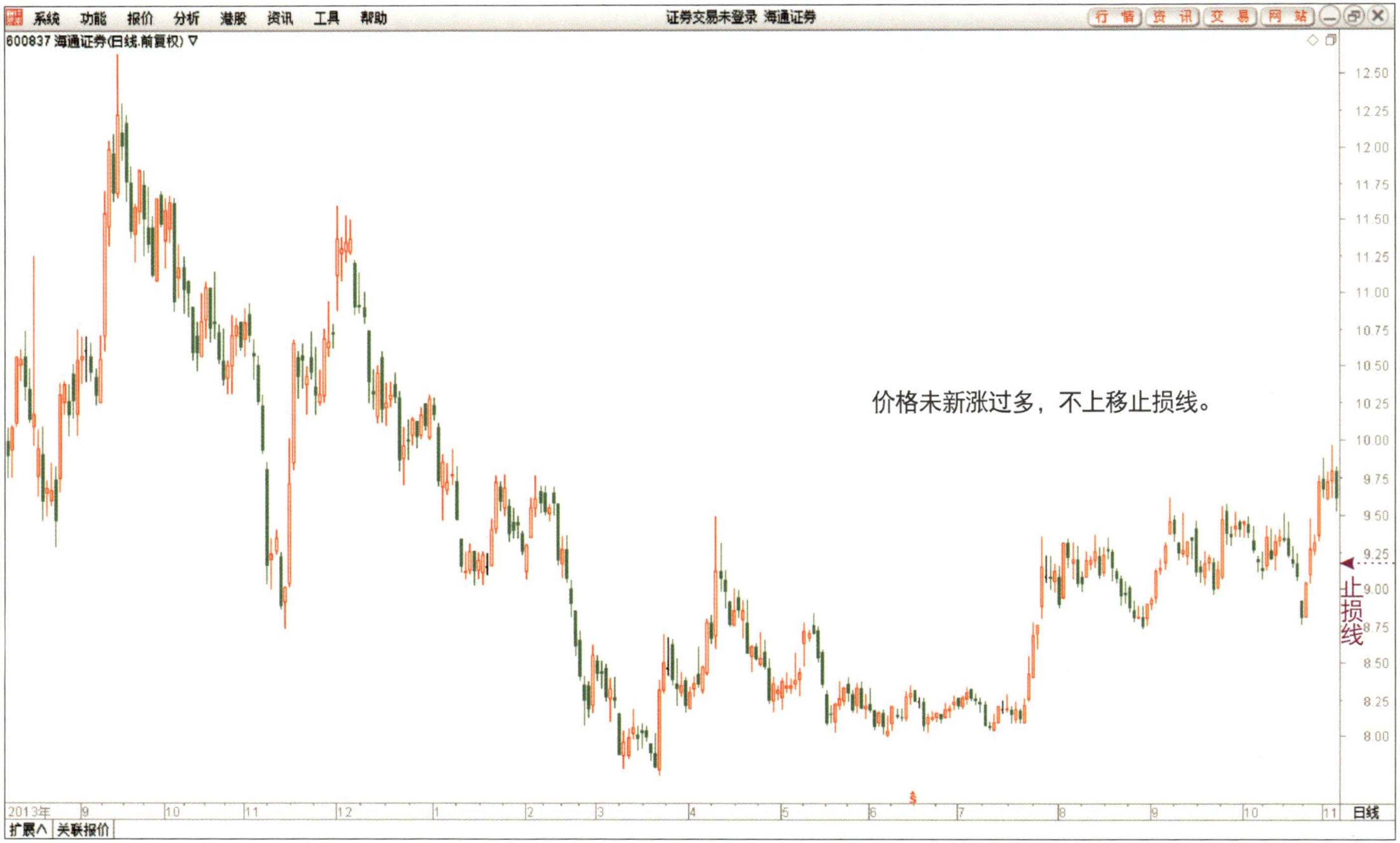
系统 功能 报价 分析 港股 资讯 工具 帮助
证券交易未登录 海通证券
行情 资讯 交易 网站
600837 海通证券(日线,前复权)
价格未新涨过多，不上移止损线。
止损线
12.50
12.25
12.00
11.75
11.50
11.25
11.00
10.75
10.50
10.25
10.00
9.75
9.50
9.25
9.00
8.75
8.50
8.25
8.00
2013年 9 10 11 12 1 2 3 4 5 6 7 8 9 10 11
日线
扩展 关联报价

图10

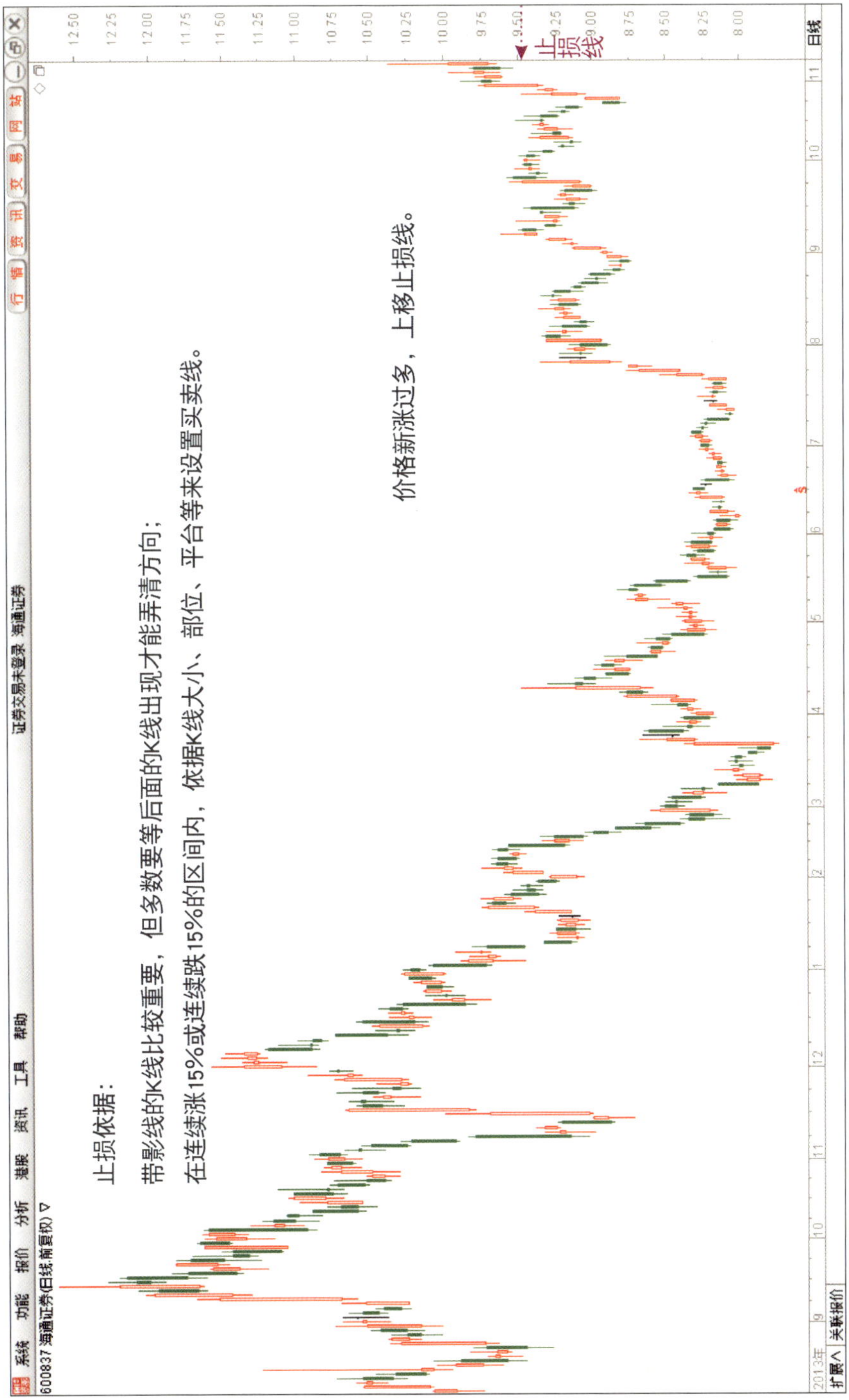
系统　功能　报价　分析　港股　资讯　工具　帮助
证券交易未登录 海通证券
600837 海通证券(日线,前复权)
止损依据：
带影线的K线比较重要，但多数要等后面的K线出现才能弄清方向；
在连续涨15%或连续跌15%的区间内，依据K线大小、部位、平台等来设置买卖线。
价格新涨过多，上移止损线。
止损线
9.50
日线
2013年
扩展　关联报价

图11

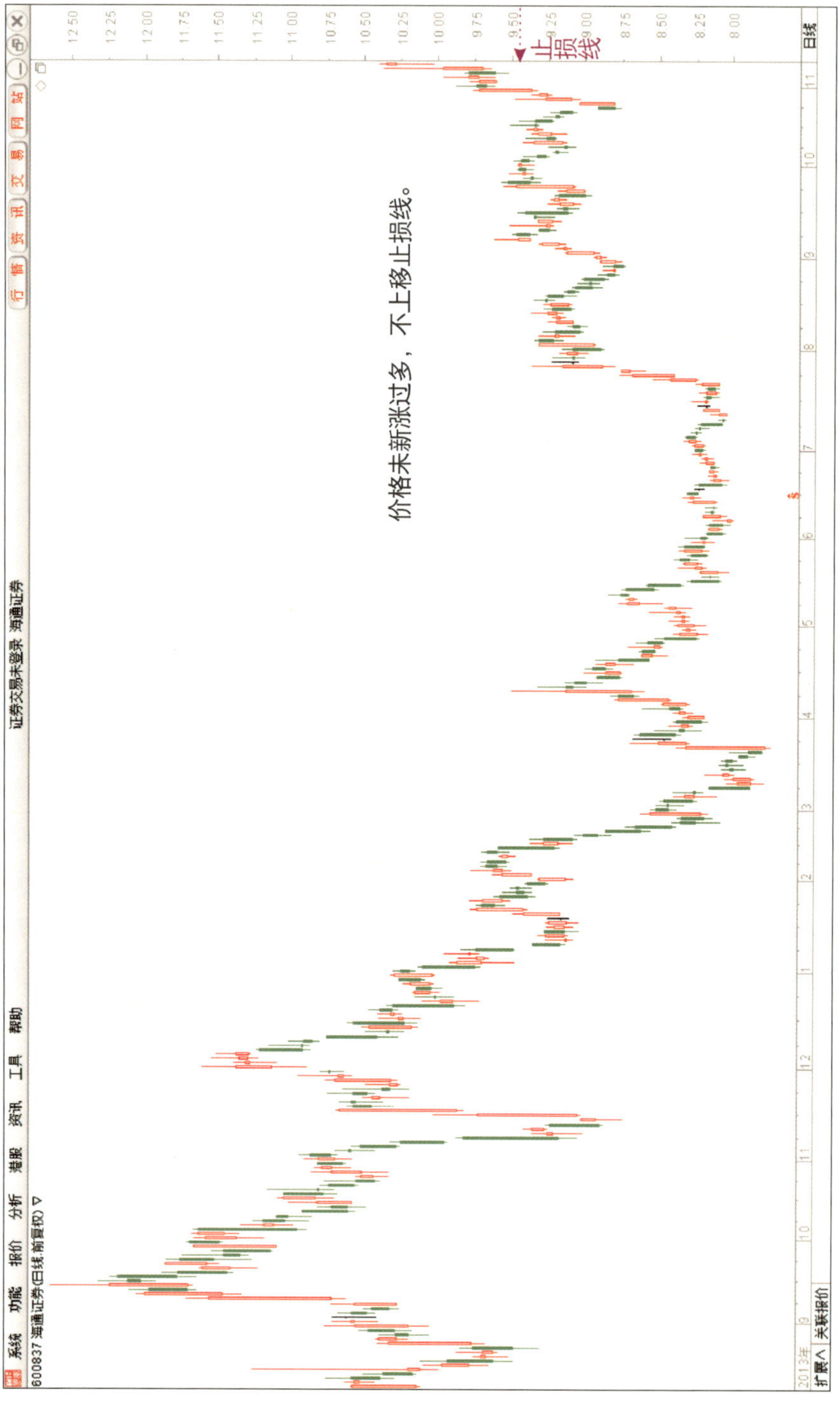
系统 功能 报价 分析 港股 资讯 工具 帮助
证券交易未登录 海通证券
行 情 资 讯 交 易 网 站
600837 海通证券(日线 前复权)
价格未新涨过多，不上移止损线。
止损线
日线
扩展 关联报价

图12

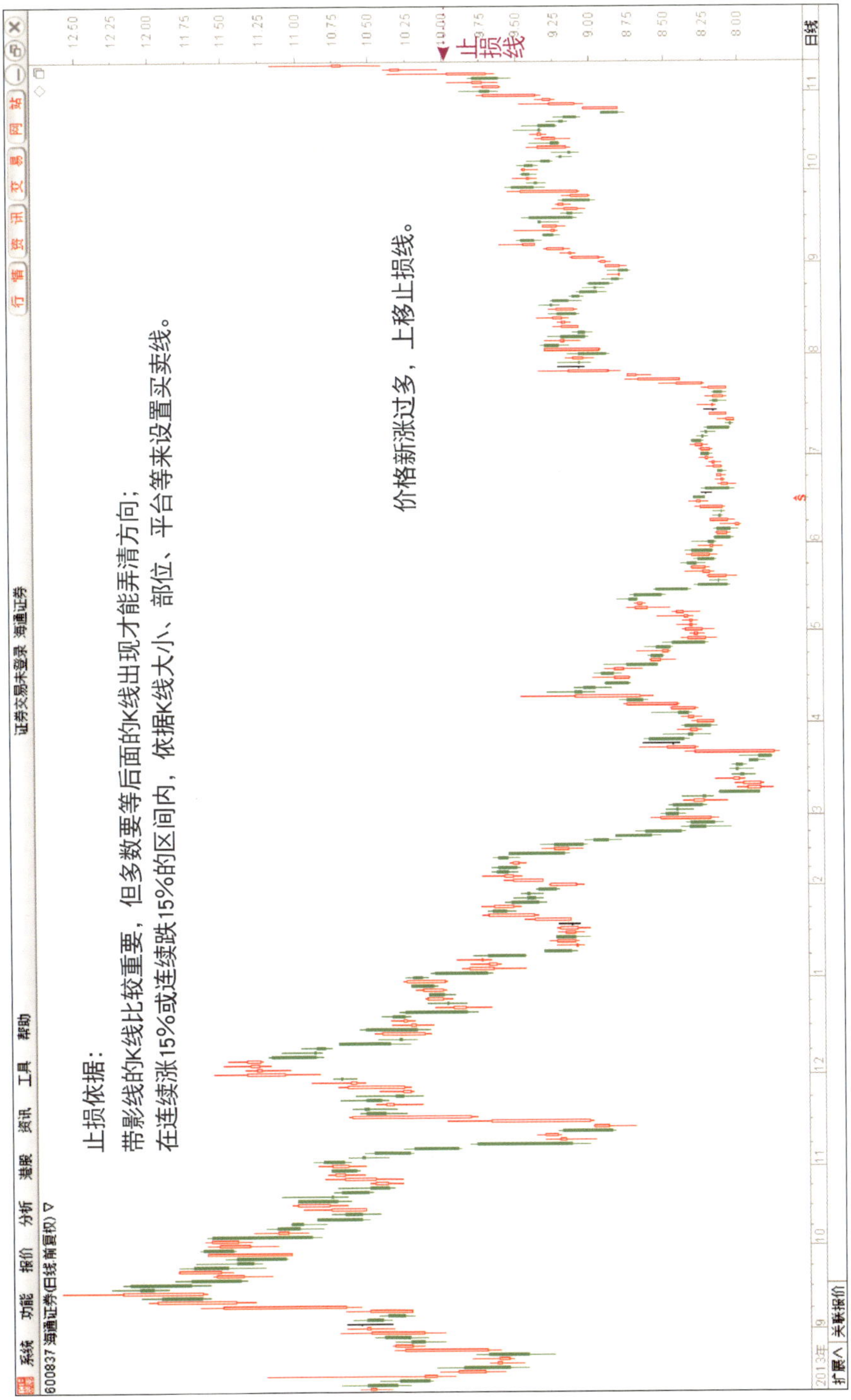
系统 功能 报价 分析 港股 资讯 工具 帮助
600837 海通证券(日线,前复权)
证券交易未登录 海通证券
行 情 资 讯 交 易 网 站
止损依据：
带影线的K线比较重要，但多数要等后面的K线出现才能弄清方向；
在连续涨15%或连续跌15%的区间内，依据K线大小、部位、平台等来设置买卖线。
价格新涨过多，上移止损线。
止损线
日线
扩展 关联报价

图13

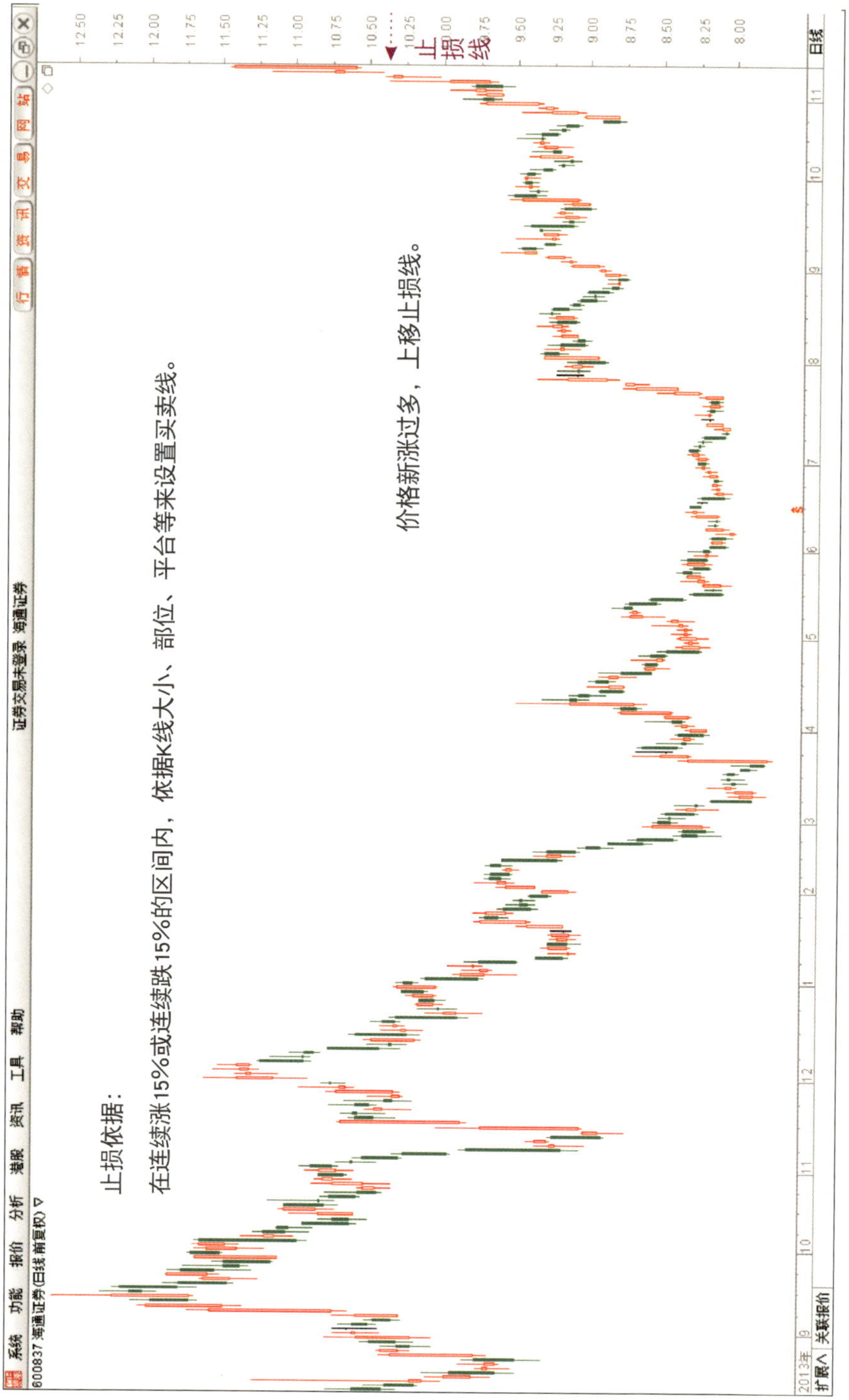
系统 功能 报价 分析 港股 资讯 工具 帮助
证券交易未登录 海通证券
行情 资讯 交易 网站
600837 海通证券(日线 前复权)
止损依据：
在连续涨15%或连续跌15%的区间内，依据K线大小、部位、平台等来设置买卖线。
价格新涨过多，上移止损线。
止损线
12.50
12.25
12.00
11.75
11.50
11.25
11.00
10.75
10.50
10.25
9.75
9.50
9.25
9.00
8.75
8.50
8.25
8.00
日线
扩展 关联报价

图14

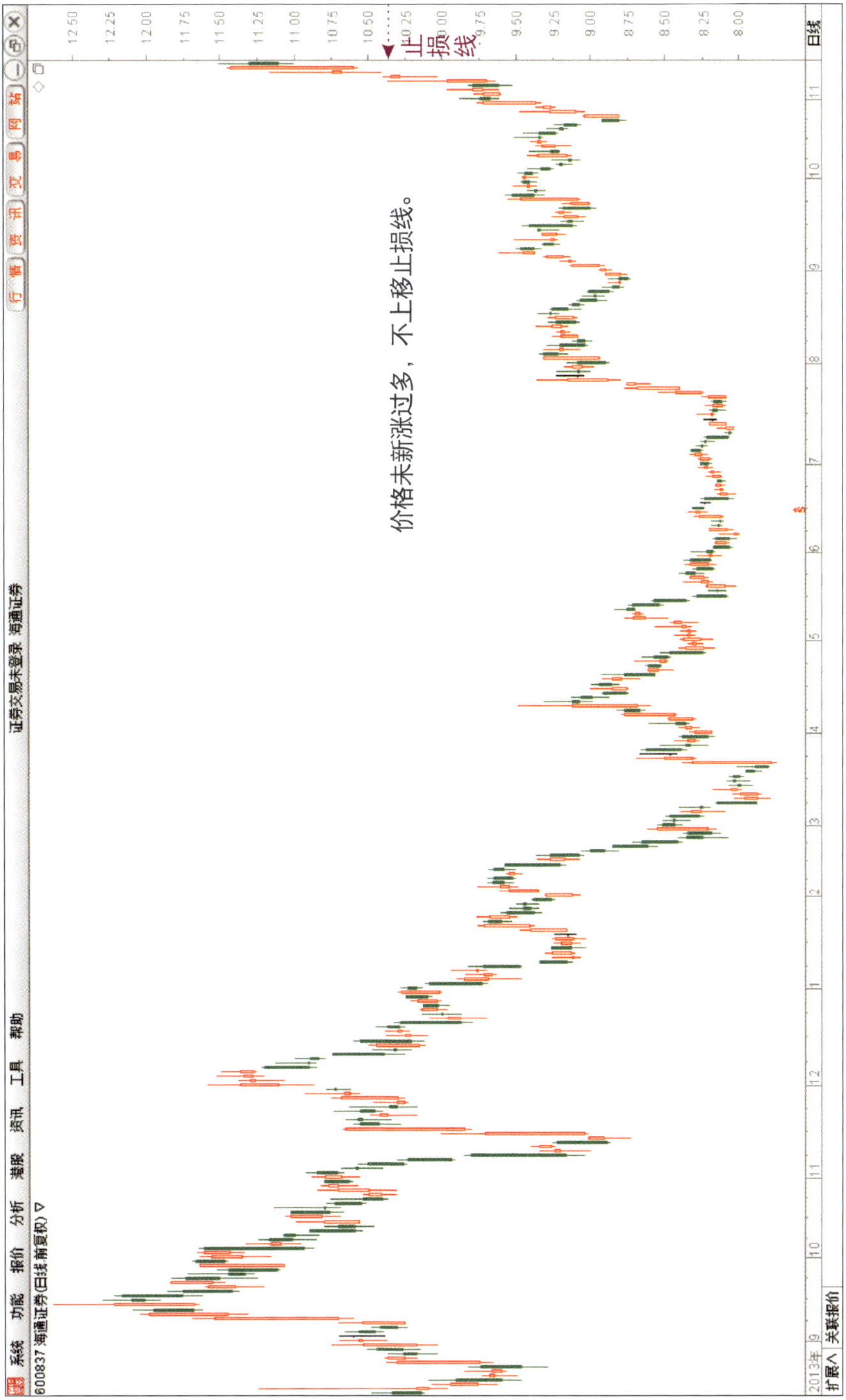

图15

系统 功能 报价 分析 港股 资讯 工具 帮助
证券交易未登录 海通证券
行情 资讯 交易 网站
600837 海通证券(日线,前复权) ▽
价格未新涨过多，不上移止损线。
止损线
12.50
12.25
12.00
11.75
11.50
11.25
11.00
10.75
10.50
10.25
10.00
9.75
9.50
9.25
9.00
8.75
8.50
8.25
8.00
2013年 9
10
11
12
1
2
3
4
5
6
7
8
9
10
11
日线
扩展∧ 关联报价

图16

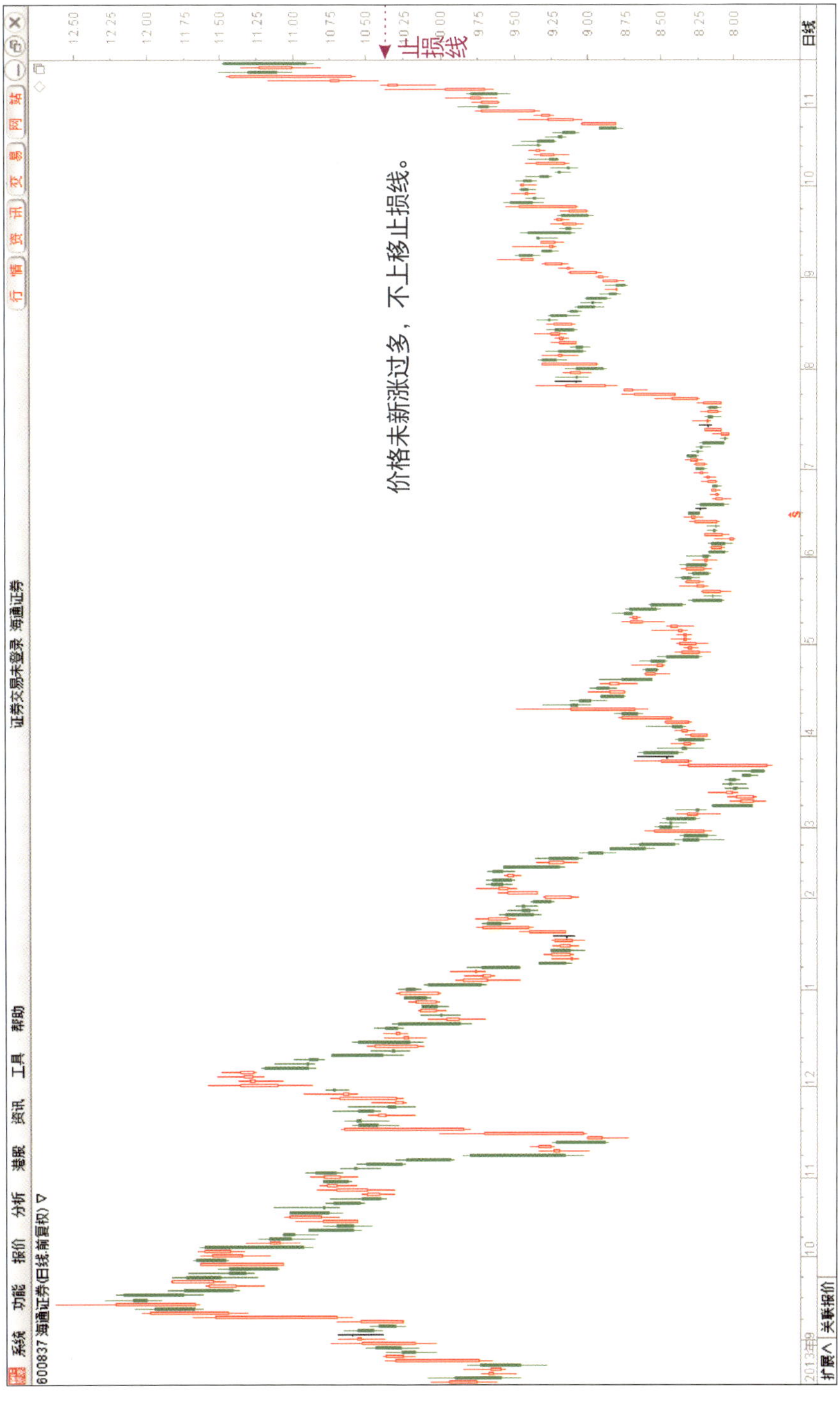

图17

系统 功能 报价 分析 港股 资讯 工具 帮助
证券交易未登录 海通证券
行情 资讯 交易 网站
600837 海通证券(日线,前复权)
12.50
12.25
12.00
11.75
11.50
11.25
11.00
10.75
10.50
10.25
10.00
9.75
9.50
9.25
9.00
8.75
8.50
8.25
8.00
价格未新涨过多，不上移止损线。
止损线
2013年
10
11
12
1
2
3
4
5
6
7
8
9
10
11
日线
扩展∧
关联报价

图18

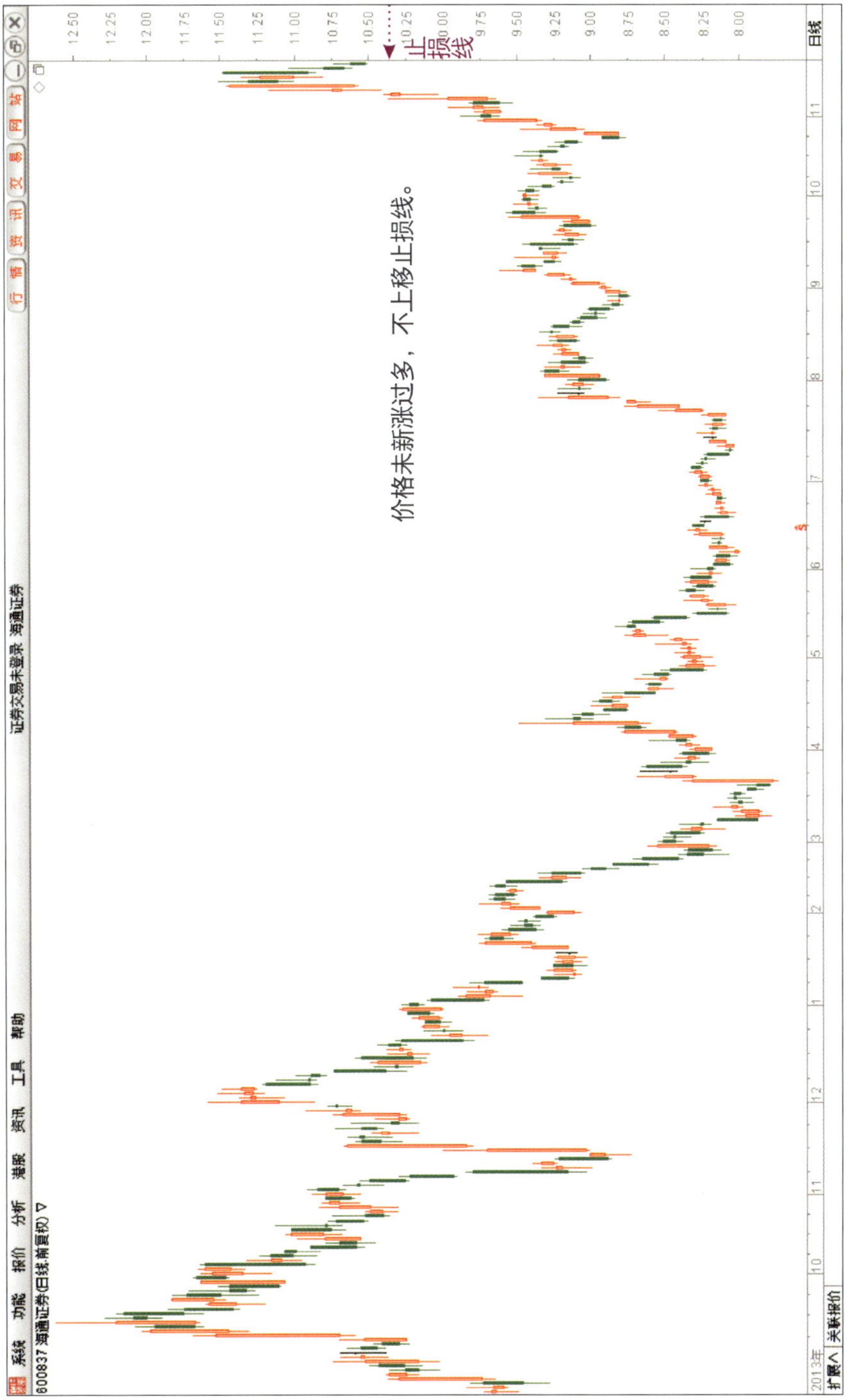

图19

系统 功能 报价 分析 港股 资讯 工具 帮助
证券交易未登录 海通证券
行情 资讯 交易 网站
600837 海通证券(日线,前复权) ▽
12.50
12.25
12.00
11.75
11.50
11.25
11.00
10.75
10.50
10.25
10.00
9.75
9.50
9.25
9.00
8.75
8.50
8.25
8.00
价格未新涨过多，不上移止损线。
止损线
2013年
10
11
12
1
2
3
4
5
6
7
8
9
10
11
日线
扩展∧
关联报价

图20

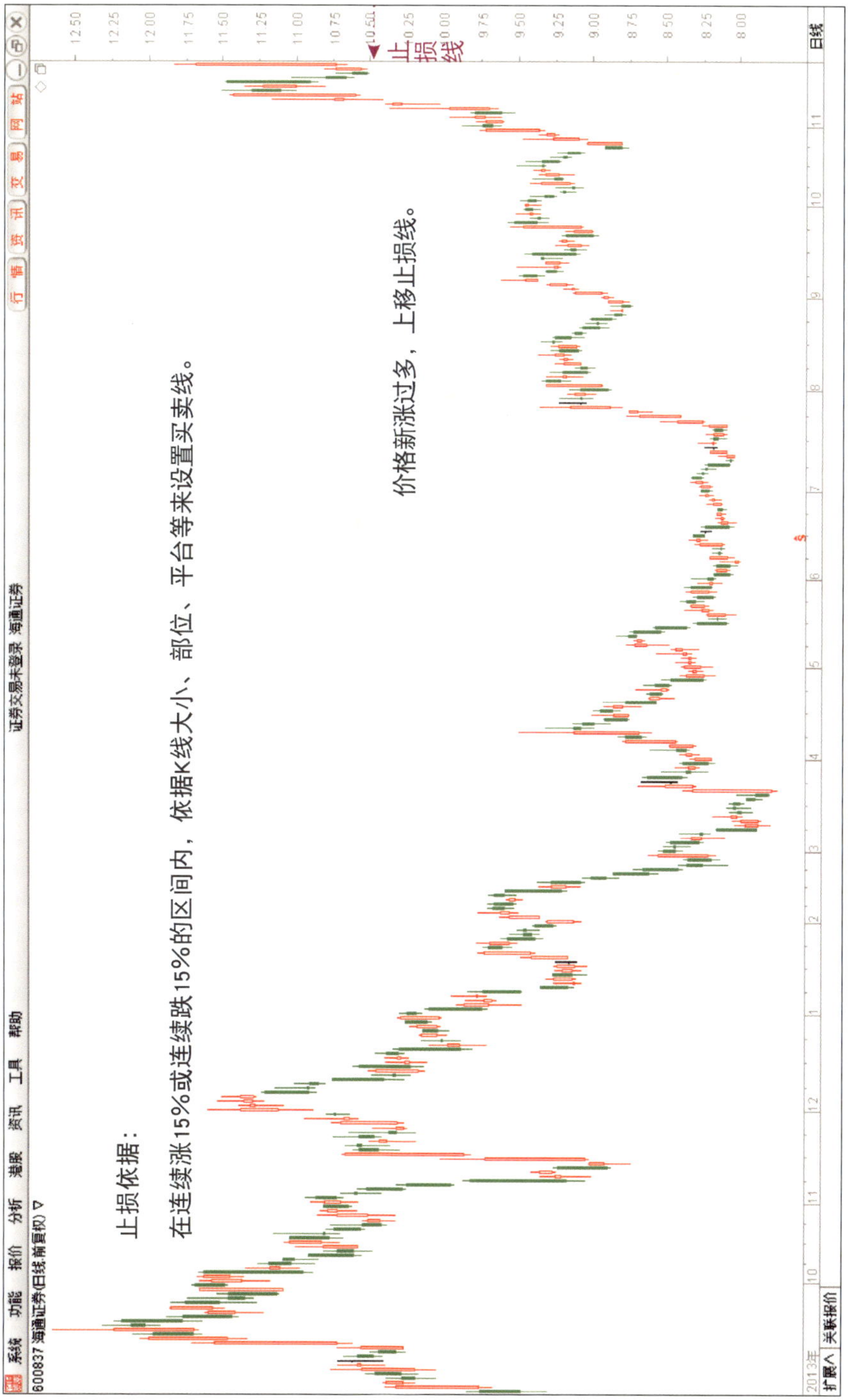
止损依据：
在连续涨15%或连续跌15%的区间内，依据K线大小、部位、平台等来设置买卖线。
价格新涨过多，上移止损线。
止损线
600837 海通证券(日线 前复权)
日线

图21

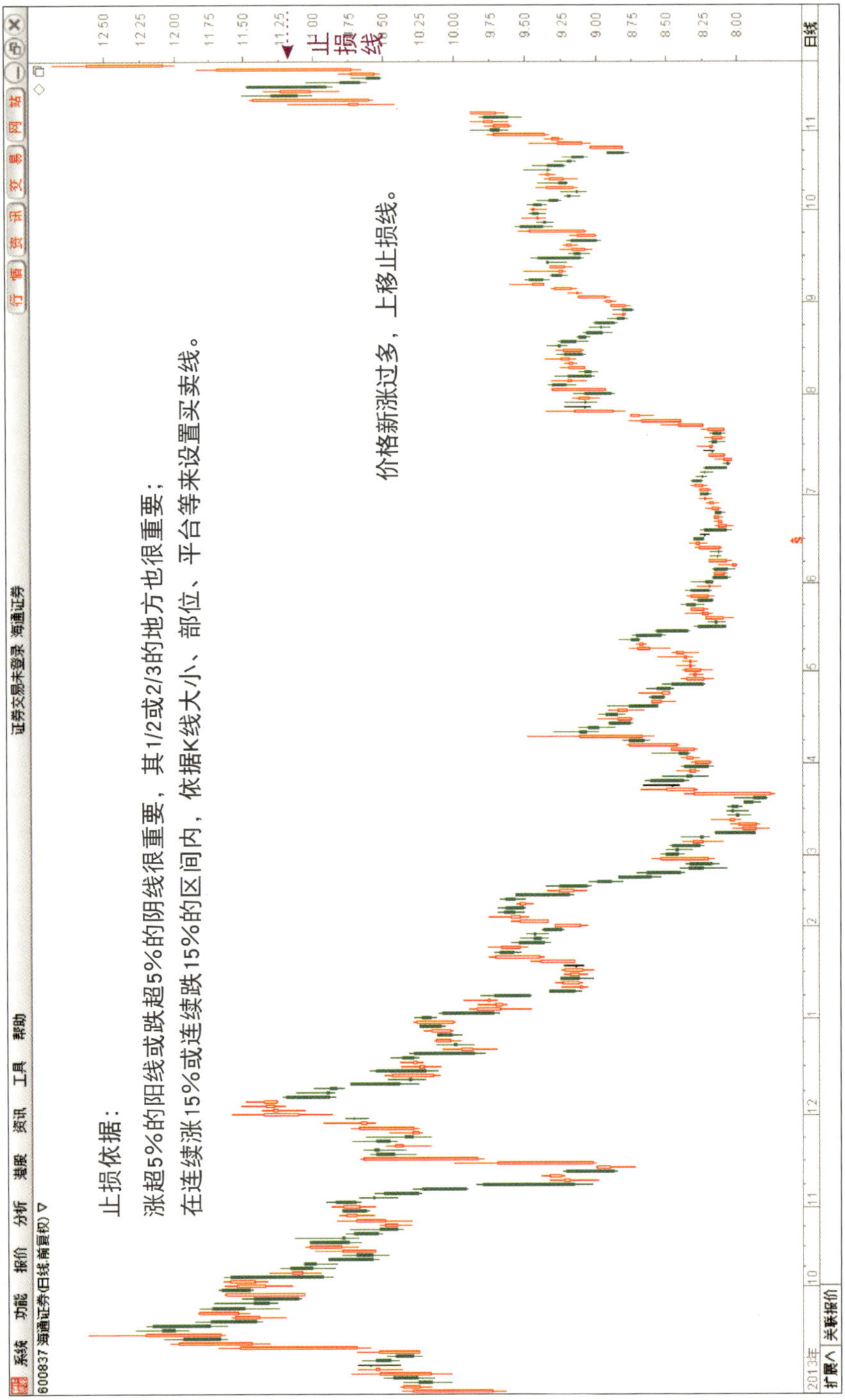

系统 功能 报价 分析 港股 资讯 工具 帮助
证券交易未登录 海通证券
行情 资讯 交易 网站
600837 海通证券(日线,前复权)
止损依据：
涨超5%的阳线或跌超5%的阴线很重要，其1/2或2/3的地方也很重要；
在连续涨15%或连续跌15%的区间内，依据K线大小、部位、平台等来设置买卖线。
价格新涨过多，上移止损线。
止损线
12.50
12.25
12.00
11.75
11.50
11.25
11.00
10.75
10.50
10.25
10.00
9.75
9.50
9.25
9.00
8.75
8.50
8.25
8.00
2013年 10 11 12 1 2 3 4 5 6 7 8 9 10 11
日线
扩展 关联报价

图22

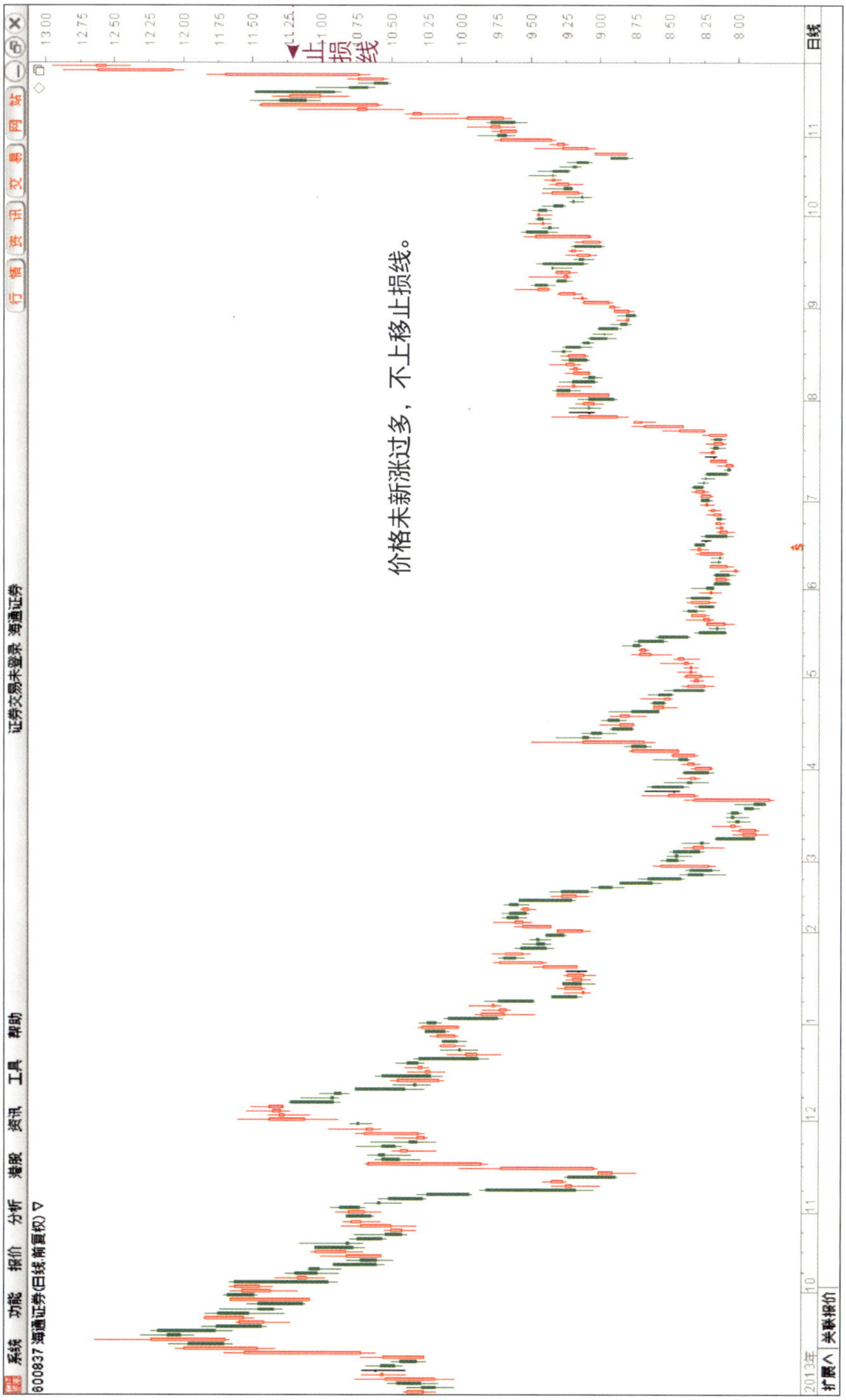

图23

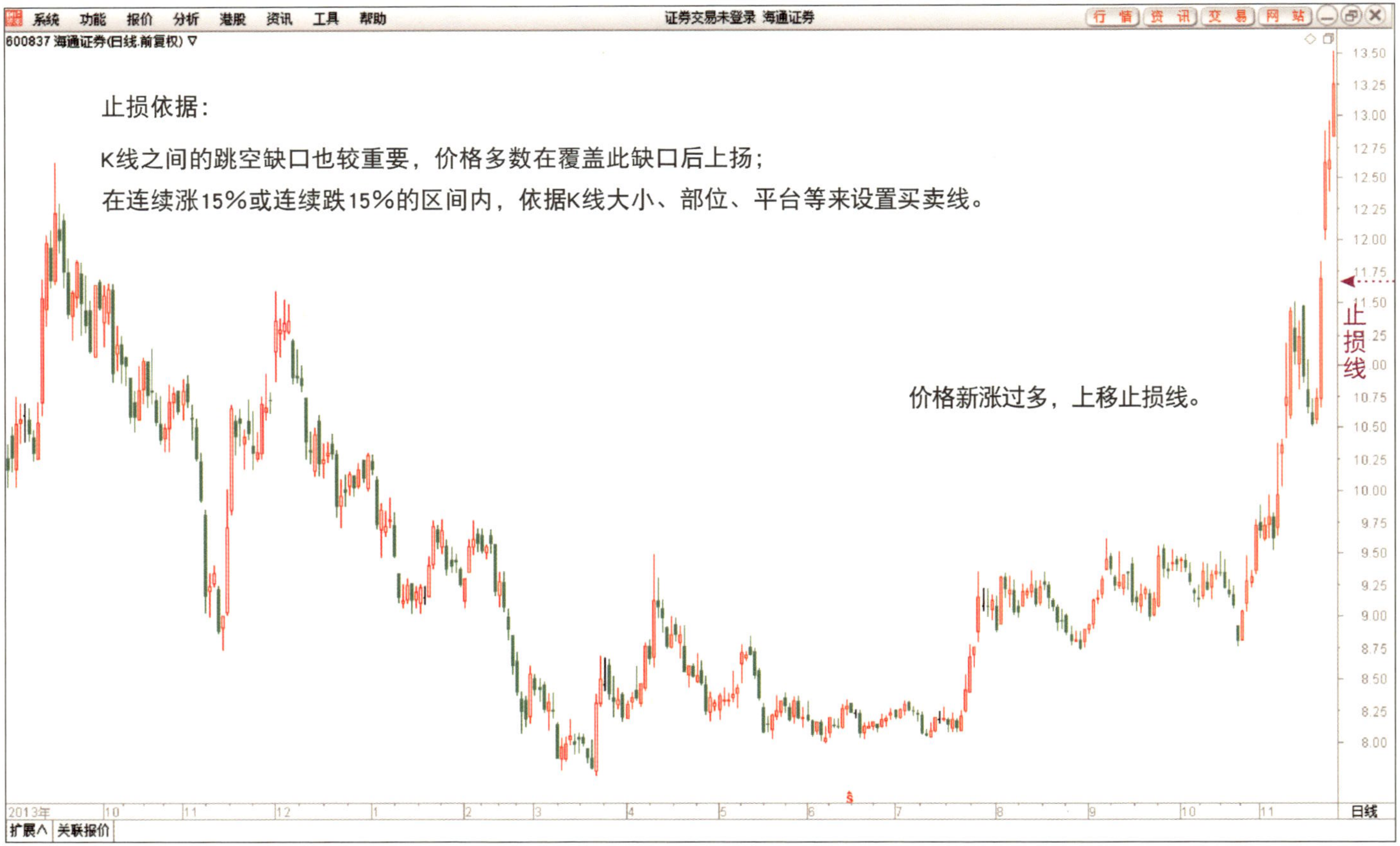
系统 功能 报价 分析 港股 资讯 工具 帮助
证券交易未登录 海通证券
行情 资讯 交易 网站
600837 海通证券(日线,前复权)
止损依据：
K线之间的跳空缺口也较重要，价格多数在覆盖此缺口后上扬；
在连续涨15%或连续跌15%的区间内，依据K线大小、部位、平台等来设置买卖线。
价格新涨过多，上移止损线。
止损线
13.50
13.25
13.00
12.75
12.50
12.25
12.00
11.75
11.50
10.75
10.50
10.25
10.00
9.75
9.50
9.25
9.00
8.75
8.50
8.25
8.00
2013年
日线
扩展∧ 关联报价

图24

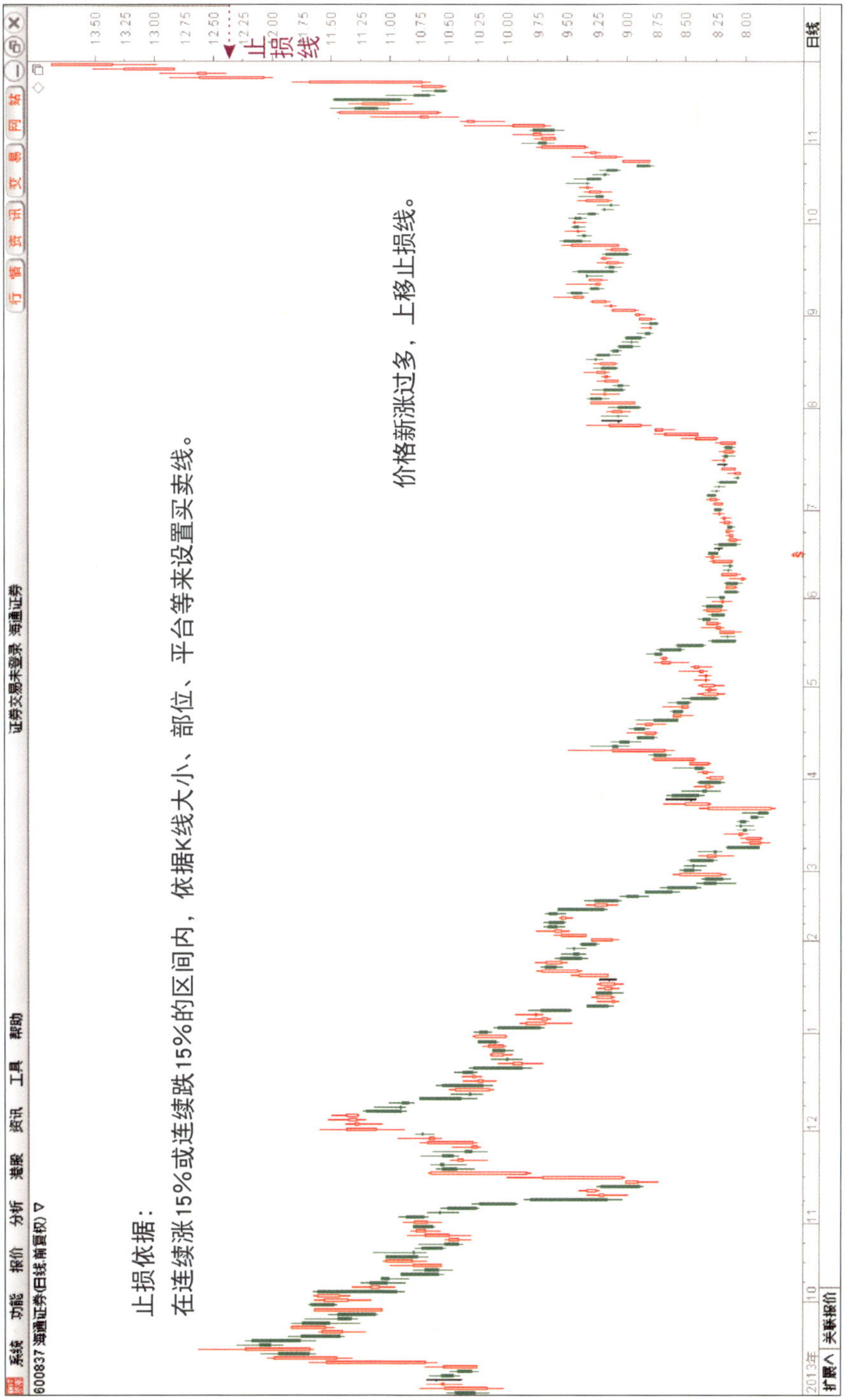
止损依据：
在连续涨15%或连续跌15%的区间内，依据K线大小、部位、平台等来设置买卖线。
价格新涨过多，上移止损线。
止损线
600837 海通证券(日线 前复权)
证券交易未登录 海通证券
日线

图25

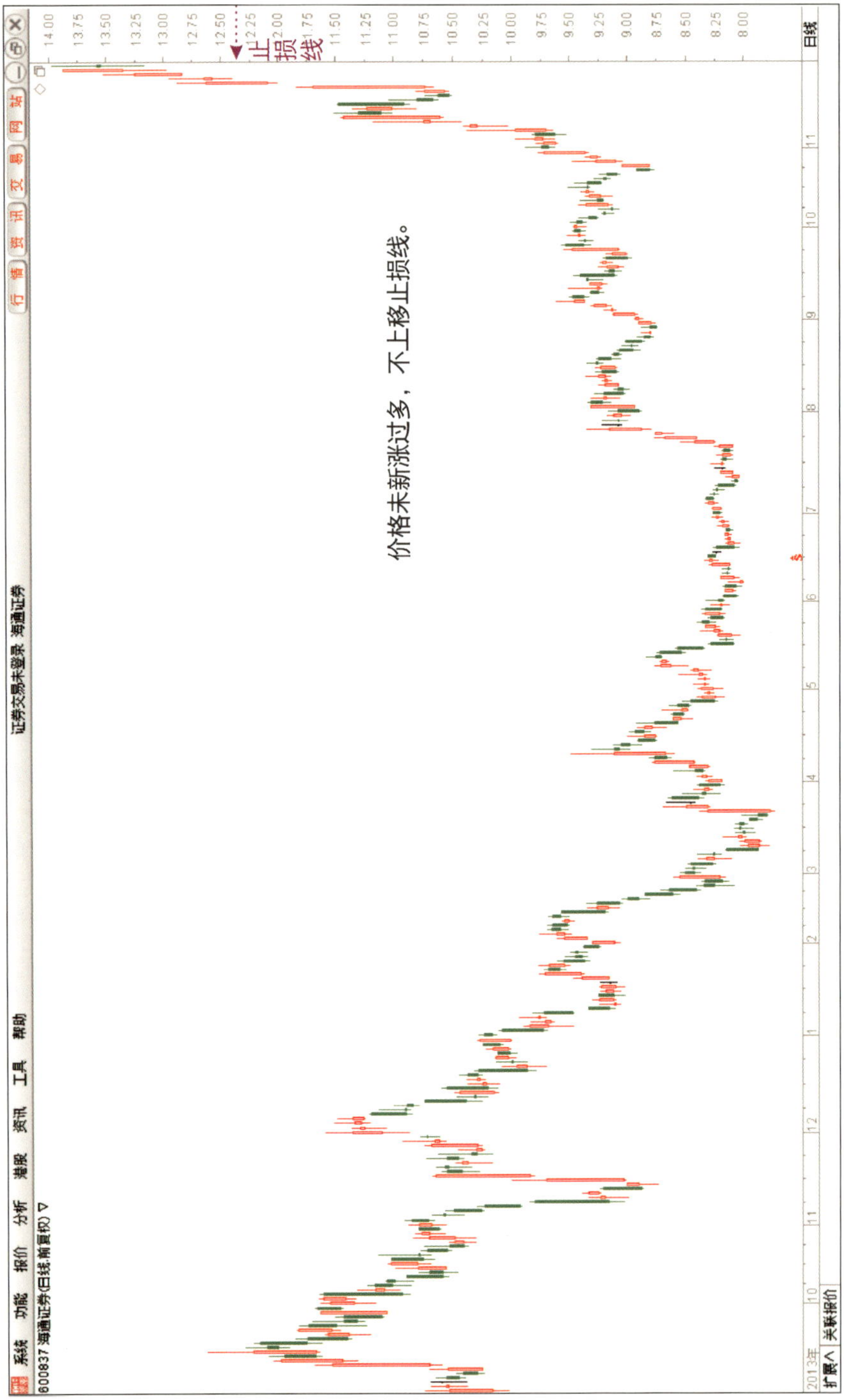

系统 功能 报价 分析 港股 资讯 工具 帮助
证券交易未登录 海通证券
行情 资讯 交易 网站
600837 海通证券(日线,前复权) ▽
价格未新涨过多，不上移止损线。
止损线
14.00
13.75
13.50
13.25
13.00
12.75
12.50
12.25
12.00
11.75
11.50
11.25
11.00
10.75
10.50
10.25
10.00
9.75
9.50
9.25
9.00
8.75
8.50
8.25
8.00
2013年
10
11
12
1
2
3
4
5
6
7
8
9
10
11
日线
扩展∧ 关联报价

图26

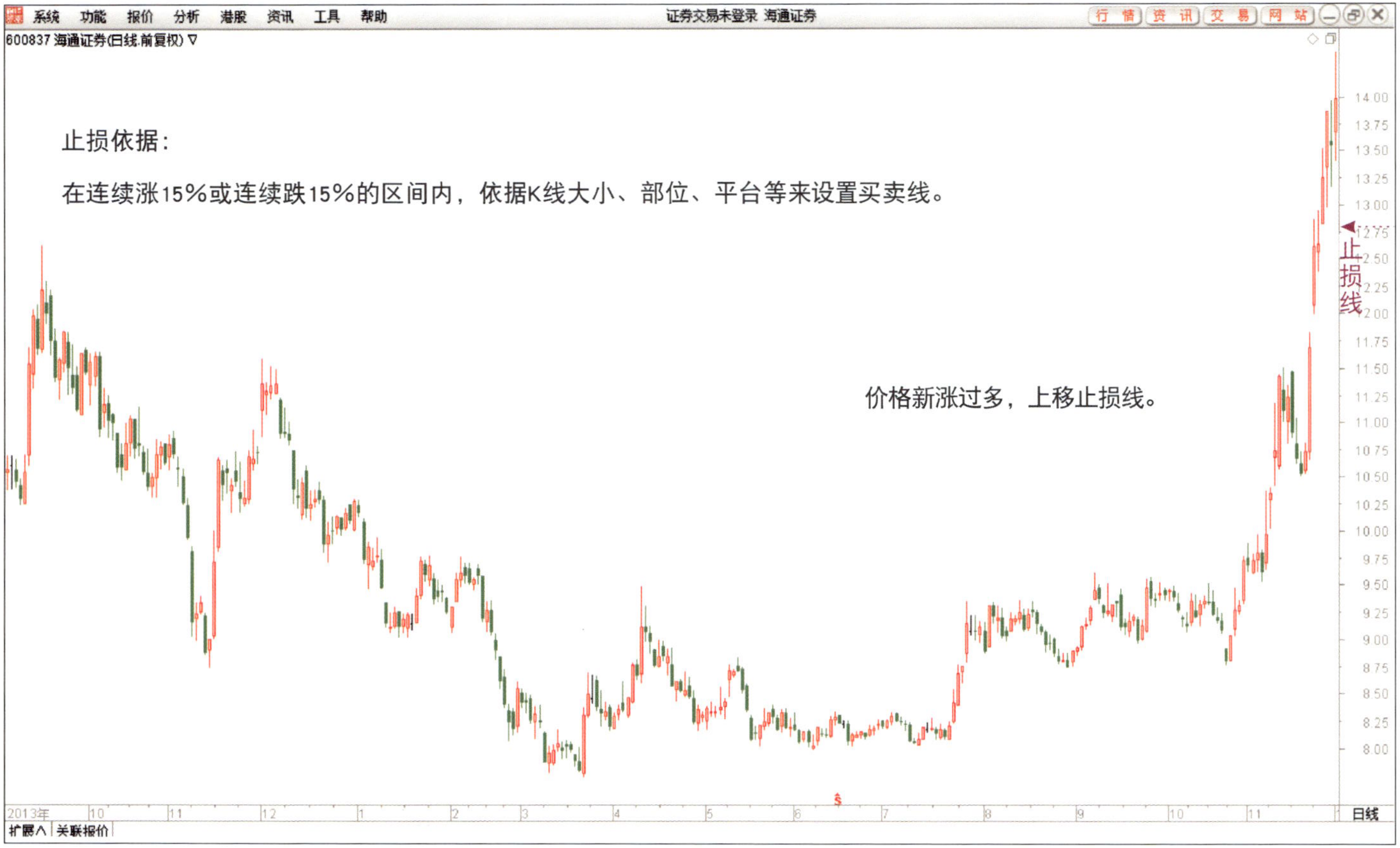
系统 功能 报价 分析 港股 资讯 工具 帮助
证券交易未登录 海通证券
行情 资讯 交易 网站
600837 海通证券(日线,前复权) ▽
止损依据：
在连续涨15%或连续跌15%的区间内，依据K线大小、部位、平台等来设置买卖线。
价格新涨过多，上移止损线。
止损线
14.00
13.75
13.50
13.25
13.00
12.75
12.50
12.25
12.00
11.75
11.50
11.25
11.00
10.75
10.50
10.25
10.00
9.75
9.50
9.25
9.00
8.75
8.50
8.25
8.00
2013年
10
11
12
1
2
3
4
5
6
7
8
9
10
11
日线
扩展∧
关联报价

图27

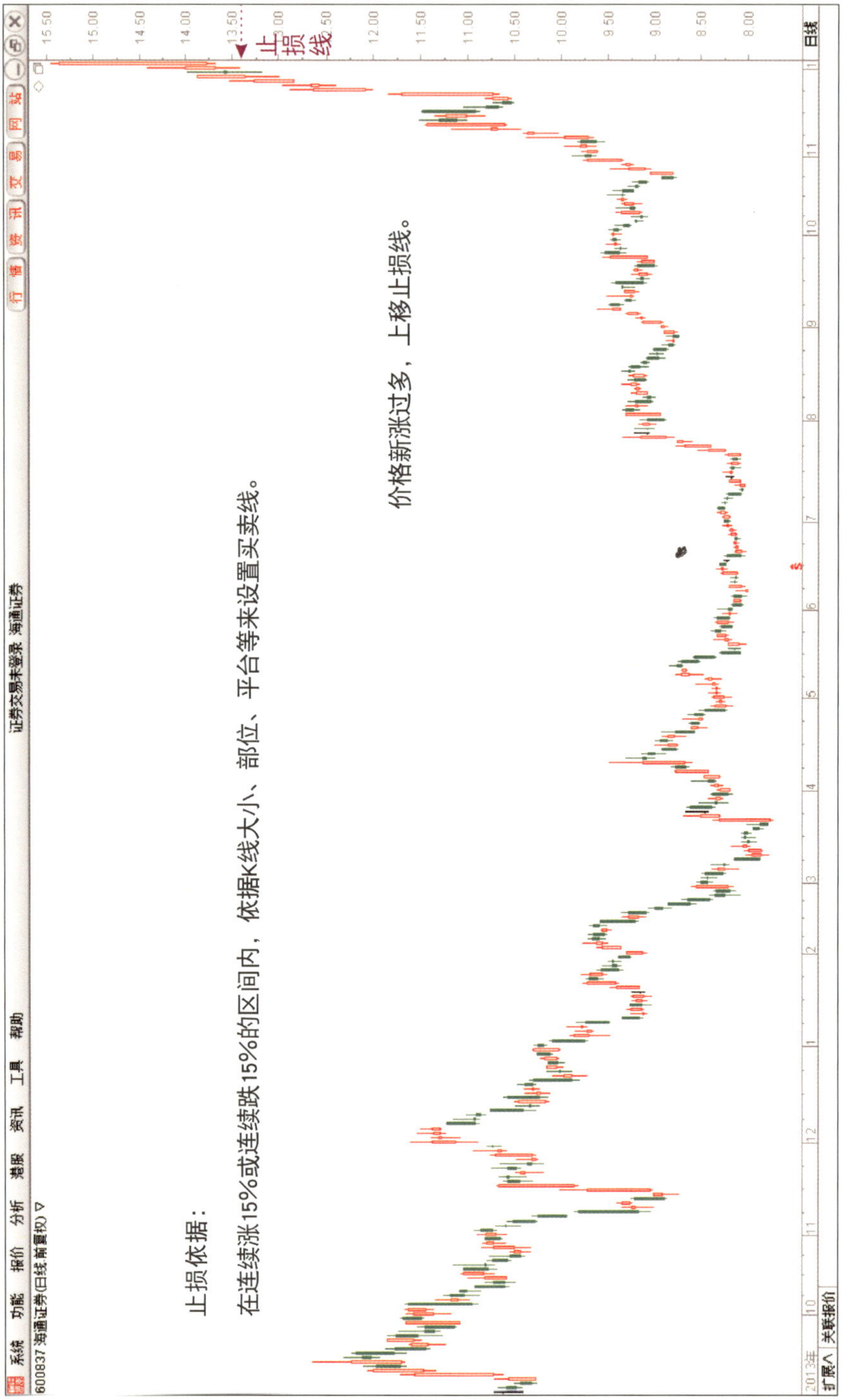
600837 海通证券(日线 前复权)
证券交易未登录 海通证券
止损线
止损依据：
在连续涨15%或连续跌15%的区间内，依据K线大小、部位、平台等来设置买卖线。
价格新涨过多，上移止损线。
日线

图28

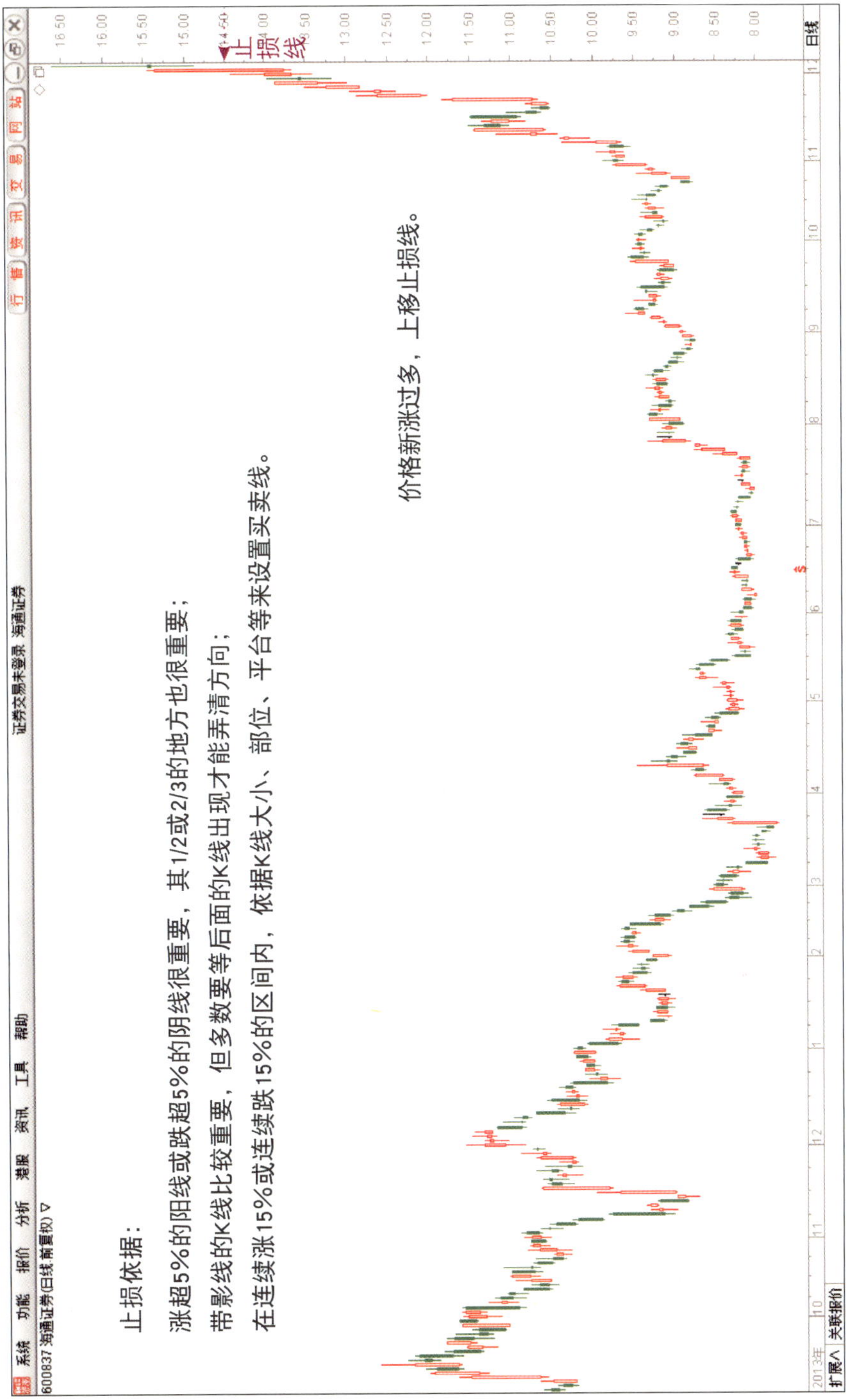
600837 海通证券(日线 前复权)
止损依据：
涨超5%的阳线或跌超5%的阴线很重要，其1/2或2/3的地方也很重要；
带影线的K线比较重要，但多数要等后面的K线出现才能弄清方向；
在连续涨15%或连续跌15%的区间内，依据K线大小、部位、平台等来设置买卖线。
价格新涨过多，上移止损线。
止损线

图29

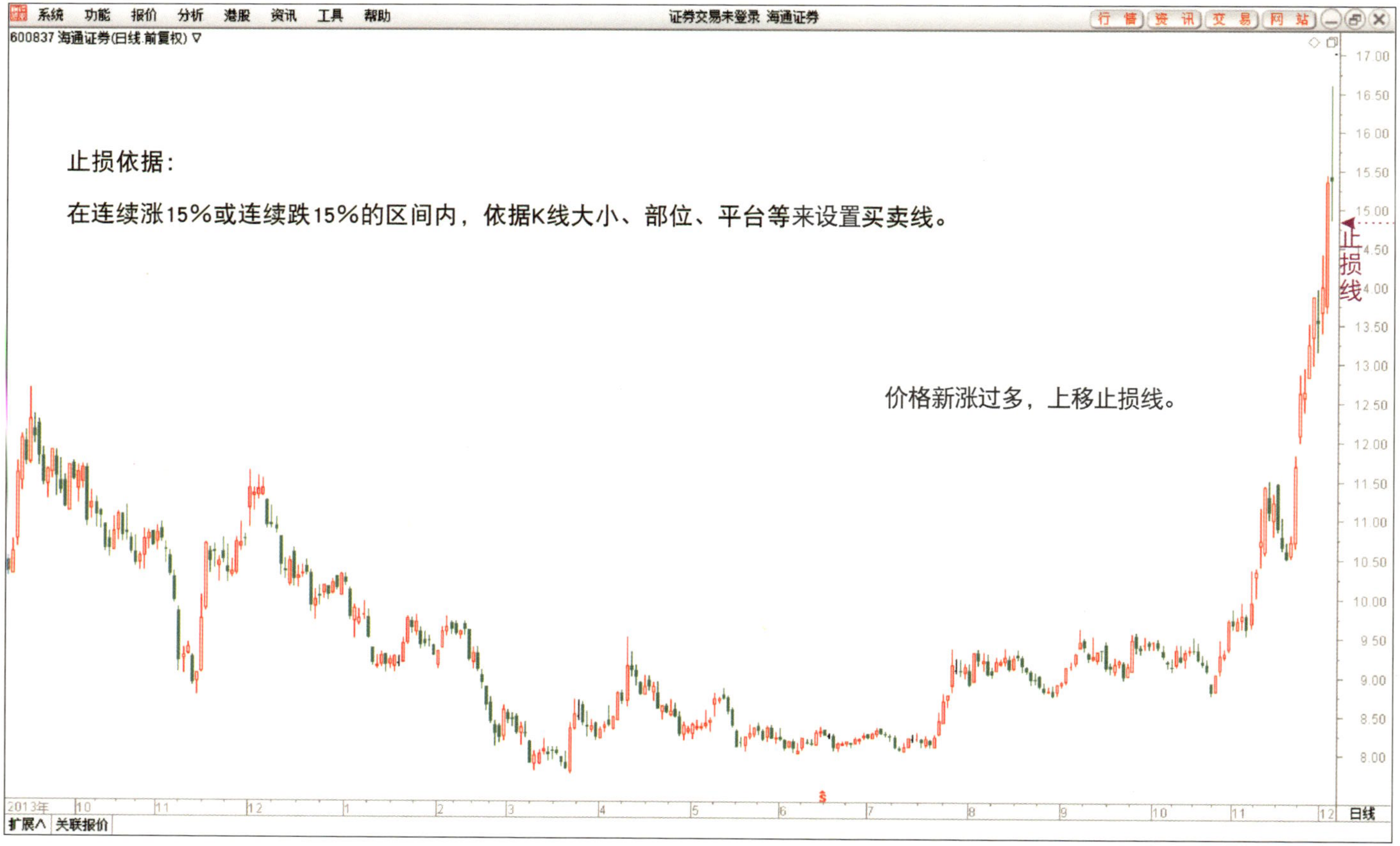
系统 功能 报价 分析 港股 资讯 工具 帮助
证券交易未登录 海通证券
行情 资讯 交易 网站
600837 海通证券(日线,前复权)
止损依据：
在连续涨15%或连续跌15%的区间内，依据K线大小、部位、平台等来设置买卖线。
价格新涨过多，上移止损线。
止损线
17.00
16.50
16.00
15.50
15.00
14.50
14.00
13.50
13.00
12.50
12.00
11.50
11.00
10.50
10.00
9.50
9.00
8.50
8.00
2013年
10
11
12
1
2
3
4
5
6
7
8
9
10
11
12
日线
扩展
关联报价

图30

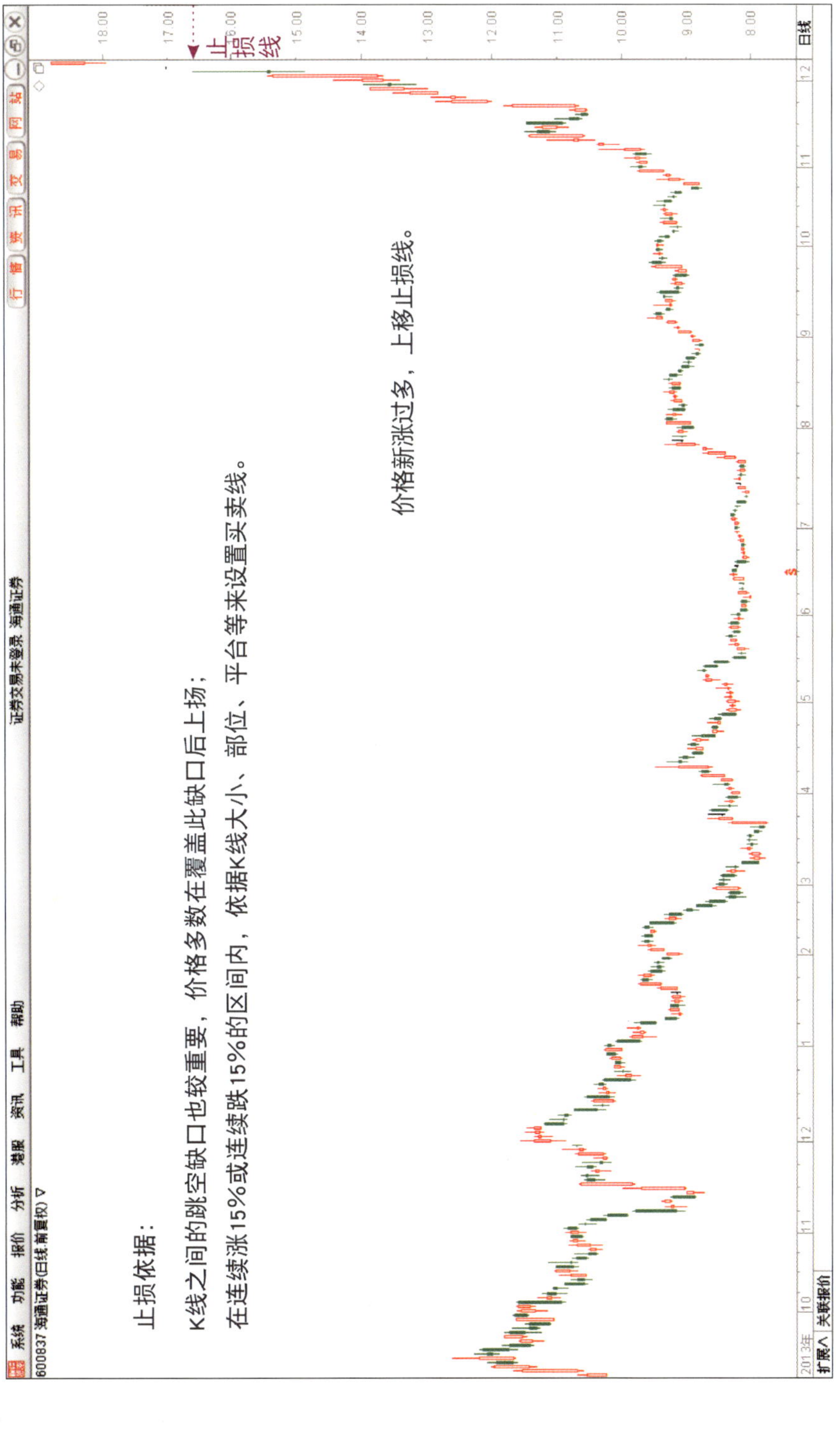
600837 海通证券(日线,前复权)
止损依据：
K线之间的跳空缺口也较重要，价格多数在覆盖此缺口后上扬；
在连续涨15%或连续跌15%的区间内，依据K线大小、部位、平台等来设置买卖线。
价格新涨过多，上移止损线。
止损线

图31

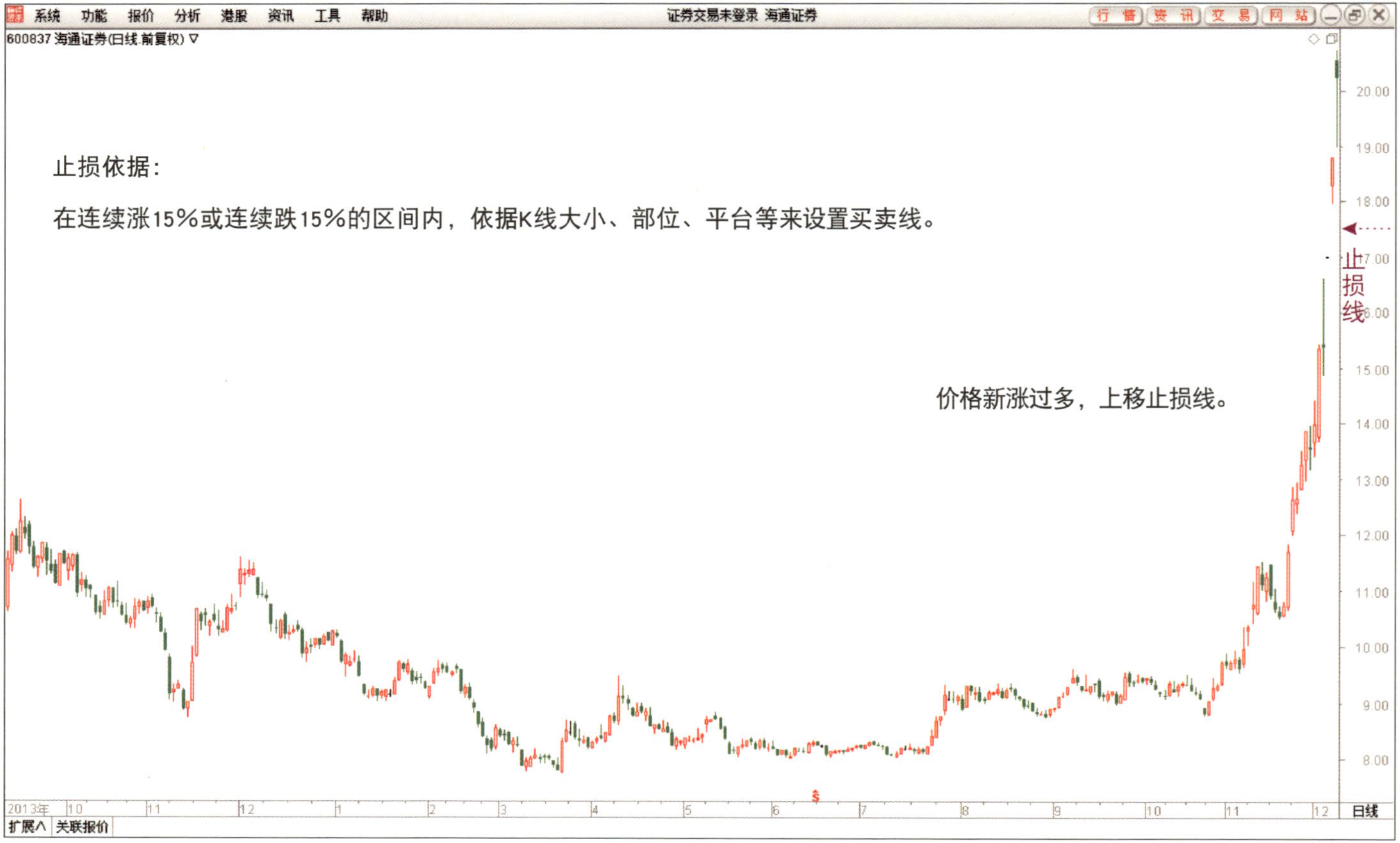
系统 功能 报价 分析 港股 资讯 工具 帮助
证券交易未登录 海通证券
行 情 资 讯 交 易 网 站
600837 海通证券(日线,前复权) ▽
止损依据：
在连续涨15%或连续跌15%的区间内，依据K线大小、部位、平台等来设置买卖线。
价格新涨过多，上移止损线。
止损线
20.00
19.00
18.00
17.00
16.00
15.00
14.00
13.00
12.00
11.00
10.00
9.00
8.00
2013年
10
11
12
1
2
3
4
5
6
7
8
9
10
11
12
日线
扩展∧ 关联报价

图32

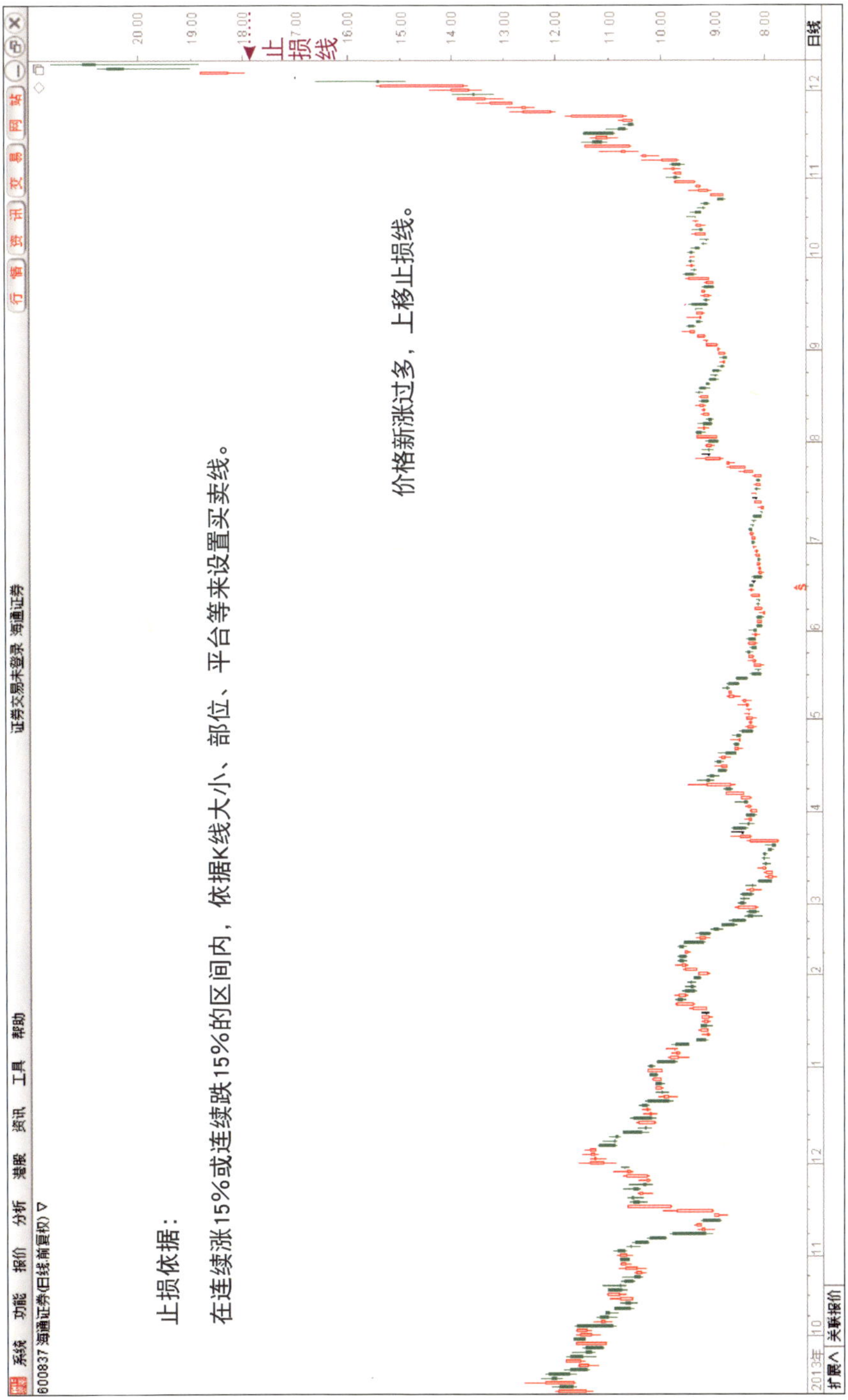

系统 功能 报价 分析 港股 资讯 工具 帮助
证券交易未登录 海通证券
行情 资讯 交易 网站
600837 海通证券(日线,前复权)
止损依据：
在连续涨15%或连续跌15%的区间内，依据K线大小、部位、平台等来设置买卖线。
价格新涨过多，上移止损线。
止损线
20.00
19.00
18.00
17.00
16.00
15.00
14.00
13.00
12.00
11.00
10.00
9.00
8.00
日线
2013年
扩展
关联报价

图33

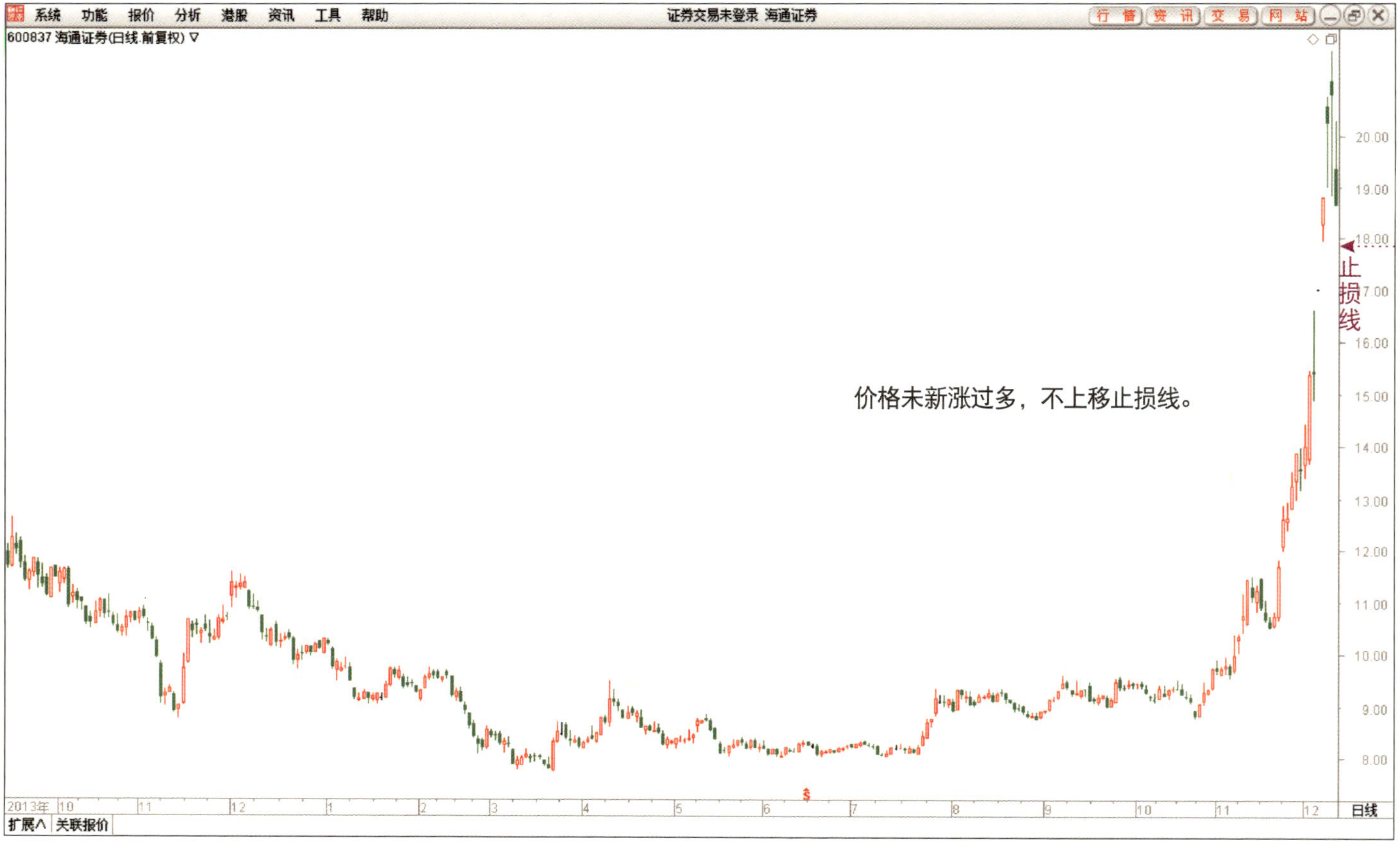
系统 功能 报价 分析 港股 资讯 工具 帮助
证券交易未登录 海通证券
行情 资讯 交易 网站
600837 海通证券(日线,前复权)
价格未新涨过多，不上移止损线。
止损线
20.00
19.00
18.00
17.00
16.00
15.00
14.00
13.00
12.00
11.00
10.00
9.00
8.00
2013年 10 11 12 1 2 3 4 5 6 7 8 9 10 11 12
日线
扩展 关联报价

图34

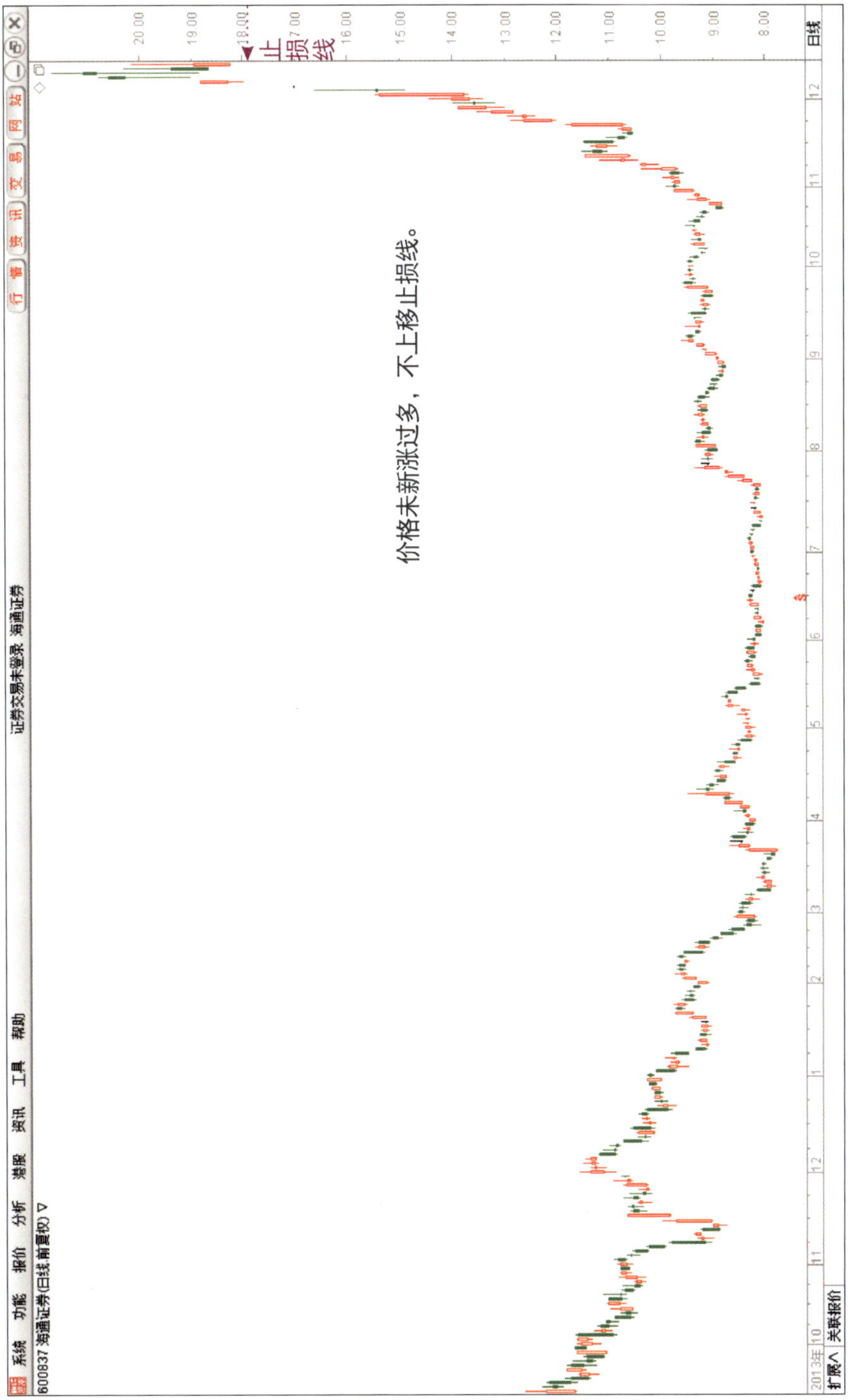
系统 功能 报价 分析 港股 资讯 工具 帮助
证券交易未登录 海通证券
行 情 资 讯 交 易 网 站
600837 海通证券(日线 前复权)
价格未新涨过多，不上移止损线。
止损线
20.00
19.00
18.00
17.00
16.00
15.00
14.00
13.00
12.00
11.00
10.00
9.00
8.00
日线
扩展∧ 关联报价

图35

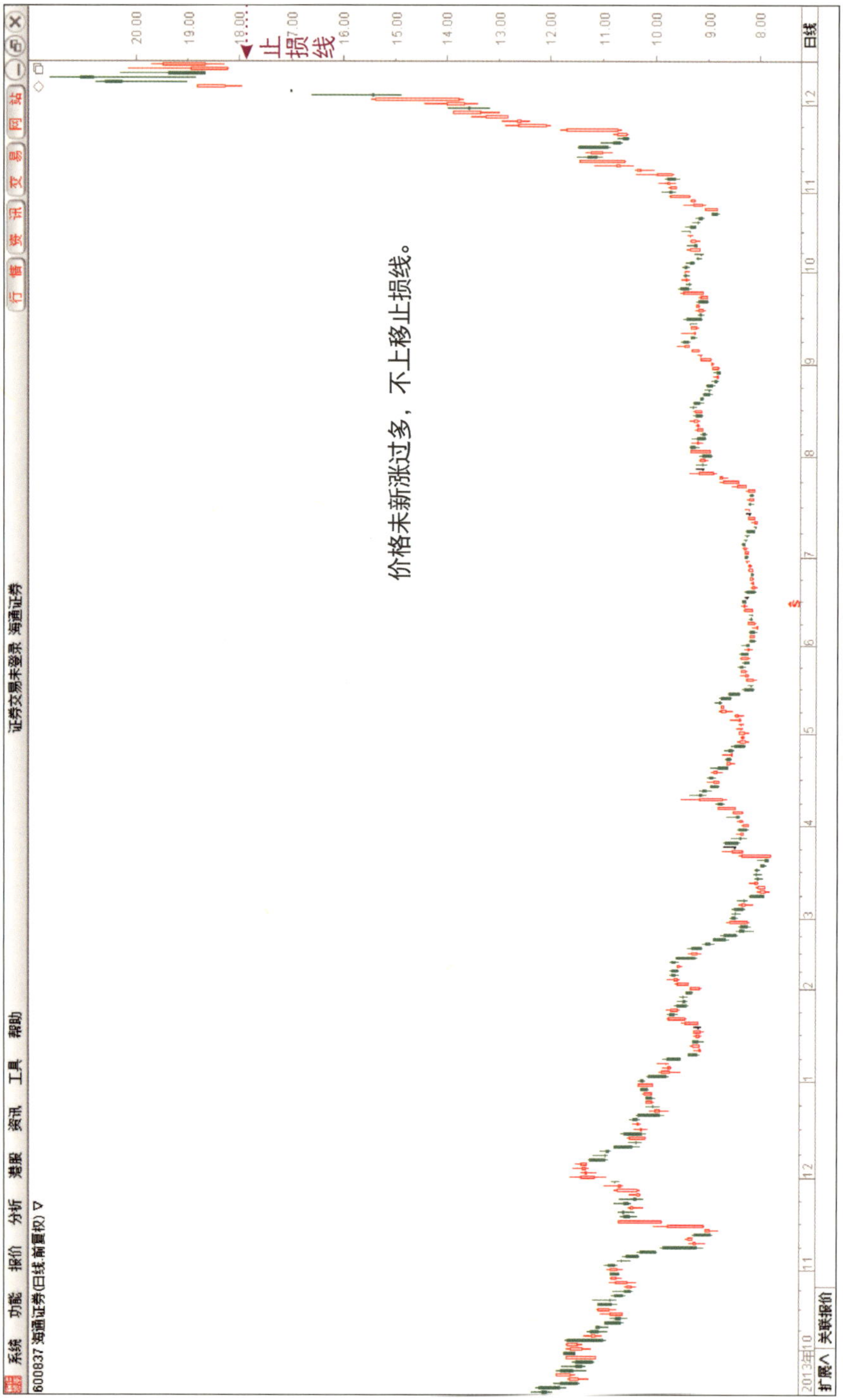
系统 功能 报价 分析 港股 资讯 工具 帮助
证券交易未登录 海通证券
行情 资讯 交易 网站
600837 海通证券(日线 前复权)
止损线
价格未新涨过多，不上移止损线。
20.00
19.00
18.00
17.00
16.00
15.00
14.00
13.00
12.00
11.00
10.00
9.00
8.00
日线
扩展 关联报价

图36

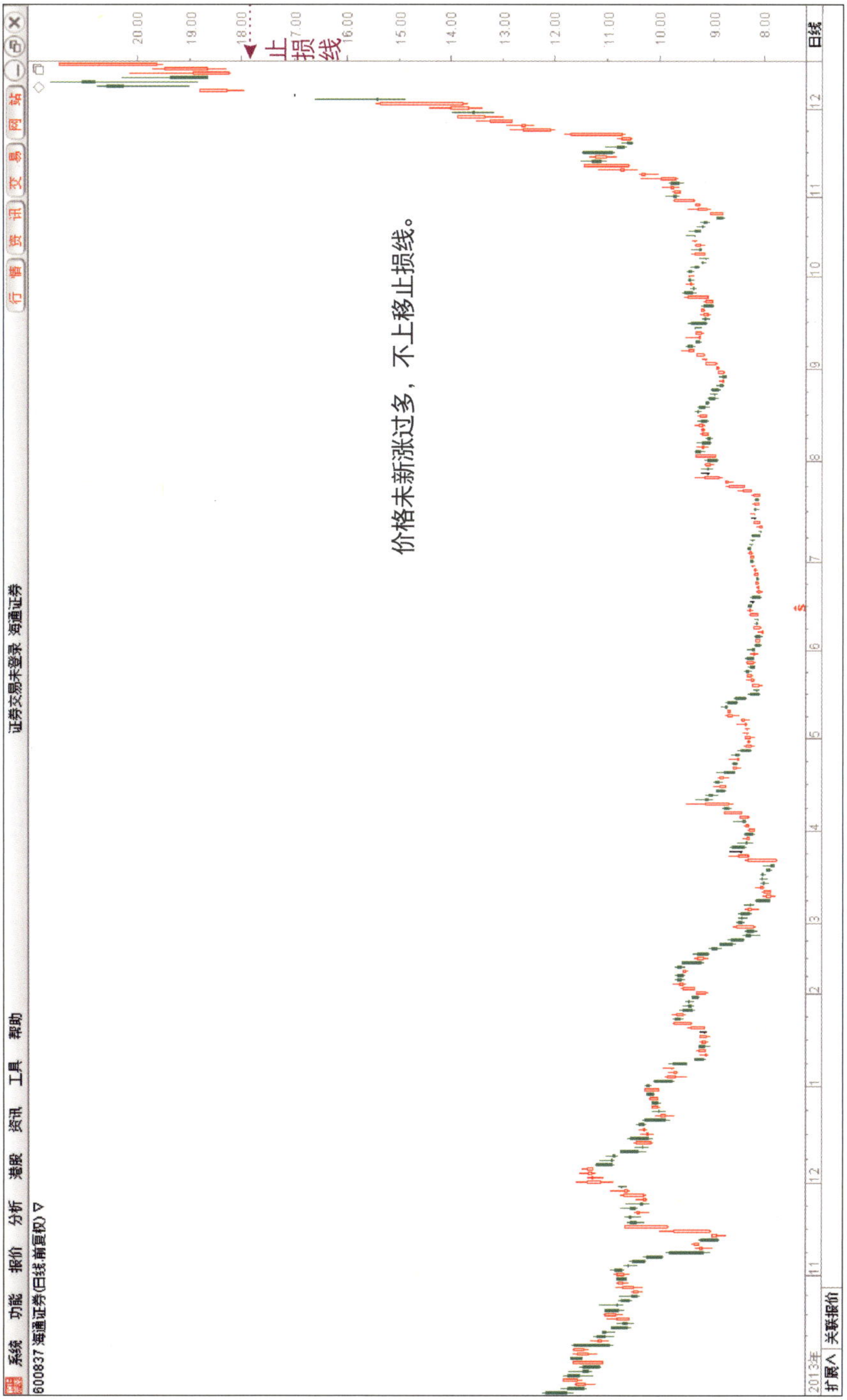
系统 功能 报价 分析 港股 资讯 工具 帮助
证券交易未登录 海通证券
行情 资讯 交易 网站
600837 海通证券(日线,前复权)
止损线
价格未新涨过多，不上移止损线。
20.00
19.00
18.00
17.00
16.00
15.00
14.00
13.00
12.00
11.00
10.00
9.00
8.00
2013年
扩展∧ 关联报价
日线

图37

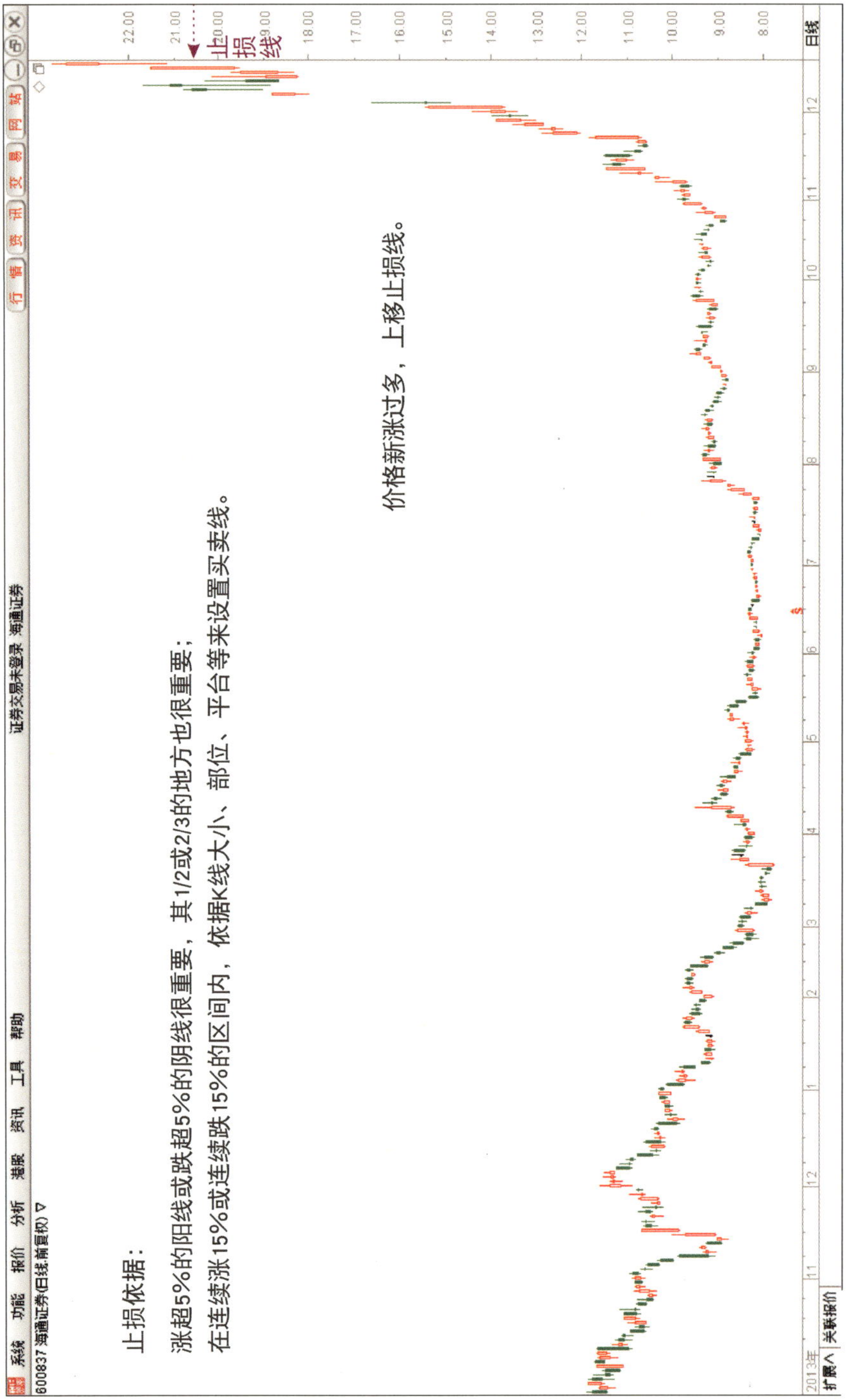
系统 功能 报价 分析 港股 资讯 工具 帮助
证券交易未登录 海通证券
行情 资讯 交易 网站
600837 海通证券(日线,前复权)
止损依据：
涨超5%的阳线或跌超5%的阴线很重要，其1/2或2/3的地方也很重要；
在连续涨15%或连续跌15%的区间内，依据K线大小、部位、平台等来设置买卖线。
价格新涨过多，上移止损线。
止损线
22.00
21.00
20.00
19.00
18.00
17.00
16.00
15.00
14.00
13.00
12.00
11.00
10.00
9.00
8.00
日线
2013年
扩展 关联报价

图38

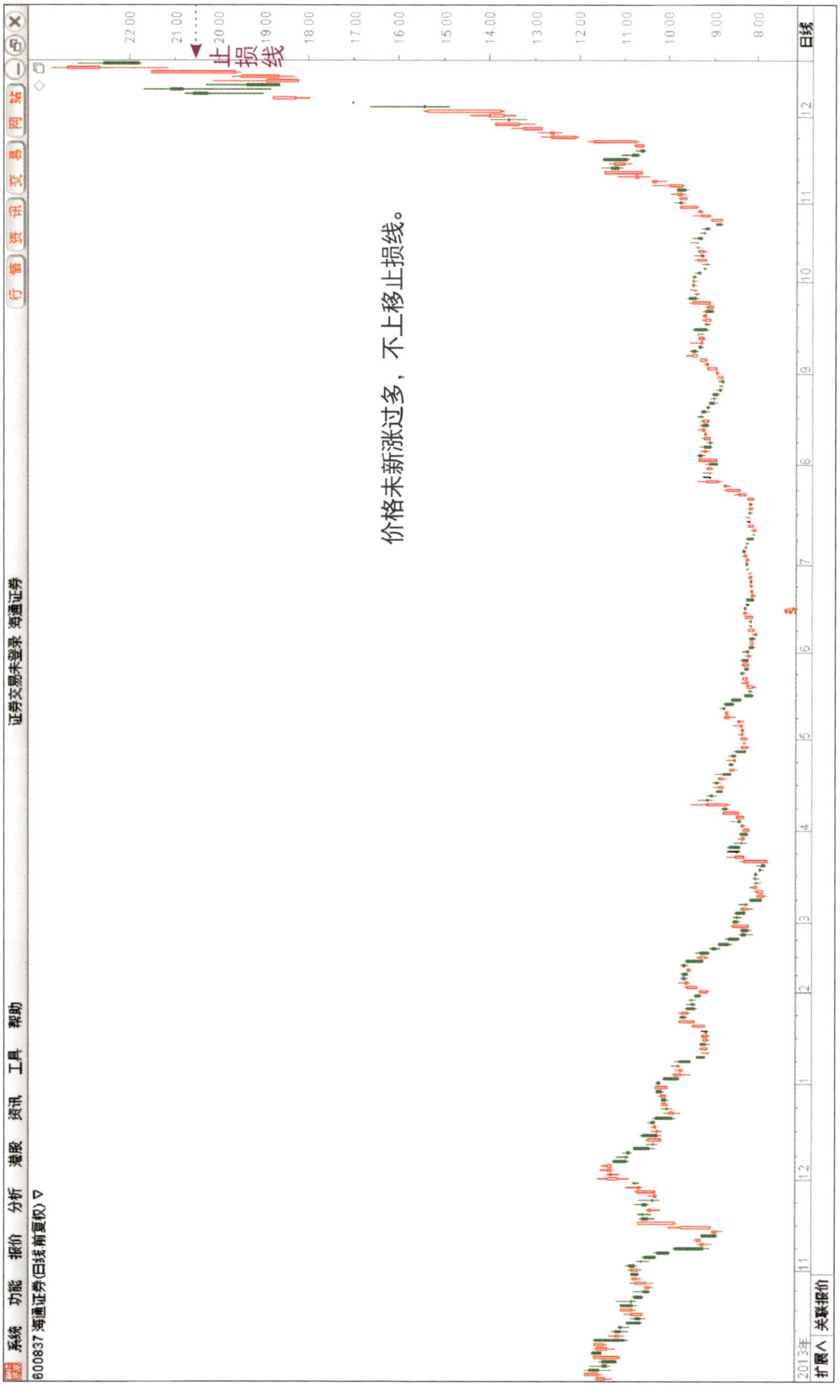

图39

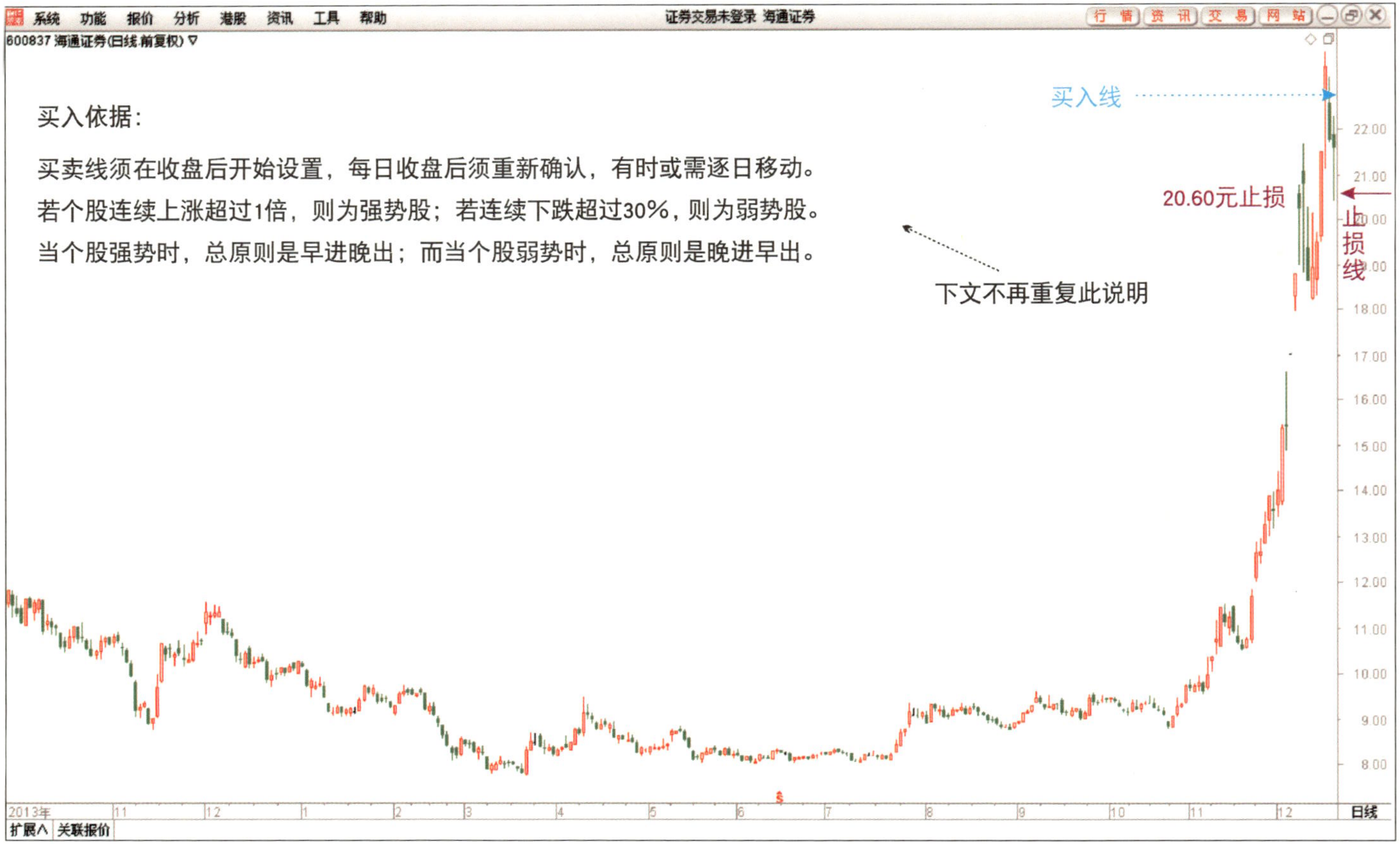
系统 功能 报价 分析 港股 资讯 工具 帮助
证券交易未登录 海通证券
行情 资讯 交易 网站
600837 海通证券(日线 前复权)
买入依据：
买卖线须在收盘后开始设置，每日收盘后须重新确认，有时或需逐日移动。
若个股连续上涨超过1倍，则为强势股；若连续下跌超过30%，则为弱势股。
当个股强势时，总原则是早进晚出；而当个股弱势时，总原则是晚进早出。
下文不再重复此说明
买入线
20.60元止损
止损线
22.00
21.00
18.00
17.00
16.00
15.00
14.00
13.00
12.00
11.00
10.00
9.00
8.00
2013年
11
12
1
2
3
4
5
6
7
8
9
10
11
12
日线
扩展 关联报价

图40

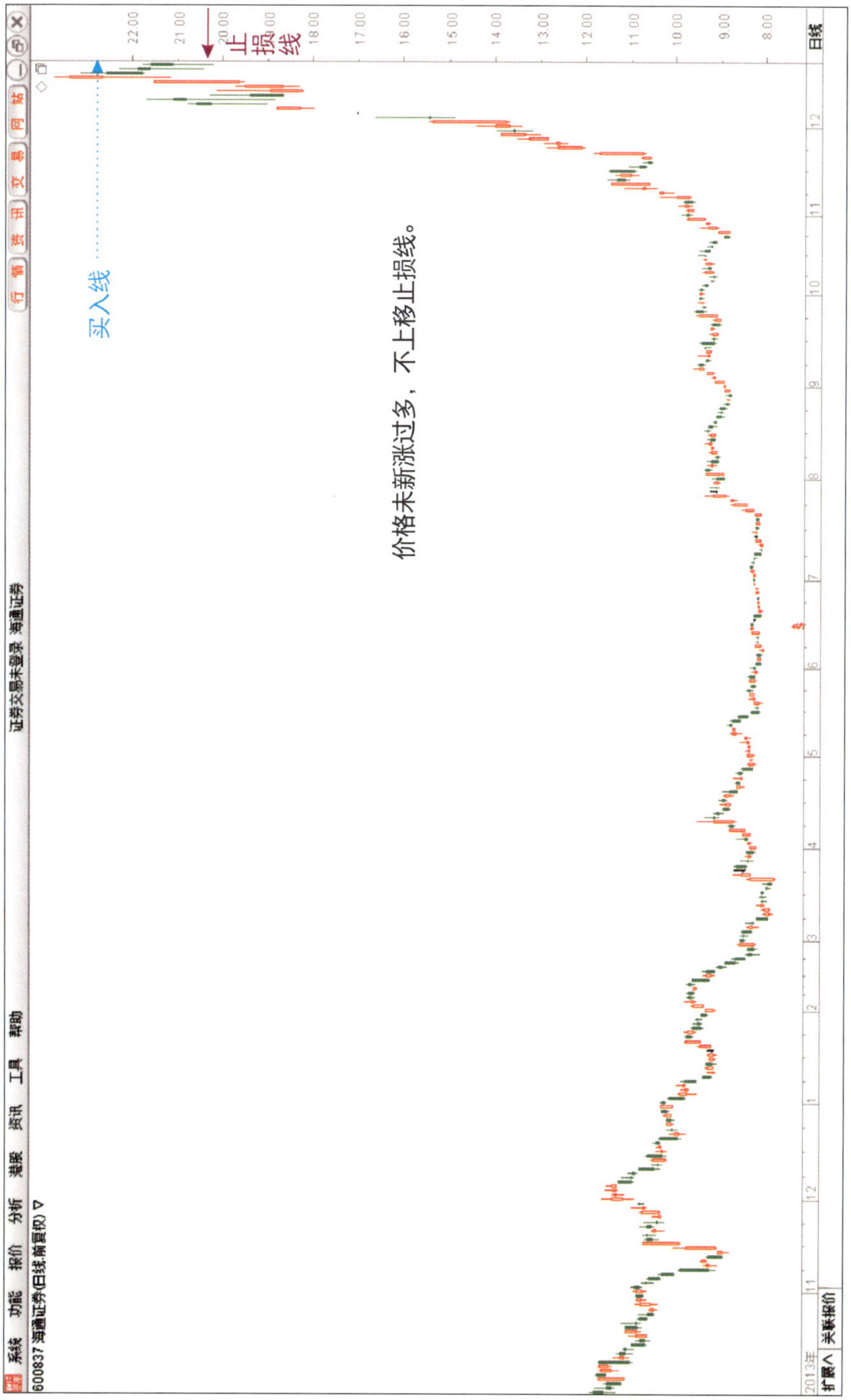
系统 功能 报价 分析 港股 资讯 工具 帮助
证券交易未登录 海通证券
600837 海通证券(日线,前复权)
买入线
止损线
价格未新涨过多，不上移止损线。
日线

图41

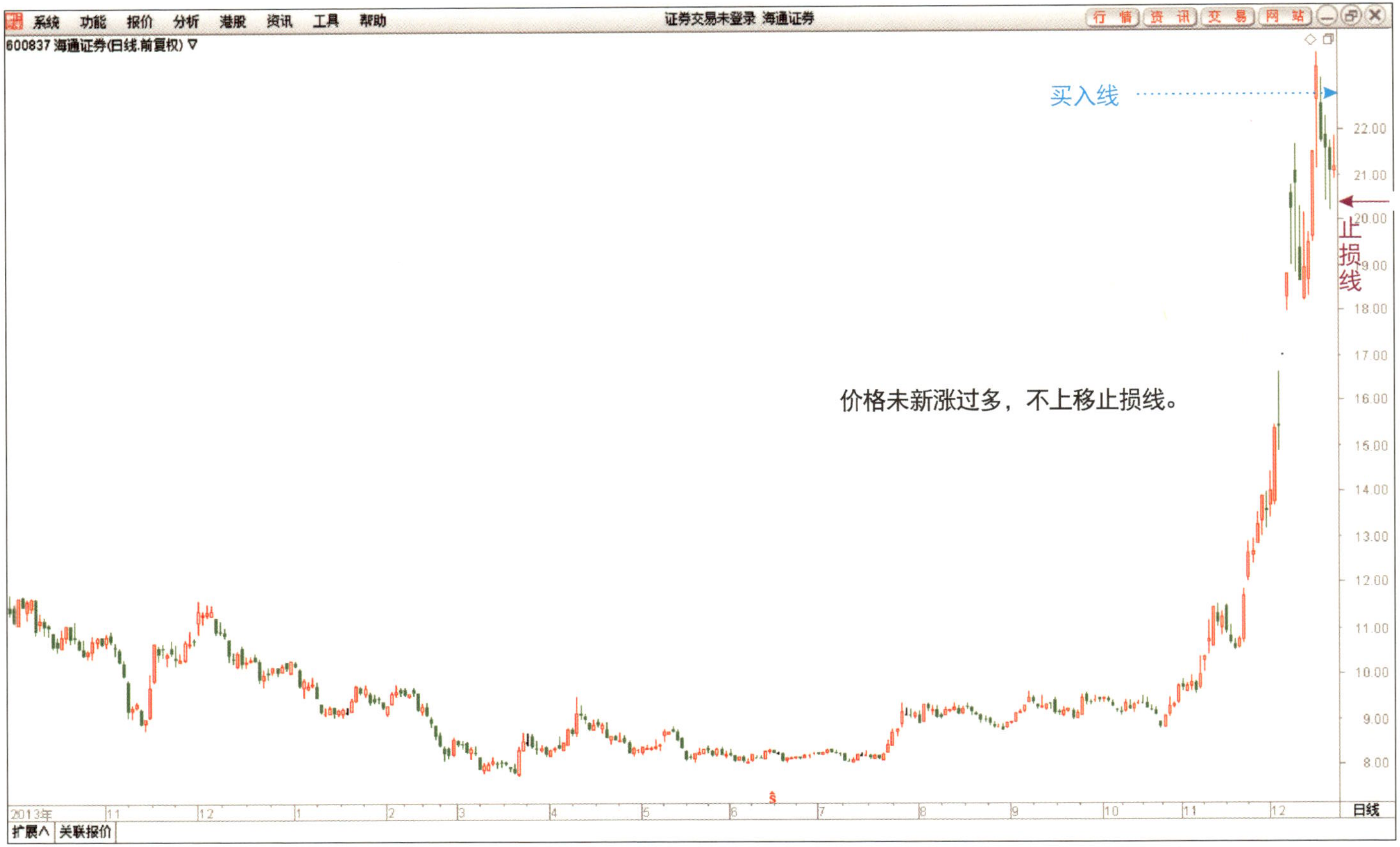
系统 功能 报价 分析 港股 资讯 工具 帮助
证券交易未登录 海通证券
行情 资讯 交易 网站
600837 海通证券(日线,前复权) ▽
买入线
止损线
价格未新涨过多，不上移止损线。
22.00
21.00
20.00
19.00
18.00
17.00
16.00
15.00
14.00
13.00
12.00
11.00
10.00
9.00
8.00
2013年
11
12
1
2
3
4
5
6
7
8
9
10
11
12
日线
扩展∧
关联报价

图42

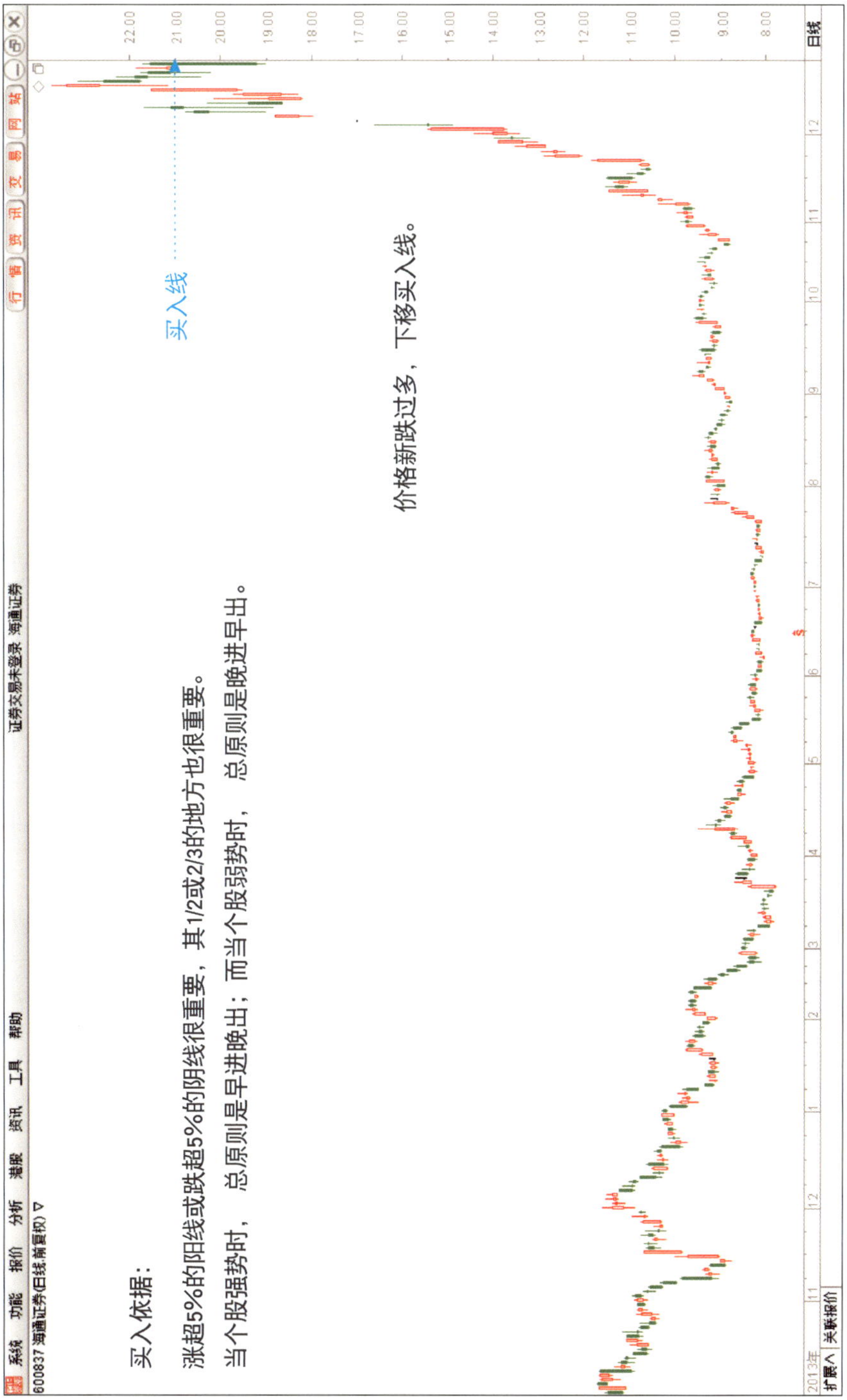
600837 海通证券(日线,前复权)
买入依据：
涨超5%的阳线或跌超5%的阴线很重要，其1/2或2/3的地方也很重要。
当个股强势时，总原则是早进晚出；而当个股弱势时，总原则是晚进早出。
买入线
价格新跌过多，下移买入线。

图43

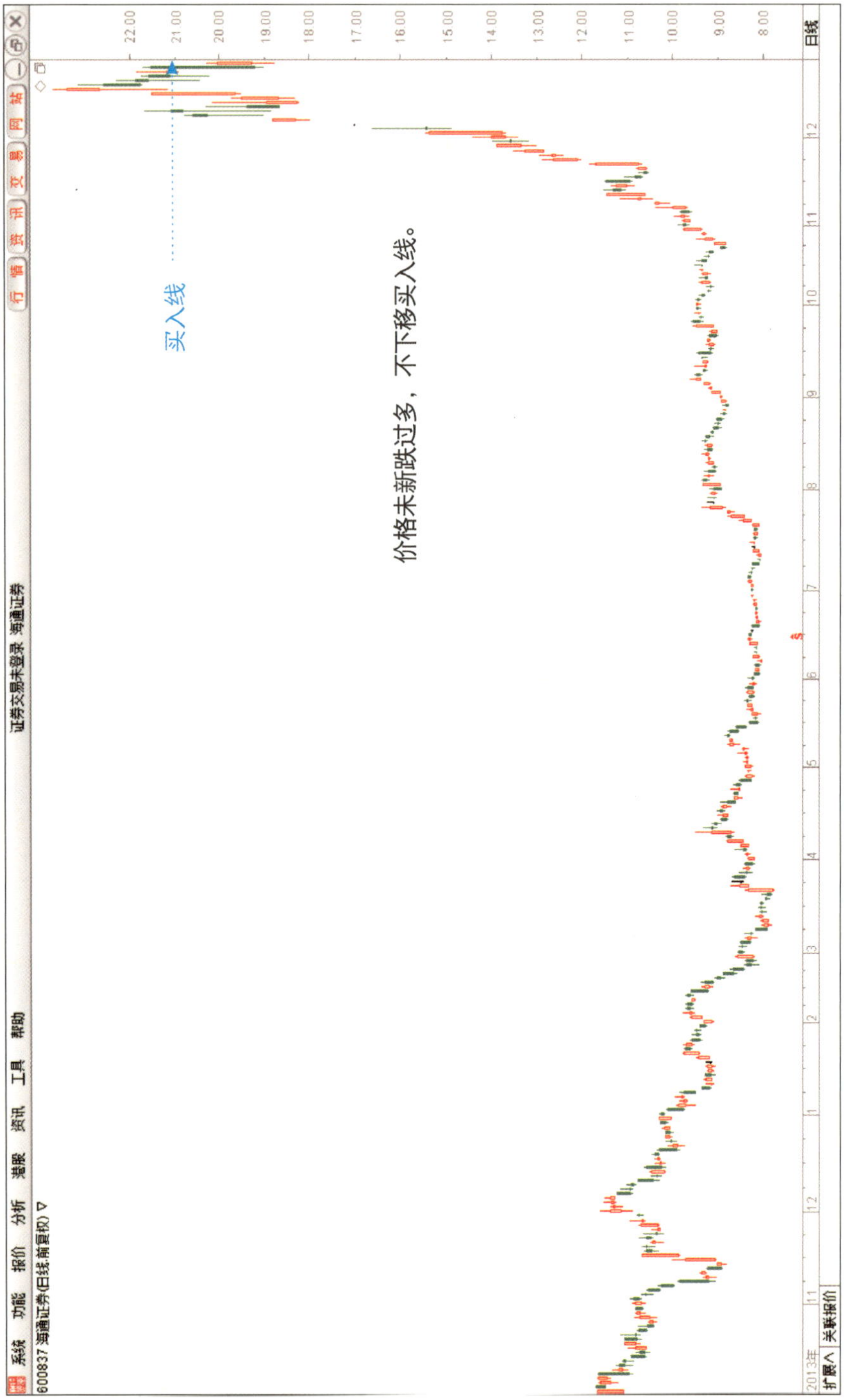
系统 功能 报价 分析 港股 资讯 工具 帮助
证券交易未登录 海通证券
600837 海通证券(日线,前复权)
买入线
价格未新跌过多，不下移买入线。
日线

图44

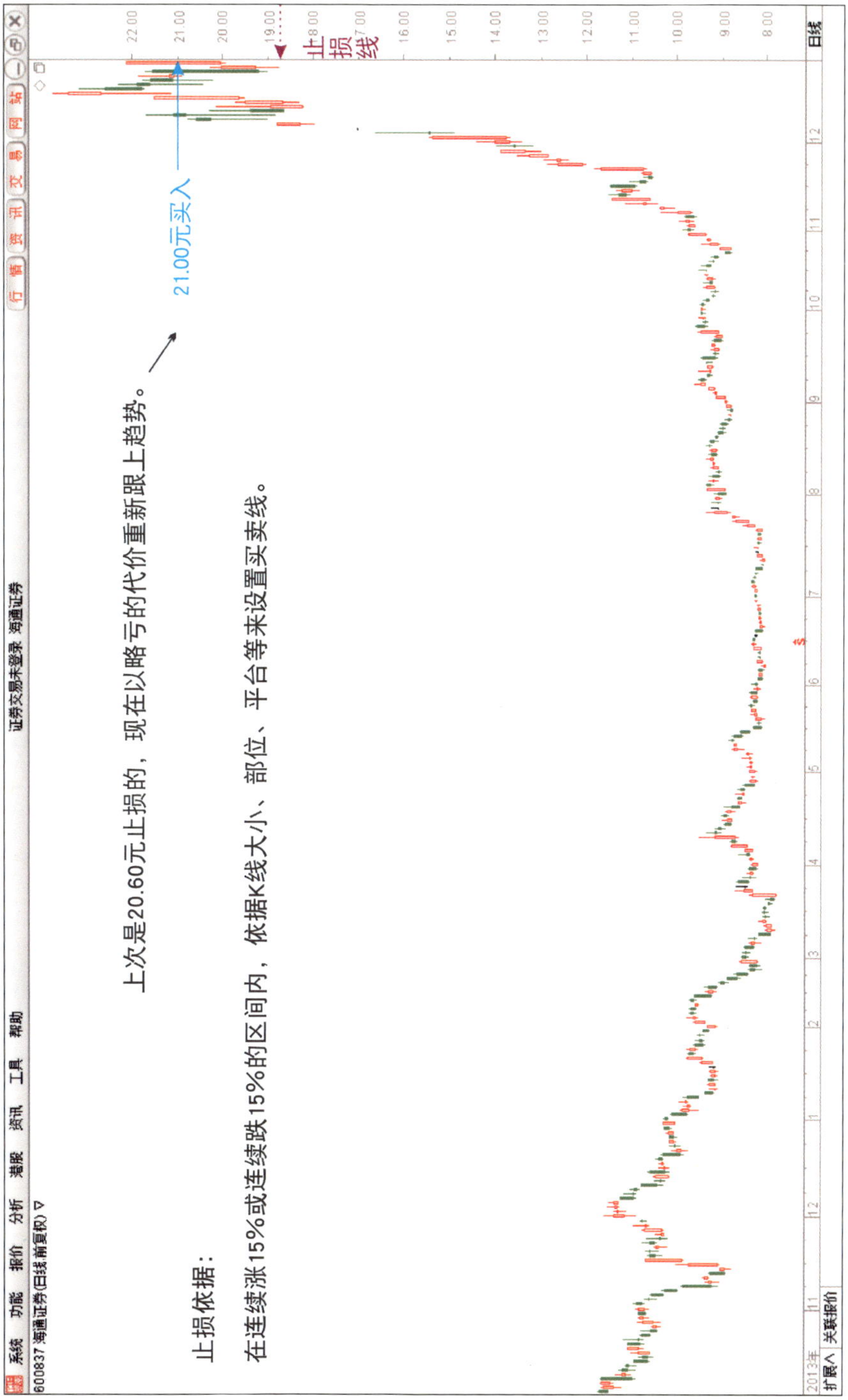
系统 功能 报价 分析 港股 资讯 工具 帮助
证券交易未登录 海通证券
行情 资讯 交易 网站
600837 海通证券(日线 前复权)
上次是20.60元止损的，现在以略亏的代价重新跟上趋势。
21.00元买入
止损线
止损依据：
在连续涨15%或连续跌15%的区间内，依据K线大小、部位、平台等来设置买卖线。
22.00
21.00
20.00
19.00
18.00
17.00
16.00
15.00
14.00
13.00
12.00
11.00
10.00
9.00
8.00
日线
扩展 关联报价

图45

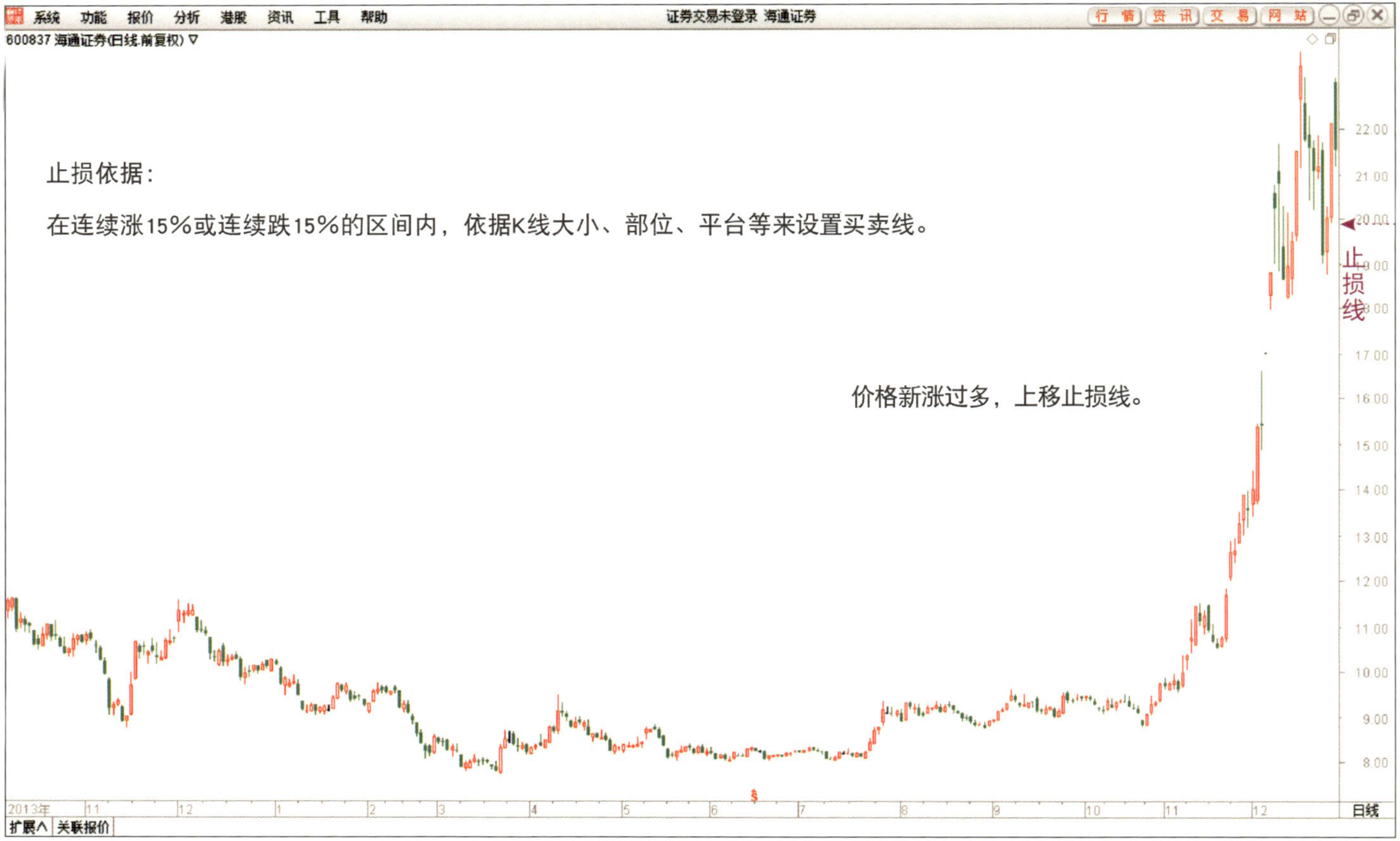
系统 功能 报价 分析 港股 资讯 工具 帮助
证券交易未登录 海通证券
行情 资讯 交易 网站
600837 海通证券(日线,前复权) ▽
止损依据：
在连续涨15%或连续跌15%的区间内，依据K线大小、部位、平台等来设置买卖线。
价格新涨过多，上移止损线。
止损线
22.00
21.00
20.00
17.00
16.00
15.00
14.00
13.00
12.00
11.00
10.00
9.00
8.00
2013年
日线
扩展∧ 关联报价

图46

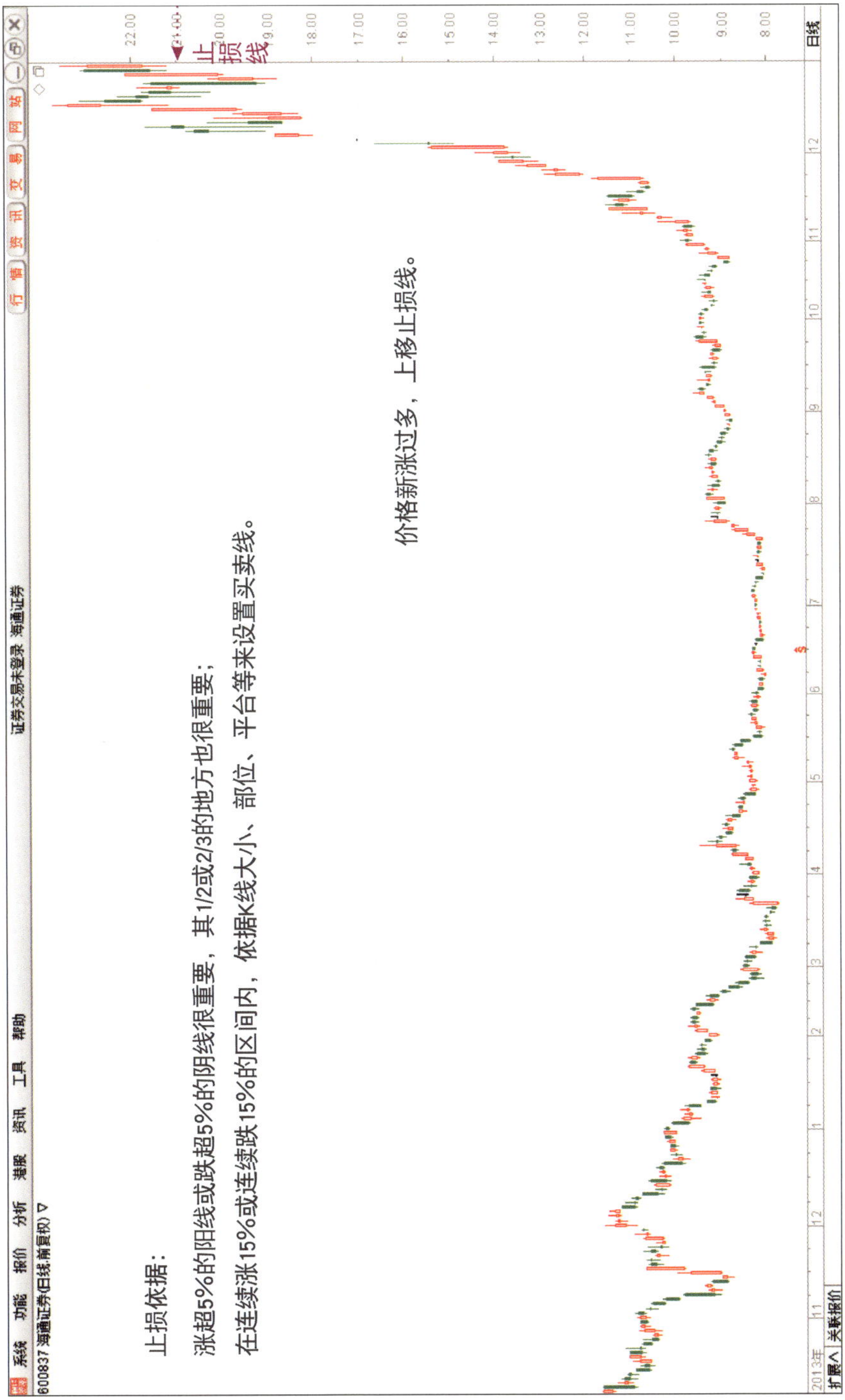

系统 功能 报价 分析 港股 资讯 工具 帮助
证券交易未登录 海通证券
600837 海通证券(日线,前复权)
止损依据：
涨超5%的阳线或跌超5%的阴线很重要，其1/2或2/3的地方也很重要；
在连续涨15%或连续跌15%的区间内，依据K线大小、部位、平台等来设置买卖线。
价格新涨过多，上移止损线。
止损线
日线

图47

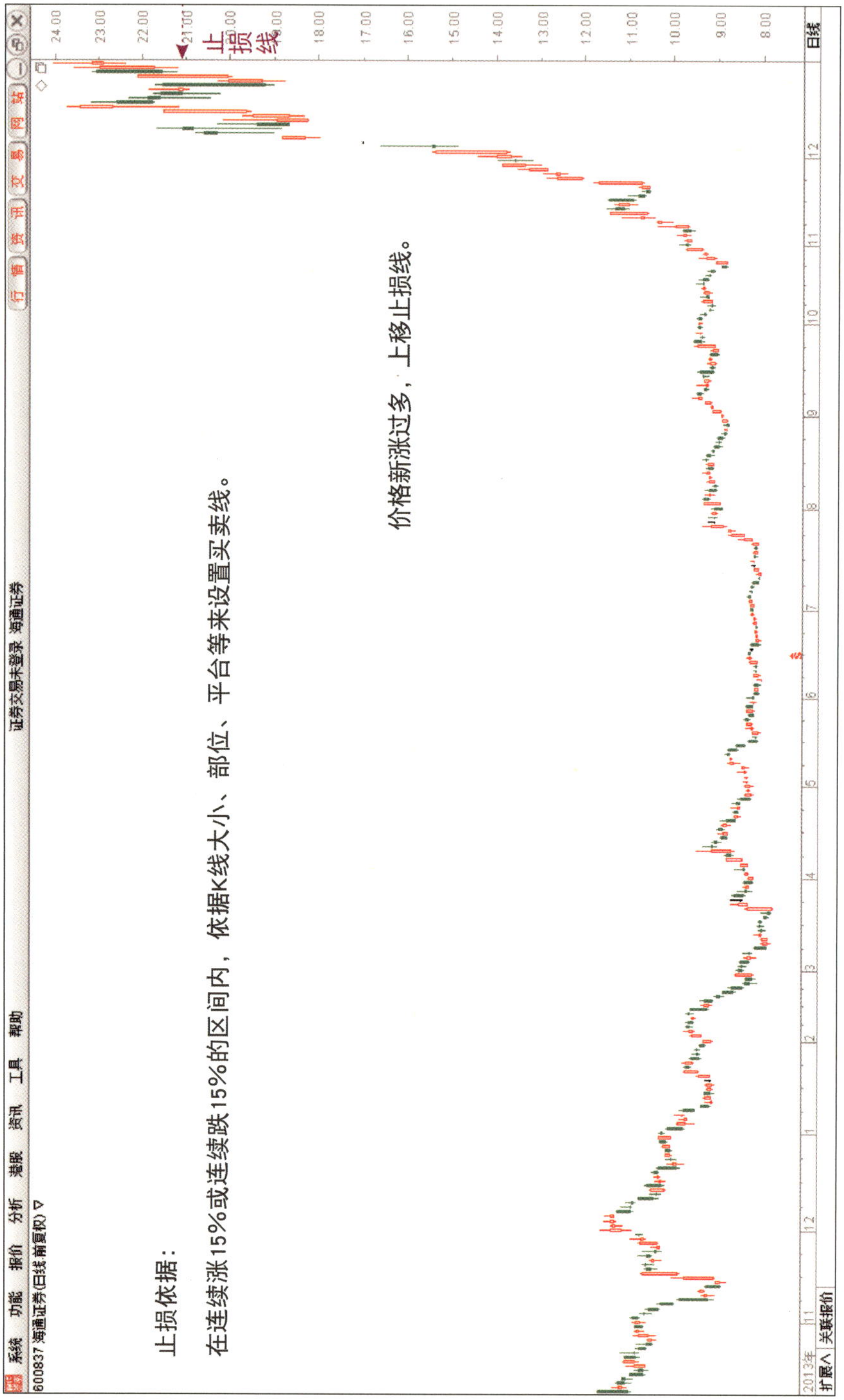
600837 海通证券(日线 前复权)
止损依据：
在连续涨15%或连续跌15%的区间内，依据K线大小、部位、平台等来设置买卖线。
价格新涨过多，上移止损线。
止损线

图48

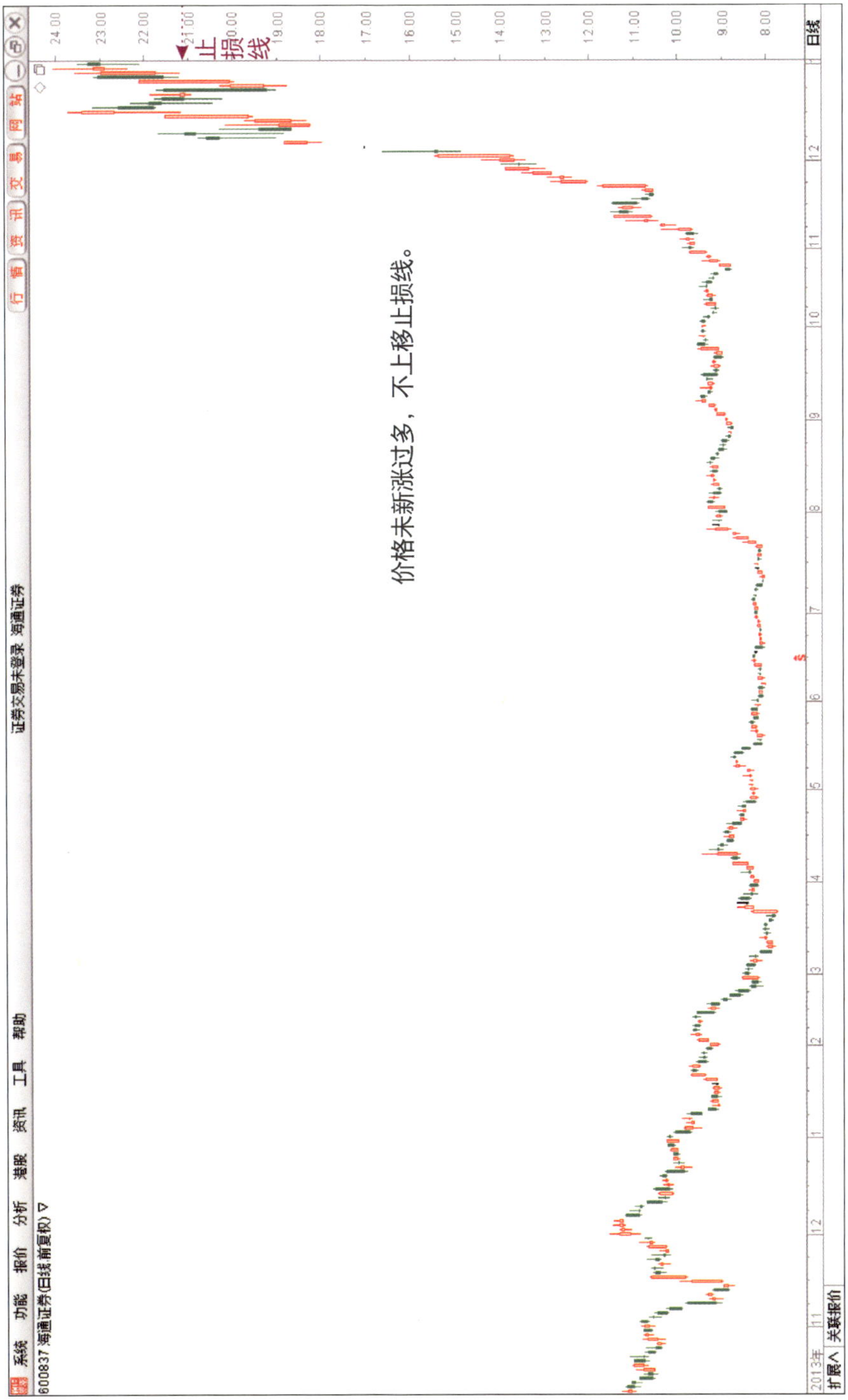
系统 功能 报价 分析 港股 资讯 工具 帮助
证券交易未登录 海通证券
行情 资讯 交易 网站
600837 海通证券(日线 前复权)
止损线
价格未新涨过多，不上移止损线。
24.00
23.00
22.00
21.00
20.00
19.00
18.00
17.00
16.00
15.00
14.00
13.00
12.00
11.00
10.00
9.00
8.00
日线
2013年
扩展
关联报价

图49

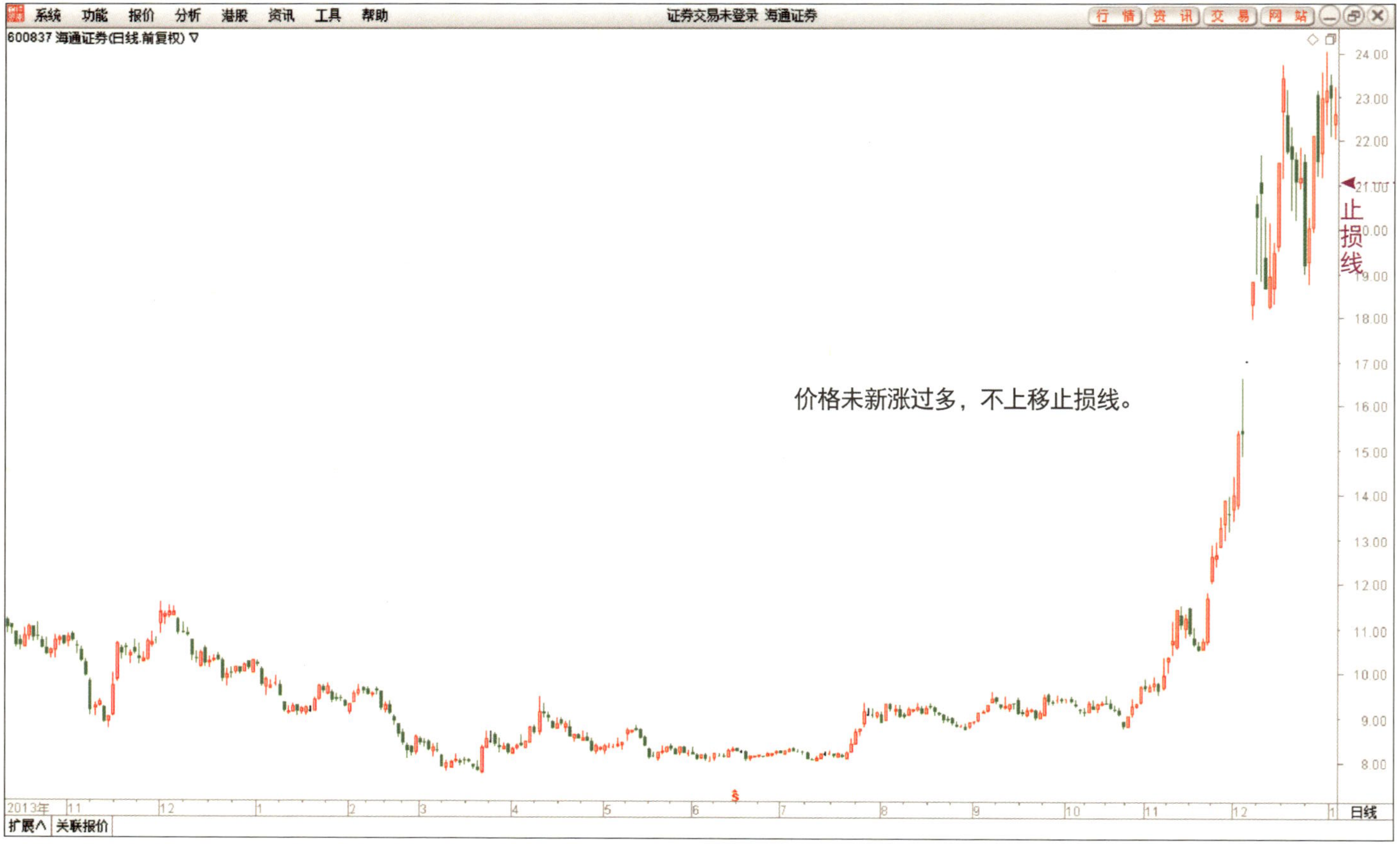
系统 功能 报价 分析 港股 资讯 工具 帮助
证券交易未登录 海通证券
行情 资讯 交易 网站
600837 海通证券(日线,前复权)
24.00
23.00
22.00
21.00
止损线
20.00
19.00
18.00
17.00
16.00
15.00
14.00
13.00
12.00
11.00
10.00
9.00
8.00
价格未新涨过多，不上移止损线。
2013年 11 12 1 2 3 4 5 6 7 8 9 10 11 12 1
日线
扩展∧ 关联报价

图50

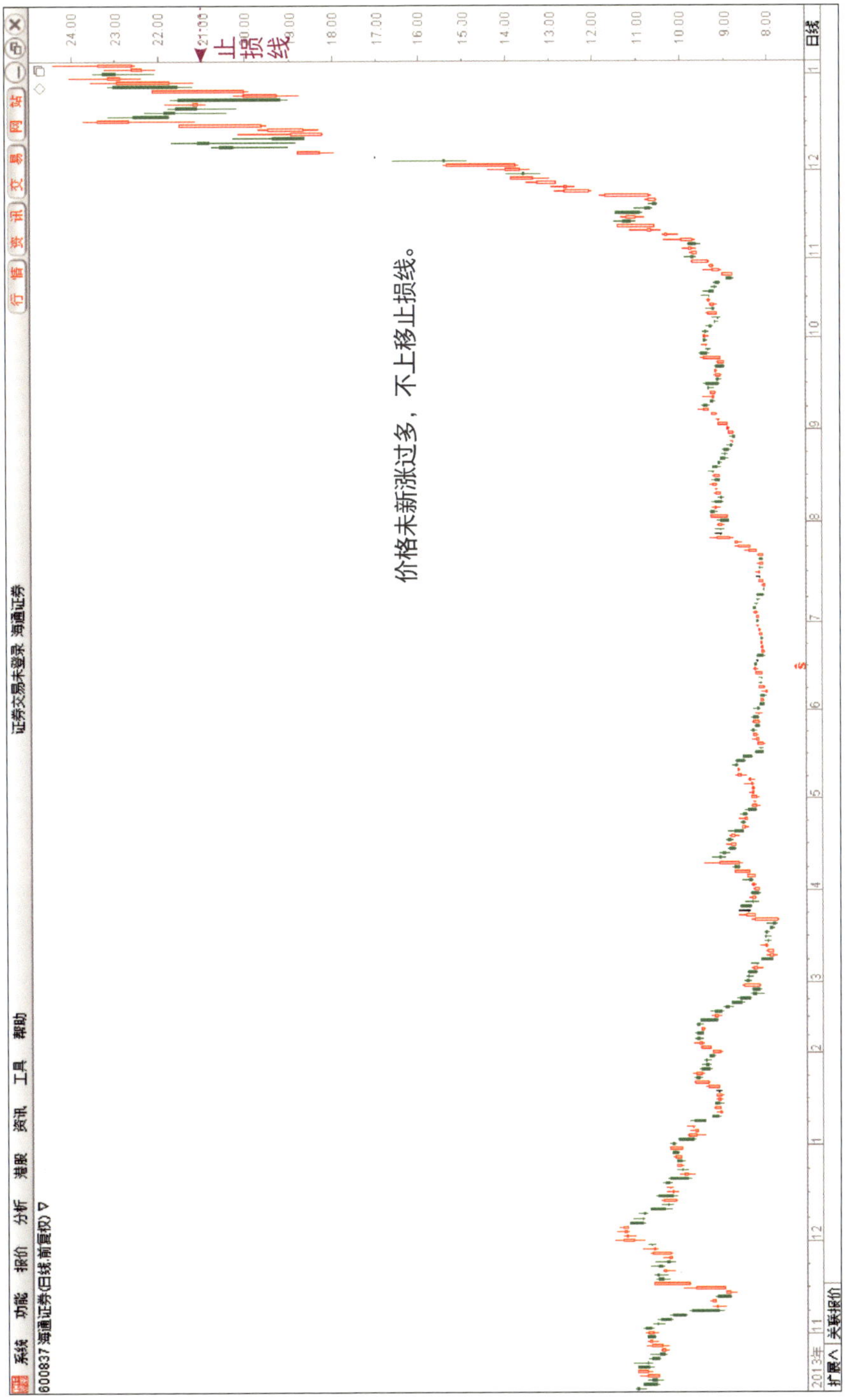

图51

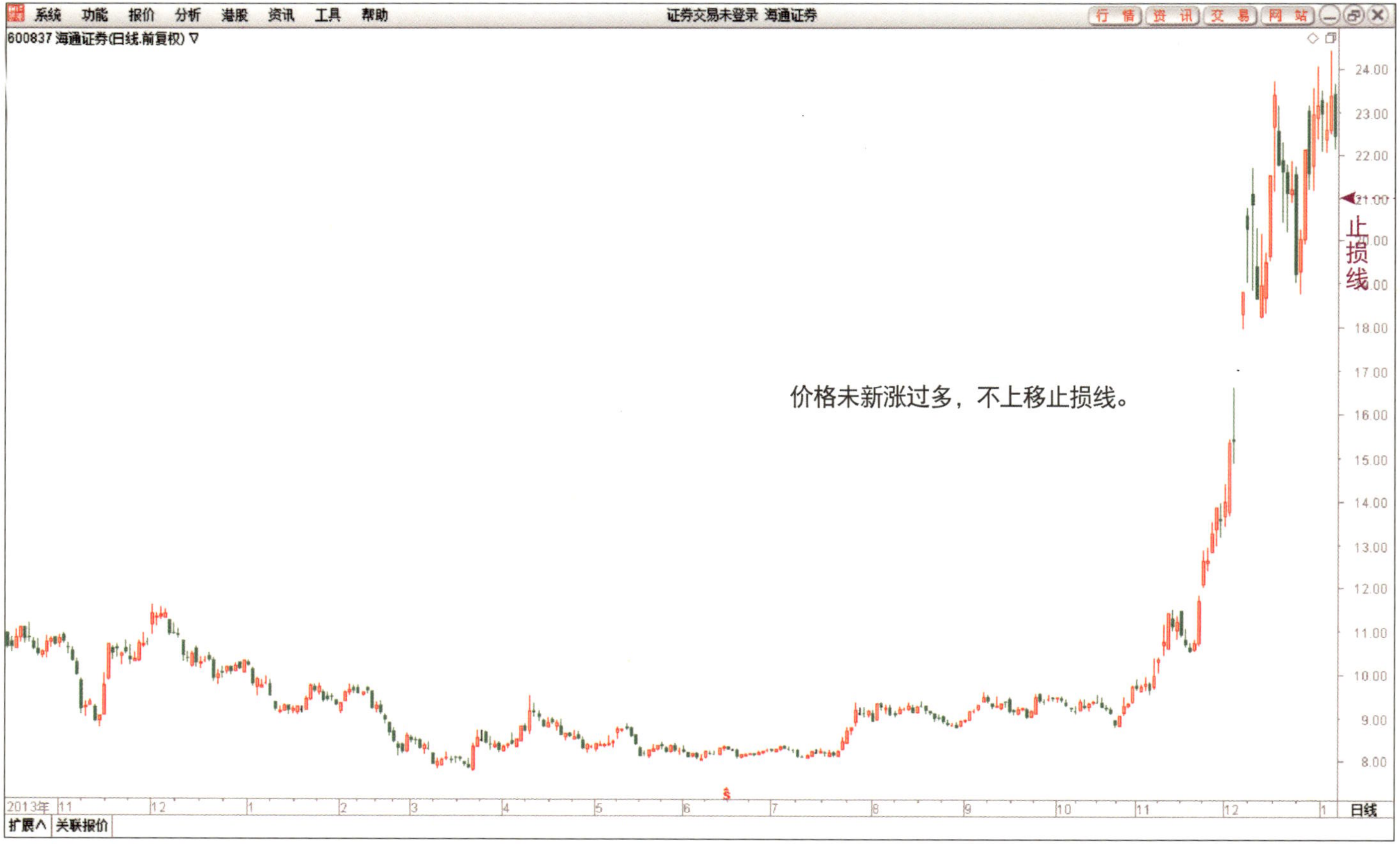
系统 功能 报价 分析 港股 资讯 工具 帮助
证券交易未登录 海通证券
行情 资讯 交易 网站
600837 海通证券(日线,前复权) ▽
价格未新涨过多，不上移止损线。
止损线
24.00
23.00
22.00
21.00
18.00
17.00
16.00
15.00
14.00
13.00
12.00
11.00
10.00
9.00
8.00
2013年 11 12 1 2 3 4 5 6 7 8 9 10 11 12 1
日线
扩展∧ 关联报价

图52

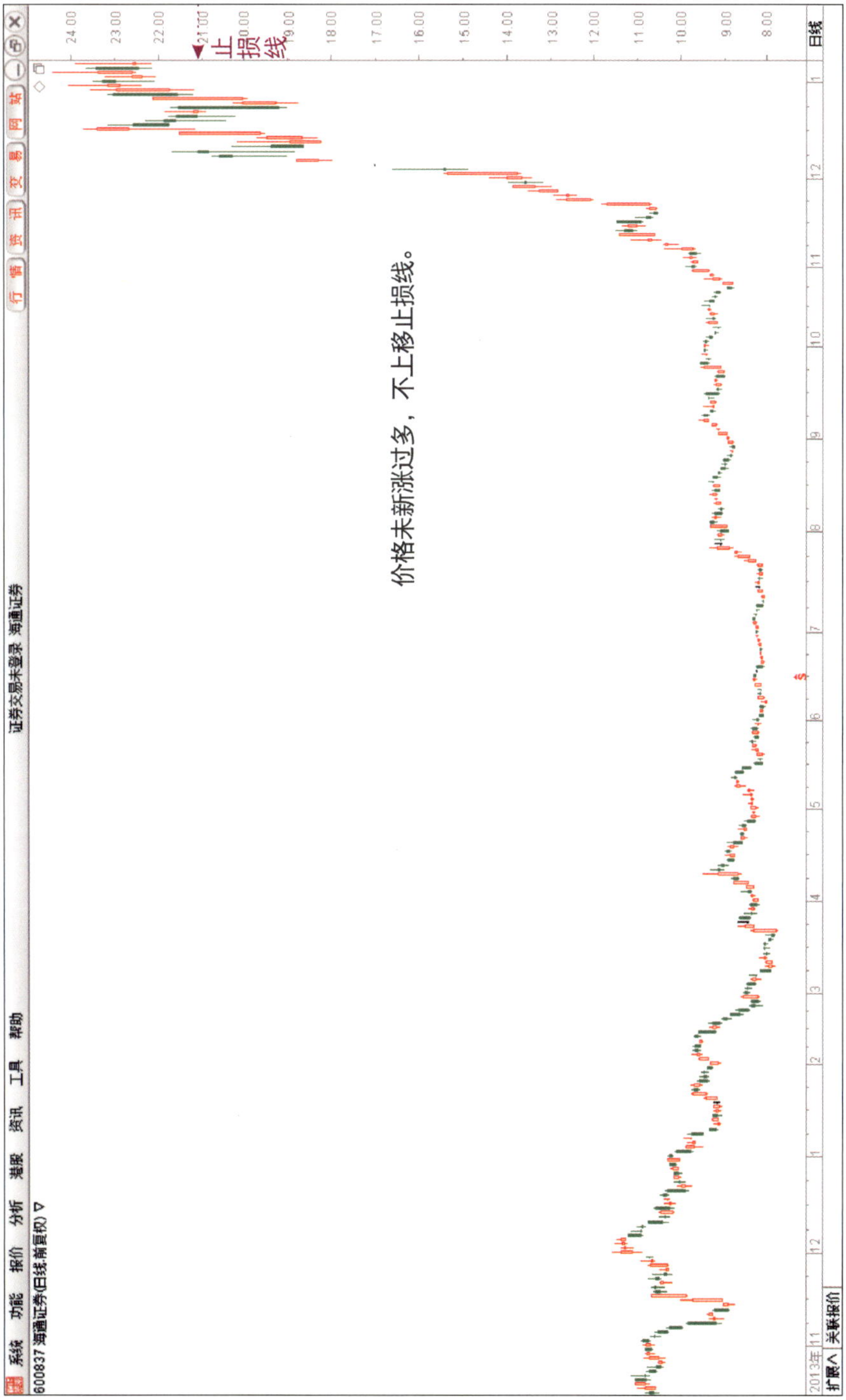

图53

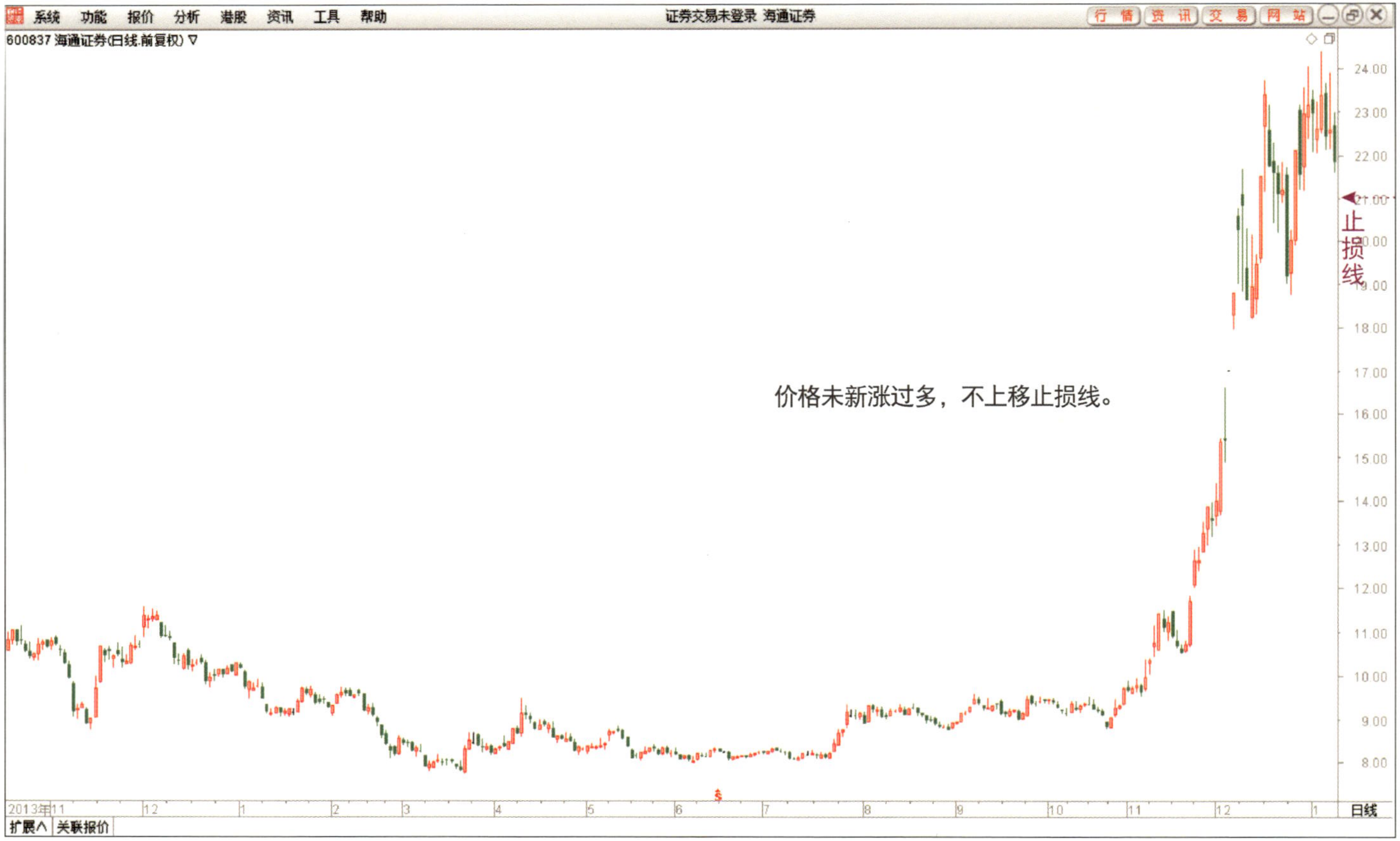
系统 功能 报价 分析 港股 资讯 工具 帮助
证券交易未登录 海通证券
行情 资讯 交易 网站
600837 海通证券(日线,前复权) ▽
止损线
价格未新涨过多，不上移止损线。
24.00
23.00
22.00
21.00
18.00
17.00
16.00
15.00
14.00
13.00
12.00
11.00
10.00
9.00
8.00
2013年11
12
1
2
3
4
5
6
7
8
9
10
11
12
1
日线
扩展∧
关联报价

图54

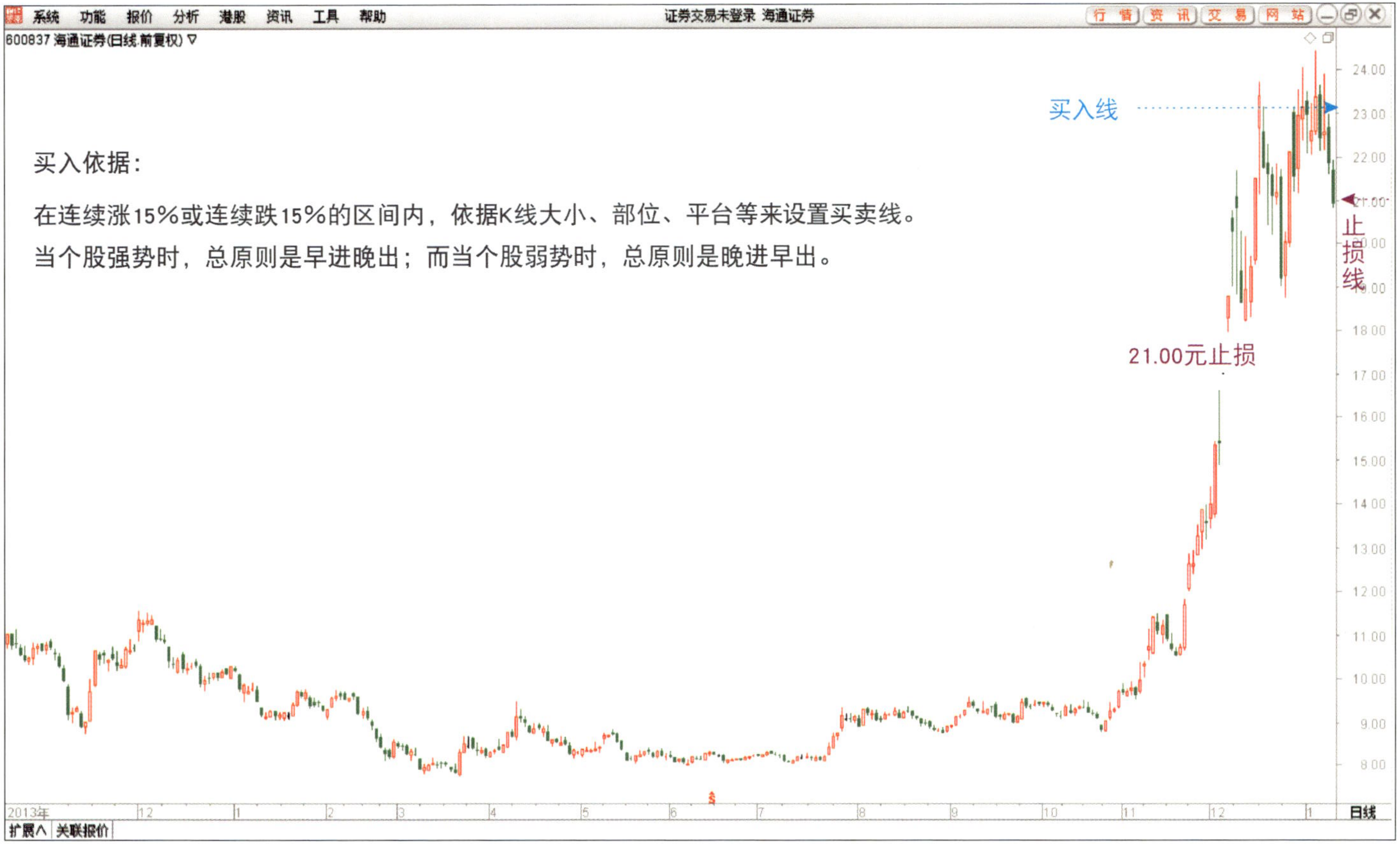
系统 功能 报价 分析 港股 资讯 工具 帮助
证券交易未登录 海通证券
行情 资讯 交易 网站
600837 海通证券(日线,前复权) ▽
买入依据：
在连续涨15%或连续跌15%的区间内，依据K线大小、部位、平台等来设置买卖线。
当个股强势时，总原则是早进晚出；而当个股弱势时，总原则是晚进早出。
买入线
止损线
21.00元止损
24.00
23.00
22.00
18.00
17.00
16.00
15.00
14.00
13.00
12.00
11.00
10.00
9.00
8.00
2013年
日线
扩展∧ 关联报价

图55

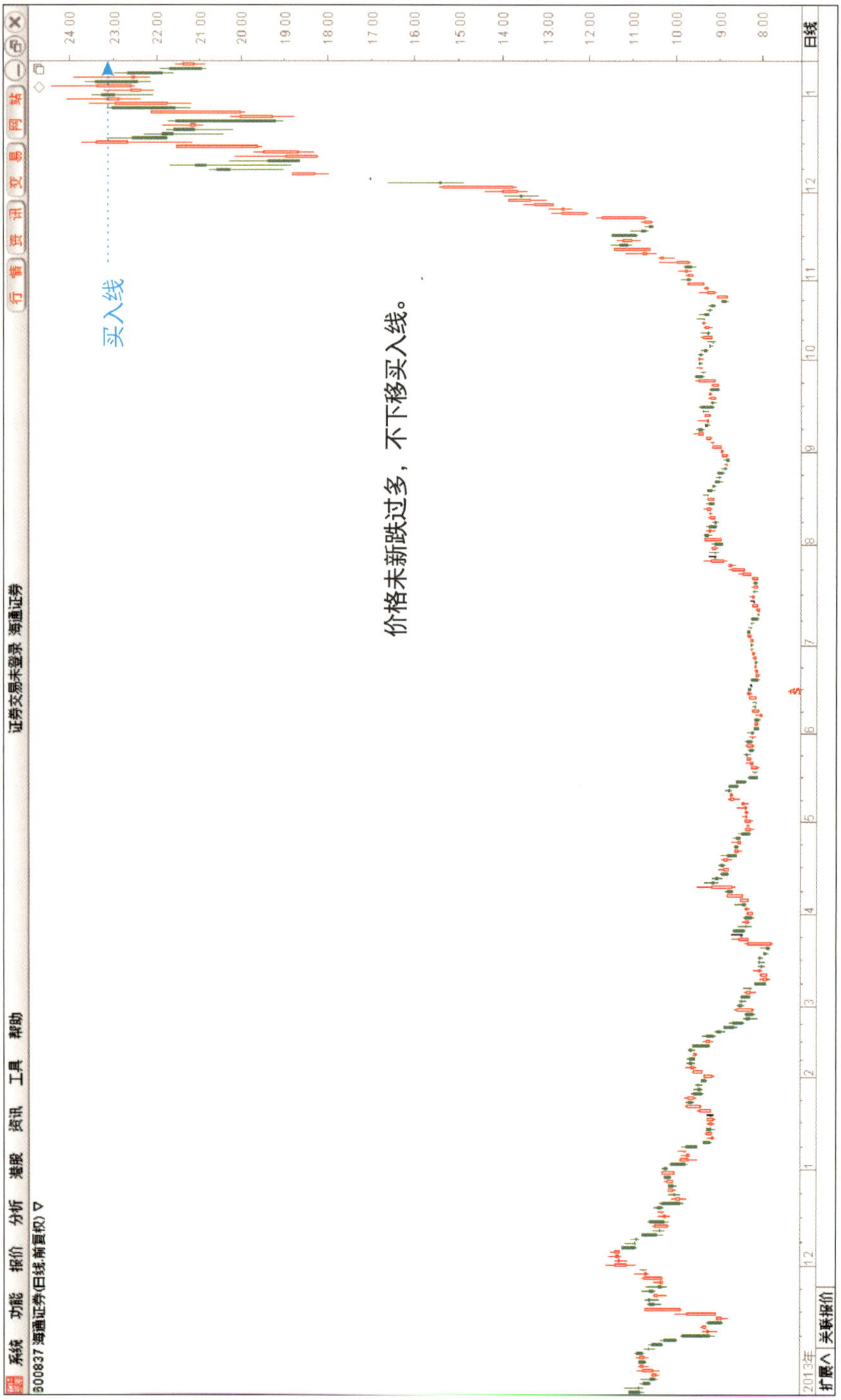
系统 功能 报价 分析 港股 资讯 工具 帮助
证券交易未登录 海通证券
行情 资讯 交易 网站
300837 海通证券(日线,前复权)
买入线
价格未新跌过多，不下移买入线。
日线
扩展∧ 关联报价

图56

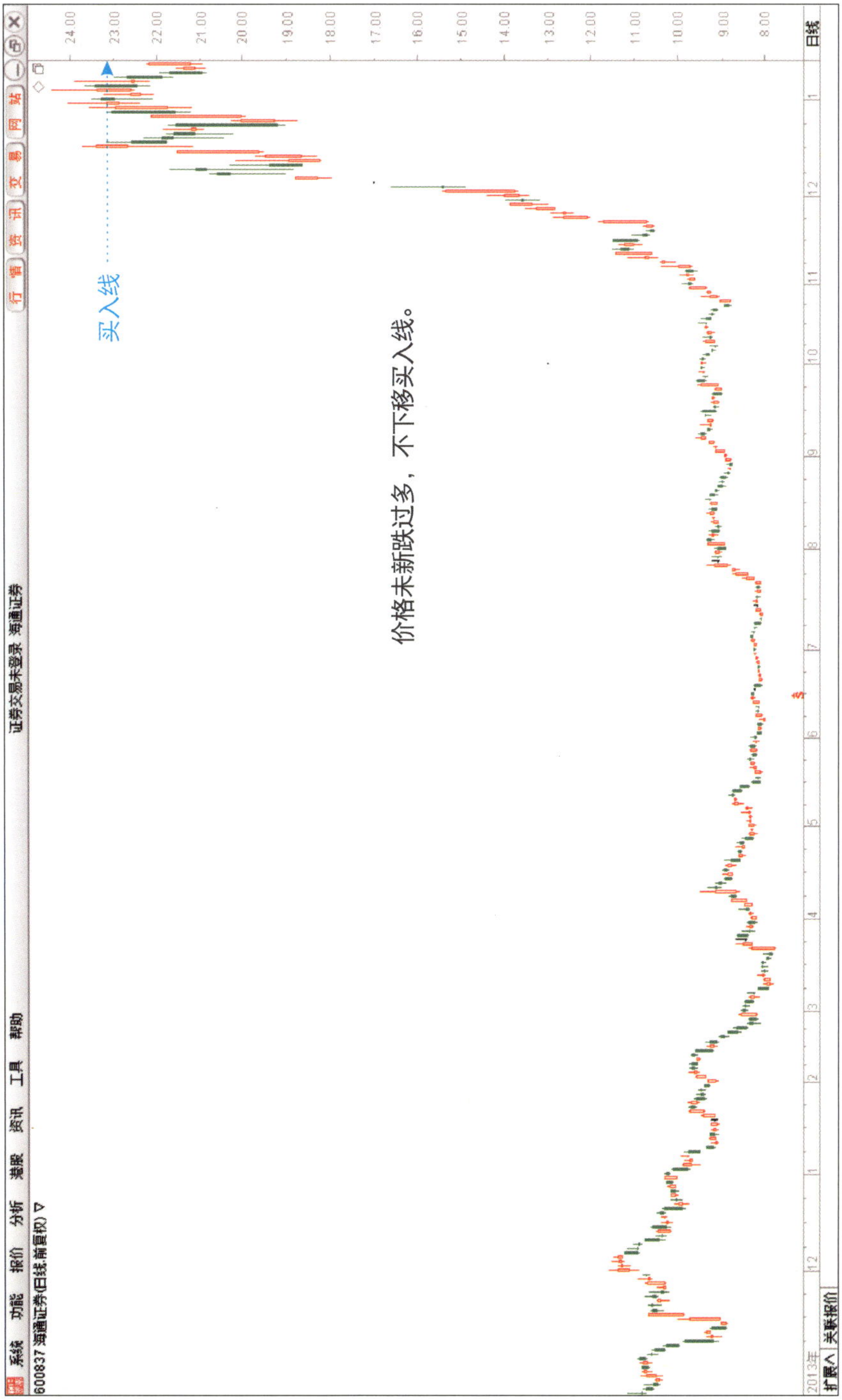
系统 功能 报价 分析 选股 资讯 工具 帮助
证券交易未登录 海通证券
600837 海通证券(日线,前复权)
买入线
价格未新跌过多，不下移买入线。
日线

图57

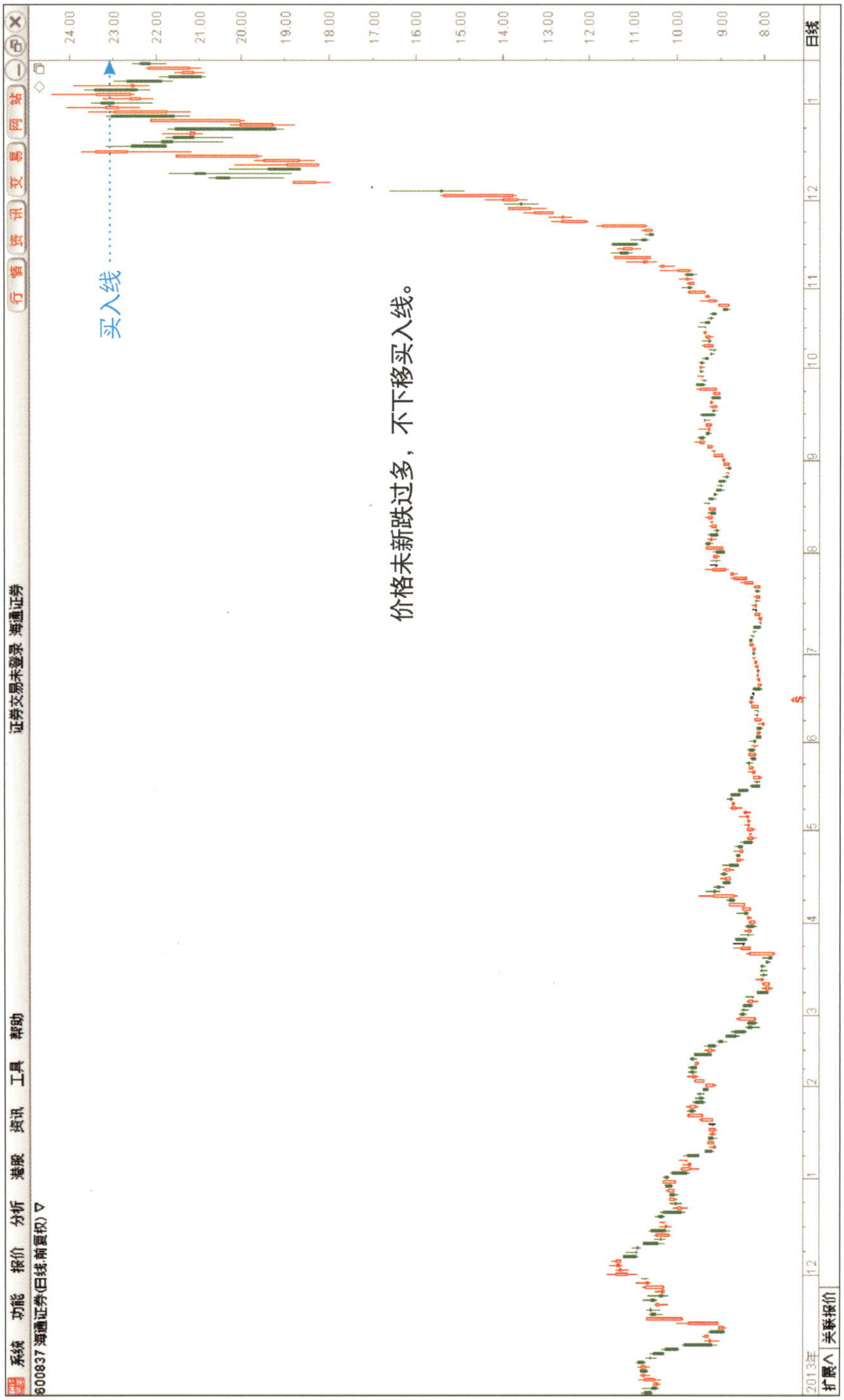
系统 功能 报价 分析 港股 资讯 工具 帮助
证券交易未登录 海通证券
行情 资讯 交易 网站
600837 海通证券(日线,前复权)
24.00
23.00
22.00
21.00
20.00
19.00
18.00
17.00
16.00
15.00
14.00
13.00
12.00
11.00
10.00
9.00
8.00
买入线
价格未新跌过多，不下移买入线。
2013年
扩展 关联报价
日线

图58

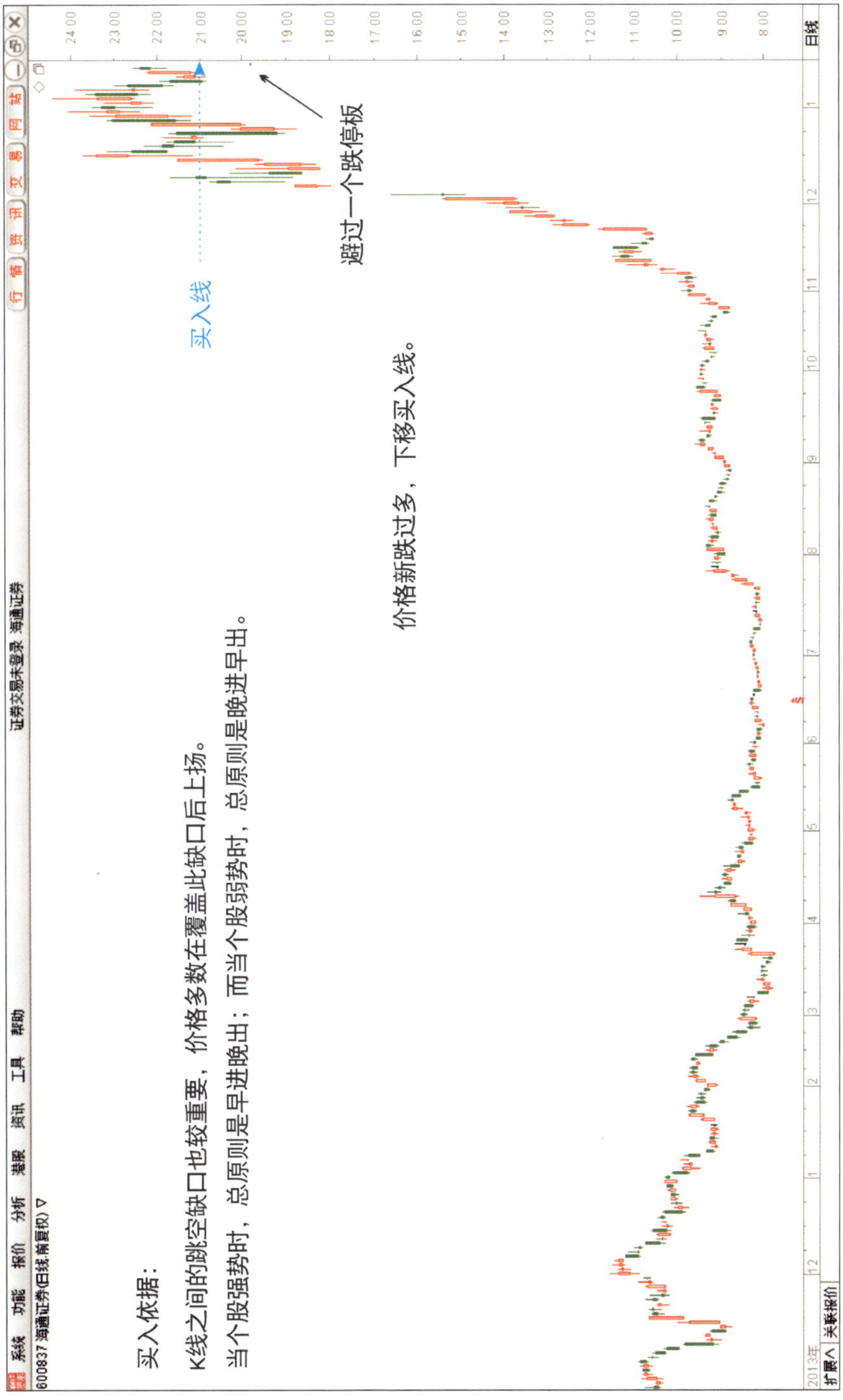
系统 功能 报价 分析 港股 资讯 工具 帮助
证券交易未登录 海通证券
行情 资讯 交易 网站
600837 海通证券(日线,前复权)
买入依据：
K线之间的跳空缺口也较重要，价格多数在覆盖此缺口后上扬。
当个股强势时，总原则是早进晚出；而当个股弱势时，总原则是晚进早出。
买入线
避过一个跌停板
价格新跌过多，下移买入线。
24.00
23.00
22.00
21.00
20.00
19.00
18.00
17.00
16.00
15.00
14.00
13.00
12.00
11.00
10.00
9.00
8.00
日线
2013年
扩展
关联报价

图59

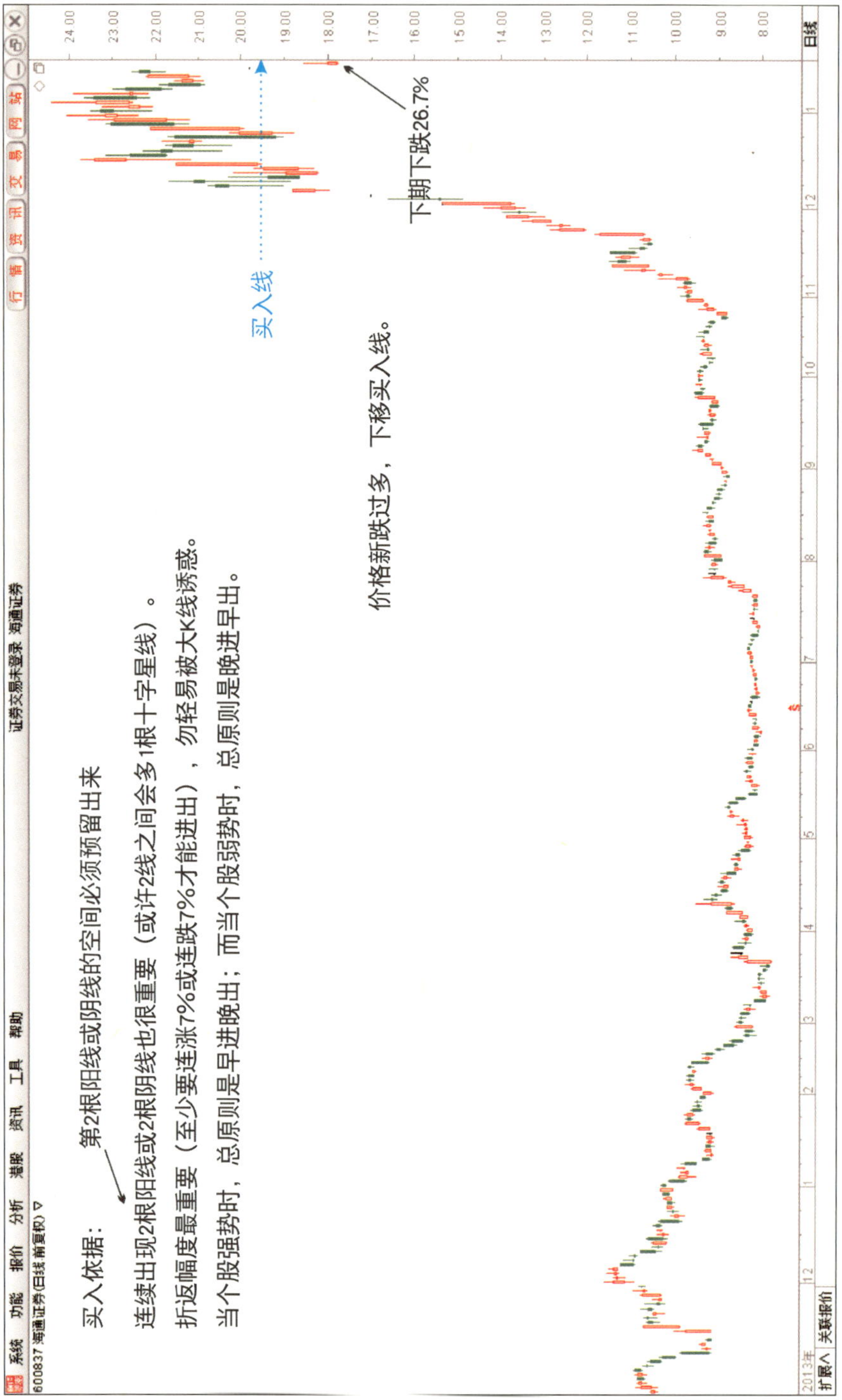
系统 功能 报价 分析 港股 资讯 工具 帮助
证券交易未登录 海通证券
600837 海通证券(日线 前复权)
买入依据：
第2根阳线或阴线的空间必须预留出来
连续出现2根阳线或2根阴线也很重要（或许2线之间会多1根十字星线）。
折返幅度最重要（至少要连涨7%或连跌7%才能进出），勿轻易被大K线诱惑。
当个股强势时，总原则是早进晚出；而当个股弱势时，总原则是晚进早出。
买入线
价格新跌过多，下移买入线。
下期下跌26.7%
日线
扩展 关联报价

图60

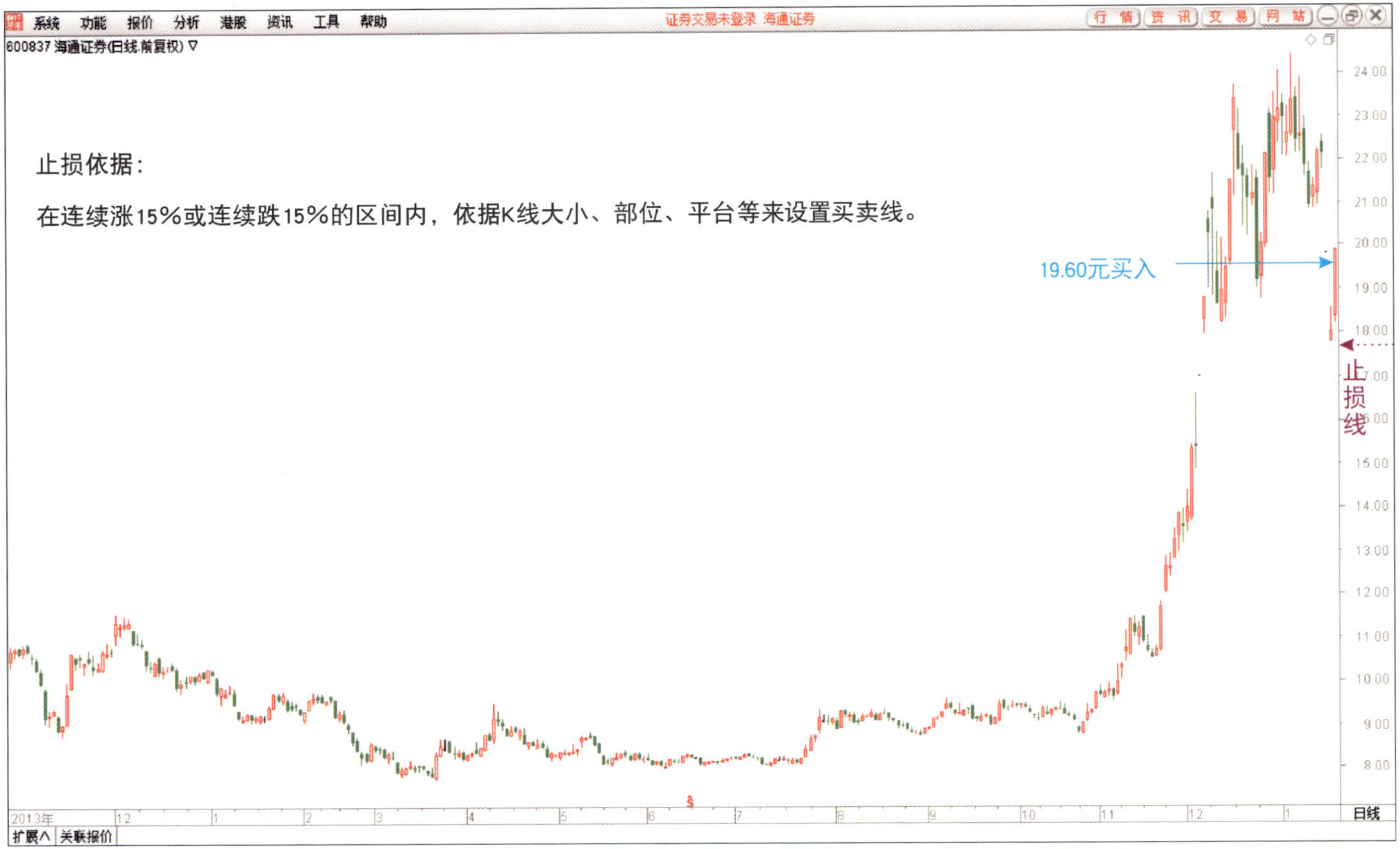
系统 功能 报价 分析 港股 资讯 工具 帮助
证券交易未登录 海通证券
行情 资讯 交易 网站
600837 海通证券(日线,前复权)
止损依据：
在连续涨15%或连续跌15%的区间内，依据K线大小、部位、平台等来设置买卖线。
19.60元买入
止损线
日线
扩展 关联报价

图61

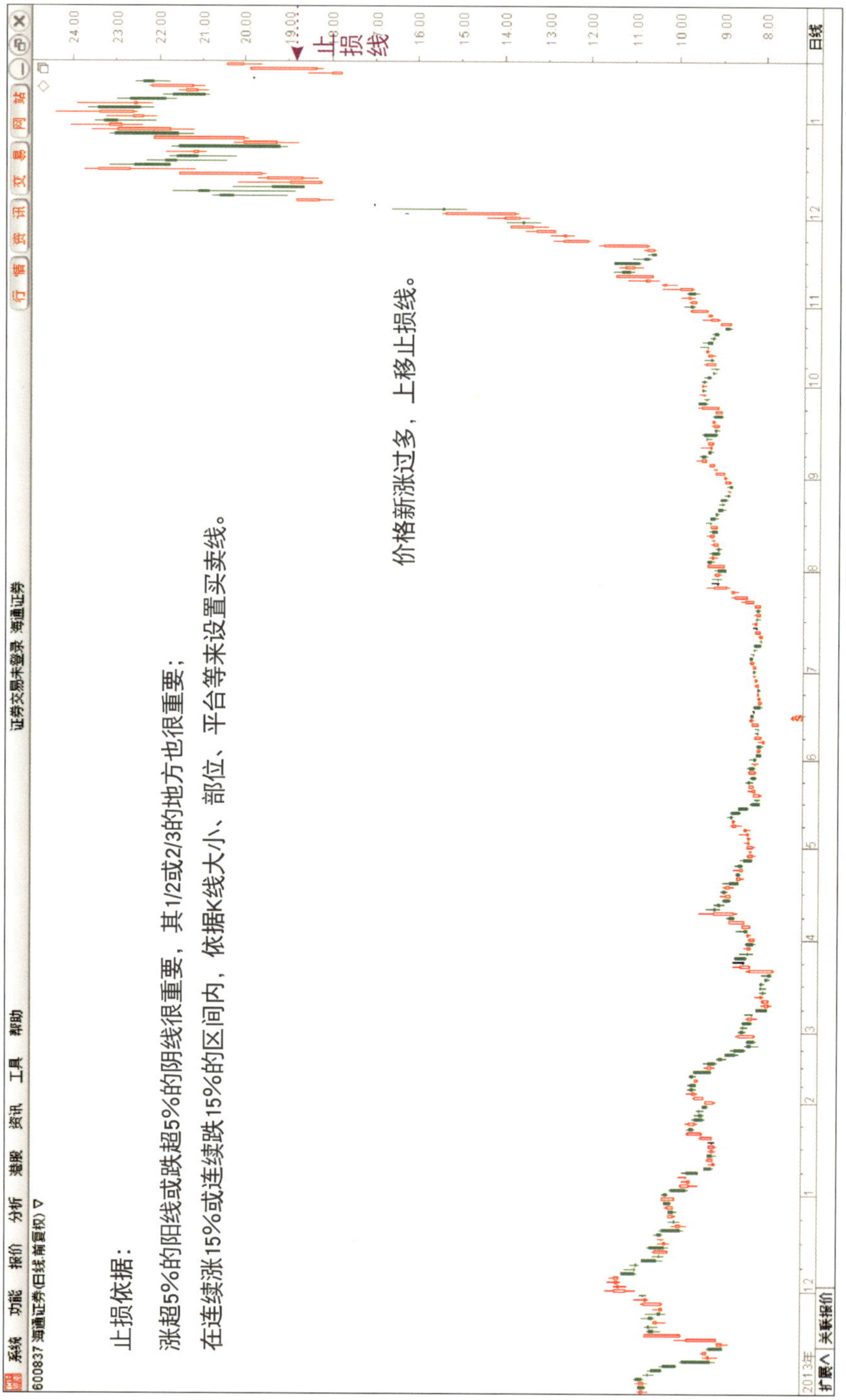
600837 海通证券(日线,前复权)
证券交易未登录 海通证券
止损依据：
涨超5%的阳线或跌超5%的阴线很重要，其1/2或2/3的地方也很重要；
在连续涨15%或连续跌15%的区间内，依据K线大小、部位、平台等来设置买卖线。
价格新涨过多，上移止损线。
止损线
日线

图62

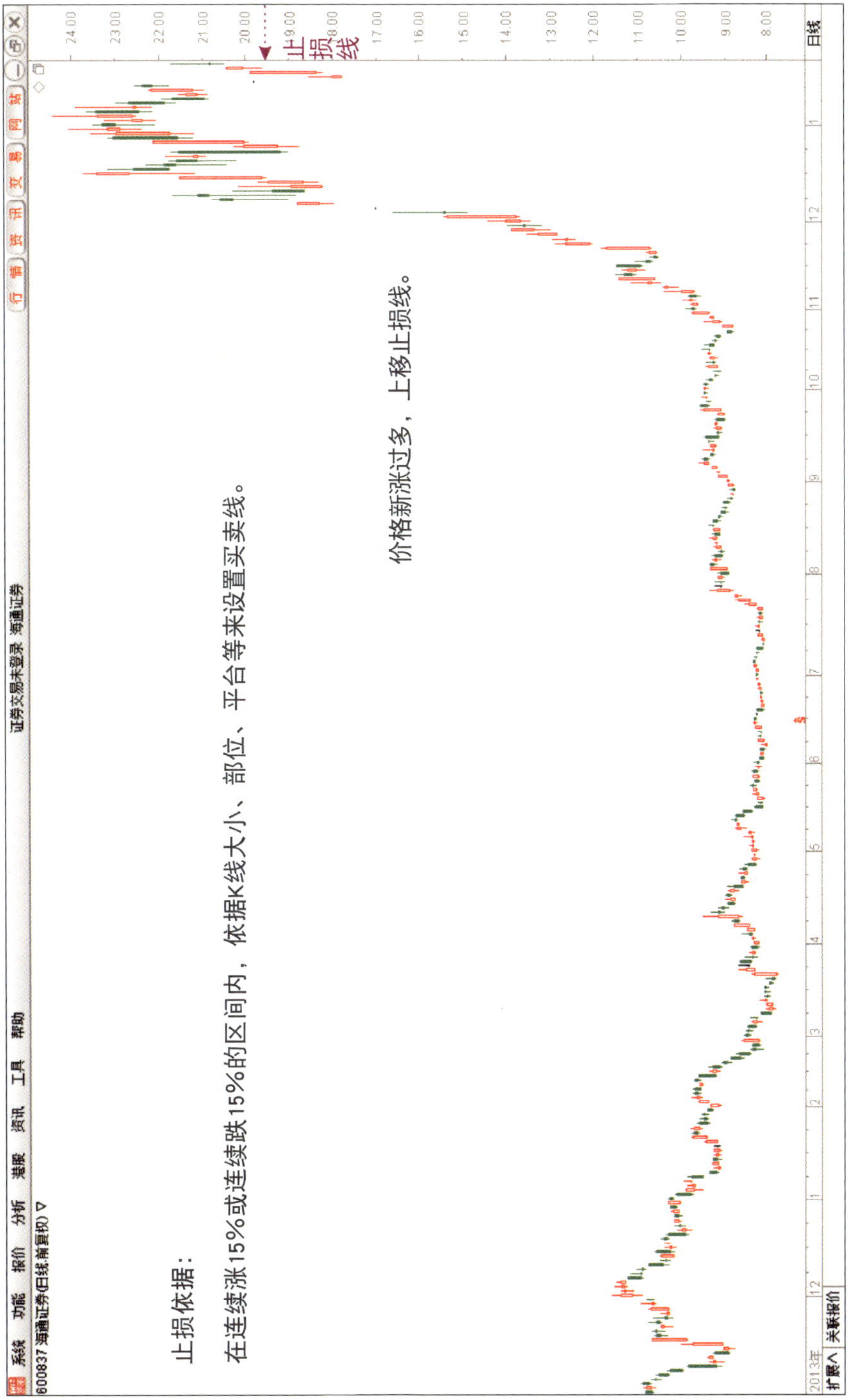
600837 海通证券(日线,前复权)
止损依据：
在连续涨15%或连续跌15%的区间内，依据K线大小、部位、平台等来设置买卖线。
价格新涨过多，上移止损线。
止损线

图63

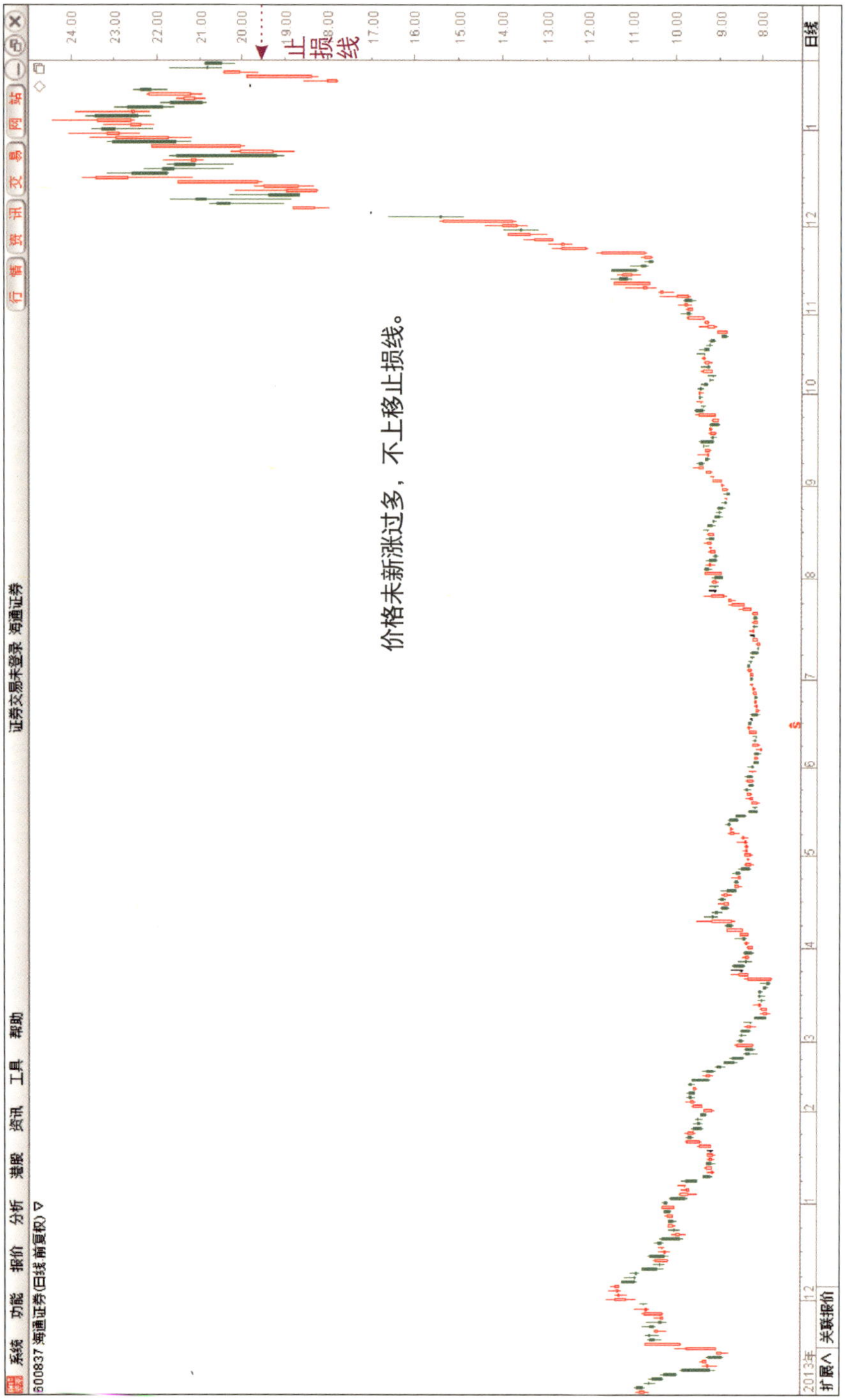
系统 功能 报价 分析 港股 资讯 工具 帮助
证券交易未登录 海通证券
行情 资讯 交易 网站
600837 海通证券(日线 前复权)
止损线
价格未新涨过多，不上移止损线。
24.00
23.00
22.00
21.00
20.00
19.00
18.00
17.00
16.00
15.00
14.00
13.00
12.00
11.00
10.00
9.00
8.00
日线
扩展 关联报价

图64

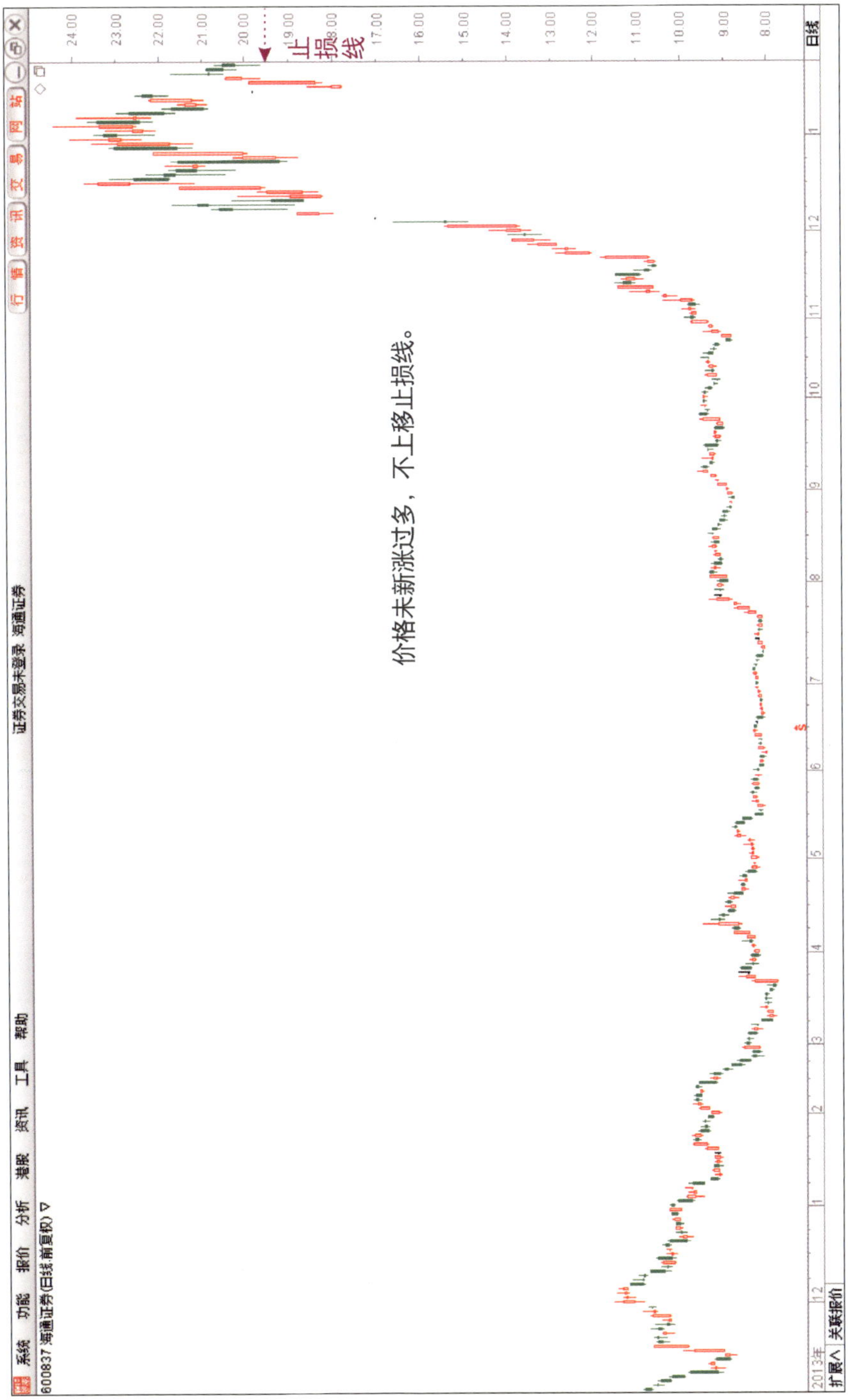
价格未新涨过多，不上移止损线。
止损线
600837 海通证券(日线 前复权)
证券交易未登录 海通证券
系统 功能 报价 分析 港股 资讯 工具 帮助
行 情 资 讯 交 易 网 站
扩展 关联报价
日线

图65

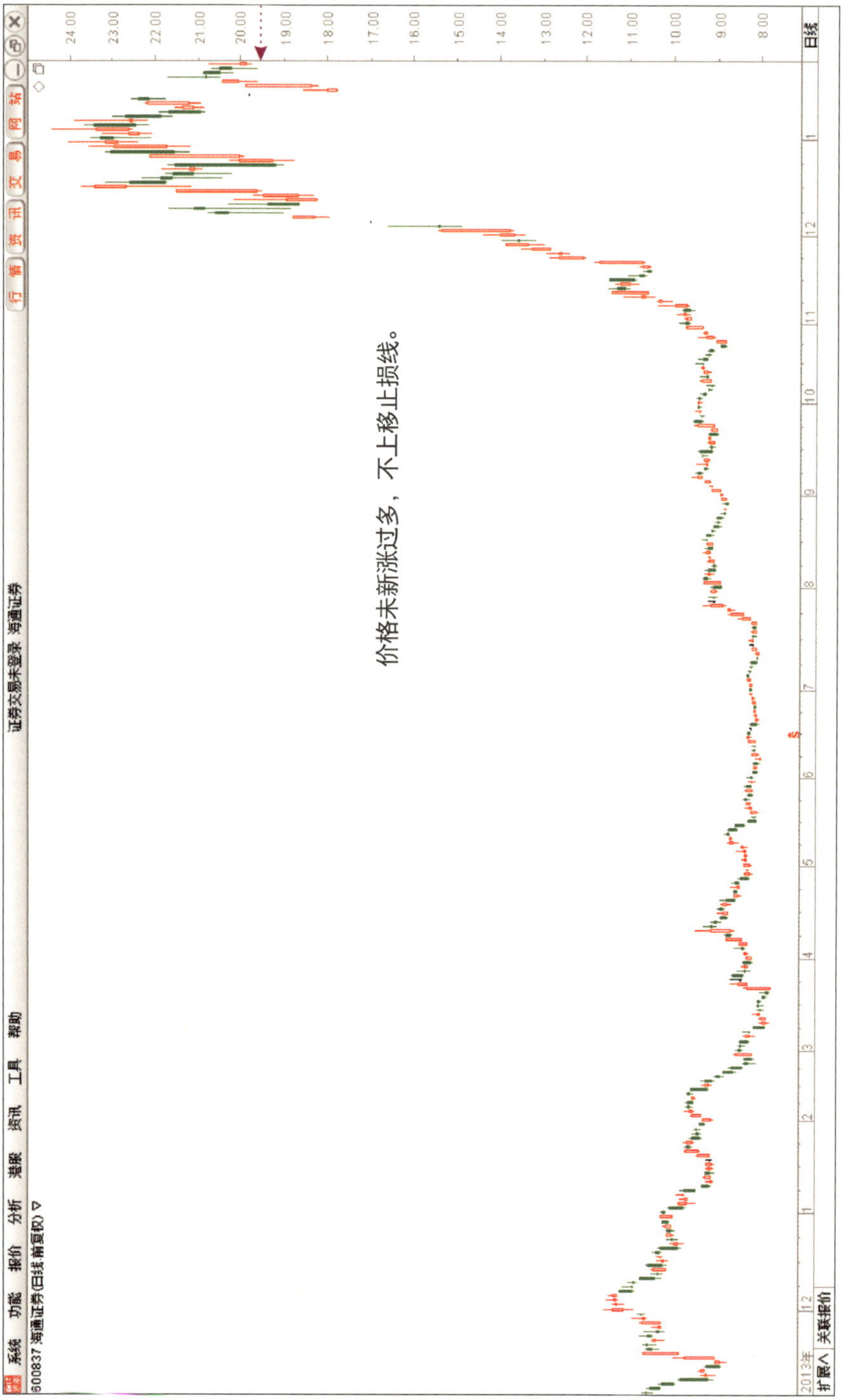
系统 功能 报价 分析 港股 资讯 工具 帮助
证券交易未登录 海通证券
600837 海通证券(日线 前复权)
价格未新涨过多，不上移止损线。
日线

图66

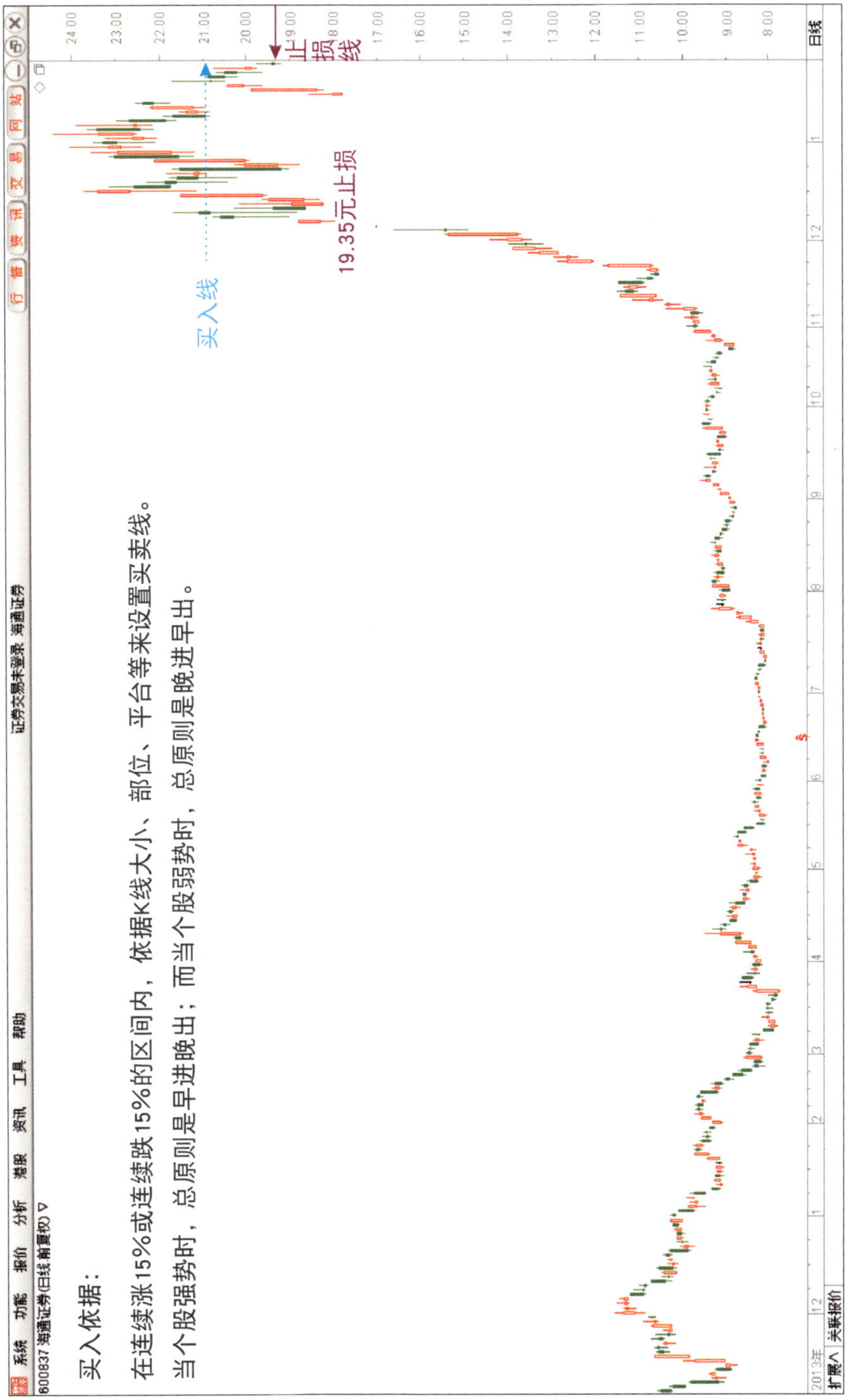

系统 功能 报价 分析 港股 资讯 工具 帮助
证券交易未登录 海通证券
600837 海通证券(日线 前复权)
买入依据：
在连续涨15%或连续跌15%的区间内，依据K线大小、部位、平台等来设置买卖线。
当个股强势时，总原则是早进晚出；而当个股弱势时，总原则是晚进早出。
买入线
19.35元止损
止损线
日线
扩展 关联报价

图67

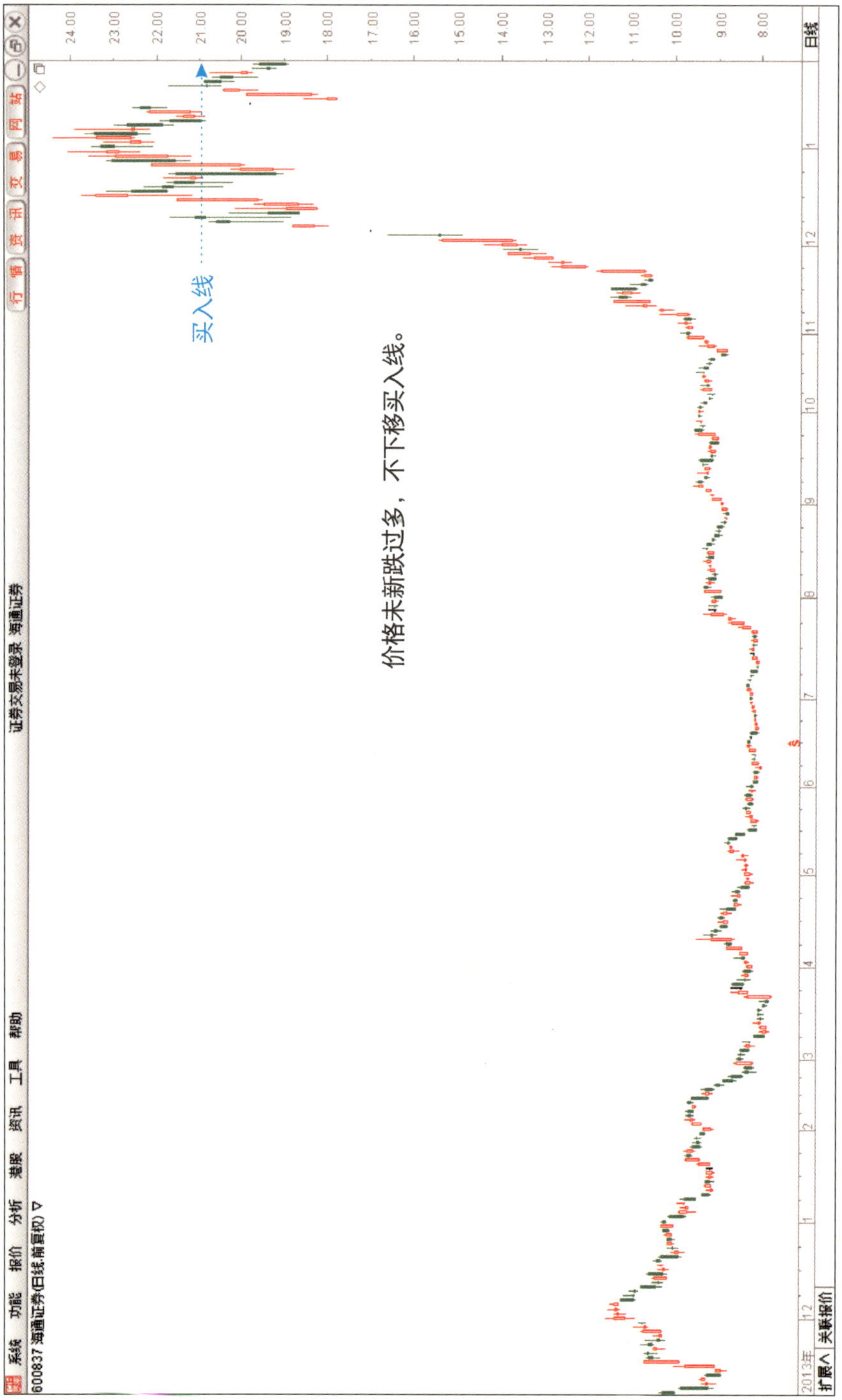
证券交易未登录 海通证券
系统 功能 报价 分析 港股 资讯 工具 帮助
600837 海通证券(日线,前复权)
行情 资讯 交易 网站
买入线
价格未新跌过多，不下移买入线。
扩展 关联报价
日线

图68

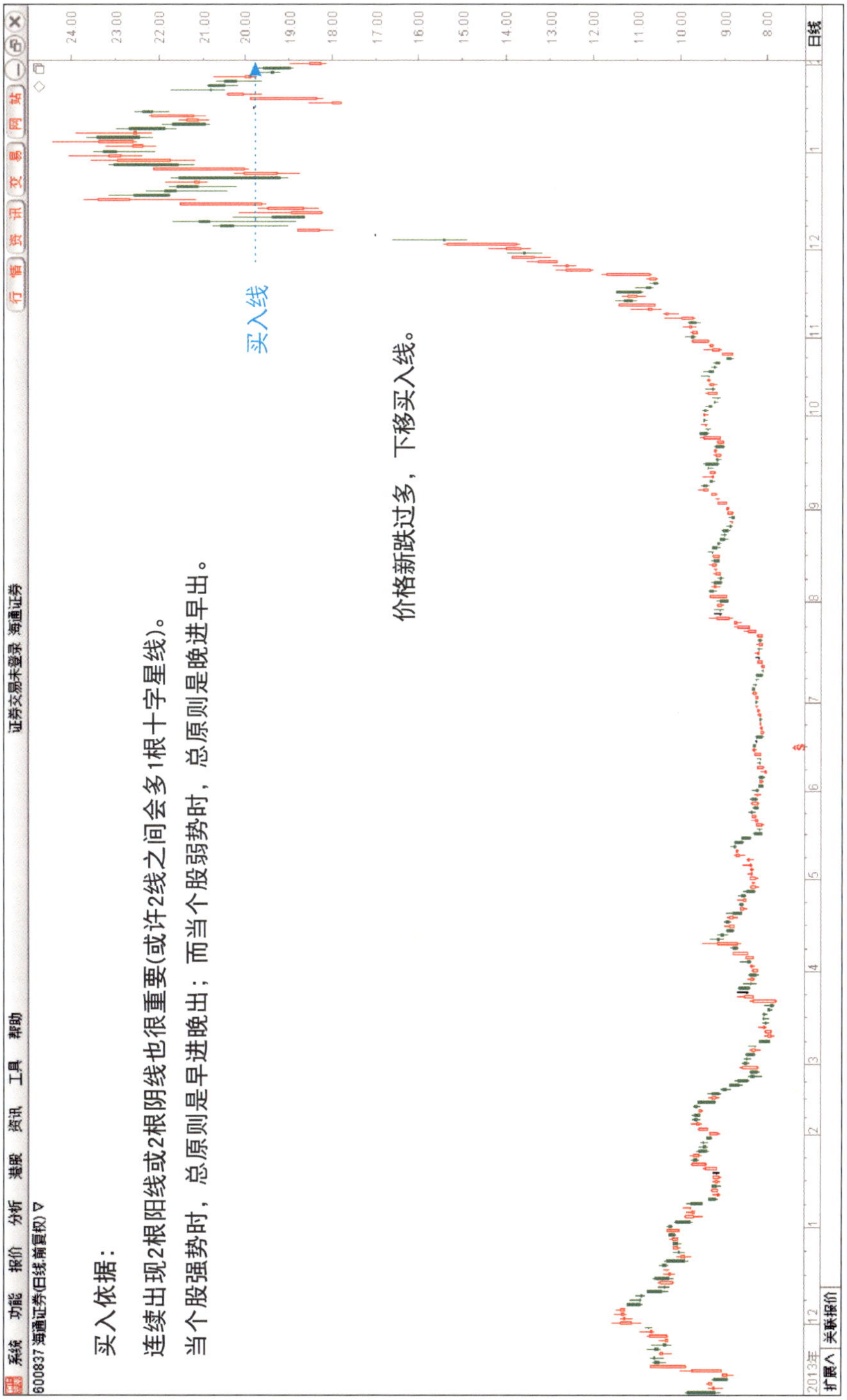
买入依据：
连续出现2根阳线或2根阴线也很重要(或许2线之间会多1根十字星线)。
当个股强势时，总原则是早进晚出；而当个股弱势时，总原则是晚进早出。
价格新跌过多，下移买入线。
买入线
600837 海通证券(日线,前复权)
日线

图69

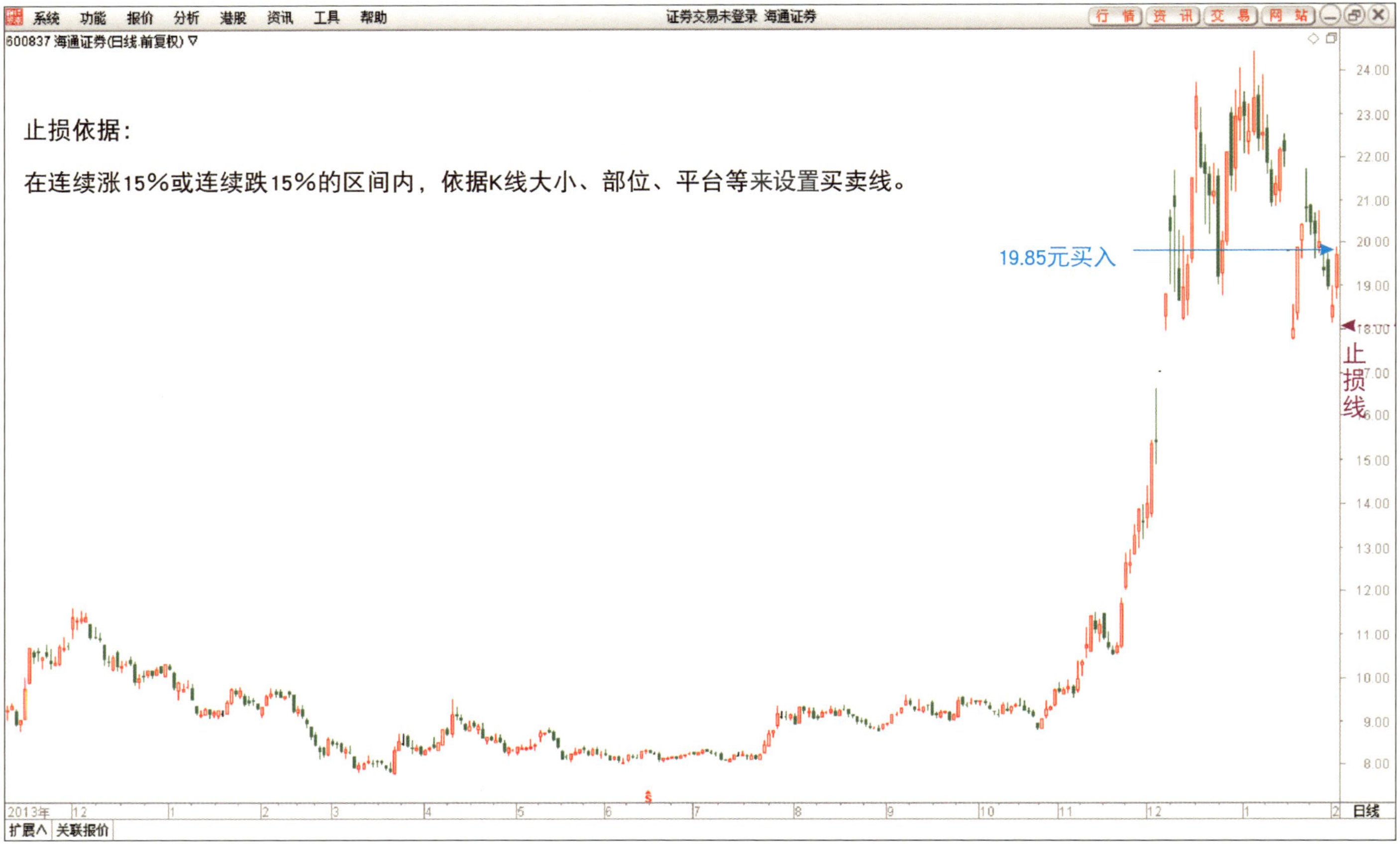
系统 功能 报价 分析 港股 资讯 工具 帮助
证券交易未登录 海通证券
行情 资讯 交易 网站
600837 海通证券(日线 前复权)
止损依据：
在连续涨15%或连续跌15%的区间内，依据K线大小、部位、平台等来设置买卖线。
19.85元买入
止损线
24.00
23.00
22.00
21.00
20.00
19.00
18.00
15.00
14.00
13.00
12.00
11.00
10.00
9.00
8.00
2013年
日线
扩展 关联报价

图70

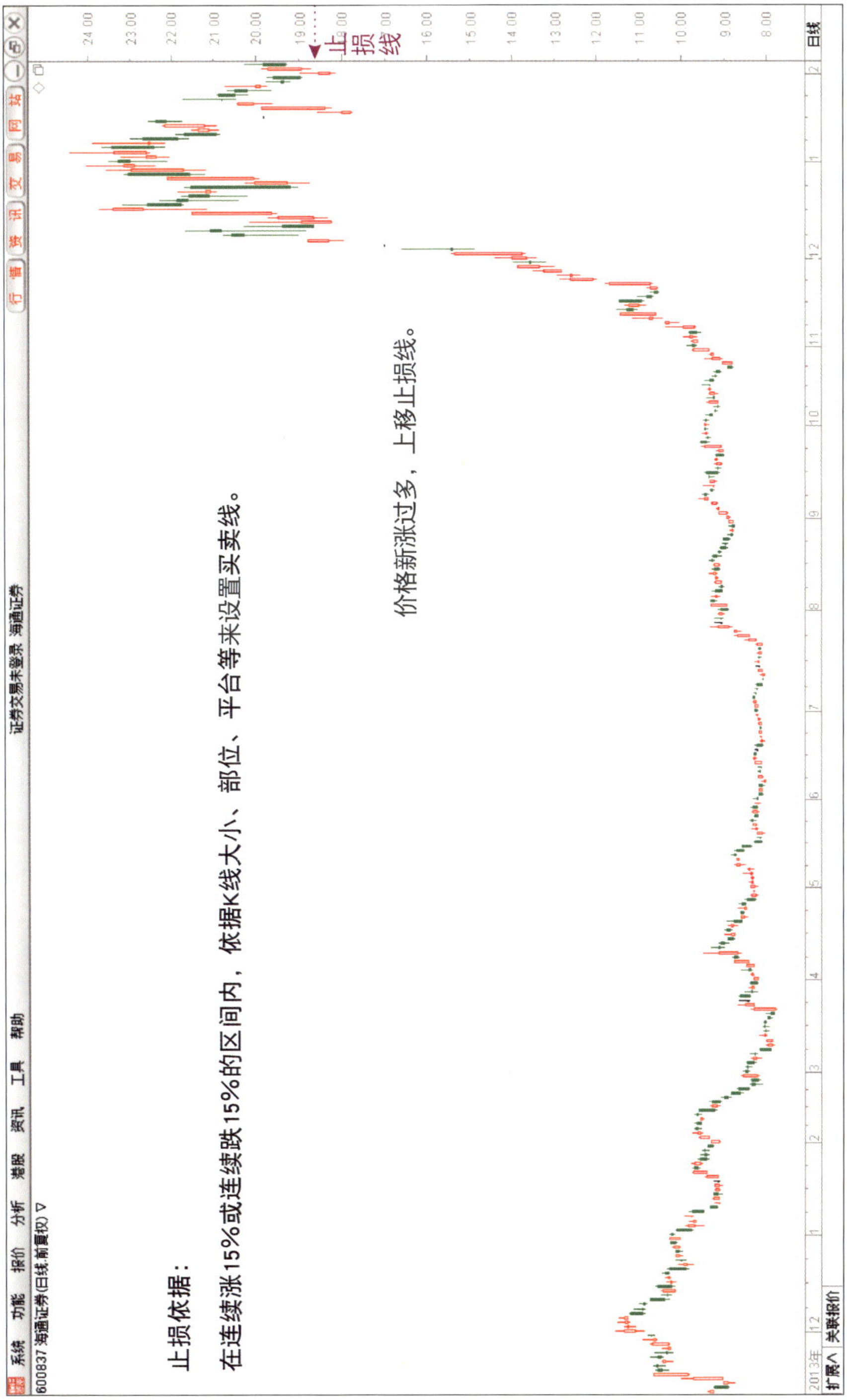

系统　功能　报价　分析　港股　资讯　工具　帮助
证券交易未登录　海通证券
600837 海通证券(日线,前复权)
止损依据：
在连续涨15%或连续跌15%的区间内，依据K线大小、部位、平台等来设置买卖线。
价格新涨过多，上移止损线。
止损线
日线

图71

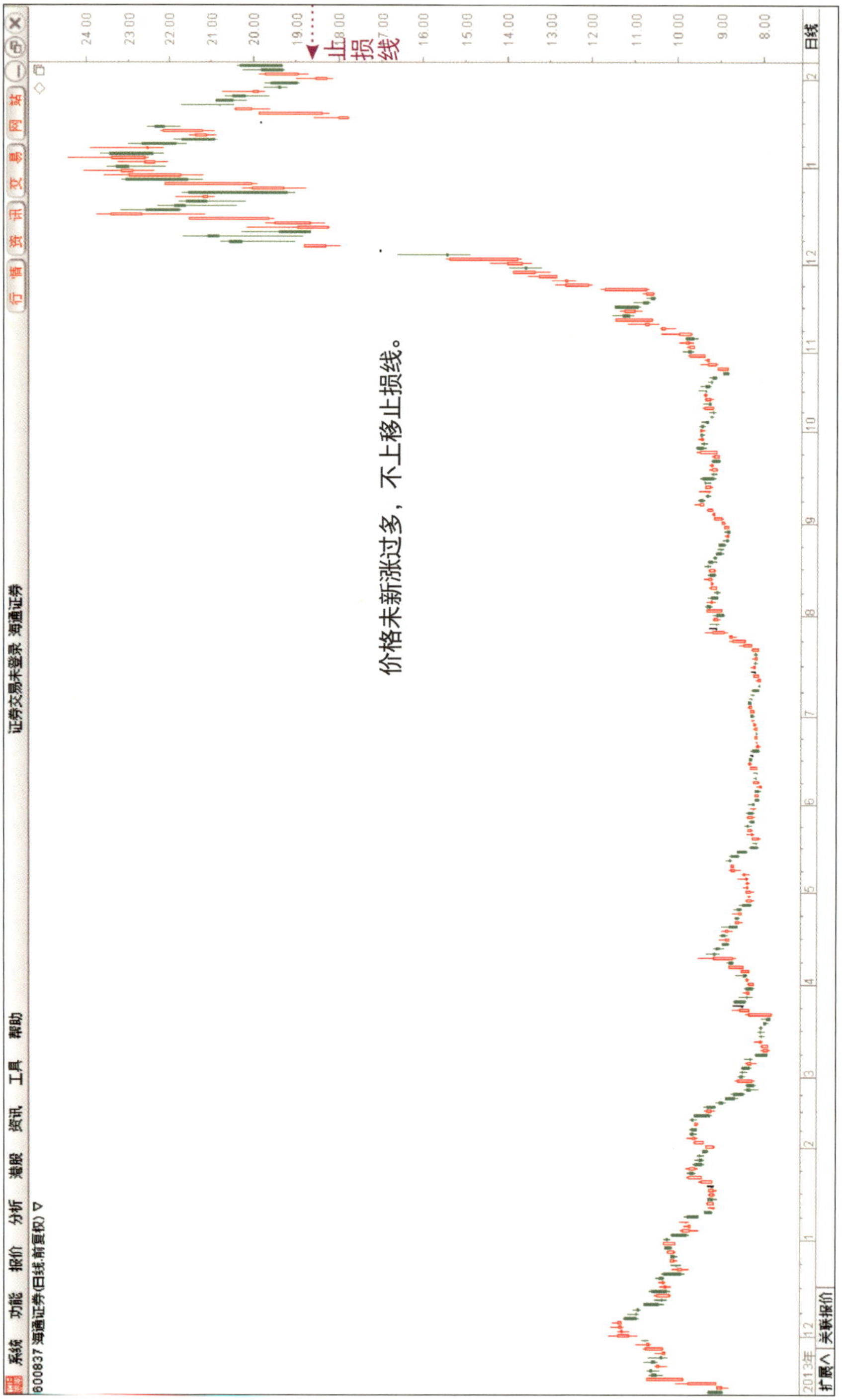
系统 功能 报价 分析 港股 资讯 工具 帮助
证券交易未登录 海通证券
600837 海通证券(日线,前复权)
行情 资讯 交易 网站
止损线
价格未新涨过多，不上移止损线。
扩展 关联报价
日线

图72

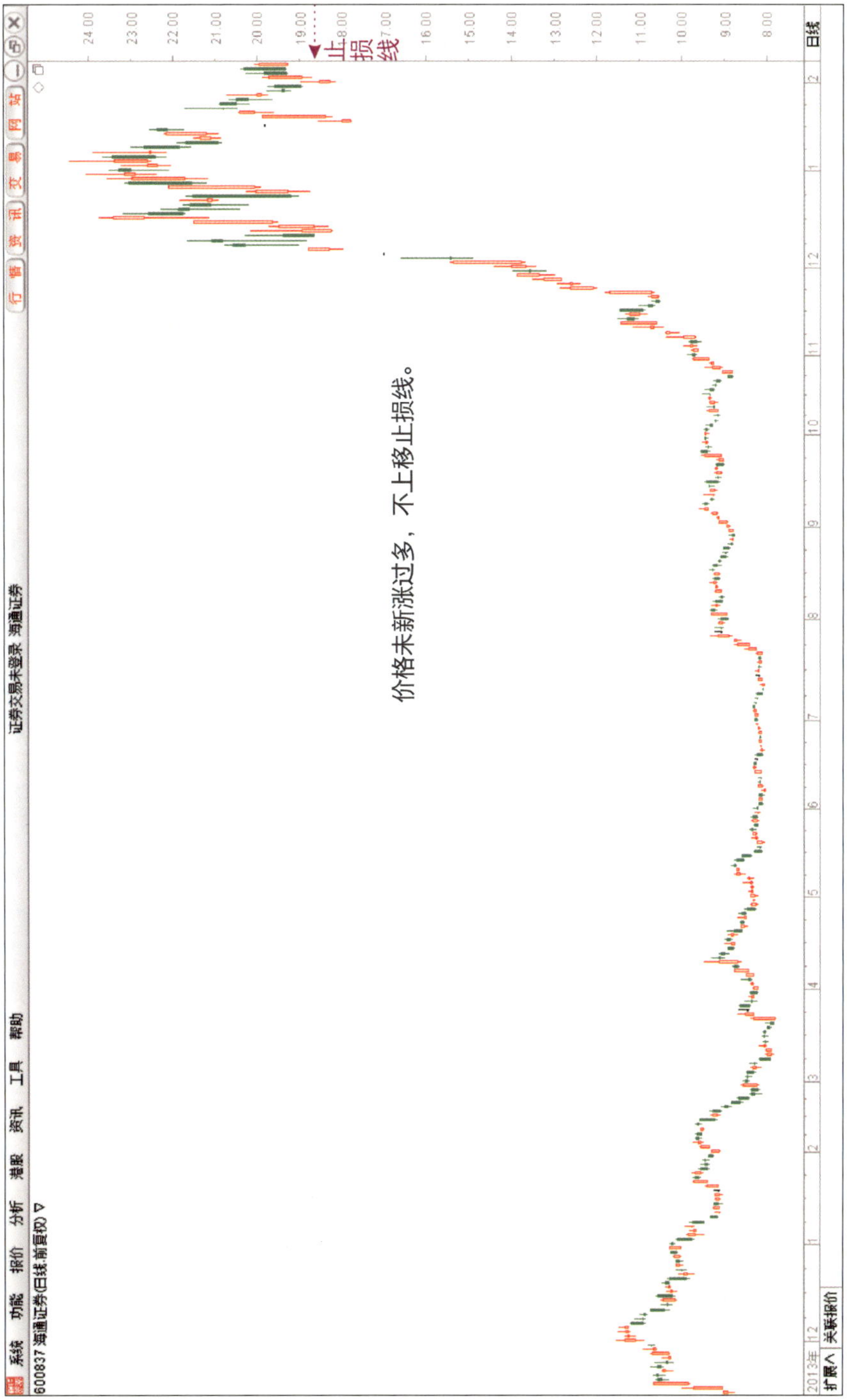
系统 功能 报价 分析 港股 资讯 工具 帮助
证券交易未登录 海通证券
600837 海通证券(日线,前复权)
止损线
价格未新涨过多，不上移止损线。
日线
扩展∧ 关联报价

图73

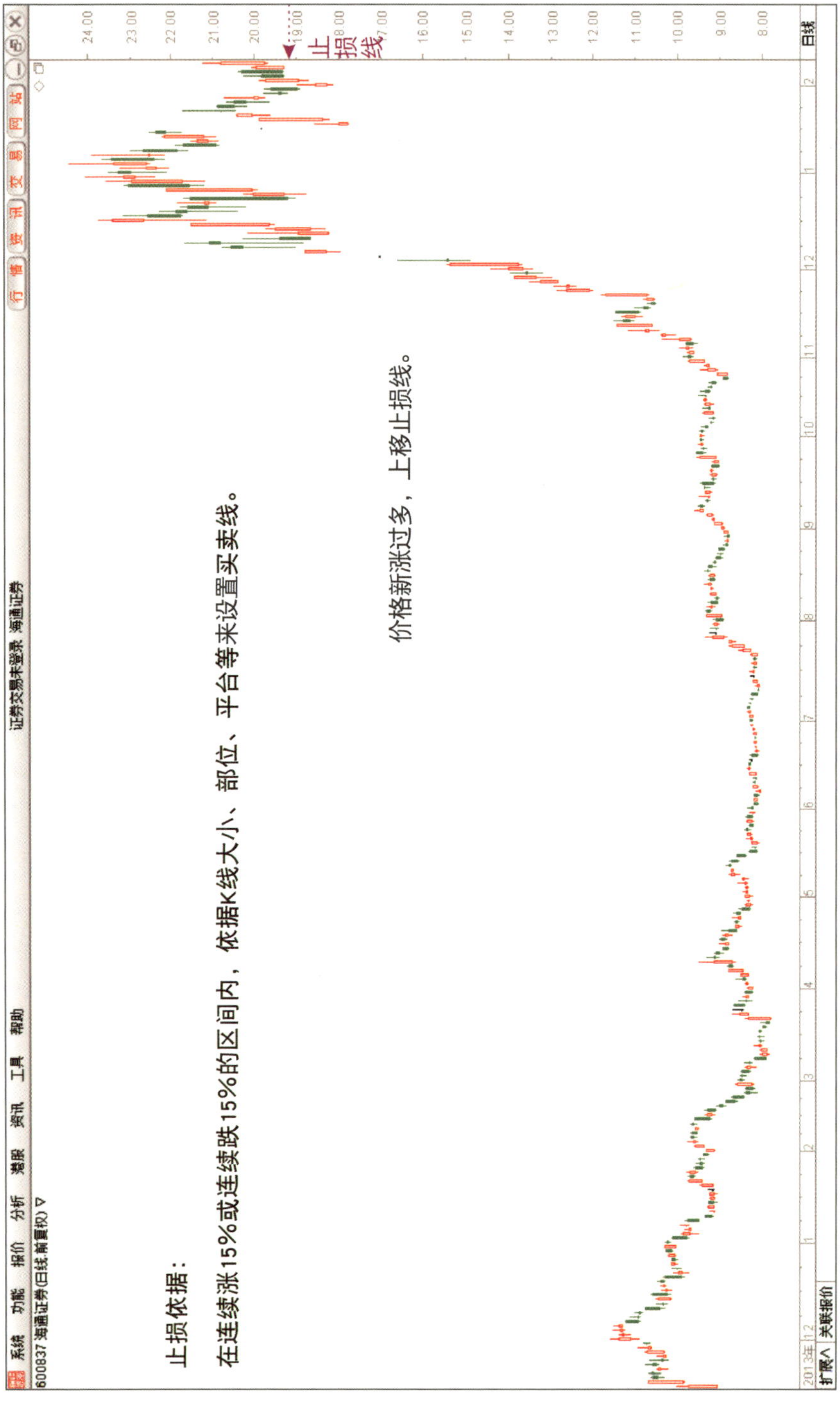
止损依据：
在连续涨15%或连续跌15%的区间内，依据K线大小、部位、平台等来设置买卖线。
价格新涨过多，上移止损线。
止损线
600837 海通证券(日线,前复权)
证券交易未登录 海通证券

图74

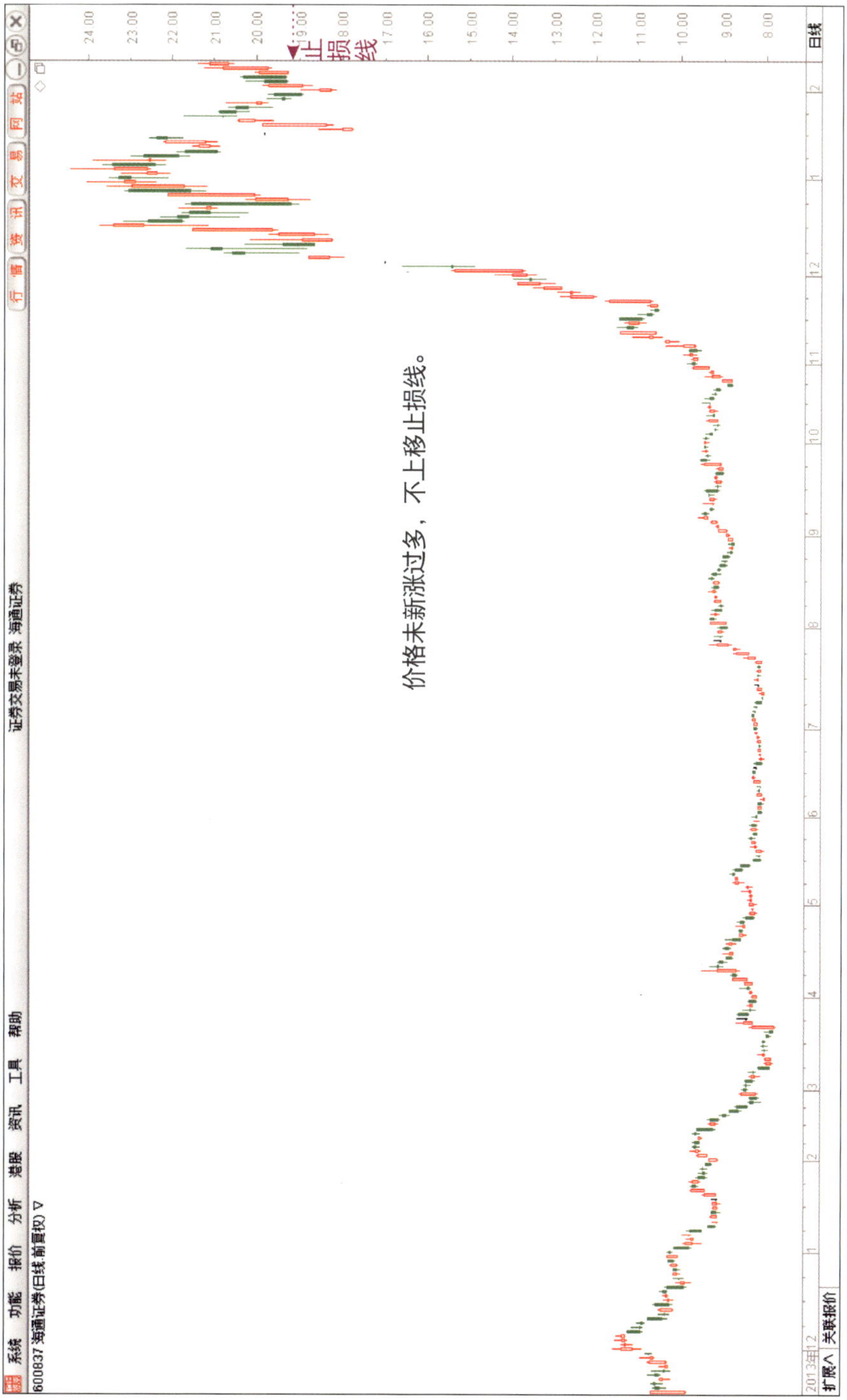

图75

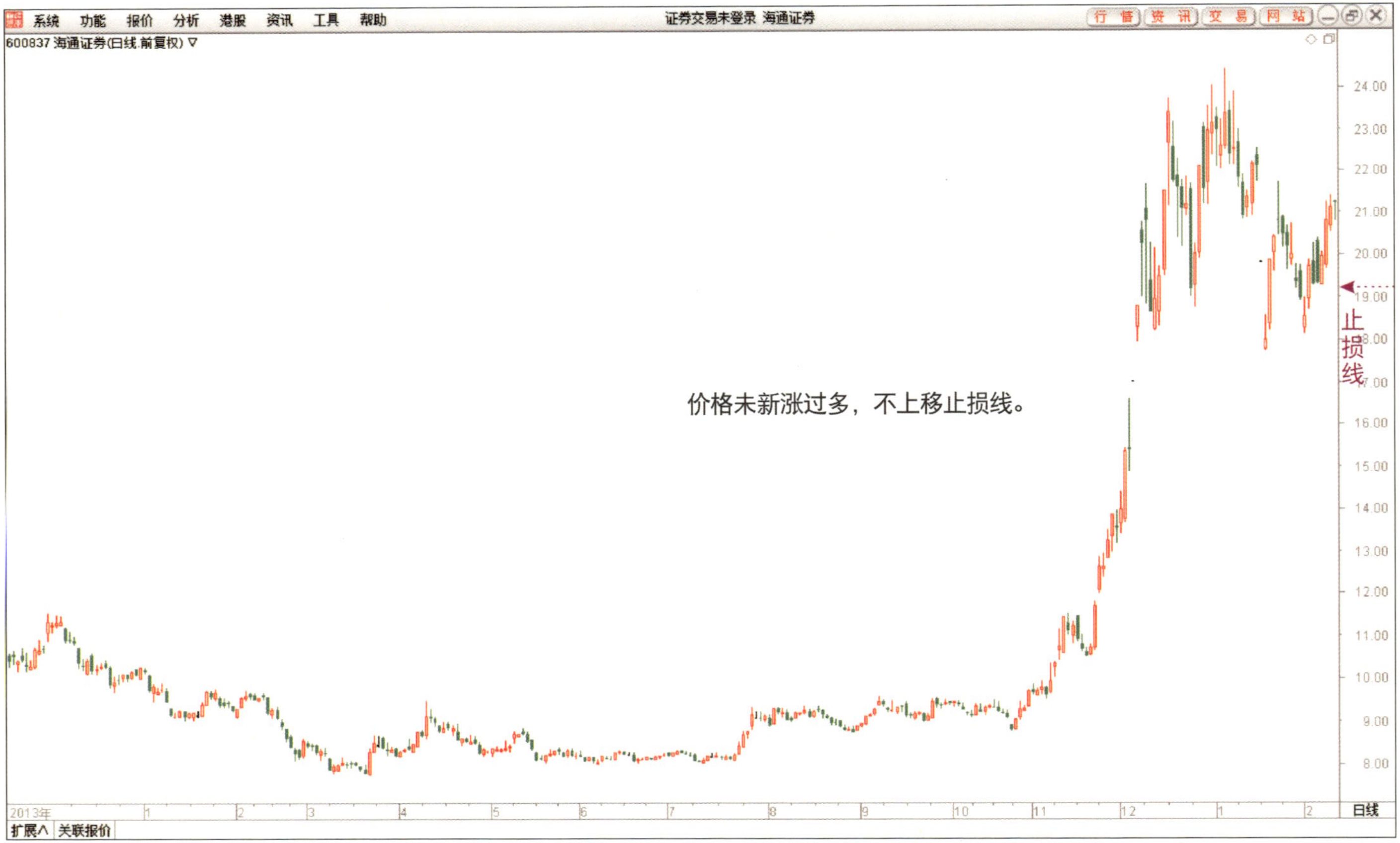
系统 功能 报价 分析 港股 资讯 工具 帮助
证券交易未登录 海通证券
行情 资讯 交易 网站
600837 海通证券(日线,前复权) ▽
24.00
23.00
22.00
21.00
20.00
19.00
18.00
17.00
16.00
15.00
14.00
13.00
12.00
11.00
10.00
9.00
8.00
止损线
价格未新涨过多，不上移止损线。
2013年
1
2
3
4
5
6
7
8
9
10
11
12
1
2
日线
扩展∧ 关联报价

图76

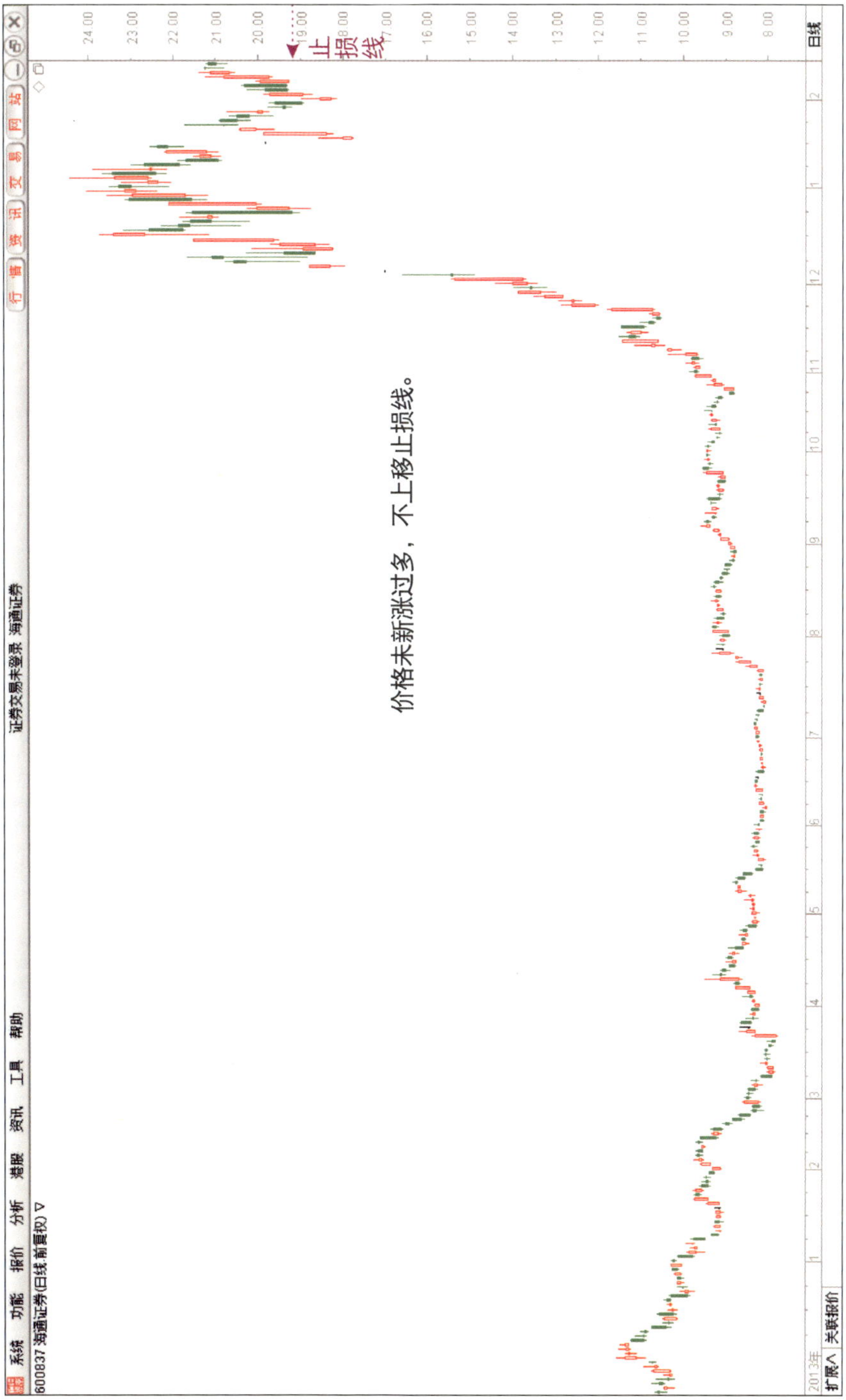

系统 功能 报价 分析 港股 资讯 工具 帮助
证券交易未登录 海通证券
600837 海通证券(日线 前复权)
止损线
价格未新涨过多，不上移止损线。
日线
扩展 关联报价

图77

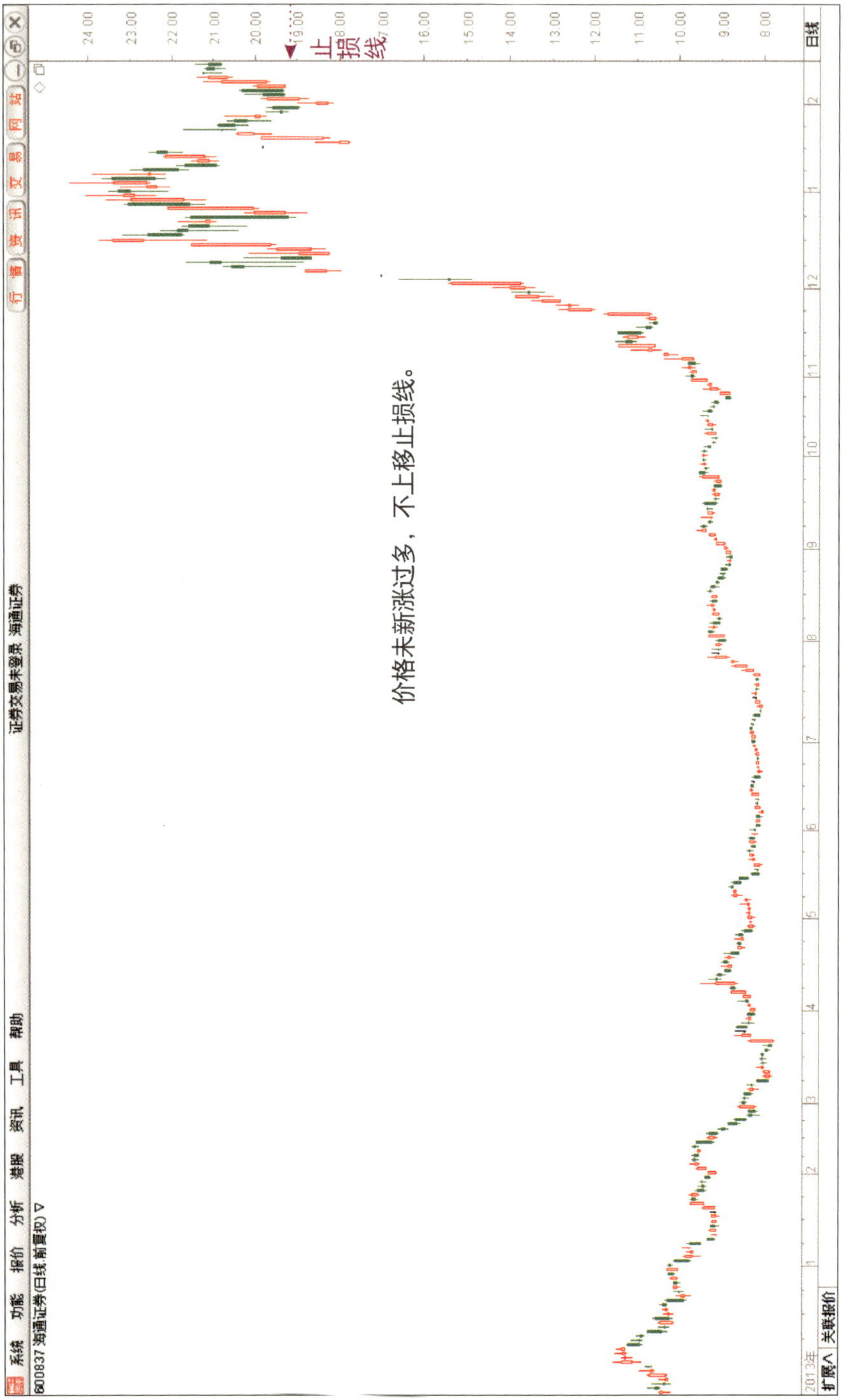
系统 功能 报价 分析 港股 资讯 工具 帮助
证券交易未登录 海通证券
行情 资讯 交易 网站
600837 海通证券(日线,前复权)
止损线
价格未新涨过多，不上移止损线。
24.00
23.00
22.00
21.00
20.00
19.00
18.00
17.00
16.00
15.00
14.00
13.00
12.00
11.00
10.00
9.00
8.00
2013年
扩展∧
关联报价
日线

图78

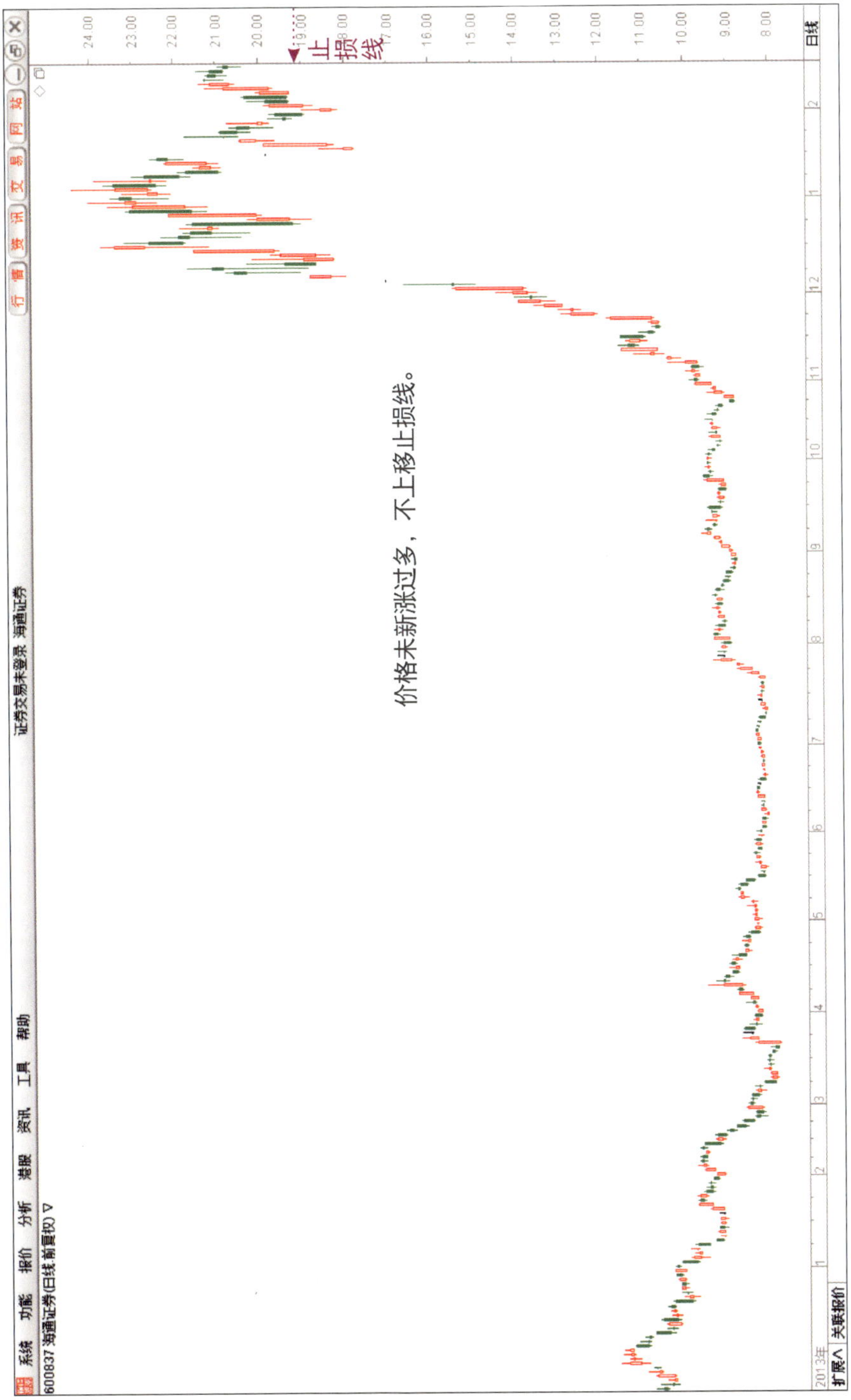

图79

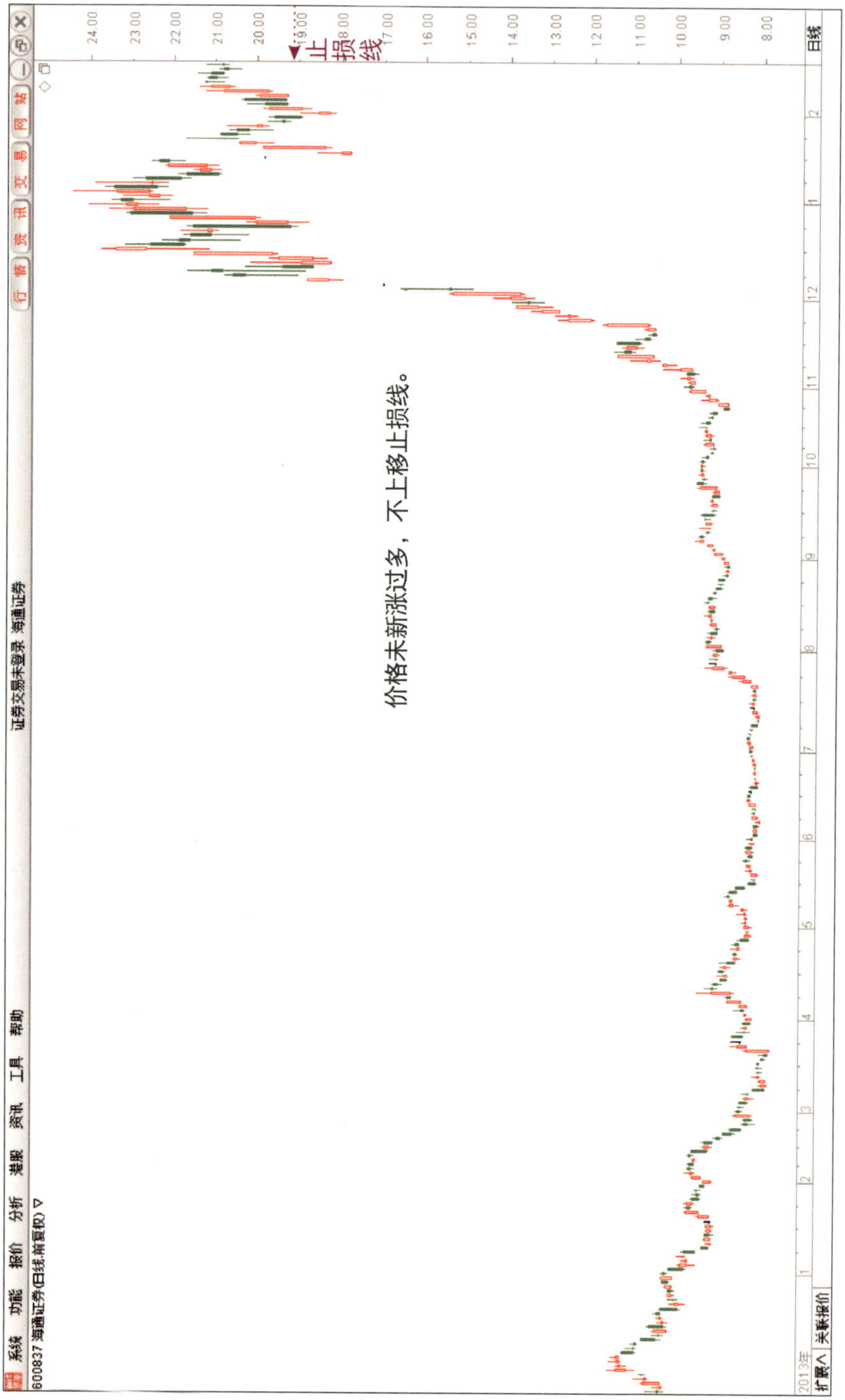
系统 功能 报价 分析 港股 资讯 工具 帮助
证券交易未登录 海通证券
600837 海通证券(日线,前复权)
行情 资讯 交易 网站
24.00
23.00
22.00
21.00
20.00
19.00
18.00
17.00
16.00
15.00
14.00
13.00
12.00
11.00
10.00
9.00
8.00
止损线
价格未新涨过多，不上移止损线。
2013年
扩展∧ 关联报价
日线

图80

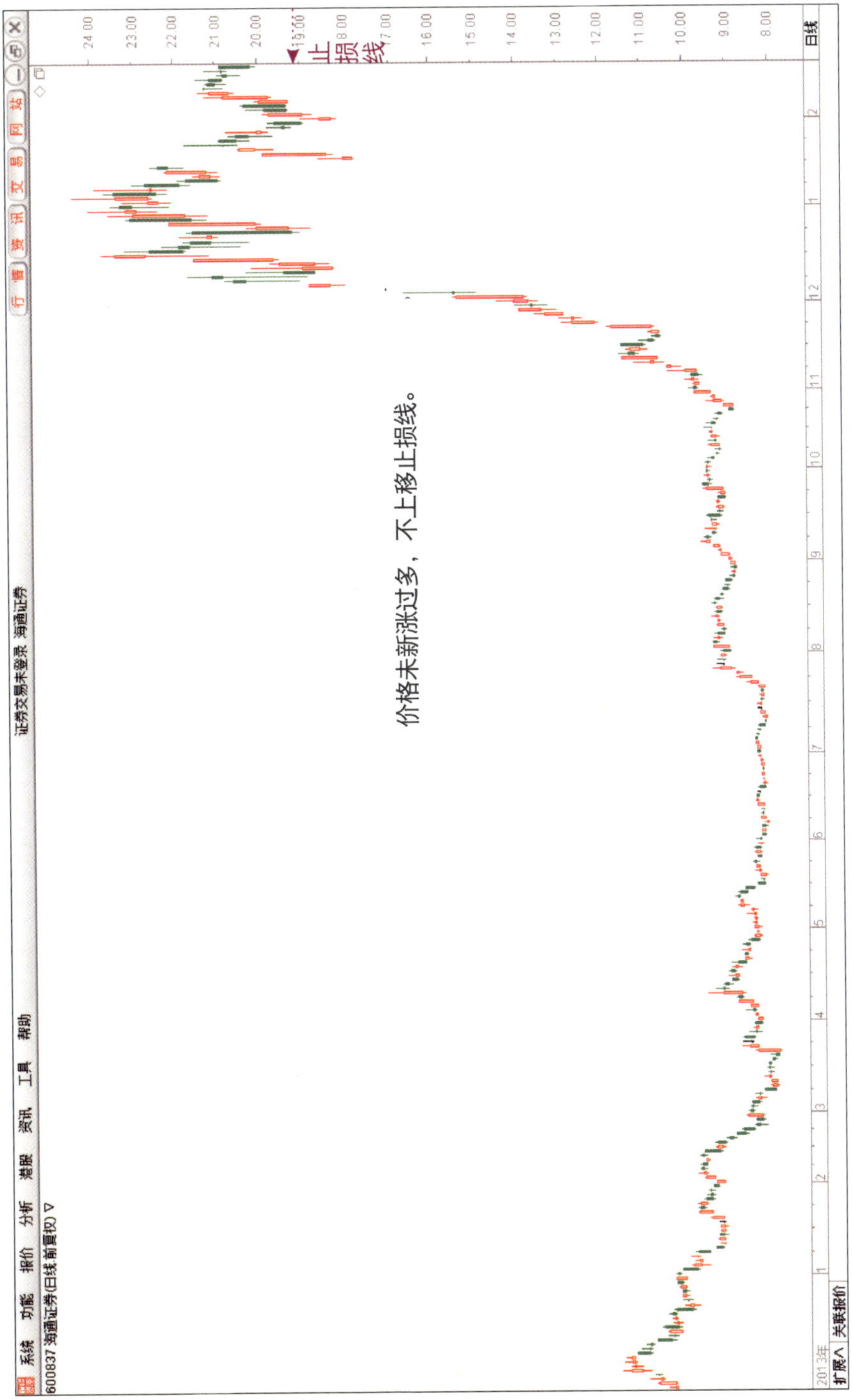

系统 功能 报价 分析 港股 资讯 工具 帮助
证券交易未登录 海通证券
行情 资讯 交易 网站
600837 海通证券(日线 前复权)
止损线
价格未新涨过多，不上移止损线。
日线
扩展 关联报价

图81

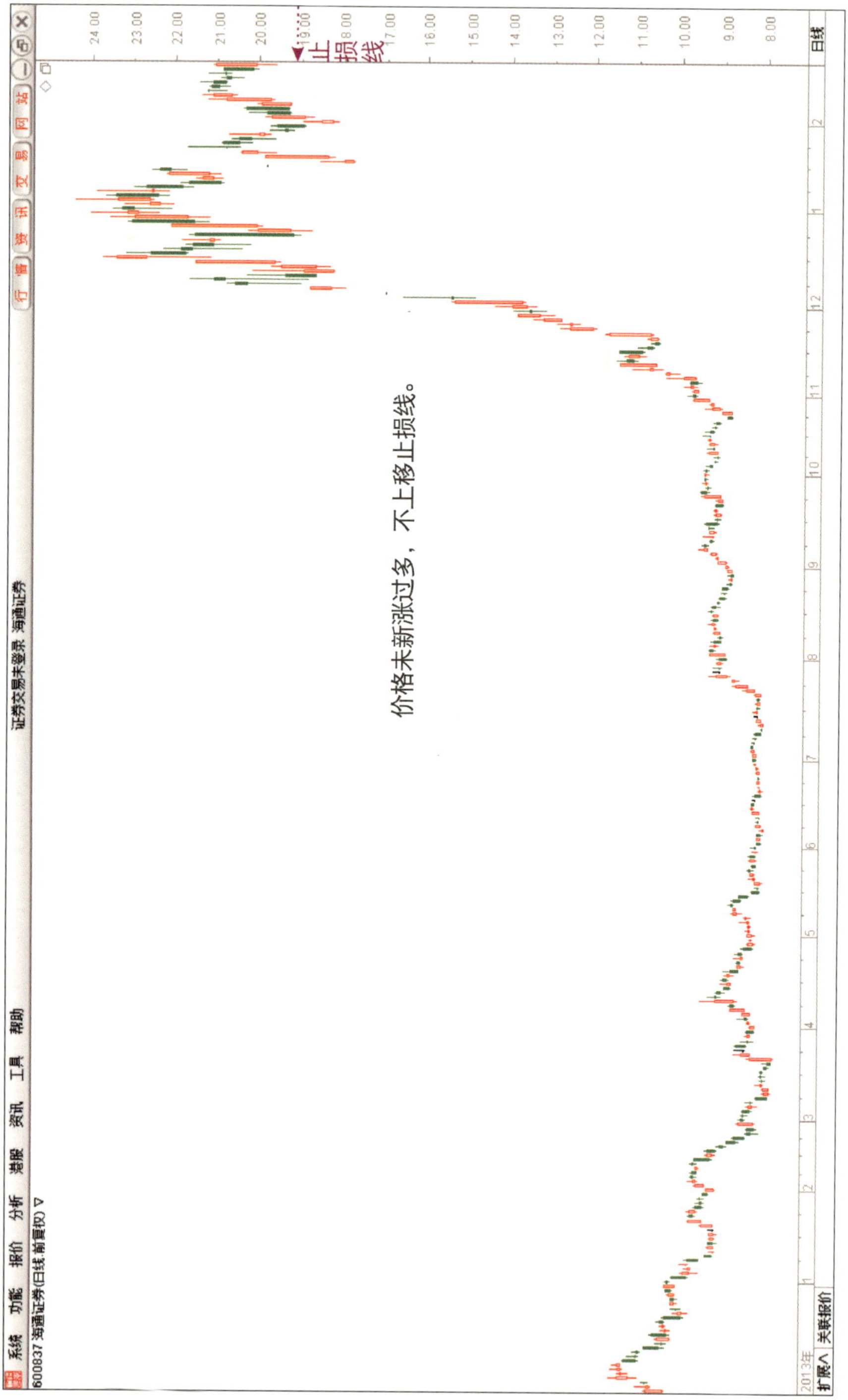
系统 功能 报价 分析 港股 资讯 工具 帮助
证券交易未登录 海通证券
600837 海通证券(日线 前复权)
行情 资讯 交易 网站
止损线
价格未新涨过多，不上移止损线。
扩展 关联报价
日线

图82

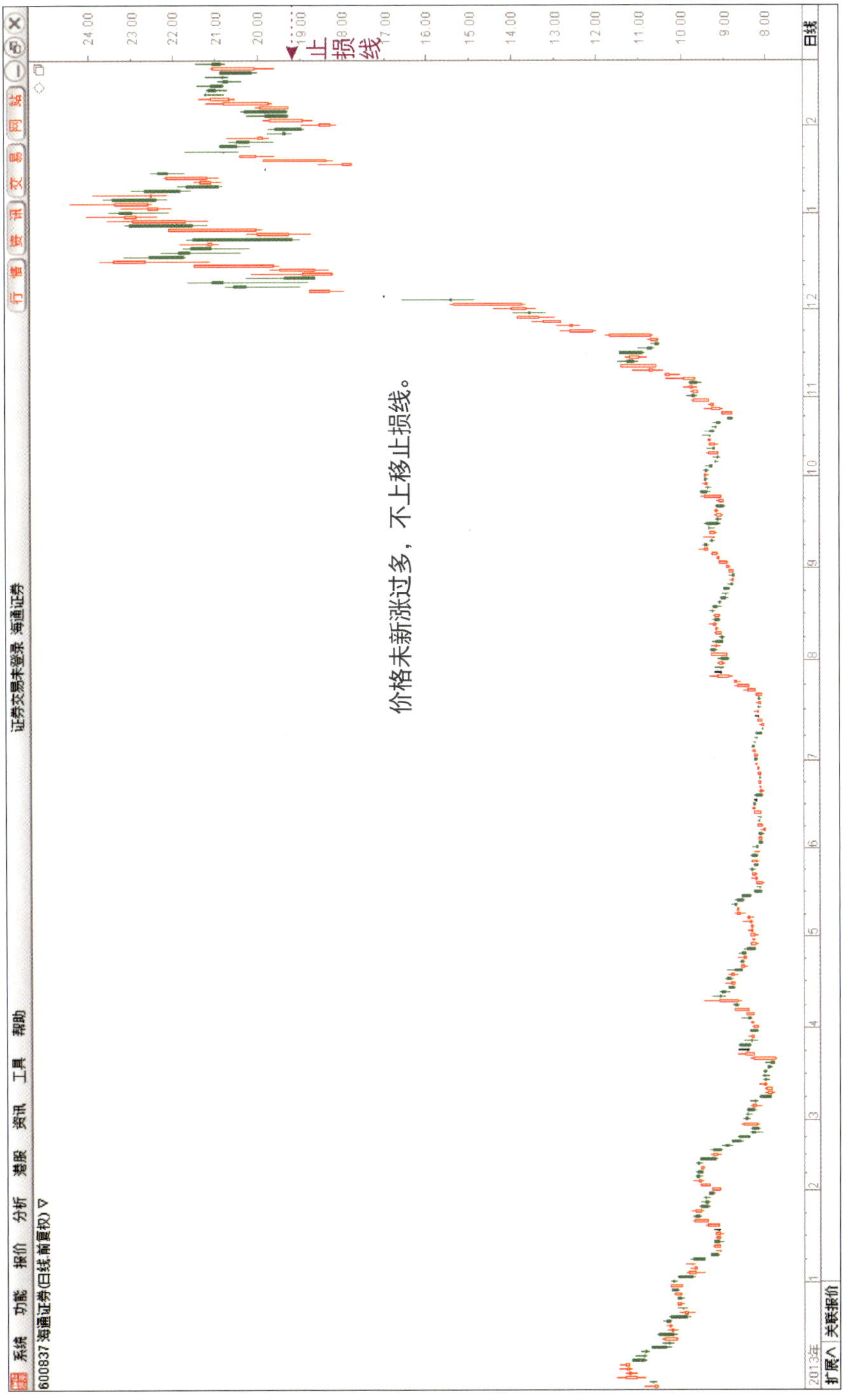
系统 功能 报价 分析 港股 资讯 工具 帮助
证券交易未登录 海通证券
600837 海通证券(日线,前复权)
止损线
价格未新涨过多，不上移止损线。
日线

图83

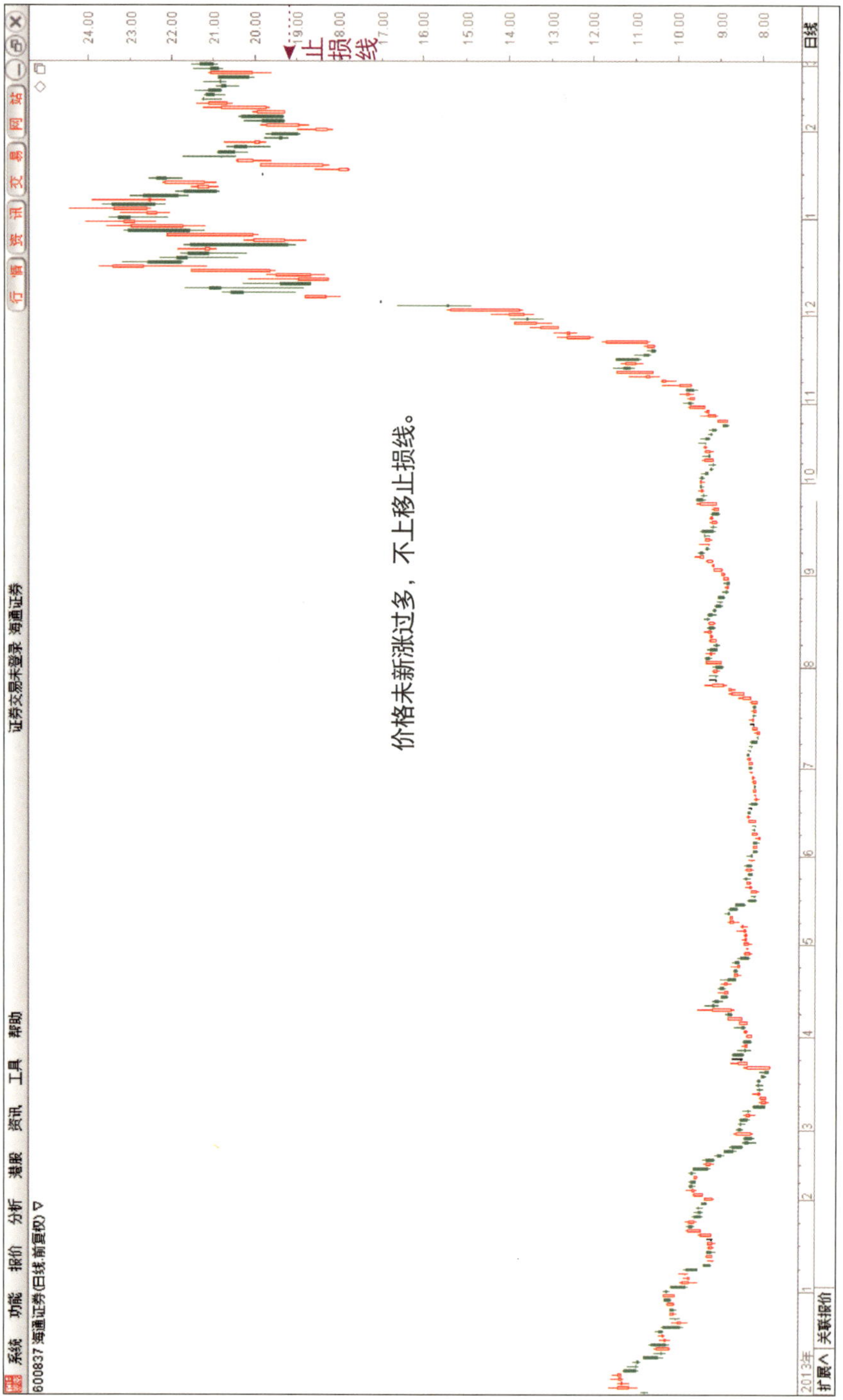
系统 功能 报价 分析 港股 资讯 工具 帮助
证券交易未登录 海通证券
600837 海通证券(日线,前复权)
行情 资讯 交易 网站
止损线
价格未新涨过多，不上移止损线。
24.00
23.00
22.00
21.00
20.00
19.00
18.00
17.00
16.00
15.00
14.00
13.00
12.00
11.00
10.00
9.00
8.00
日线
2013年
扩展∧ 关联报价

图84

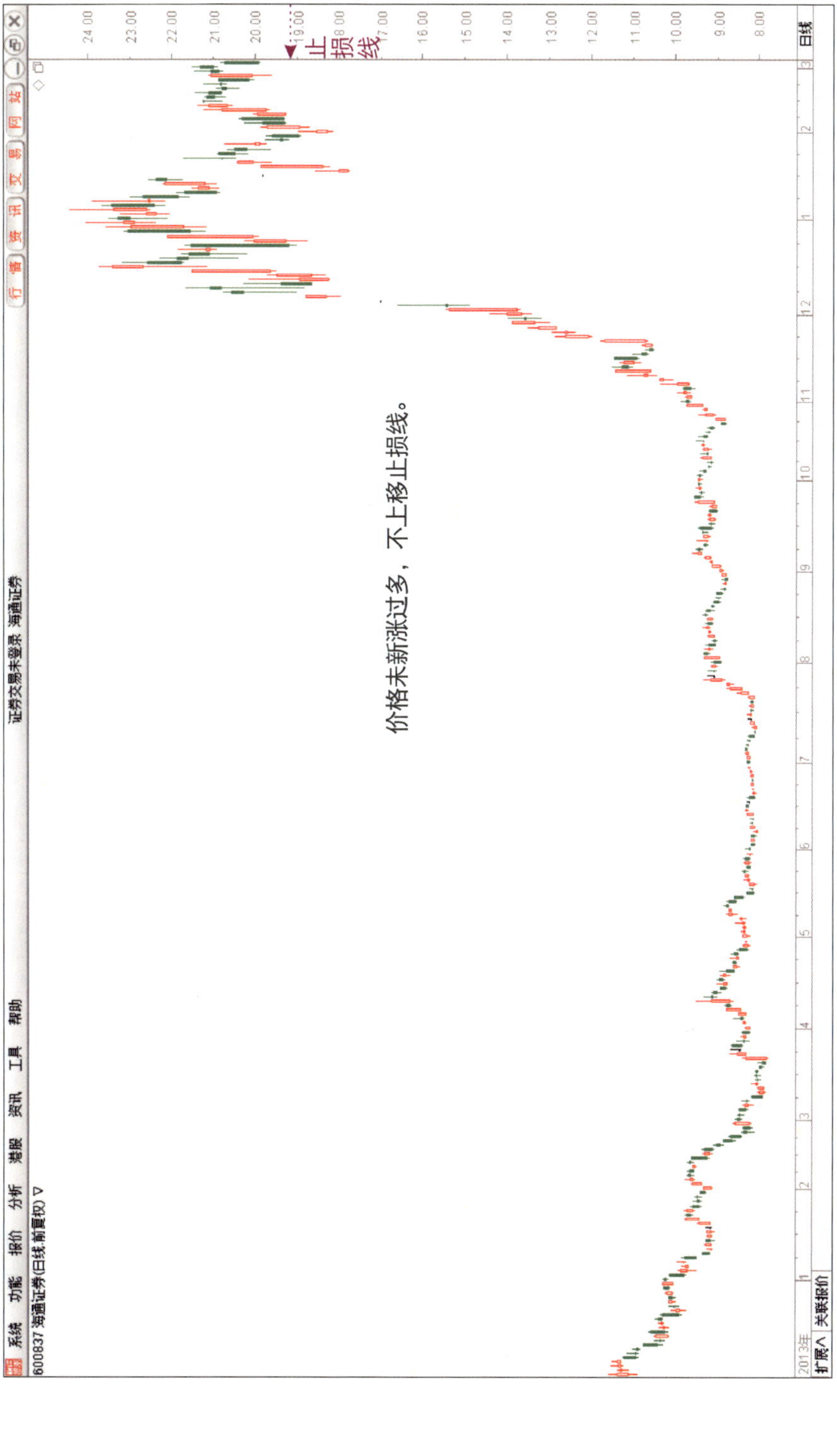
系统 功能 报价 分析 港股 资讯 工具 帮助
证券交易未登录 海通证券
行情 资讯 交易 网站
600837 海通证券(日线,前复权) ▽
止损线
价格未新涨过多，不上移止损线。
日线
扩展∧ 关联报价

图85

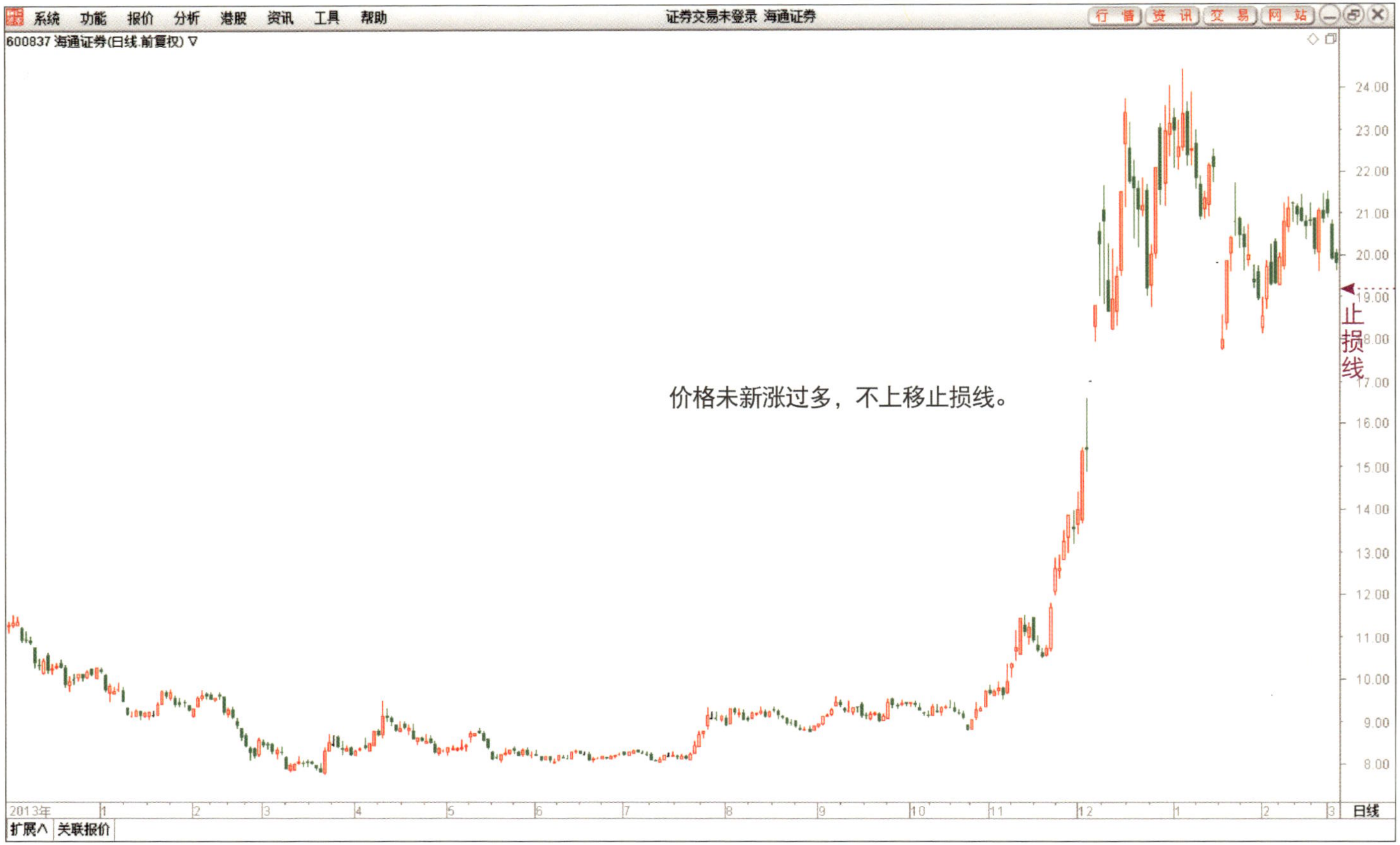
系统 功能 报价 分析 港股 资讯 工具 帮助
证券交易未登录 海通证券
行情 资讯 交易 网站
600837 海通证券(日线,前复权)
价格未新涨过多，不上移止损线。
止损线
24.00
23.00
22.00
21.00
20.00
19.00
18.00
17.00
16.00
15.00
14.00
13.00
12.00
11.00
10.00
9.00
8.00
2013年
日线
扩展∧
关联报价

图86

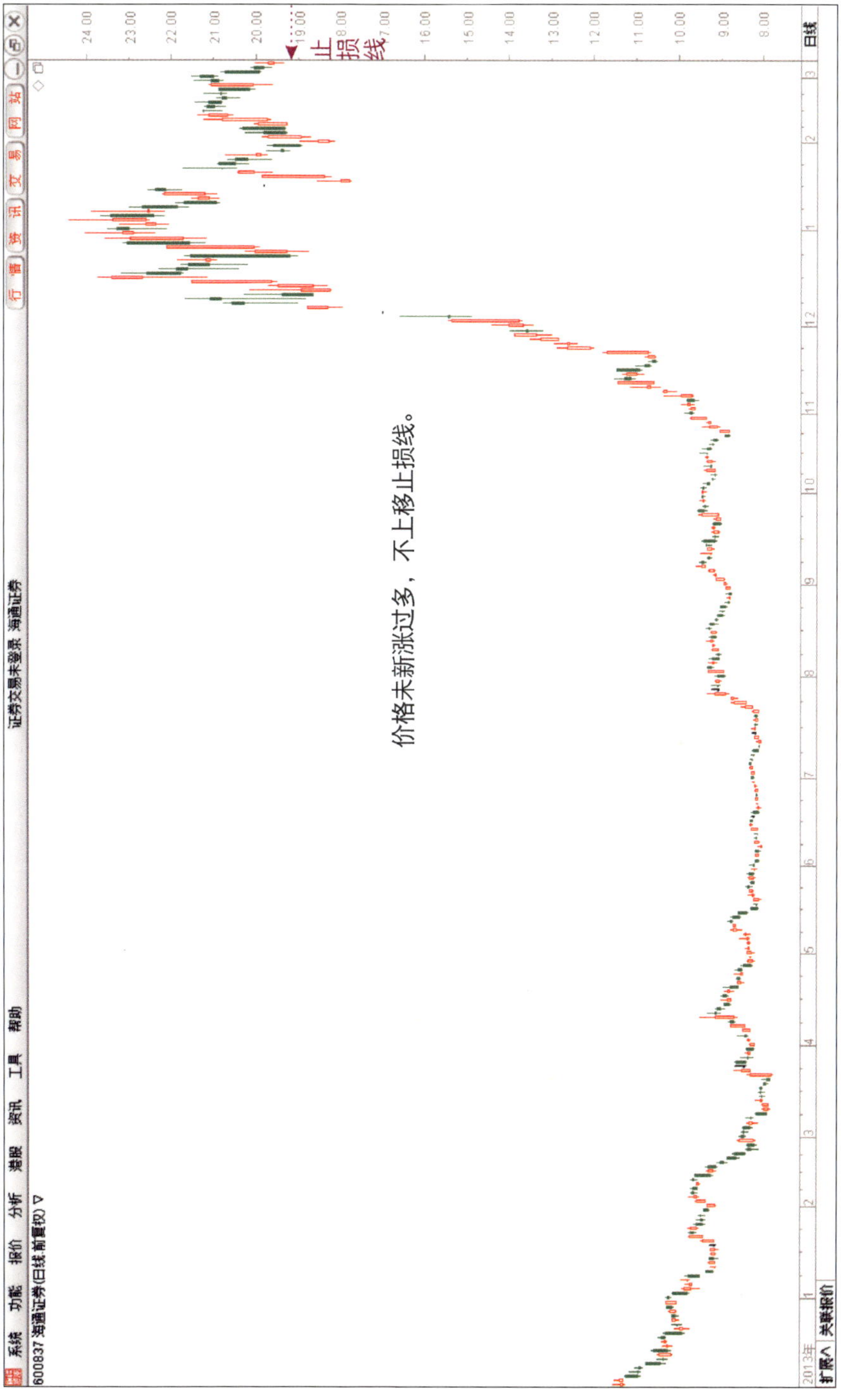
系统 功能 报价 分析 港股 资讯 工具 帮助
证券交易未登录 海通证券
600837 海通证券(日线 前复权)
行情 资讯 交易 网站
止损线
价格未新涨过多，不上移止损线。
日线
扩展 关联报价

图87

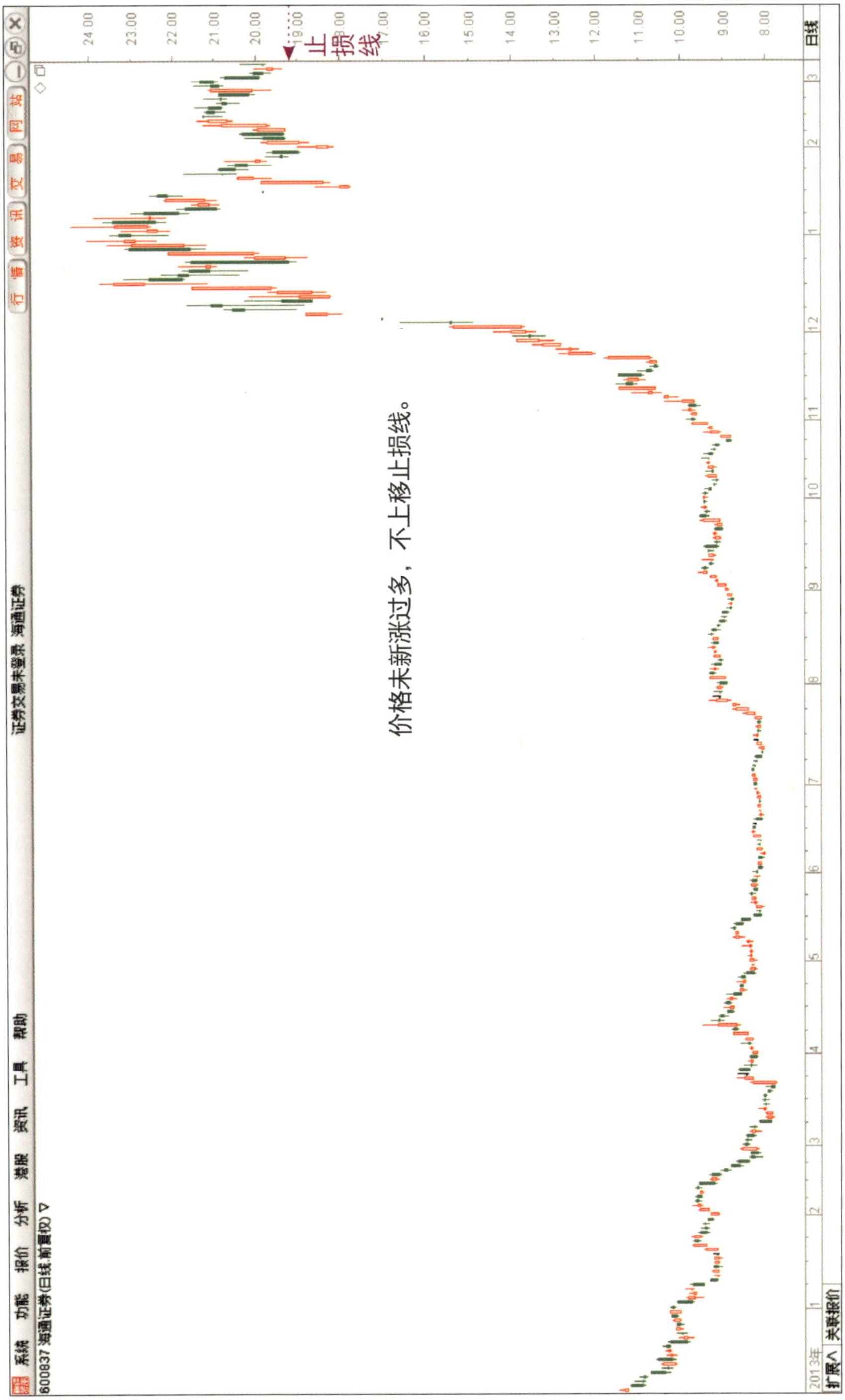
系统 功能 报价 分析 港股 资讯 工具 帮助
证券交易未登录 海通证券
行情 资讯 交易 网站
600837 海通证券(日线,前复权)
24.00
23.00
22.00
21.00
20.00
19.00
18.00
17.00
16.00
15.00
14.00
13.00
12.00
11.00
10.00
9.00
8.00
止损线
价格未新涨过多，不上移止损线。
2013年
日线
扩展∧ 关联报价

图88

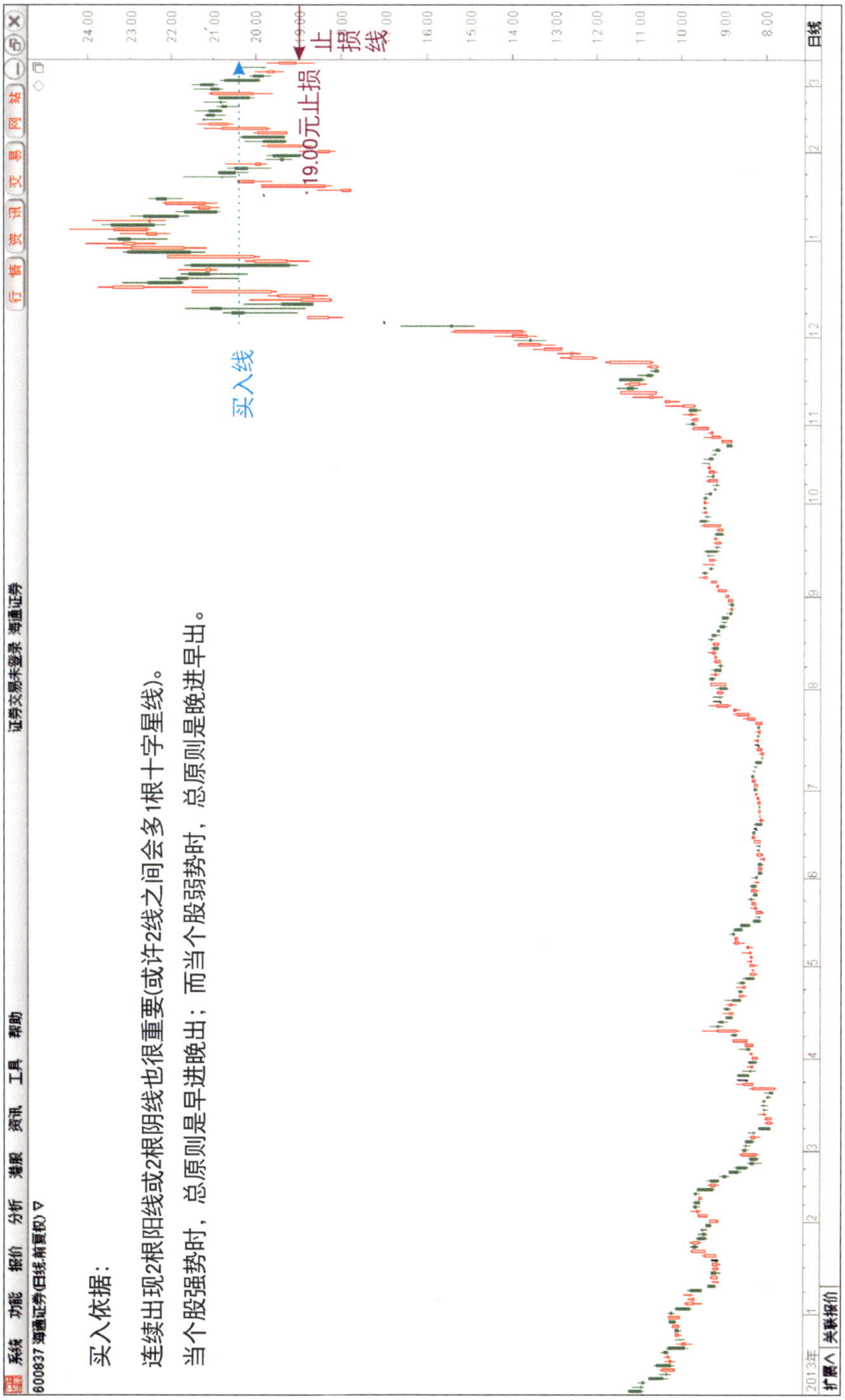
600837 海通证券(日线,前复权)
系统 功能 报价 分析 港股 资讯 工具 帮助
证券交易未登录 海通证券
行情 资讯 交易 网站
买入依据：
连续出现2根阳线或2根阴线也很重要(或许2线之间会多1根十字星线)。
当个股强势时，总原则是早进晚出；而当个股弱势时，总原则是晚进早出。
买入线
19.00元止损
止损线
24.00
23.00
22.00
21.00
20.00
18.00
17.00
16.00
15.00
14.00
13.00
12.00
11.00
10.00
9.00
8.00
日线
2013年
扩展
关联报价

图89

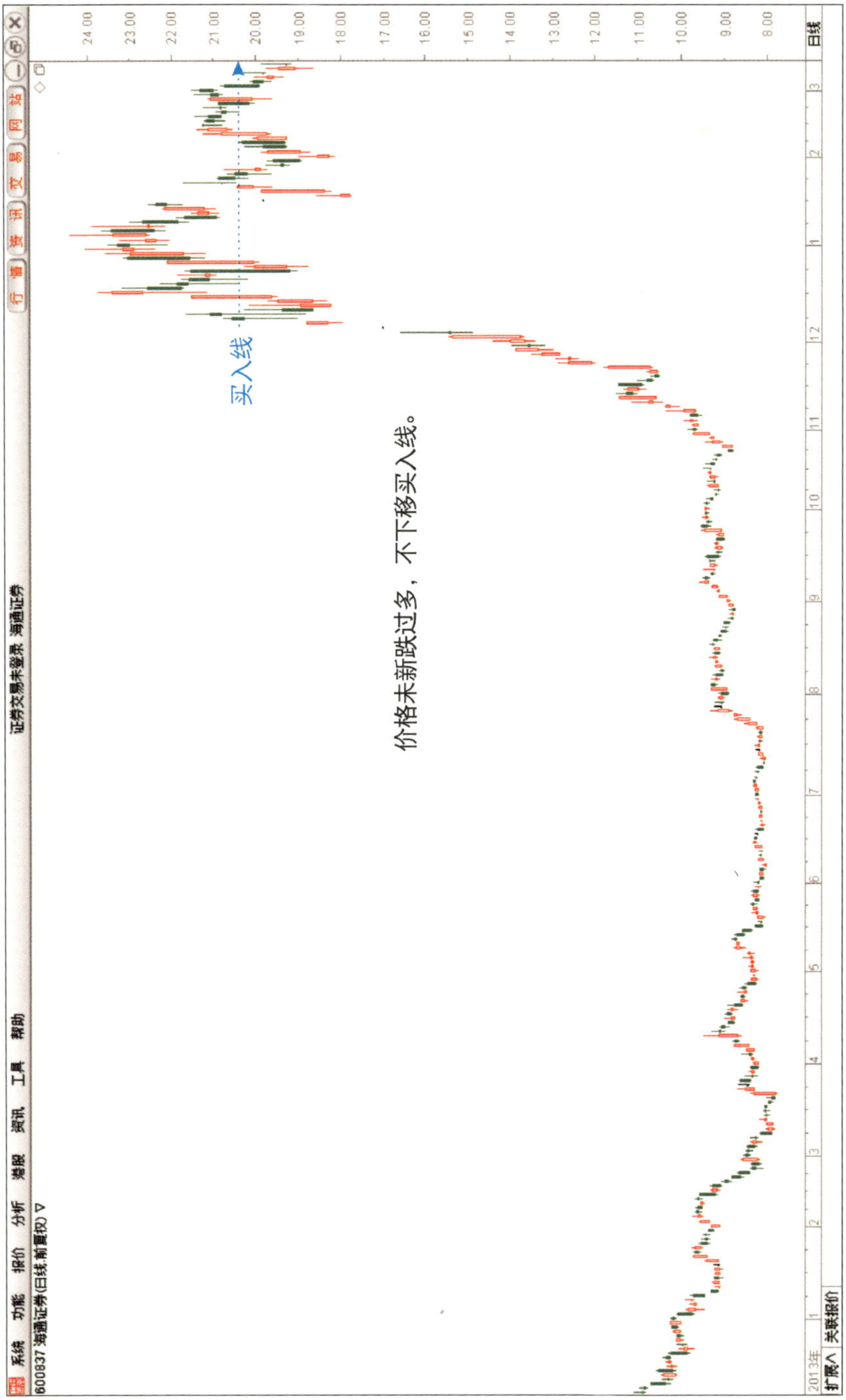
系统 功能 报价 分析 港股 资讯 工具 帮助
证券交易未登录 海通证券
600837 海通证券(日线 前复权)
行情 资讯 交易 网站
24.00
23.00
22.00
21.00
20.00
19.00
18.00
17.00
16.00
15.00
14.00
13.00
12.00
11.00
10.00
9.00
8.00
日线
买入线
价格未新跌过多，不下移买入线。

图90

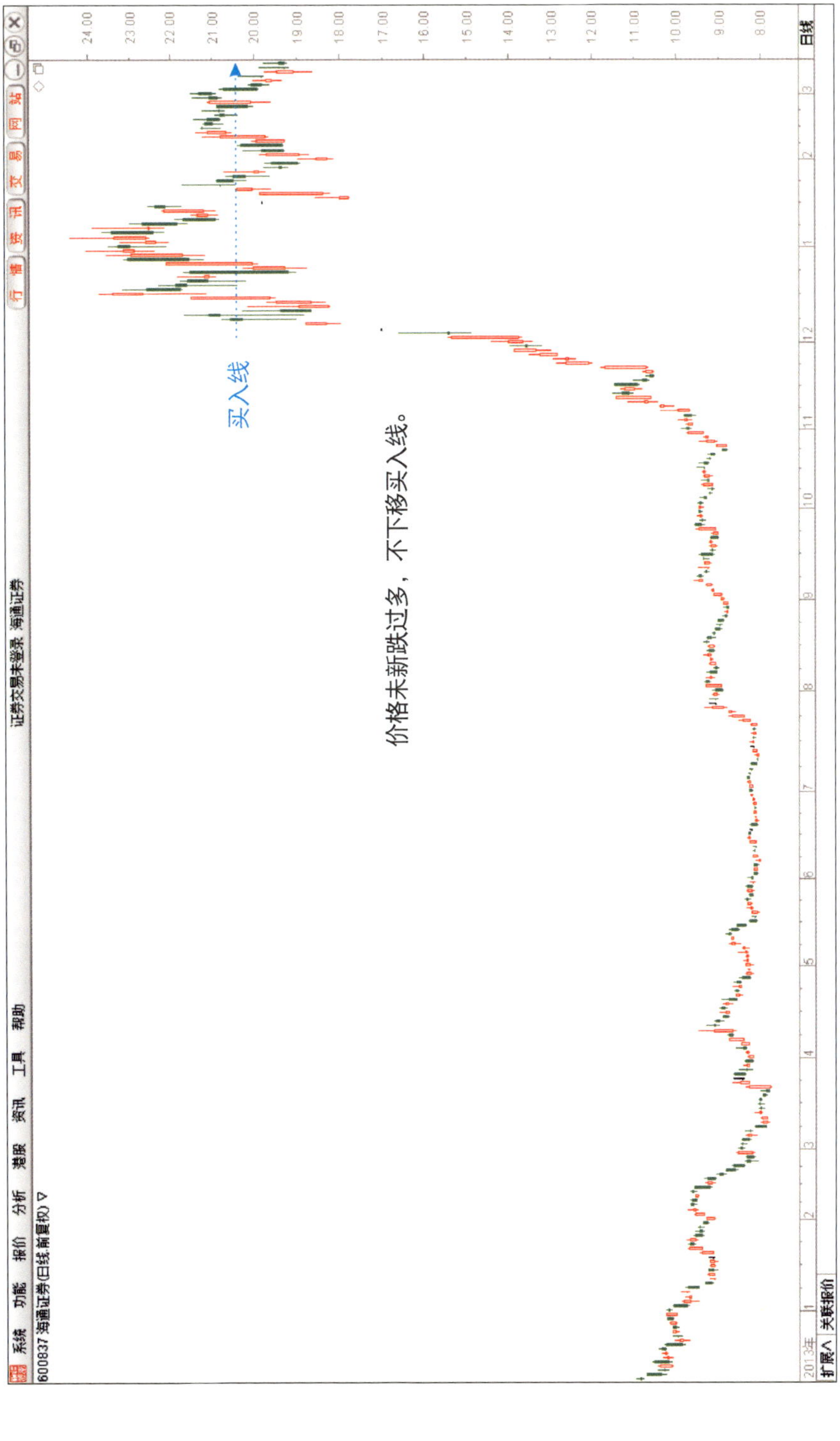

图91

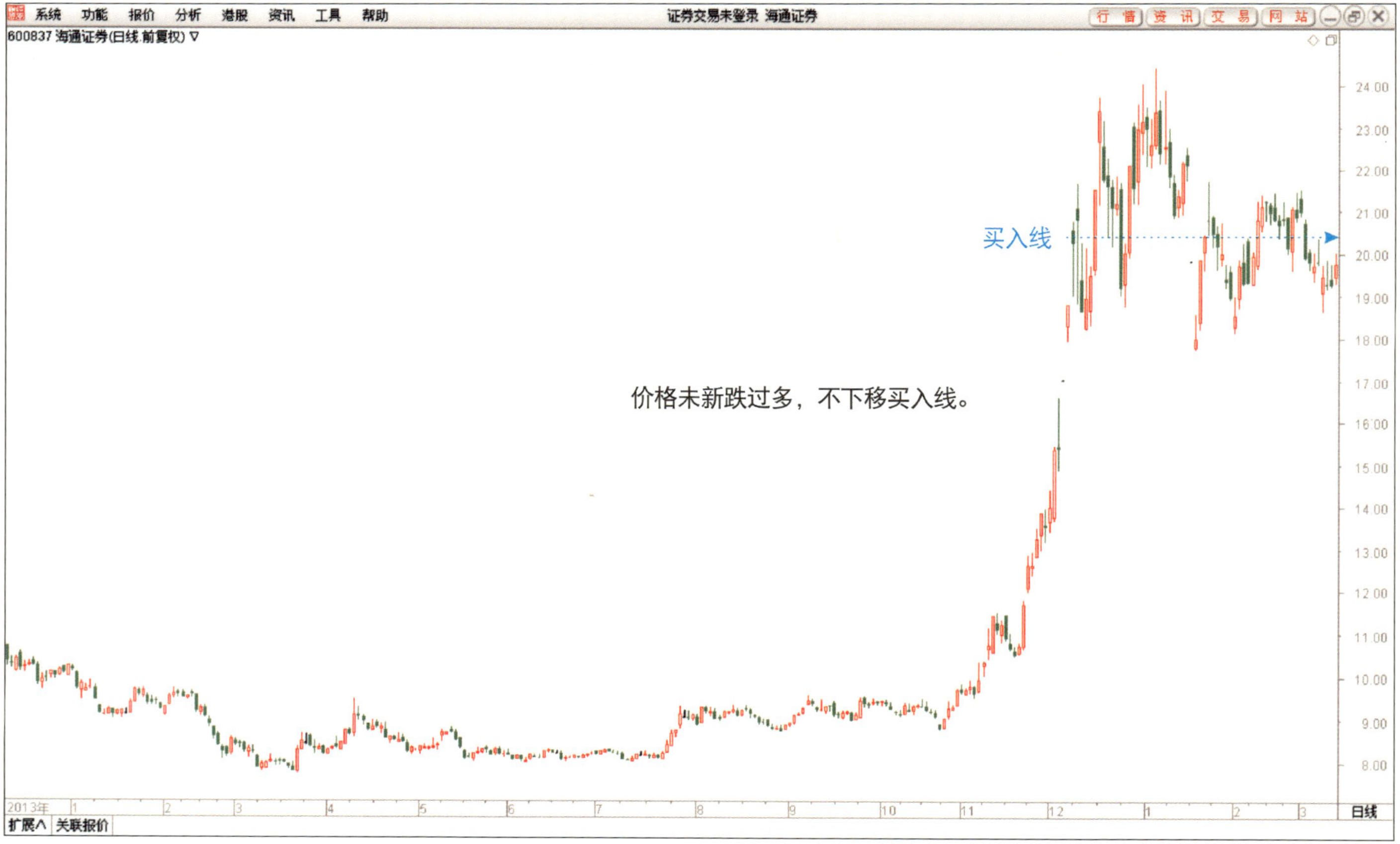
系统 功能 报价 分析 港股 资讯 工具 帮助
证券交易未登录 海通证券
行情 资讯 交易 网站
600837 海通证券(日线 前复权) ▽
24.00
23.00
22.00
21.00
20.00
19.00
18.00
17.00
16.00
15.00
14.00
13.00
12.00
11.00
10.00
9.00
8.00
买入线
价格未新跌过多，不下移买入线。
2013年 1 2 3 4 5 6 7 8 9 10 11 12 1 2 3
日线
扩展∧ 关联报价

图92

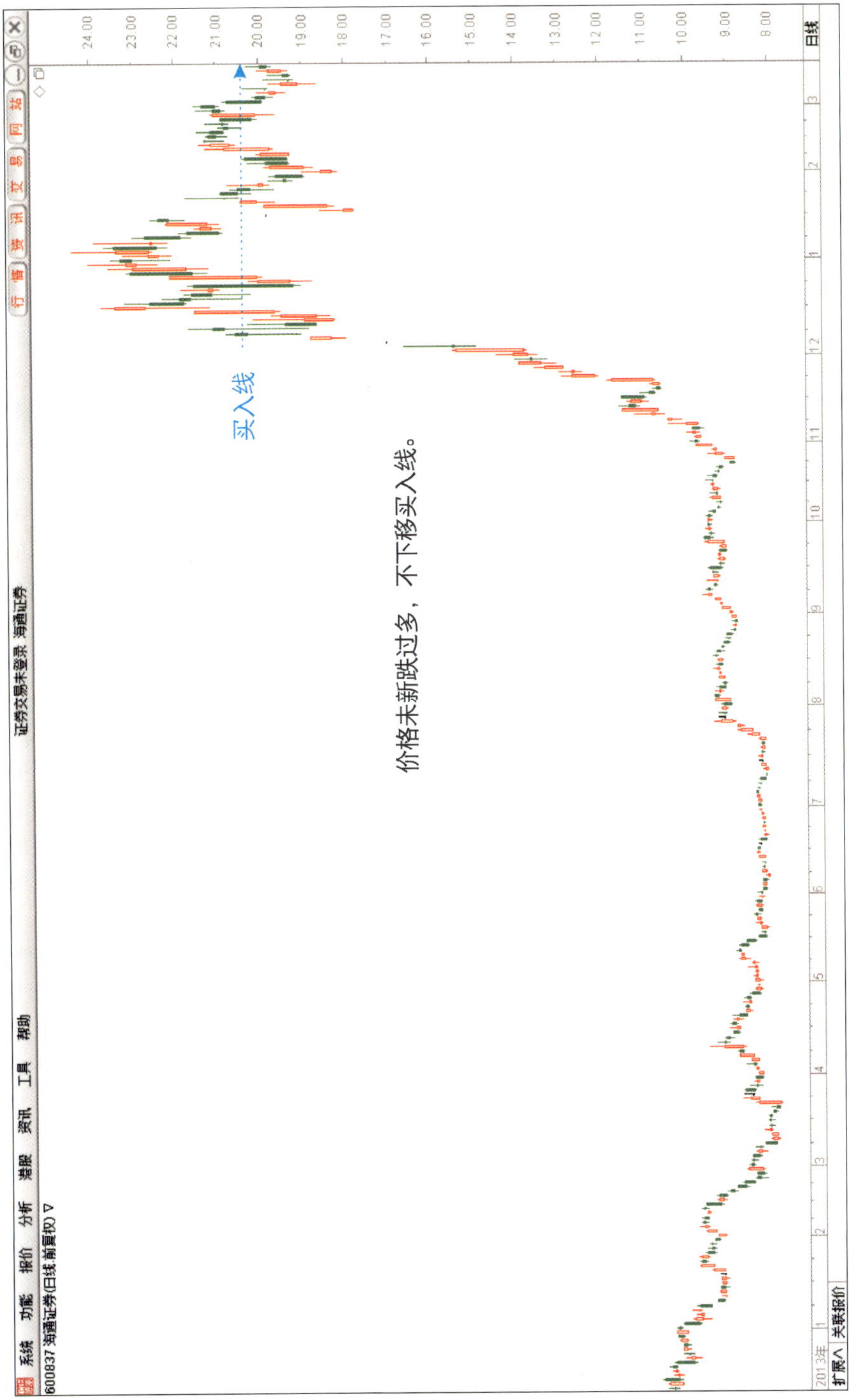
系统 功能 报价 分析 港股 资讯 工具 帮助
证券交易未登录 海通证券
600837 海通证券(日线 前复权)
行情 资讯 交易 网站
24.00
23.00
22.00
21.00
20.00
19.00
18.00
17.00
16.00
15.00
14.00
13.00
12.00
11.00
10.00
9.00
8.00
日线
买入线
价格未新跌过多，不下移买入线。
扩展 关联报价

图93

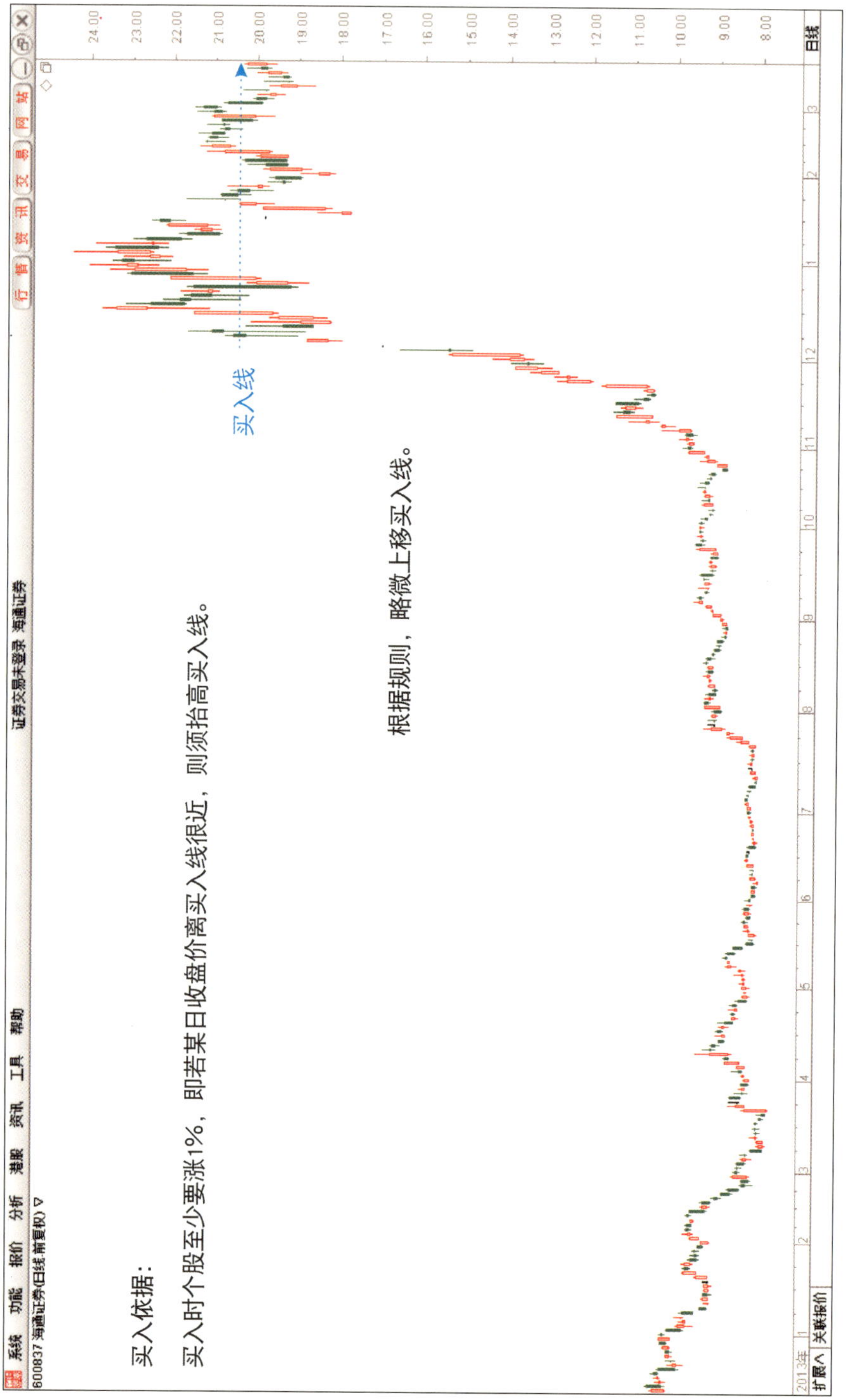
系统 功能 报价 分析 港股 资讯 工具 帮助
证券交易未登录 海通证券
600837 海通证券(日线,前复权)
行情 资讯 交易 网站
买入依据：
买入时个股至少要涨1%，即若某日收盘价离买入线很近，则须抬高买入线。
根据规则，略微上移买入线。
买入线
24.00
23.00
22.00
21.00
20.00
19.00
18.00
17.00
16.00
15.00
14.00
13.00
12.00
11.00
10.00
9.00
8.00
日线
2013年
扩展
关联报价

图94

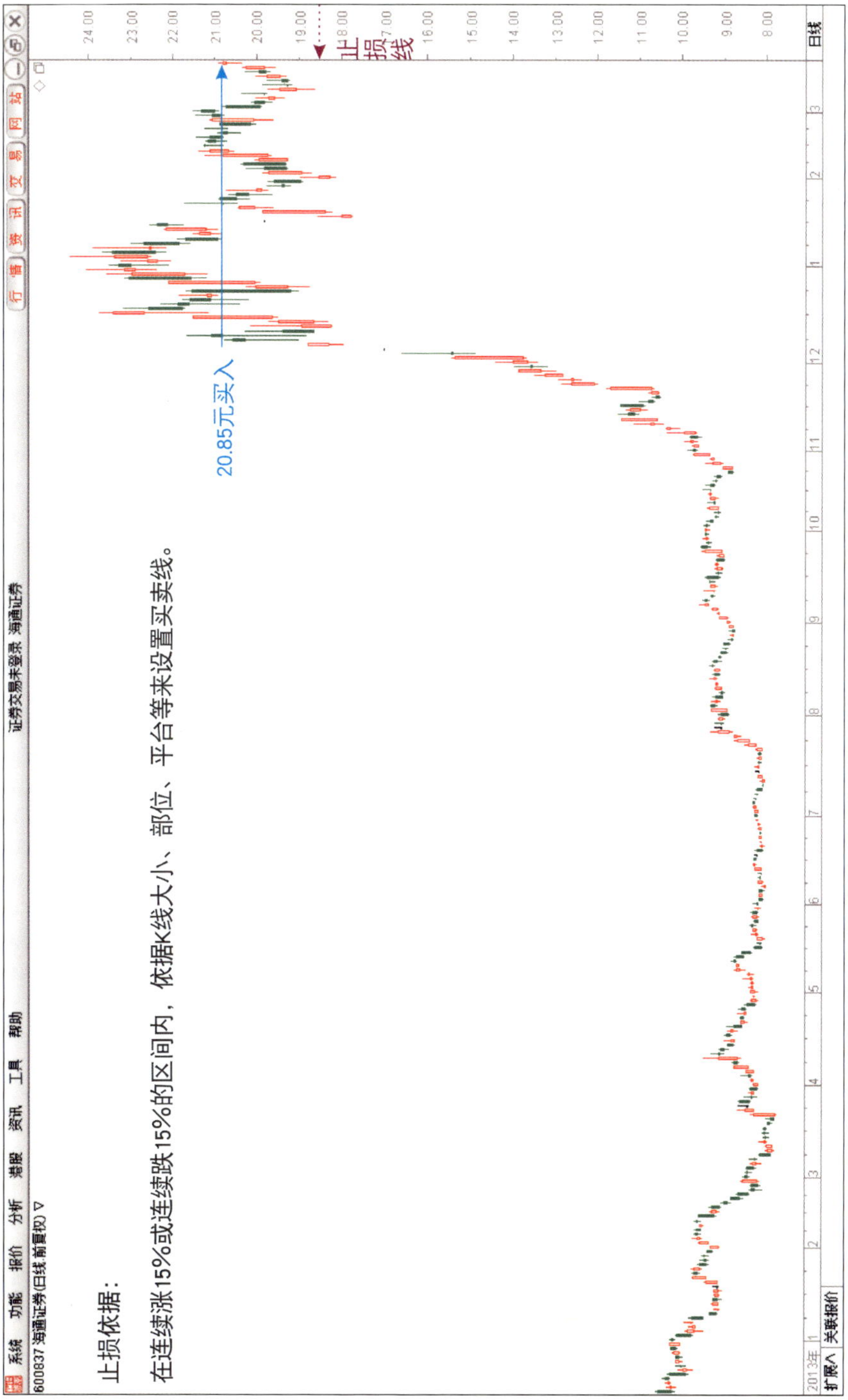

图95

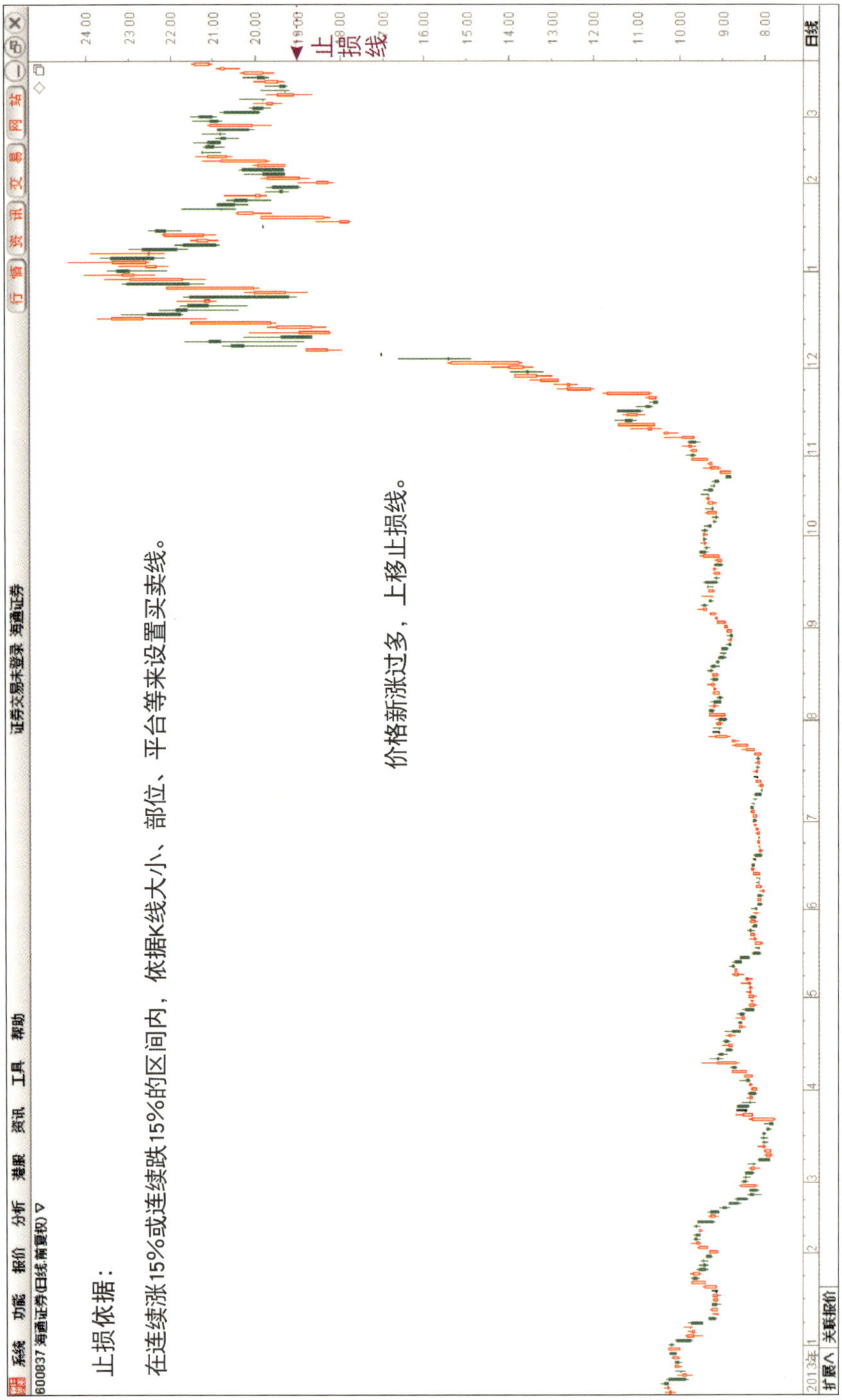
系统 功能 报价 分析 港股 资讯 工具 帮助
证券交易未登录 海通证券
行情 资讯 交易 网站
600837 海通证券(日线,前复权)
止损依据：
在连续涨15%或连续跌15%的区间内，依据K线大小、部位、平台等来设置买卖线。
价格新涨过多，上移止损线。
止损线
24.00
23.00
22.00
21.00
20.00
16.00
15.00
14.00
13.00
12.00
11.00
10.00
9.00
8.00
日线
扩展 关联报价

图96

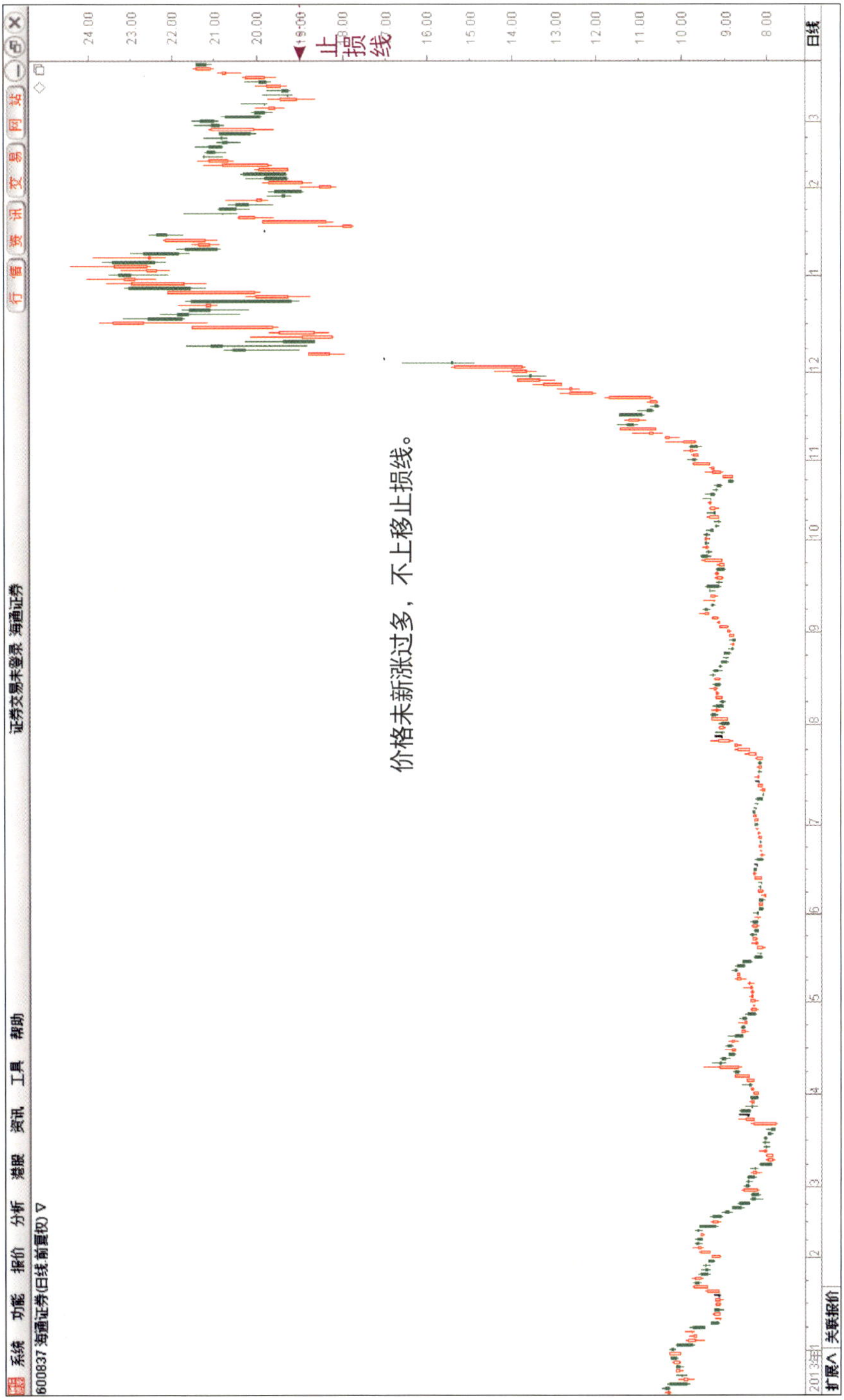
系统 功能 报价 分析 港股 资讯 工具 帮助
证券交易未登录 海通证券
600837 海通证券(日线 前复权)
行情 资讯 交易 网站
止损线
价格未新涨过多，不上移止损线。
日线
扩展A 关联报价

图97

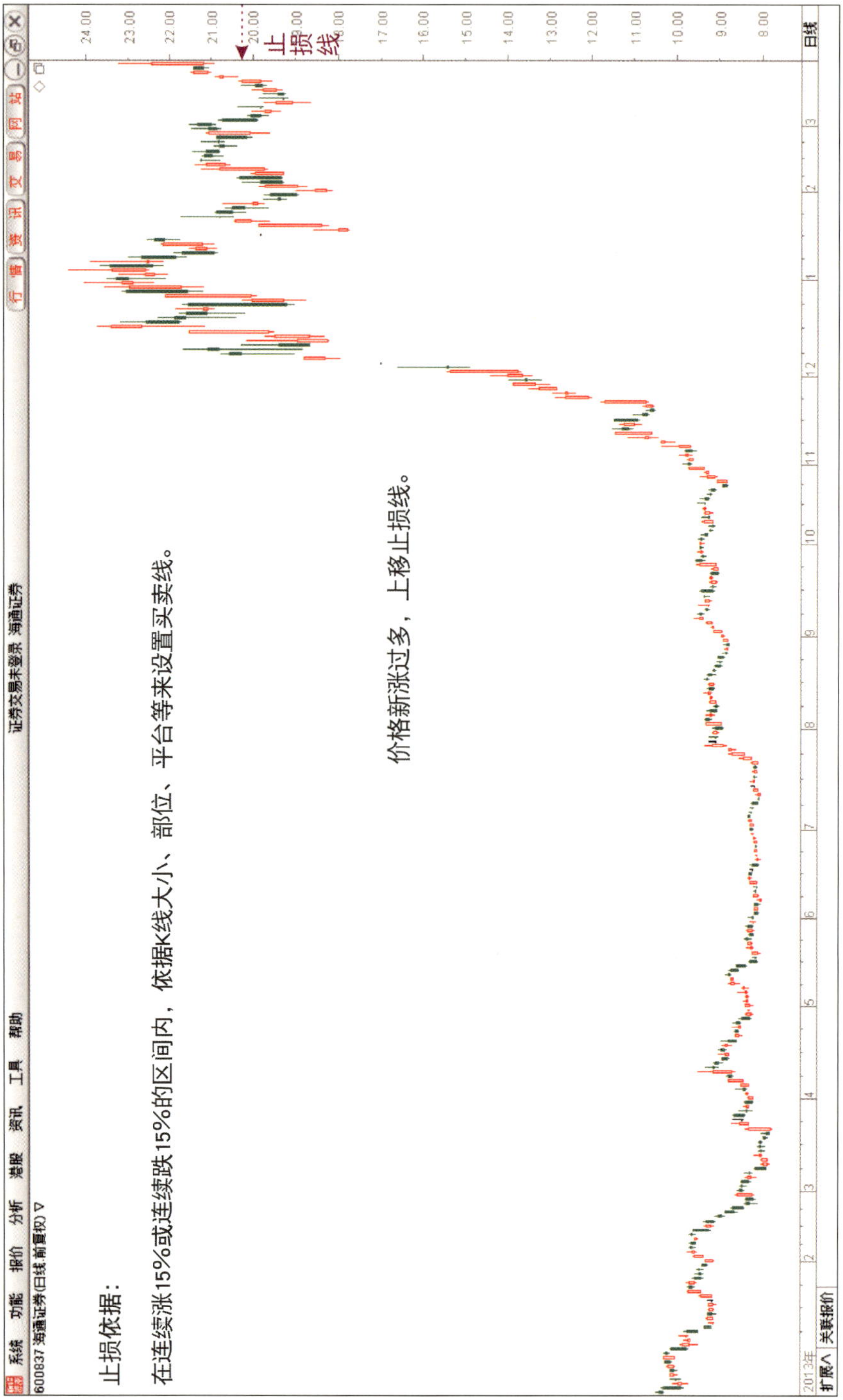
系统 功能 报价 分析 港股 资讯 工具 帮助
证券交易未登录 海通证券
行情 资讯 交易 网站
600837 海通证券(日线,前复权)
止损依据：
在连续涨15%或连续跌15%的区间内，依据K线大小、部位、平台等来设置买卖线。
价格新涨过多，上移止损线。
止损线
24.00
23.00
22.00
21.00
20.00
17.00
16.00
15.00
14.00
13.00
12.00
11.00
10.00
9.00
8.00
2013年
日线
扩展A 关联报价

图98

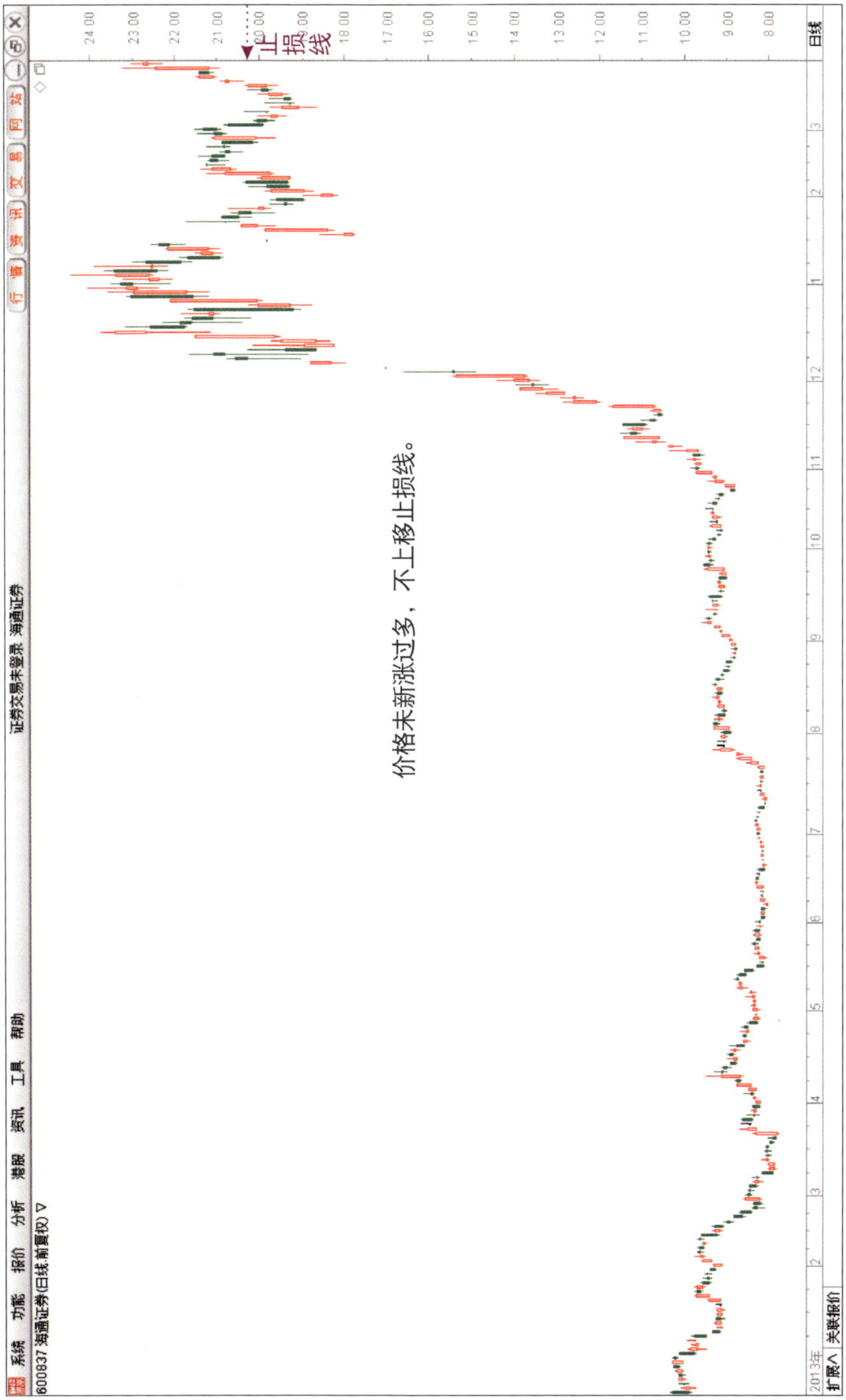

图99

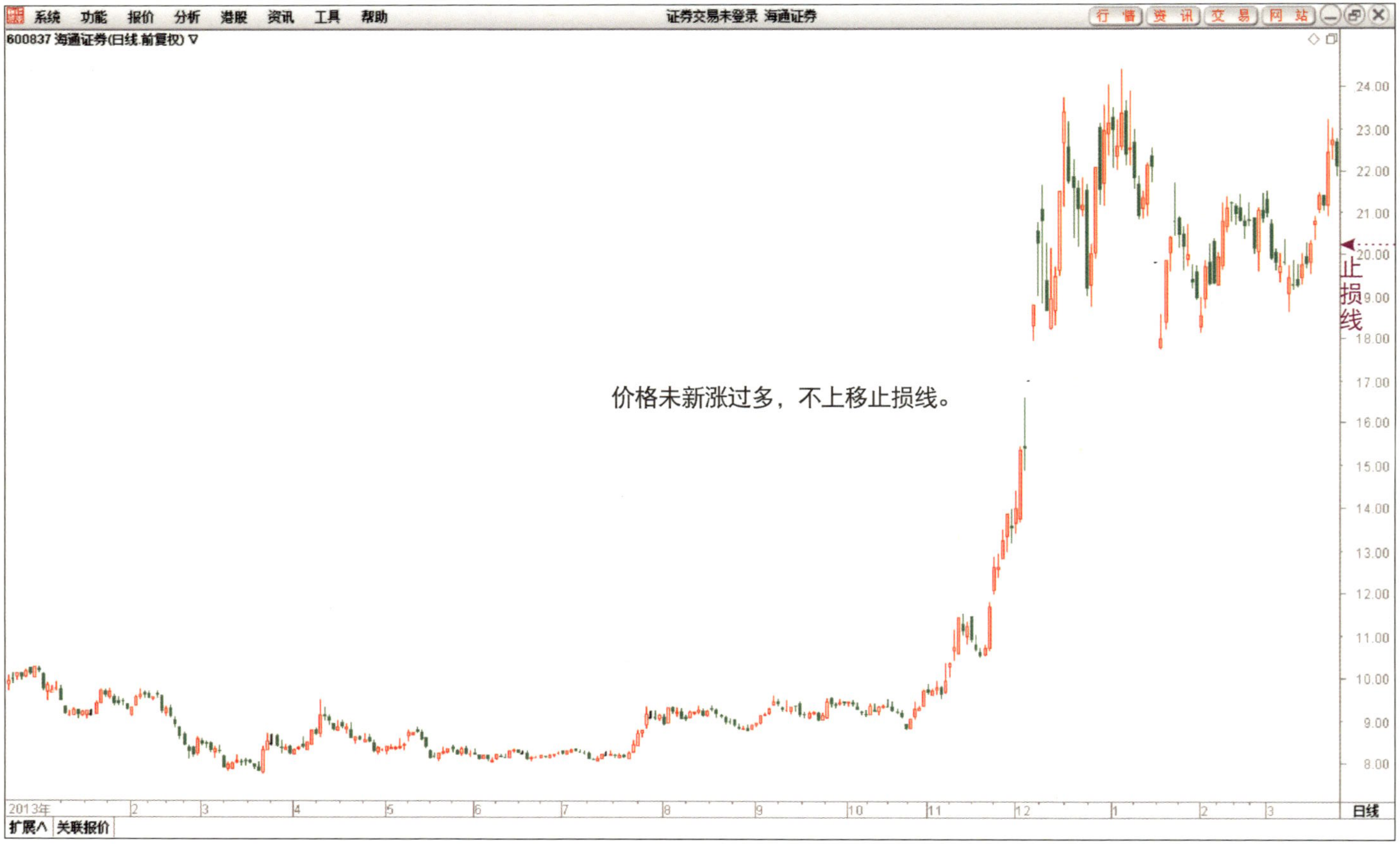
系统 功能 报价 分析 港股 资讯 工具 帮助
证券交易未登录 海通证券
行情 资讯 交易 网站
600837 海通证券(日线,前复权)
价格未新涨过多，不上移止损线。
止损线
24.00
23.00
22.00
21.00
20.00
19.00
18.00
17.00
16.00
15.00
14.00
13.00
12.00
11.00
10.00
9.00
8.00
2013年
2
3
4
5
6
7
8
9
10
11
12
1
2
3
日线
扩展∧
关联报价

图100

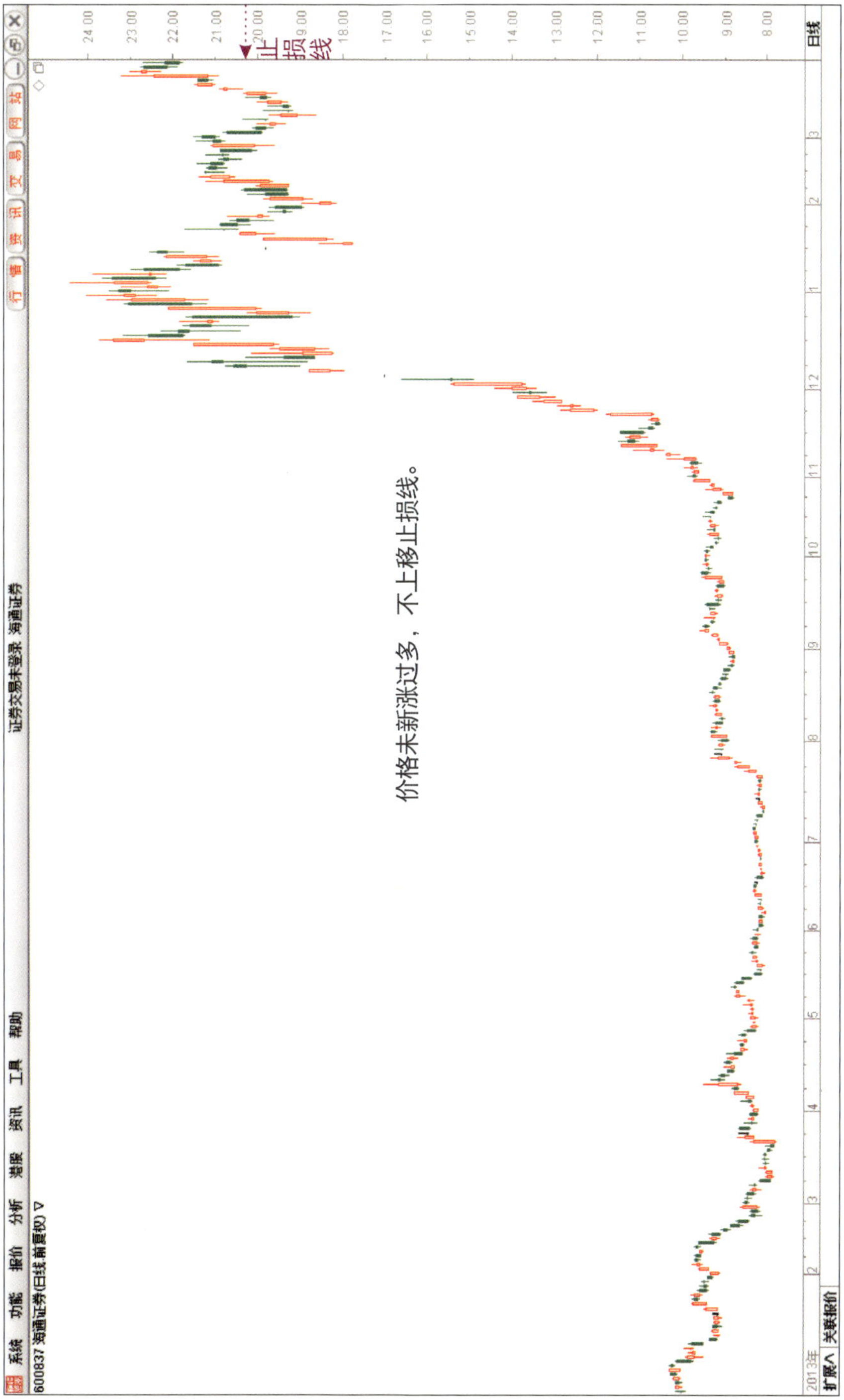
系统　功能　报价　分析　港股　资讯　工具　帮助
证券交易未登录 海通证券
600837 海通证券(日线 前复权) ▽
行情　资讯　交易　网站
止损线
价格未新涨过多，不上移止损线。
日线
扩展∧　关联报价

图101

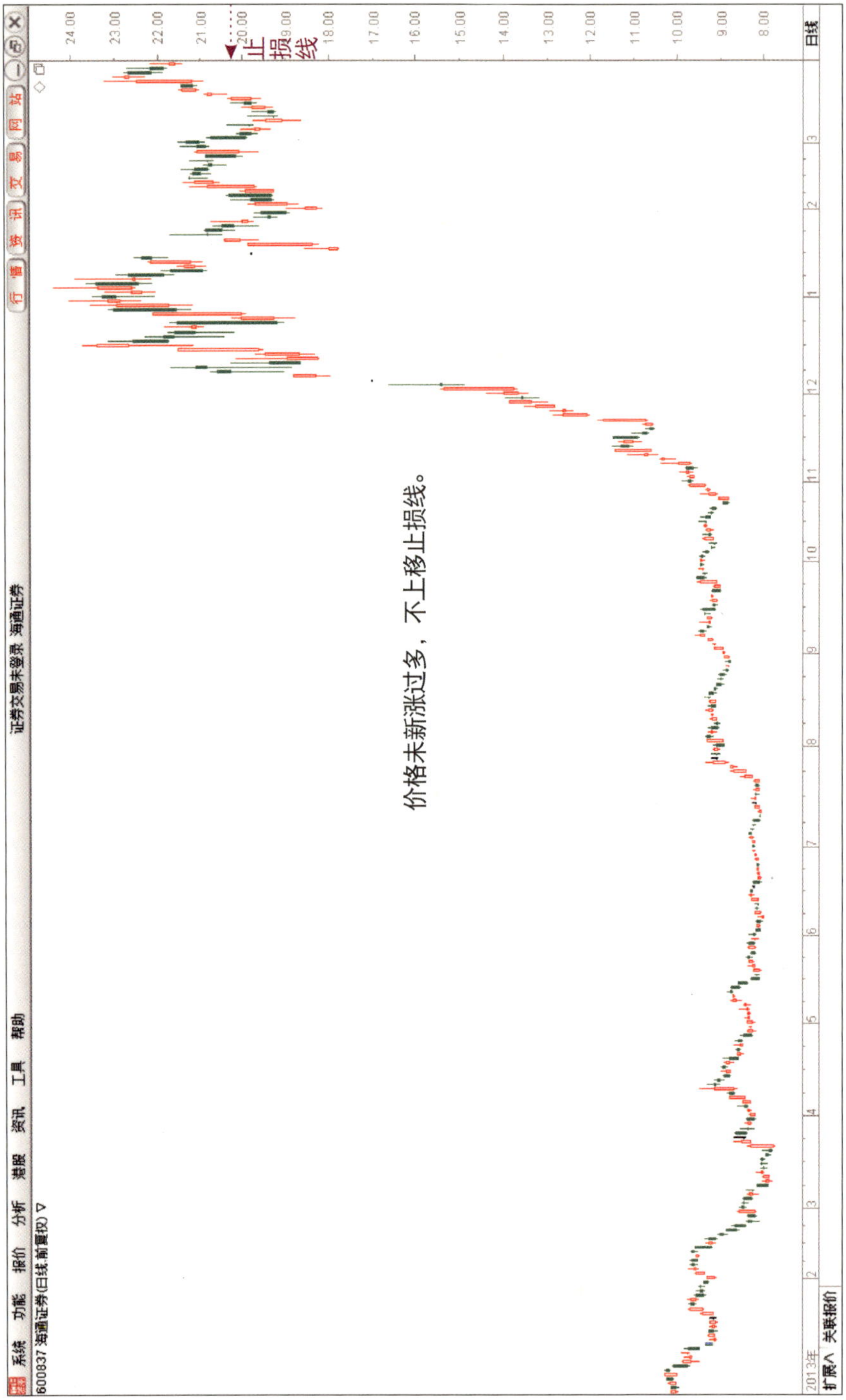
系统 功能 报价 分析 港股 资讯 工具 帮助
证券交易未登录 海通证券
行情 资讯 交易 网站
600837 海通证券(日线 前复权)
止损线
价格未新涨过多，不上移止损线。
24.00
23.00
22.00
21.00
20.00
19.00
18.00
17.00
16.00
15.00
14.00
13.00
12.00
11.00
10.00
9.00
8.00
日线
扩展A 关联报价

图102

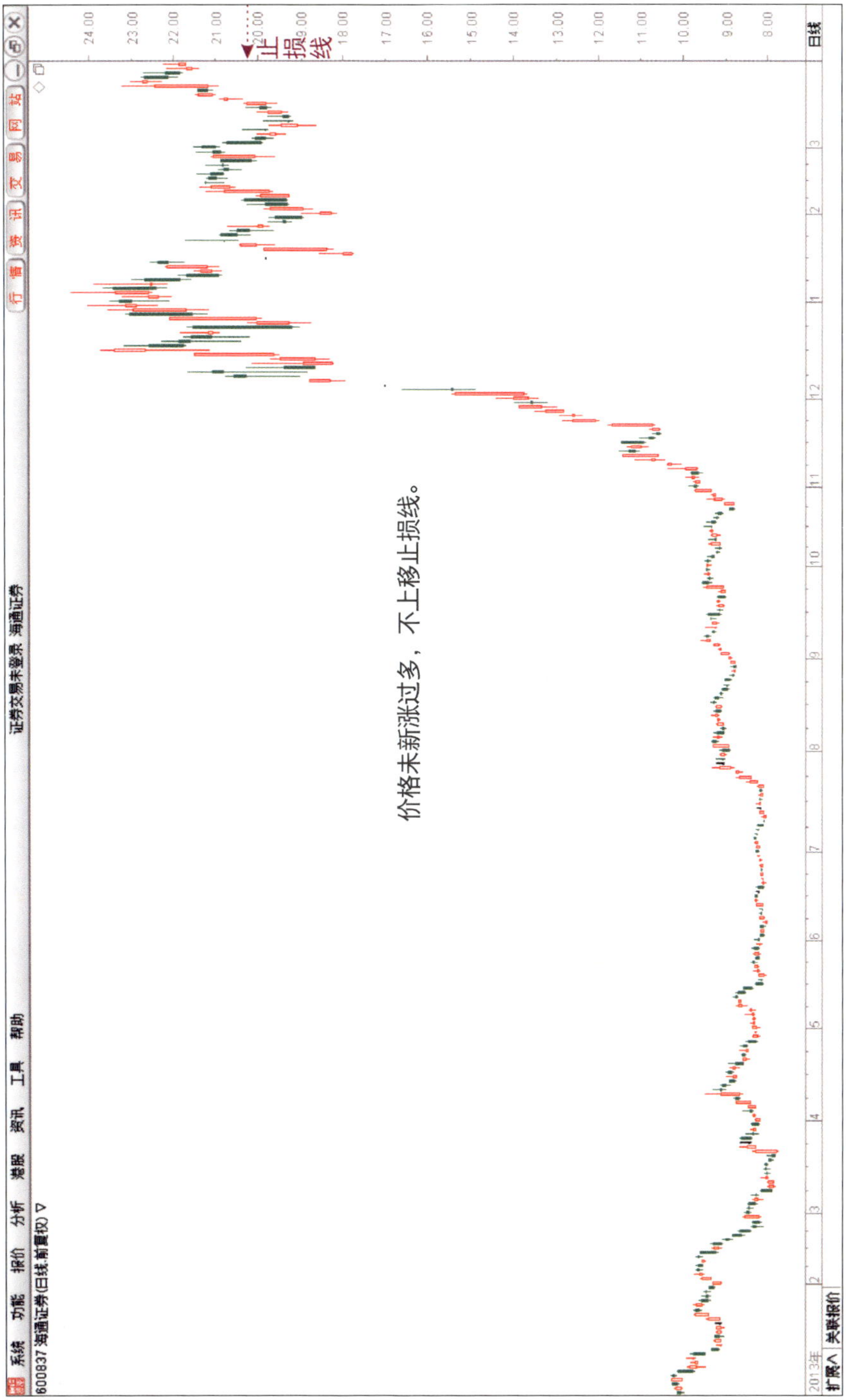

图103

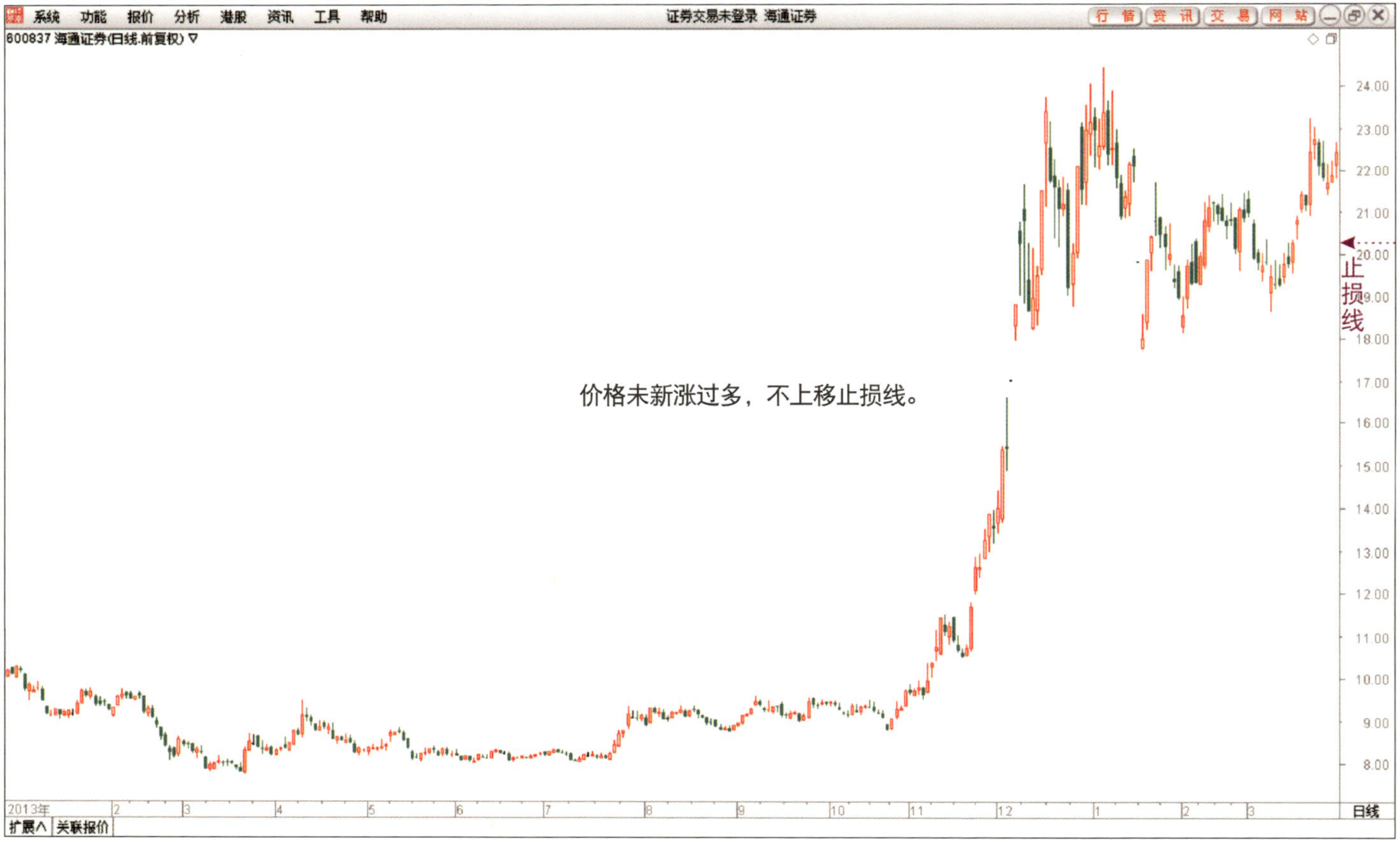
系统 功能 报价 分析 港股 资讯 工具 帮助
证券交易未登录 海通证券
行情 资讯 交易 网站
600837 海通证券(日线,前复权)
24.00
23.00
22.00
21.00
20.00
19.00
18.00
17.00
16.00
15.00
14.00
13.00
12.00
11.00
10.00
9.00
8.00
止损线
价格未新涨过多，不上移止损线。
2013年
2
3
4
5
6
7
8
9
10
11
12
1
2
3
日线
扩展∧
关联报价

图104

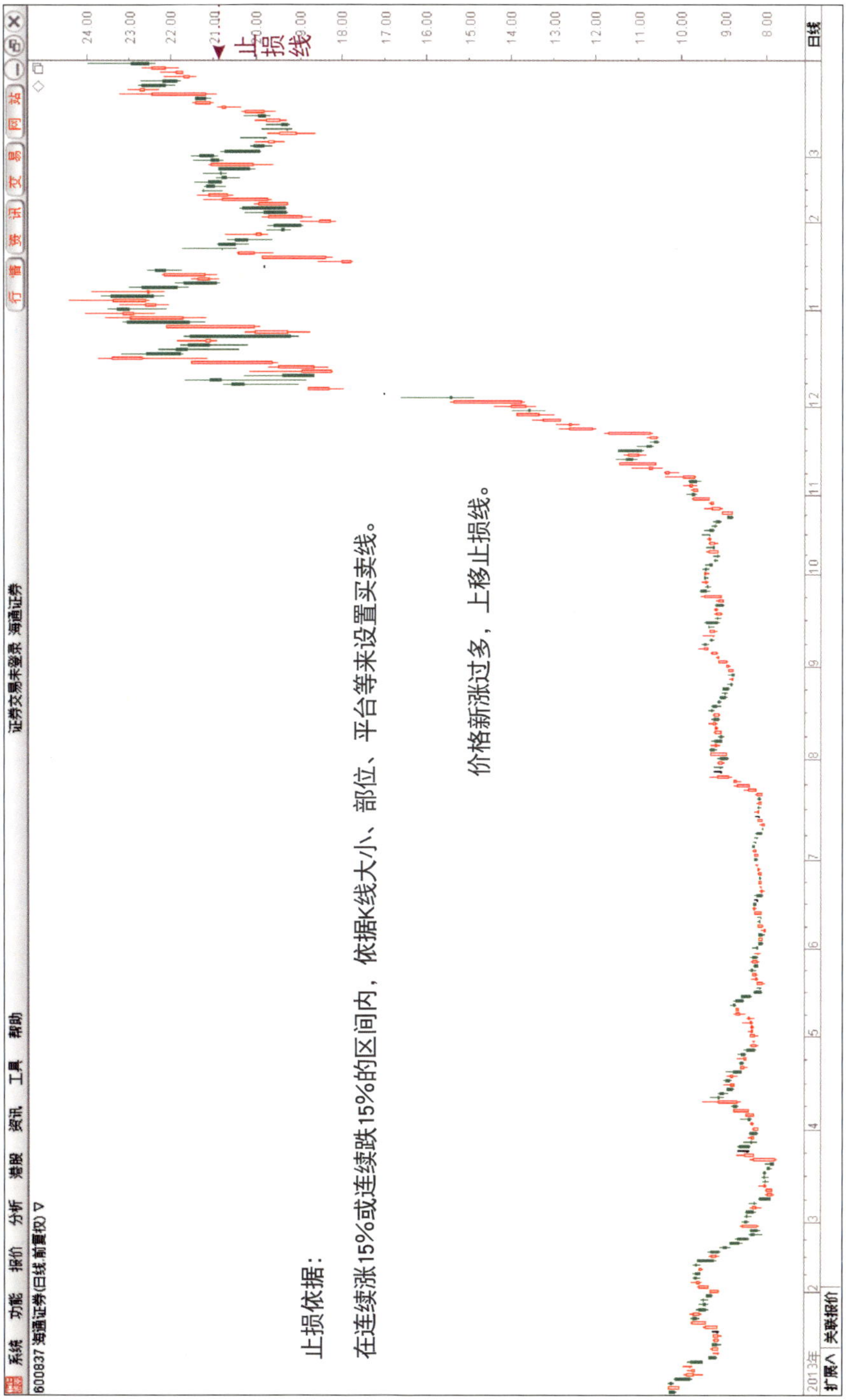
600837 海通证券(日线,前复权)
证券交易未登录 海通证券
止损线
止损依据：
在连续涨15%或连续跌15%的区间内，依据K线大小、部位、平台等来设置买卖线。
价格新涨过多，上移止损线。
日线

图105

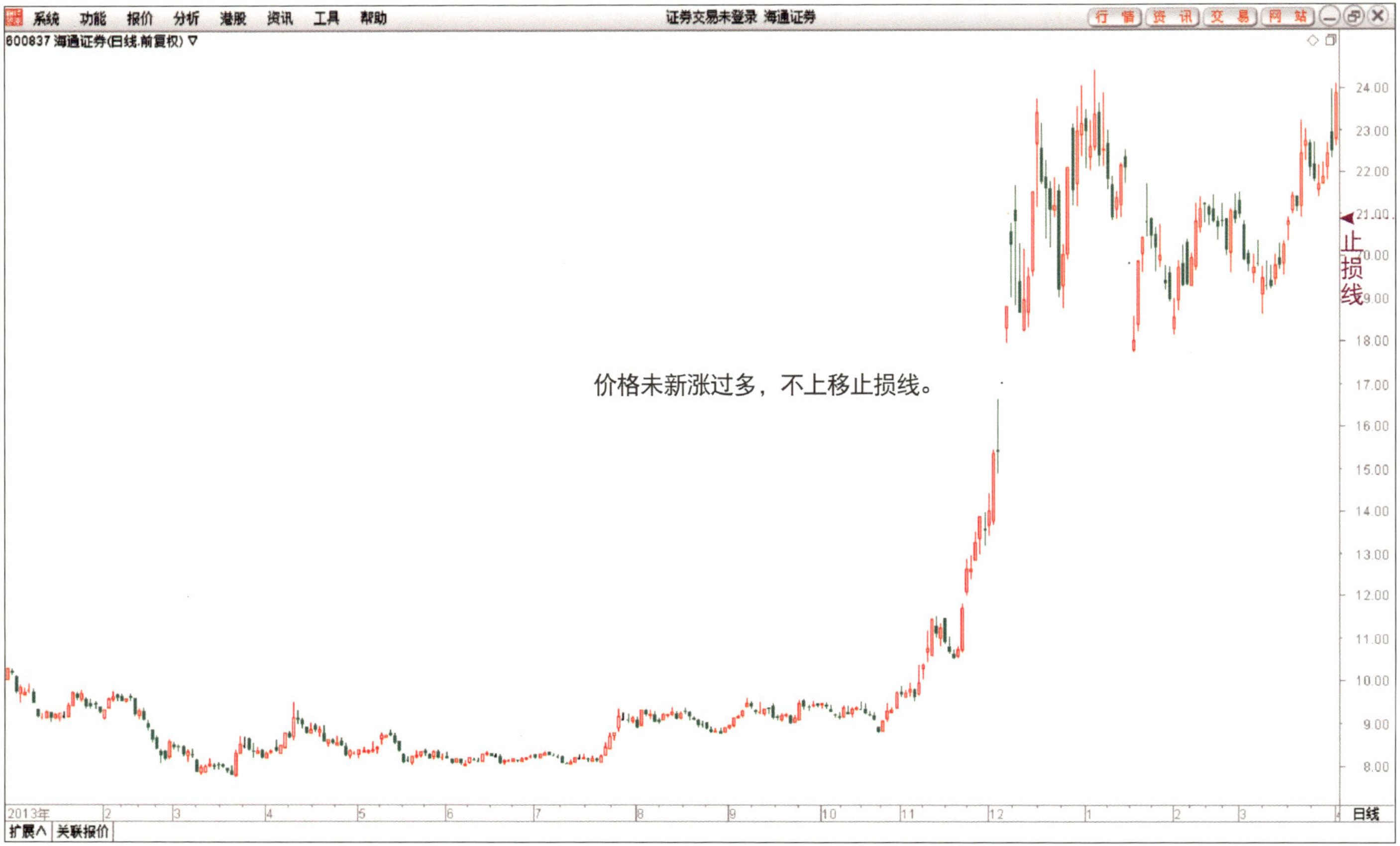
系统
功能
报价
分析
港股
资讯
工具
帮助
证券交易未登录 海通证券
行情
资讯
交易
网站
600837 海通证券(日线,前复权)
24.00
23.00
22.00
21.00
20.00
19.00
18.00
17.00
16.00
15.00
14.00
13.00
12.00
11.00
10.00
9.00
8.00
止损线
价格未新涨过多，不上移止损线。
2013年
日线
扩展
关联报价

图106

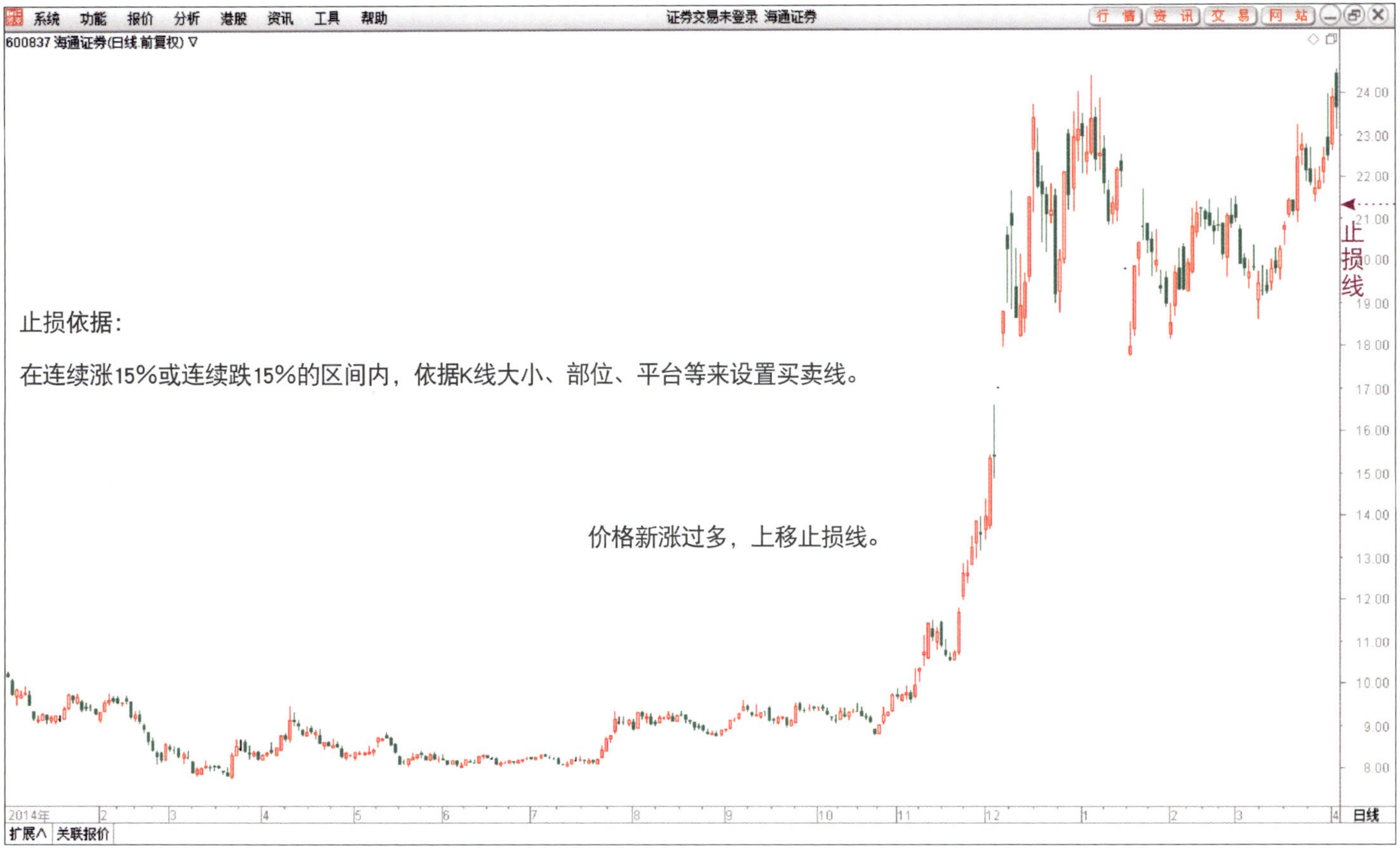
系统 功能 报价 分析 港股 资讯 工具 帮助
证券交易未登录 海通证券
行情 资讯 交易 网站
600837 海通证券(日线 前复权)
止损依据：
在连续涨15%或连续跌15%的区间内，依据K线大小、部位、平台等来设置买卖线。
价格新涨过多，上移止损线。
止损线
24.00
23.00
22.00
21.00
20.00
19.00
18.00
17.00
16.00
15.00
14.00
13.00
12.00
11.00
10.00
9.00
8.00
2014年
日线
扩展 关联报价

图107

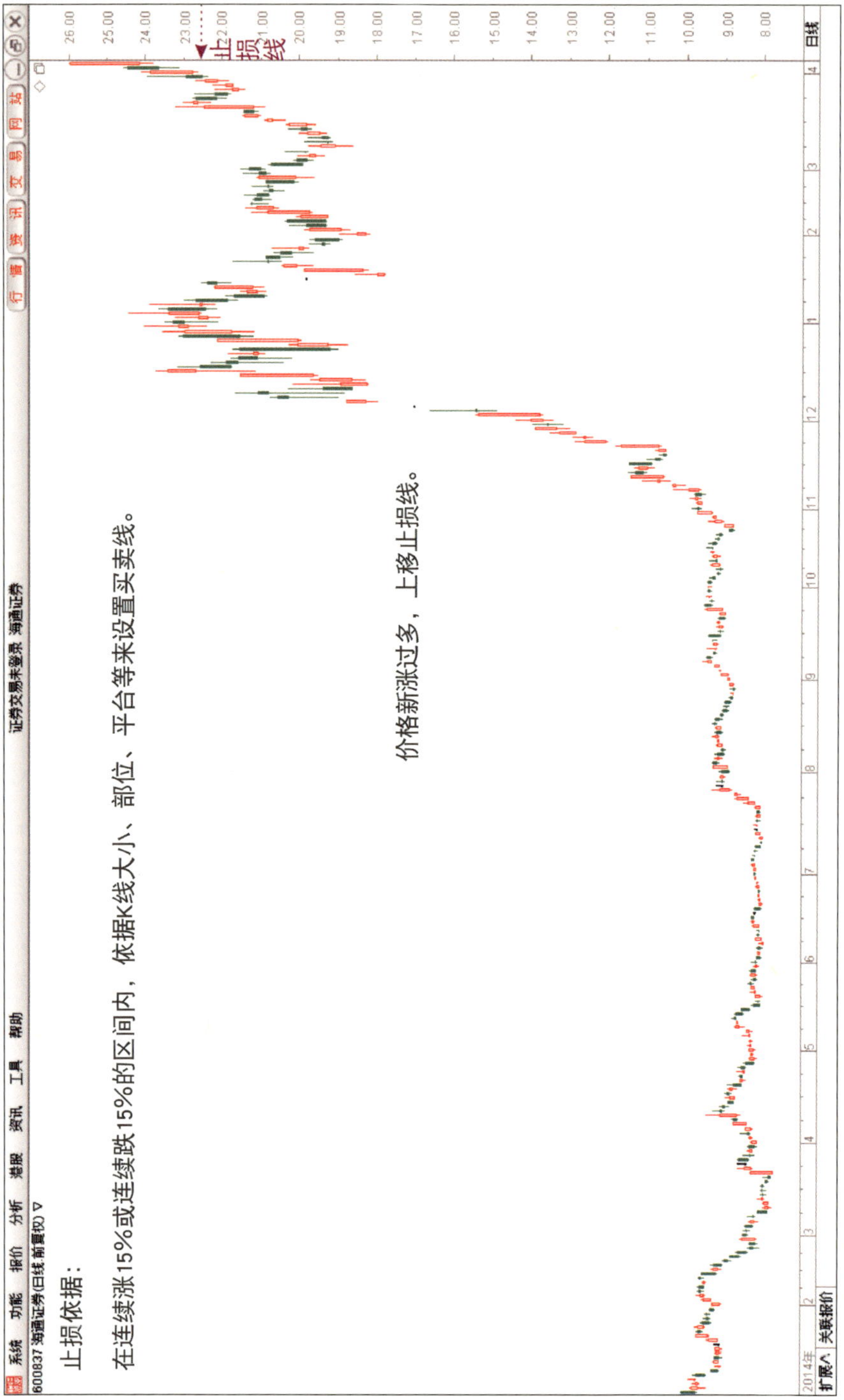
600837 海通证券(日线 前复权)
止损依据：
在连续涨15%或连续跌15%的区间内，依据K线大小、部位、平台等来设置买卖线。
价格新涨过多，上移止损线。
止损线

图108

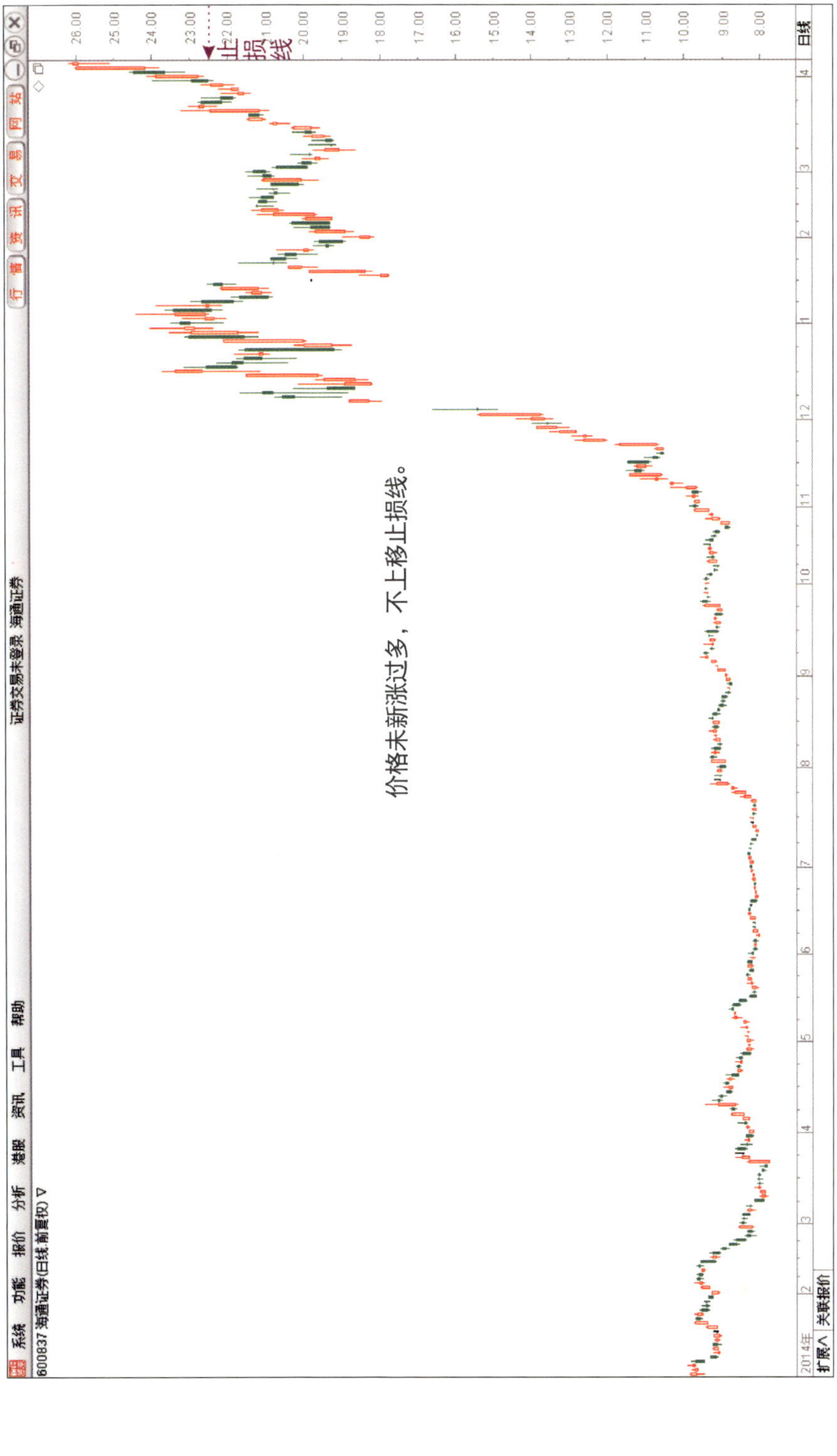

系统 功能 报价 分析 港股 资讯 工具 帮助
证券交易未登录 海通证券
行情 资讯 交易 网站
600837 海通证券(日线 前复权)
止损线
价格未新涨过多，不上移止损线。
日线
扩展 关联报价

图109

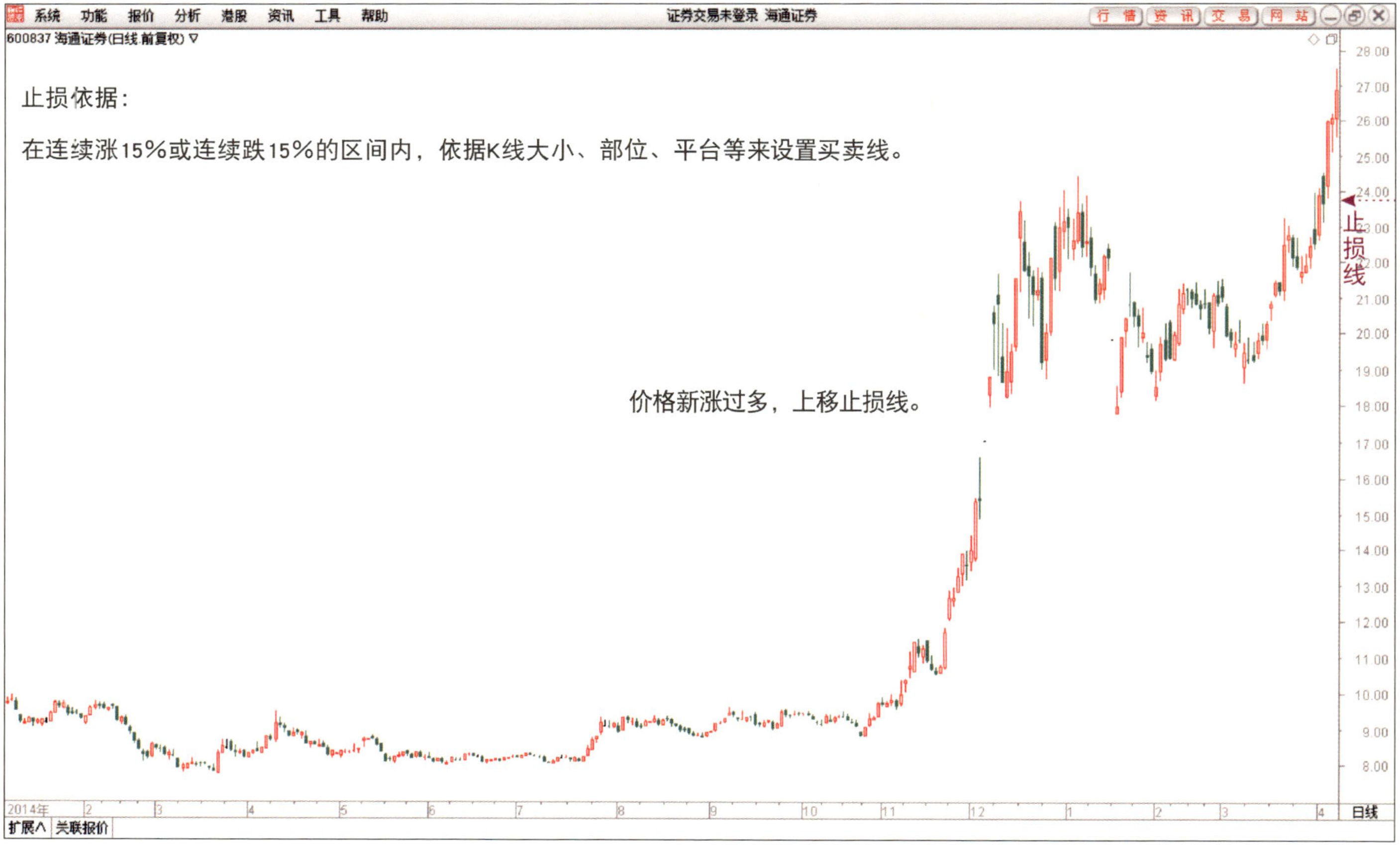
系统 功能 报价 分析 港股 资讯 工具 帮助
证券交易未登录 海通证券
行情 资讯 交易 网站
600837 海通证券(日线 前复权)
止损依据：
在连续涨15%或连续跌15%的区间内，依据K线大小、部位、平台等来设置买卖线。
价格新涨过多，上移止损线。
止损线
28.00
27.00
26.00
25.00
24.00
23.00
22.00
21.00
20.00
19.00
18.00
17.00
16.00
15.00
14.00
13.00
12.00
11.00
10.00
9.00
8.00
2014年 2 3 4 5 6 7 8 9 10 11 12 1 2 3 4
日线
扩展 关联报价

图110

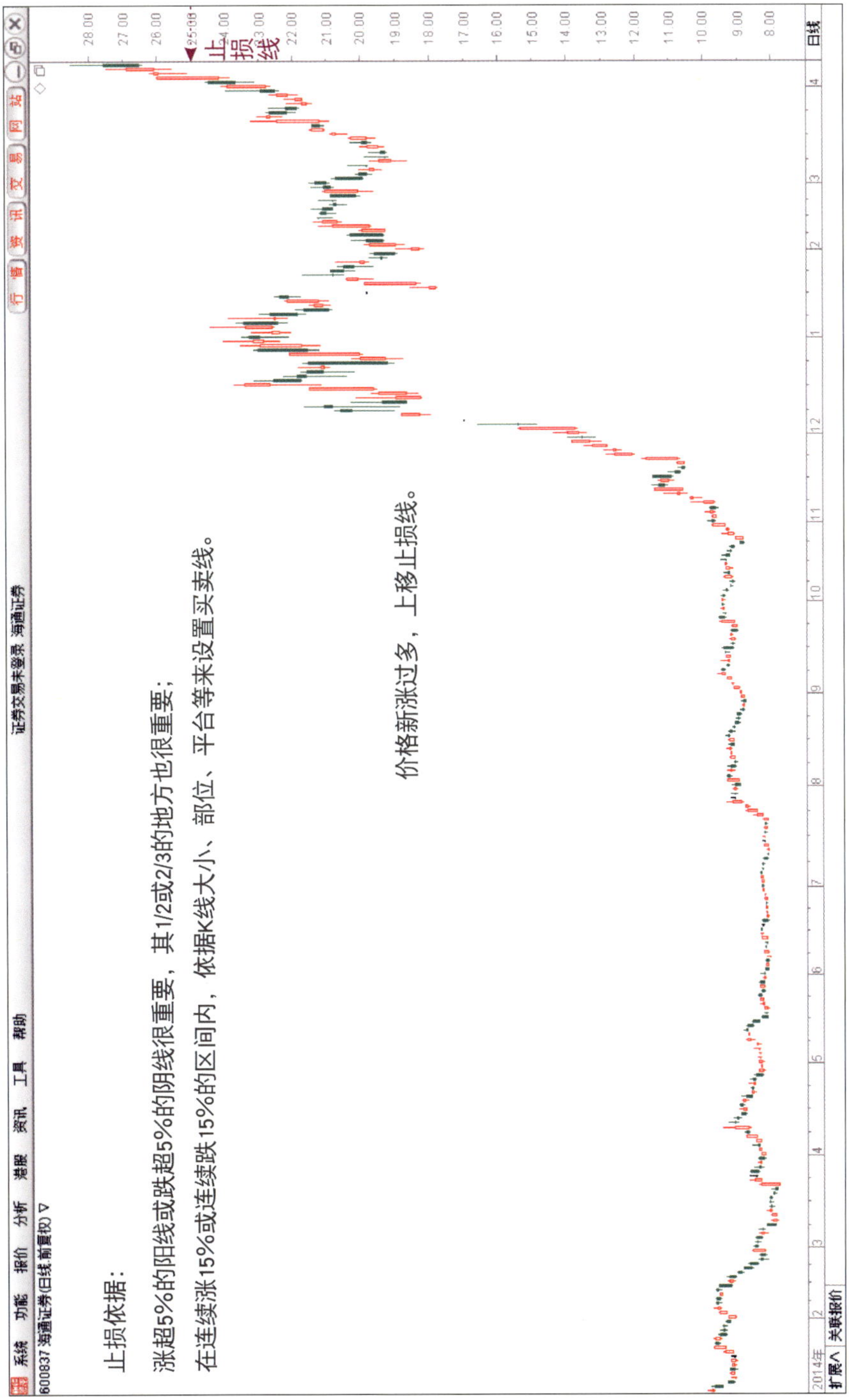

600837 海通证券(日线 前复权)
止损依据：
涨超5%的阳线或跌超5%的阴线很重要，其1/2或2/3的地方也很重要；
在连续涨15%或连续跌15%的区间内，依据K线大小、部位、平台等来设置买卖线。
价格新涨过多，上移止损线。
止损线

图111

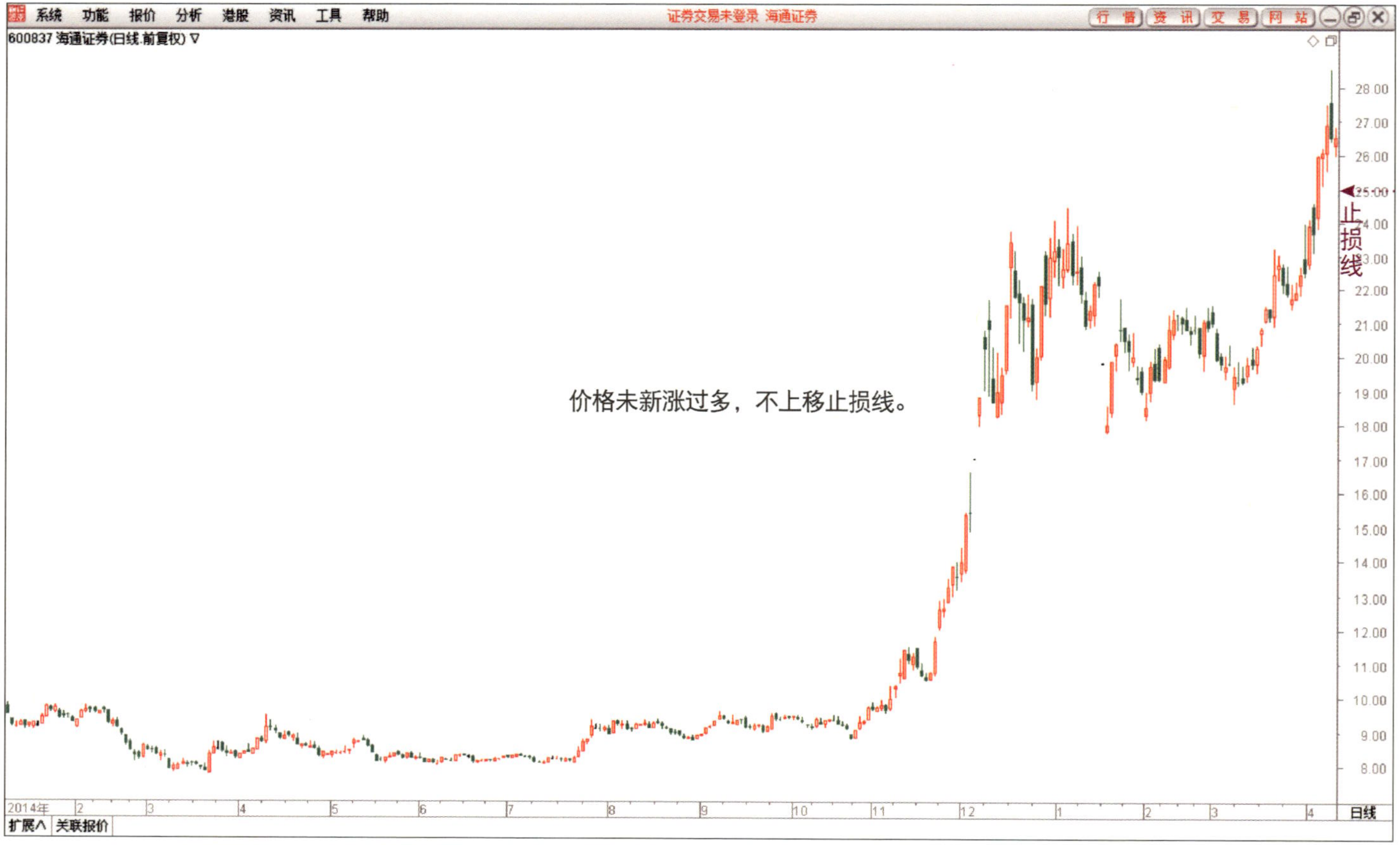
系统 功能 报价 分析 港股 资讯 工具 帮助
证券交易未登录 海通证券
行情 资讯 交易 网站
600837 海通证券(日线.前复权) ▽
价格未新涨过多，不上移止损线。
止损线
28.00
27.00
26.00
25.00
24.00
23.00
22.00
21.00
20.00
19.00
18.00
17.00
16.00
15.00
14.00
13.00
12.00
11.00
10.00
9.00
8.00
2014年 2 3 4 5 6 7 8 9 10 11 12 1 2 3 4
日线
扩展∧ 关联报价

图112

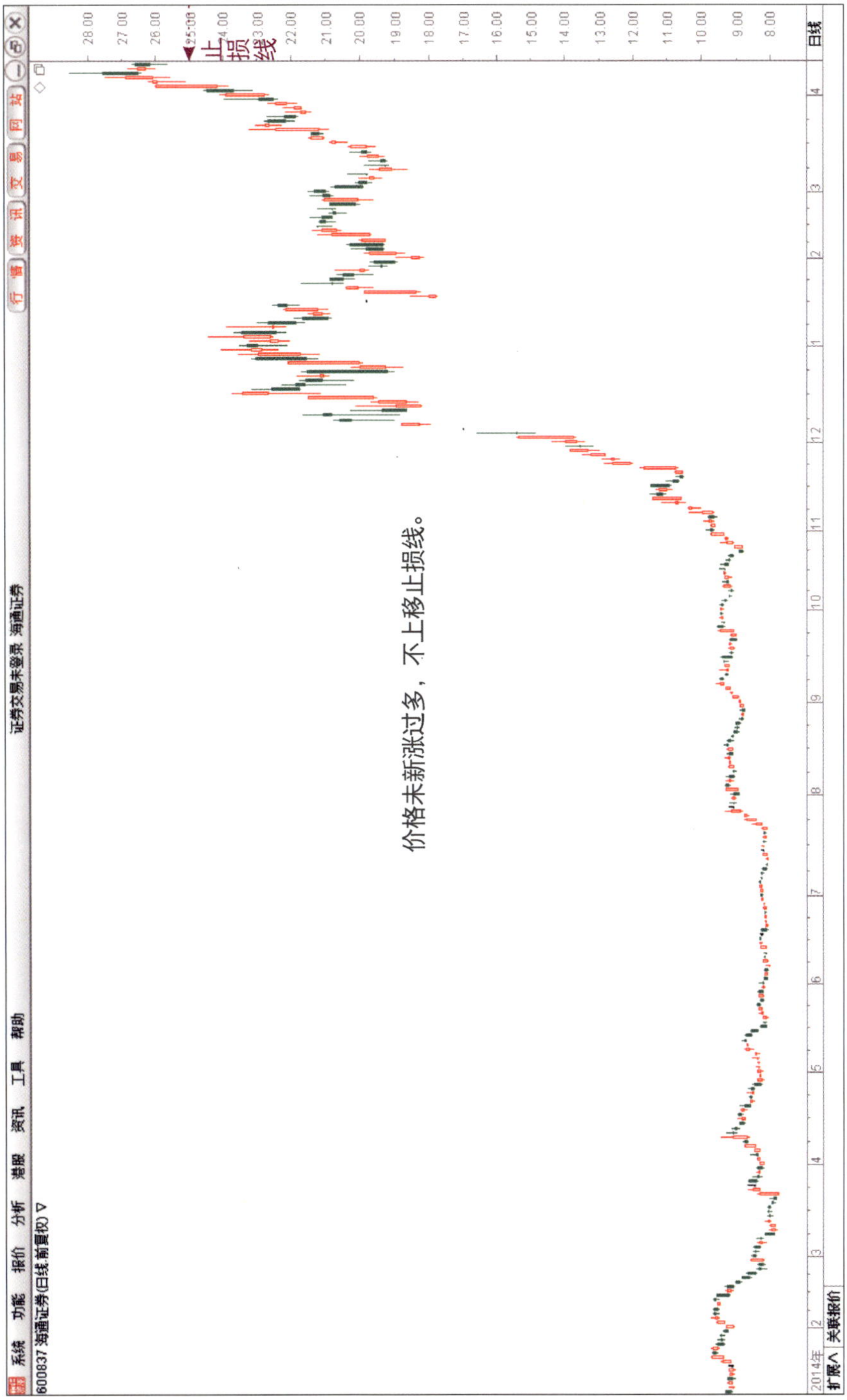
系统　功能　报价　分析　港股　资讯　工具　帮助
证券交易未登录 海通证券
600837 海通证券(日线,前复权)
止损线
价格未新涨过多，不上移止损线。
日线
扩展∧　关联报价

图113

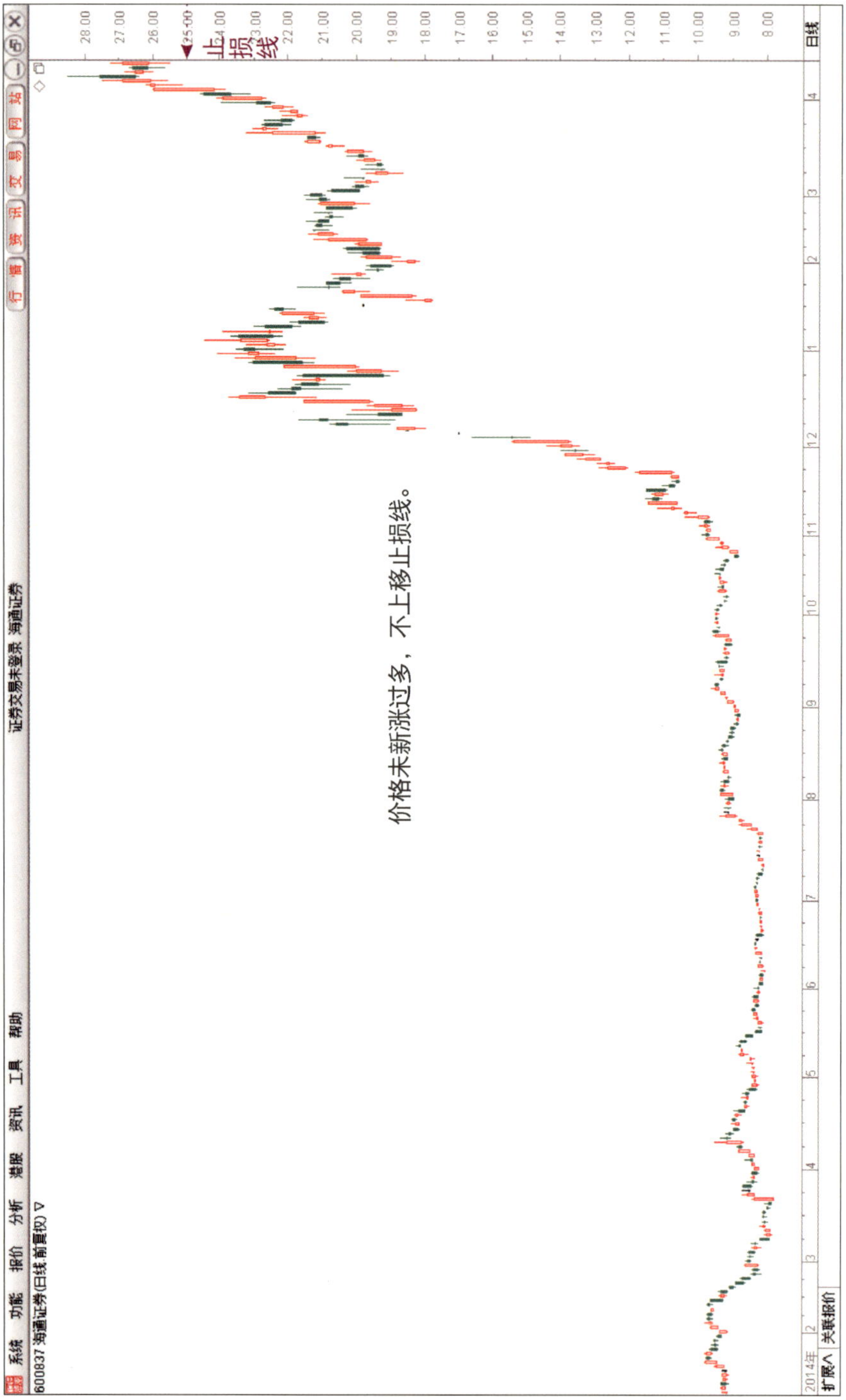
系统 功能 报价 分析 港股 资讯 工具 帮助
证券交易未登录 海通证券
行情 资讯 交易 网站
600837 海通证券(日线 前复权)
28.00
27.00
26.00
25.00
24.00
23.00
22.00
21.00
20.00
19.00
18.00
17.00
16.00
15.00
14.00
13.00
12.00
11.00
10.00
9.00
8.00
止损线
价格未新涨过多，不上移止损线。
日线
2014年
扩展
关联报价

图114

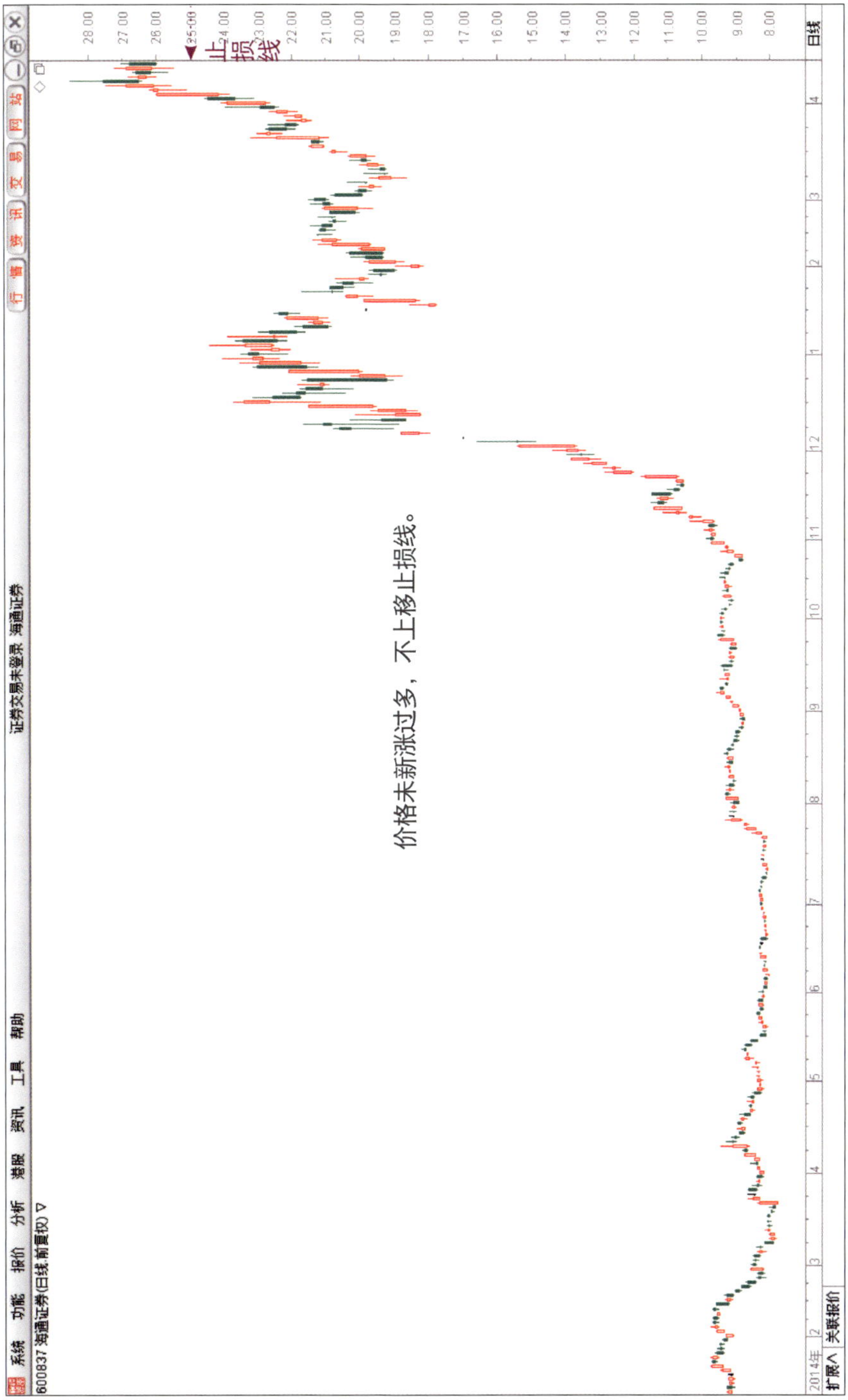
系统 功能 报价 分析 港股 资讯 工具 帮助
证券交易未登录 海通证券
行情 资讯 交易 网站
600837 海通证券(日线,前复权)
止损线
价格未新涨过多，不上移止损线。
日线
扩展∧ 关联报价

图115

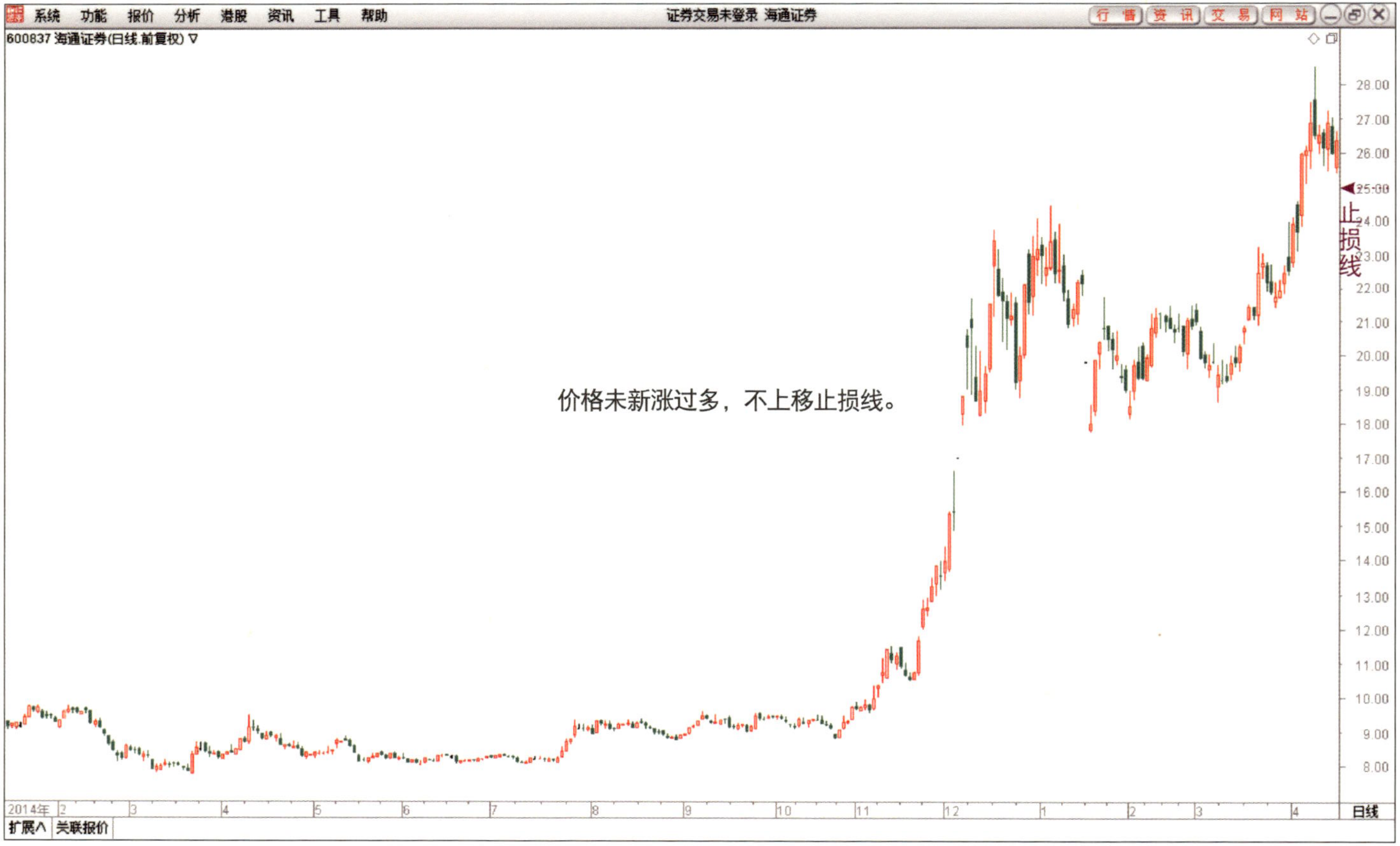
系统 功能 报价 分析 港股 资讯 工具 帮助
证券交易未登录 海通证券
行情 资讯 交易 网站
600837 海通证券(日线,前复权)
价格未新涨过多，不上移止损线。
止损线
28.00
27.00
26.00
25.00
24.00
23.00
22.00
21.00
20.00
19.00
18.00
17.00
16.00
15.00
14.00
13.00
12.00
11.00
10.00
9.00
8.00
2014年
2
3
4
5
6
7
8
9
10
11
12
1
2
3
4
日线
扩展
关联报价

图116

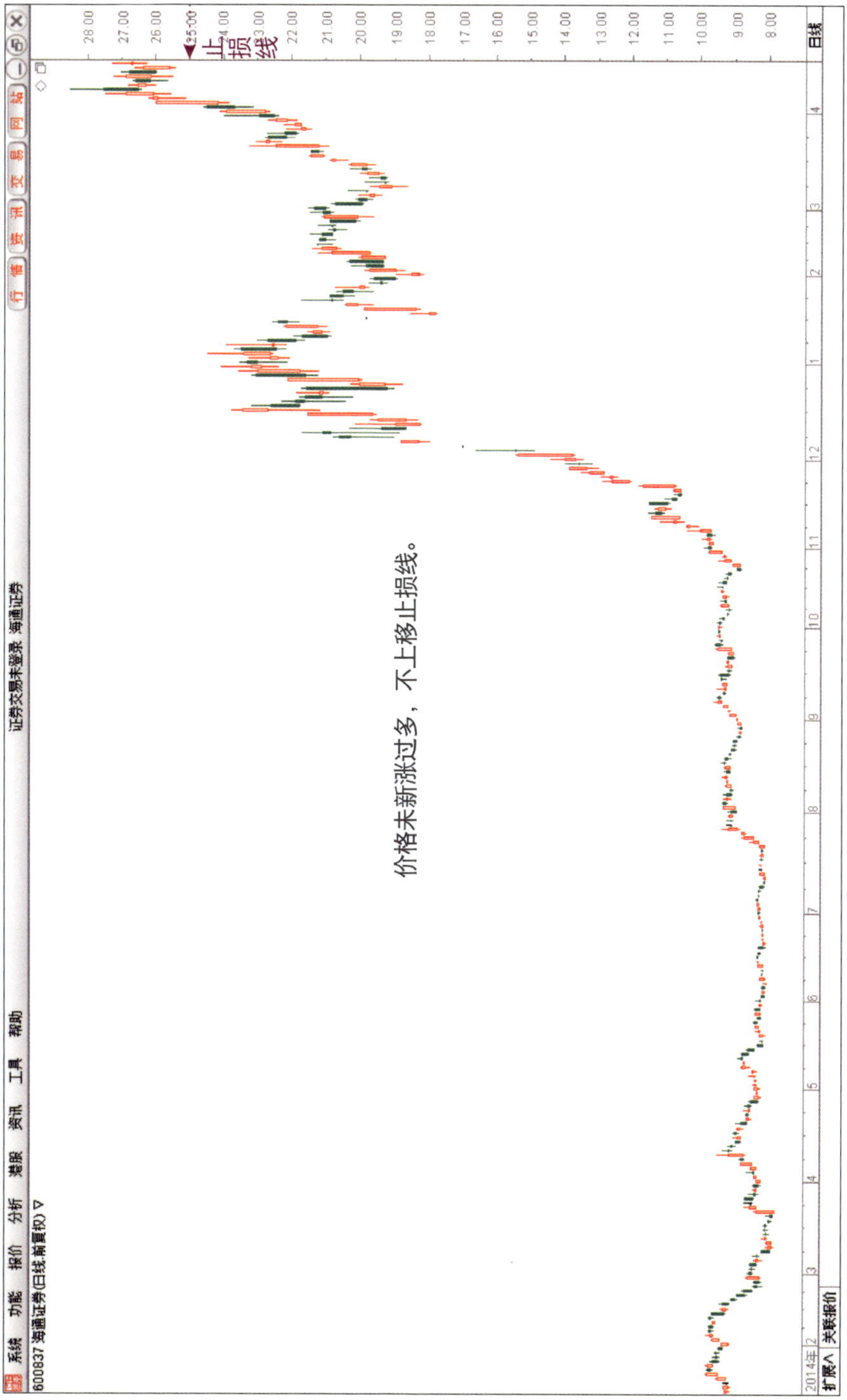
系统 功能 报价 分析 港股 资讯 工具 帮助
证券交易未登录 海通证券
600837 海通证券(日线 前复权)
止损线
价格未新涨过多，不上移止损线。
扩展∧ 关联报价
日线

图117

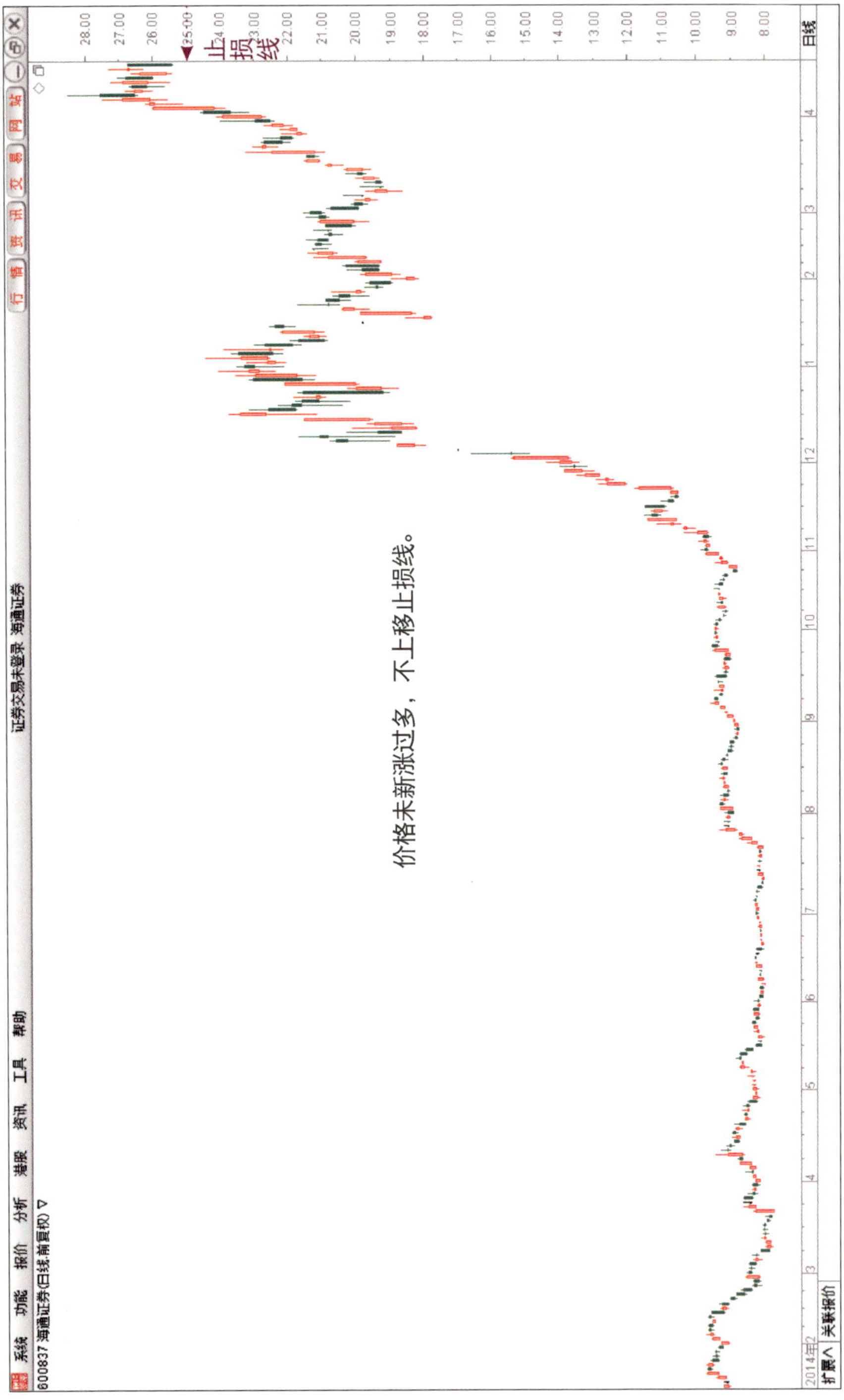
系统 功能 报价 分析 港股 资讯 工具 帮助
证券交易未登录 海通证券
行 情 资 讯 交 易 网 站
600837 海通证券(日线,前复权)
止损线
价格未新涨过多，不上移止损线。
28.00
27.00
26.00
25.00
24.00
23.00
22.00
21.00
20.00
19.00
18.00
17.00
16.00
15.00
14.00
13.00
12.00
11.00
10.00
9.00
8.00
日线
2014年
扩展∧ 关联报价

图118

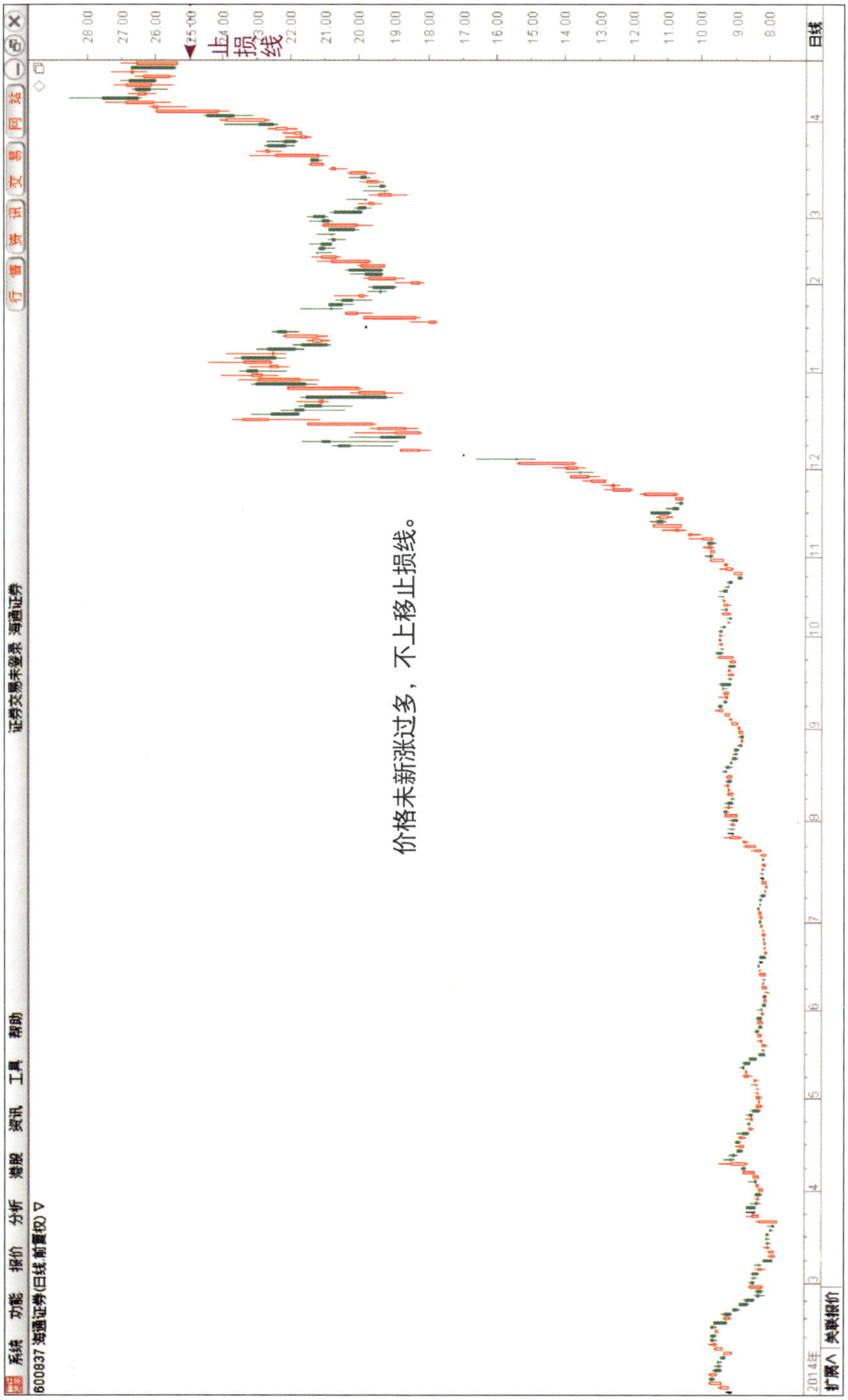

系统 功能 报价 分析 港股 资讯 工具 帮助
证券交易未登录 海通证券
行情 资讯 交易 网站
600837 海通证券(日线 前复权)
止损线
价格未新涨过多，不上移止损线。
日线
扩展∧ 关联报价

图119

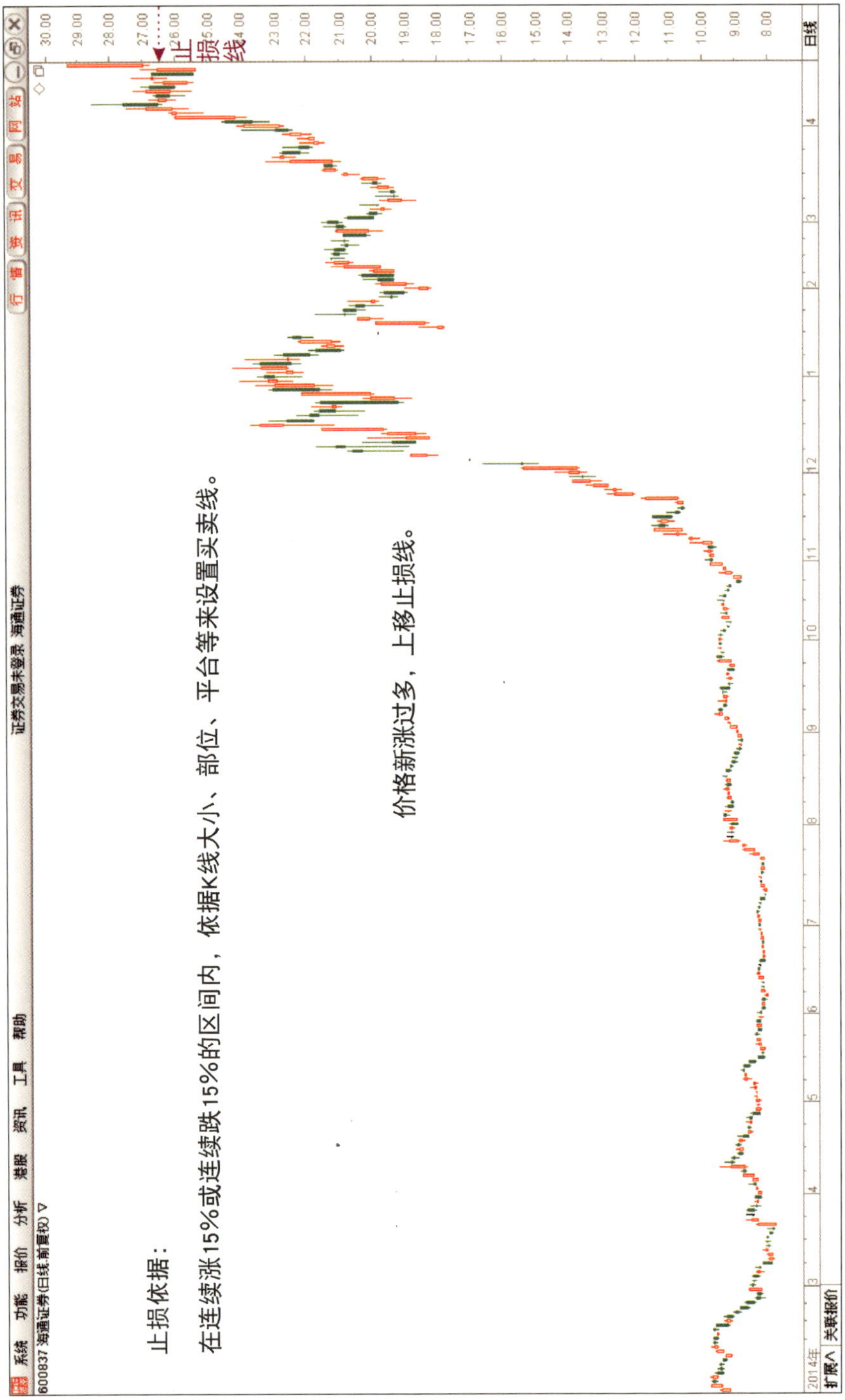
600837 海通证券(日线 前复权)
止损线
止损依据：
在连续涨15%或连续跌15%的区间内，依据K线大小、部位、平台等来设置买卖线。
价格新涨过多，上移止损线。

图120

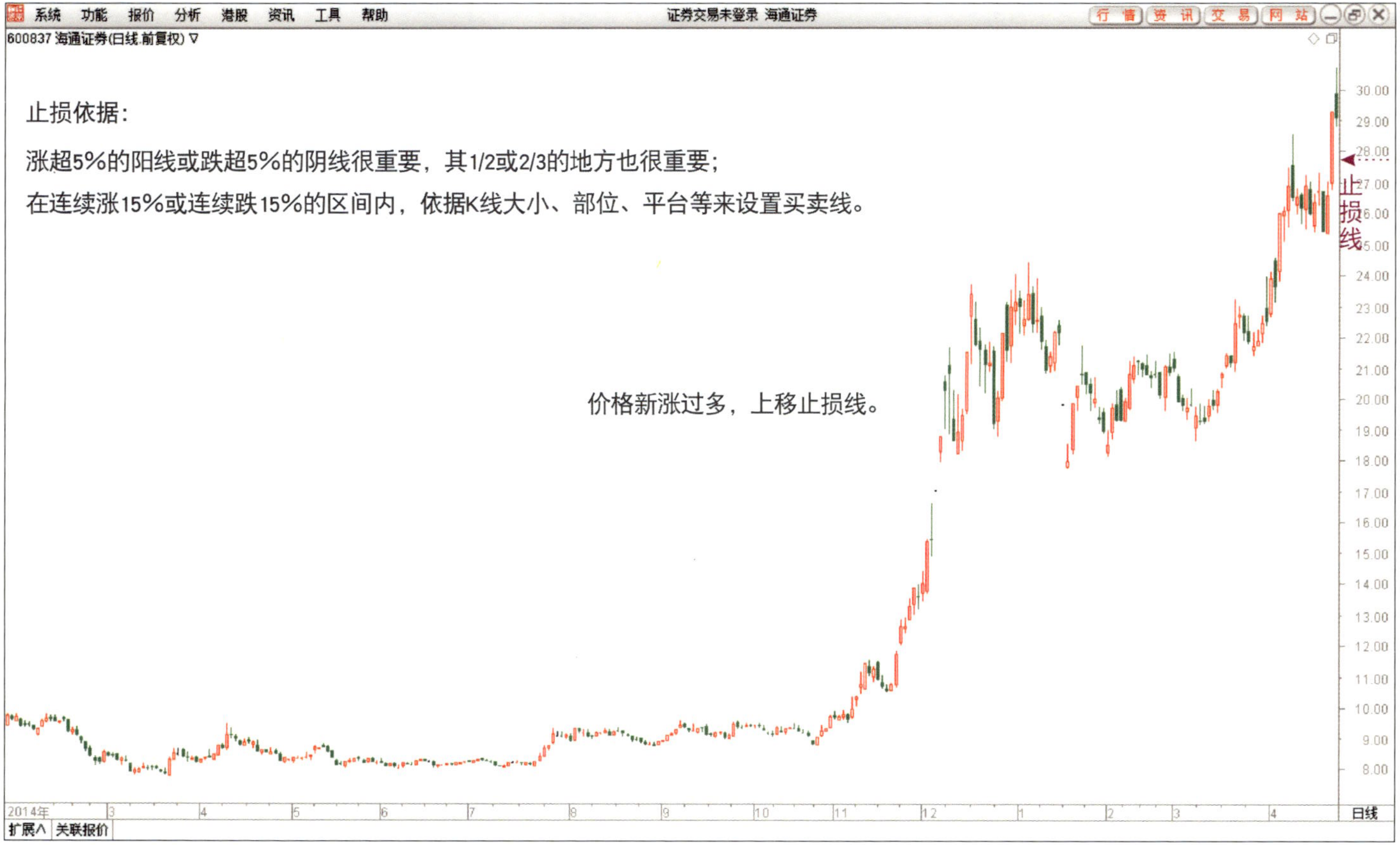

系统 功能 报价 分析 港股 资讯 工具 帮助
证券交易未登录 海通证券
行情 资讯 交易 网站
600837 海通证券(日线,前复权)
止损依据：
涨超5%的阳线或跌超5%的阴线很重要，其1/2或2/3的地方也很重要；
在连续涨15%或连续跌15%的区间内，依据K线大小、部位、平台等来设置买卖线。
价格新涨过多，上移止损线。
止损线
30.00
29.00
28.00
27.00
26.00
25.00
24.00
23.00
22.00
21.00
20.00
19.00
18.00
17.00
16.00
15.00
14.00
13.00
12.00
11.00
10.00
9.00
8.00
2014年 3 4 5 6 7 8 9 10 11 12 1 2 3 4
日线
扩展 关联报价

图121

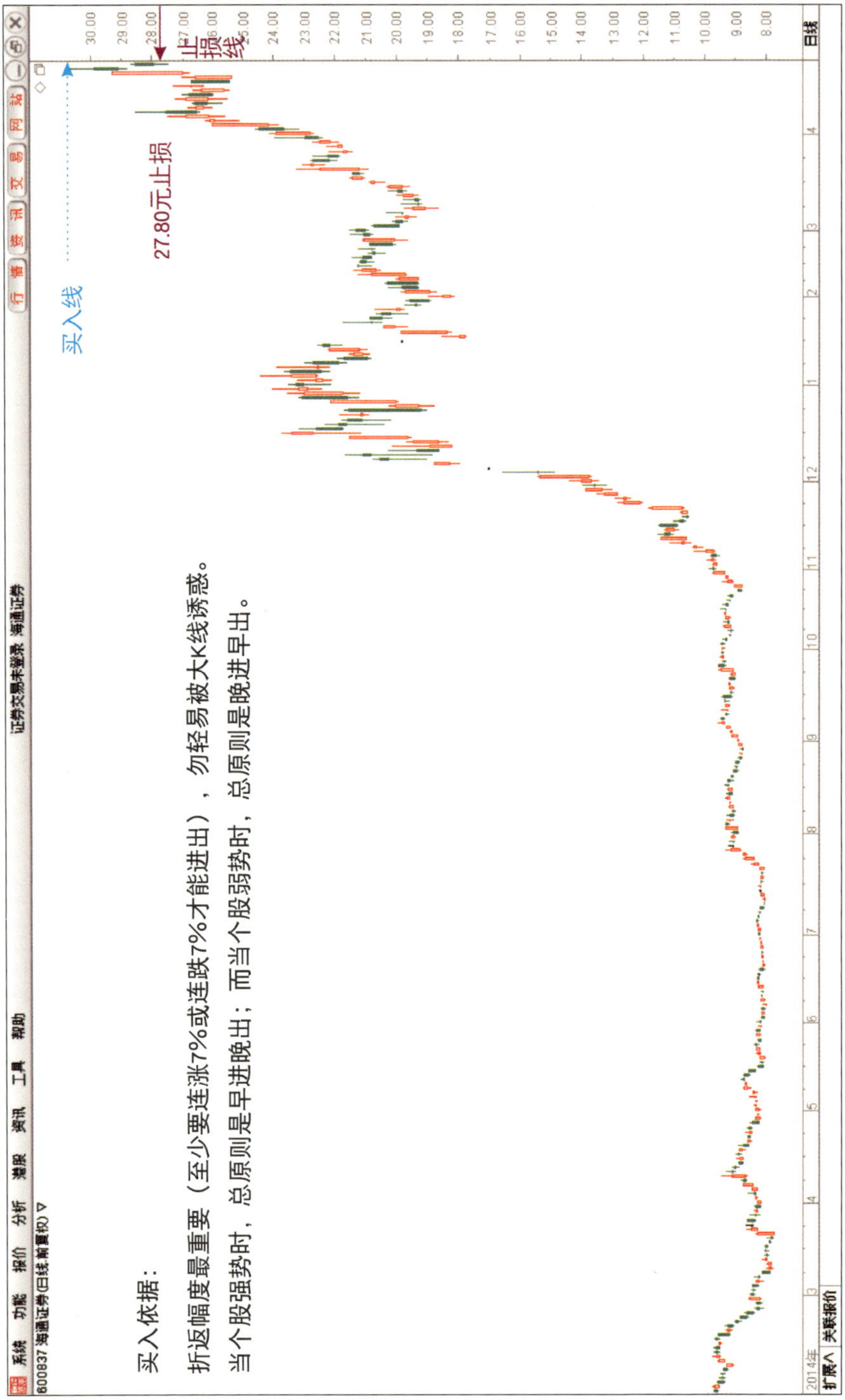

系统 功能 报价 分析 港股 资讯 工具 帮助
证券交易未登录 海通证券
行情 资讯 交易 网站
600837 海通证券(日线,前复权)
买入线
27.80元止损
止损线
买入依据：
折返幅度最重要（至少要连涨7%或连跌7%才能进出），勿轻易被大K线诱惑。
当个股强势时，总原则是早进晚出；而当个股弱势时，总原则是晚进早出。
30.00
29.00
28.00
27.00
26.00
25.00
24.00
23.00
22.00
21.00
20.00
19.00
18.00
17.00
16.00
15.00
14.00
13.00
12.00
11.00
10.00
9.00
8.00
2014年
3
4
5
6
7
8
9
10
11
12
1
2
3
4
日线
扩展∧
关联报价

图122

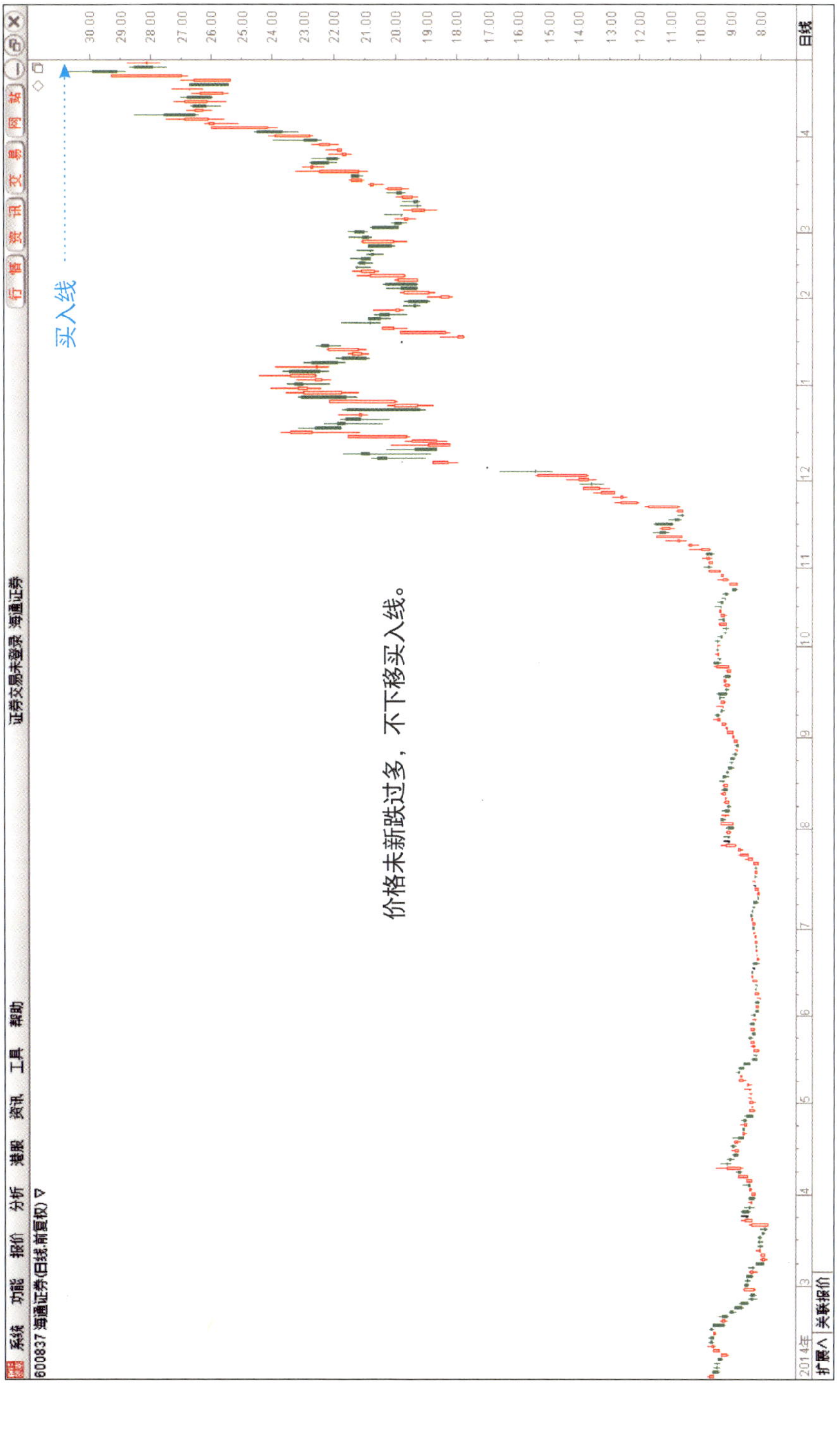
系统 功能 报价 分析 港股 资讯 工具 帮助
证券交易未登录 海通证券
600837 海通证券(日线,前复权)
行 情 资 讯 交 易 网 站
买入线
价格未新跌过多，不下移买入线。
日线
2014年
扩展 关联报价

图123

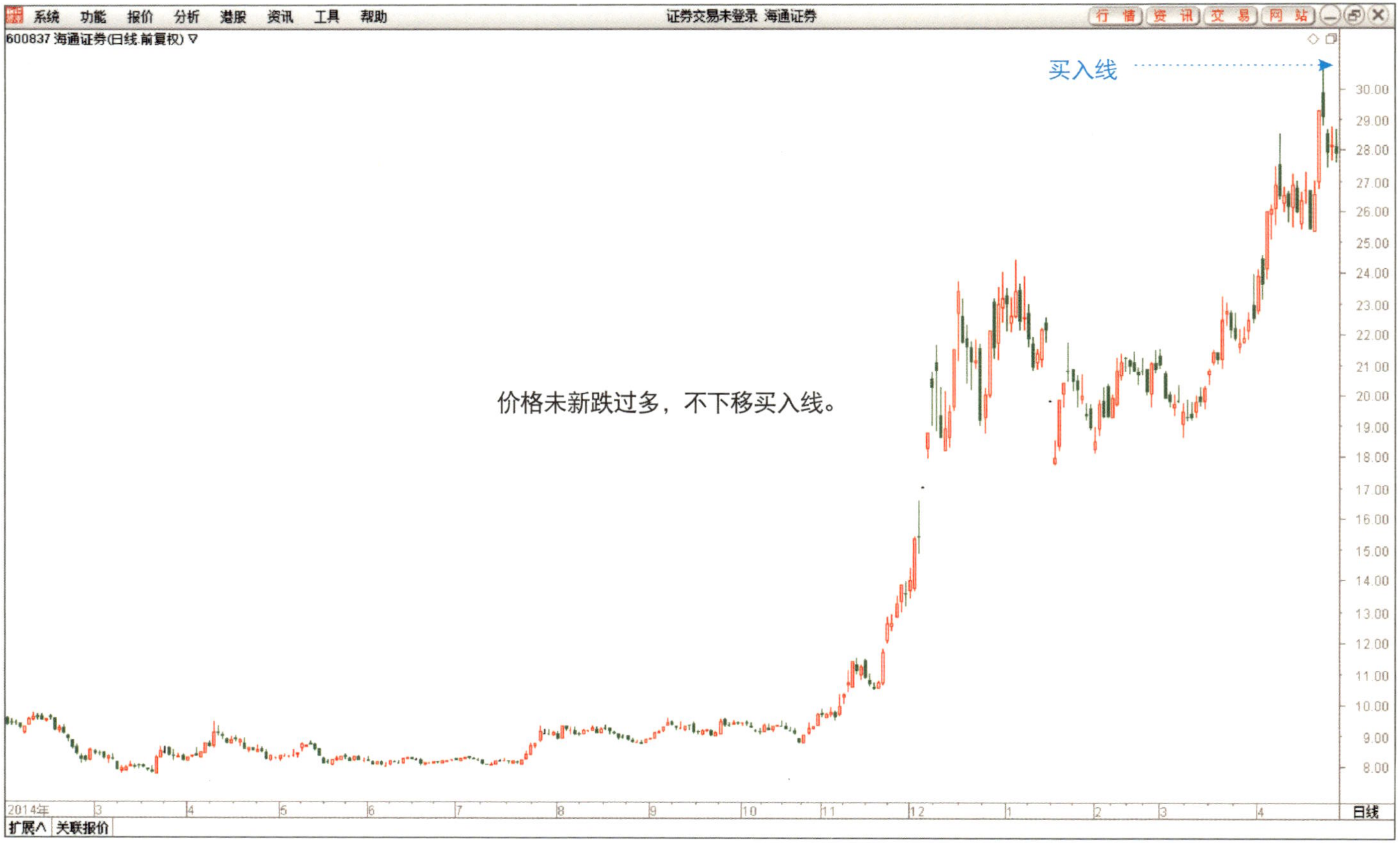
系统 功能 报价 分析 港股 资讯 工具 帮助
证券交易未登录 海通证券
行情 资讯 交易 网站
600837 海通证券(日线 前复权)
买入线
价格未新跌过多，不下移买入线。
30.00
29.00
28.00
27.00
26.00
25.00
24.00
23.00
22.00
21.00
20.00
19.00
18.00
17.00
16.00
15.00
14.00
13.00
12.00
11.00
10.00
9.00
8.00
2014年
3
4
5
6
7
8
9
10
11
12
1
2
3
4
日线
扩展
关联报价

图124

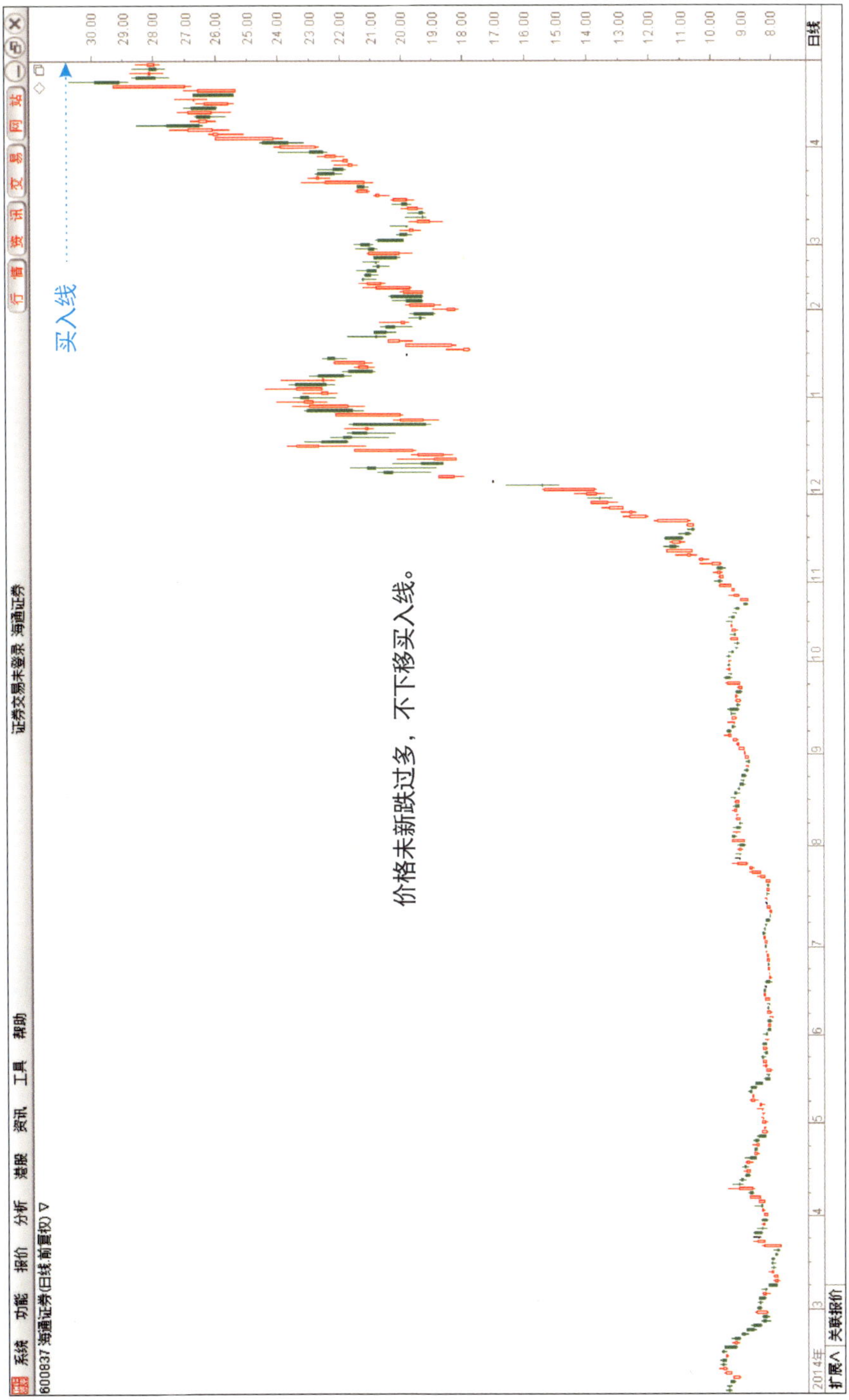
系统 功能 报价 分析 港股 资讯 工具 帮助
证券交易未登录 海通证券
行情 资讯 交易 网站
600837 海通证券(日线 前复权)
买入线
价格未新跌过多，不下移买入线。
日线
2014年
扩展∧ 关联报价

图125

系统 功能 报价 分析 港股 资讯 工具 帮助
证券交易未登录 海通证券
行情 资讯 交易 网站
600837 海通证券(日线 前复权)
买入线
价格未新跌过多，不下移买入线。
30.00
29.00
28.00
27.00
26.00
25.00
24.00
23.00
22.00
21.00
20.00
19.00
18.00
17.00
16.00
15.00
14.00
13.00
12.00
11.00
10.00
9.00
8.00
2014年
3
4
5
6
7
8
9
10
11
12
1
2
3
4
日线
扩展∧
关联报价

图126

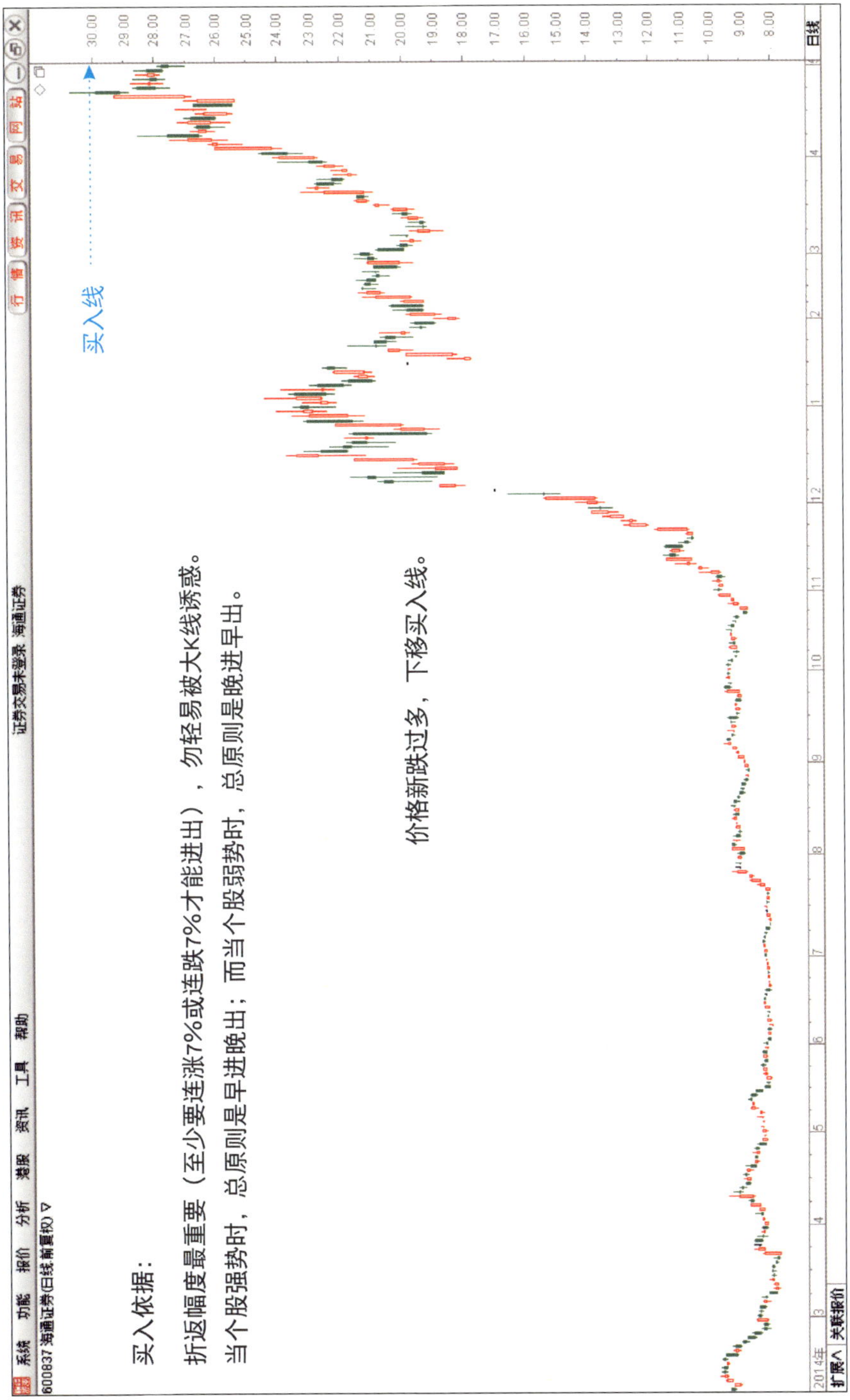
系统 功能 报价 分析 港股 资讯 工具 帮助
证券交易未登录 海通证券
600837 海通证券(日线 前复权)
买入线
买入依据：
折返幅度最重要（至少要连涨7%或连跌7%才能进出），勿轻易被大K线诱惑。
当个股强势时，总原则是早进晚出；而当个股弱势时，总原则是晚进早出。
价格新跌过多，下移买入线。
30.00
29.00
28.00
27.00
26.00
25.00
24.00
23.00
22.00
21.00
20.00
19.00
18.00
17.00
16.00
15.00
14.00
13.00
12.00
11.00
10.00
9.00
8.00
日线
2014年
扩展A
关联报价

图127

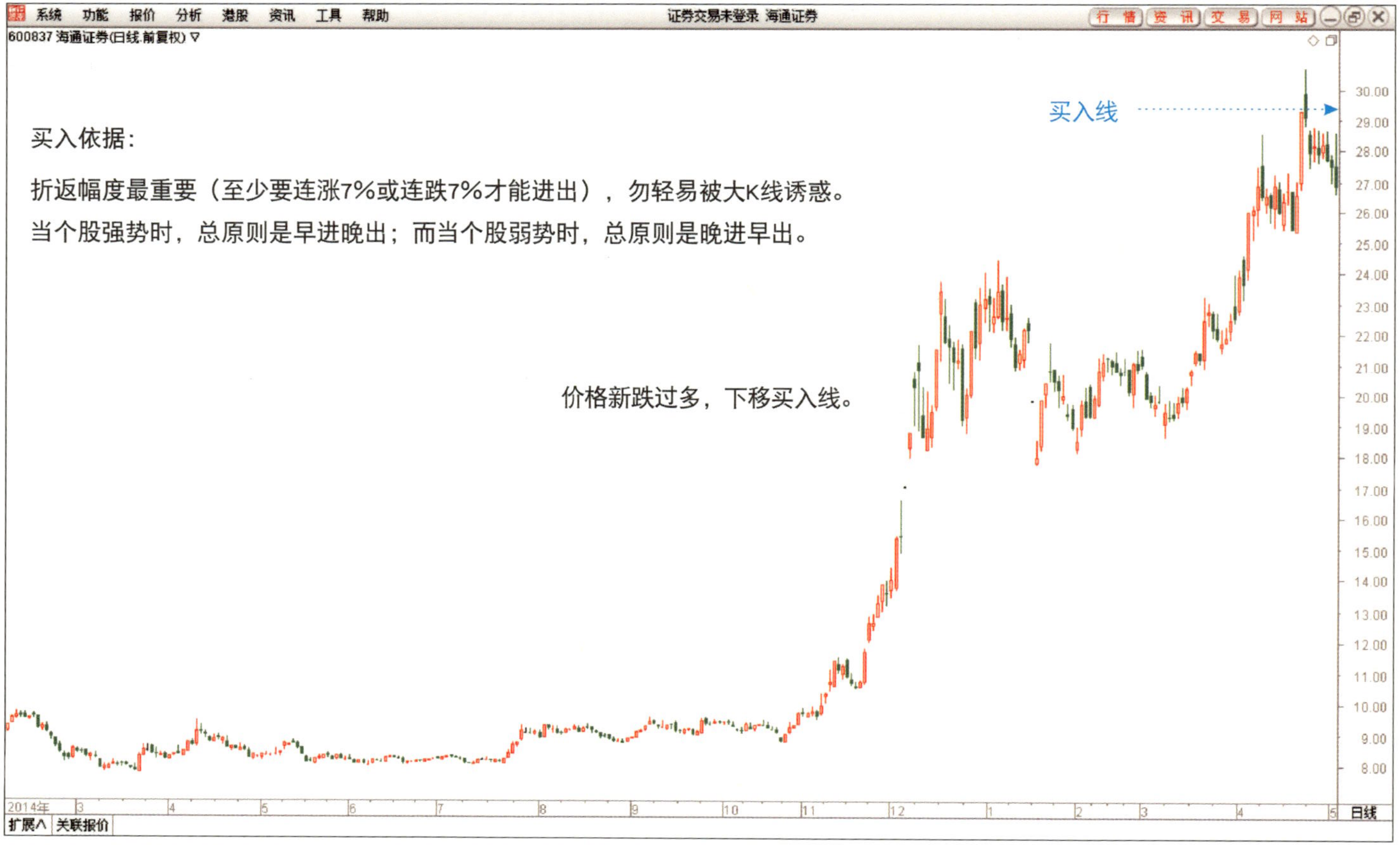
系统 功能 报价 分析 港股 资讯 工具 帮助
证券交易未登录 海通证券
行情 资讯 交易 网站
600837 海通证券(日线,前复权)
买入依据：
折返幅度最重要（至少要连涨7%或连跌7%才能进出），勿轻易被大K线诱惑。
当个股强势时，总原则是早进晚出；而当个股弱势时，总原则是晚进早出。
价格新跌过多，下移买入线。
买入线
30.00
29.00
28.00
27.00
26.00
25.00
24.00
23.00
22.00
21.00
20.00
19.00
18.00
17.00
16.00
15.00
14.00
13.00
12.00
11.00
10.00
9.00
8.00
2014年
3
4
5
6
7
8
9
10
11
12
1
2
3
4
5
日线
扩展∧
关联报价

图128

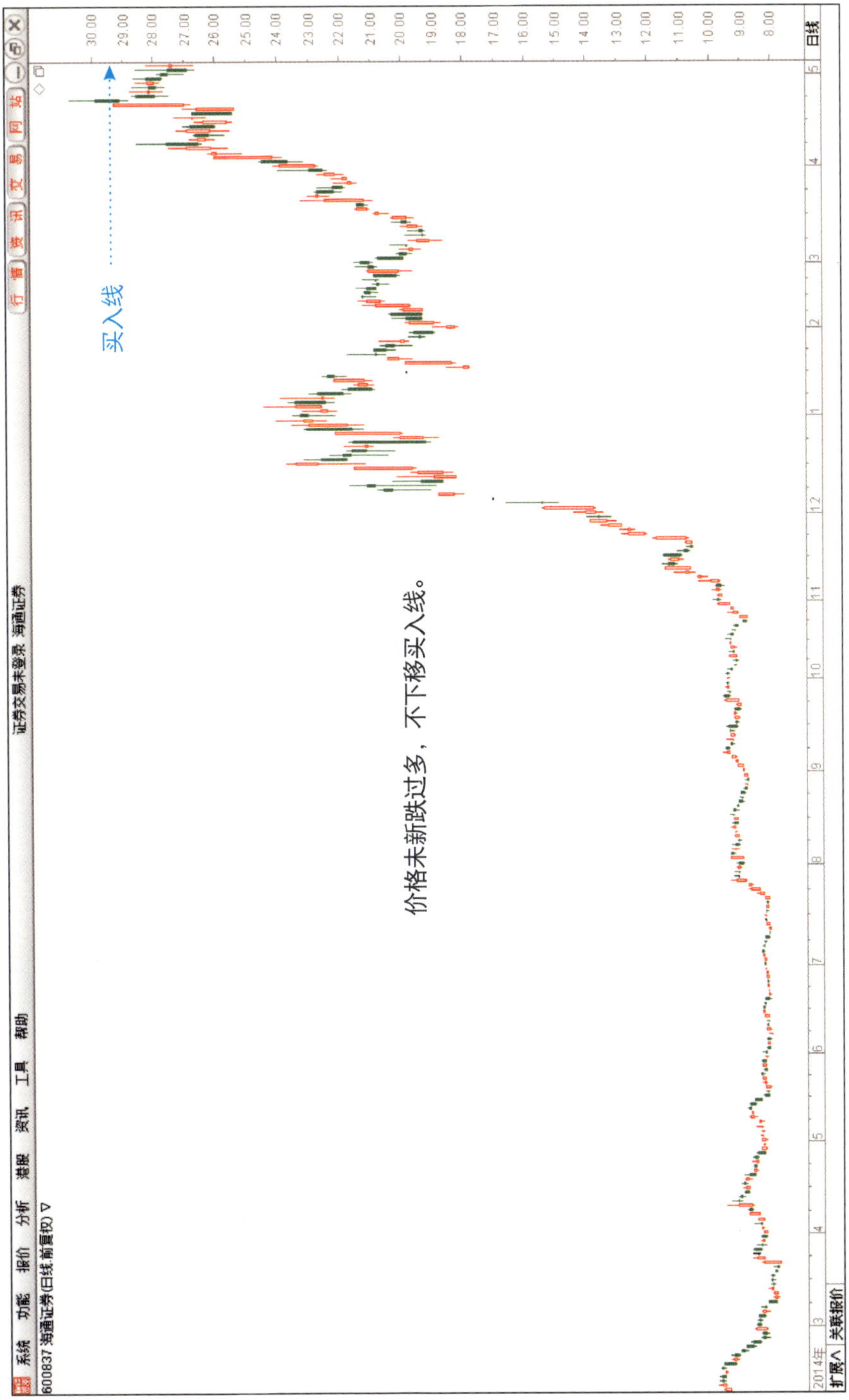
系统 功能 报价 分析 港股 资讯 工具 帮助
证券交易未登录 海通证券
600837 海通证券(日线,前复权)
买入线
价格未新跌过多，不下移买入线。
日线

图129

系统 功能 报价 分析 港股 资讯 工具 帮助
证券交易未登录 海通证券
行情 资讯 交易 网站
600837 海通证券(日线,前复权) ▽
买入线
价格未新跌过多，不下移买入线。
30.00
29.00
28.00
27.00
26.00
25.00
24.00
23.00
22.00
21.00
20.00
19.00
18.00
17.00
16.00
15.00
14.00
13.00
12.00
11.00
10.00
9.00
8.00
2014年
3
4
5
6
7
8
9
10
11
12
1
2
3
4
5
日线
扩展∧
关联报价

图130

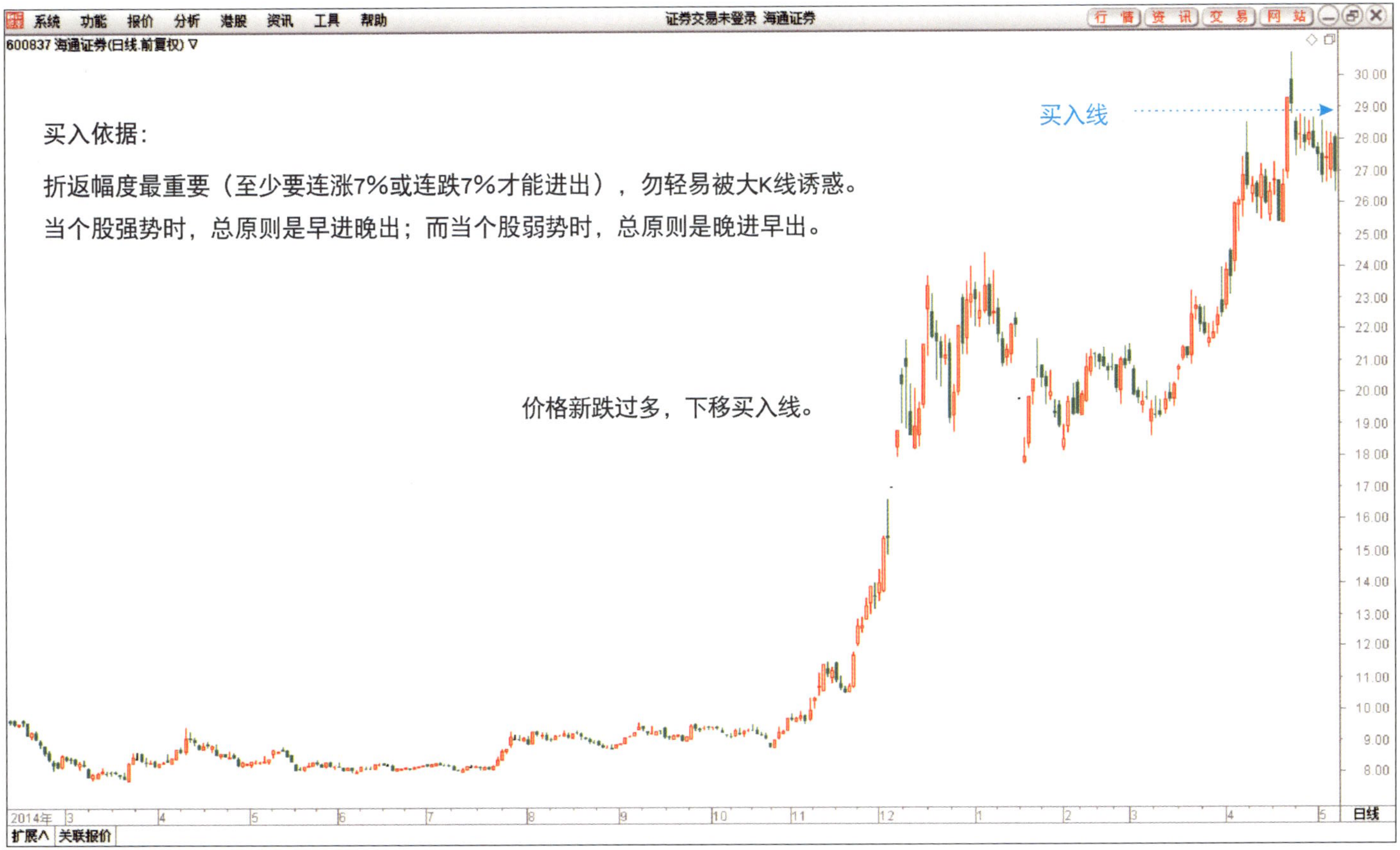
系统 功能 报价 分析 港股 资讯 工具 帮助
证券交易未登录 海通证券
600837 海通证券(日线 前复权)
买入线
买入依据：
折返幅度最重要（至少要连涨7%或连跌7%才能进出），勿轻易被大K线诱惑。
当个股强势时，总原则是早进晚出；而当个股弱势时，总原则是晚进早出。
价格新跌过多，下移买入线。
日线

图131

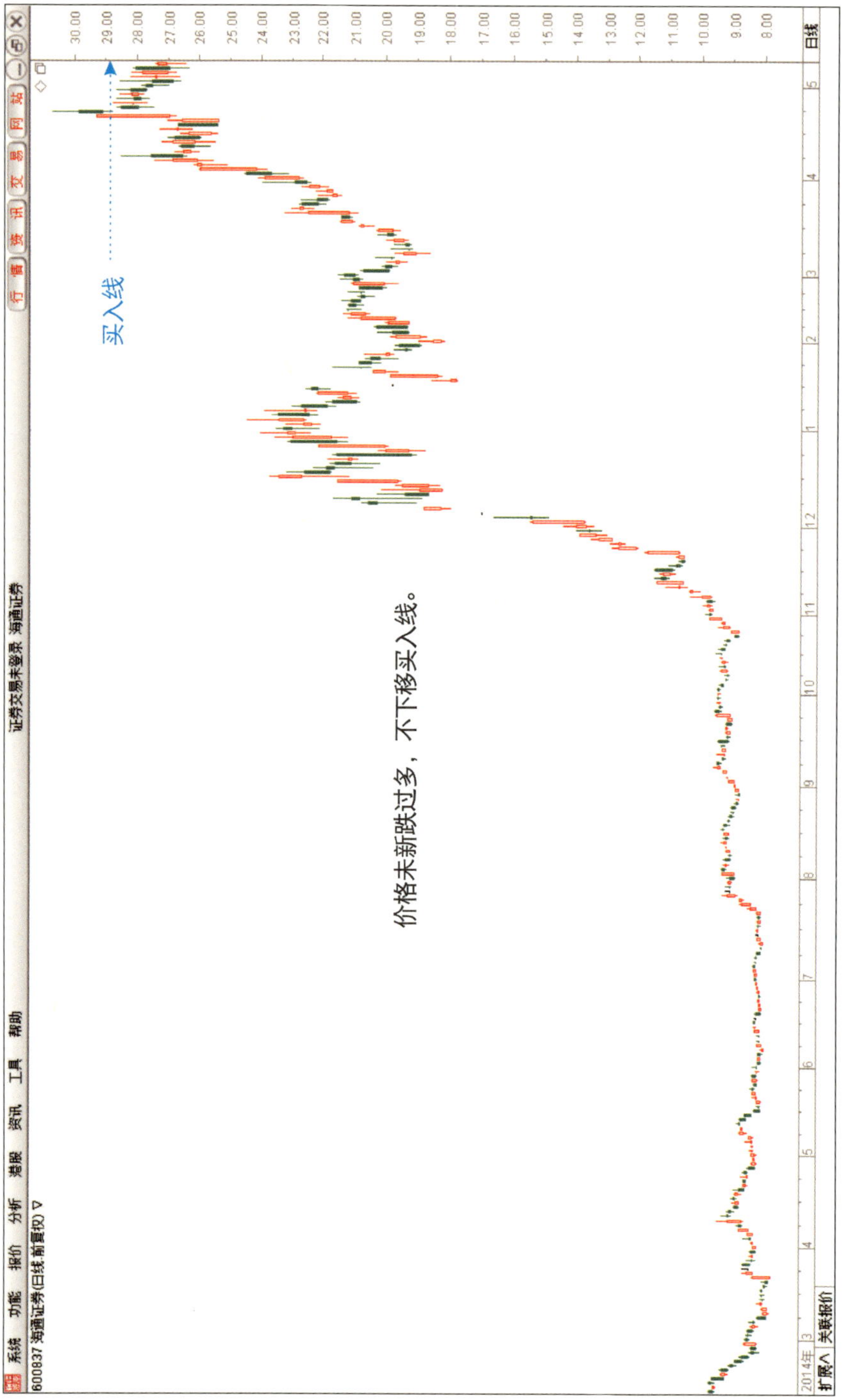
系统 功能 报价 分析 港股 资讯 工具 帮助
证券交易未登录 海通证券
600837 海通证券(日线 前复权) ▽
行情 资讯 交易 网站
买入线
价格未新跌过多，不下移买入线。
30.00
29.00
28.00
27.00
26.00
25.00
24.00
23.00
22.00
21.00
20.00
19.00
18.00
17.00
16.00
15.00
14.00
13.00
12.00
11.00
10.00
9.00
8.00
2014年
日线
扩展A
关联报价

图132

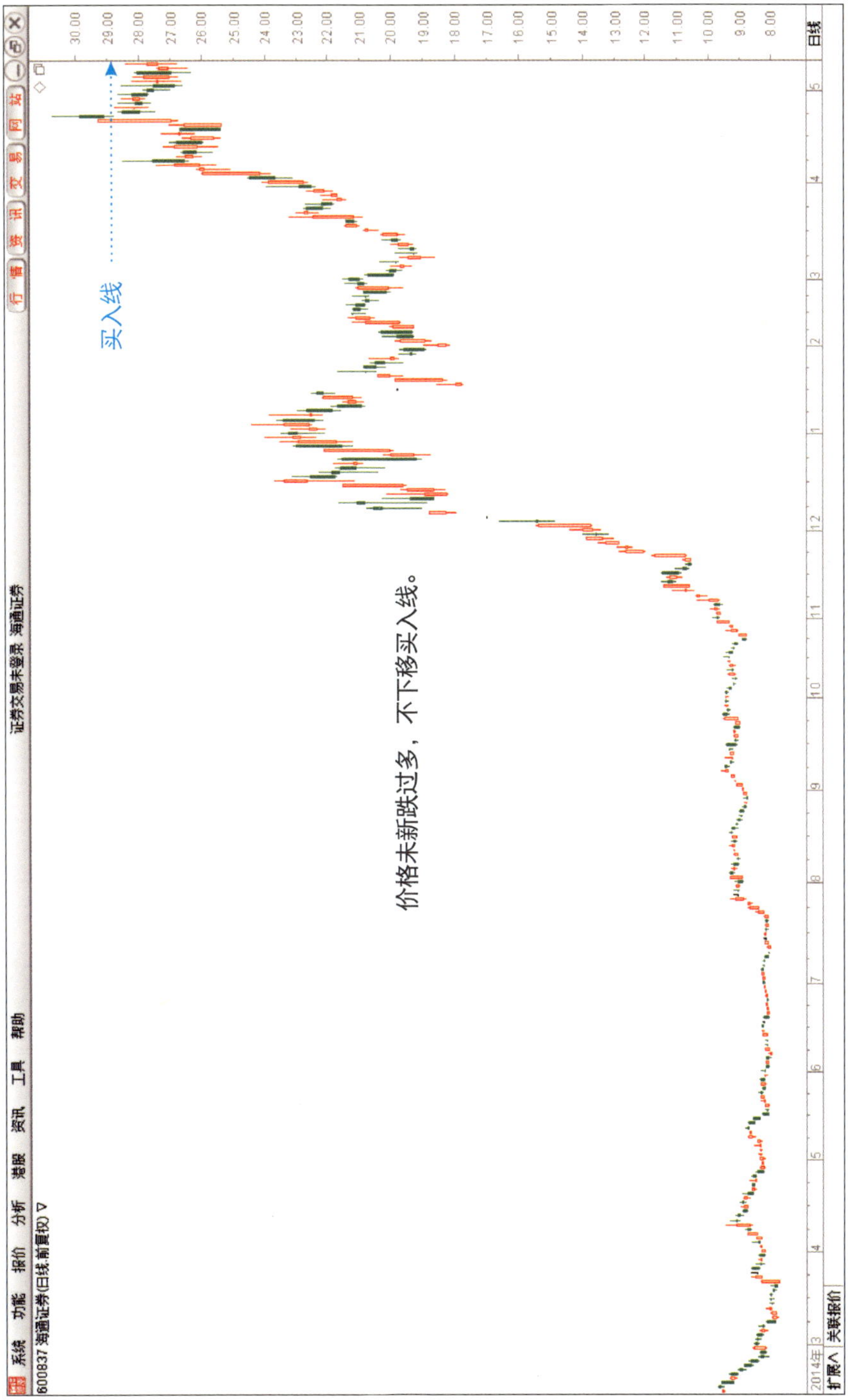
系统 功能 报价 分析 港股 资讯 工具 帮助
证券交易未登录 海通证券
行 情 资 讯 交 易 网 站
600837 海通证券(日线 前复权)
买入线
价格未新跌过多，不下移买入线。
30.00
29.00
28.00
27.00
26.00
25.00
24.00
23.00
22.00
21.00
20.00
19.00
18.00
17.00
16.00
15.00
14.00
13.00
12.00
11.00
10.00
9.00
8.00
日线
2014年 3
扩展∧ 关联报价

图133

系统 功能 报价 分析 港股 资讯 工具 帮助
证券交易未登录 海通证券
行情 资讯 交易 网站
600837 海通证券(日线.前复权) ▽
买入线
价格未新跌过多，不下移买入线。
30.00
29.00
28.00
27.00
26.00
25.00
24.00
23.00
22.00
21.00
20.00
19.00
18.00
17.00
16.00
15.00
14.00
13.00
12.00
11.00
10.00
9.00
8.00
2014年3
4
5
6
7
8
9
10
11
12
1
2
3
4
5
日线
扩展∧ 关联报价

图134

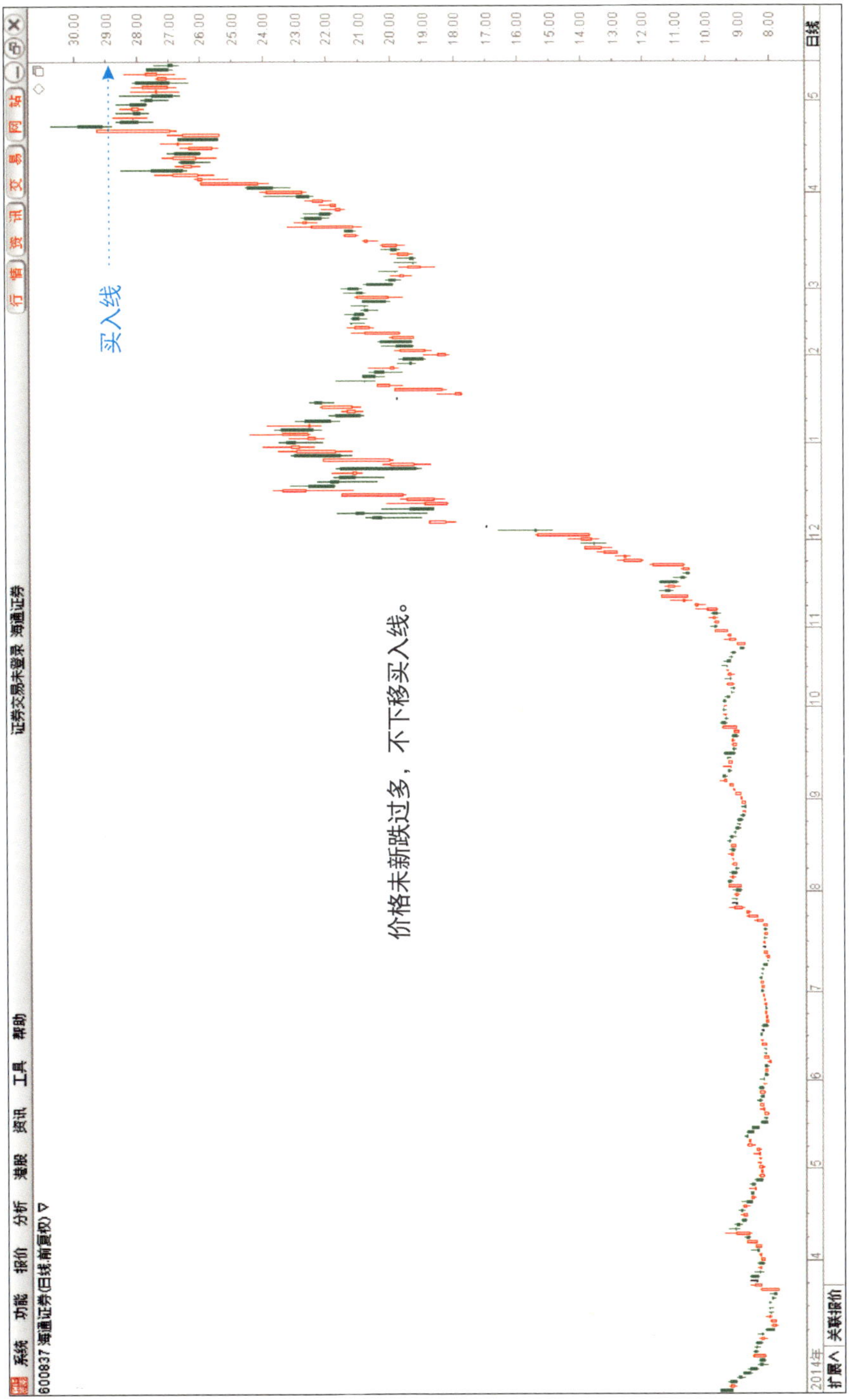

买入线
价格未新跌过多，不下移买入线。
600837 海通证券(日线,前复权)
证券交易未登录 海通证券
系统 功能 报价 分析 港股 资讯 工具 帮助
行 情 资 讯 交 易 网 站
30.00
29.00
28.00
27.00
26.00
25.00
24.00
23.00
22.00
21.00
20.00
19.00
18.00
17.00
16.00
15.00
14.00
13.00
12.00
11.00
10.00
9.00
8.00
2014年
扩展∧
关联报价
日线

图135

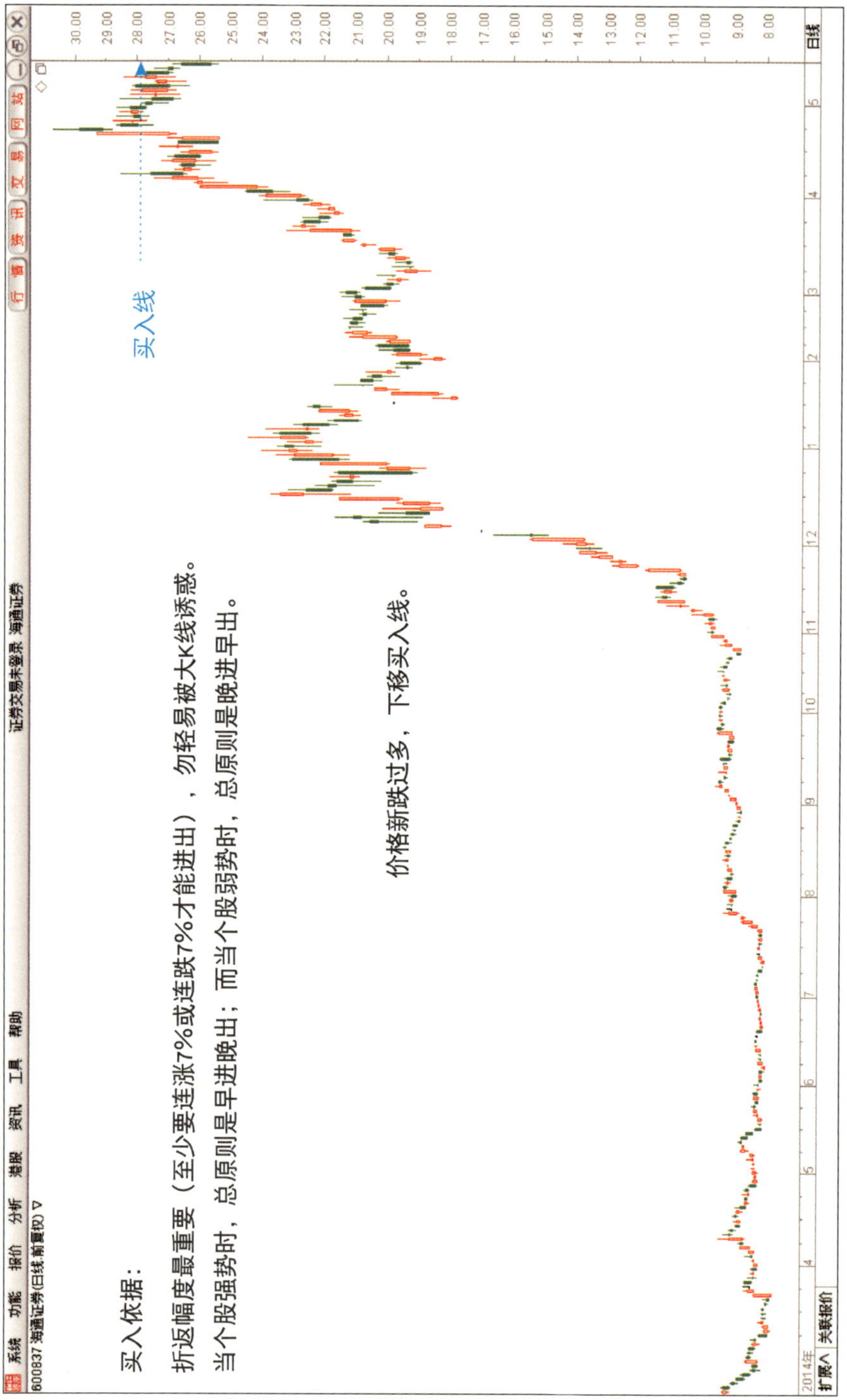
系统 功能 报价 分析 选股 资讯 工具 帮助
证券交易未登录 海通证券
600837 海通证券(日线,前复权)
买入依据：
折返幅度最重要（至少要连涨7%或连跌7%才能进出），勿轻易被大K线诱惑。
当个股强势时，总原则是早进晚出；而当个股弱势时，总原则是晚进早出。
价格新跌过多，下移买入线。
买入线
2014年
日线

图136

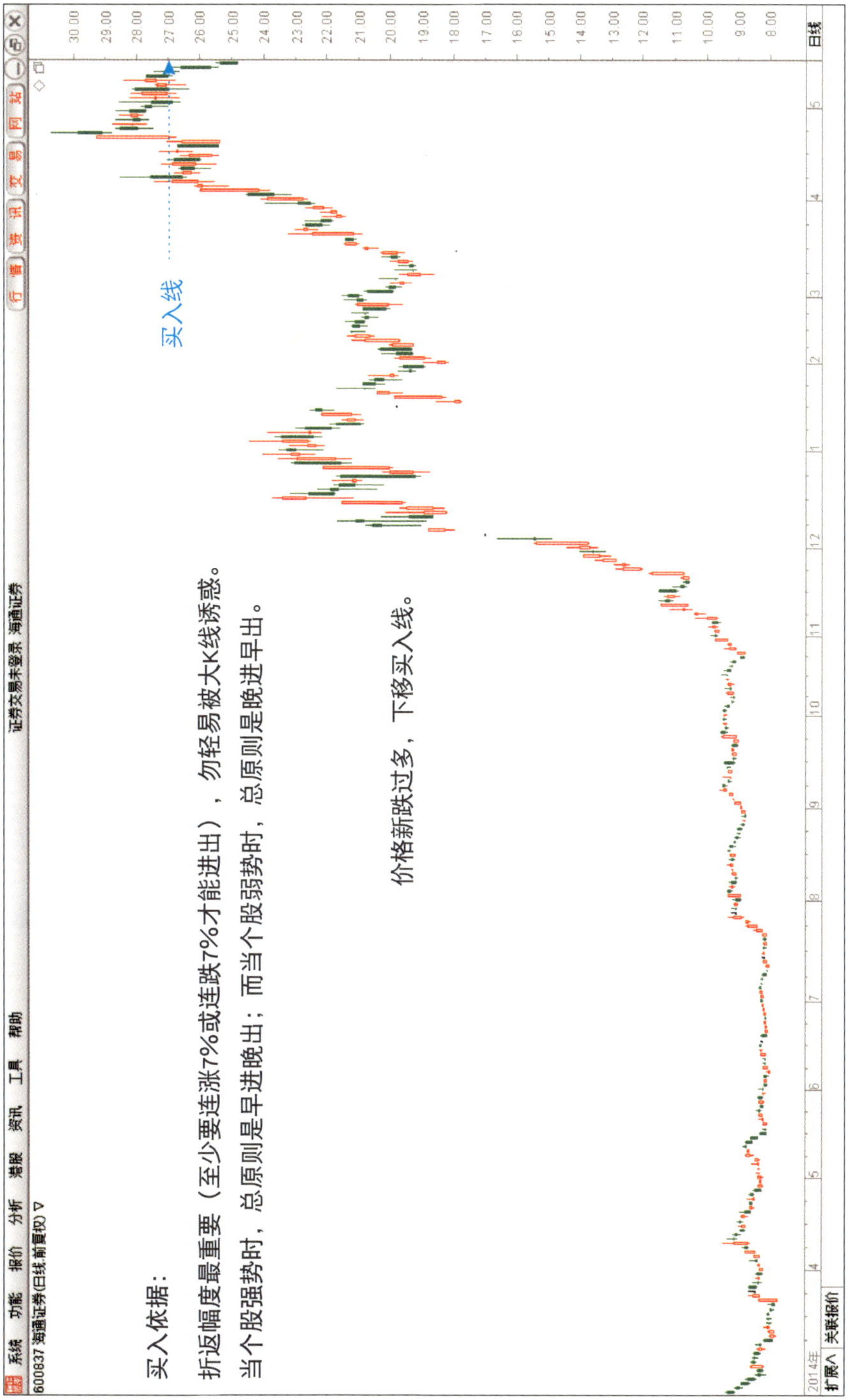
600837 海通证券(日线,前复权)
买入依据：
折返幅度最重要（至少要连涨7%或连跌7%才能进出），勿轻易被大K线诱惑。
当个股强势时，总原则是早进晚出；而当个股弱势时，总原则是晚进早出。
价格新跌过多，下移买入线。
买入线

图137

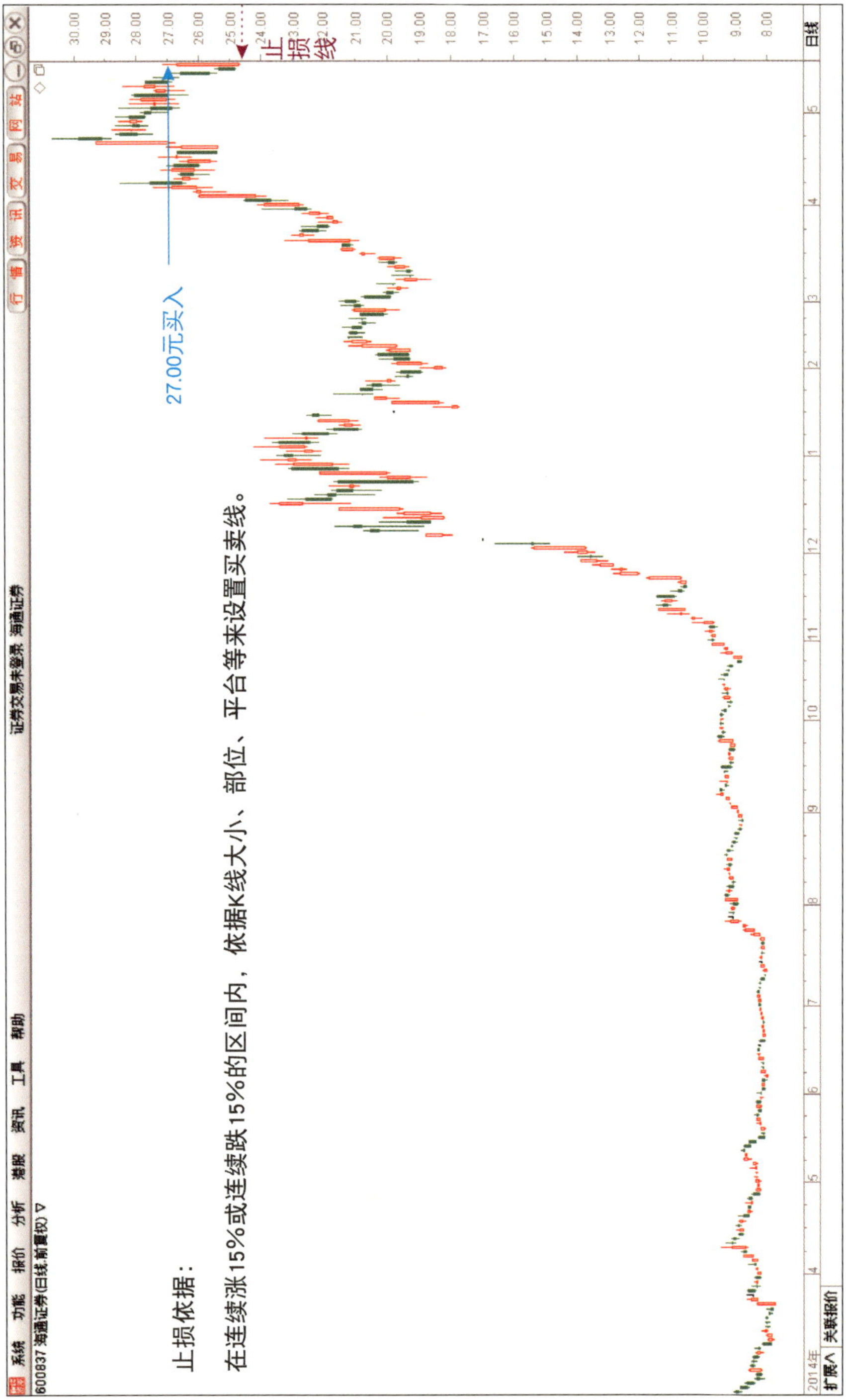
系统 功能 报价 分析 港股 资讯 工具 帮助
证券交易未登录 海通证券
行情 资讯 交易 网站
600837 海通证券(日线,前复权)
27.00元买入
止损线
止损依据：
在连续涨15%或连续跌15%的区间内，依据K线大小、部位、平台等来设置买卖线。
日线
扩展 关联报价

图138

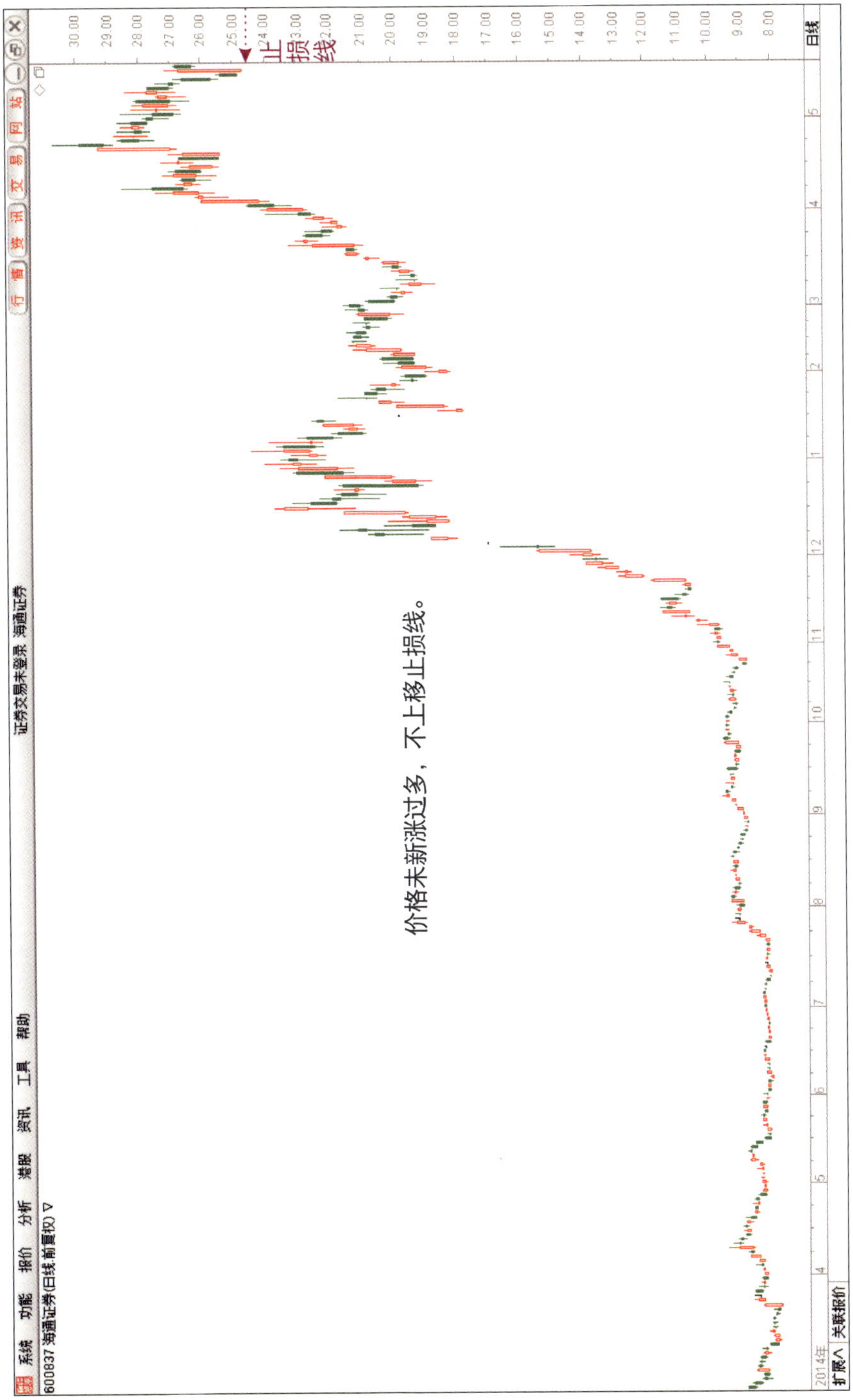

图139

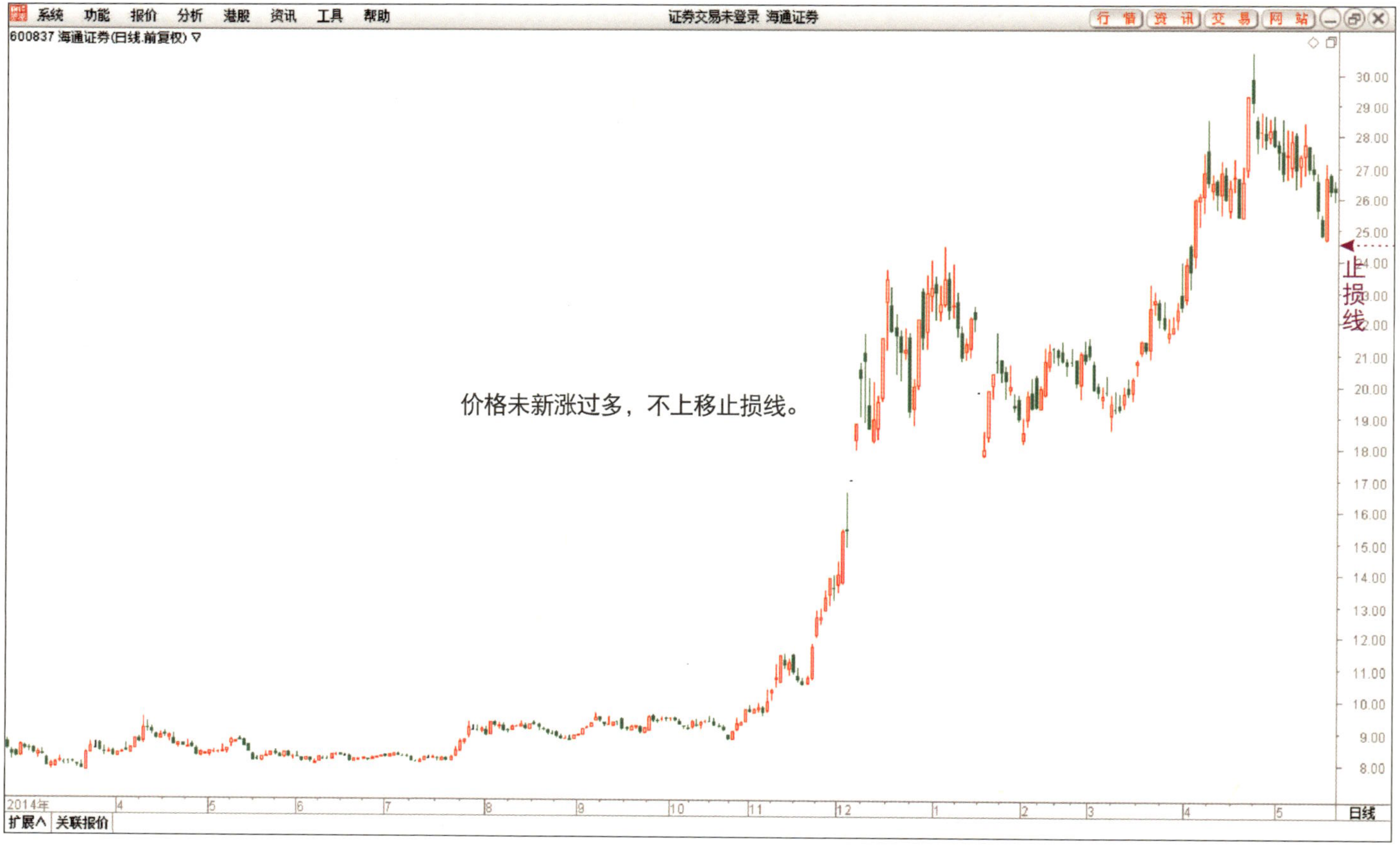
系统 功能 报价 分析 港股 资讯 工具 帮助
证券交易未登录 海通证券
行情 资讯 交易 网站
600837 海通证券(日线,前复权)
价格未新涨过多，不上移止损线。
止损线
30.00
29.00
28.00
27.00
26.00
25.00
24.00
23.00
22.00
21.00
20.00
19.00
18.00
17.00
16.00
15.00
14.00
13.00
12.00
11.00
10.00
9.00
8.00
2014年
4
5
6
7
8
9
10
11
12
1
2
3
4
5
日线
扩展
关联报价

图140

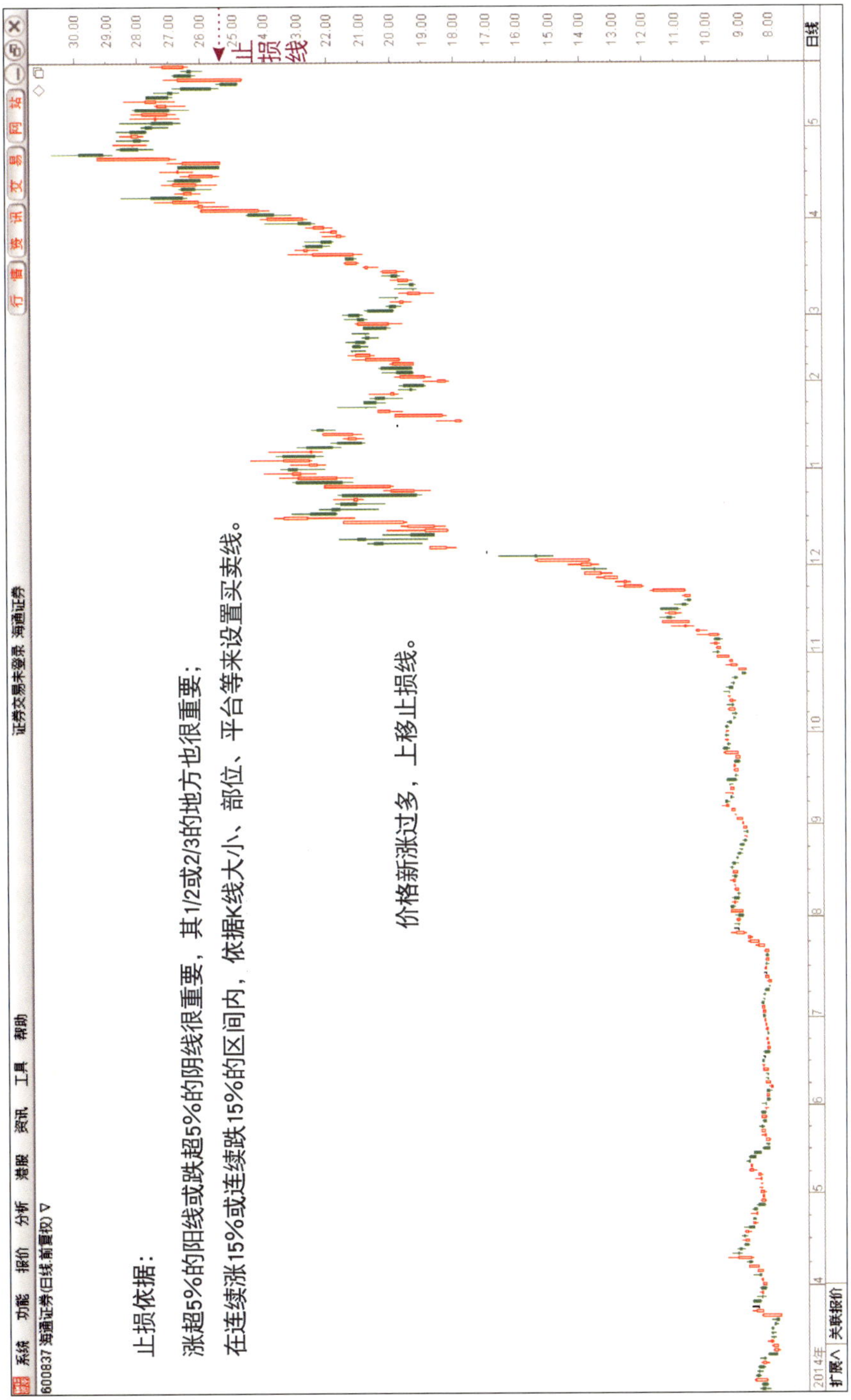

系统 功能 报价 分析 港股 资讯 工具 帮助
证券交易未登录 海通证券
行情 资讯 交易 网站
600837 海通证券(日线,前复权)
止损依据：
涨超5%的阳线或跌超5%的阴线很重要，其1/2或2/3的地方也很重要；
在连续涨15%或连续跌15%的区间内，依据K线大小、部位、平台等来设置买卖线。
价格新涨过多，上移止损线。
止损线
日线
扩展 关联报价

图141

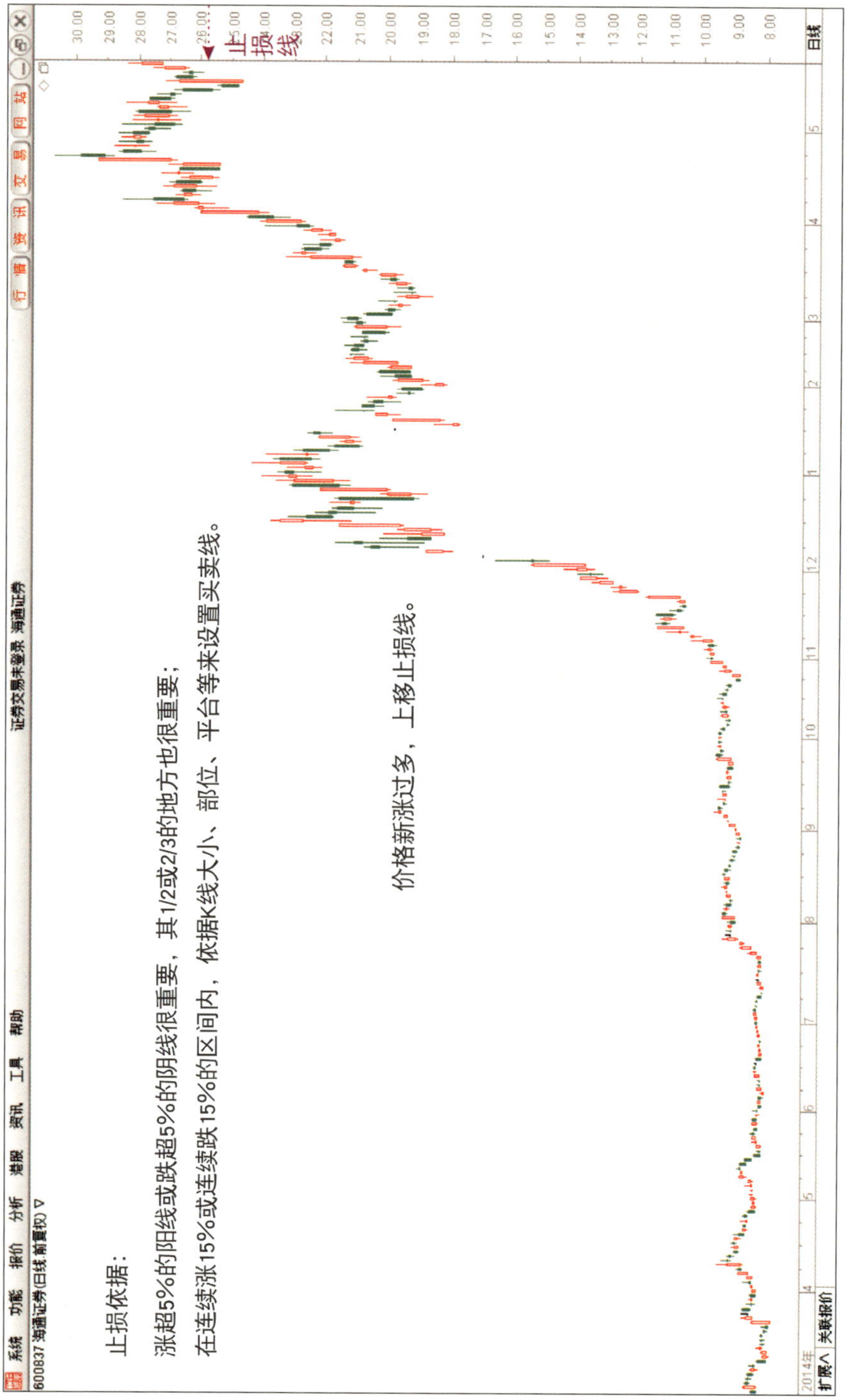

系统 功能 报价 分析 港股 资讯 工具 帮助
证券交易未登录 海通证券
行情 资讯 交易 网站
600837 海通证券(日线 前复权)
止损依据:
涨超5%的阳线或跌超5%的阴线很重要，其1/2或2/3的地方也很重要;
在连续涨15%或连续跌15%的区间内，依据K线大小、部位、平台等来设置买卖线。
价格新涨过多，上移止损线。
止损线
30.00
29.00
28.00
27.00
26.00
22.00
21.00
20.00
19.00
18.00
17.00
16.00
15.00
14.00
13.00
12.00
11.00
10.00
9.00
8.00
2014年
4
5
6
7
8
9
10
11
12
1
2
3
4
5
日线
扩展∧
关联报价

图142

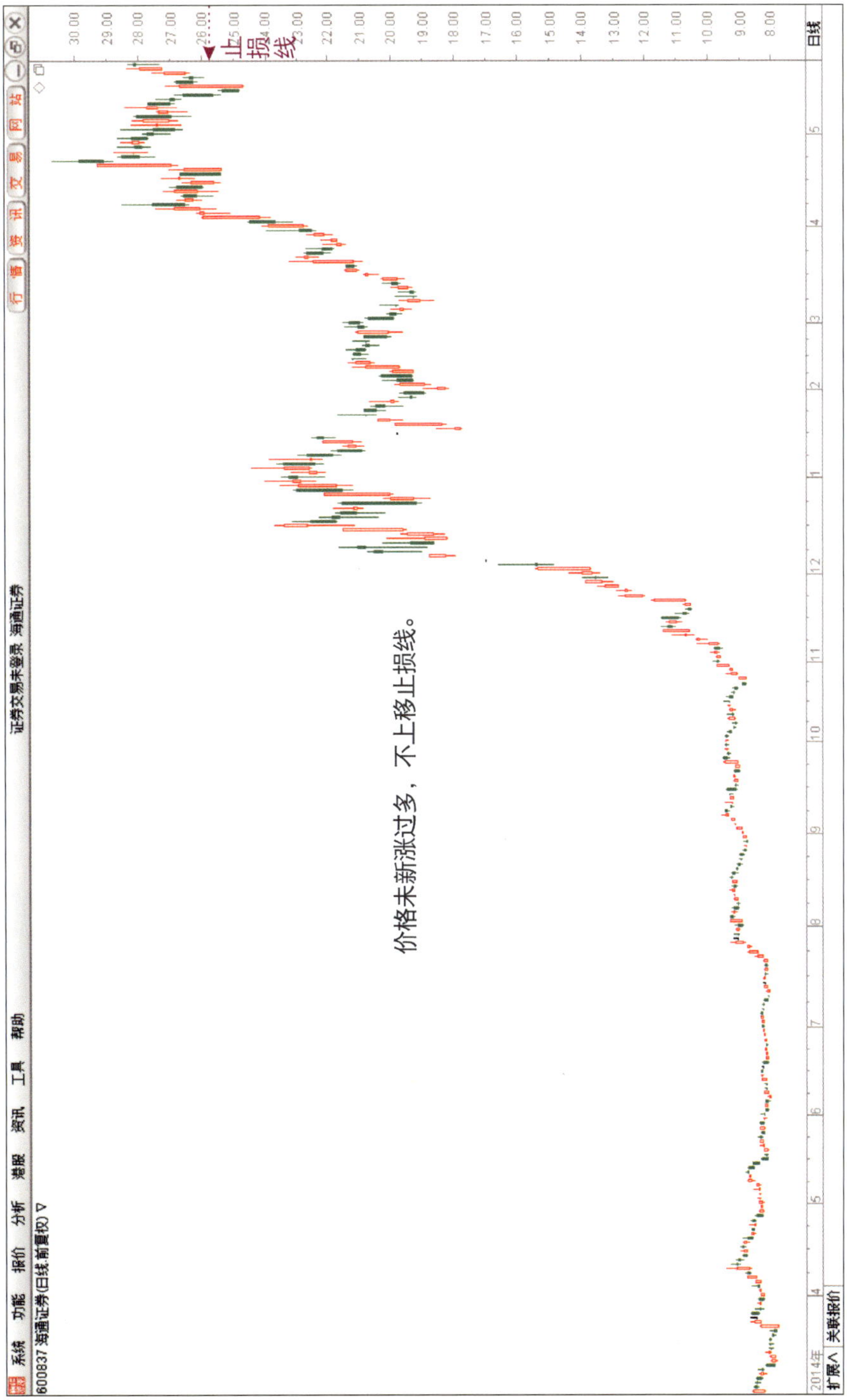

图143

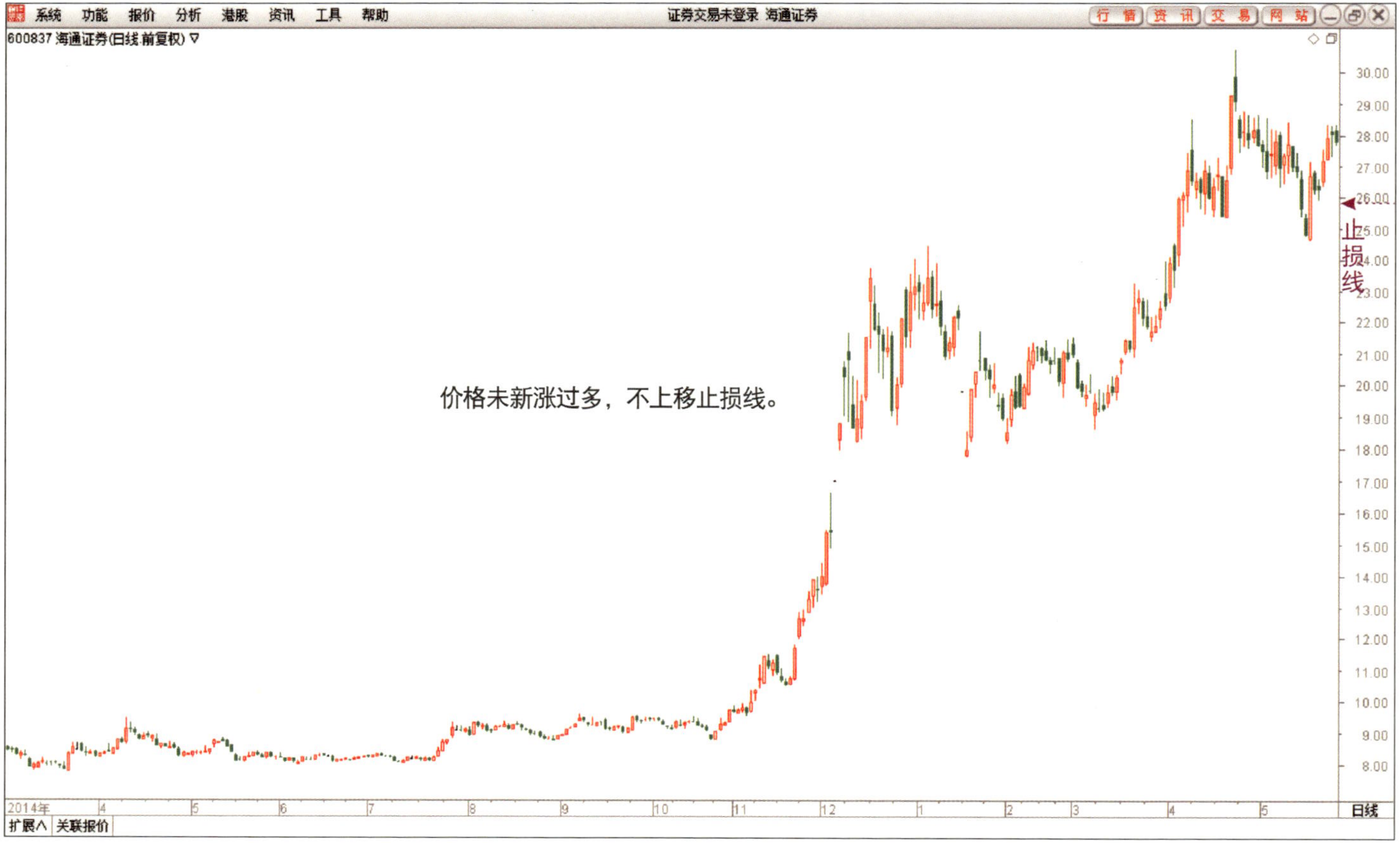
系统 功能 报价 分析 港股 资讯 工具 帮助
证券交易未登录 海通证券
行 情 资 讯 交 易 网 站
600837 海通证券(日线 前复权)
价格未新涨过多，不上移止损线。
止损线
30.00
29.00
28.00
27.00
26.00
25.00
24.00
23.00
22.00
21.00
20.00
19.00
18.00
17.00
16.00
15.00
14.00
13.00
12.00
11.00
10.00
9.00
8.00
2014年
4
5
6
7
8
9
10
11
12
1
2
3
4
5
日线
扩展∧ 关联报价

图144

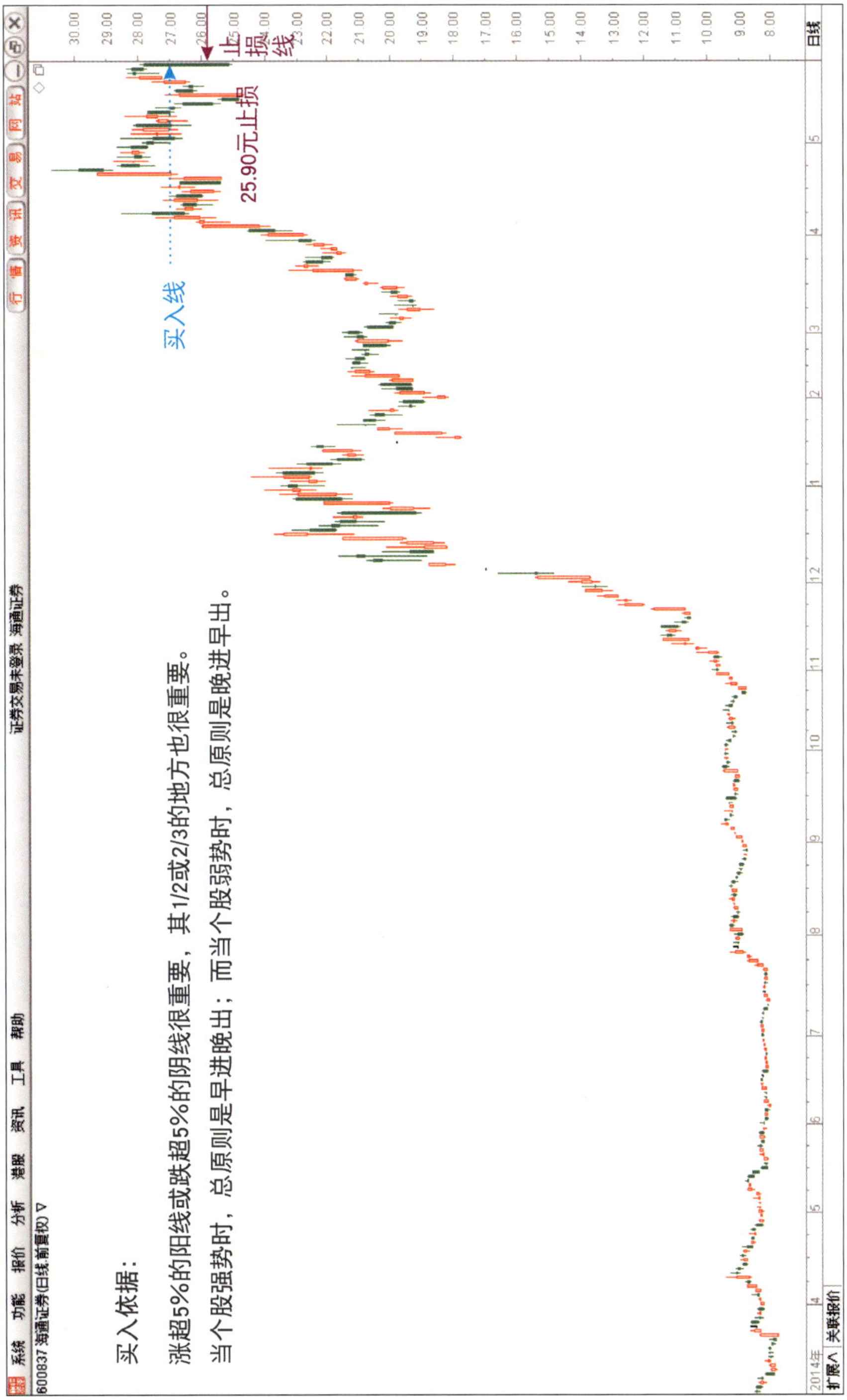

600837 海通证券(日线 前复权)
证券交易未登录 海通证券
买入依据：
涨超5%的阳线或跌超5%的阴线很重要，其1/2或2/3的地方也很重要。
当个股强势时，总原则是早进晚出；而当个股弱势时，总原则是晚进早出。
买入线
止损线
25.90元止损
日线

图145

系统 功能 报价 分析 港股 资讯 工具 帮助
证券交易未登录 海通证券
行情 资讯 交易 网站
600837 海通证券(日线,前复权)
30.00
29.00
28.00
27.00
26.00
25.00
24.00
23.00
22.00
21.00
20.00
19.00
18.00
17.00
16.00
15.00
14.00
13.00
12.00
11.00
10.00
9.00
8.00
买入线
价格未新跌过多，不下移买入线。
2014年
4
5
6
7
8
9
10
11
12
1
2
3
4
5
日线
扩展∧
关联报价

图146

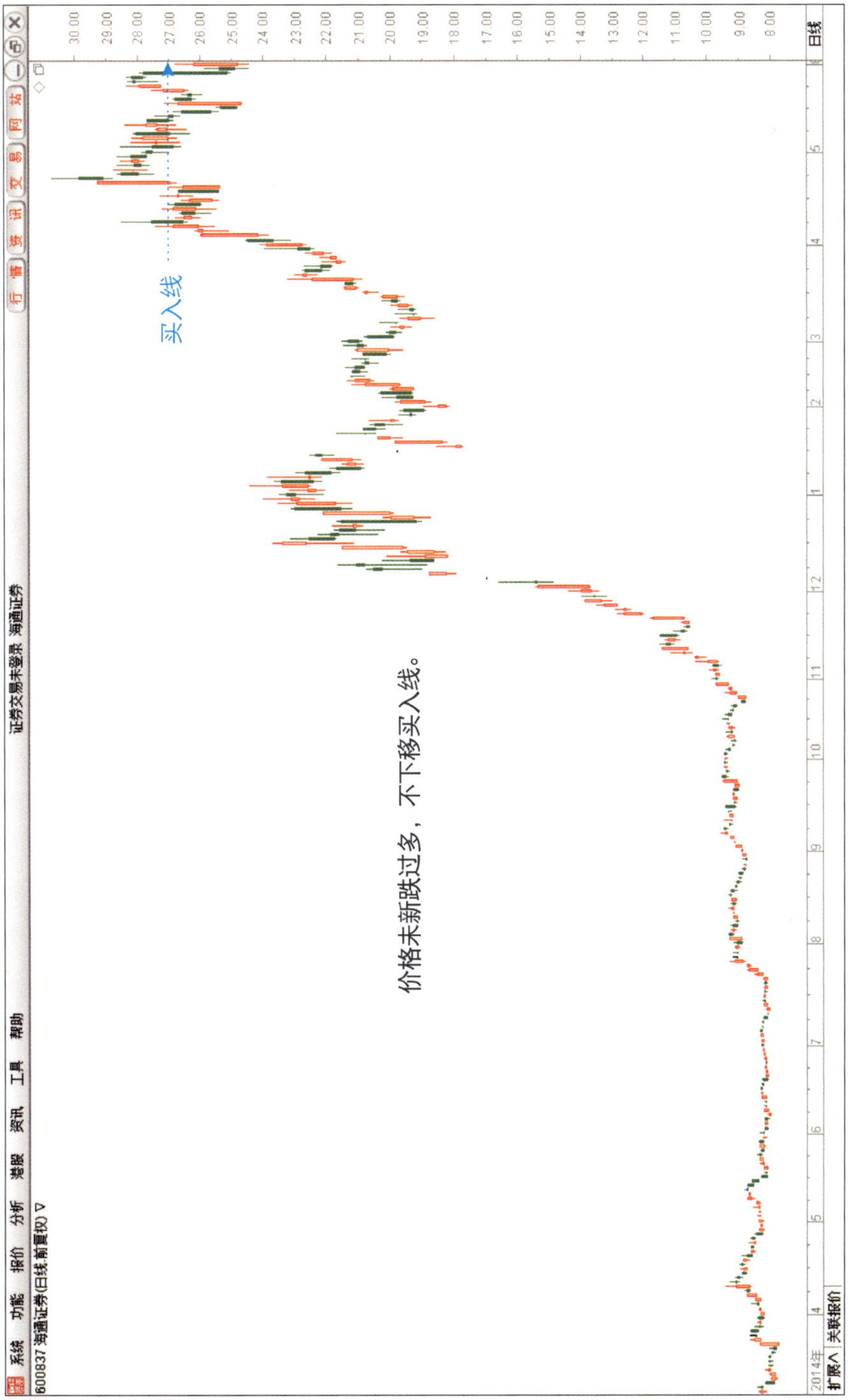
系统 功能 报价 分析 港股 资讯 工具 帮助
证券交易未登录 海通证券
行情 资讯 交易 网站
600837 海通证券(日线,前复权)
30.00
29.00
28.00
27.00
26.00
25.00
24.00
23.00
22.00
21.00
20.00
19.00
18.00
17.00
16.00
15.00
14.00
13.00
12.00
11.00
10.00
9.00
8.00
日线
2014年
买入线
价格未新跌过多，不下移买入线。
扩展 关联报价

图147

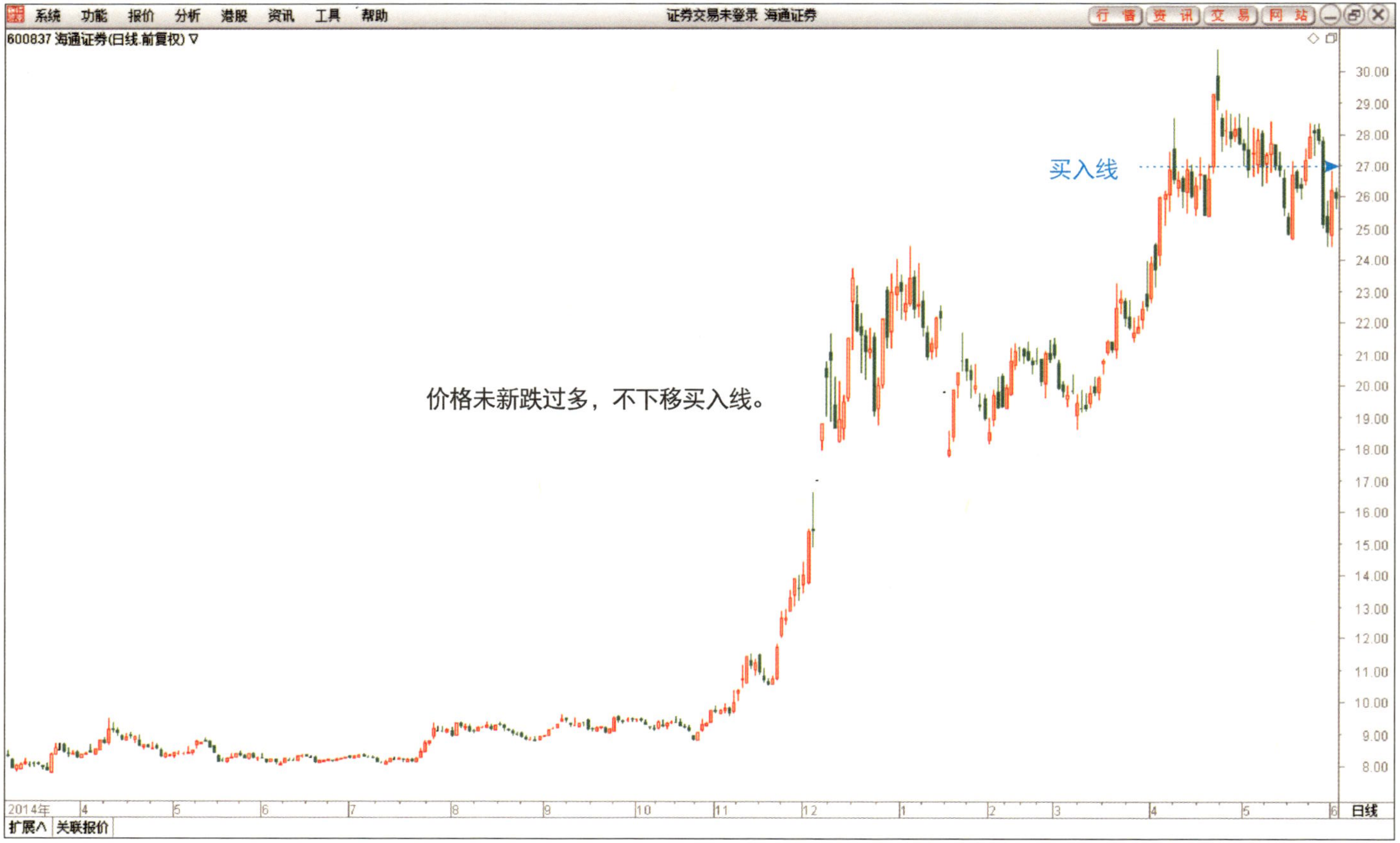
系统 功能 报价 分析 港股 资讯 工具 帮助
证券交易未登录 海通证券
行 情 资 讯 交 易 网 站
600837 海通证券(日线,前复权) ▽
买入线
价格未新跌过多，不下移买入线。
30.00
29.00
28.00
27.00
26.00
25.00
24.00
23.00
22.00
21.00
20.00
19.00
18.00
17.00
16.00
15.00
14.00
13.00
12.00
11.00
10.00
9.00
8.00
2014年 4 5 6 7 8 9 10 11 12 1 2 3 4 5 6
日线
扩展∧ 关联报价

图148

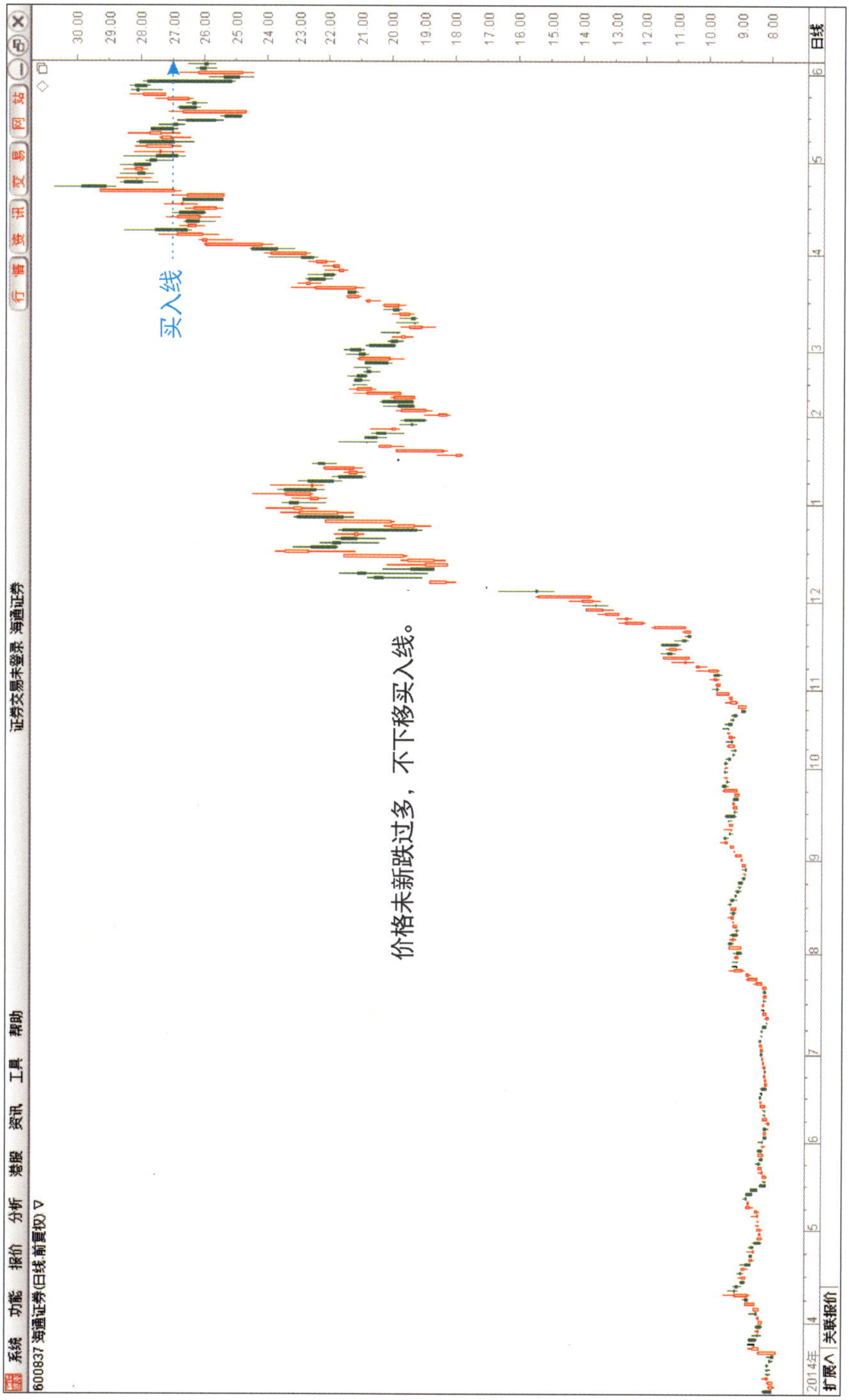

图149

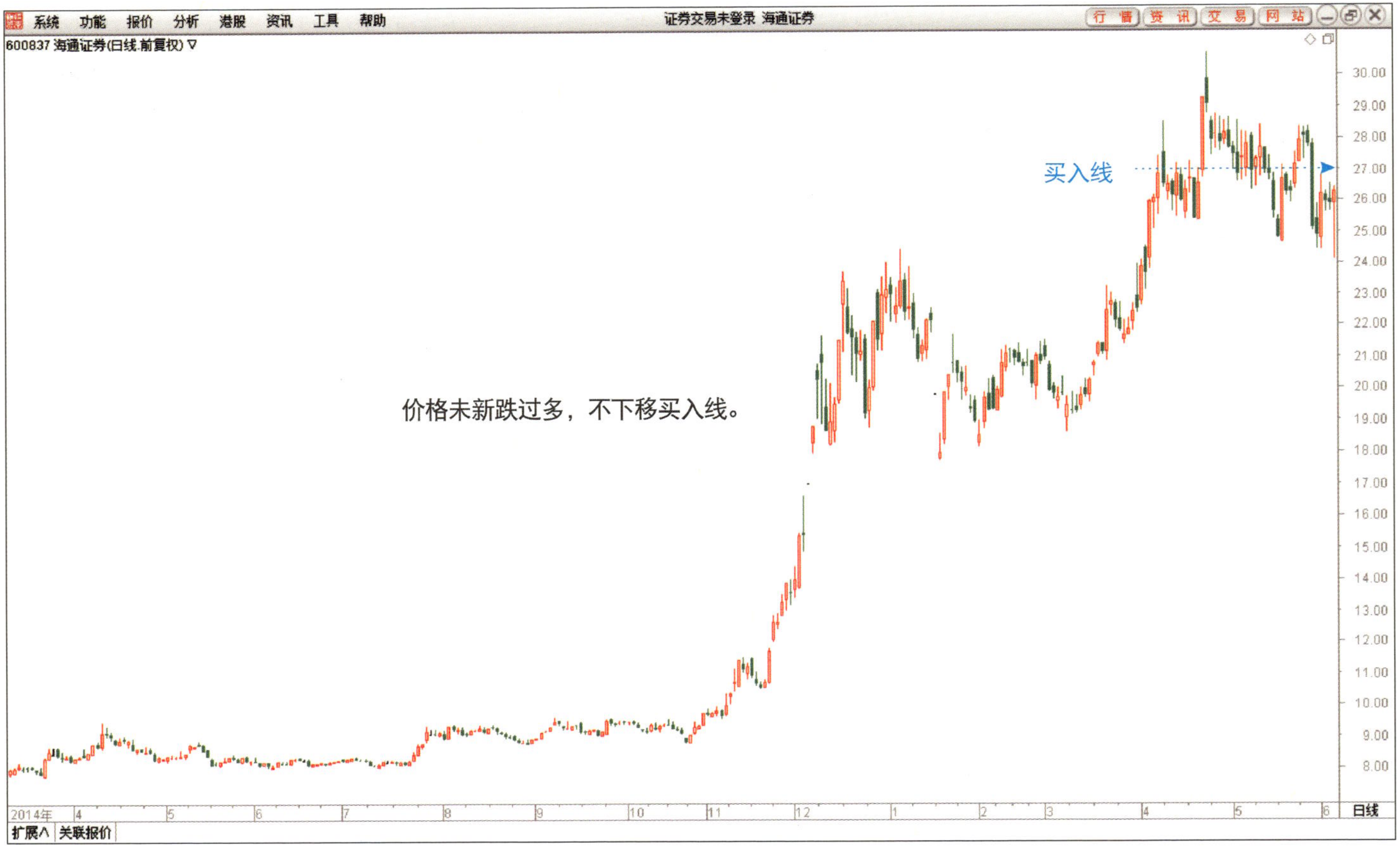
系统 功能 报价 分析 港股 资讯 工具 帮助
证券交易未登录 海通证券
行情 资讯 交易 网站
600837 海通证券(日线,前复权) ▽
买入线
价格未新跌过多，不下移买入线。
30.00
29.00
28.00
27.00
26.00
25.00
24.00
23.00
22.00
21.00
20.00
19.00
18.00
17.00
16.00
15.00
14.00
13.00
12.00
11.00
10.00
9.00
8.00
2014年
4
5
6
7
8
9
10
11
12
1
2
3
4
5
6
日线
扩展∧
关联报价

图150

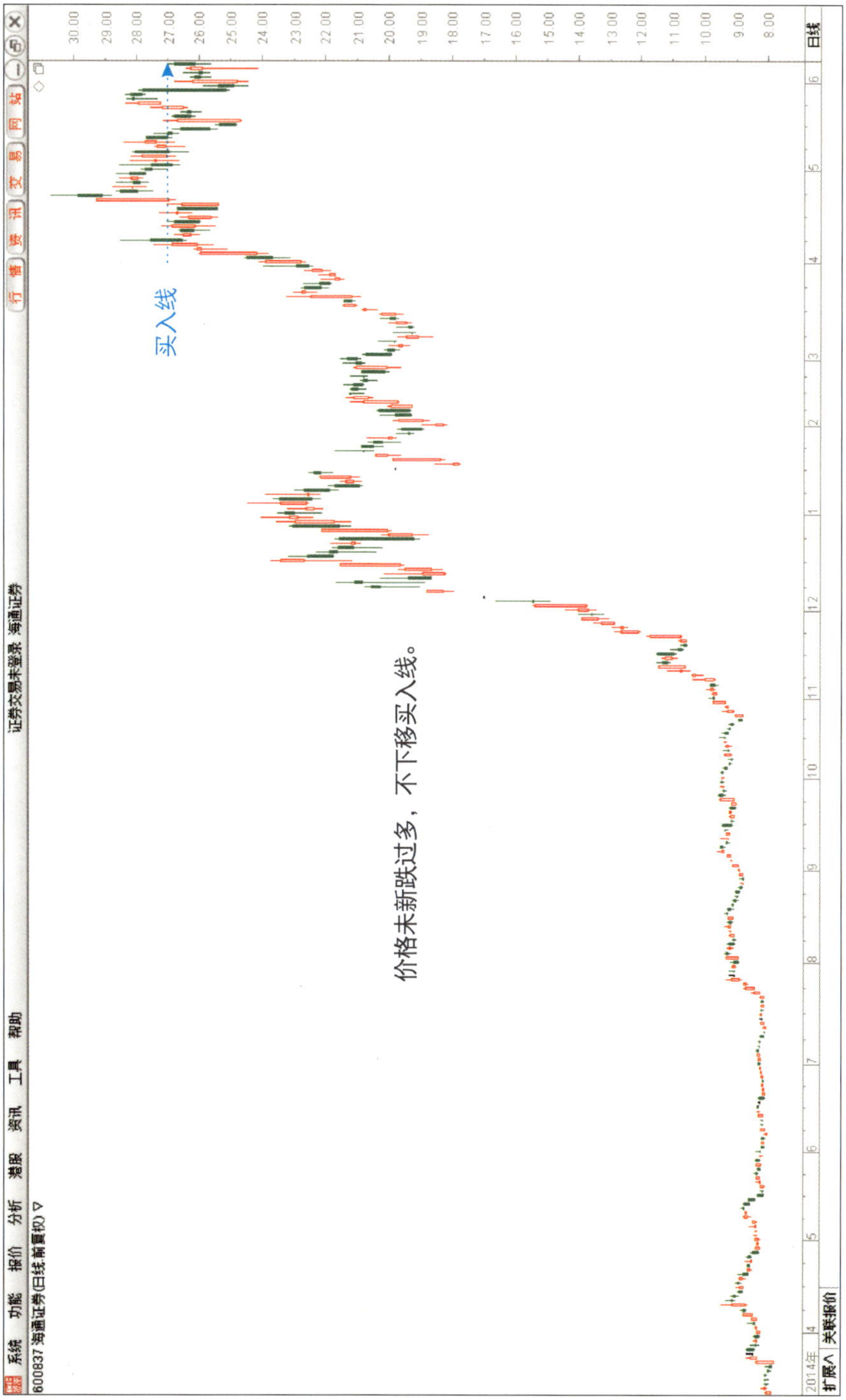
系统 功能 报价 分析 港股 资讯 工具 帮助
证券交易未登录 海通证券
行 情 资 讯 交 易 网 站
600837 海通证券(日线,前复权)
买入线
价格未新跌过多，不下移买入线。
30.00
29.00
28.00
27.00
26.00
25.00
24.00
23.00
22.00
21.00
20.00
19.00
18.00
17.00
16.00
15.00
14.00
13.00
12.00
11.00
10.00
9.00
8.00
日线
2014年
扩展∧
关联报价

图151

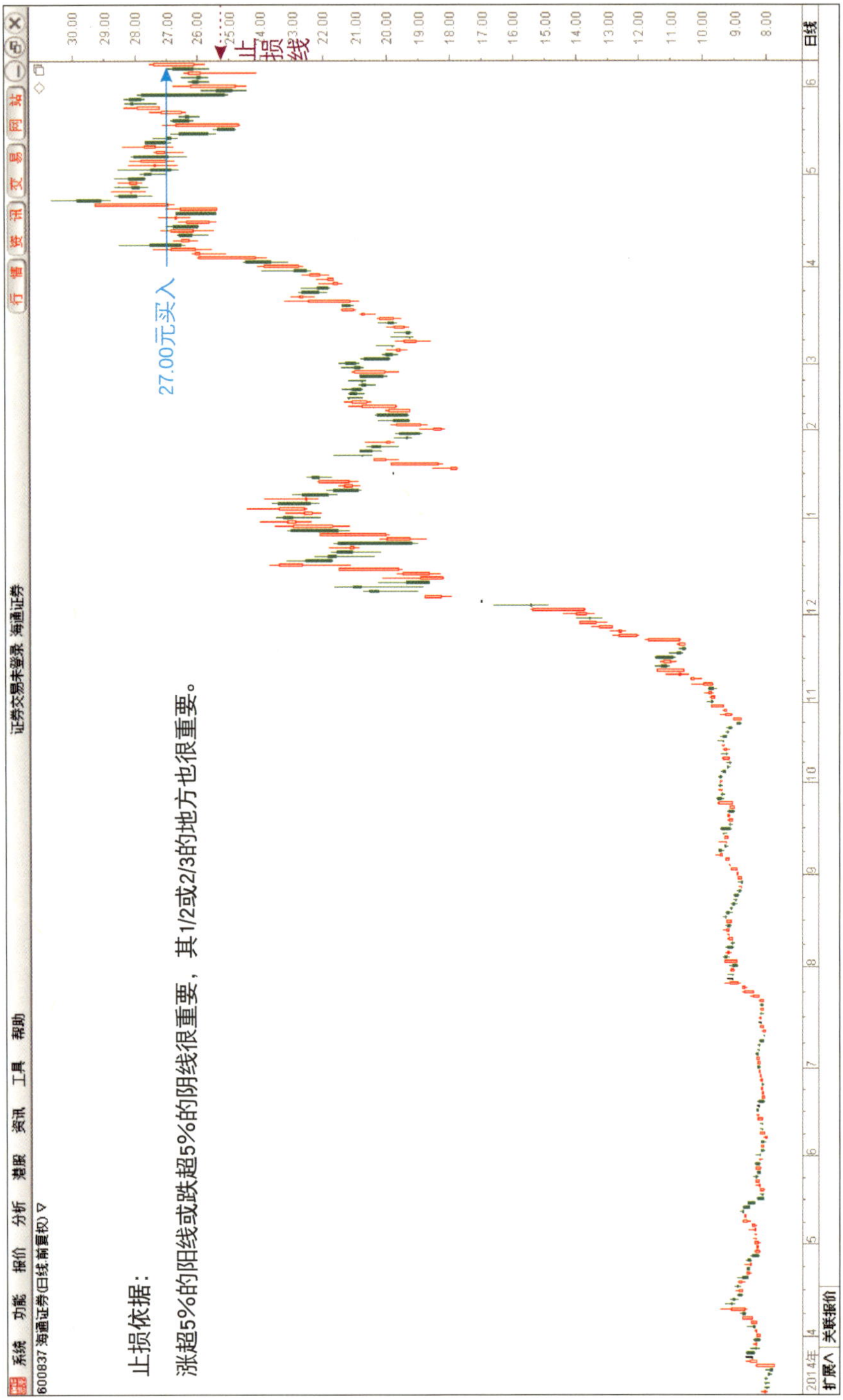

系统
功能
报价
分析
港股
资讯
工具
帮助
证券交易未登录 海通证券
行情
资讯
交易
网站
600837 海通证券(日线,前复权) ▽
止损依据:
涨超5%的阳线或跌超5%的阴线很重要，其1/2或2/3的地方也很重要。
27.00元买入
止损线
30.00
29.00
28.00
27.00
26.00
25.00
24.00
23.00
22.00
21.00
20.00
19.00
18.00
17.00
16.00
15.00
14.00
13.00
12.00
11.00
10.00
9.00
8.00
2014年
4
5
6
7
8
9
10
11
12
1
2
3
4
5
6
日线
扩展∧
关联报价

图152

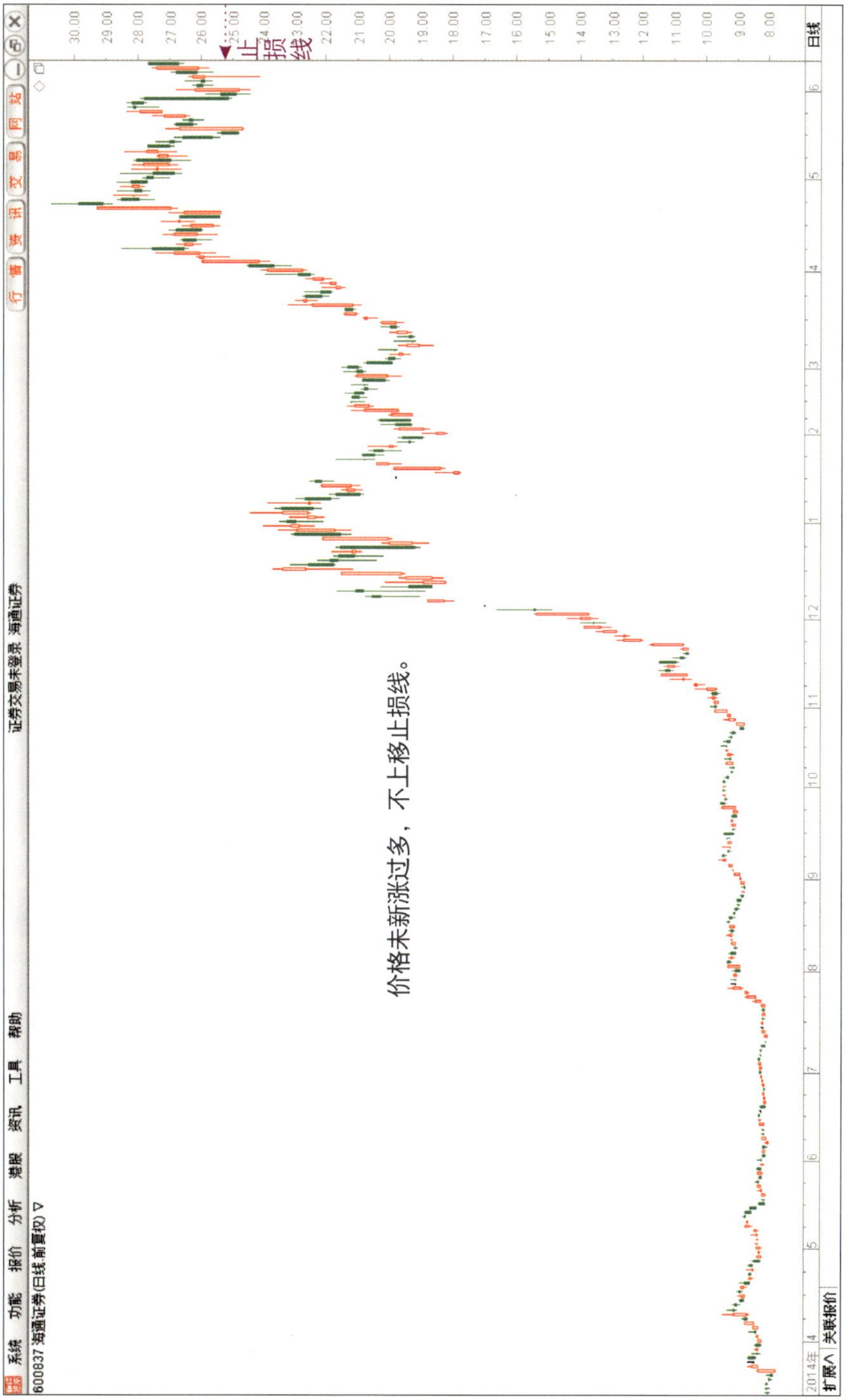

图153

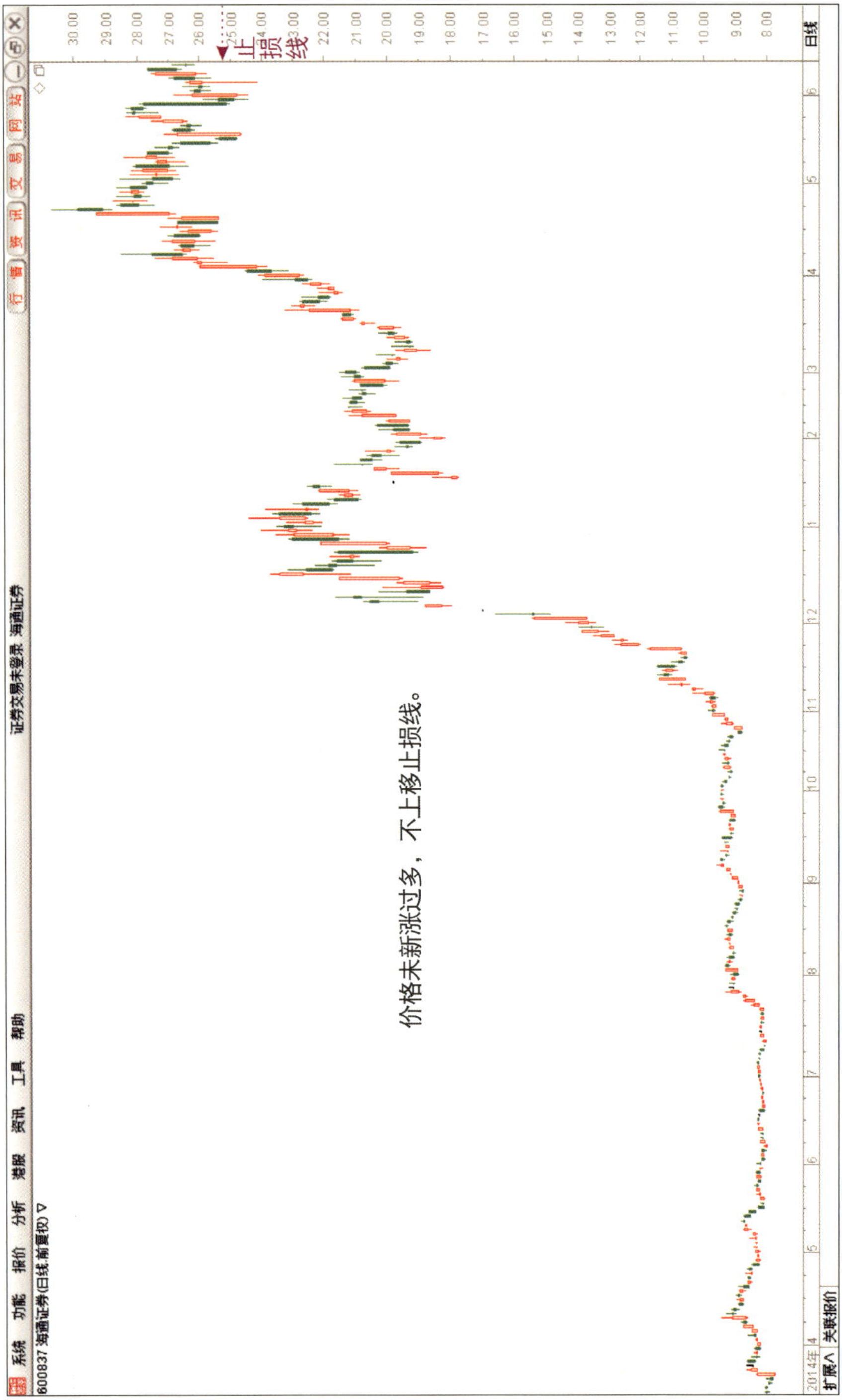
系统 功能 报价 分析 港股 资讯 工具 帮助
证券交易未登录 海通证券
600837 海通证券(日线,前复权)
止损线
价格未新涨过多，不上移止损线。
日线

图154

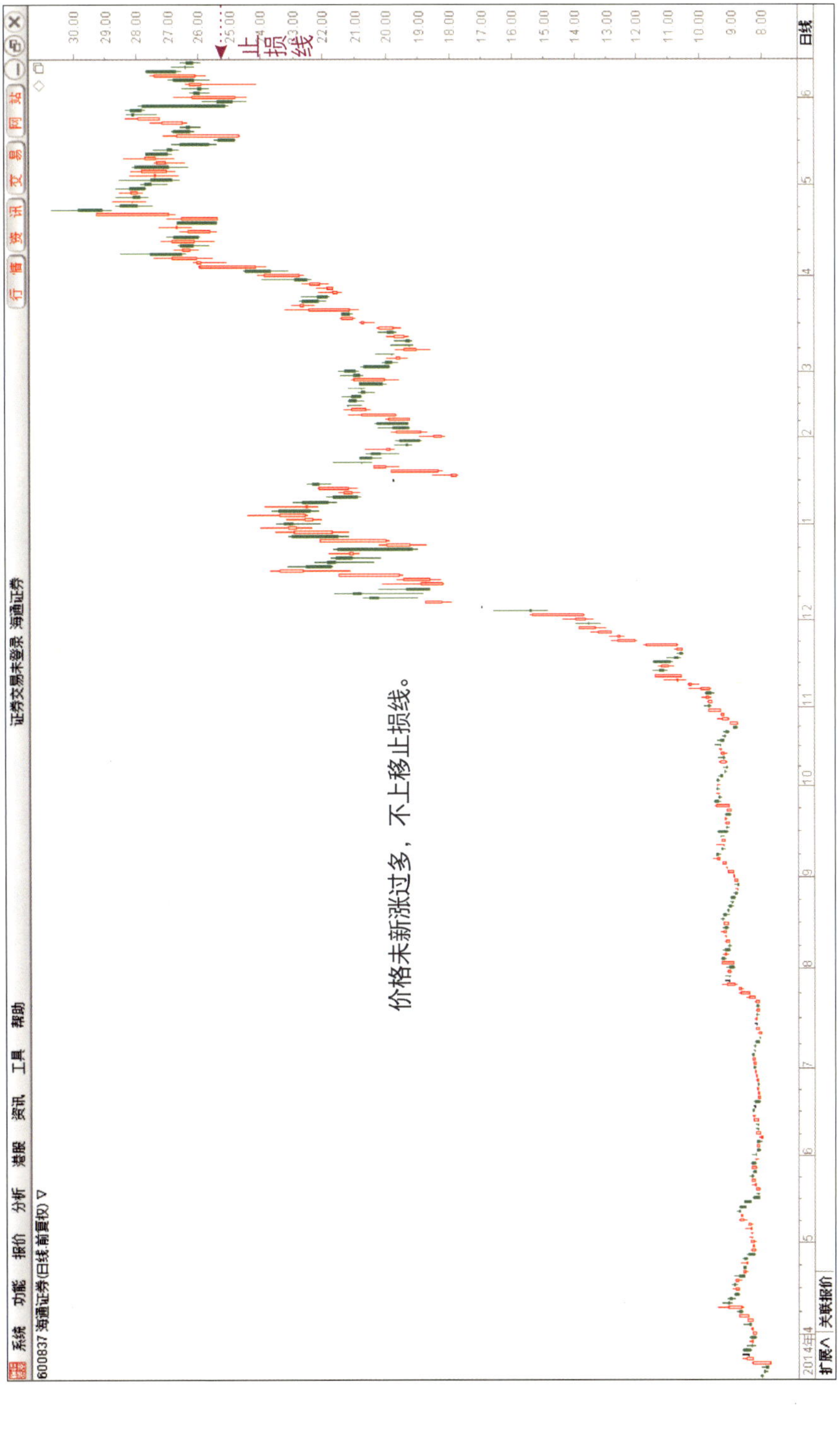
系统 功能 报价 分析 港股 资讯 工具 帮助
证券交易未登录 海通证券
行情 资讯 交易 网站
600837 海通证券(日线 前复权)
止损线
价格未新涨过多，不上移止损线。
日线
扩展 关联报价

图155

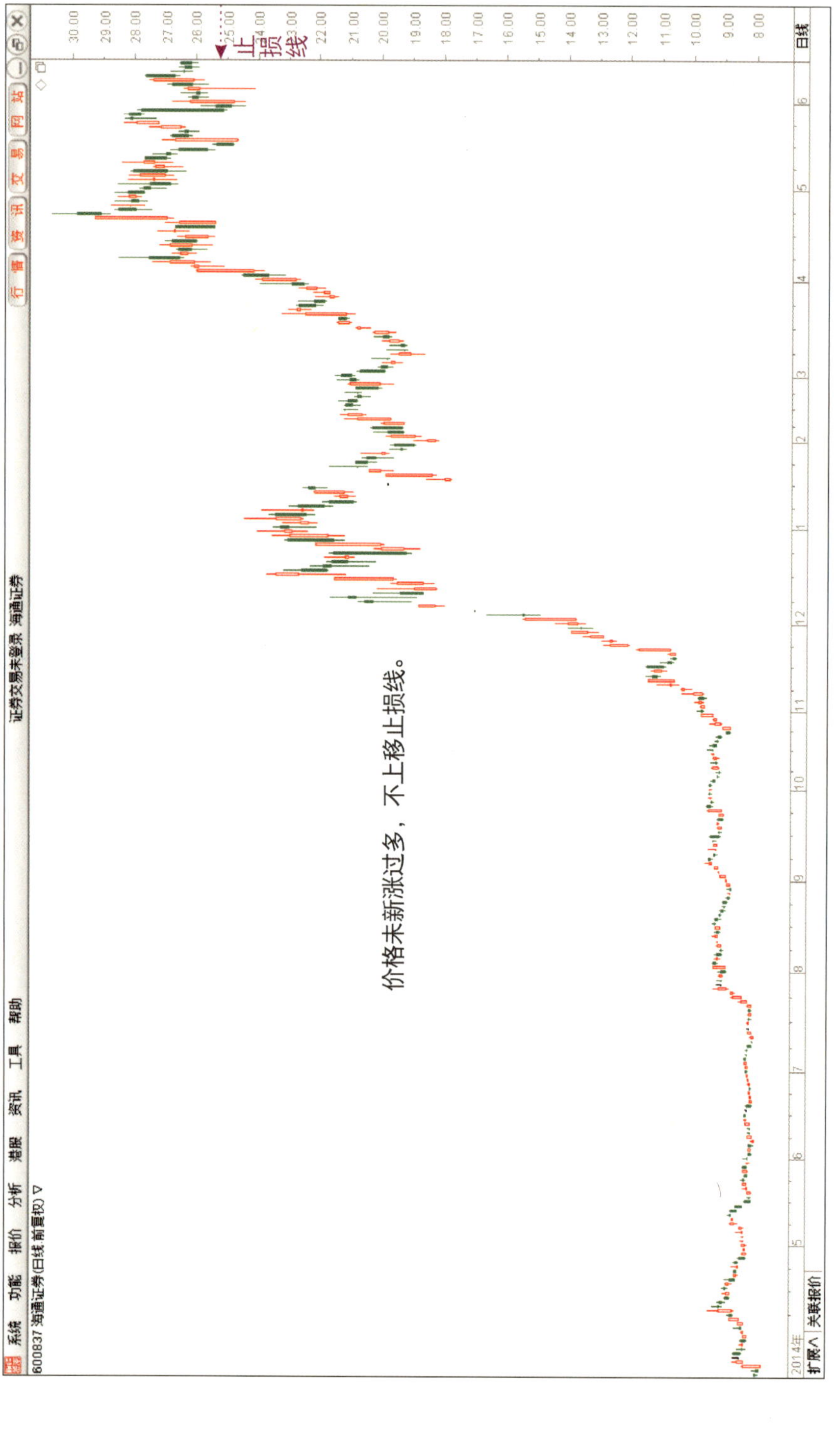
系统 功能 报价 分析 港股 资讯 工具 帮助
证券交易未登录 海通证券
行情 资讯 交易 网站
600837 海通证券(日线 前复权)
止损线
价格未新涨过多，不上移止损线。
2014年
扩展∧ 关联报价
日线

图156

系统 功能 报价 分析 港股 资讯 工具 帮助
证券交易未登录 海通证券
行情 资讯 交易 网站
600837 海通证券(日线,前复权)
买入依据：
在连续涨15%或连续跌15%的区间内，依据K线大小、部位、平台等来设置买卖线。
当个股强势时，总原则是早进晚出；而当个股弱势时，总原则是晚进早出。
买入线
25.20元止损
止损线
30.00
29.00
28.00
27.00
26.00
25.00
24.00
23.00
22.00
21.00
20.00
19.00
18.00
17.00
16.00
15.00
14.00
13.00
12.00
11.00
10.00
9.00
8.00
2014年
5
6
7
8
9
10
11
12
1
2
3
4
5
6
日线
扩展
关联报价

图157

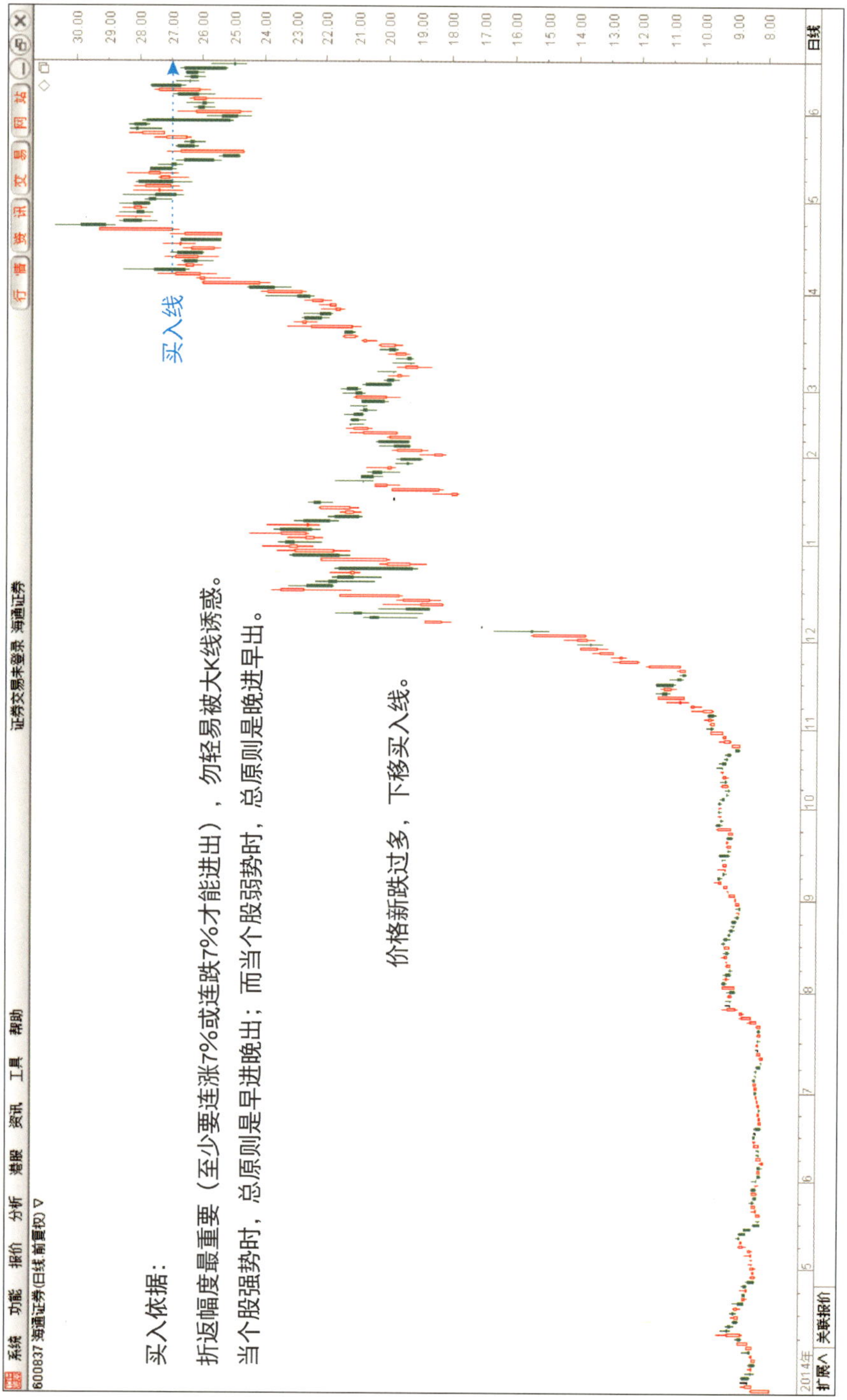
系统 功能 报价 分析 港股 资讯 工具 帮助
证券交易未登录 海通证券
行 情 资 讯 交 易 网 站
600837 海通证券(日线 前复权)
买入线
买入依据：
折返幅度最重要（至少要连涨7%或连跌7%才能进出），勿轻易被大K线诱惑。
当个股强势时，总原则是早进晚出；而当个股弱势时，总原则是晚进早出。
价格新跌过多，下移买入线。
30.00
29.00
28.00
27.00
26.00
25.00
24.00
23.00
22.00
21.00
20.00
19.00
18.00
17.00
16.00
15.00
14.00
13.00
12.00
11.00
10.00
9.00
8.00
日线
2014年
扩展
关联报价

图158

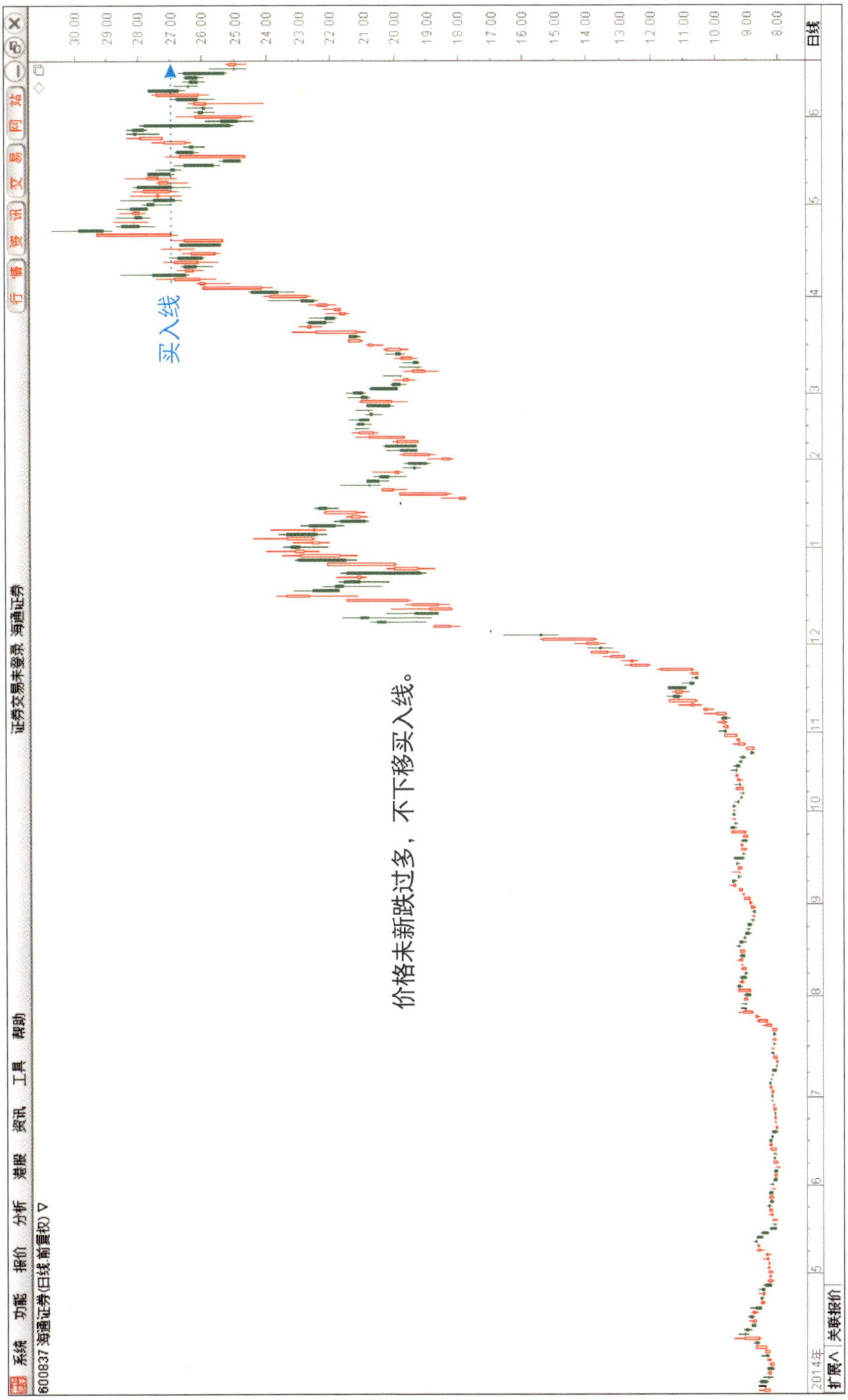
系统 功能 报价 分析 港股 资讯 工具 帮助
证券交易未登录 海通证券
600837 海通证券(日线 前复权)
行情 资讯 交易 网站
买入线
价格未新跌过多，不下移买入线。
日线
2014年
扩展 关联报价

图159

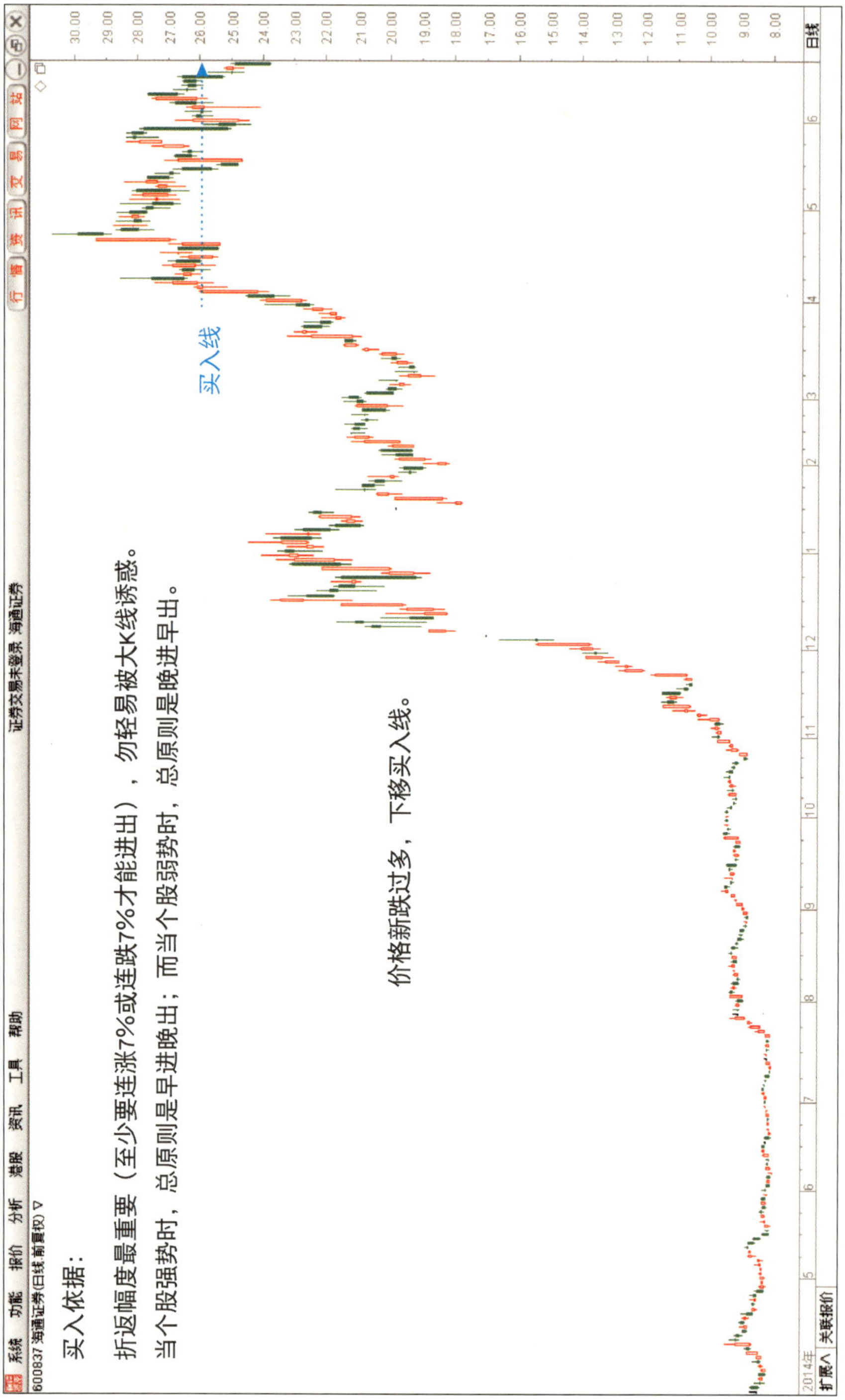
系统 功能 报价 分析 港股 资讯 工具 帮助
证券交易未登录 海通证券
行情 资讯 交易 网站
600837 海通证券(日线 前复权)
买入依据：
折返幅度最重要（至少要连涨7%或连跌7%才能进出），勿轻易被大K线诱惑。
当个股强势时，总原则是早进晚出；而当个股弱势时，总原则是晚进早出。
价格新跌过多，下移买入线。
买入线
日线
扩展 关联报价

图160

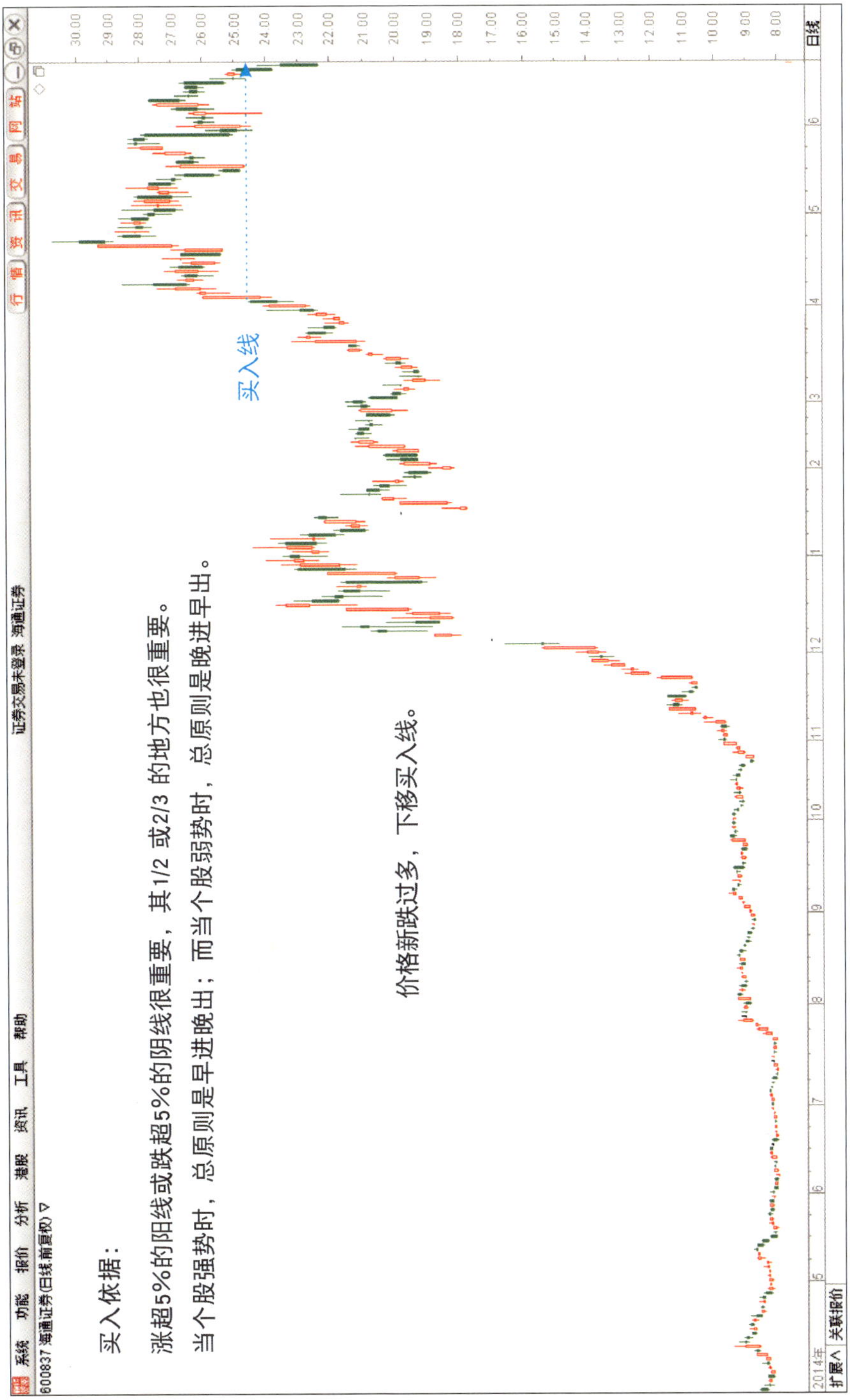
系统 功能 报价 分析 港股 资讯 工具 帮助
证券交易未登录 海通证券
行 情 资 讯 交 易 网 站
600837 海通证券(日线,前复权)
买入依据：
涨超5%的阳线或跌超5%的阴线很重要，其1/2 或2/3 的地方也很重要。
当个股强势时，总原则是早进晚出；而当个股弱势时，总原则是晚进早出。
买入线
价格新跌过多，下移买入线。
日线
扩展
关联报价

图161

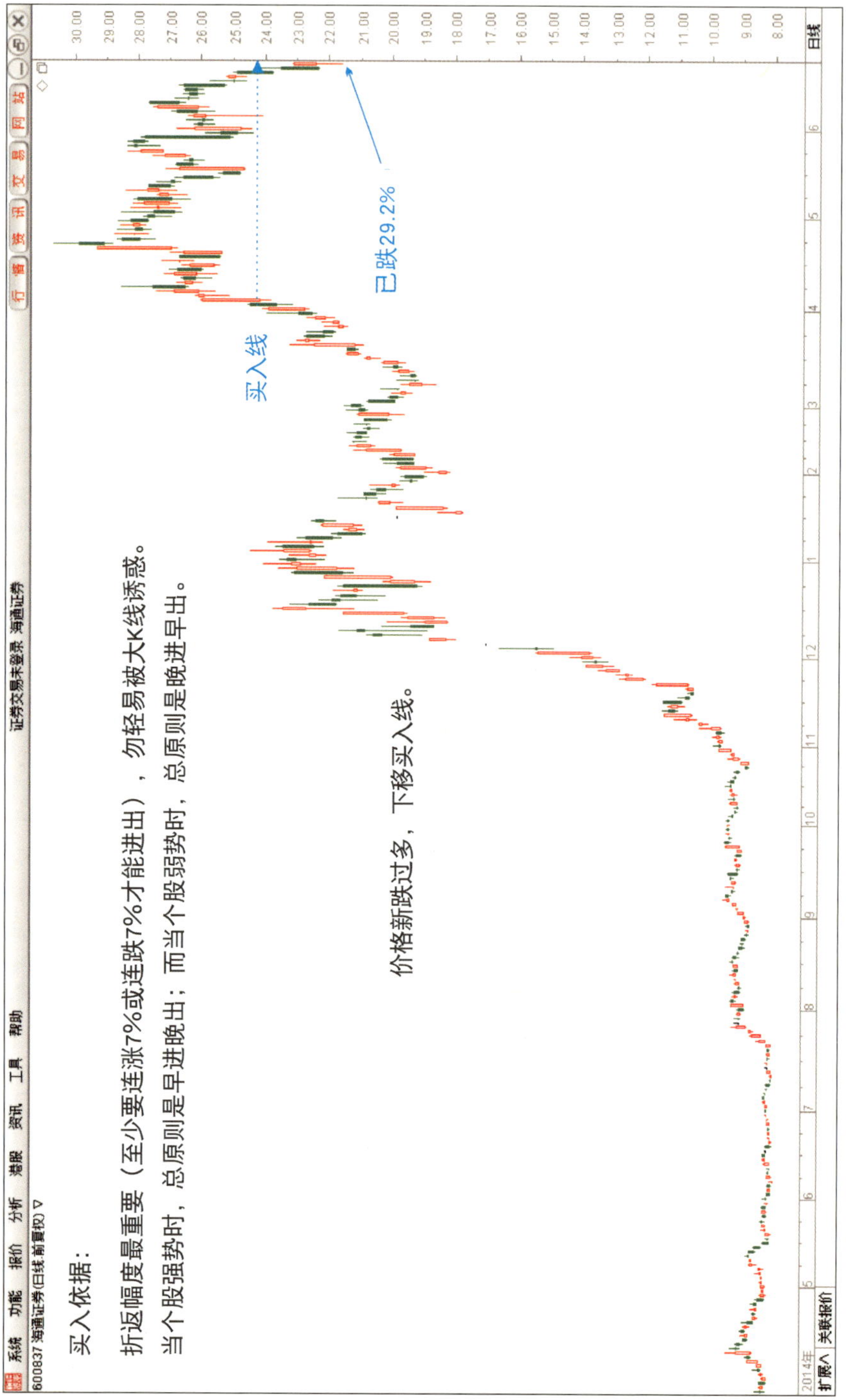
600837 海通证券(日线 前复权)
买入依据：
折返幅度最重要（至少要连涨7%或连跌7%才能进出），勿轻易被大K线诱惑。
当个股强势时，总原则是早进晚出；而当个股弱势时，总原则是晚进早出。
价格新跌过多，下移买入线。
买入线
已跌29.2%
日线

图162

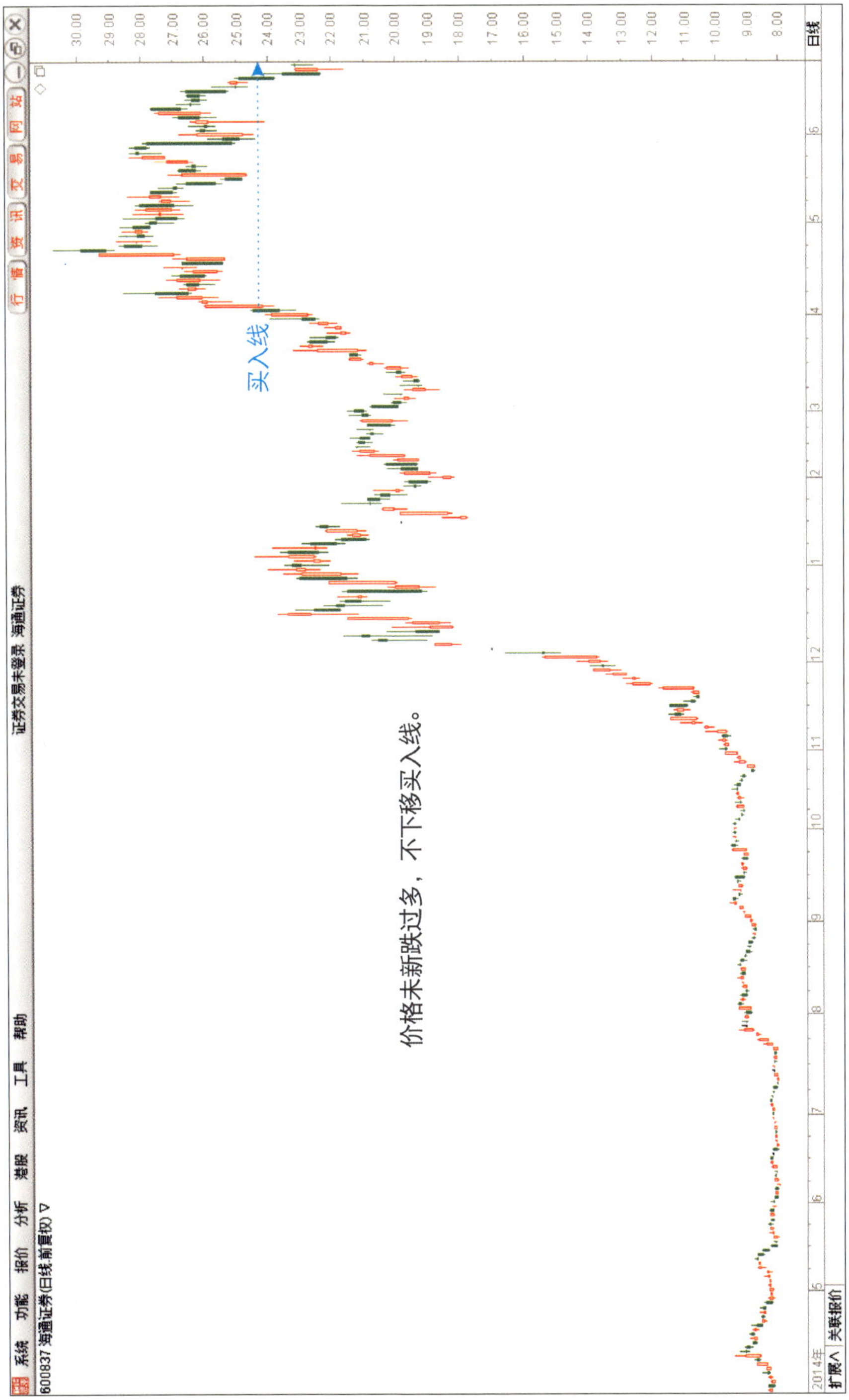
系统 功能 报价 分析 港股 资讯 工具 帮助
证券交易未登录 海通证券
行情 资讯 交易 网站
600837 海通证券(日线 前复权)
30.00
29.00
28.00
27.00
26.00
25.00
24.00
23.00
22.00
21.00
20.00
19.00
18.00
17.00
16.00
15.00
14.00
13.00
12.00
11.00
10.00
9.00
8.00
日线
买入线
价格未新跌过多，不下移买入线。
2014年
扩展A 关联报价

图163

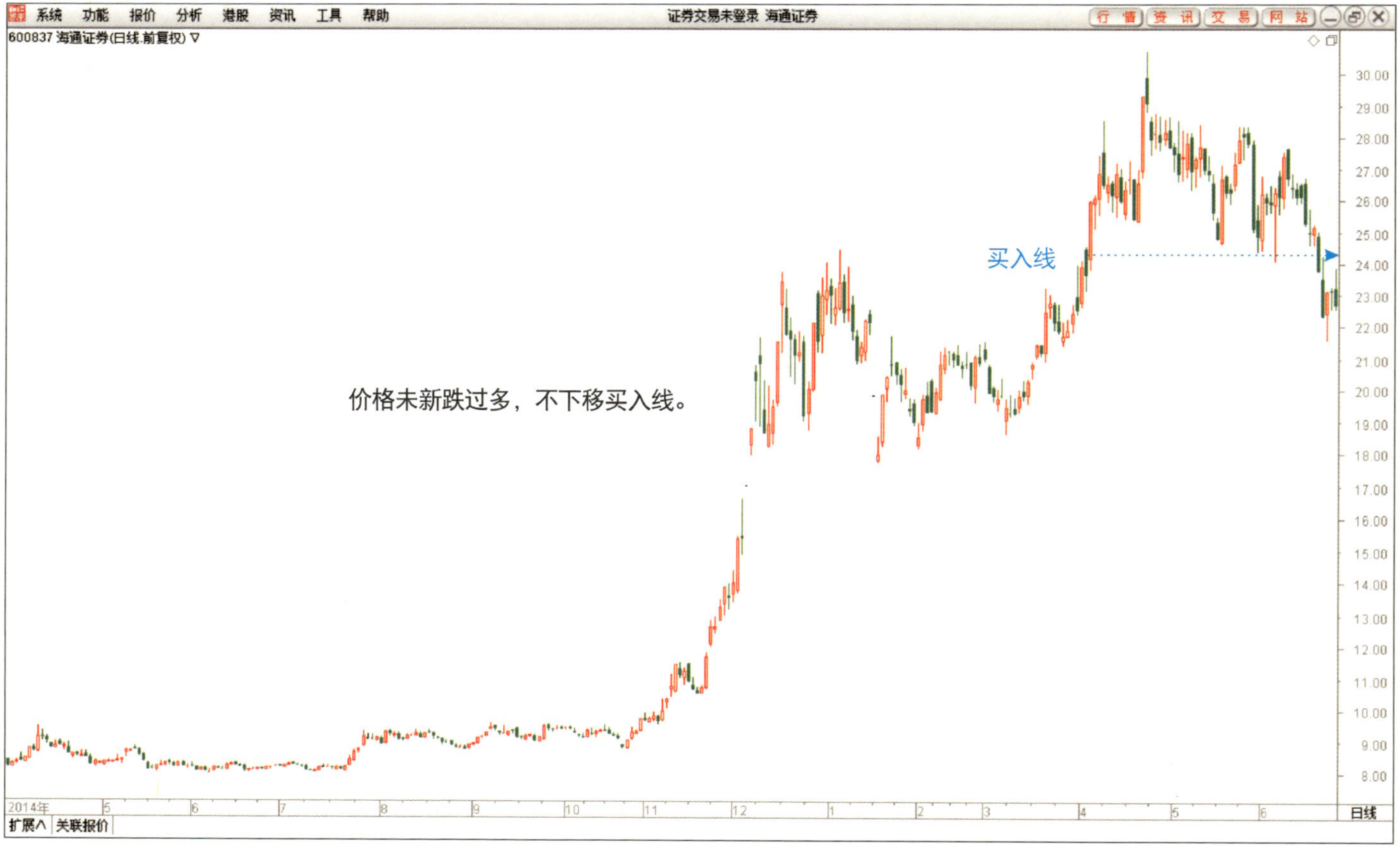
系统 功能 报价 分析 港股 资讯 工具 帮助
证券交易未登录 海通证券
行情 资讯 交易 网站
600837 海通证券(日线,前复权)
价格未新跌过多，不下移买入线。
买入线
30.00
29.00
28.00
27.00
26.00
25.00
24.00
23.00
22.00
21.00
20.00
19.00
18.00
17.00
16.00
15.00
14.00
13.00
12.00
11.00
10.00
9.00
8.00
2014年
5
6
7
8
9
10
11
12
1
2
3
4
5
6
日线
扩展
关联报价

图164

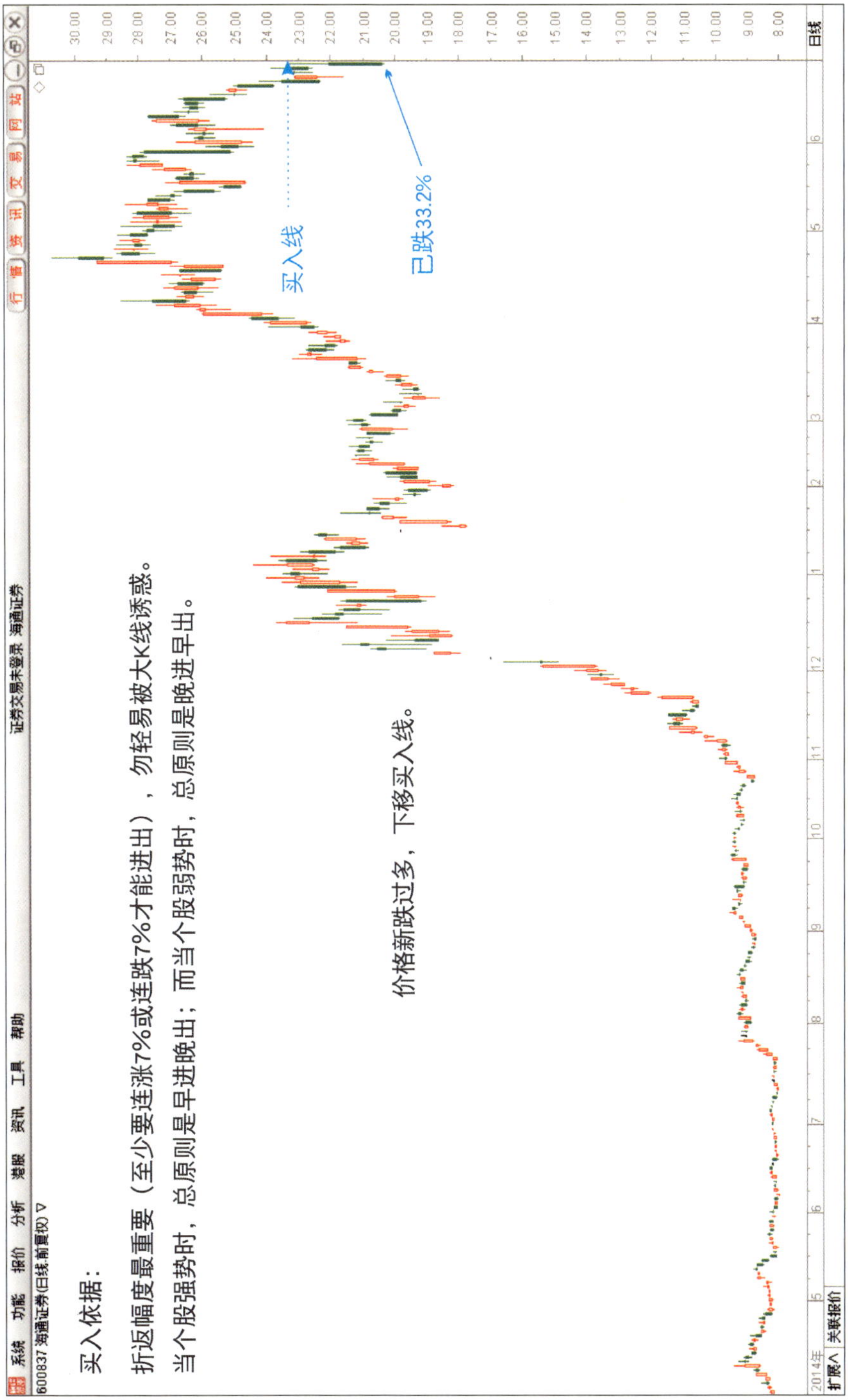
买入依据：
折返幅度最重要（至少要连涨7%或连跌7%才能进出），勿轻易被大K线诱惑。
当个股强势时，总原则是早进晚出；而当个股弱势时，总原则是晚进早出。
价格新跌过多，下移买入线。
买入线
已跌33.2%

图165

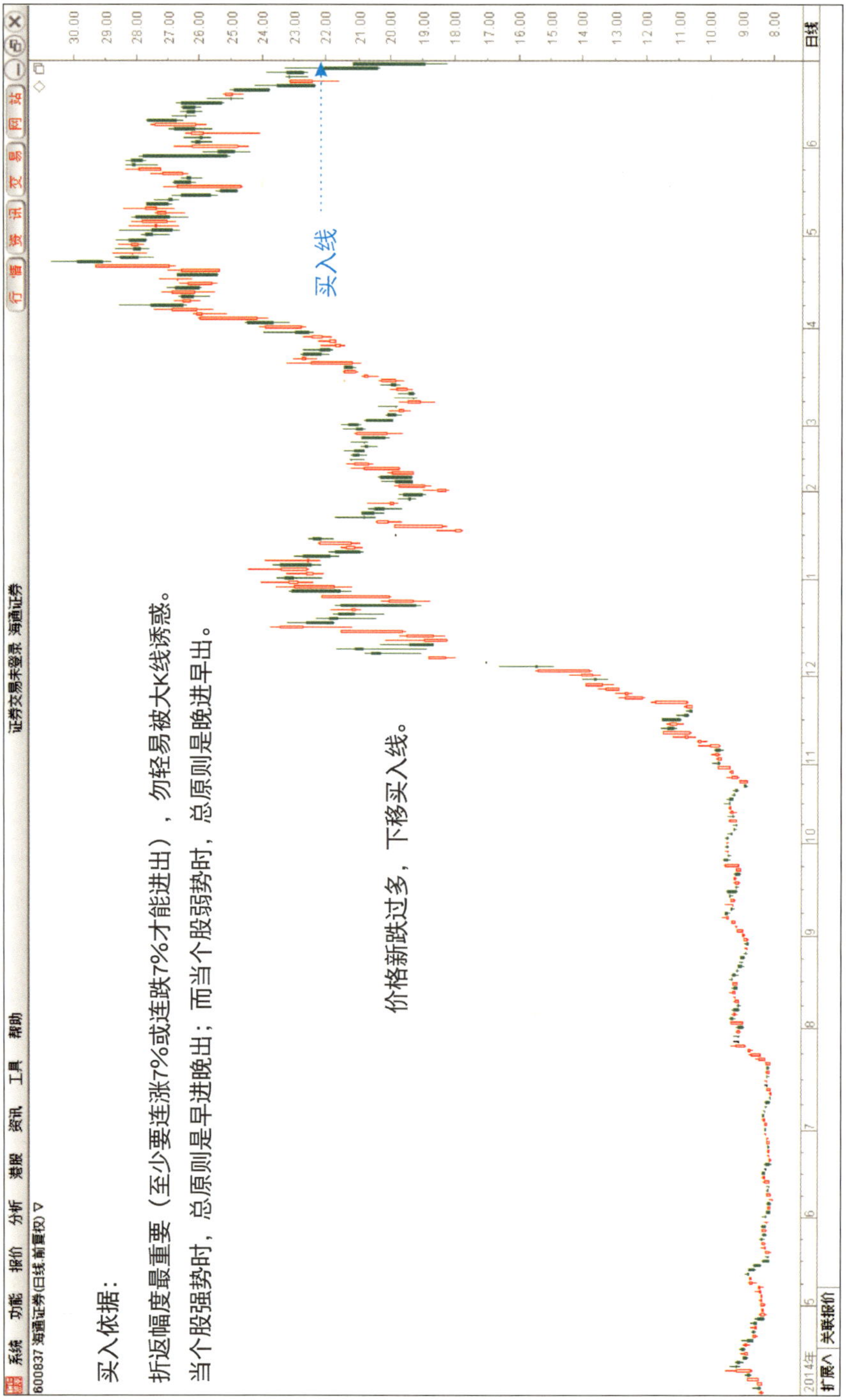
系统 功能 报价 分析 港股 资讯 工具 帮助
证券交易未登录 海通证券
600837 海通证券(日线 前复权)
买入依据：
折返幅度最重要（至少要连涨7%或连跌7%才能进出），勿轻易被大K线诱惑。
当个股强势时，总原则是早进晚出；而当个股弱势时，总原则是晚进早出。
价格新跌过多，下移买入线。
买入线
日线

图166

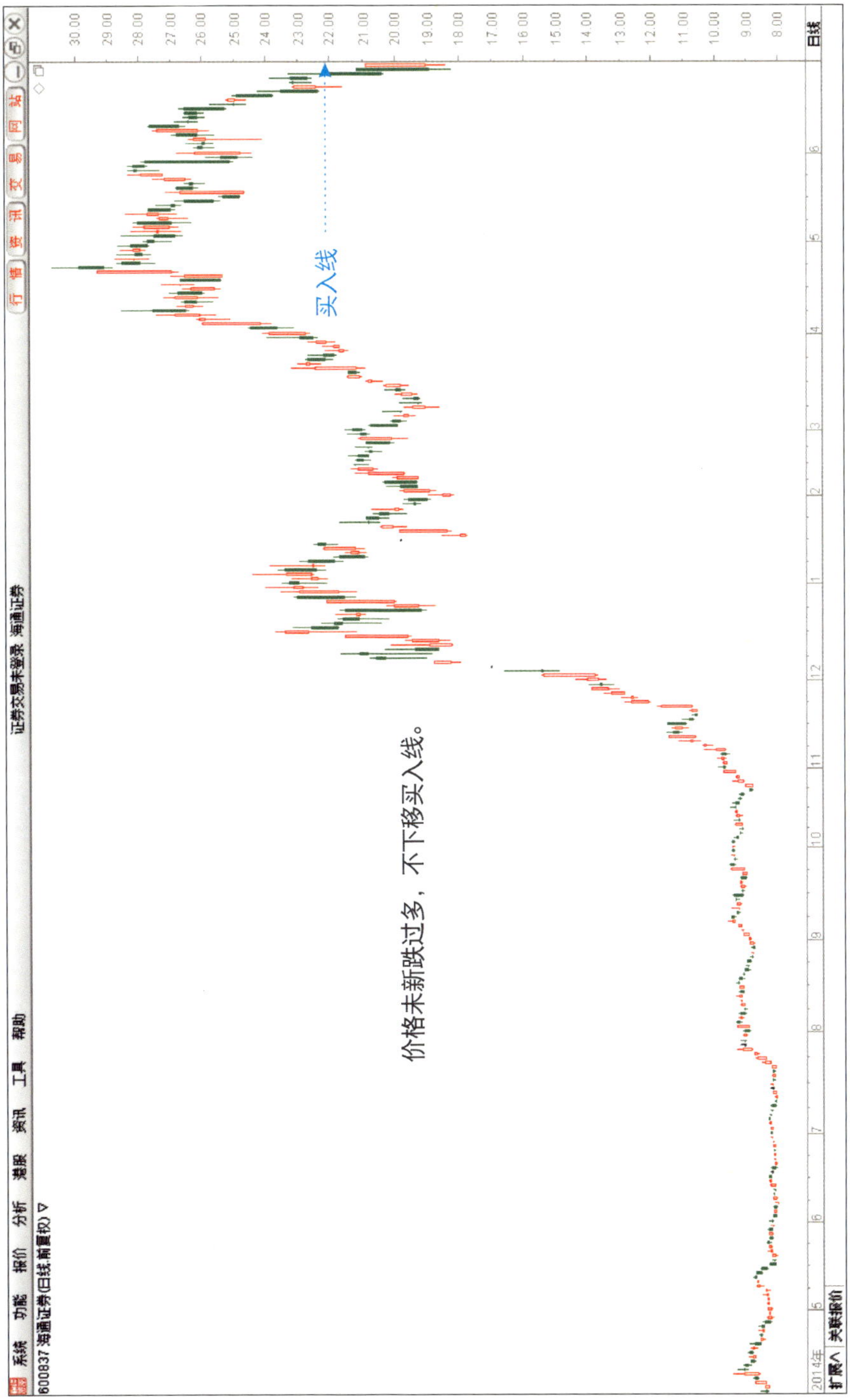
系统 功能 报价 分析 港股 资讯 工具 帮助
证券交易未登录 海通证券
600837 海通证券(日线,前复权)
买入线
价格未新跌过多，不下移买入线。
日线

图167

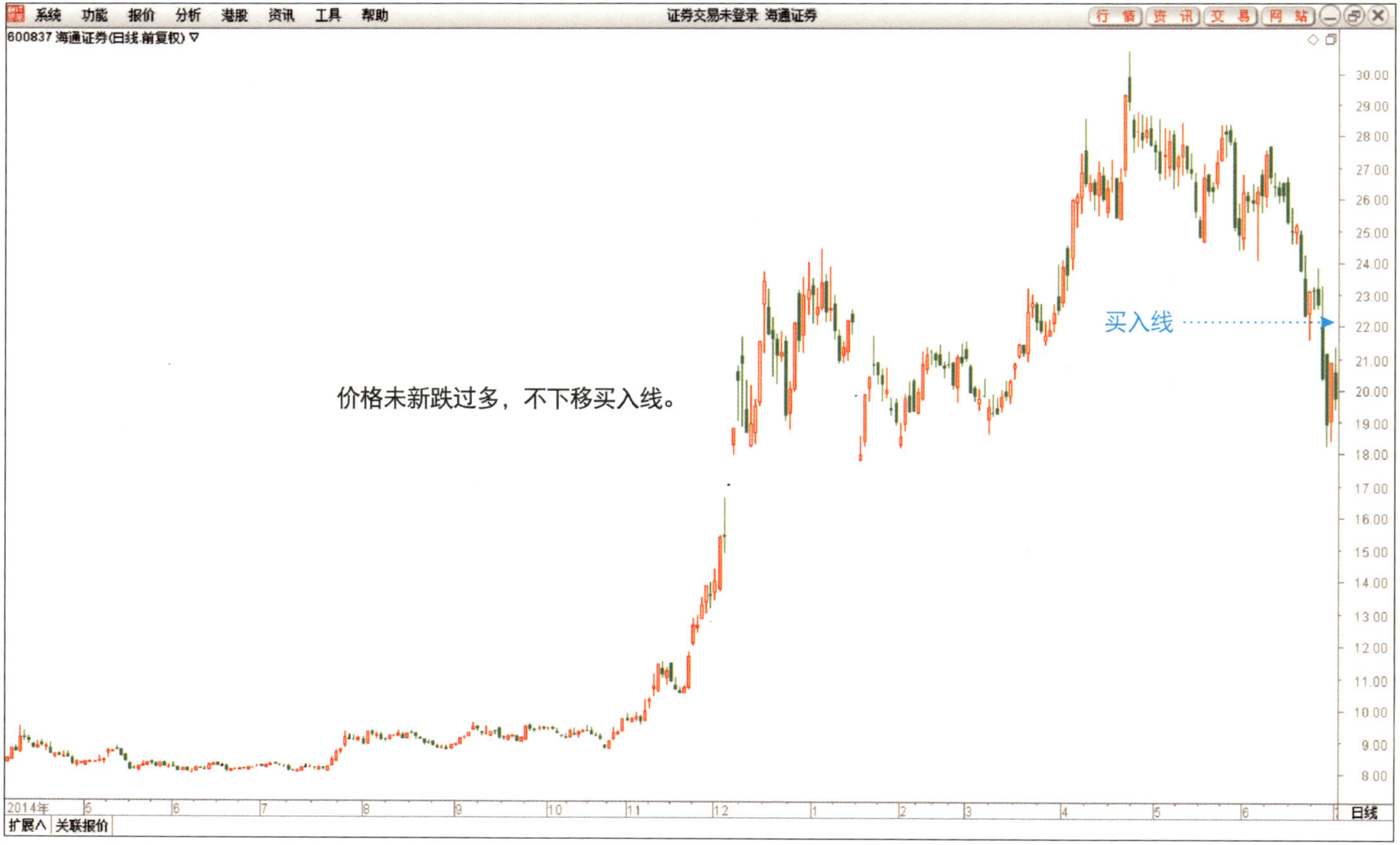
系统 功能 报价 分析 港股 资讯 工具 帮助
证券交易未登录 海通证券
行情 资讯 交易 网站
600837 海通证券(日线,前复权)
价格未新跌过多，不下移买入线。
买入线
30.00
29.00
28.00
27.00
26.00
25.00
24.00
23.00
22.00
21.00
20.00
19.00
18.00
17.00
16.00
15.00
14.00
13.00
12.00
11.00
10.00
9.00
8.00
2014年
5
6
7
8
9
10
11
12
1
2
3
4
5
6
日线
扩展 关联报价

图168

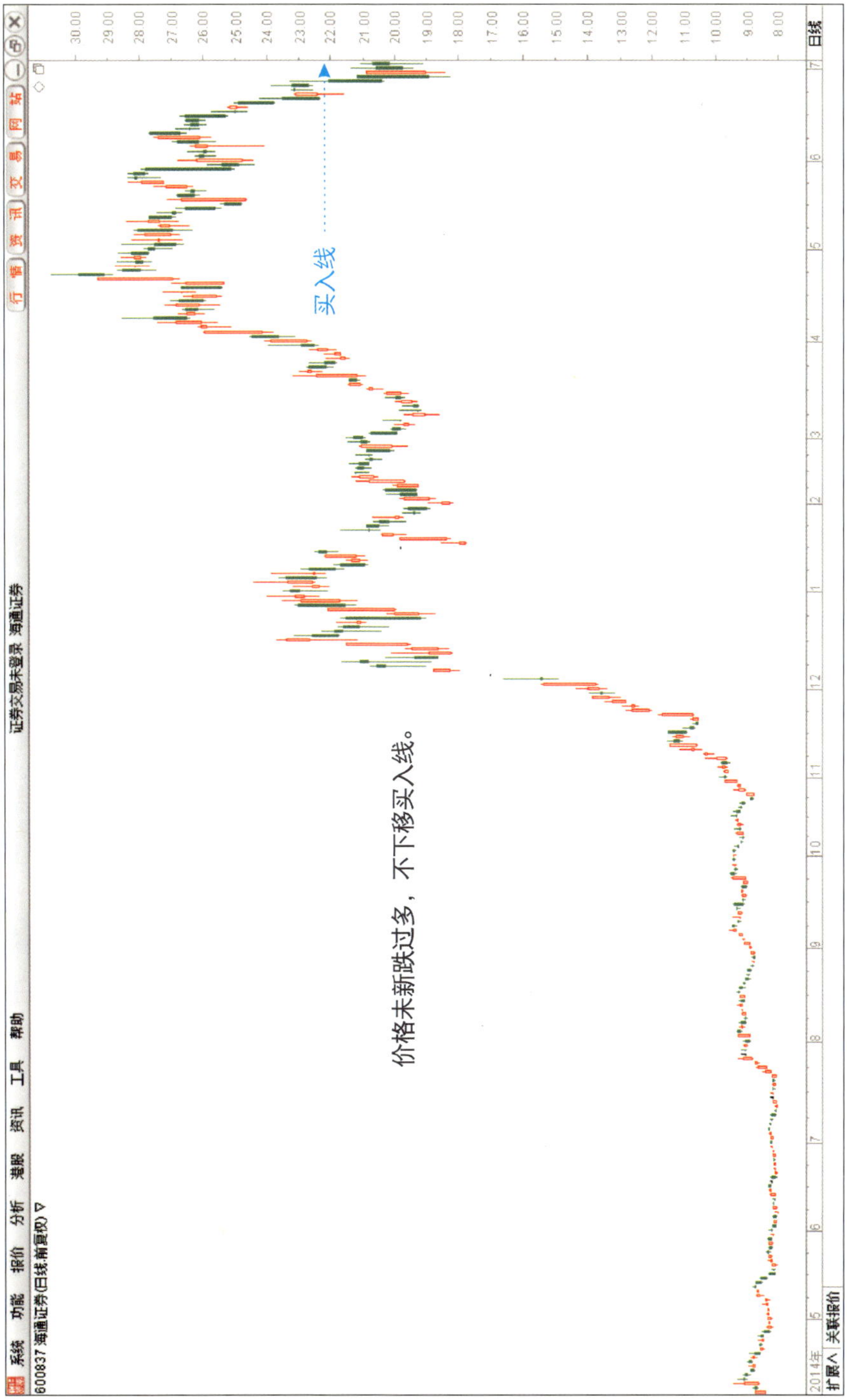

图169

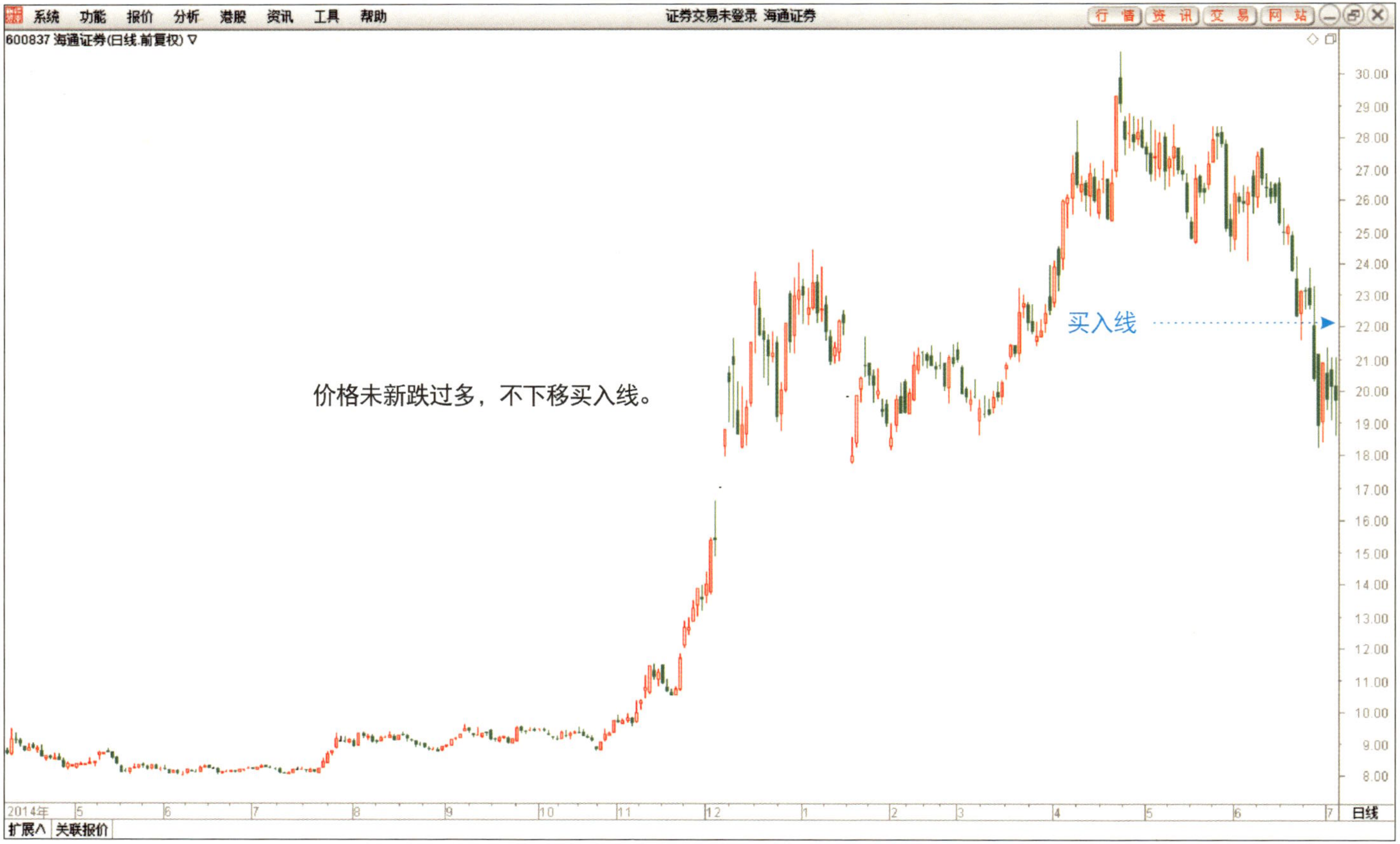
系统 功能 报价 分析 港股 资讯 工具 帮助
证券交易未登录 海通证券
行情 资讯 交易 网站
600837 海通证券(日线,前复权)
买入线
价格未新跌过多，不下移买入线。
30.00
29.00
28.00
27.00
26.00
25.00
24.00
23.00
22.00
21.00
20.00
19.00
18.00
17.00
16.00
15.00
14.00
13.00
12.00
11.00
10.00
9.00
8.00
2014年
5
6
7
8
9
10
11
12
1
2
3
4
5
6
7
日线
扩展∧ 关联报价

图170

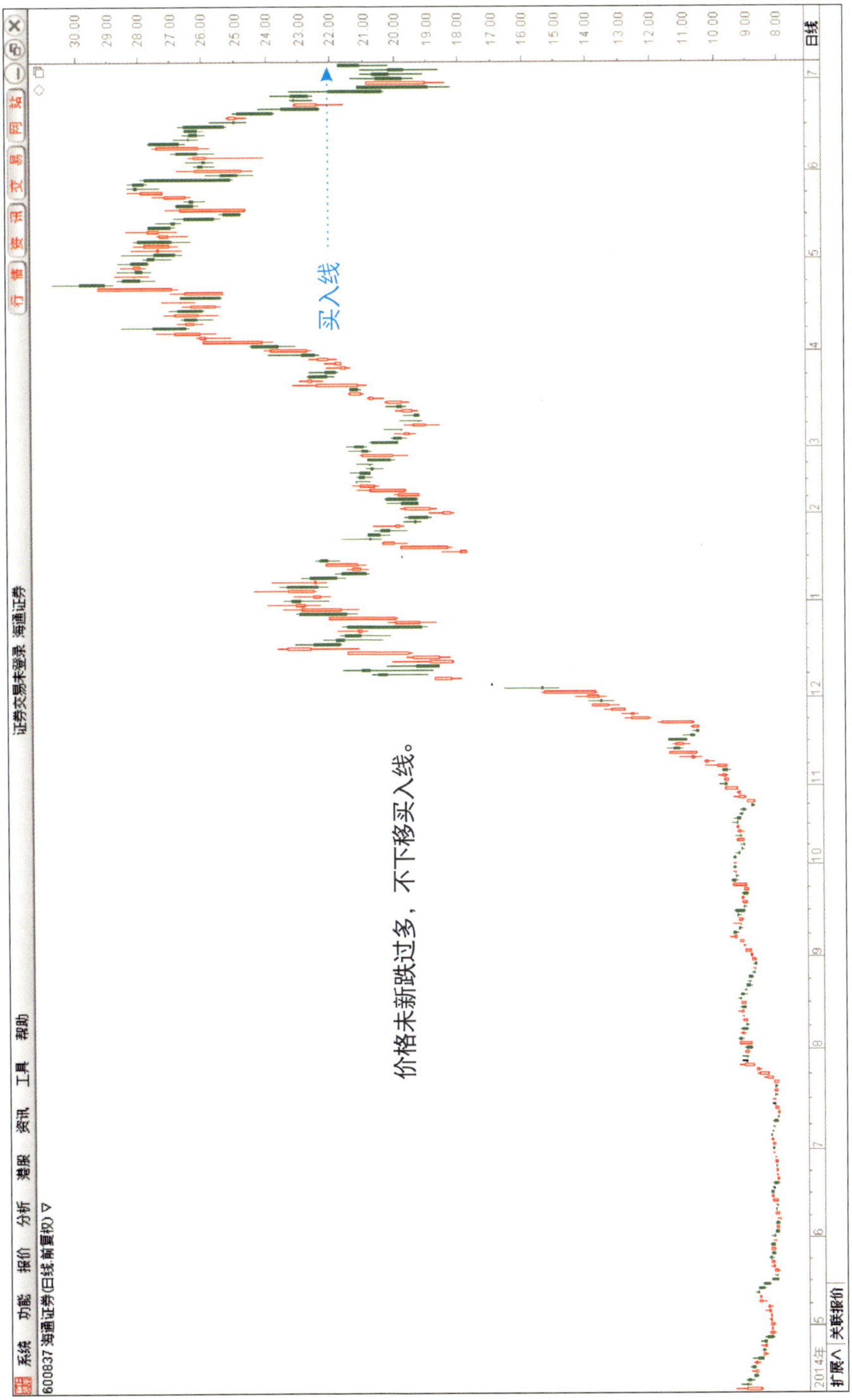

图171

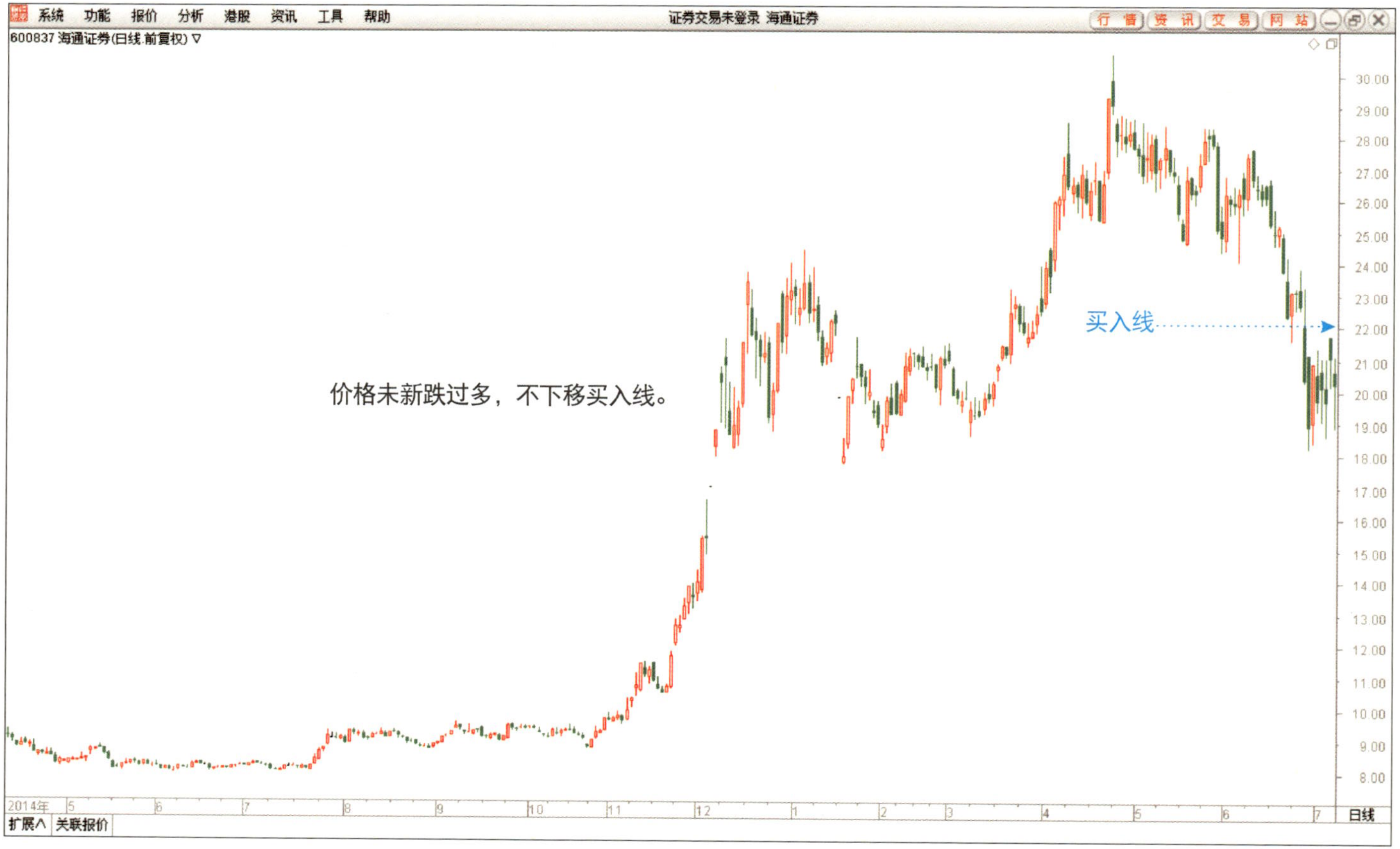
系统
功能
报价
分析
港股
资讯
工具
帮助
证券交易未登录 海通证券
行情
资讯
交易
网站
600837 海通证券(日线 前复权) ▽
价格未新跌过多，不下移买入线。
买入线
30.00
29.00
28.00
27.00
26.00
25.00
24.00
23.00
22.00
21.00
20.00
19.00
18.00
17.00
16.00
15.00
14.00
13.00
12.00
11.00
10.00
9.00
8.00
2014年
5
6
7
8
9
10
11
12
1
2
3
4
5
6
7
日线
扩展∧
关联报价

图172

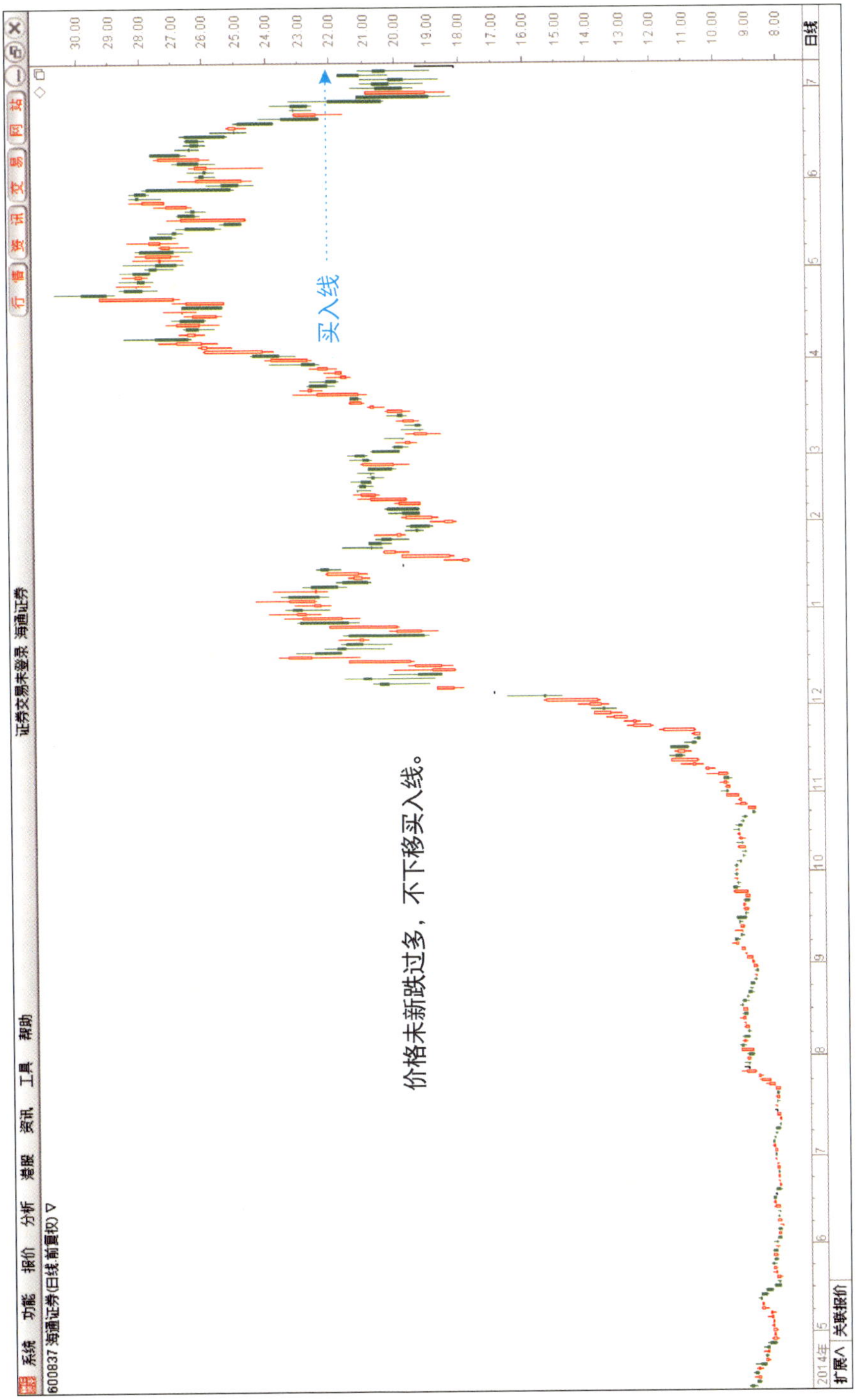
系统　功能　报价　分析　港股　资讯　工具　帮助
证券交易未登录　海通证券
600837 海通证券(日线 前复权)
买入线
价格未新跌过多，不下移买入线。
日线

图173

系统 功能 报价 分析 港股 资讯 工具 帮助
证券交易未登录 海通证券
行情 资讯 交易 网站
600837 海通证券(日线,前复权)
价格新跌过多，下移买入线。
买入依据：
折返幅度最重要（至少要连涨7%或连跌7%才能进出），勿轻易被大K线诱惑。
当个股强势时，总原则是早进晚出；而当个股弱势时，总原则是晚进早出。
买入线
当日从最低价到最高价涨了21.6%，若当日盯盘，则可在18.70元买入，因为那是从最低价涨过15%的价位。
30.00
29.00
28.00
27.00
26.00
25.00
24.00
23.00
22.00
21.00
20.00
19.00
18.00
17.00
16.00
15.00
14.00
13.00
12.00
11.00
10.00
9.00
8.00
2014年
扩展∧ 关联报价
日线
图174

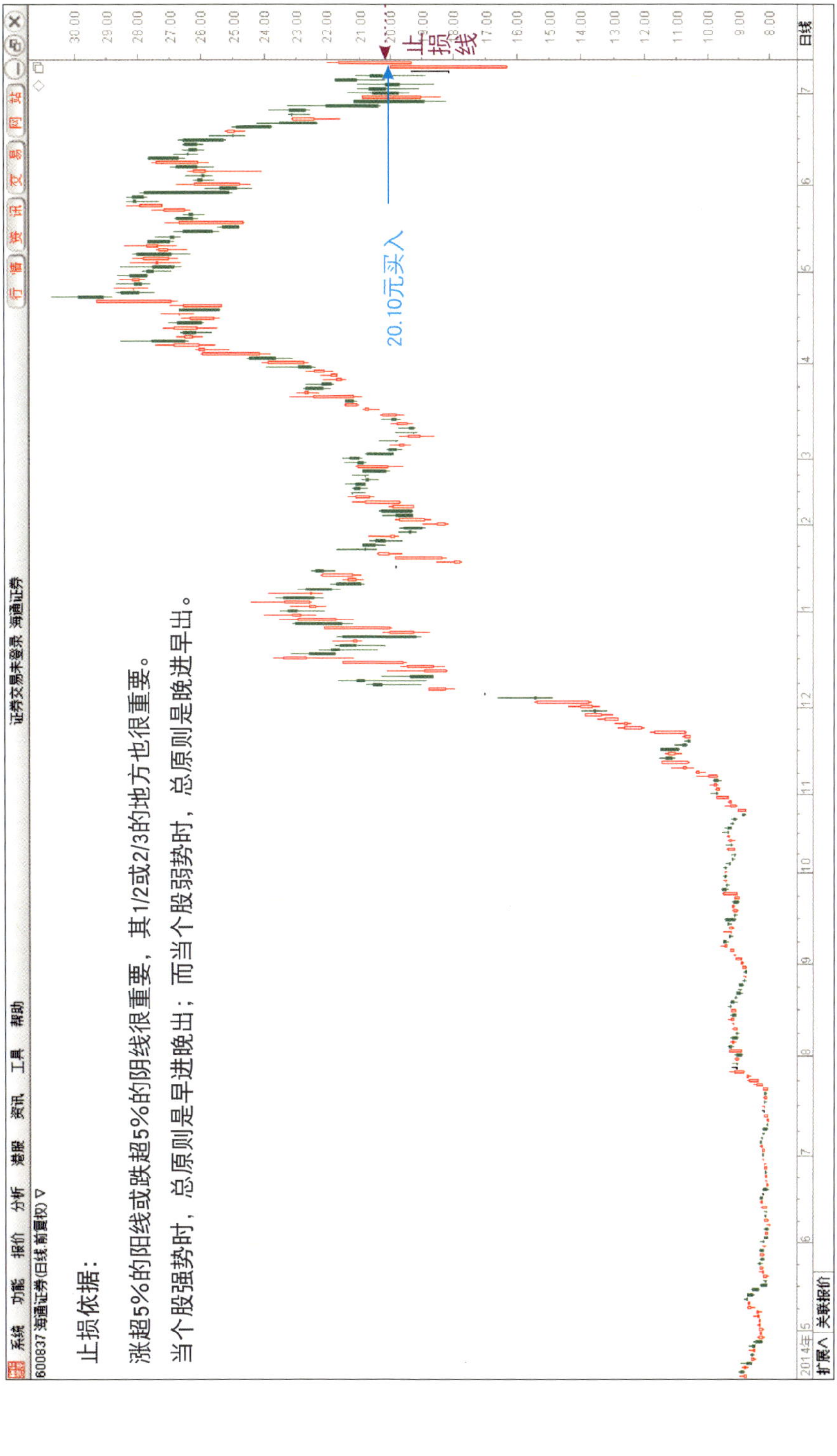
系统 功能 报价 分析 港股 资讯 工具 帮助
证券交易未登录 海通证券
600837 海通证券(日线,前复权)
止损依据：
涨超5%的阳线或跌超5%的阴线很重要，其1/2或2/3的地方也很重要。
当个股强势时，总原则是早进晚出；而当个股弱势时，总原则是晚进早出。
20.10元买入
止损线
日线

图175

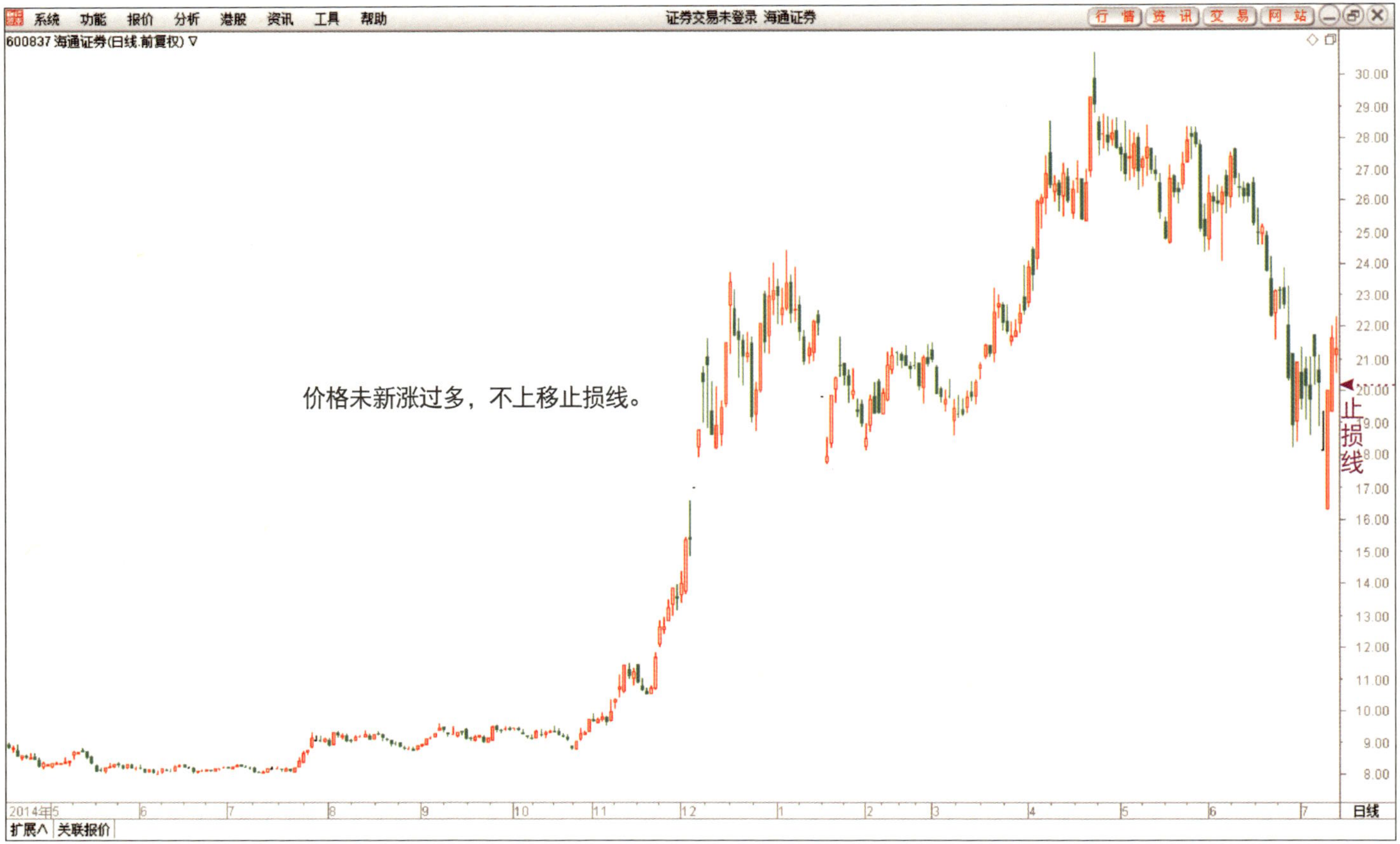
系统 功能 报价 分析 港股 资讯 工具 帮助
证券交易未登录 海通证券
行情 资讯 交易 网站
600837 海通证券(日线,前复权)
价格未新涨过多，不上移止损线。
止损线
30.00
29.00
28.00
27.00
26.00
25.00
24.00
23.00
22.00
21.00
20.00
19.00
18.00
17.00
16.00
15.00
14.00
13.00
12.00
11.00
10.00
9.00
8.00
2014年5
6
7
8
9
10
11
12
1
2
3
4
5
6
7
日线
扩展∧
关联报价

图176

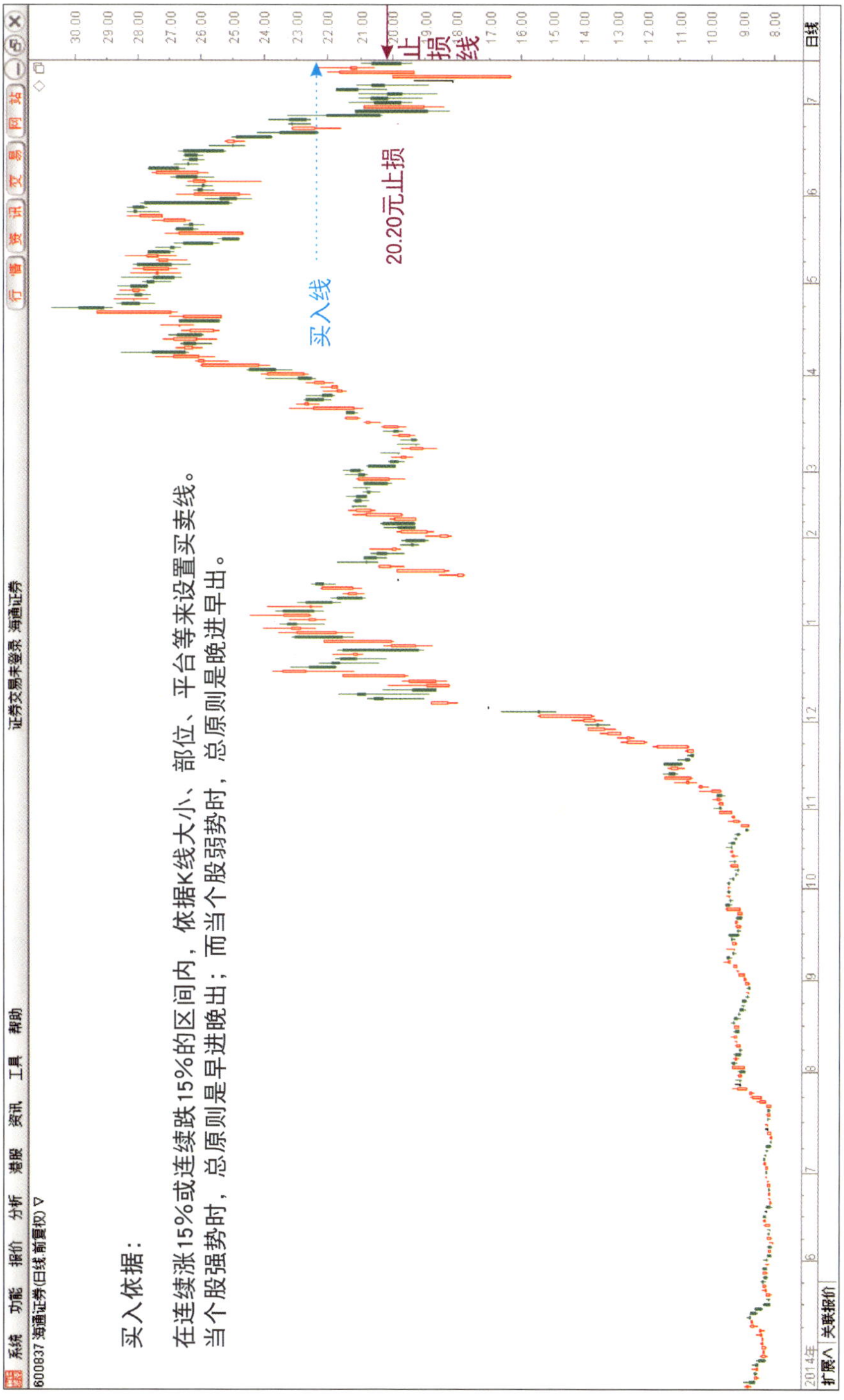
600837 海通证券(日线,前复权)
证券交易未登录 海通证券
买入依据：
在连续涨15%或连续跌15%的区间内，依据K线大小、部位、平台等来设置买卖线。当个股强势时，总原则是早进晚出；而当个股弱势时，总原则是晚进早出。
买入线
20.20元止损
止损线
日线

图177

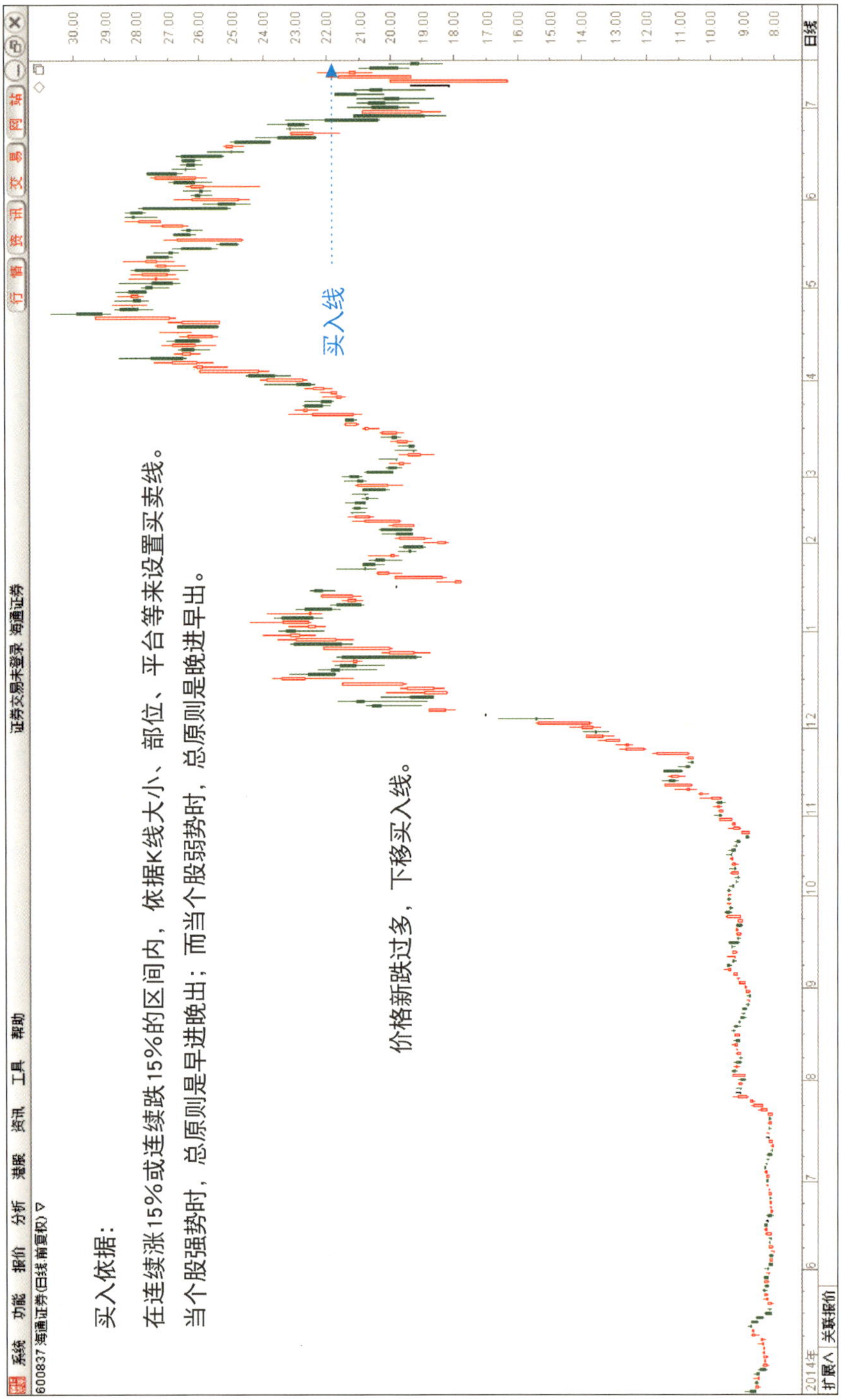

系统 功能 报价 分析 港股 资讯 工具 帮助
证券交易未登录 海通证券
行情 资讯 交易 网站
600837 海通证券(日线,前复权)
买入依据：
在连续涨15%或连续跌15%的区间内，依据K线大小、部位、平台等来设置买卖线。
当个股强势时，总原则是早进晚出；而当个股弱势时，总原则是晚进早出。
价格新跌过多，下移买入线。
买入线
30.00
29.00
28.00
27.00
26.00
25.00
24.00
23.00
22.00
21.00
20.00
19.00
18.00
17.00
16.00
15.00
14.00
13.00
12.00
11.00
10.00
9.00
8.00
2014年
6
7
8
9
10
11
12
1
2
3
4
5
6
7
日线
扩展 关联报价

图178

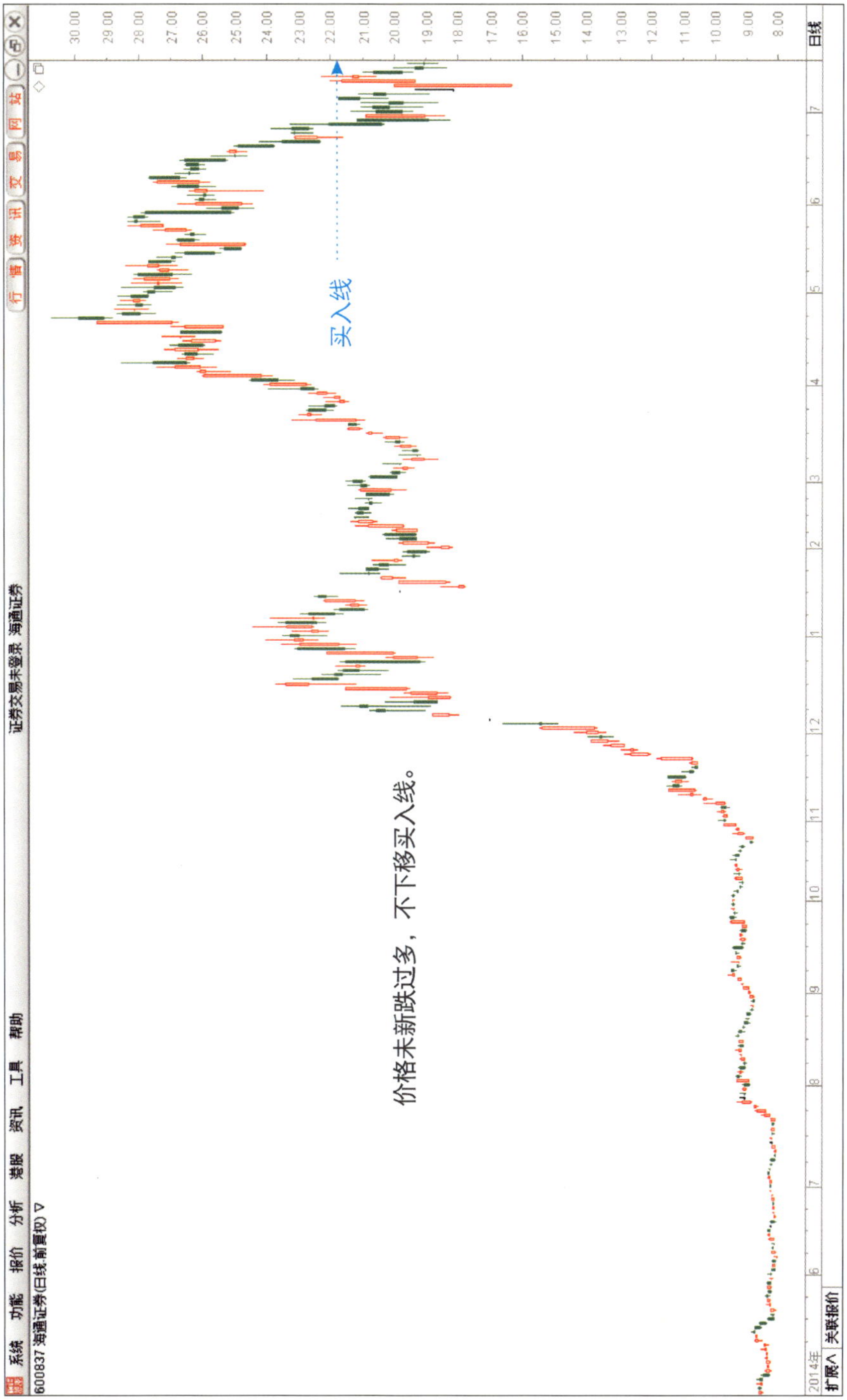
系统 功能 报价 分析 港股 资讯 工具 帮助
证券交易未登录 海通证券
600837 海通证券(日线,前复权)
行情 资讯 交易 网站
买入线
价格未新跌过多，不下移买入线。
2014年
扩展 关联报价
日线

图179

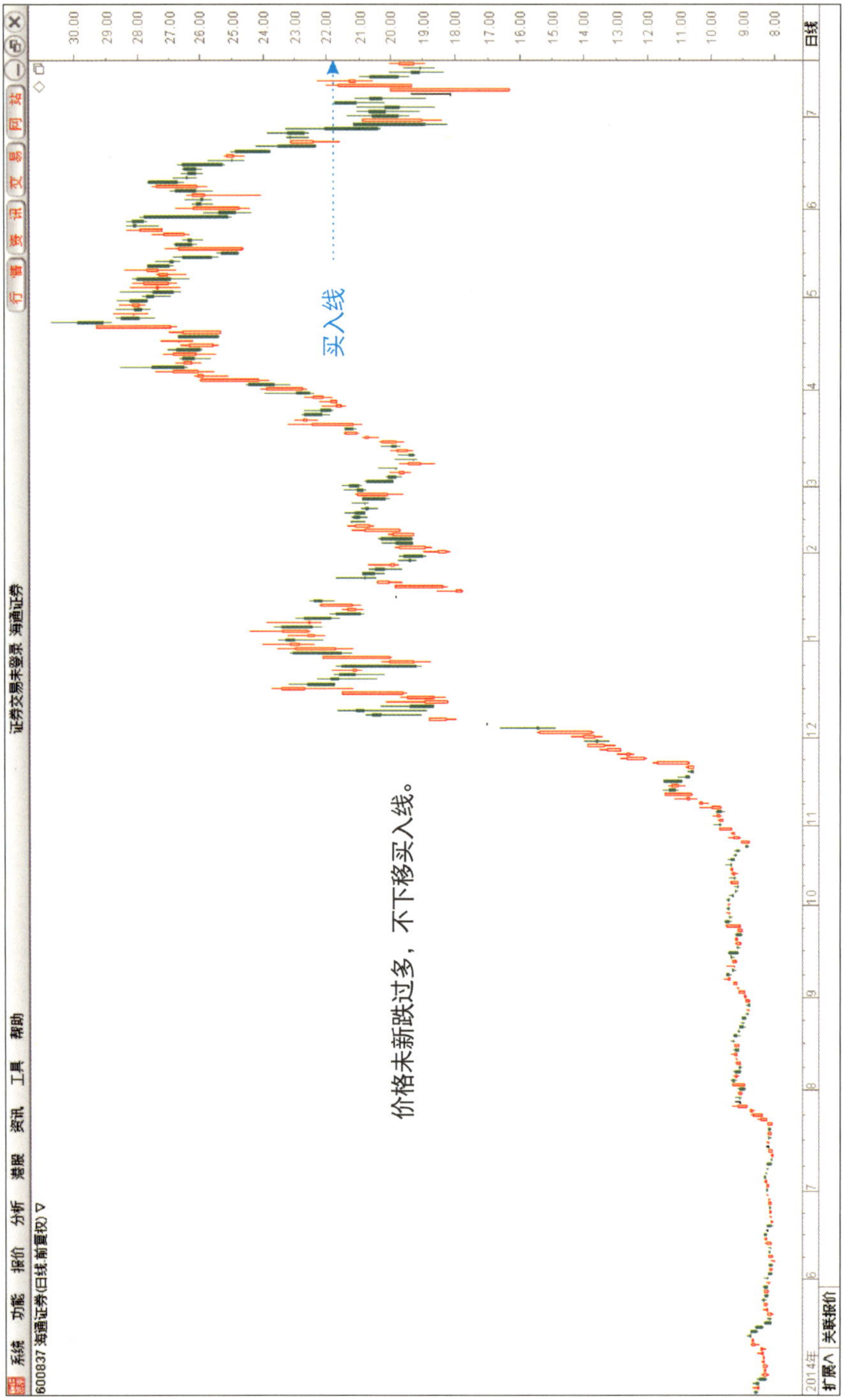
系统 功能 报价 分析 港股 资讯 工具 帮助
证券交易未登录 海通证券
600837 海通证券(日线 前复权)
买入线
价格未新跌过多，不下移买入线。
30.00
29.00
28.00
27.00
26.00
25.00
24.00
23.00
22.00
21.00
20.00
19.00
18.00
17.00
16.00
15.00
14.00
13.00
12.00
11.00
10.00
9.00
8.00
2014年
扩展
关联报价
日线

图180

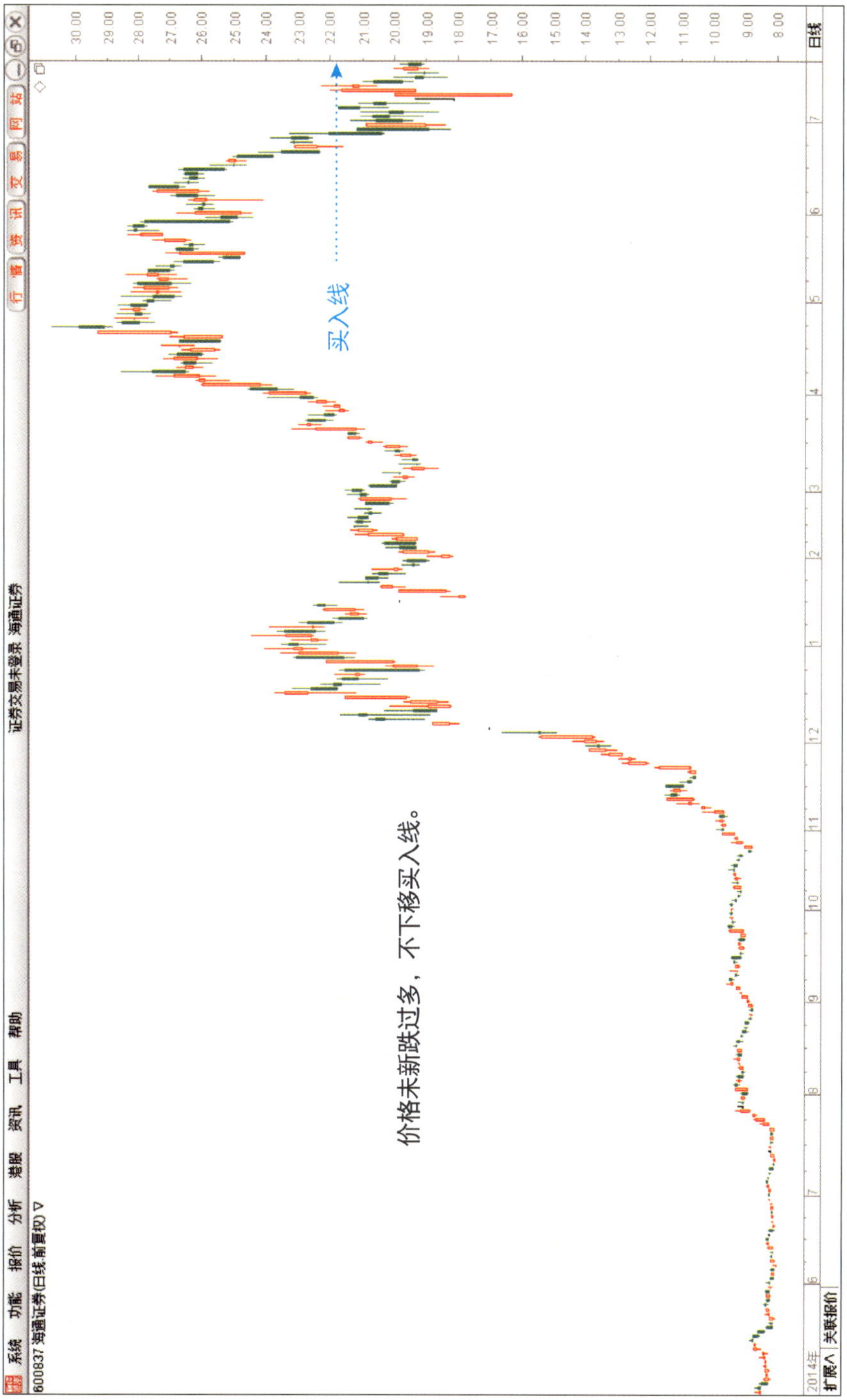
系统 功能 报价 分析 港股 资讯 工具 帮助
证券交易未登录 海通证券
行情 资讯 交易 网站
600837 海通证券(日线,前复权)
买入线
价格未新跌过多，不下移买入线。
日线
扩展 关联报价

图181

系统 功能 报价 分析 港股 资讯 工具 帮助
证券交易未登录 海通证券
行情 资讯 交易 网站
600837 海通证券(日线,前复权)
价格未新跌过多，不下移买入线。
买入线
30.00
29.00
28.00
27.00
26.00
25.00
24.00
23.00
22.00
21.00
20.00
19.00
18.00
17.00
16.00
15.00
14.00
13.00
12.00
11.00
10.00
9.00
8.00
2014年
6
7
8
9
10
11
12
1
2
3
4
5
6
7
日线
扩展
关联报价

图182

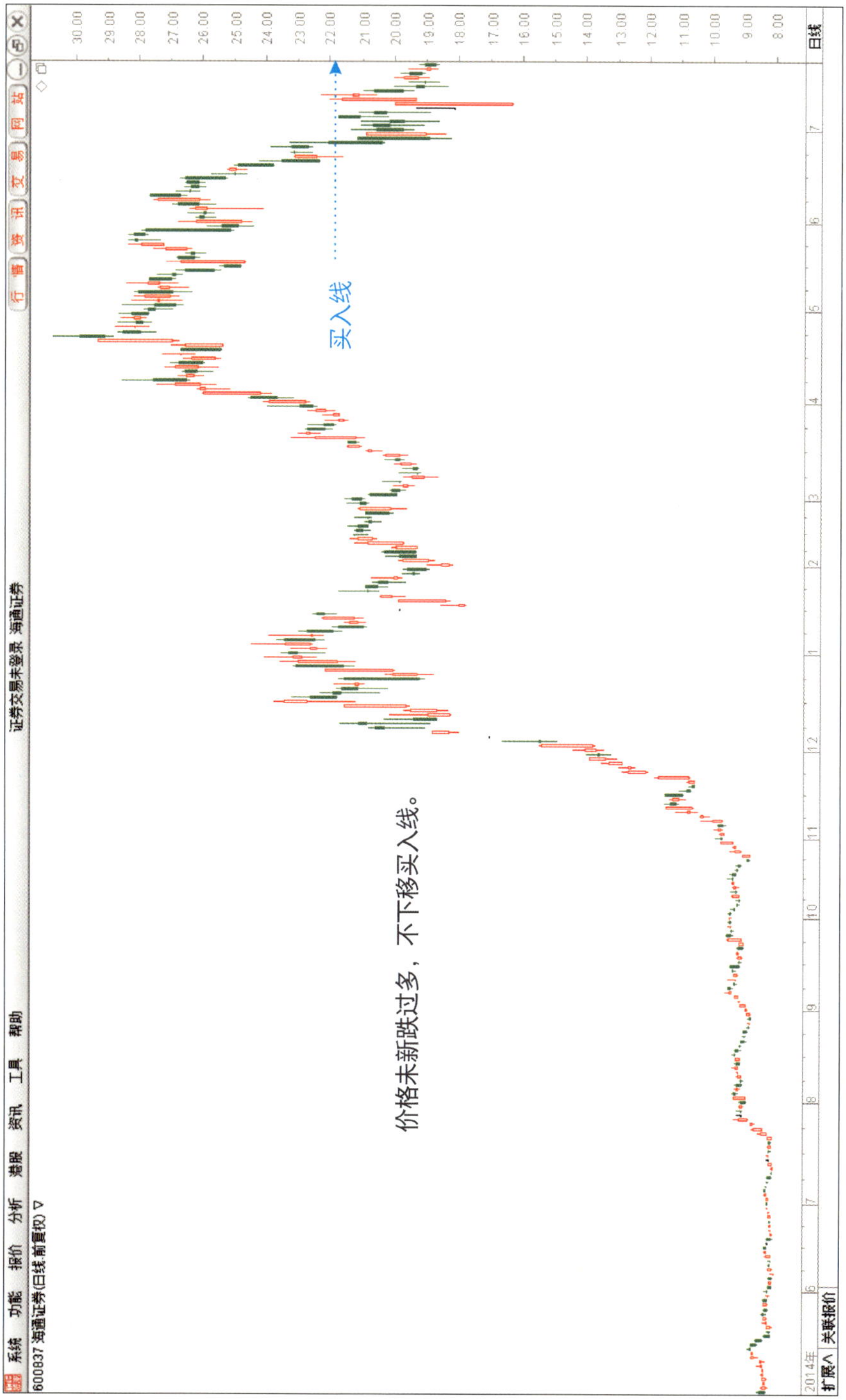
系统　功能　报价　分析　港股　资讯　工具　帮助
证券交易未登录 海通证券
600837 海通证券(日线,前复权)
行情　资讯　交易　网站
30.00
29.00
28.00
27.00
26.00
25.00
24.00
23.00
22.00
21.00
20.00
19.00
18.00
17.00
16.00
15.00
14.00
13.00
12.00
11.00
10.00
9.00
8.00
日线
买入线
价格未新跌过多，不下移买入线。
2014年
扩展∧　关联报价

图183

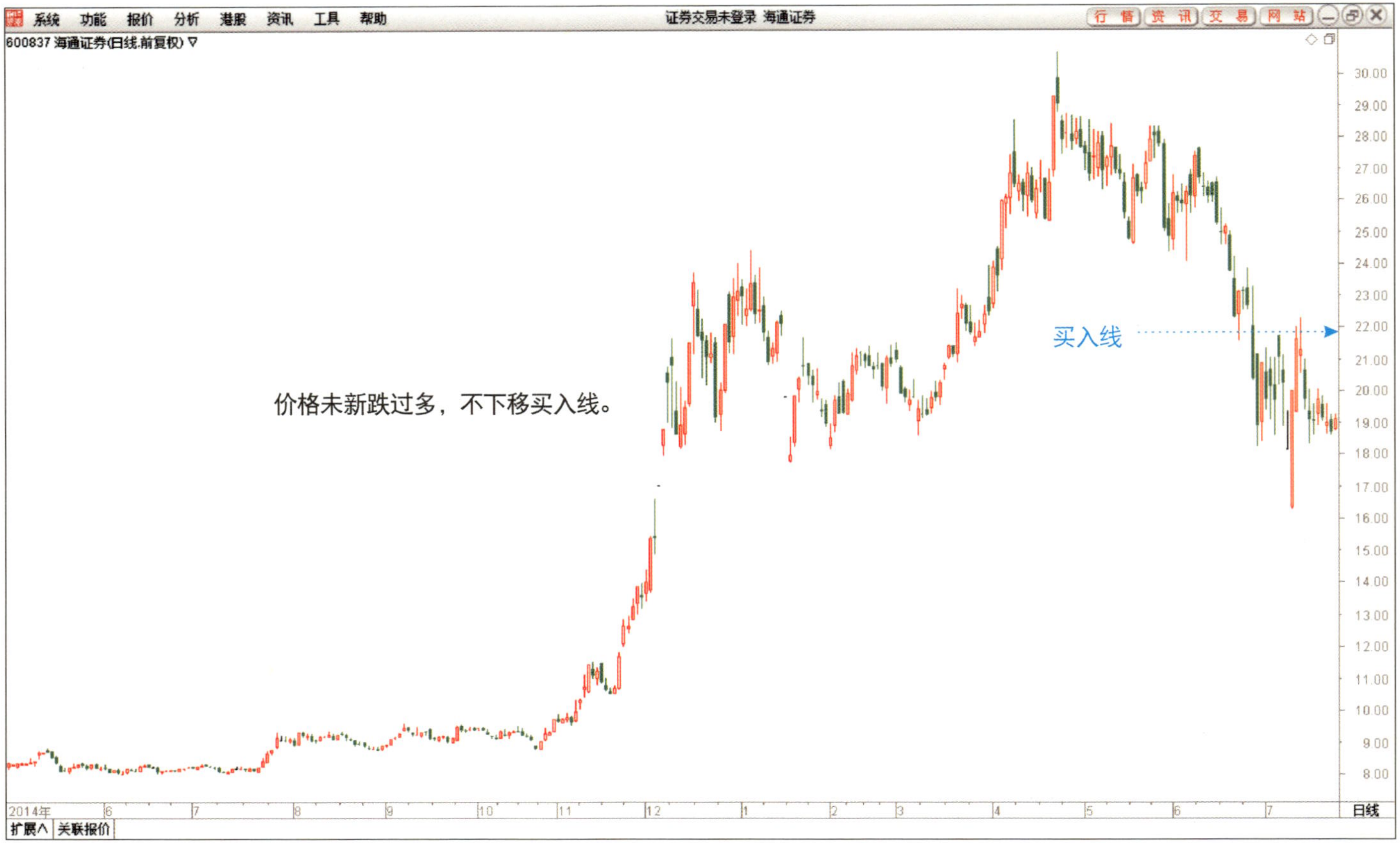
系统 功能 报价 分析 港股 资讯 工具 帮助
证券交易未登录 海通证券
行 情 资 讯 交 易 网 站
600837 海通证券(日线,前复权)
价格未新跌过多，不下移买入线。
买入线
30.00
29.00
28.00
27.00
26.00
25.00
24.00
23.00
22.00
21.00
20.00
19.00
18.00
17.00
16.00
15.00
14.00
13.00
12.00
11.00
10.00
9.00
8.00
2014年 6 7 8 9 10 11 12 1 2 3 4 5 6 7
日线
扩展∧ 关联报价

图184

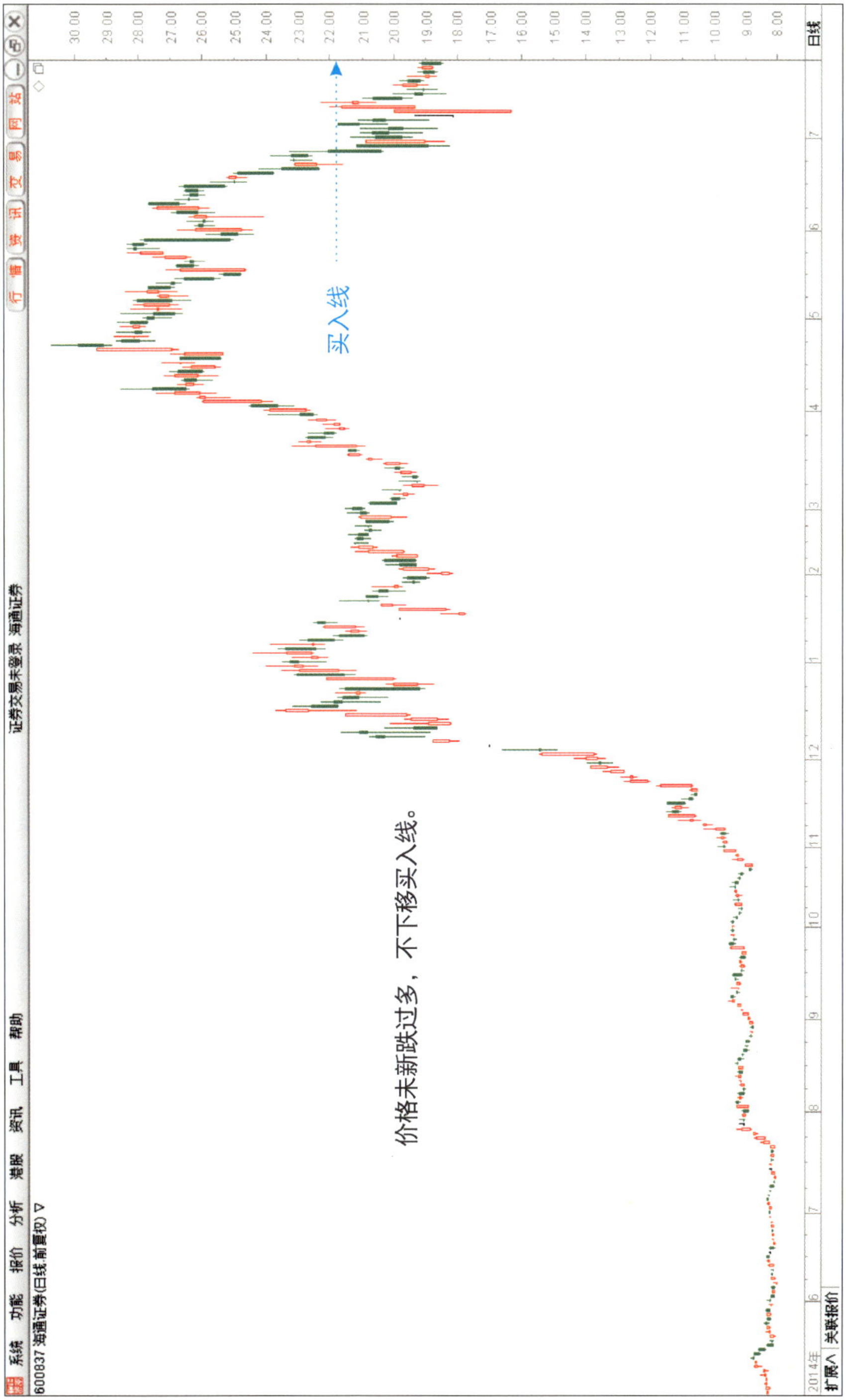
系统　功能　报价　分析　港股　资讯　工具　帮助
证券交易未登录 海通证券
行情　资讯　交易　网站
600837 海通证券(日线,前复权)
买入线
价格未新跌过多，不下移买入线。
日线
扩展A　关联报价

图185

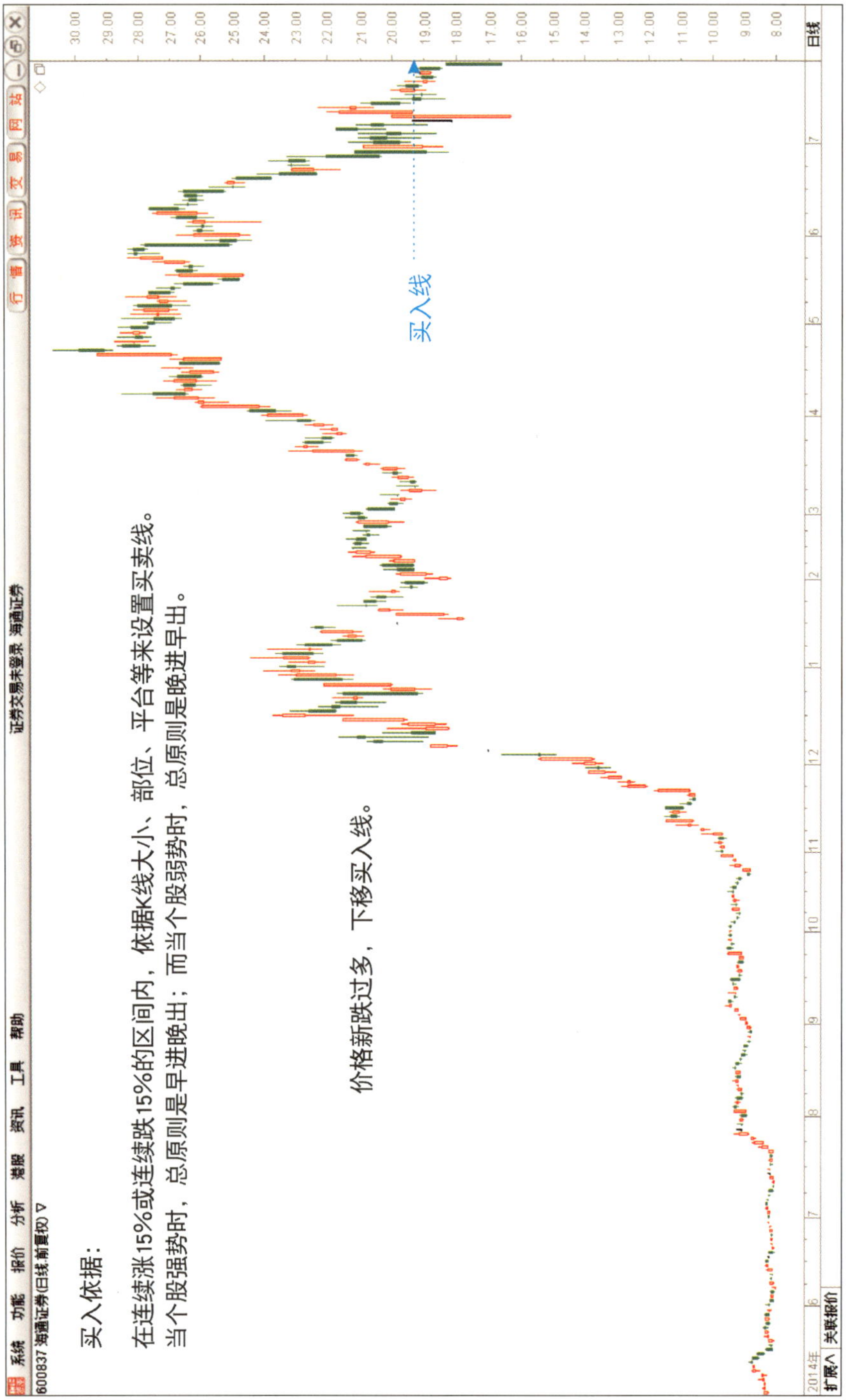

系统 功能 报价 分析 港股 资讯 工具 帮助
证券交易未登录 海通证券
行情 资讯 交易 网站
600837 海通证券(日线,前复权)
买入依据：
在连续涨15%或连续跌15%的区间内，依据K线大小、部位、平台等来设置买卖线。当个股强势时，总原则是早进晚出；而当个股弱势时，总原则是晚进早出。
价格新跌过多，下移买入线。
买入线
30.00
29.00
28.00
27.00
26.00
25.00
24.00
23.00
22.00
21.00
20.00
19.00
18.00
17.00
16.00
15.00
14.00
13.00
12.00
11.00
10.00
9.00
8.00
2014年
6
7
8
9
10
11
12
1
2
3
4
5
6
7
日线
扩展
关联报价

图186

系统 功能 报价 分析 港股 资讯 工具 帮助
证券交易未登录 海通证券
行情 资讯 交易 网站
600837 海通证券(日线,前复权) ▽
买入依据：
连续出现2根阳线或2根阴线也很重要（或许2线之间会多1根十字星线）。
当个股强势时，总原则是早进晚出；而当个股弱势时，总原则是晚进早出。
价格新跌过多，下移买入线。
买入线
当日从最低价到最高价涨了19.2%，当日能盯盘者，可在涨过最低点15%处买入；但因为个股处于弱势阶段，所以止损幅度要窄。
30.00
29.00
28.00
27.00
26.00
25.00
24.00
23.00
22.00
21.00
20.00
19.00
18.00
17.00
16.00
15.00
14.00
13.00
12.00
11.00
10.00
9.00
8.00
2014年
6
7
8
9
10
11
12
1
2
3
4
5
6
7
日线
扩展∧ 关联报价

图187

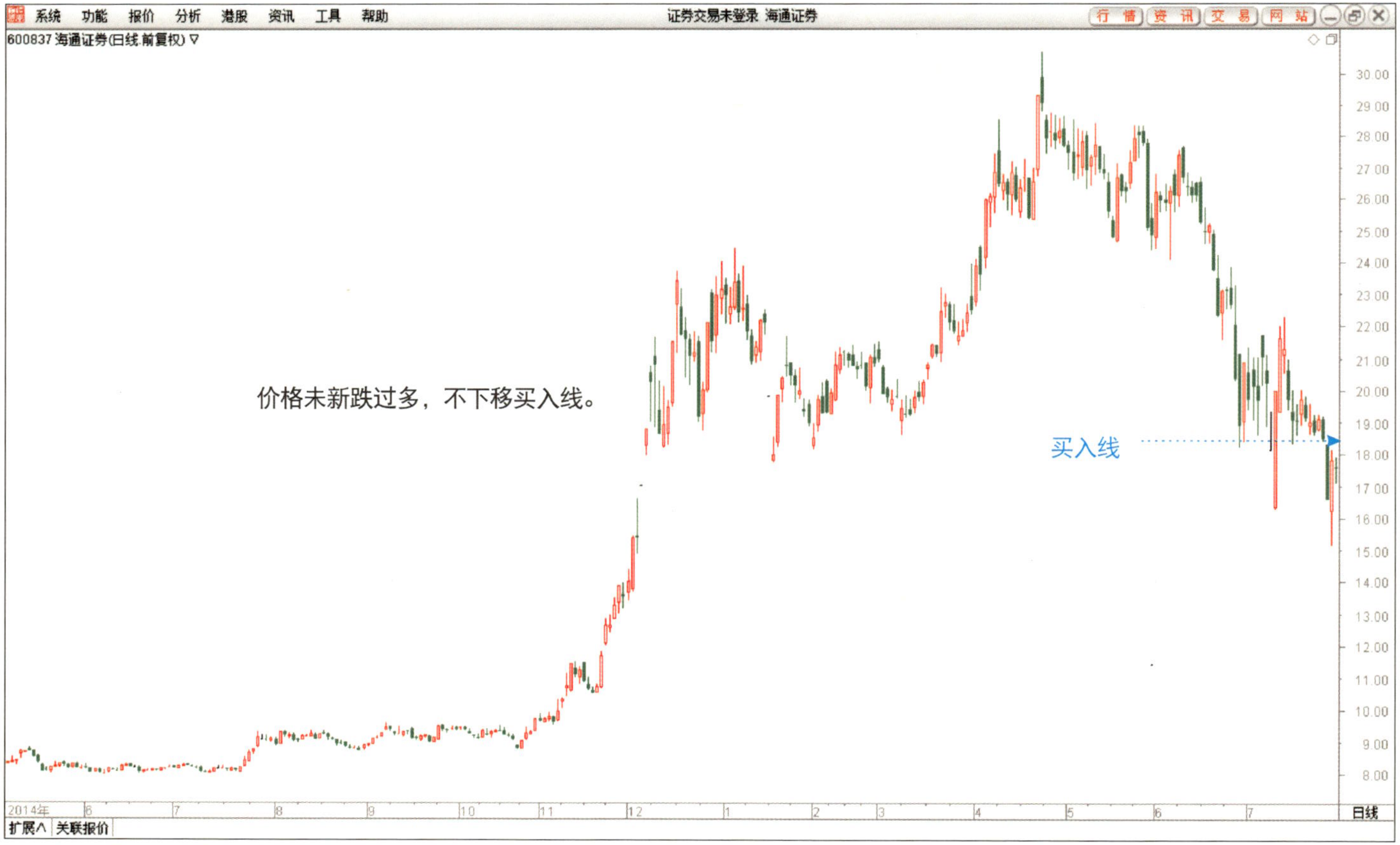
系统 功能 报价 分析 港股 资讯 工具 帮助
证券交易未登录 海通证券
行情 资讯 交易 网站
600837 海通证券(日线,前复权) ▽
价格未新跌过多，不下移买入线。
买入线
30.00
29.00
28.00
27.00
26.00
25.00
24.00
23.00
22.00
21.00
20.00
19.00
18.00
17.00
16.00
15.00
14.00
13.00
12.00
11.00
10.00
9.00
8.00
2014年
6
7
8
9
10
11
12
1
2
3
4
5
6
7
日线
扩展∧ 关联报价

图188

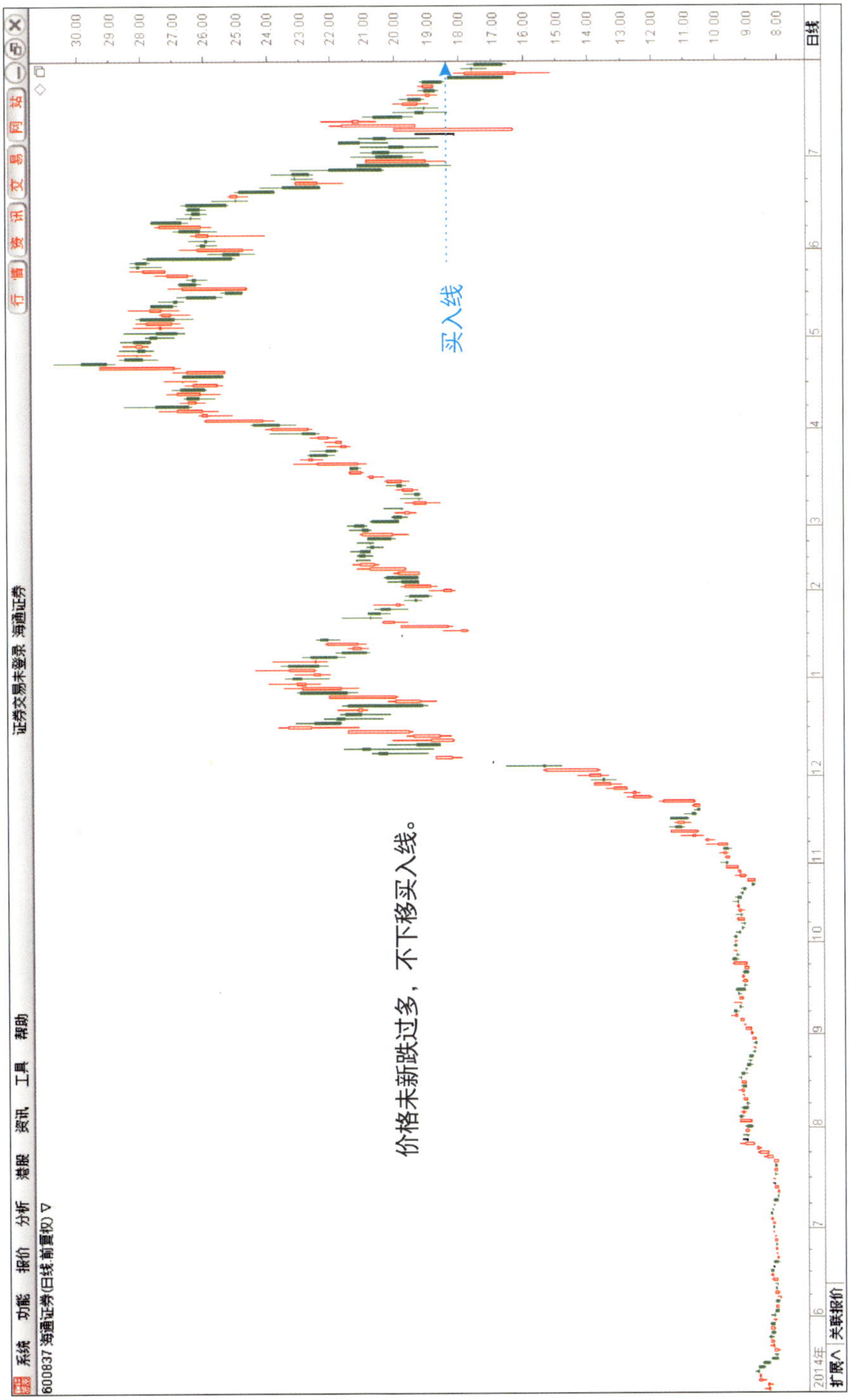
600837 海通证券(日线 前复权)
证券交易未登录 海通证券
买入线
价格未新跌过多，不下移买入线。
日线
扩展∧
关联报价

图189

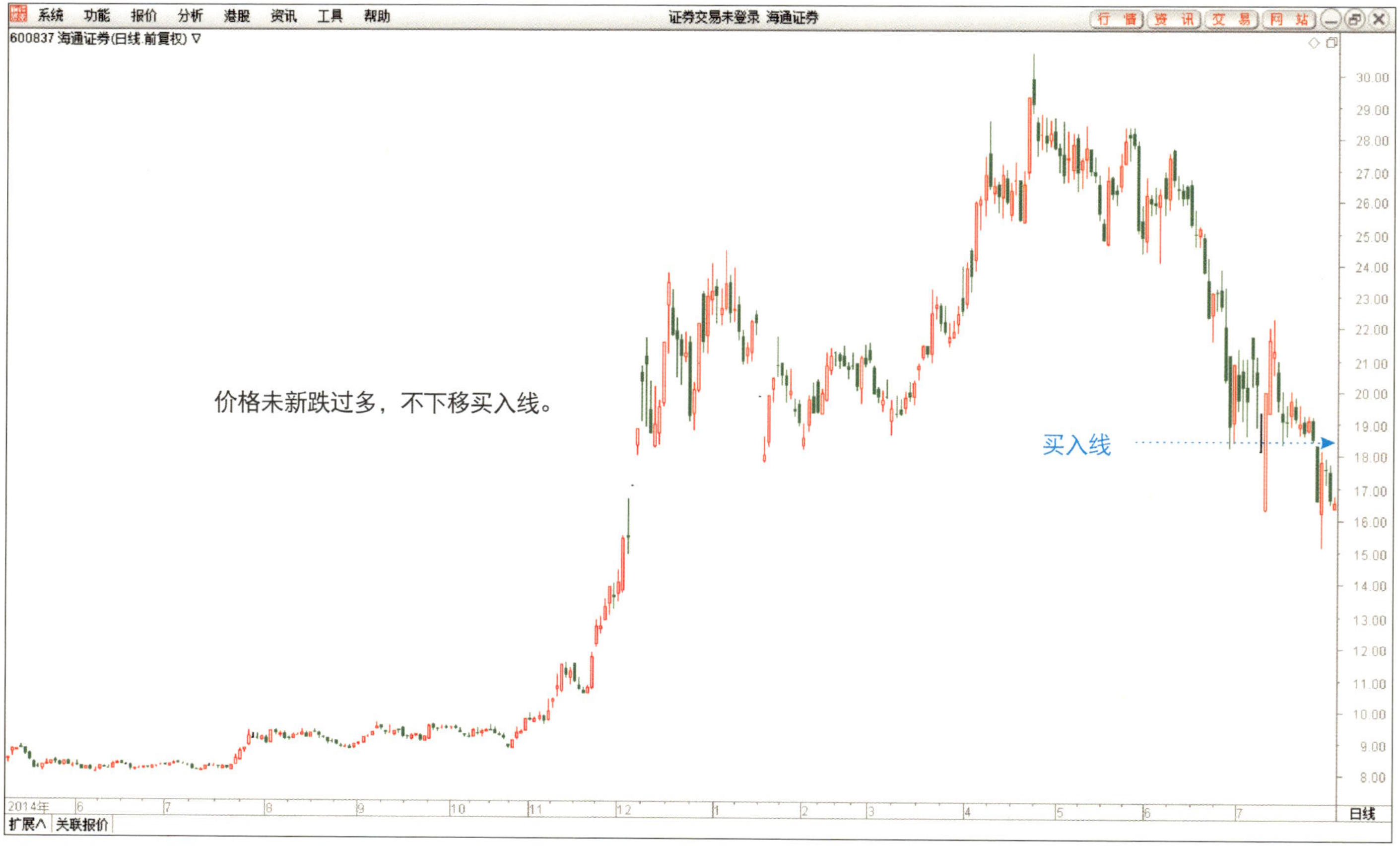
系统 功能 报价 分析 港股 资讯 工具 帮助
证券交易未登录 海通证券
行情 资讯 交易 网站
600837 海通证券(日线 前复权)
价格未新跌过多，不下移买入线。
买入线
30.00
29.00
28.00
27.00
26.00
25.00
24.00
23.00
22.00
21.00
20.00
19.00
18.00
17.00
16.00
15.00
14.00
13.00
12.00
11.00
10.00
9.00
8.00
2014年
6
7
8
9
10
11
12
1
2
3
4
5
6
7
日线
扩展 关联报价

图190

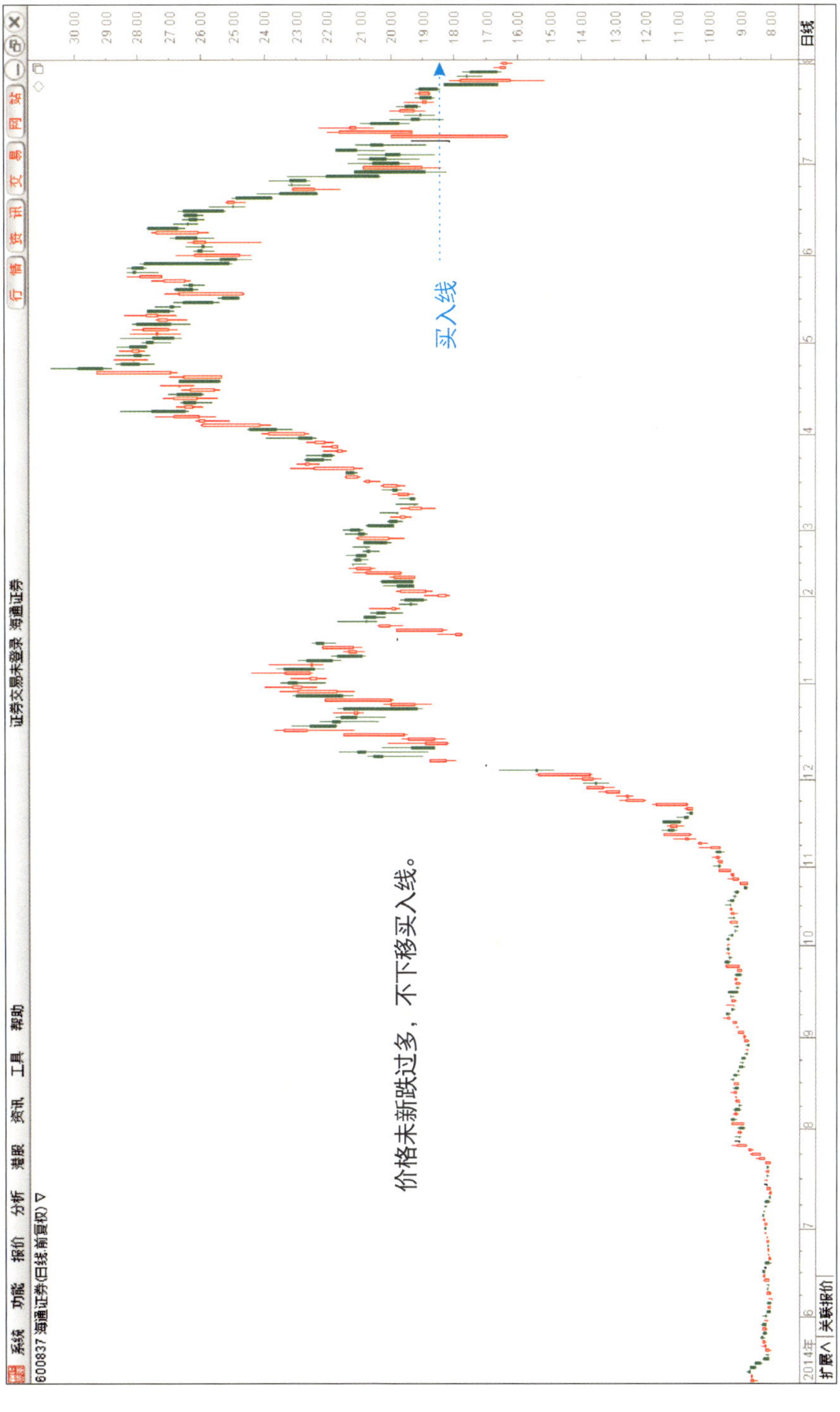

图191

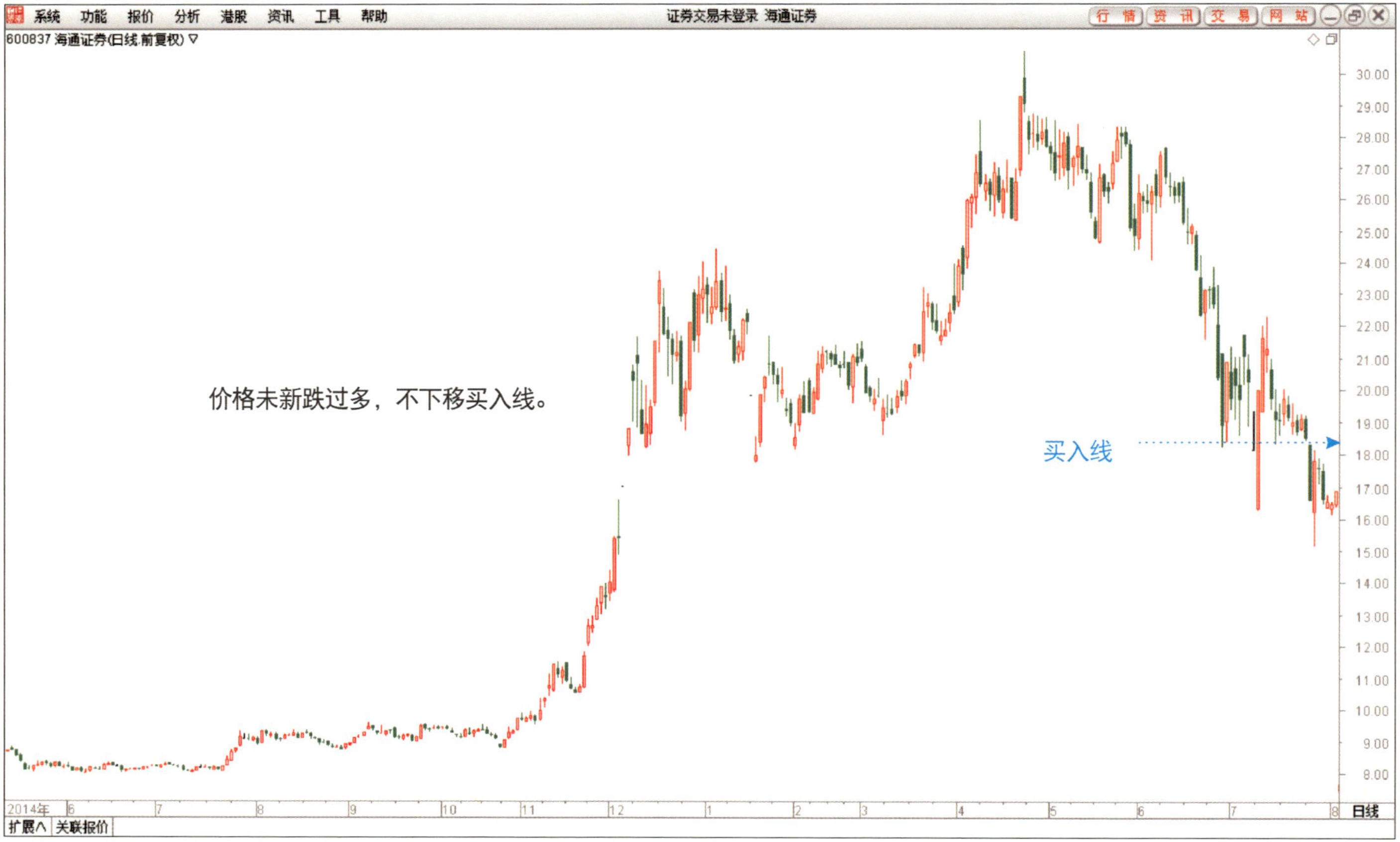
系统 功能 报价 分析 港股 资讯 工具 帮助
证券交易未登录 海通证券
行情 资讯 交易 网站
600837 海通证券(日线 前复权) ▽
价格未新跌过多，不下移买入线。
买入线
30.00
29.00
28.00
27.00
26.00
25.00
24.00
23.00
22.00
21.00
20.00
19.00
18.00
17.00
16.00
15.00
14.00
13.00
12.00
11.00
10.00
9.00
8.00
2014年 6 7 8 9 10 11 12 1 2 3 4 5 6 7 8
日线
扩展∧ 关联报价

图192

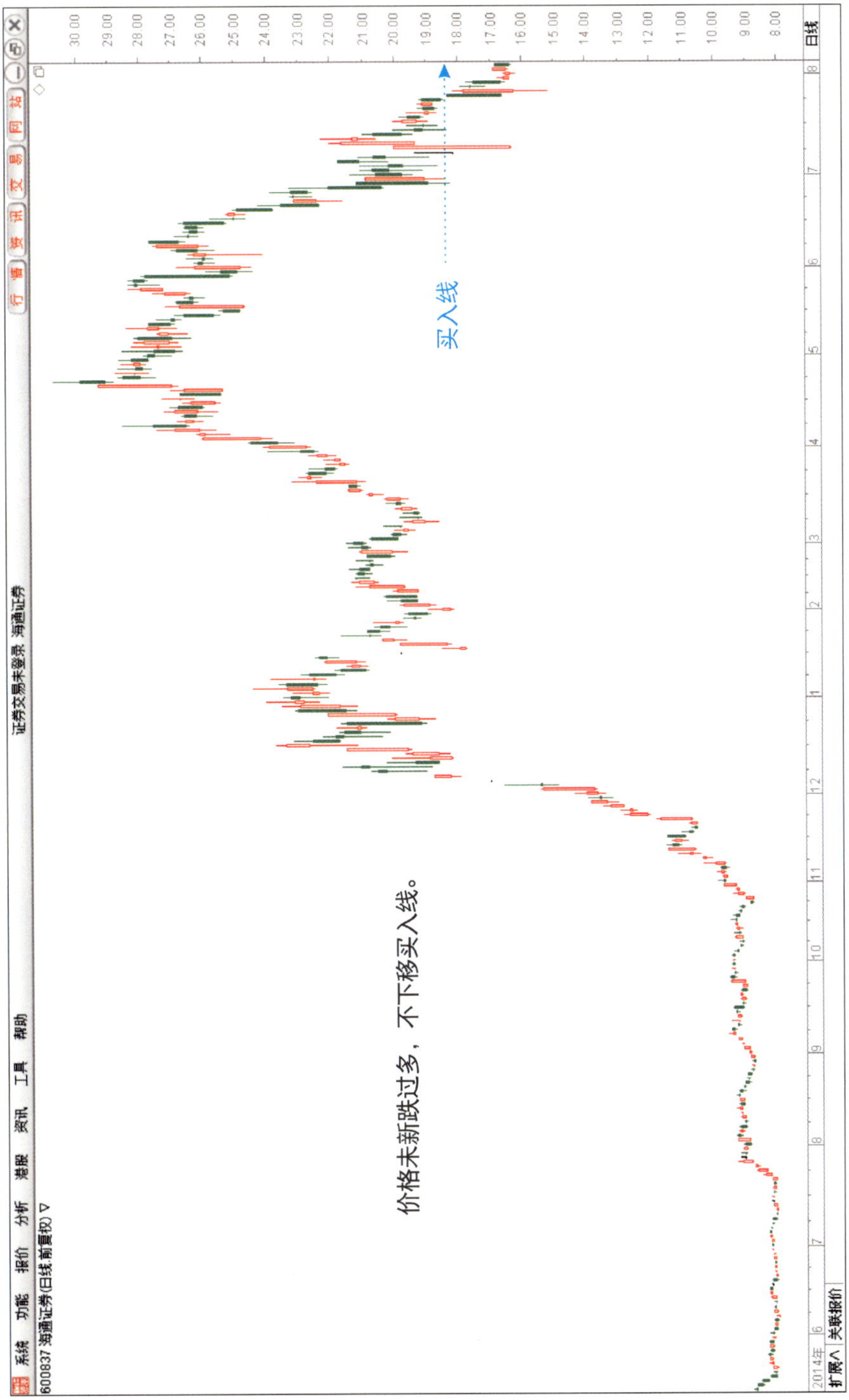
系统 功能 报价 分析 港股 资讯 工具 帮助
证券交易未登录 海通证券
600837 海通证券(日线,前复权)
价格未新跌过多，不下移买入线。
买入线
日线
扩展∧ 关联报价

图193

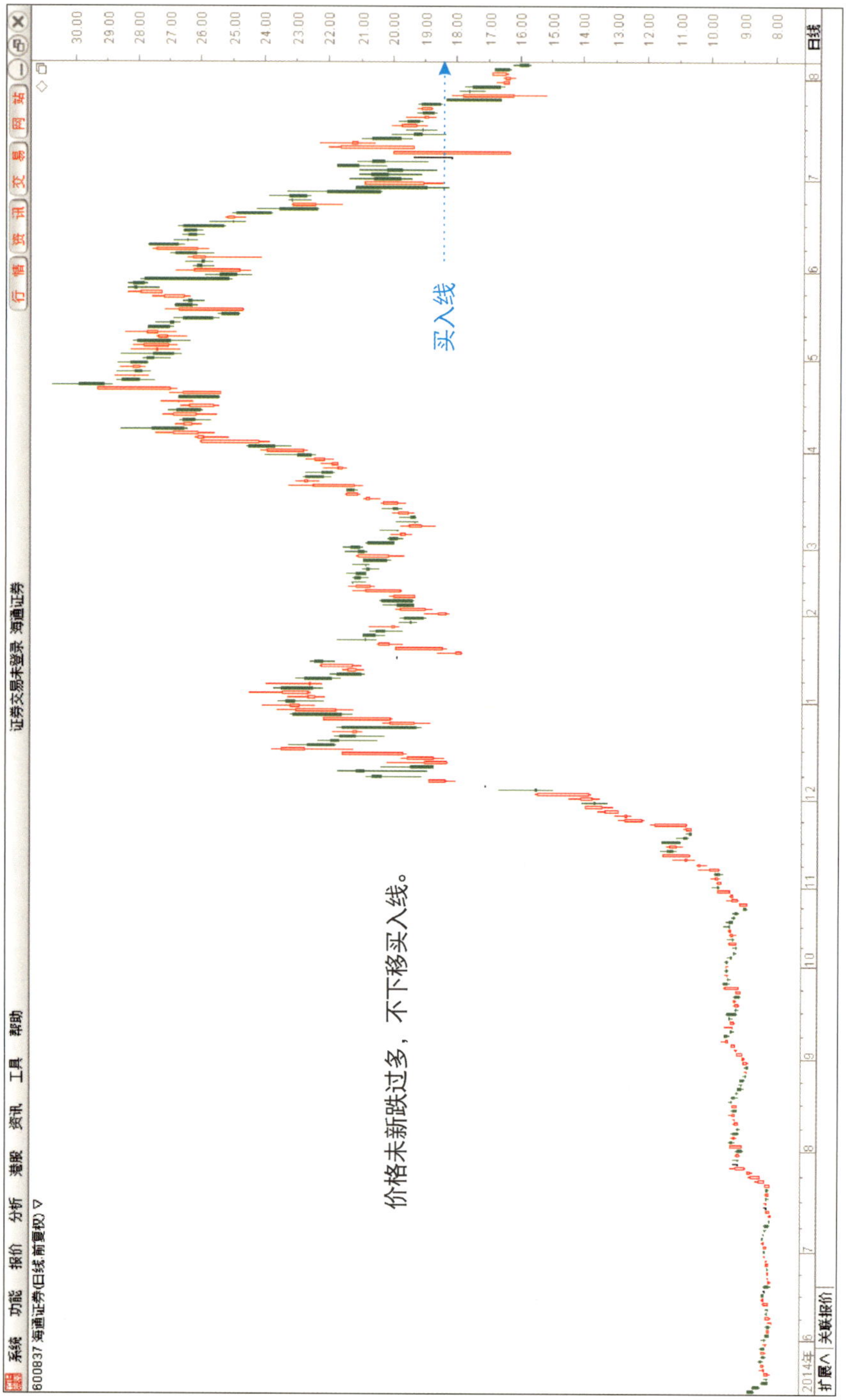
系统 功能 报价 分析 港股 资讯 工具 帮助
证券交易未登录 海通证券
行情 资讯 交易 网站
600837 海通证券(日线 前复权)
30.00
29.00
28.00
27.00
26.00
25.00
24.00
23.00
22.00
21.00
20.00
19.00
18.00
17.00
16.00
15.00
14.00
13.00
12.00
11.00
10.00
9.00
8.00
日线
买入线
价格未新跌过多，不下移买入线。
2014年
扩展∧
关联报价

图194

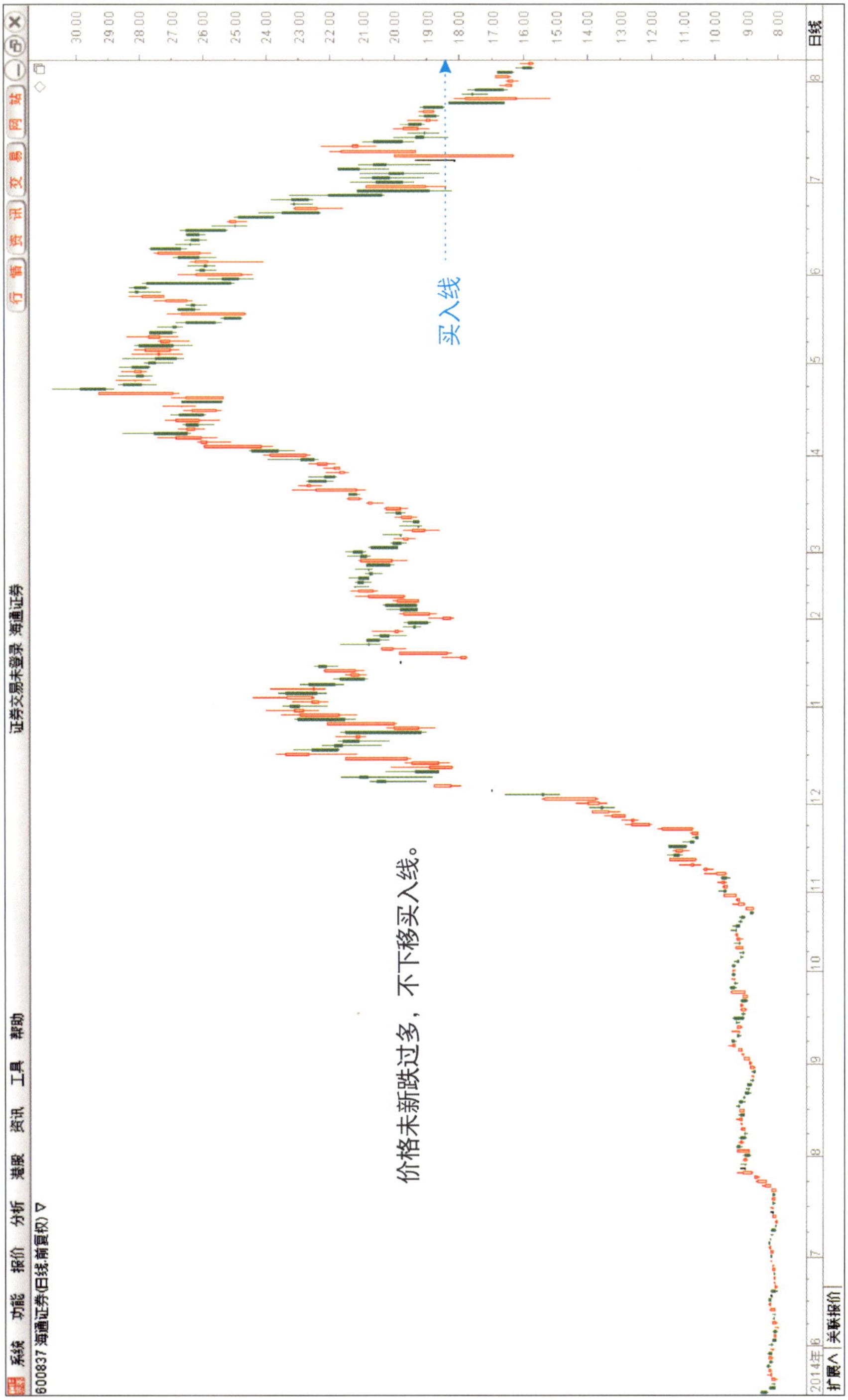
系统 功能 报价 分析 港股 资讯 工具 帮助
证券交易未登录 海通证券
600837 海通证券(日线,前复权)
行情 资讯 交易 网站
价格未新跌过多，不下移买入线。
买入线
日线
扩展 关联报价

图195

系统 功能 报价 分析 港股 资讯 工具 帮助
证券交易未登录 海通证券
行情 资讯 交易 网站
600837 海通证券(日线,前复权)
价格未新跌过多，不下移买入线。
买入线
30.00
29.00
28.00
27.00
26.00
25.00
24.00
23.00
22.00
21.00
20.00
19.00
18.00
17.00
16.00
15.00
14.00
13.00
12.00
11.00
10.00
9.00
8.00
2014年6
7
8
9
10
11
12
1
2
3
4
5
6
7
8
日线
扩展∧ 关联报价

图196

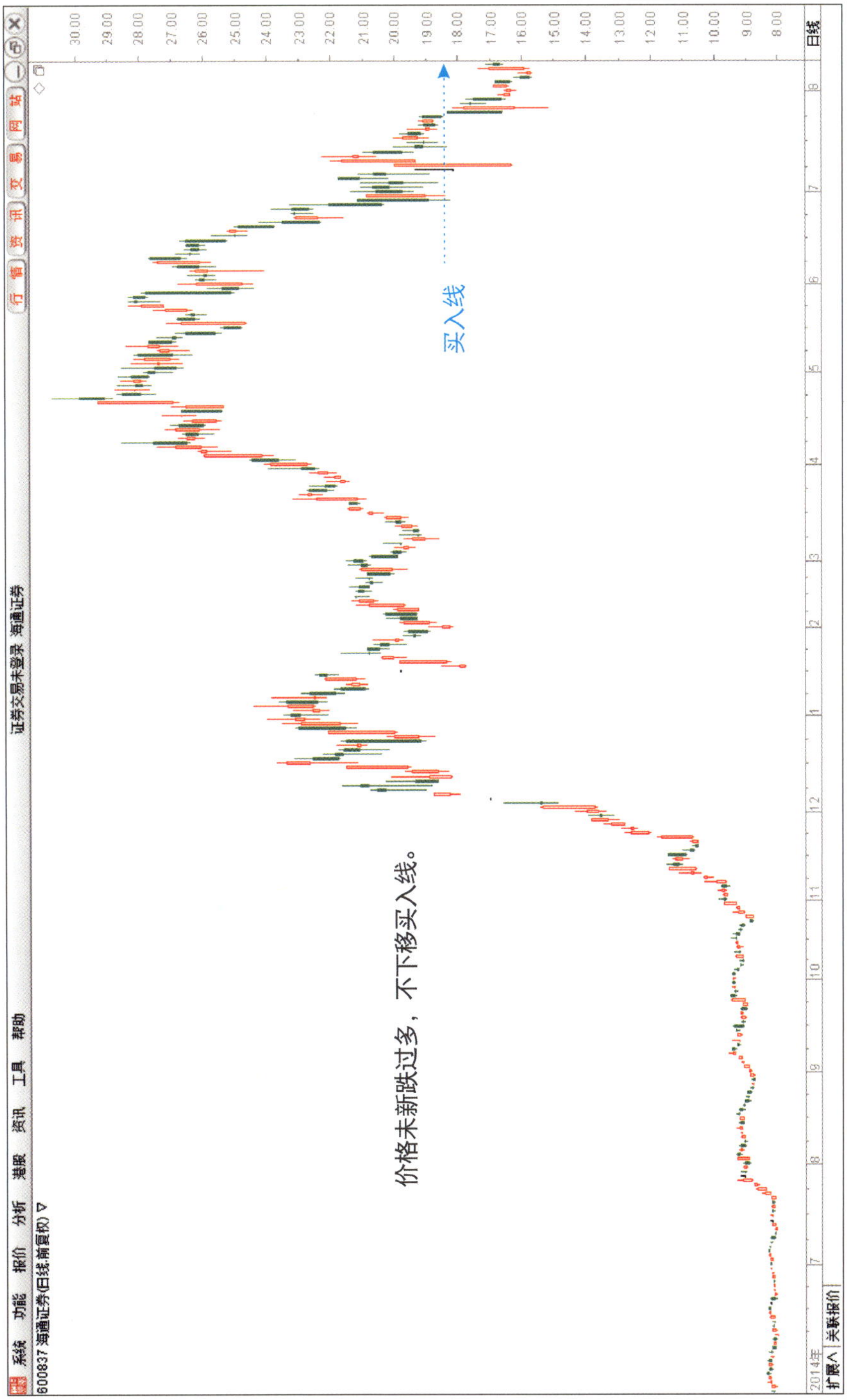

图197

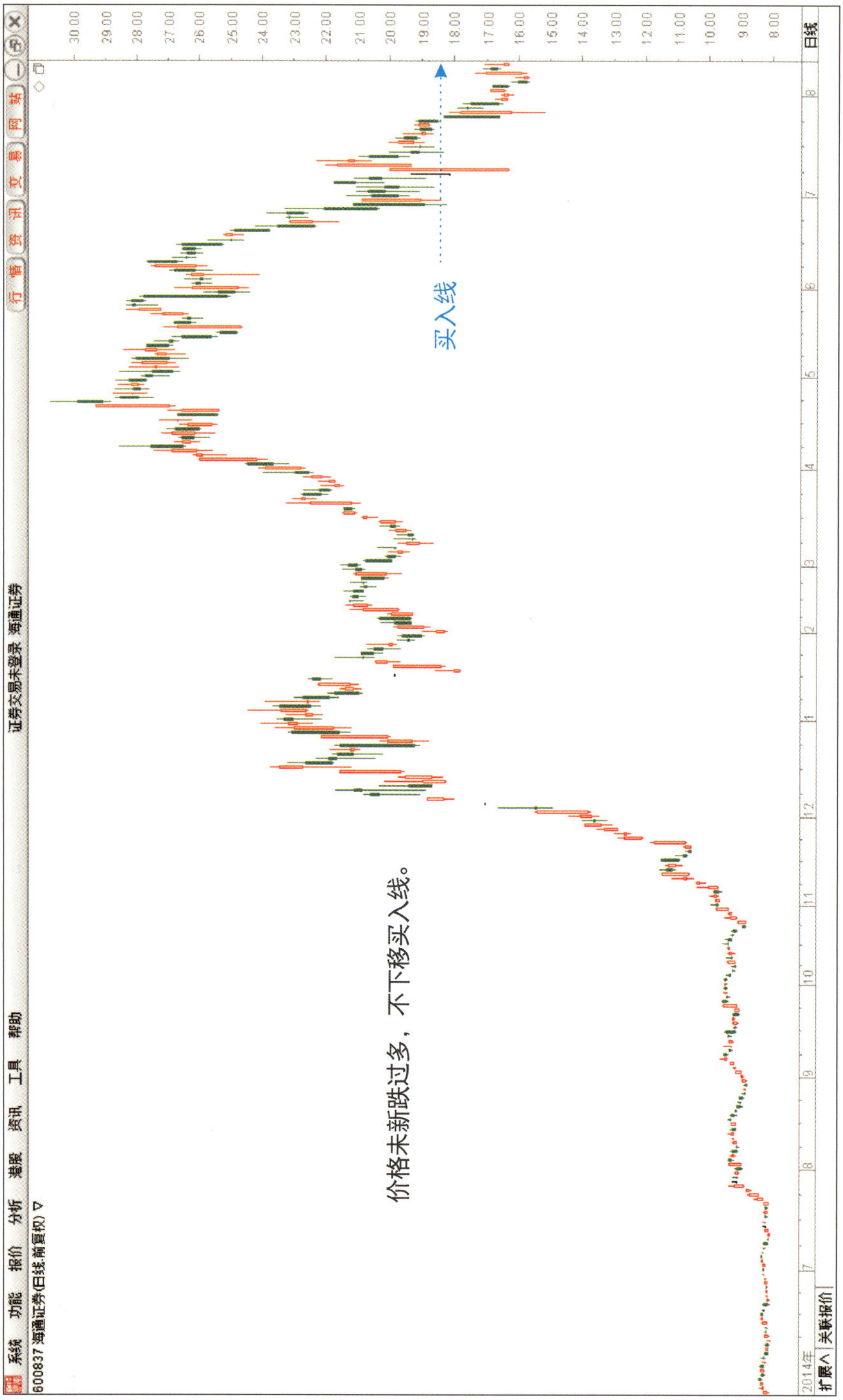
系统 功能 报价 分析 港股 资讯 工具 帮助
证券交易未登录 海通证券
600837 海通证券(日线,前复权)
价格未新跌过多，不下移买入线。
买入线
30.00
29.00
28.00
27.00
26.00
25.00
24.00
23.00
22.00
21.00
20.00
19.00
18.00
17.00
16.00
15.00
14.00
13.00
12.00
11.00
10.00
9.00
8.00
日线
2014年
扩展
关联报价

图198

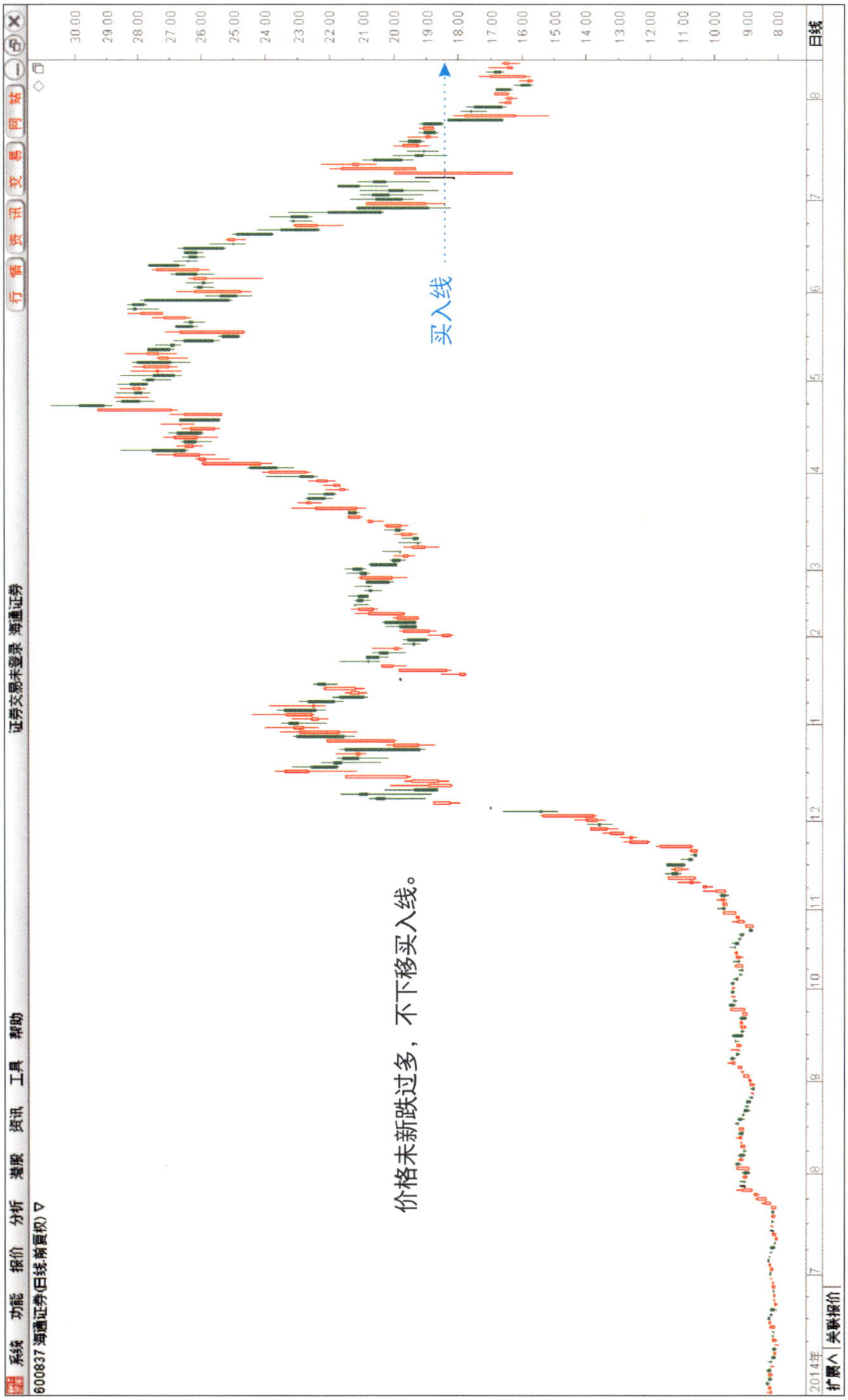

图199

系统 功能 报价 分析 港股 资讯 工具 帮助
证券交易未登录 海通证券
行情 资讯 交易 网站
600837 海通证券(日线,前复权)
价格未新跌过多，不下移买入线。
买入线
30.00
29.00
28.00
27.00
26.00
25.00
24.00
23.00
22.00
21.00
20.00
19.00
18.00
17.00
16.00
15.00
14.00
13.00
12.00
11.00
10.00
9.00
8.00
2014年
7
8
9
10
11
12
1
2
3
4
5
6
7
8
日线
扩展
关联报价

图200

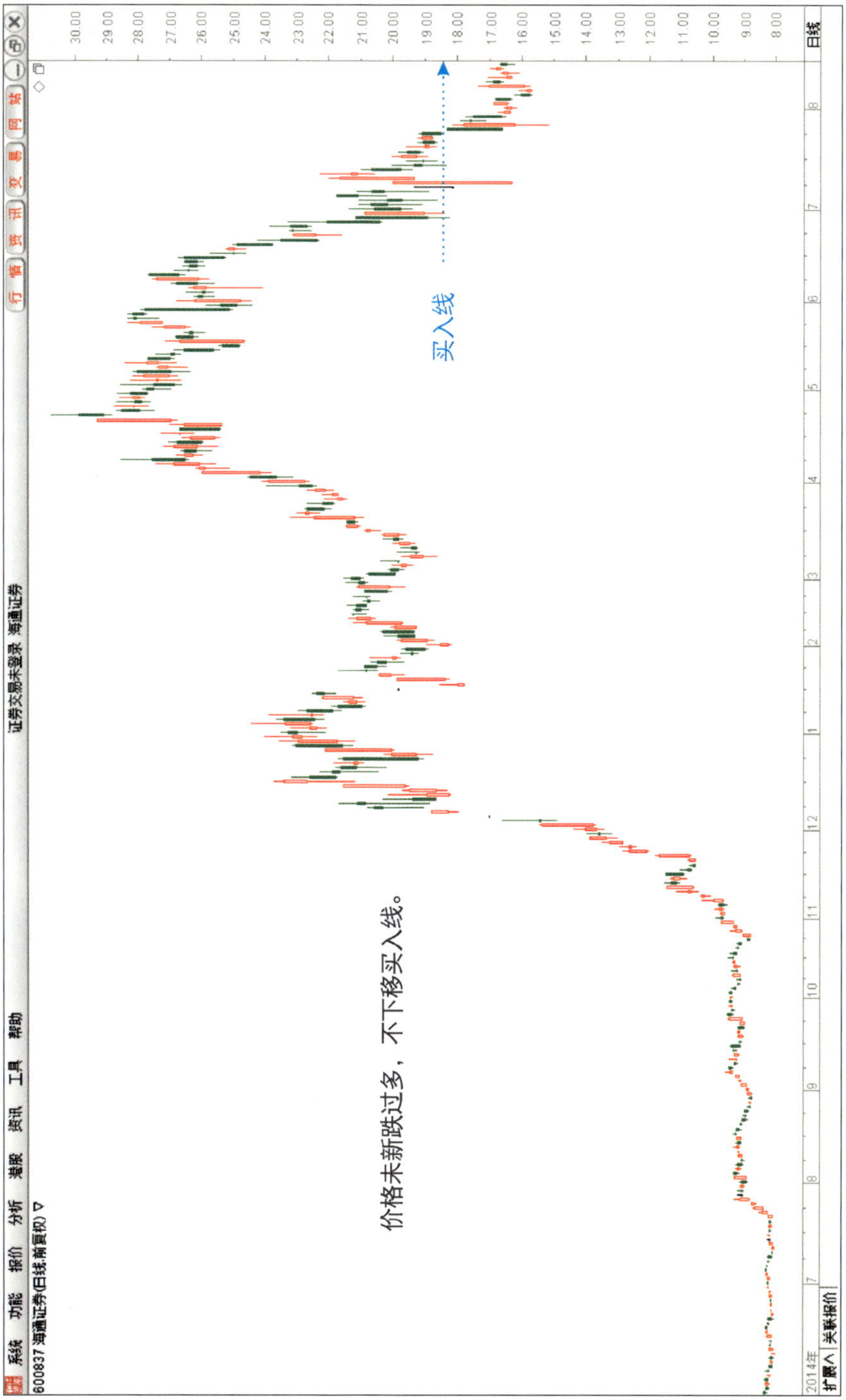

图201

系统 功能 报价 分析 港股 资讯 工具 帮助
证券交易未登录 海通证券
行情 资讯 交易 网站
600837 海通证券(日线,前复权)
价格未新跌过多，不下移买入线。
买入线
30.00
29.00
28.00
27.00
26.00
25.00
24.00
23.00
22.00
21.00
20.00
19.00
18.00
17.00
16.00
15.00
14.00
13.00
12.00
11.00
10.00
9.00
8.00
2014年
7
8
9
10
11
12
1
2
3
4
5
6
7
8
日线
扩展∧ 关联报价

图202

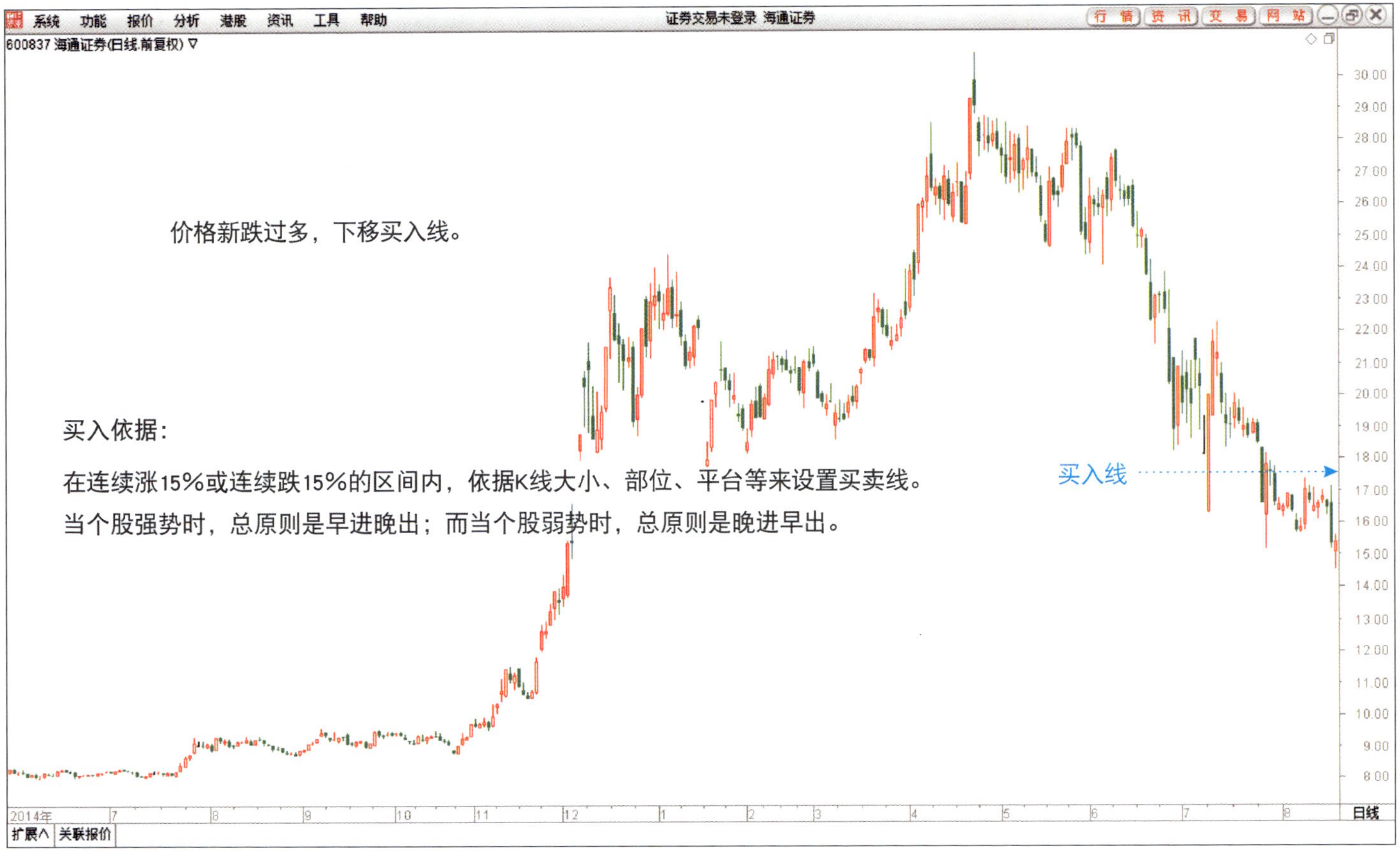
系统 功能 报价 分析 港股 资讯 工具 帮助
证券交易未登录 海通证券
行情 资讯 交易 网站
600837 海通证券(日线,前复权) ▽
价格新跌过多，下移买入线。
买入依据：
在连续涨15%或连续跌15%的区间内，依据K线大小、部位、平台等来设置买卖线。
当个股强势时，总原则是早进晚出；而当个股弱势时，总原则是晚进早出。
买入线
30.00
29.00
28.00
27.00
26.00
25.00
24.00
23.00
22.00
21.00
20.00
19.00
18.00
17.00
16.00
15.00
14.00
13.00
12.00
11.00
10.00
9.00
8.00
2014年
7
8
9
10
11
12
1
2
3
4
5
6
7
8
日线
扩展∧ 关联报价

图203

系统 功能 报价 分析 港股 资讯 工具 帮助
证券交易未登录 海通证券
行情 资讯 交易 网站
600837 海通证券(日线,前复权)
价格未新跌过多，不下移买入线。
买入线
30.00
29.00
28.00
27.00
26.00
25.00
24.00
23.00
22.00
21.00
20.00
19.00
18.00
17.00
16.00
15.00
14.00
13.00
12.00
11.00
10.00
9.00
8.00
2014年
7
8
9
10
11
12
1
2
3
4
5
6
7
8
日线
扩展∧
关联报价

图204

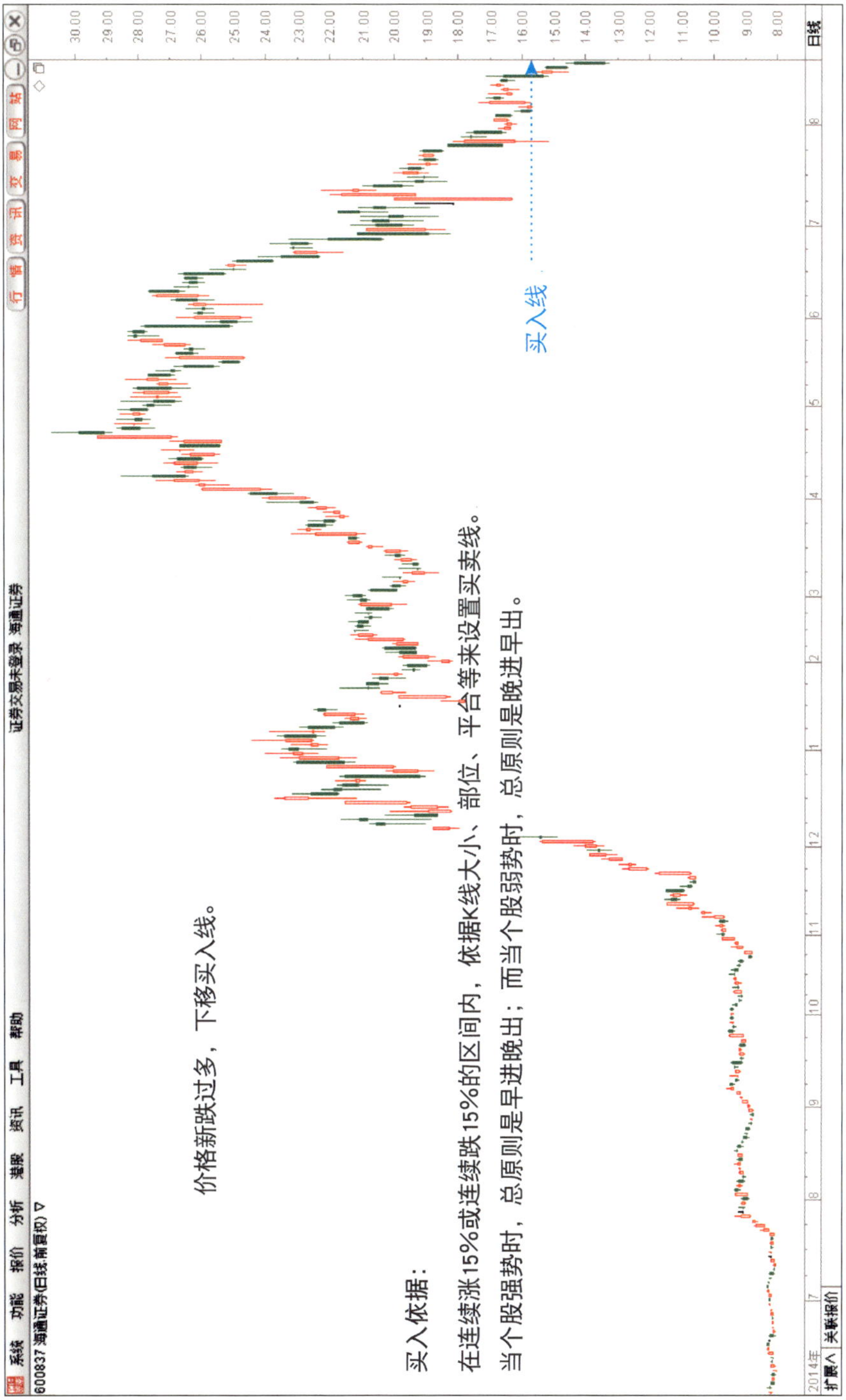
系统 功能 报价 分析 港股 资讯 工具 帮助
证券交易未登录 海通证券
行情 资讯 交易 网站
600837 海通证券(日线 前复权)
价格新跌过多，下移买入线。
买入线
买入依据：
在连续涨15%或连续跌15%的区间内，依据K线大小、部位、平台等来设置买卖线。
当个股强势时，总原则是早进晚出；而当个股弱势时，总原则是晚进早出。
日线
2014年

图205

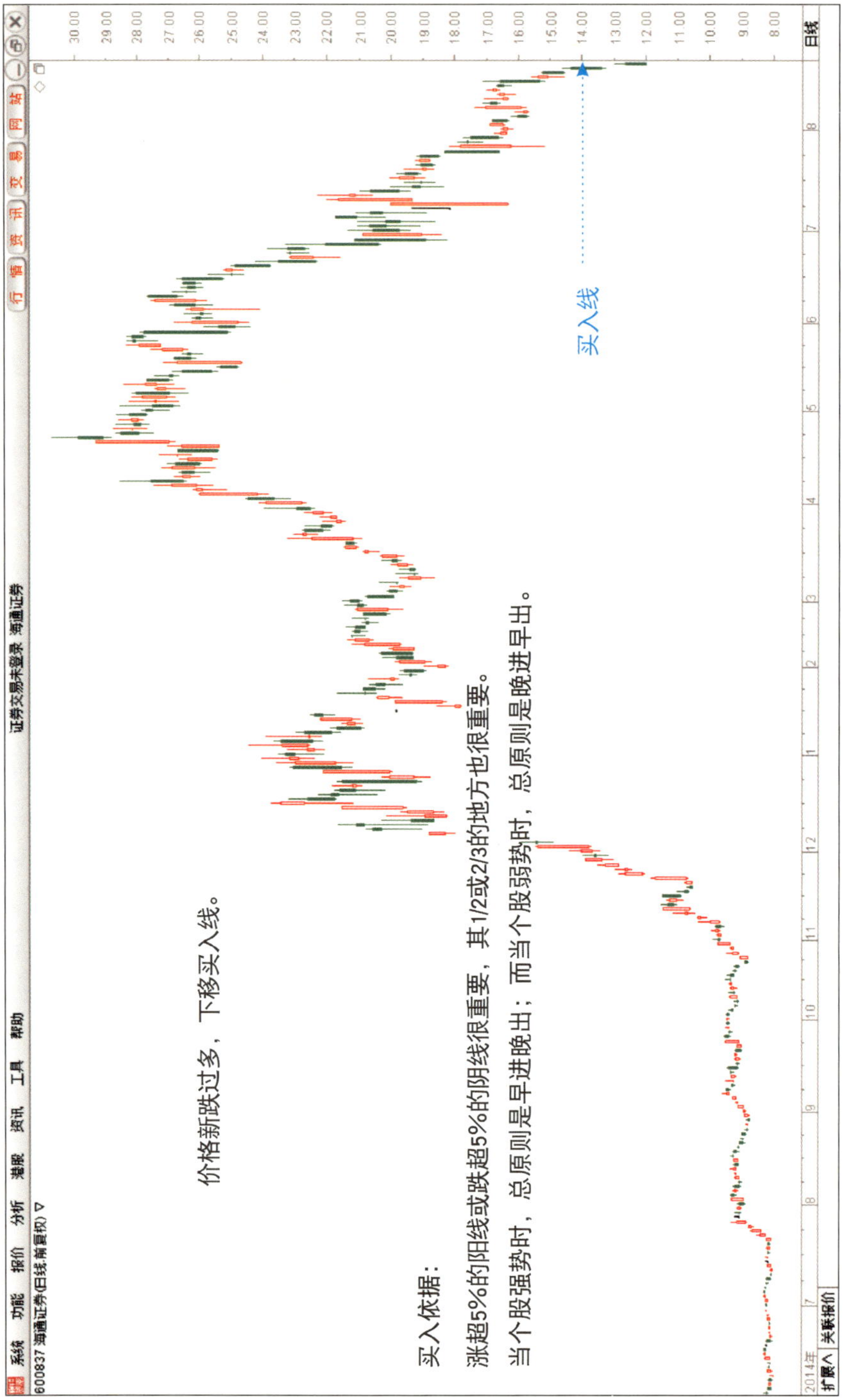
600837 海通证券(日线,前复权)
证券交易系统未登录 海通证券
价格新跌过多，下移买入线。
买入依据：
涨超5%的阳线或跌超5%的阴线很重要，其1/2或2/3的地方也很重要。
当个股强势时，总原则是早进晚出；而当个股弱势时，总原则是晚进早出。
买入线
日线

图206

系统 功能 报价 分析 港股 资讯 工具 帮助
证券交易未登录 海通证券
行情 资讯 交易 网站
600837 海通证券(日线,前复权)
价格新跌过多，下移买入线。
买入依据：
涨超5%的阳线或跌超5%的阴线很重要，其1/2或2/3的地方也很重要。
当个股强势时，总原则是早进晚出；而当个股弱势时，总原则是晚进早出。
买入线
30.00
29.00
28.00
27.00
26.00
25.00
24.00
23.00
22.00
21.00
20.00
19.00
18.00
17.00
16.00
15.00
14.00
13.00
12.00
11.00
10.00
9.00
8.00
2014年 7 8 9 10 11 12 1 2 3 4 5 6 7 8
日线
扩展∧ 关联报价

图207

系统 功能 报价 分析 港股 资讯 工具 帮助
证券交易未登录 海通证券
行情 资讯 交易 网站
600837 海通证券(日线,前复权)
价格新跌过多，下移买入线。
买入依据：
在连续涨15%或连续跌15%的区间内，依据K线大小、部位、平台等来设置买卖线。
当个股强势时，总原则是早进晚出；而当个股弱势时，总原则是晚进早出。
买入线
日线
扩展∧ 关联报价

图208

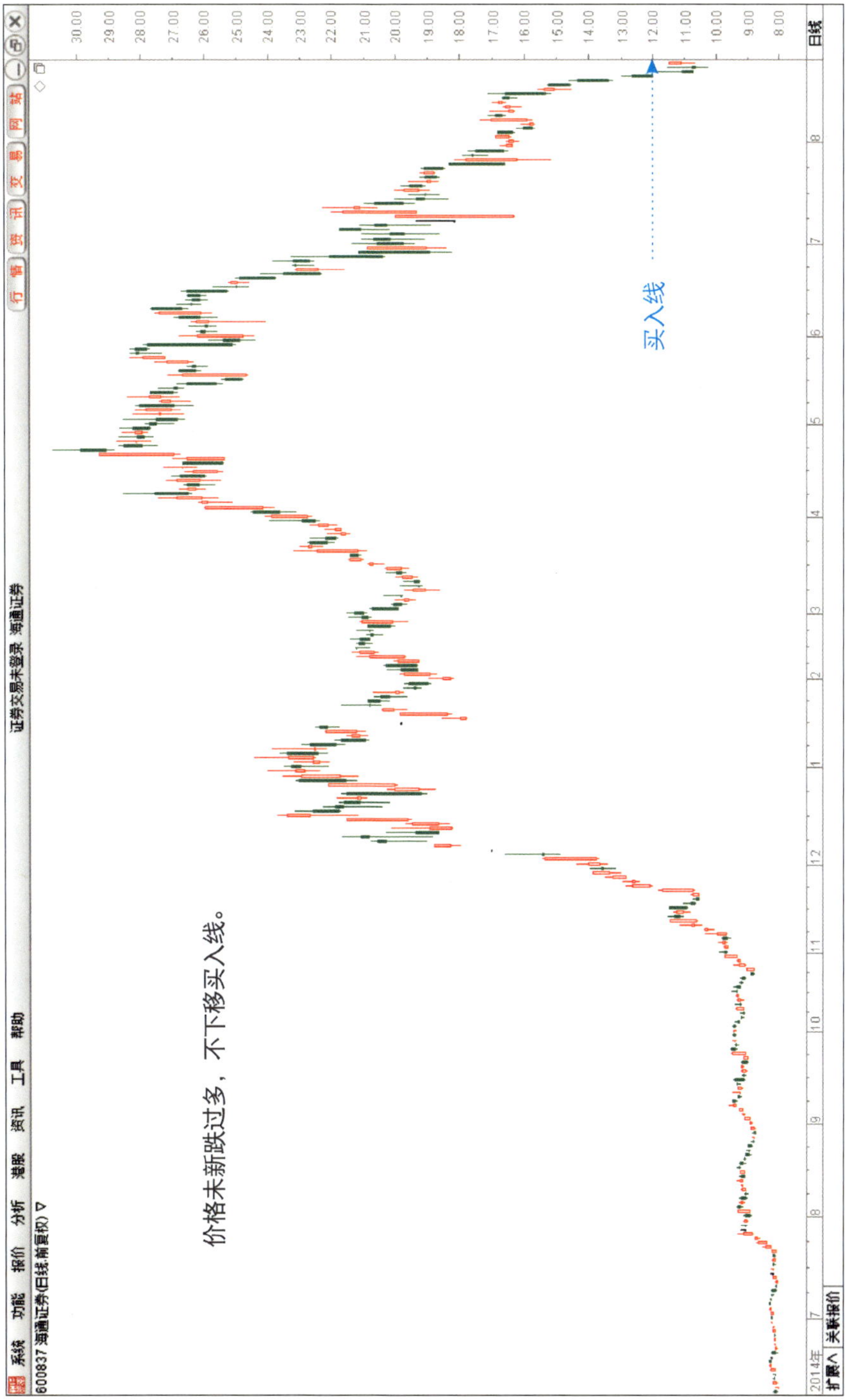
600837 海通证券(日线前复权)
证券交易未登录 海通证券
价格未新跌过多，不下移买入线。
买入线
日线
扩展
关联报价

图209

系统 功能 报价 分析 港股 资讯 工具 帮助
证券交易未登录 海通证券
行情 资讯 交易 网站
600837 海通证券(日线,前复权)
止损依据：
折返幅度最重要（至少要连涨7%或连跌7%才能进出），勿轻易被大K线诱惑。
当个股强势时，总原则是早进晚出；而当个股弱势时，总原则是晚进早出。
12.00元买入
止损线
30.00
29.00
28.00
27.00
26.00
25.00
24.00
23.00
22.00
21.00
20.00
19.00
18.00
17.00
16.00
15.00
14.00
13.00
12.00
11.00
2014年 7 8 9 10 11 12 1 2 3 4 5 6 7 8
日线
扩展 关联报价

图210

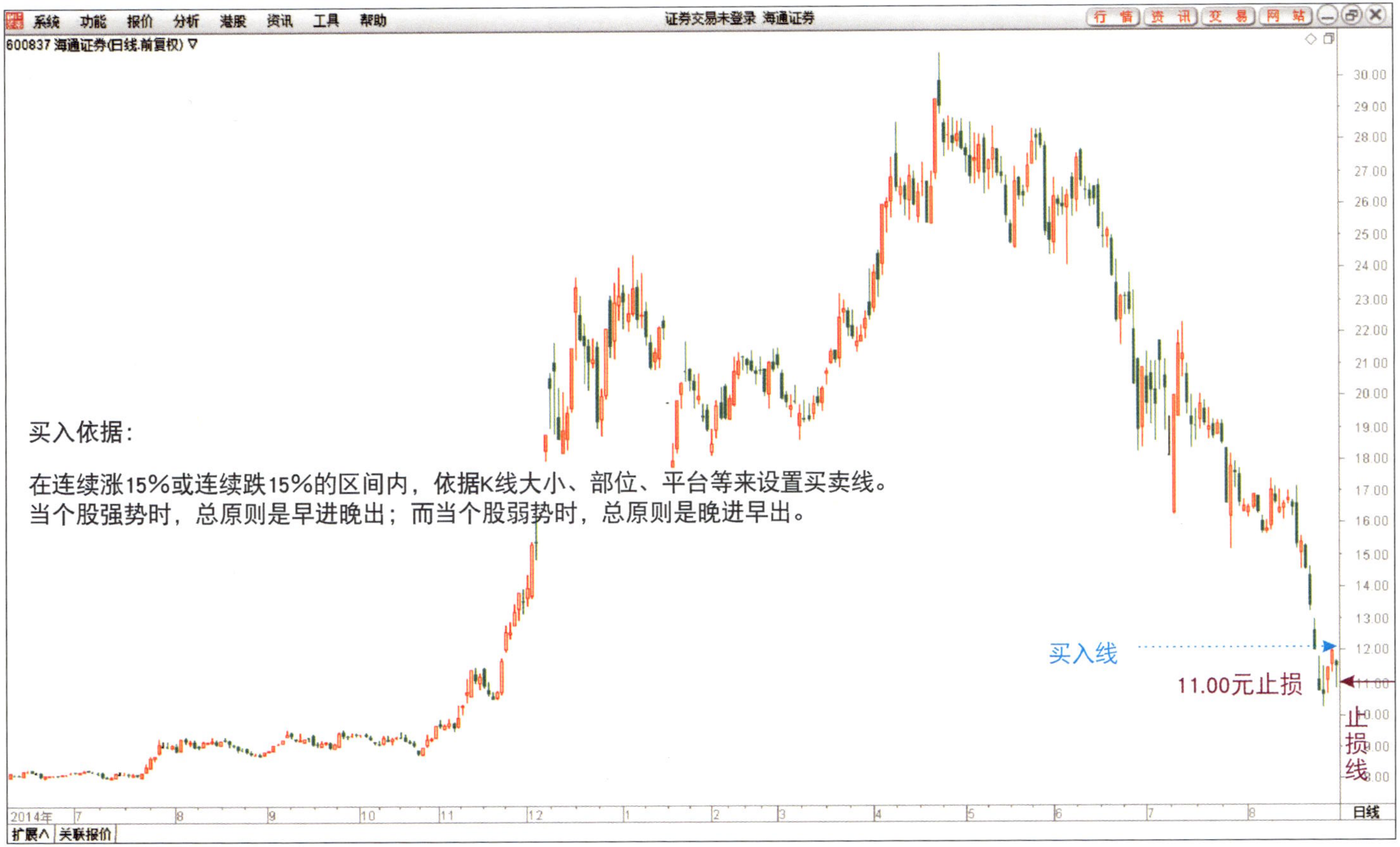
系统 功能 报价 分析 港股 资讯 工具 帮助
证券交易未登录 海通证券
行情 资讯 交易 网站
600837 海通证券(日线,前复权)
买入依据：
在连续涨15%或连续跌15%的区间内，依据K线大小、部位、平台等来设置买卖线。
当个股强势时，总原则是早进晚出；而当个股弱势时，总原则是晚进早出。
买入线
11.00元止损
止损线
30.00
29.00
28.00
27.00
26.00
25.00
24.00
23.00
22.00
21.00
20.00
19.00
18.00
17.00
16.00
15.00
14.00
13.00
12.00
2014年
7
8
9
10
11
12
1
2
3
4
5
6
7
8
日线
扩展
关联报价

图211

系统 功能 报价 分析 港股 资讯 工具 帮助
证券交易未登录 海通证券
行情 资讯 交易 网站
600837 海通证券(日线,前复权)
价格未新跌过多，不下移买入线。
买入线
30.00
29.00
28.00
27.00
26.00
25.00
24.00
23.00
22.00
21.00
20.00
19.00
18.00
17.00
16.00
15.00
14.00
13.00
12.00
11.00
10.00
9.00
8.00
2014年
7
8
9
10
11
12
1
2
3
4
5
6
7
8
日线
扩展∧
关联报价

图212

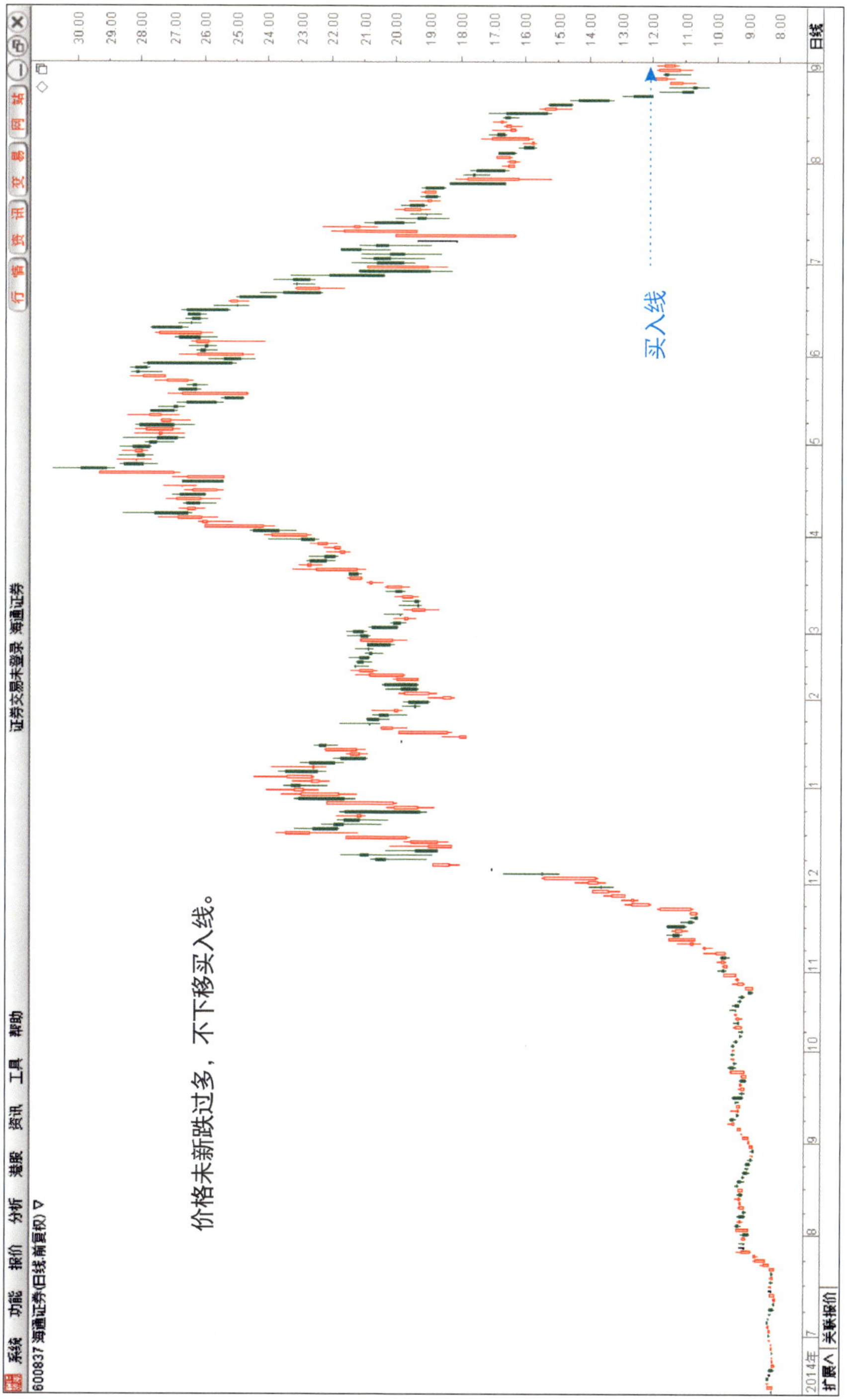

图213

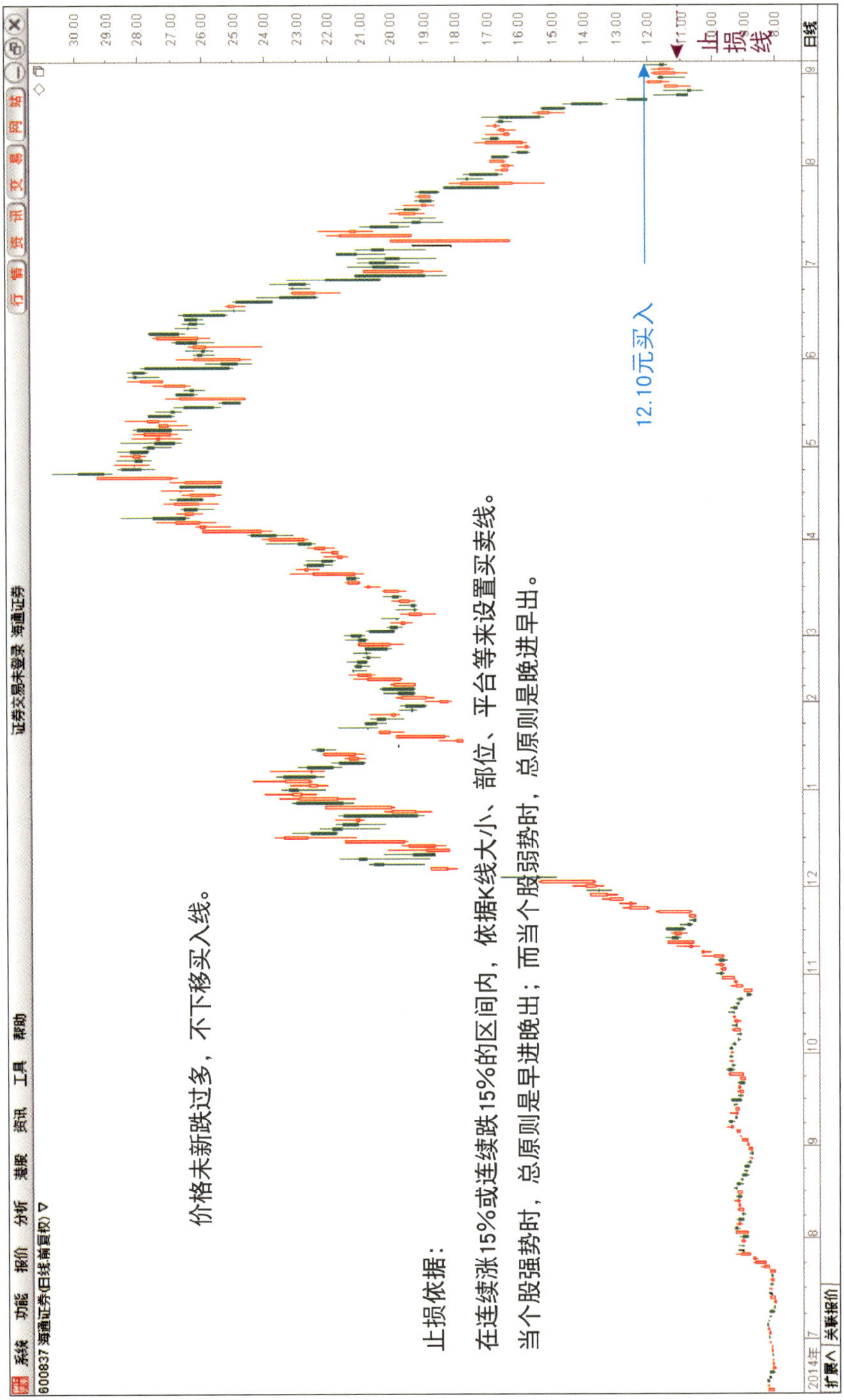

系统 功能 报价 分析 港股 资讯 工具 帮助
证券交易未登录 海通证券
行情 资讯 交易 网站
600837 海通证券(日线,前复权)
价格未新跌过多，不下移买入线。
止损依据：
在连续涨15%或连续跌15%的区间内，依据K线大小、部位、平台等来设置买卖线。
当个股强势时，总原则是早进晚出；而当个股弱势时，总原则是晚进早出。
12.10元买入
止损线
30.00
29.00
28.00
27.00
26.00
25.00
24.00
23.00
22.00
21.00
20.00
19.00
18.00
17.00
16.00
15.00
14.00
13.00
12.00
2014年
日线
扩展∧ 关联报价

图214

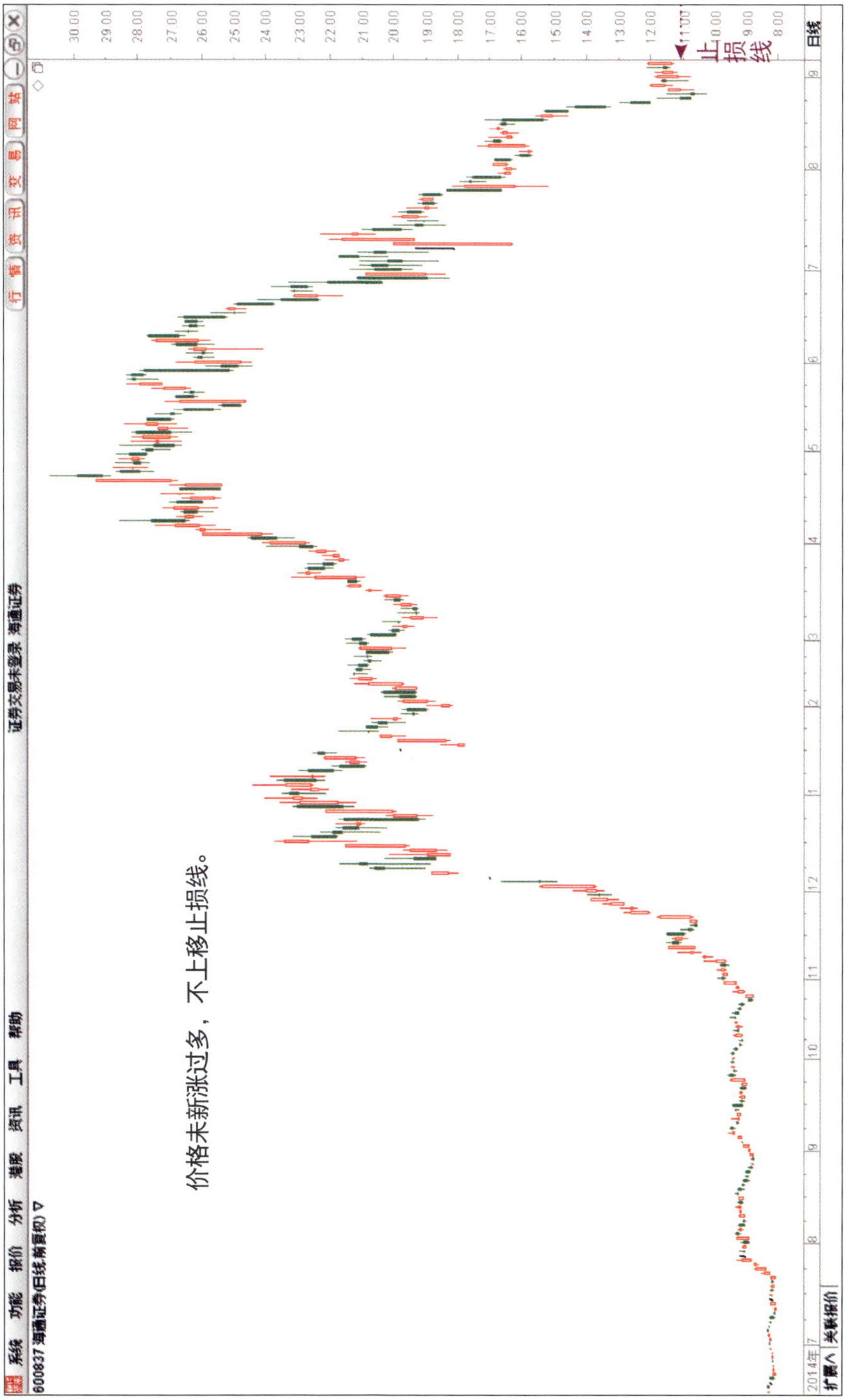

图215

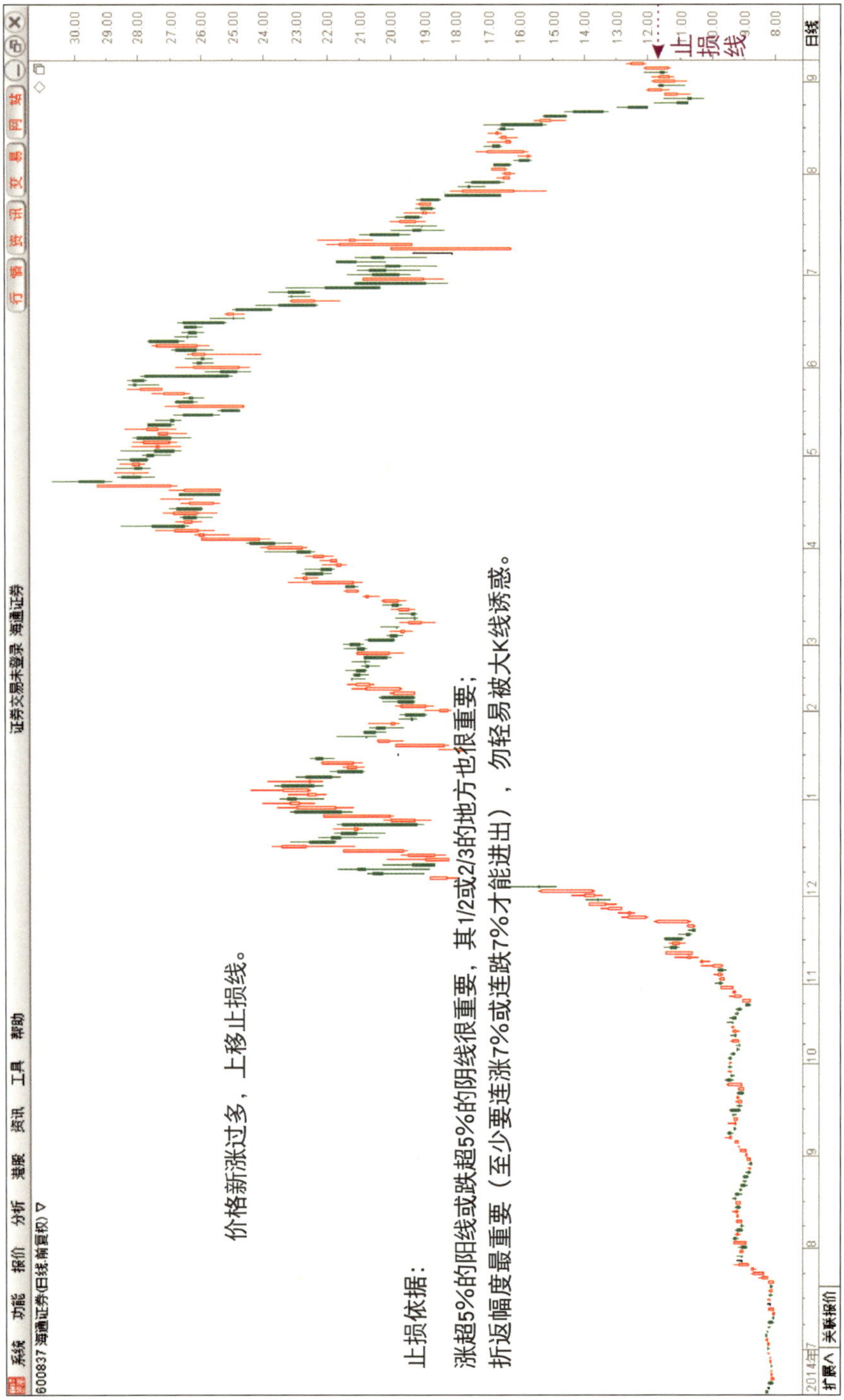

系统 功能 报价 分析 港股 资讯 工具 帮助
证券交易未登录 海通证券
行情 资讯 交易 网站
600837 海通证券(日线,前复权)
价格新涨过多，上移止损线。
止损依据：
涨超5%的阳线或跌超5%的阴线很重要，其1/2或2/3的地方也很重要；
折返幅度最重要（至少要连涨7%或连跌7%才能进出），勿轻易被大K线诱惑。
止损线
30.00
29.00
28.00
27.00
26.00
25.00
24.00
23.00
22.00
21.00
20.00
19.00
18.00
17.00
16.00
15.00
14.00
13.00
12.00
8.00
2014年7
8
9
10
11
12
1
2
3
4
5
6
7
8
9
日线
扩展 关联报价

图216

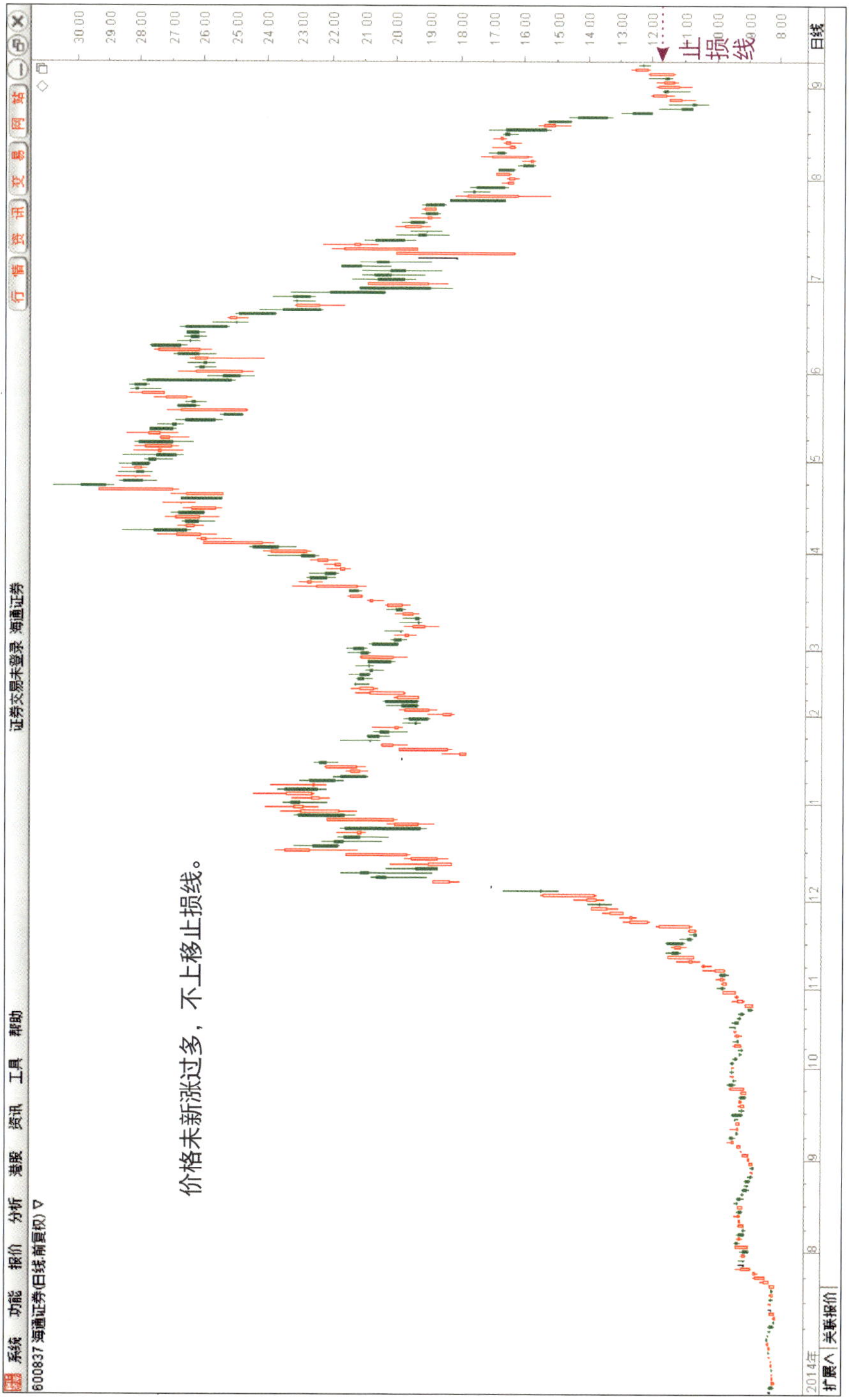

图217

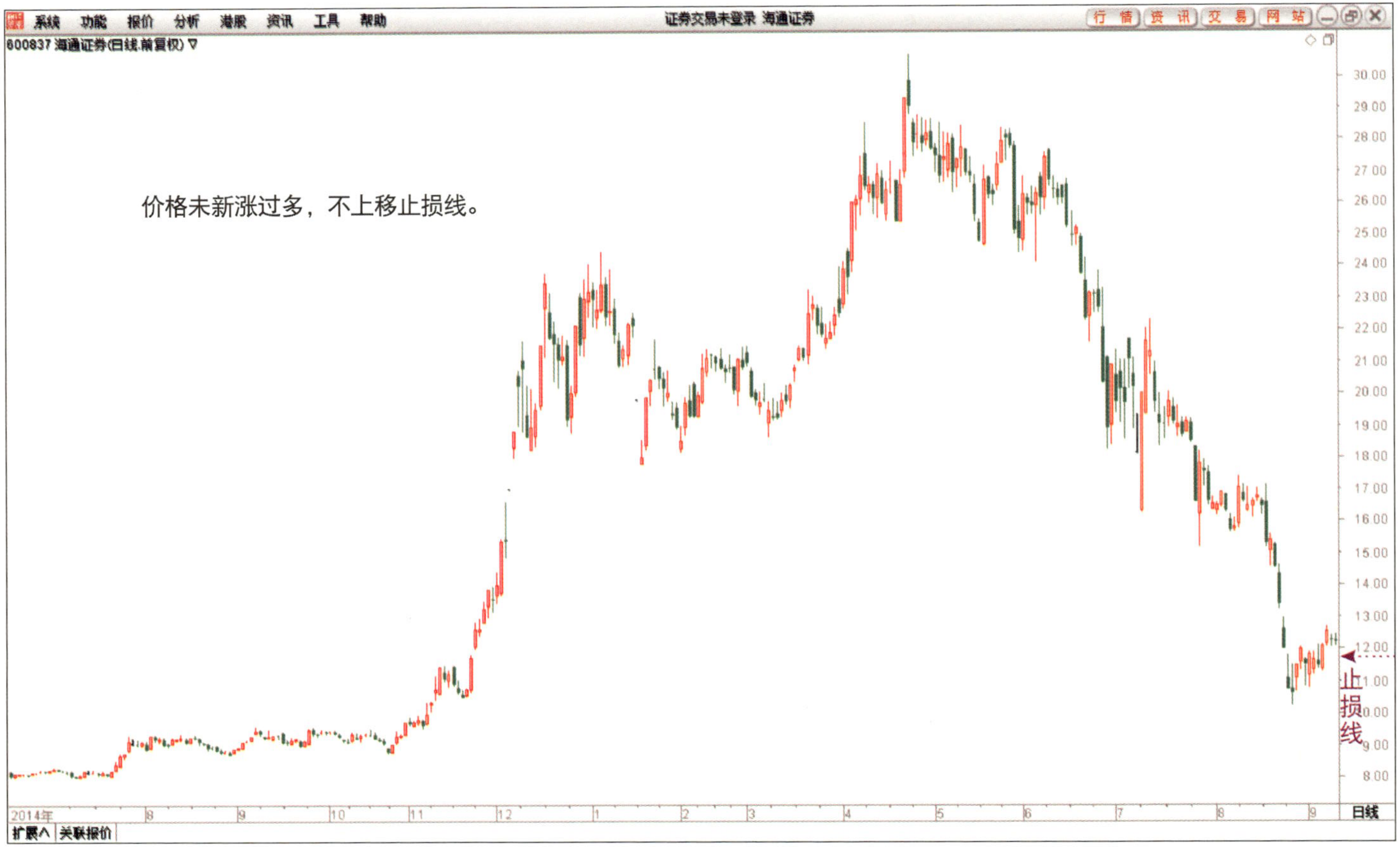
系统 功能 报价 分析 港股 资讯 工具 帮助
证券交易未登录 海通证券
行情 资讯 交易 网站
600837 海通证券(日线,前复权)
价格未新涨过多，不上移止损线。
止损线
30.00
29.00
28.00
27.00
26.00
25.00
24.00
23.00
22.00
21.00
20.00
19.00
18.00
17.00
16.00
15.00
14.00
13.00
12.00
11.00
10.00
9.00
8.00
2014年
8
9
10
11
12
1
2
3
4
5
6
7
8
9
日线
扩展
关联报价

图218

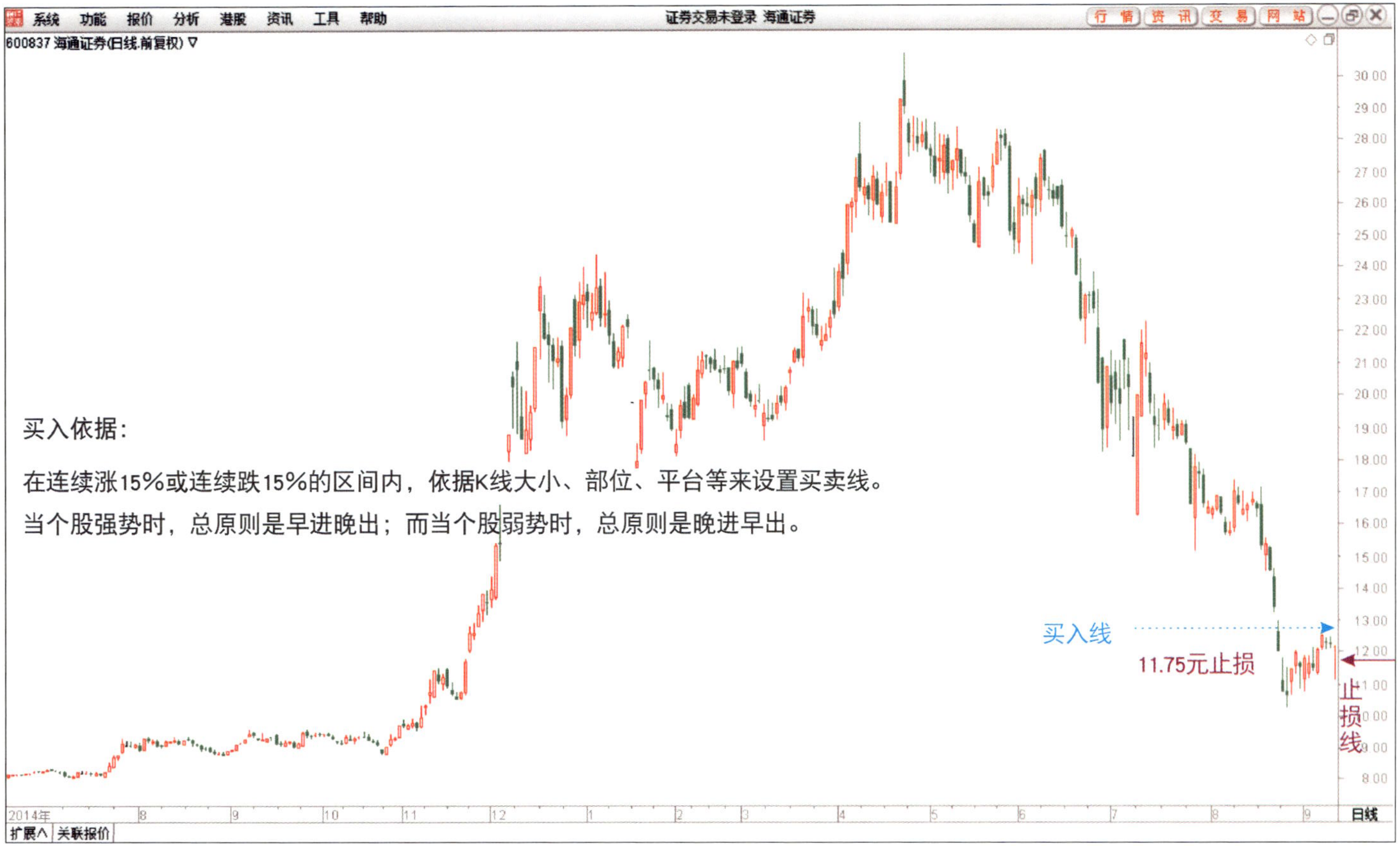
系统 功能 报价 分析 港股 资讯 工具 帮助
证券交易未登录 海通证券
行情 资讯 交易 网站
600837 海通证券(日线,前复权)
买入依据：
在连续涨15%或连续跌15%的区间内，依据K线大小、部位、平台等来设置买卖线。
当个股强势时，总原则是早进晚出；而当个股弱势时，总原则是晚进早出。
买入线
11.75元止损
止损线
日线
扩展 关联报价

图219

系统 功能 报价 分析 港股 资讯 工具 帮助
证券交易未登录 海通证券
行情 资讯 交易 网站
600837 海通证券(日线,前复权) ▽
价格未新跌过多，不下移买入线。
买入线
30.00
29.00
28.00
27.00
26.00
25.00
24.00
23.00
22.00
21.00
20.00
19.00
18.00
17.00
16.00
15.00
14.00
13.00
12.00
11.00
10.00
9.00
8.00
2014年
8
9
10
11
12
1
2
3
4
5
6
7
8
9
日线
扩展∧
关联报价

图220

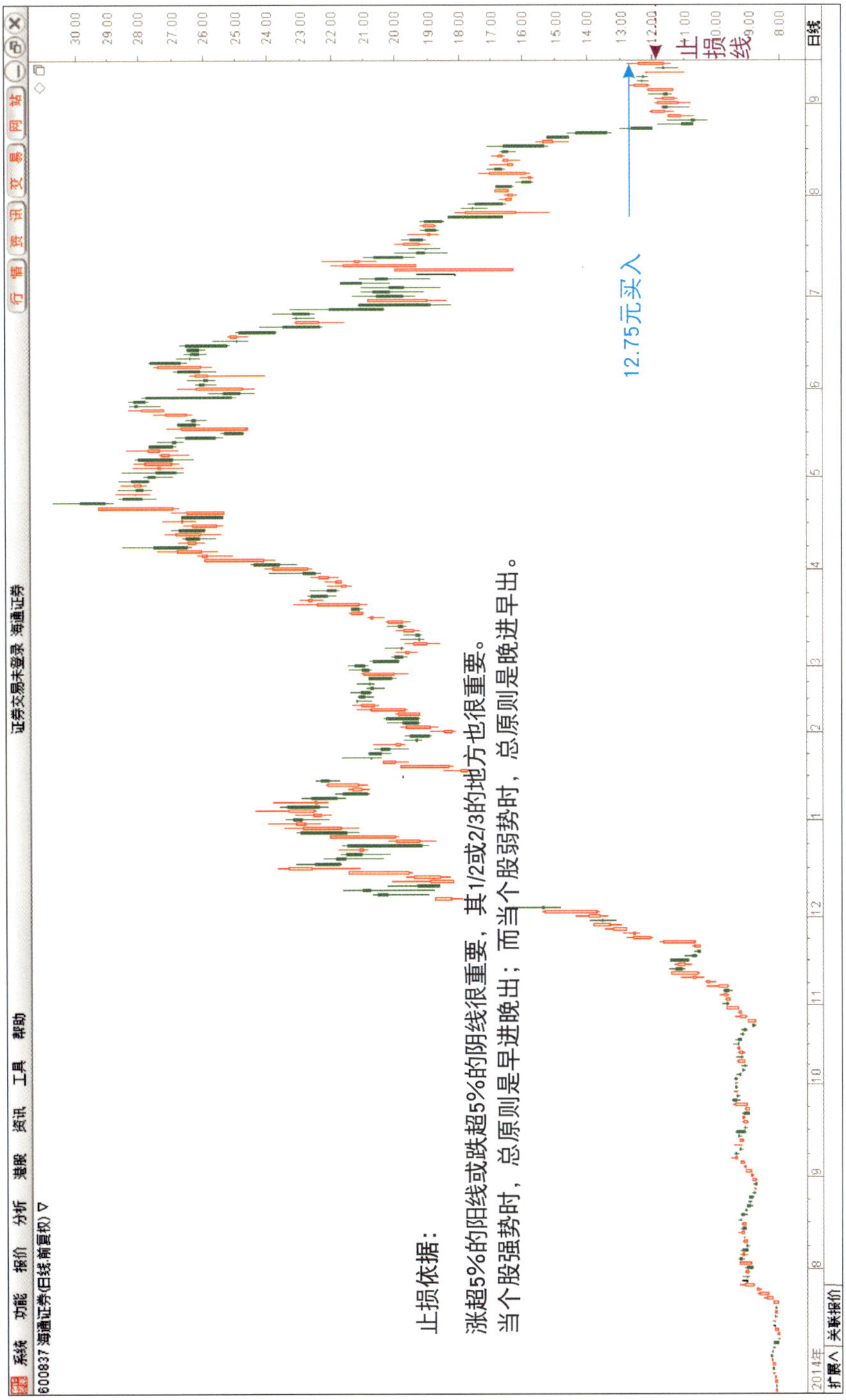
600837 海通证券(日线 前复权)
证券交易未登录 海通证券
12.75元买入
止损线
止损依据：
涨超5%的阳线或跌超5%的阴线很重要，其1/2或2/3的地方也很重要。
当个股强势时，总原则是早进晚出；而当个股弱势时，总原则是晚进早出。
日线

图221

系统 功能 报价 分析 港股 资讯 工具 帮助
证券交易未登录 海通证券
行情 资讯 交易 网站
600837 海通证券(日线,前复权) ▽
价格未新涨过多，不上移止损线。
止损线
30.00
29.00
28.00
27.00
26.00
25.00
24.00
23.00
22.00
21.00
20.00
19.00
18.00
17.00
16.00
15.00
14.00
13.00
12.00
11.00
10.00
9.00
8.00
2014年 8 9 10 11 12 1 2 3 4 5 6 7 8 9
日线
扩展∧ 关联报价

图222

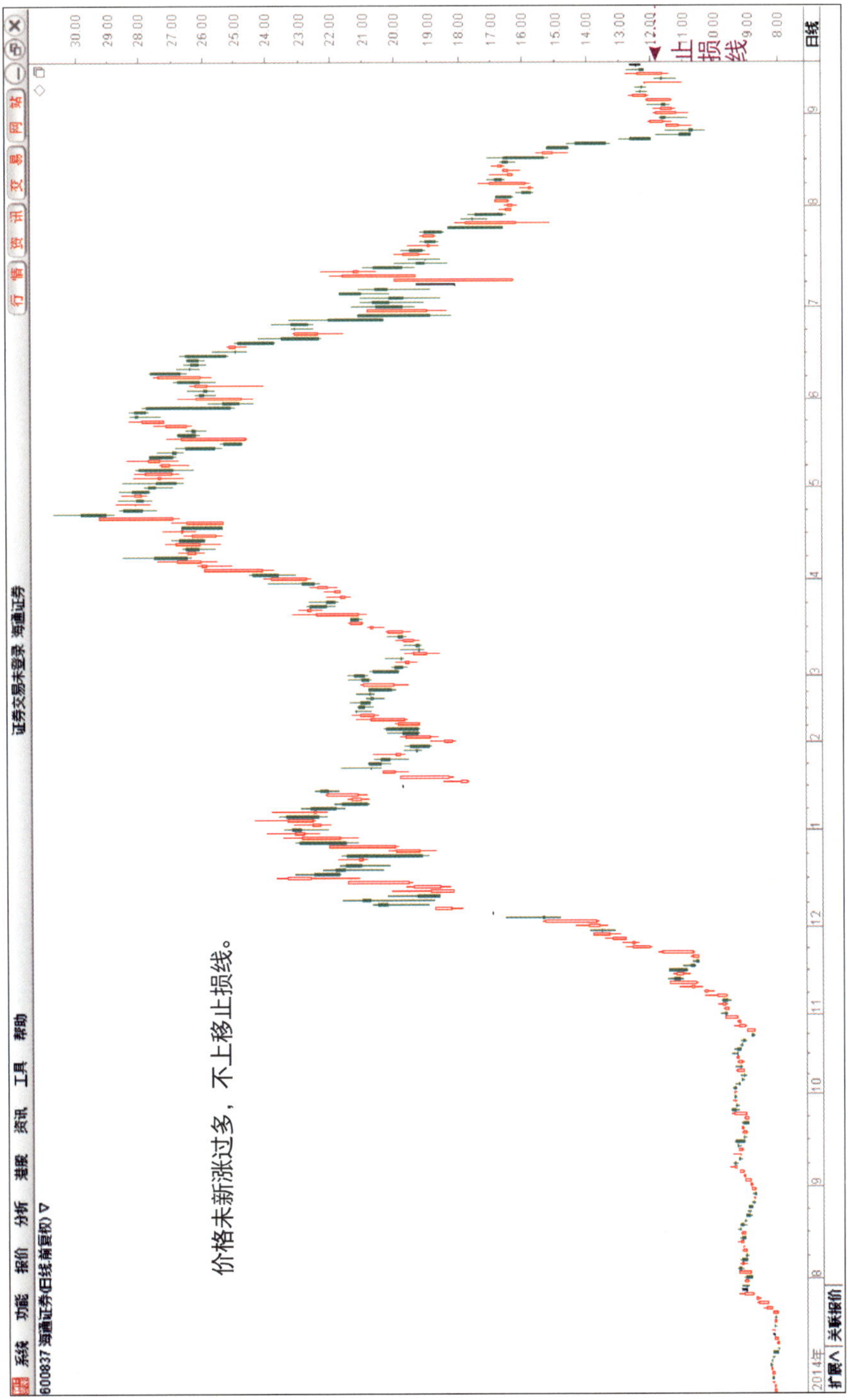

图223

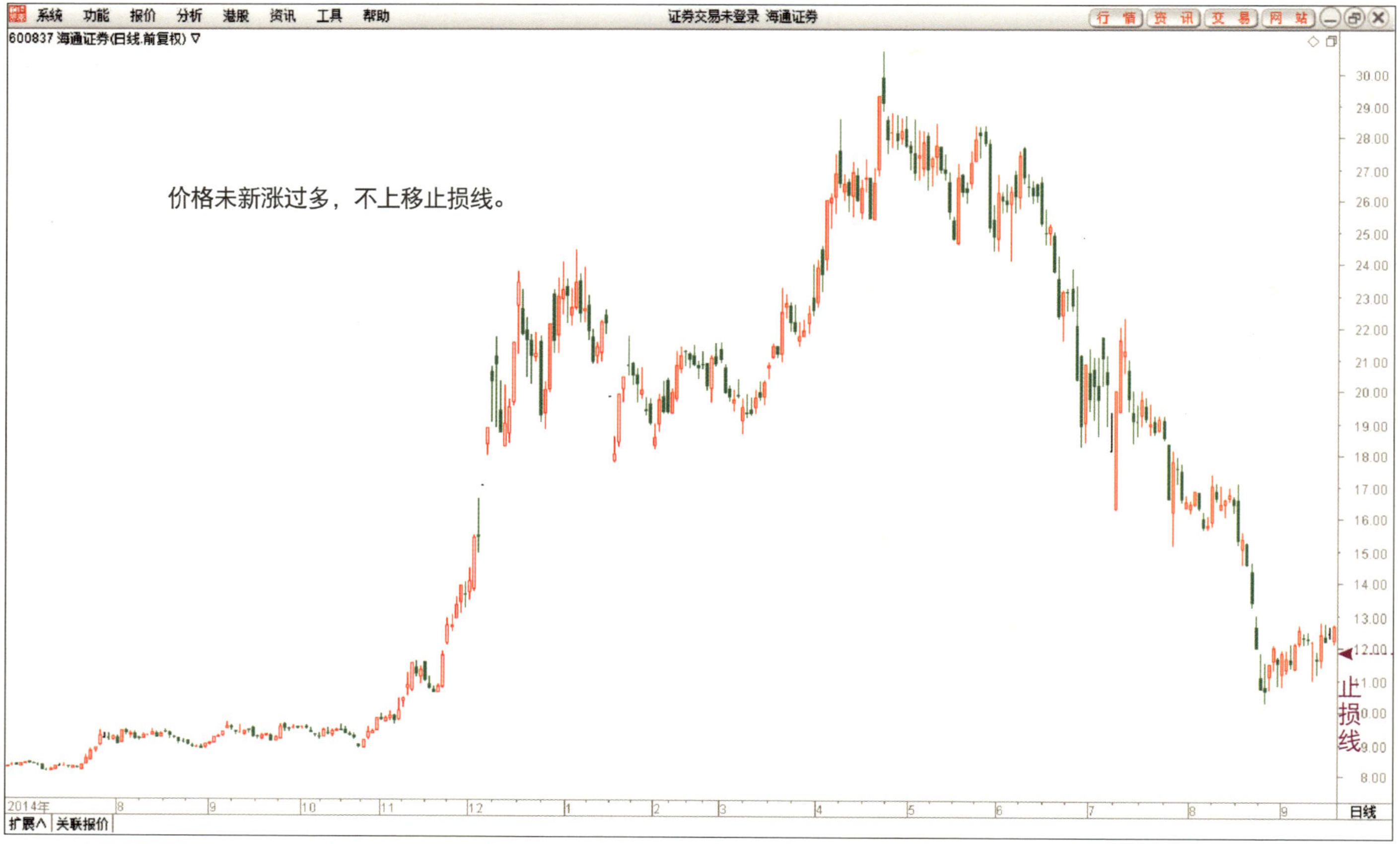
系统 功能 报价 分析 港股 资讯 工具 帮助
证券交易未登录 海通证券
行情 资讯 交易 网站
600837 海通证券(日线,前复权) ▽
价格未新涨过多，不上移止损线。
30.00
29.00
28.00
27.00
26.00
25.00
24.00
23.00
22.00
21.00
20.00
19.00
18.00
17.00
16.00
15.00
14.00
13.00
12.00
11.00
10.00
9.00
8.00
止损线
2014年 8 9 10 11 12 1 2 3 4 5 6 7 8 9
日线
扩展∧ 关联报价

图224

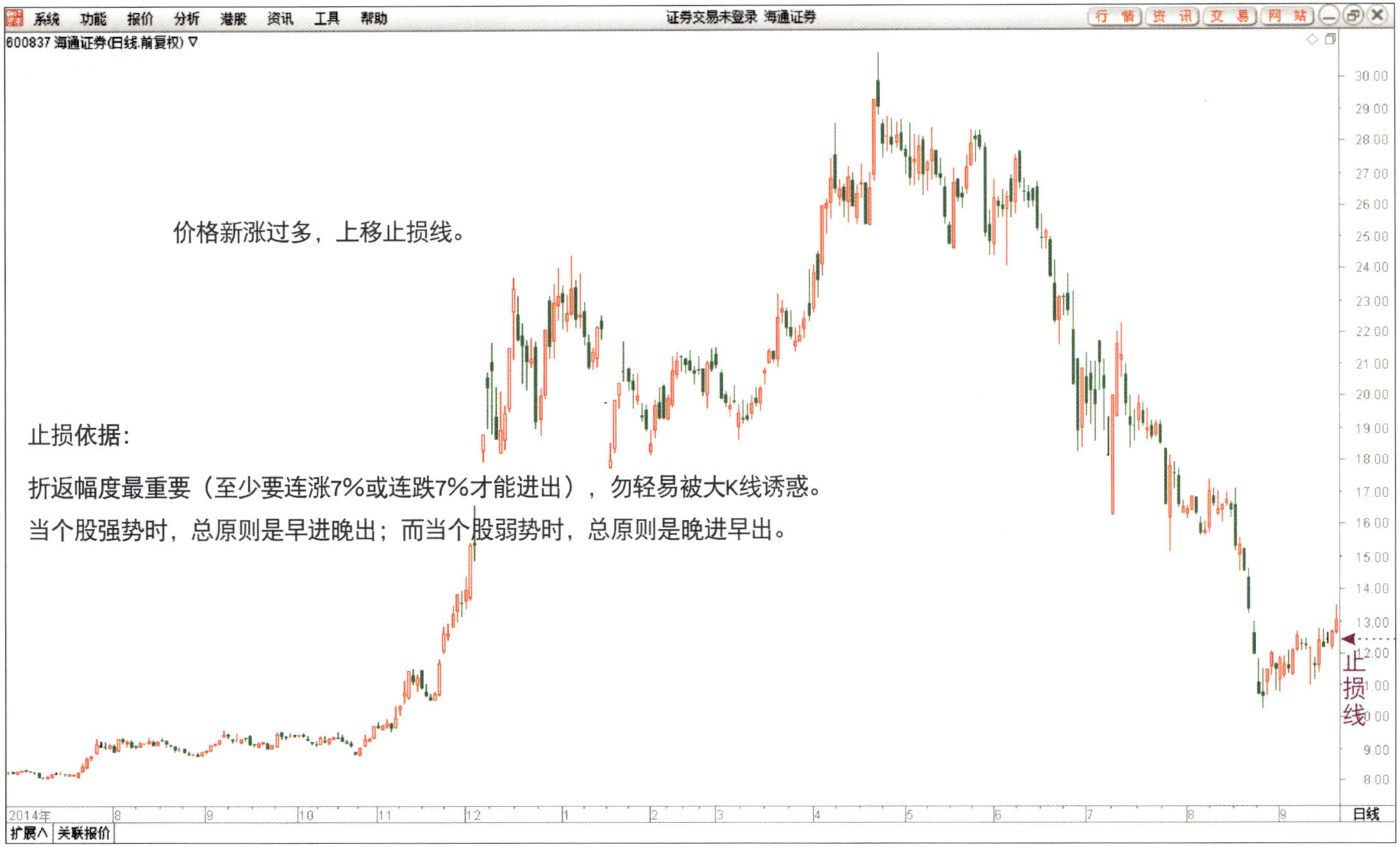
系统 功能 报价 分析 港股 资讯 工具 帮助
证券交易未登录 海通证券
行情 资讯 交易 网站
600837 海通证券(日线,前复权)
价格新涨过多，上移止损线。
止损依据：
折返幅度最重要（至少要连涨7%或连跌7%才能进出），勿轻易被大K线诱惑。
当个股强势时，总原则是早进晚出；而当个股弱势时，总原则是晚进早出。
止损线
30.00
29.00
28.00
27.00
26.00
25.00
24.00
23.00
22.00
21.00
20.00
19.00
18.00
17.00
16.00
15.00
14.00
13.00
12.00
11.00
10.00
9.00
8.00
2014年
8
9
10
11
12
1
2
3
4
5
6
7
8
9
日线
扩展∧ 关联报价

图225

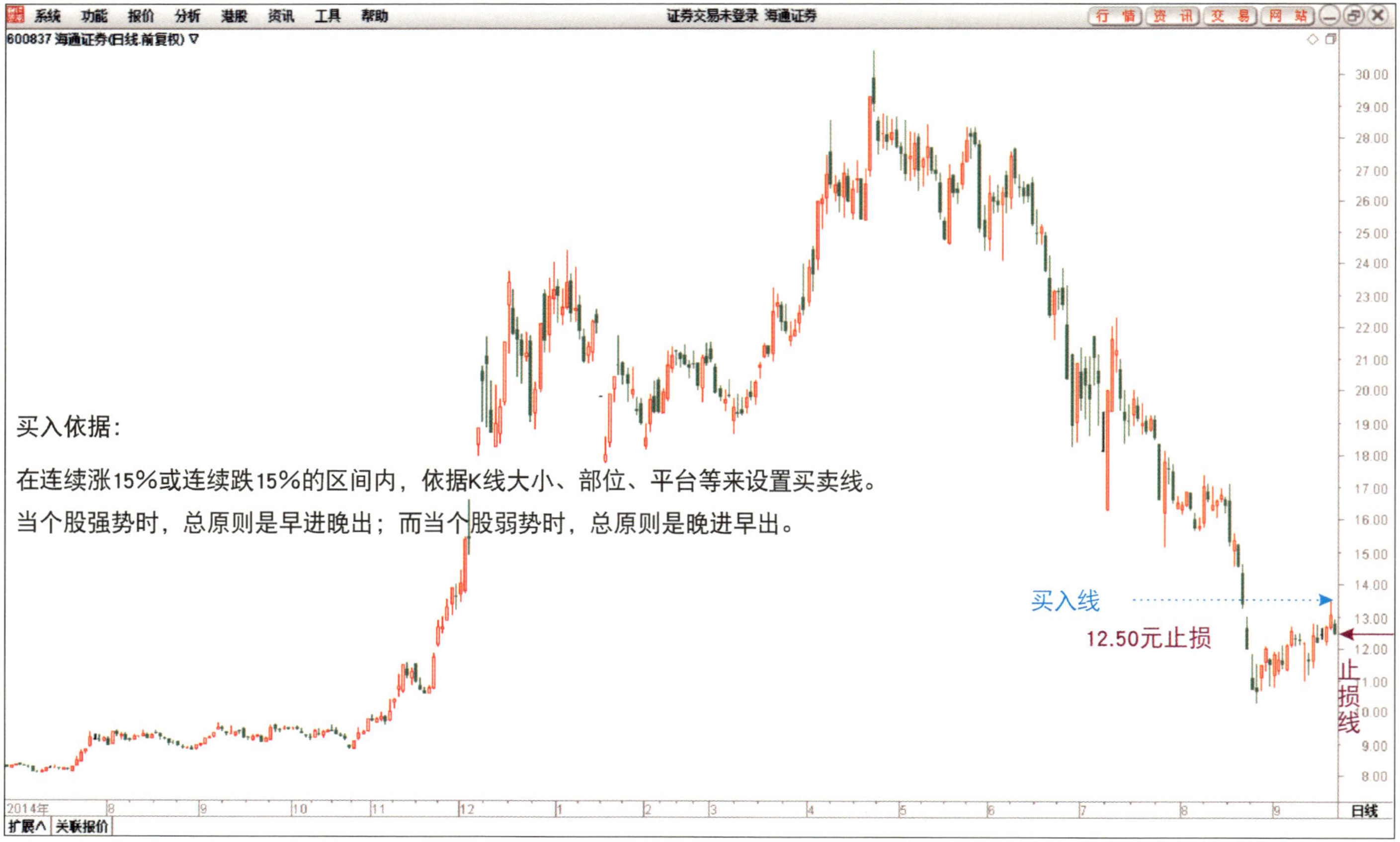
系统 功能 报价 分析 港股 资讯 工具 帮助
证券交易未登录 海通证券
行情 资讯 交易 网站
600837 海通证券(日线,前复权)
买入依据：
在连续涨15%或连续跌15%的区间内，依据K线大小、部位、平台等来设置买卖线。
当个股强势时，总原则是早进晚出；而当个股弱势时，总原则是晚进早出。
买入线
12.50元止损
止损线
日线
扩展 关联报价

图226

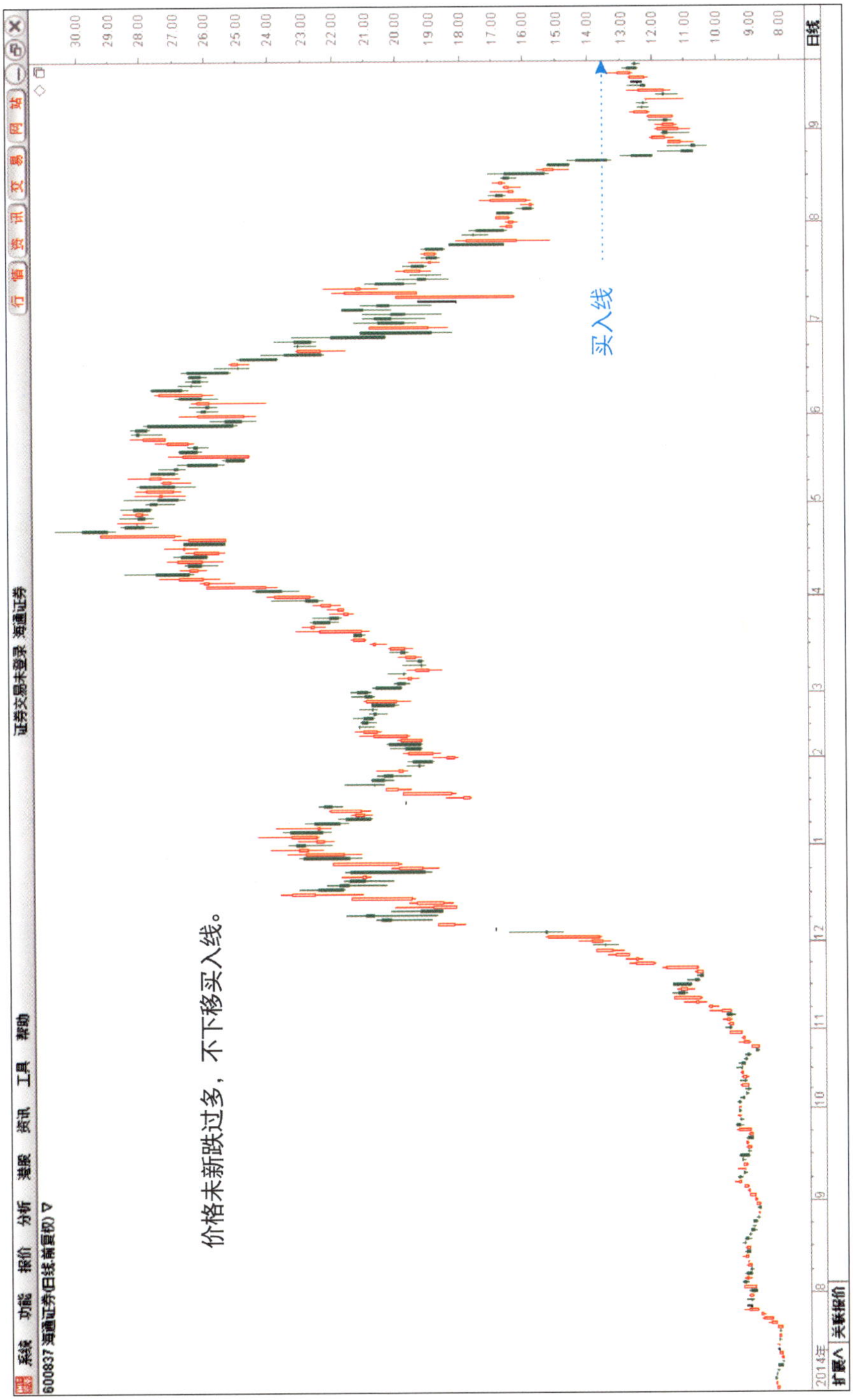
600837 海通证券(日线前复权)
系统 功能 报价 分析 港股 资讯 工具 帮助
证券交易未登录 海通证券
行情 资讯 交易 网站
买入线
价格未新跌过多，不下移买入线。
日线
扩展A 关联报价
2014年

图227

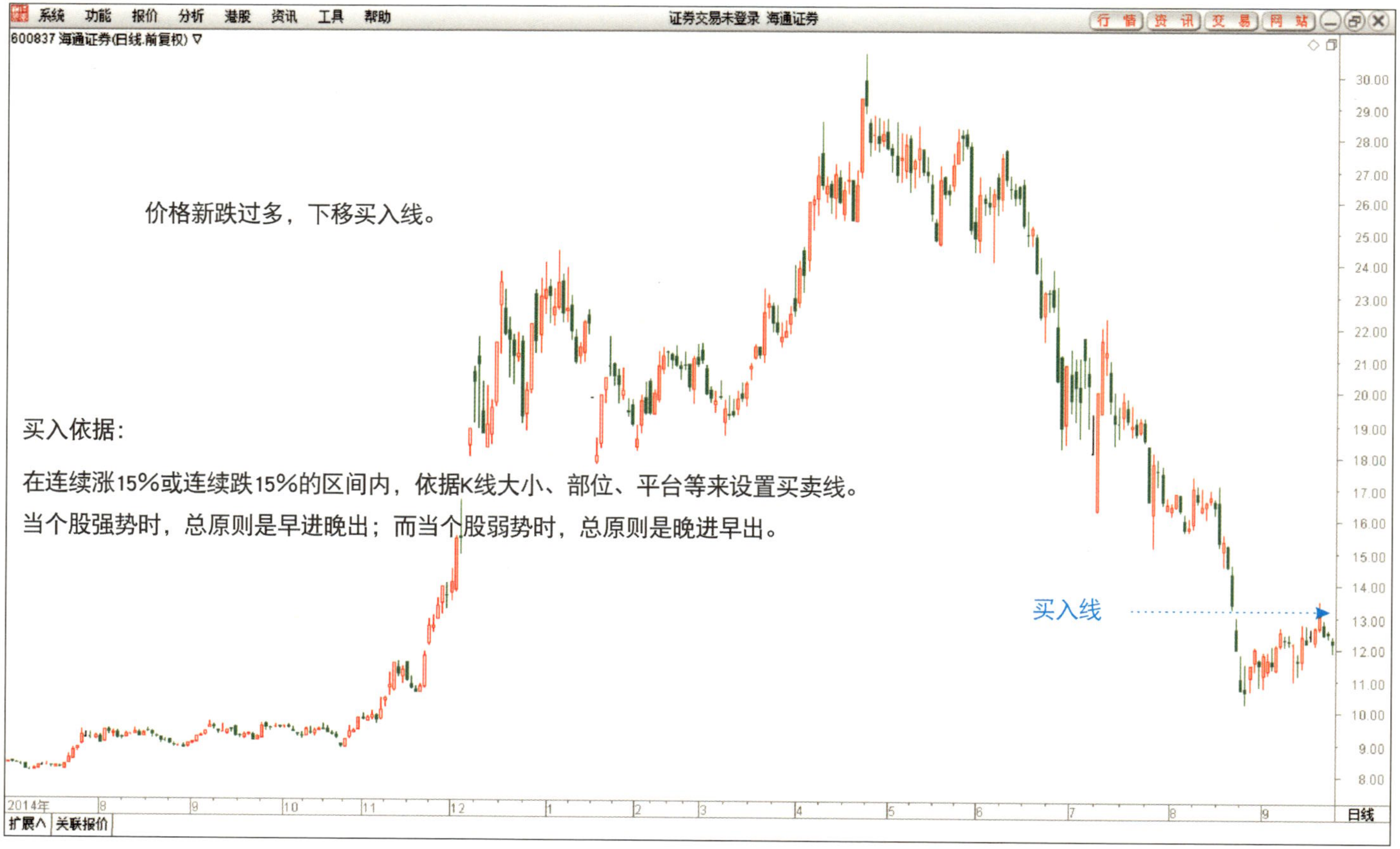
系统 功能 报价 分析 港股 资讯 工具 帮助
证券交易未登录 海通证券
行情 资讯 交易 网站
600837 海通证券(日线,前复权)
价格新跌过多，下移买入线。
买入依据：
在连续涨15%或连续跌15%的区间内，依据K线大小、部位、平台等来设置买卖线。
当个股强势时，总原则是早进晚出；而当个股弱势时，总原则是晚进早出。
买入线
30.00
29.00
28.00
27.00
26.00
25.00
24.00
23.00
22.00
21.00
20.00
19.00
18.00
17.00
16.00
15.00
14.00
13.00
12.00
11.00
10.00
9.00
8.00
2014年
8
9
10
11
12
1
2
3
4
5
6
7
8
9
日线
扩展∧ 关联报价

图228

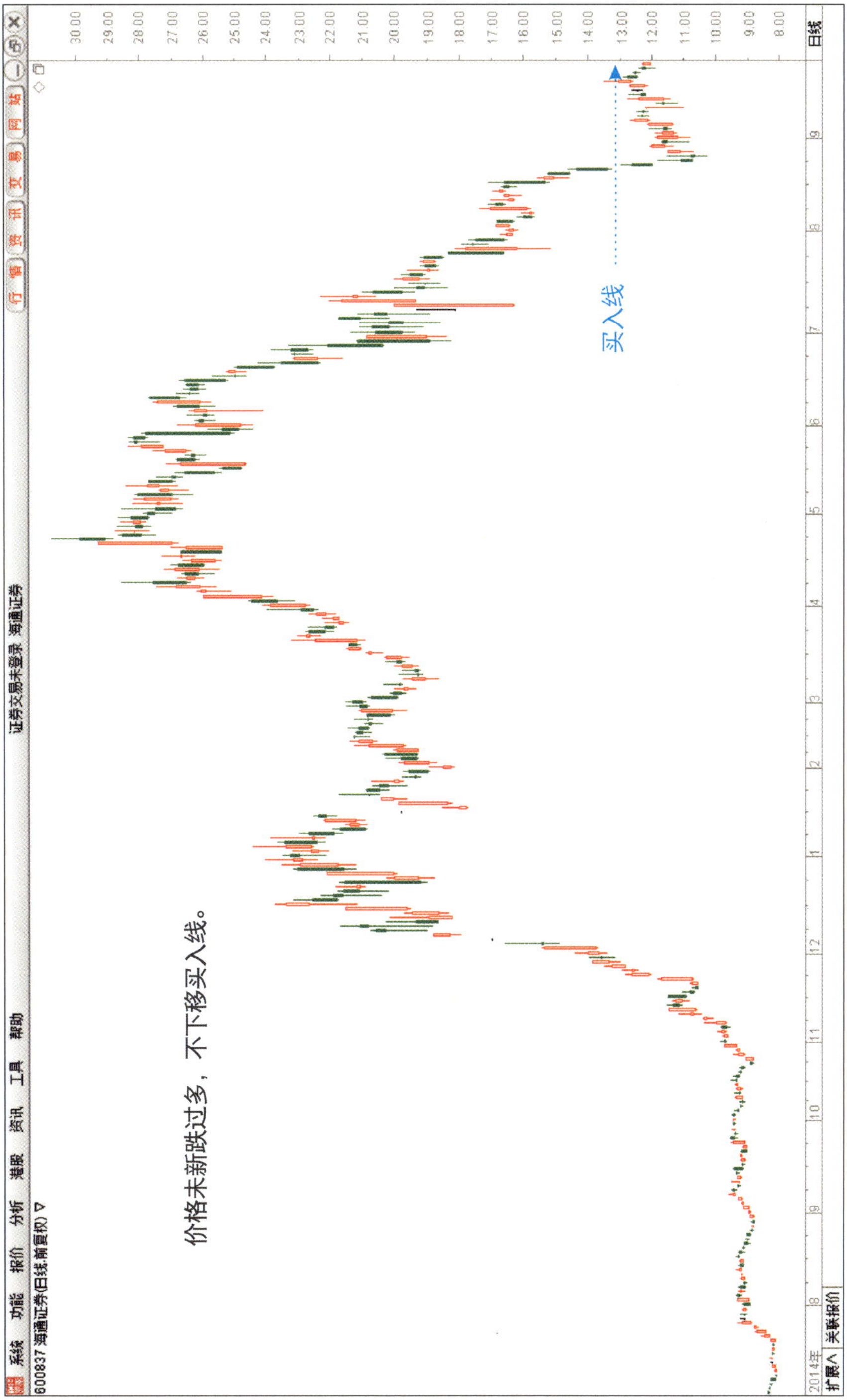

系统 功能 报价 分析 港股 资讯 工具 帮助
证券交易未登录 海通证券
行情 资讯 交易 网站
600837 海通证券(日线,前复权)
价格未新跌过多，不下移买入线。
买入线
日线

图229

系统 功能 报价 分析 港股 资讯 工具 帮助
证券交易未登录 海通证券
行情 资讯 交易 网站
600837 海通证券(日线 前复权)
价格未新跌过多，不下移买入线。
买入线
30.00
29.00
28.00
27.00
26.00
25.00
24.00
23.00
22.00
21.00
20.00
19.00
18.00
17.00
16.00
15.00
14.00
13.00
12.00
11.00
10.00
9.00
8.00
2014年 8 9 10 11 12 1 2 3 4 5 6 7 8 9
日线
扩展 关联报价

图230

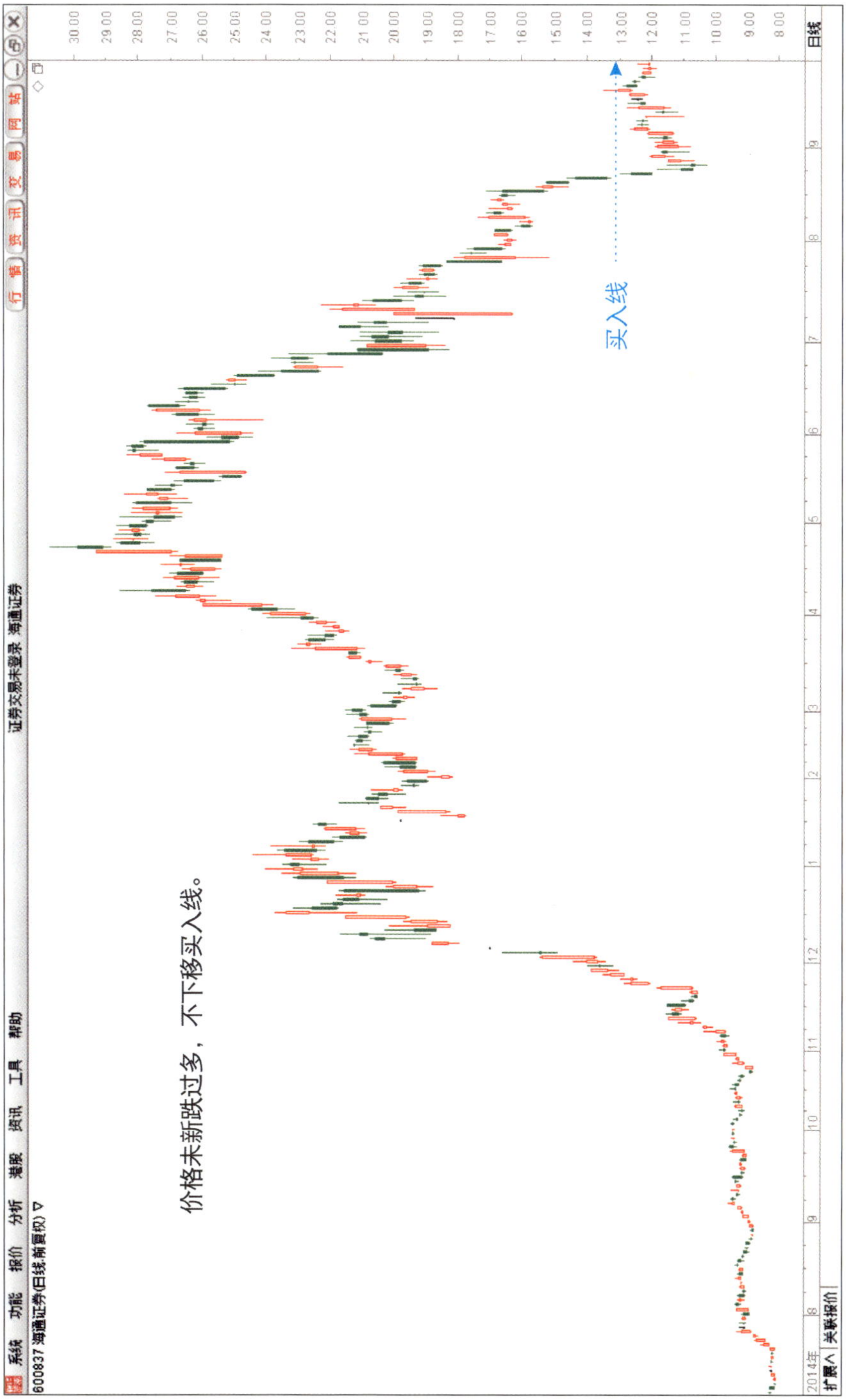
系统 功能 报价 分析 港股 资讯 工具 帮助
证券交易未登录 海通证券
行情 资讯 交易 网站
600837 海通证券(日线,前复权)
价格未新跌过多，不下移买入线。
买入线
日线
2014年
扩展∧ 关联报价

图231

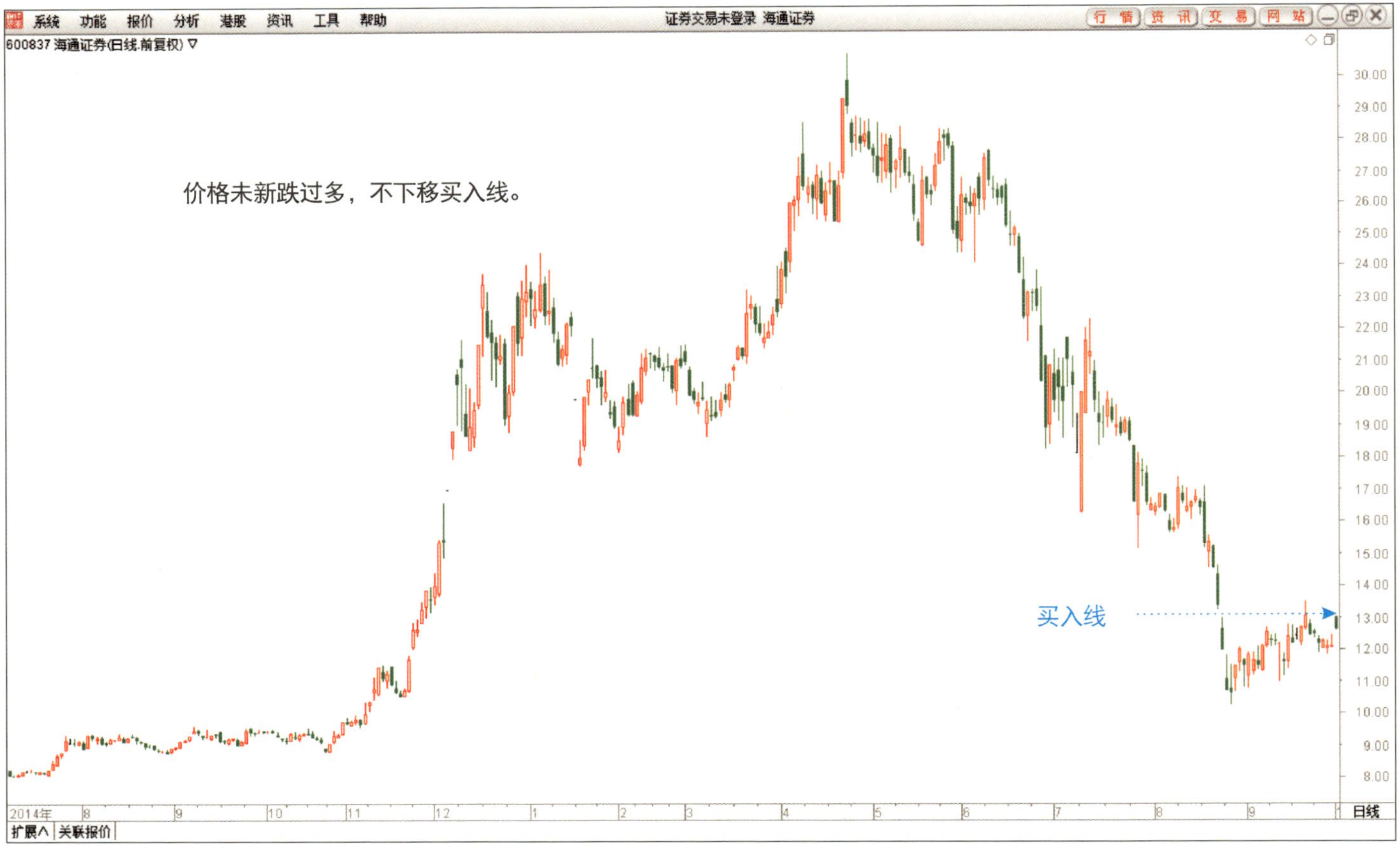
系统 功能 报价 分析 港股 资讯 工具 帮助
证券交易未登录 海通证券
行情 资讯 交易 网站
600837 海通证券(日线,前复权)
价格未新跌过多，不下移买入线。
买入线
30.00
29.00
28.00
27.00
26.00
25.00
24.00
23.00
22.00
21.00
20.00
19.00
18.00
17.00
16.00
15.00
14.00
13.00
12.00
11.00
10.00
9.00
8.00
2014年
8
9
10
11
12
1
2
3
4
5
6
7
8
9
日线
扩展 关联报价

图232

系统 功能 报价 分析 港股 资讯 工具 帮助
证券交易未登录 海通证券
行情 资讯 交易 网站
600837 海通证券(日线,前复权) ▽
根据规则不能买入，收盘后抬高买入价。
买入依据：
买入时个股至少要涨1%，即若某日收盘价离买入线很近，则抬高买入线。
买入线
30.00
29.00
28.00
27.00
26.00
25.00
24.00
23.00
22.00
21.00
20.00
19.00
18.00
17.00
16.00
15.00
14.00
13.00
12.00
11.00
10.00
9.00
8.00
2014年 8 9 10 11 12 1 2 3 4 5 6 7 8 9 1
日线
扩展∧ 关联报价

图233

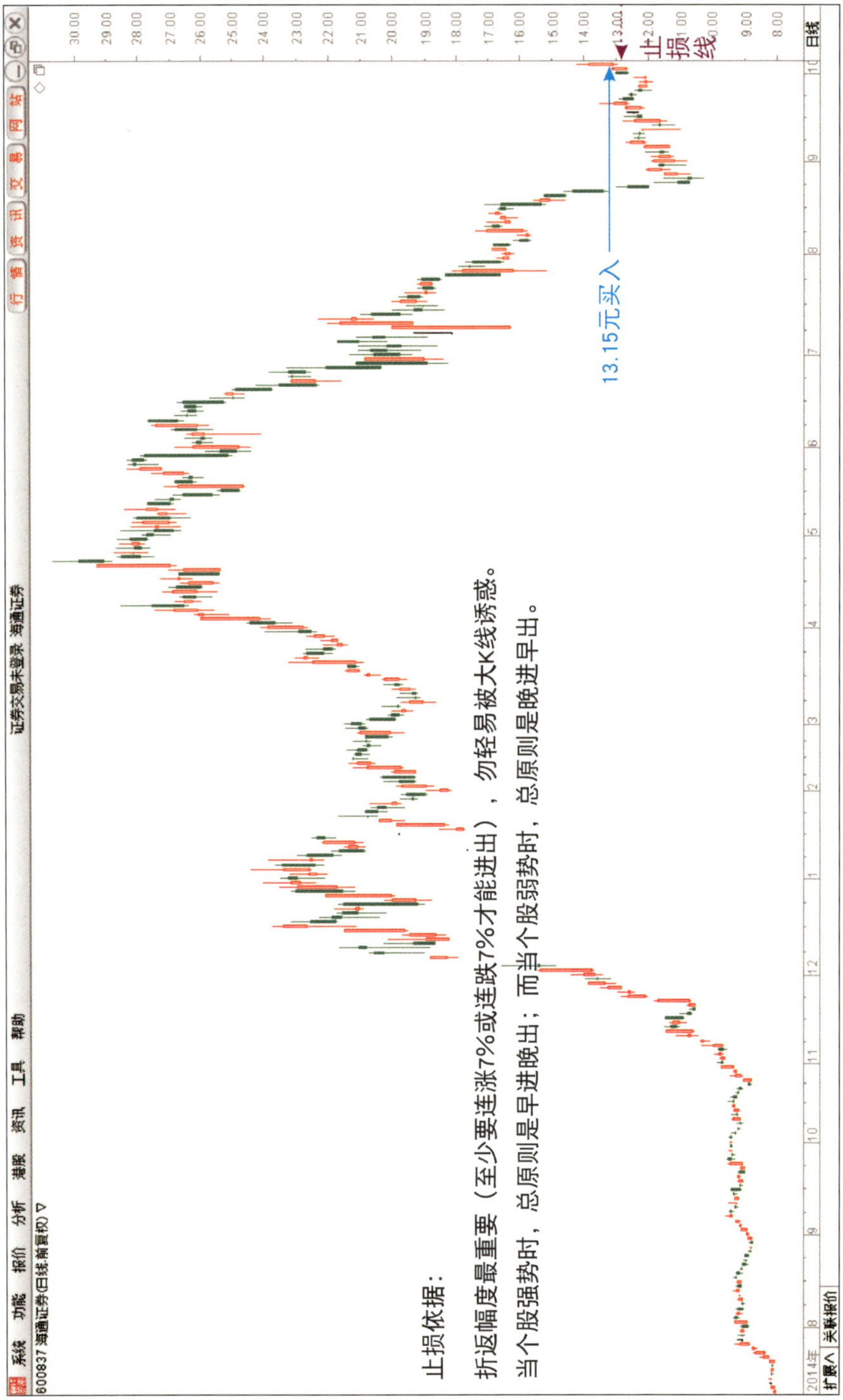
600837 海通证券(日线 前复权)
证券交易未登录 海通证券
止损依据：
折返幅度最重要（至少要连涨7%或连跌7%才能进出），勿轻易被大K线诱惑。
当个股强势时，总原则是早进晚出；而当个股弱势时，总原则是晚进早出。
13.15元买入
止损线

图234

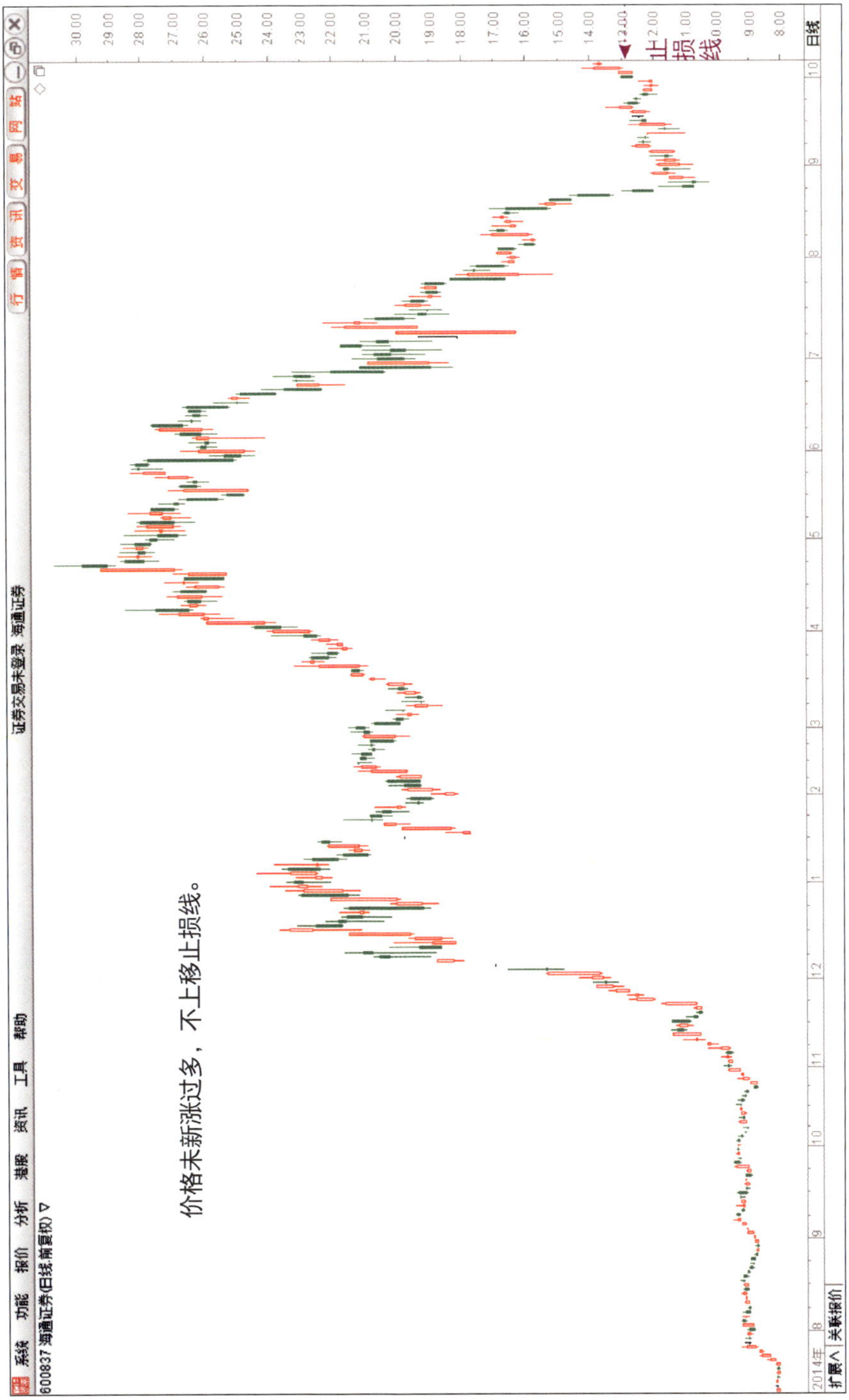
系统 功能 报价 分析 港股 资讯 工具 帮助
600837 海通证券(日线 前复权)
证券交易未登录 海通证券
行情 资讯 交易 网站
价格未新涨过多，不上移止损线。
止损线
日线
扩展 关联报价

图235

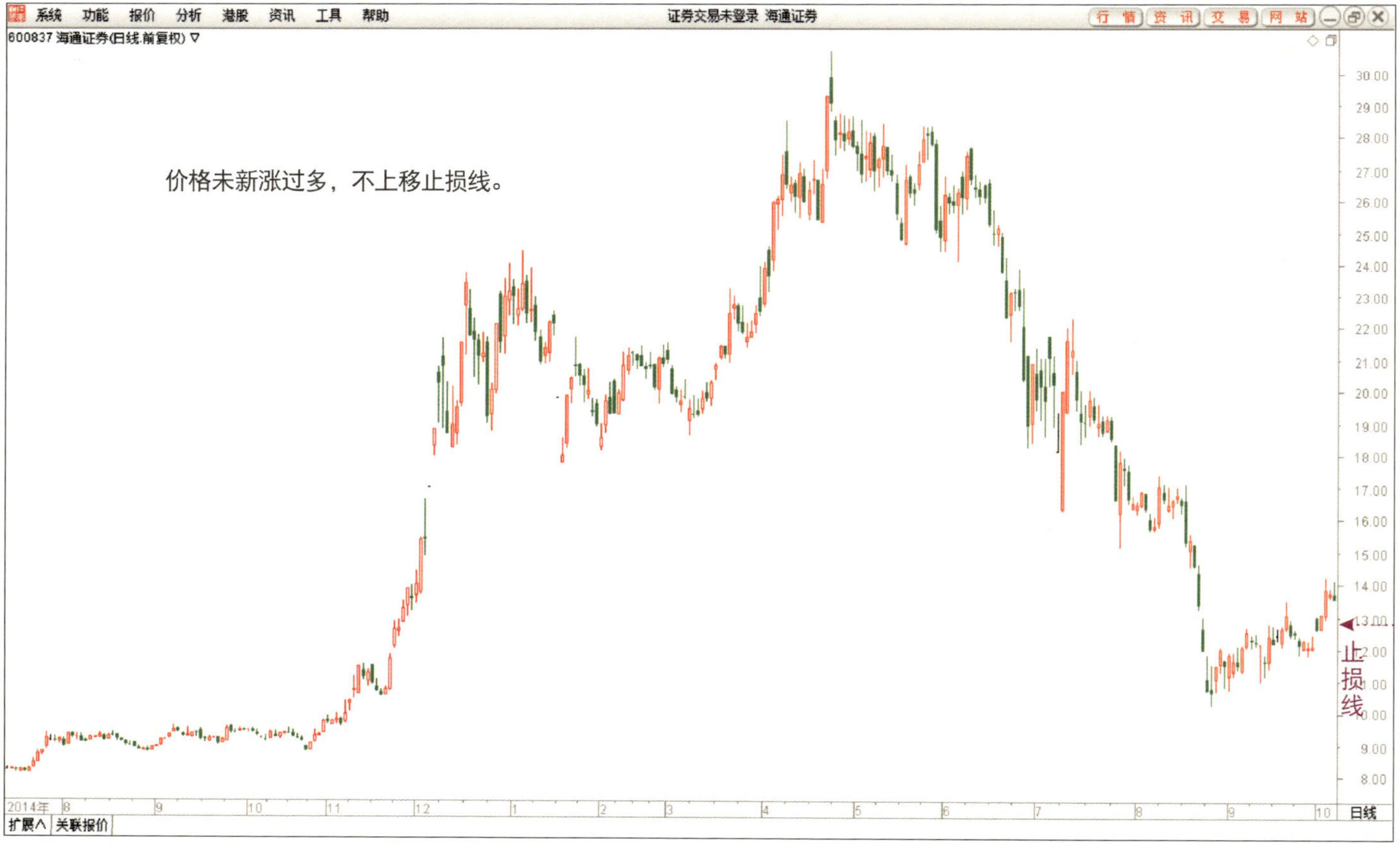
系统 功能 报价 分析 港股 资讯 工具 帮助
证券交易未登录 海通证券
行情 资讯 交易 网站
600837 海通证券(日线,前复权) ▽
价格未新涨过多，不上移止损线。
止损线
30.00
29.00
28.00
27.00
26.00
25.00
24.00
23.00
22.00
21.00
20.00
19.00
18.00
17.00
16.00
15.00
14.00
13.00
9.00
8.00
2014年 8 9 10 11 12 1 2 3 4 5 6 7 8 9 10
日线
扩展∧ 关联报价

图236

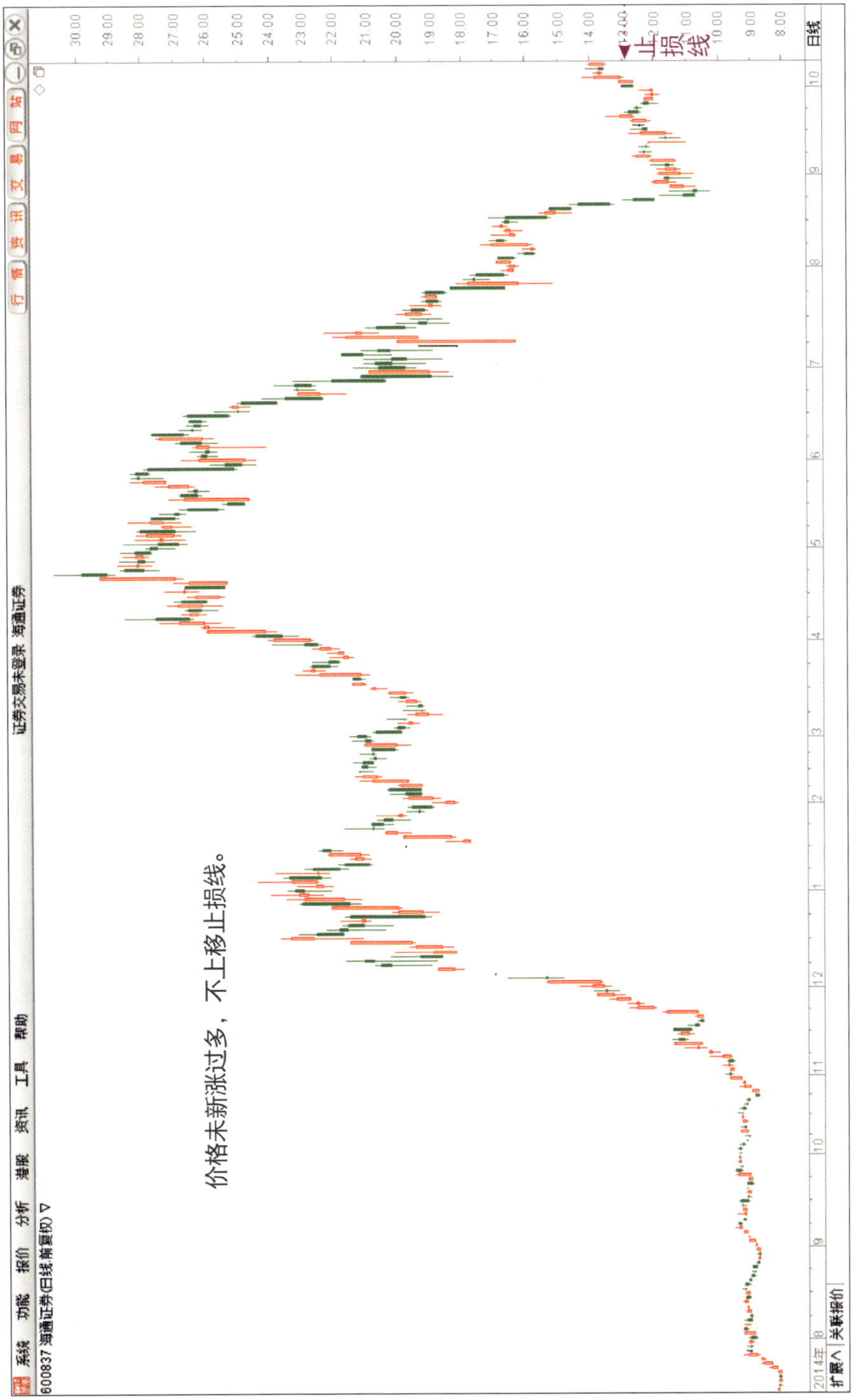
系统 功能 报价 分析 港股 资讯 工具 帮助
证券交易未登录 海通证券
行情 资讯 交易 网站
600837 海通证券(日线,前复权)
价格未新涨过多，不上移止损线。
止损线
日线
扩展∧ 关联报价

图237

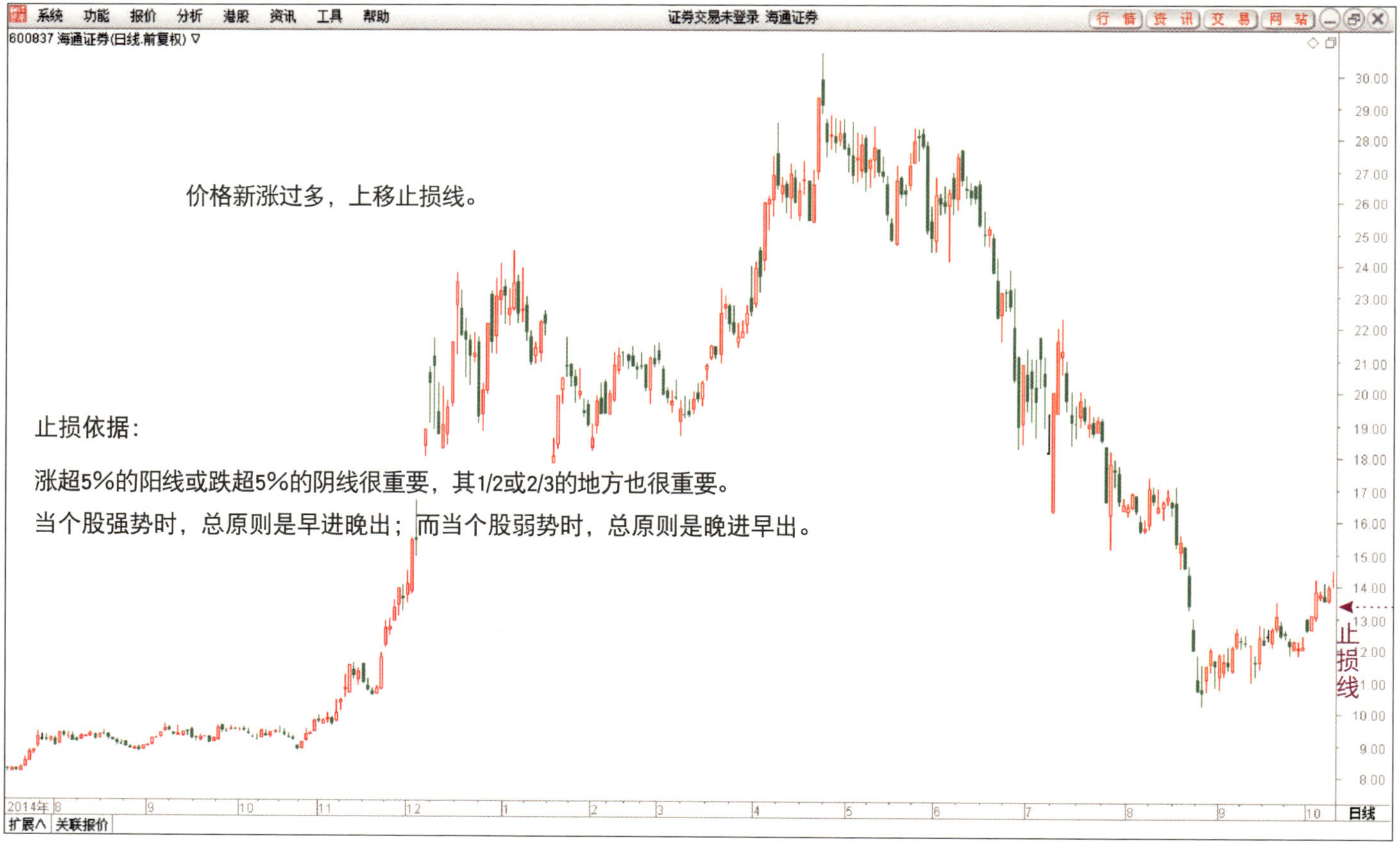
系统 功能 报价 分析 港股 资讯 工具 帮助
证券交易未登录 海通证券
行情 资讯 交易 网站
600837 海通证券(日线,前复权)
价格新涨过多，上移止损线。
止损依据：
涨超5%的阳线或跌超5%的阴线很重要，其1/2或2/3的地方也很重要。
当个股强势时，总原则是早进晚出；而当个股弱势时，总原则是晚进早出。
止损线
日线
扩展 关联报价

图238

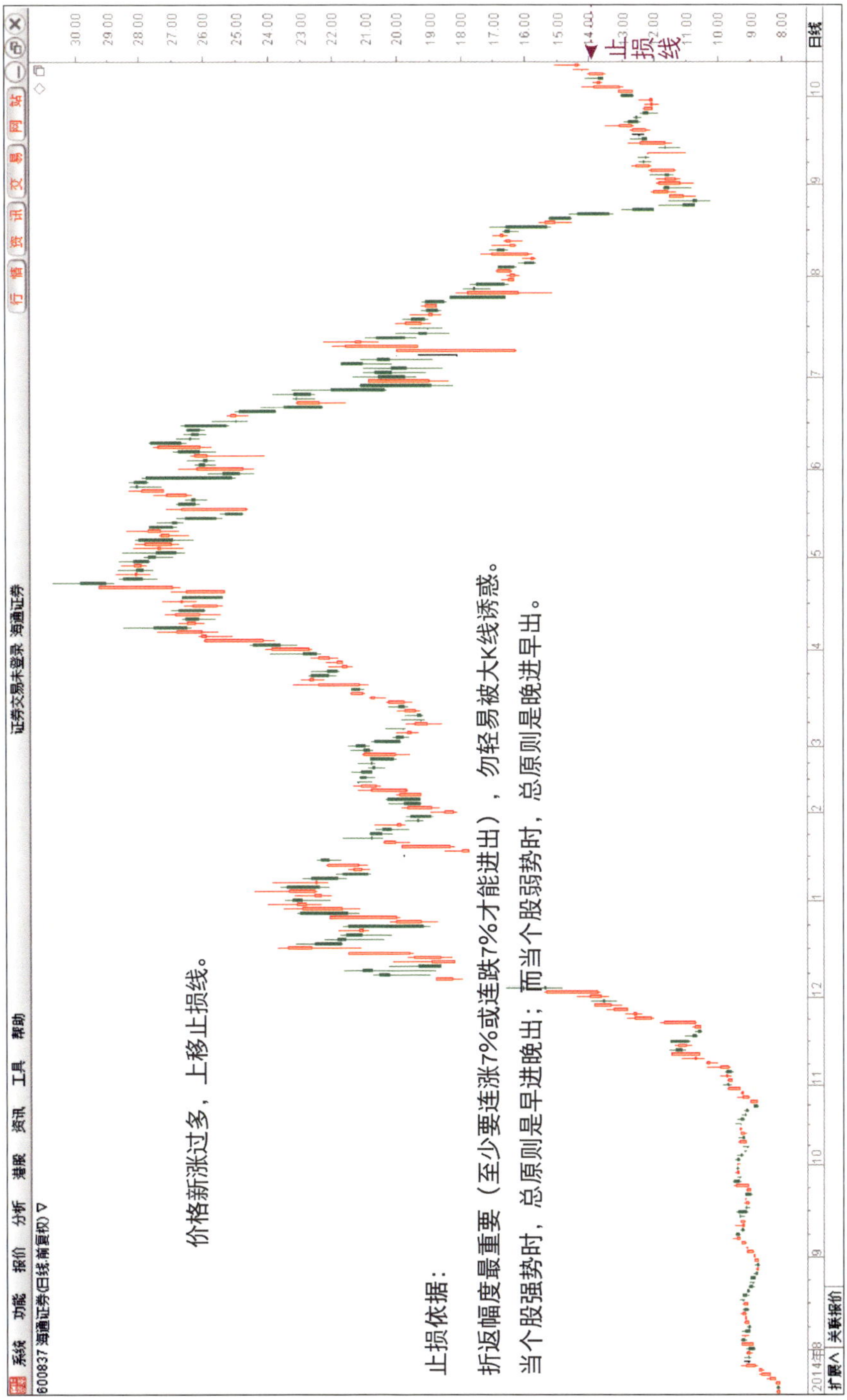
600837 海通证券(日线,前复权)
证券交易未登录 海通证券
价格新涨过多，上移止损线。
止损依据：
折返幅度最重要（至少要连涨7%或连跌7%才能进出），勿轻易被大K线诱惑。
当个股强势时，总原则是早进晚出；而当个股弱势时，总原则是晚进早出。
止损线
日线

图239

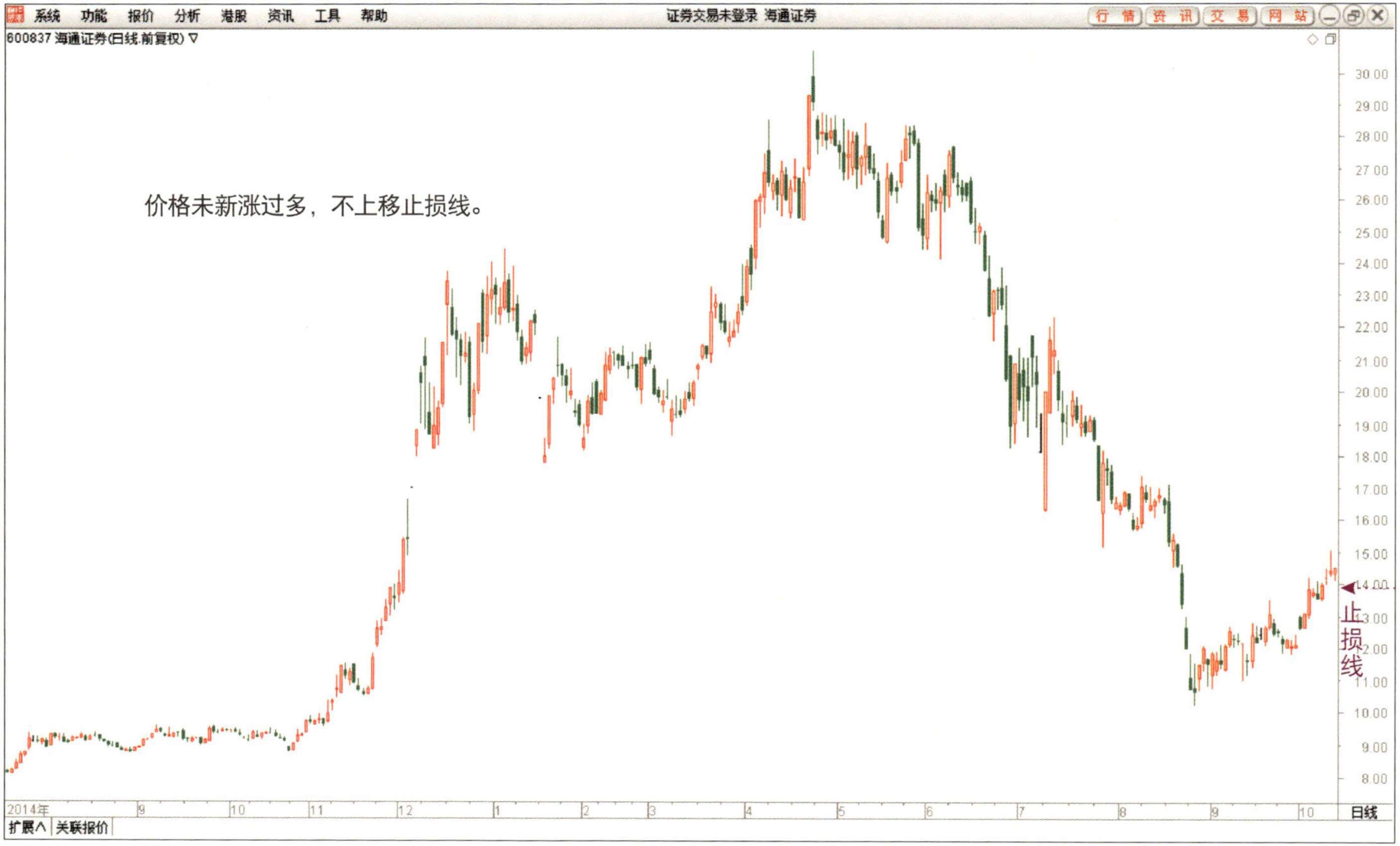
系统 功能 报价 分析 港股 资讯 工具 帮助
证券交易未登录 海通证券
行情 资讯 交易 网站
600837 海通证券(日线,前复权)
价格未新涨过多，不上移止损线。
止损线
30.00
29.00
28.00
27.00
26.00
25.00
24.00
23.00
22.00
21.00
20.00
19.00
18.00
17.00
16.00
15.00
14.00
13.00
12.00
11.00
10.00
9.00
8.00
2014年
9
10
11
12
1
2
3
4
5
6
7
8
9
10
日线
扩展∧
关联报价

图240

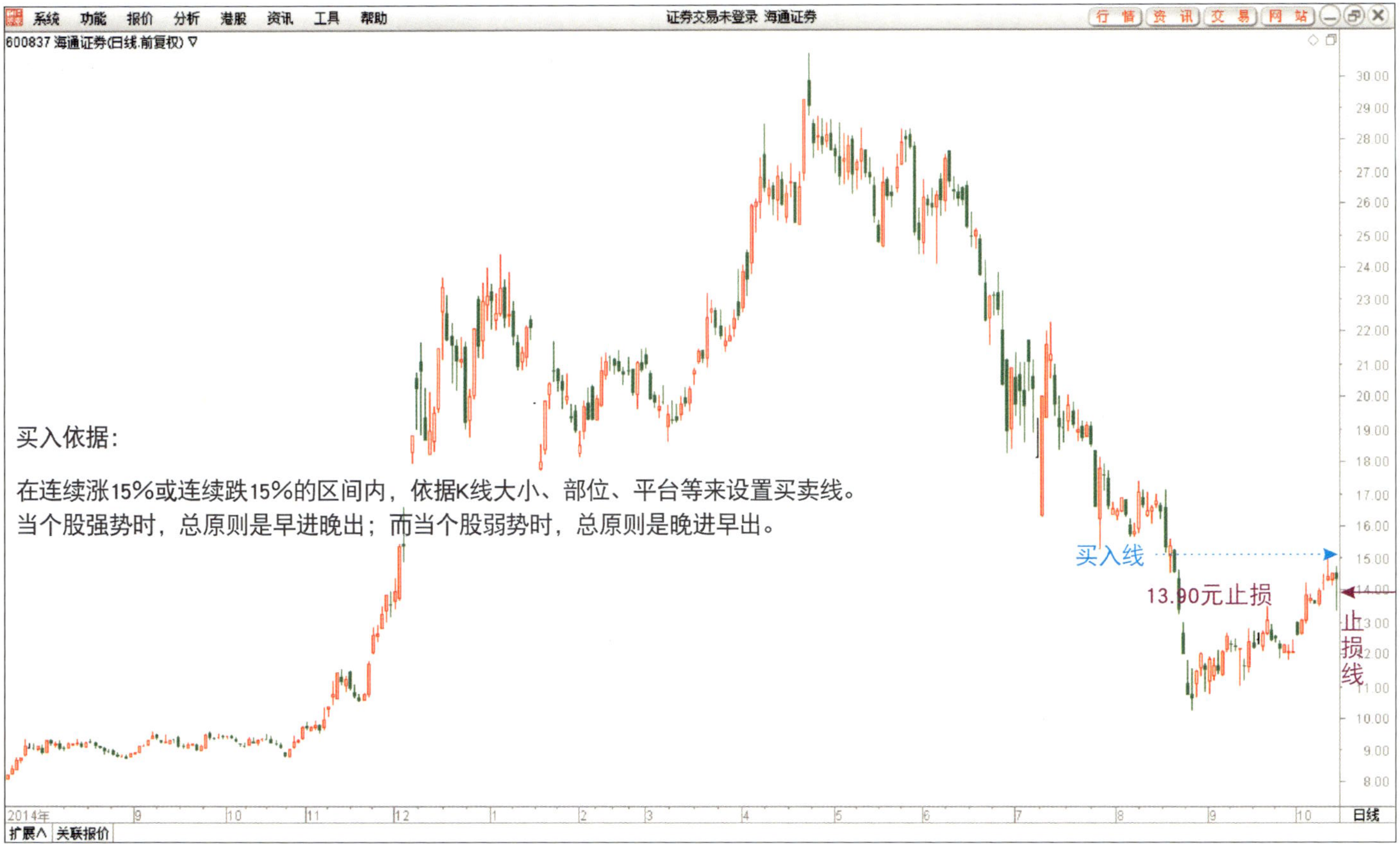
系统 功能 报价 分析 港股 资讯 工具 帮助
证券交易未登录 海通证券
行情 资讯 交易 网站
600837 海通证券(日线,前复权) ▽
买入依据：
在连续涨15%或连续跌15%的区间内，依据K线大小、部位、平台等来设置买卖线。
当个股强势时，总原则是早进晚出；而当个股弱势时，总原则是晚进早出。
买入线
13.90元止损
止损线
日线
扩展∧ 关联报价

图241

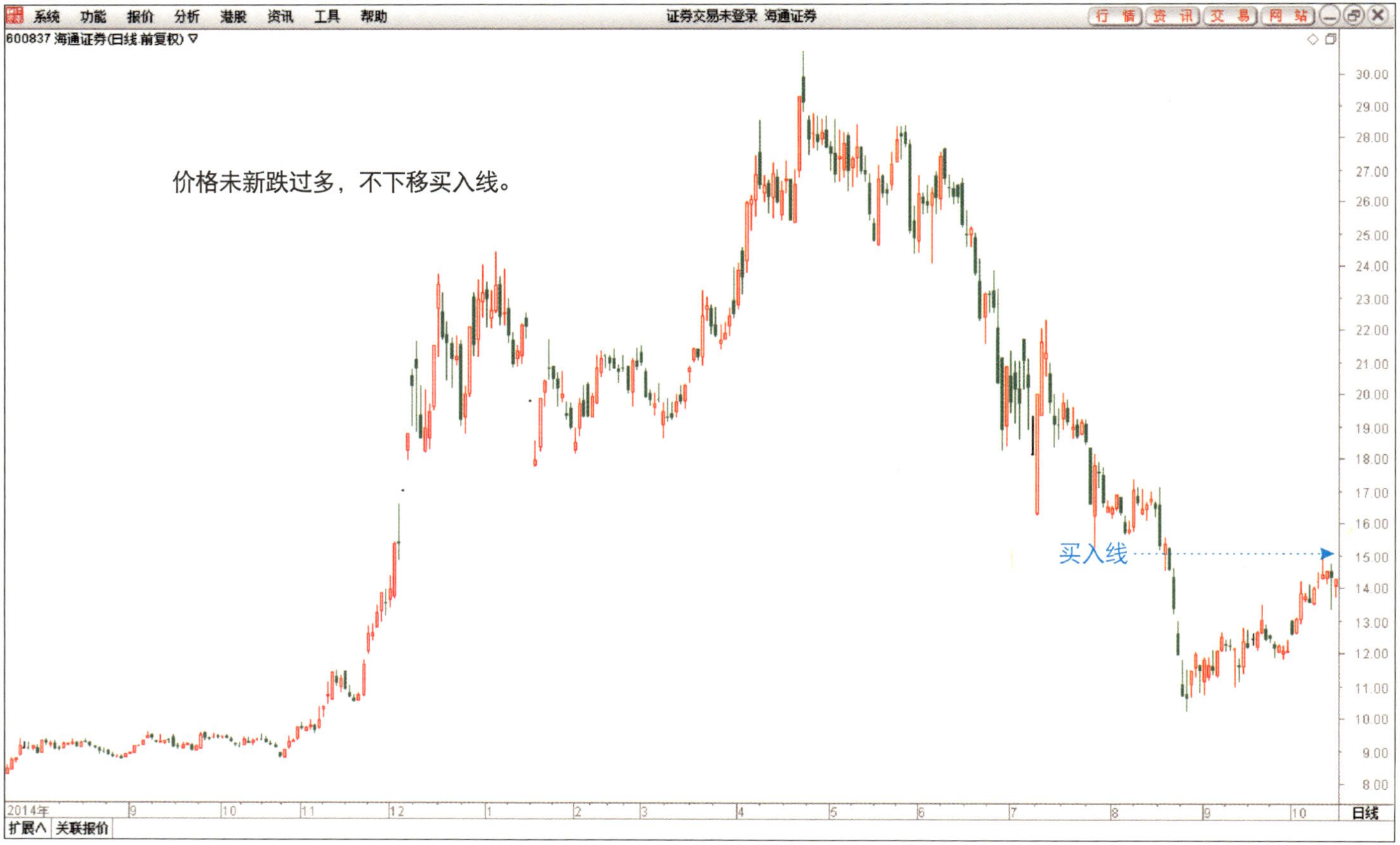
系统 功能 报价 分析 港股 资讯 工具 帮助
证券交易未登录 海通证券
行情 资讯 交易 网站
600837 海通证券(日线 前复权)
价格未新跌过多，不下移买入线。
买入线
30.00
29.00
28.00
27.00
26.00
25.00
24.00
23.00
22.00
21.00
20.00
19.00
18.00
17.00
16.00
15.00
14.00
13.00
12.00
11.00
10.00
9.00
8.00
2014年
9
10
11
12
1
2
3
4
5
6
7
8
9
10
日线
扩展 关联报价

图242

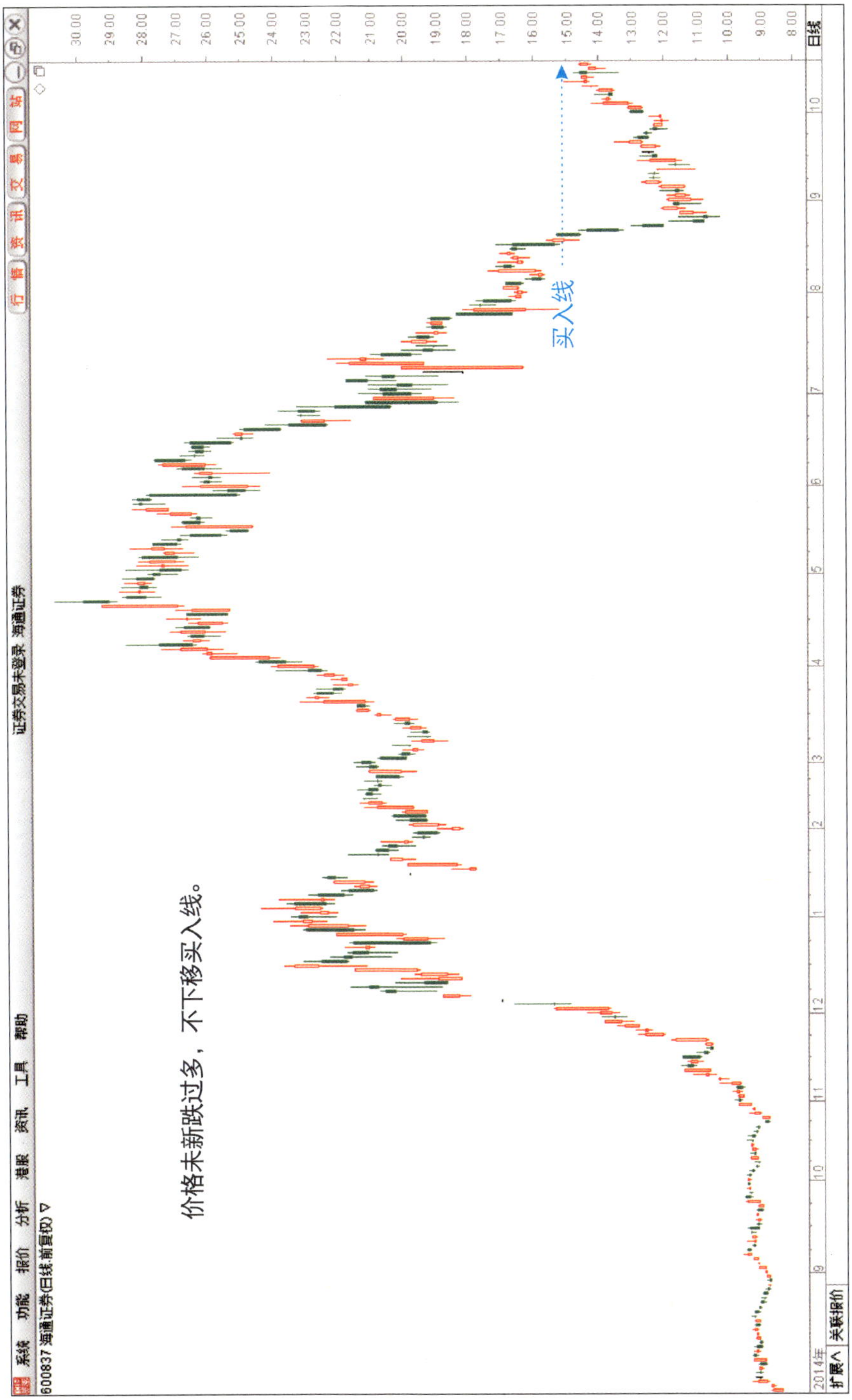
系统 功能 报价 分析 港股 资讯 工具 帮助
证券交易未登录 海通证券
行情 资讯 交易 网站
600837 海通证券(日线,前复权)
价格未新跌过多，不下移买入线。
买入线
日线
扩展 关联报价

图243

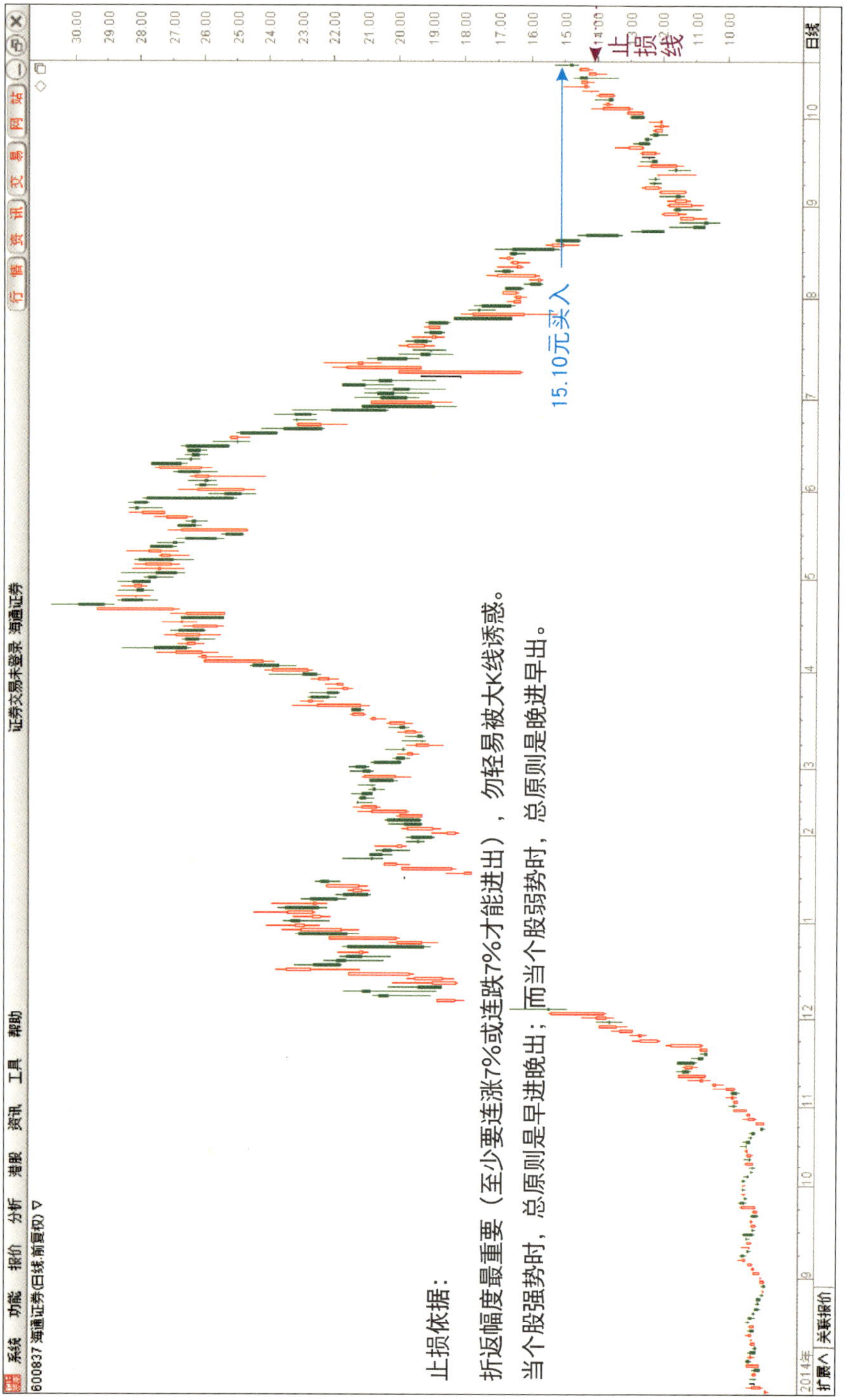

系统 功能 报价 分析 港股 资讯 工具 帮助
证券交易未登录 海通证券
行情 资讯 交易 网站
600837 海通证券(日线,前复权) ▽
止损依据：
折返幅度最重要（至少要连涨7%或连跌7%才能进出），勿轻易被大K线诱惑。
当个股强势时，总原则是早进晚出；而当个股弱势时，总原则是晚进早出。
15.10元买入
止损线
30.00
29.00
28.00
27.00
26.00
25.00
24.00
23.00
22.00
21.00
20.00
19.00
18.00
17.00
16.00
15.00
14.00
11.00
10.00
2014年
9
10
11
12
1
2
3
4
5
6
7
8
9
10
日线
扩展∧
关联报价

图244

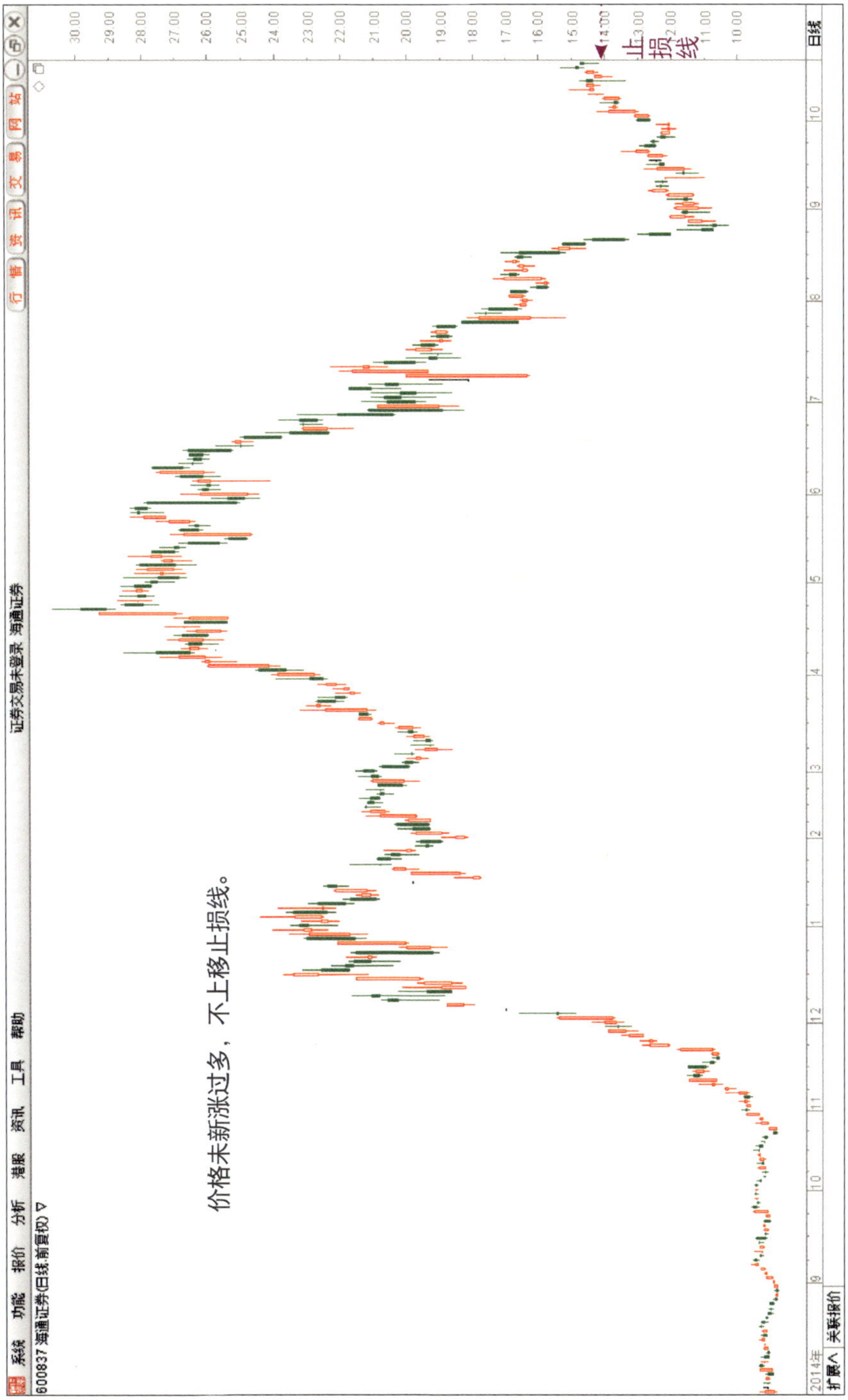

图245

系统 功能 报价 分析 港股 资讯 工具 帮助
证券交易未登录 海通证券
行情 资讯 交易 网站
600837 海通证券(日线,前复权)
买入依据：
在连续涨15%或连续跌15%的区间内，依据K线大小、部位、平台等来设置买卖线。
当个股强势时，总原则是早进晚出；而当个股弱势时，总原则是晚进早出。
买入线
14.10元止损
止损线
30.00
29.00
28.00
27.00
26.00
25.00
24.00
23.00
22.00
21.00
20.00
19.00
18.00
17.00
16.00
15.00
11.00
10.00
2014年
9
10
11
12
1
2
3
4
5
6
7
8
9
10
日线
扩展
关联报价

图246

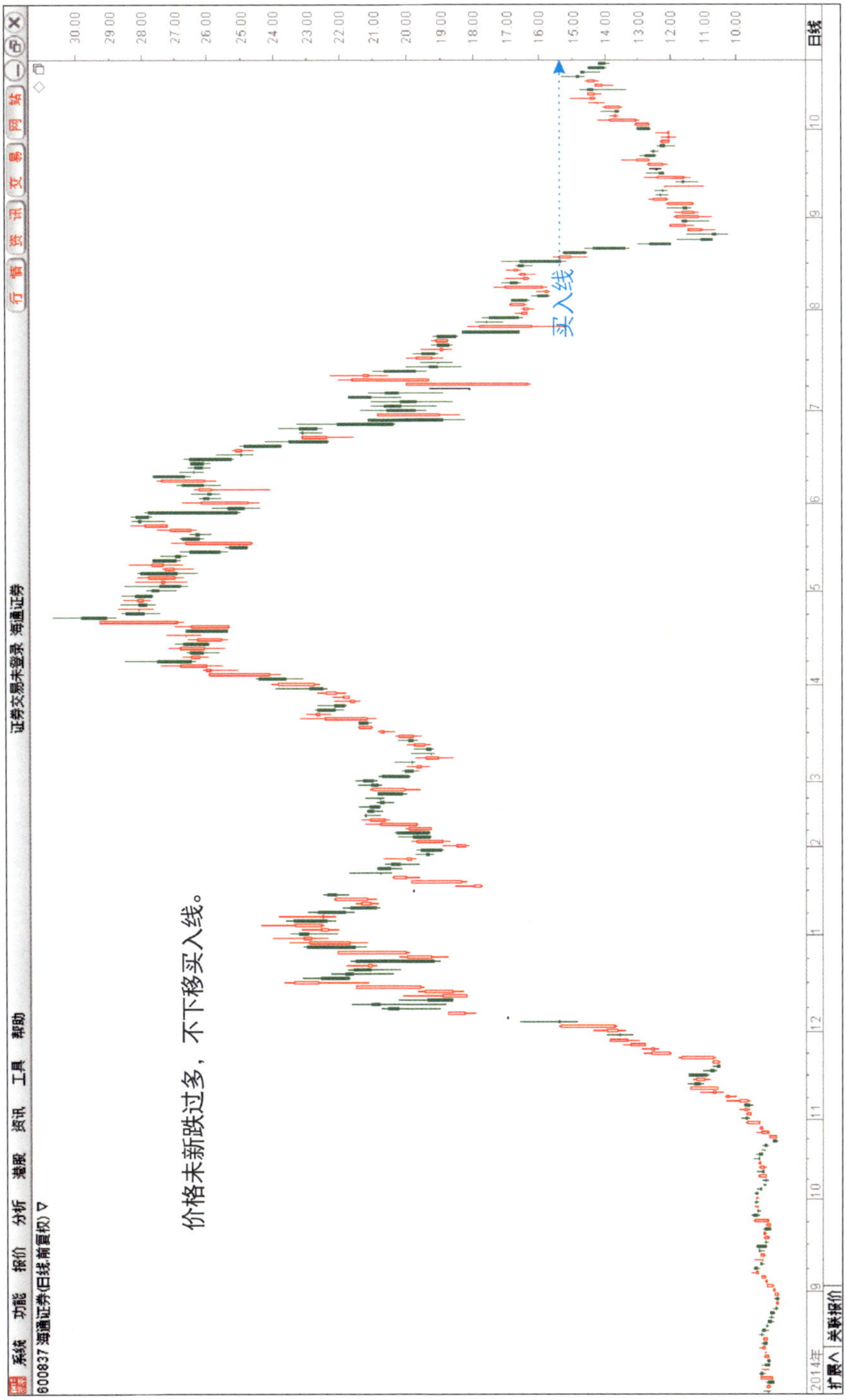

图247

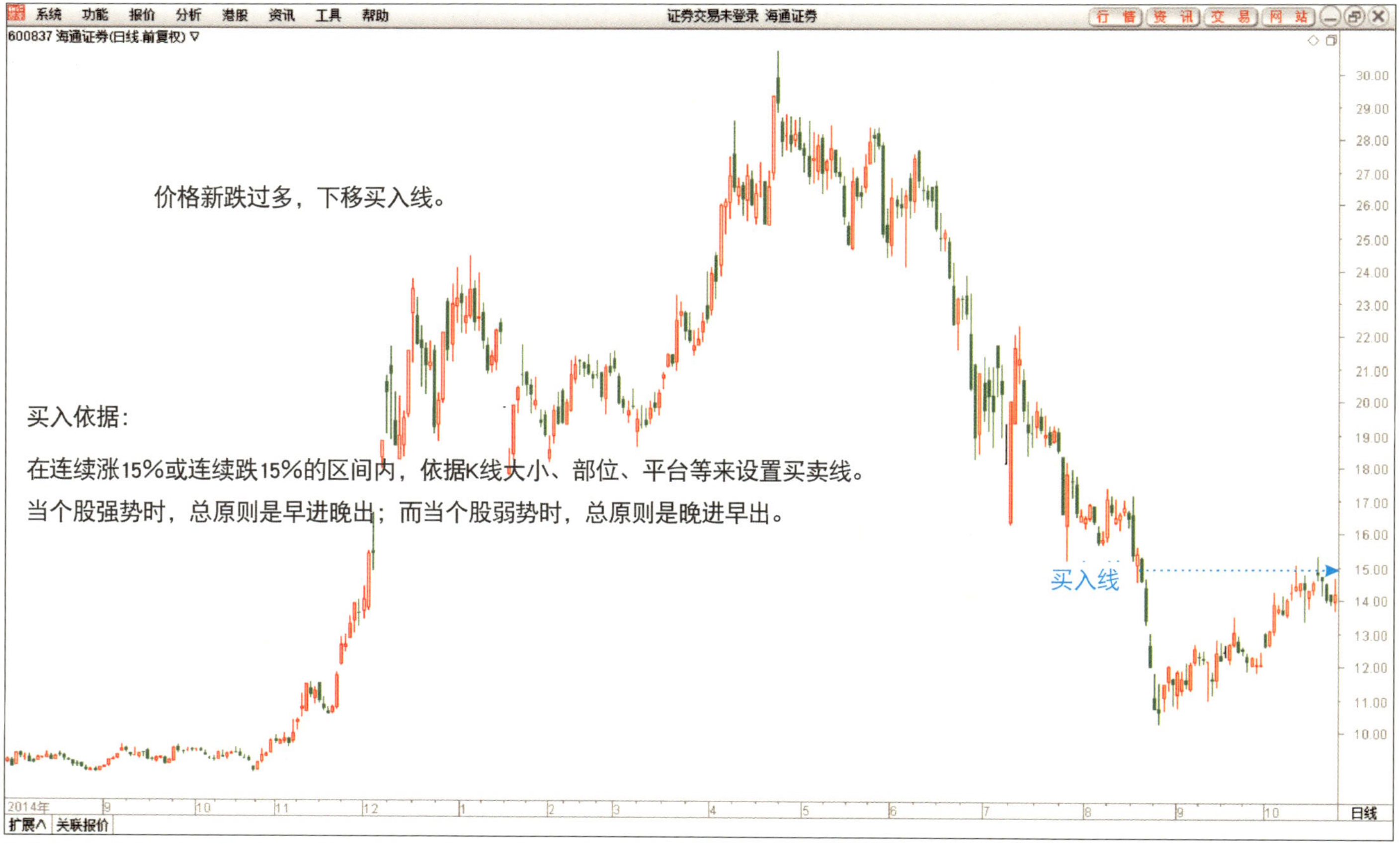
系统 功能 报价 分析 港股 资讯 工具 帮助
证券交易未登录 海通证券
行情 资讯 交易 网站
600837 海通证券(日线,前复权)
价格新跌过多，下移买入线。
买入依据：
在连续涨15%或连续跌15%的区间内，依据K线大小、部位、平台等来设置买卖线。
当个股强势时，总原则是早进晚出；而当个股弱势时，总原则是晚进早出。
买入线
日线
扩展 关联报价

图248

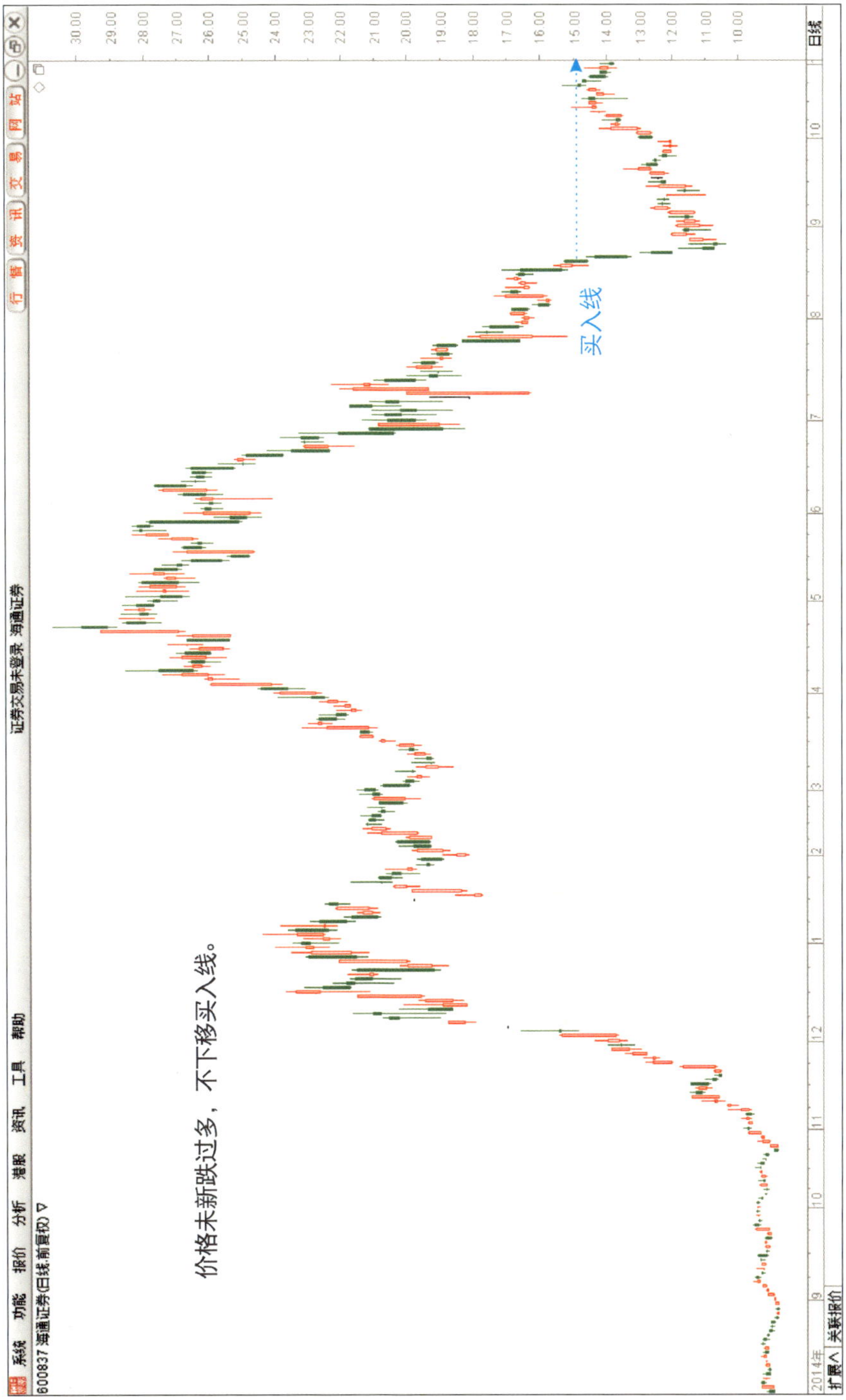

图249

系统 功能 报价 分析 港股 资讯 工具 帮助
证券交易未登录 海通证券
行情 资讯 交易 网站
600837 海通证券(日线,前复权)
价格未新跌过多，不下移买入线。
买入线
30.00
29.00
28.00
27.00
26.00
25.00
24.00
23.00
22.00
21.00
20.00
19.00
18.00
17.00
16.00
15.00
14.00
13.00
12.00
11.00
10.00
2014年
9
10
11
12
1
2
3
4
5
6
7
8
9
10
1
日线
扩展∧
关联报价

图250

系统 功能 报价 分析 港股 资讯 工具 帮助
证券交易未登录 海通证券
行情 资讯 交易 网站
600837 海通证券(日线 前复权)
止损依据：
涨超5%的阳线或跌超5%的阴线很重要，其1/2或2/3的地方也很重要。
折返幅度最重要（至少要连涨7%或连跌7%才能进出），勿轻易被大K线诱惑。
14.90元买入
止损线
30.00
29.00
28.00
27.00
26.00
25.00
24.00
23.00
22.00
21.00
20.00
19.00
18.00
17.00
16.00
15.00
14.00
13.00
12.00
11.00
10.00
2014年
9
10
11
12
1
2
3
4
5
6
7
8
9
10
11
日线
扩展 关联报价

图251

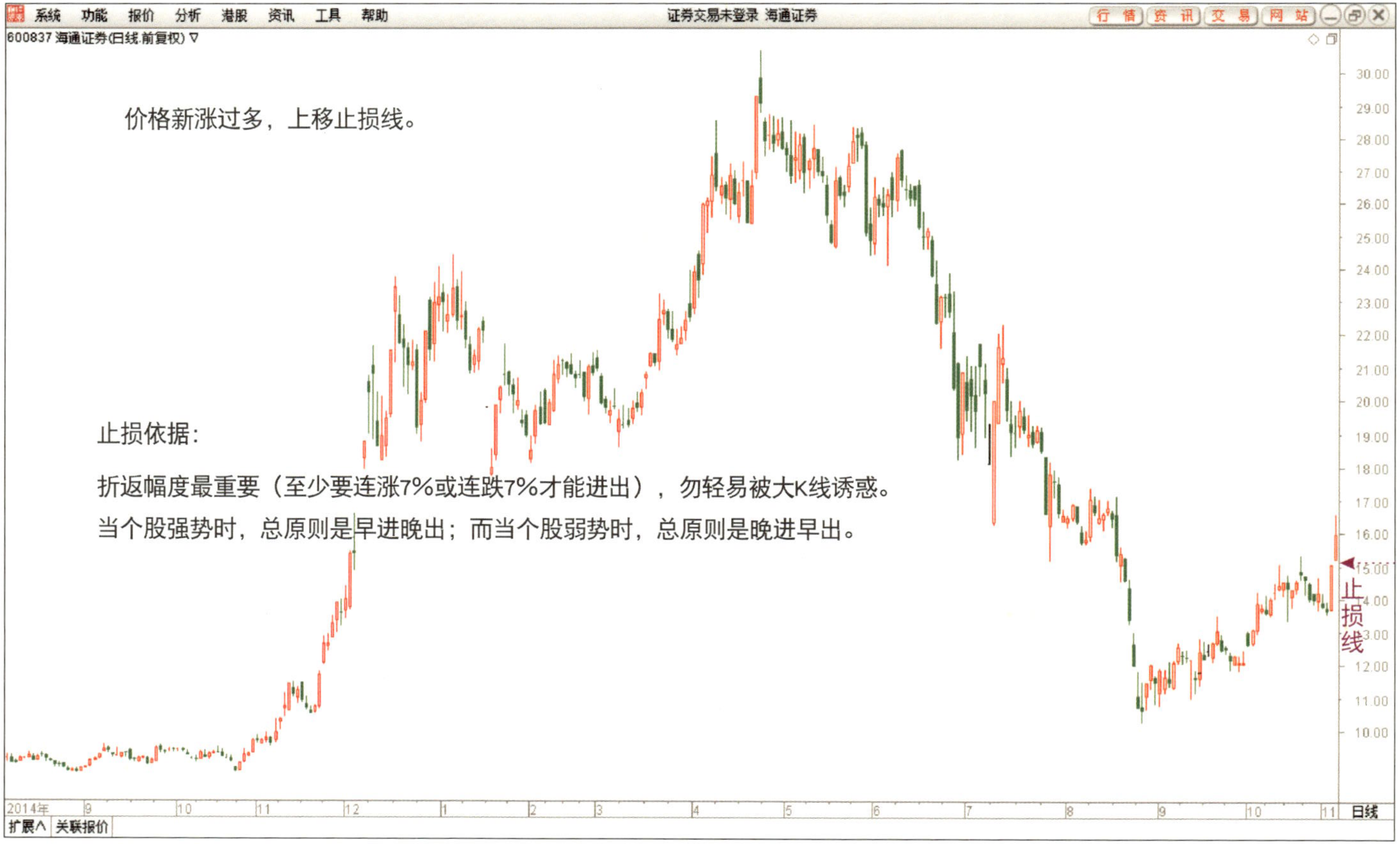
系统 功能 报价 分析 港股 资讯 工具 帮助
证券交易未登录 海通证券
行情 资讯 交易 网站
600837 海通证券(日线,前复权)
价格新涨过多，上移止损线。
止损依据：
折返幅度最重要（至少要连涨7%或连跌7%才能进出），勿轻易被大K线诱惑。
当个股强势时，总原则是早进晚出；而当个股弱势时，总原则是晚进早出。
止损线
30.00
29.00
28.00
27.00
26.00
25.00
24.00
23.00
22.00
21.00
20.00
19.00
18.00
17.00
16.00
15.00
14.00
13.00
12.00
11.00
10.00
2014年 9 10 11 12 1 2 3 4 5 6 7 8 9 10 11
日线
扩展 关联报价

图252

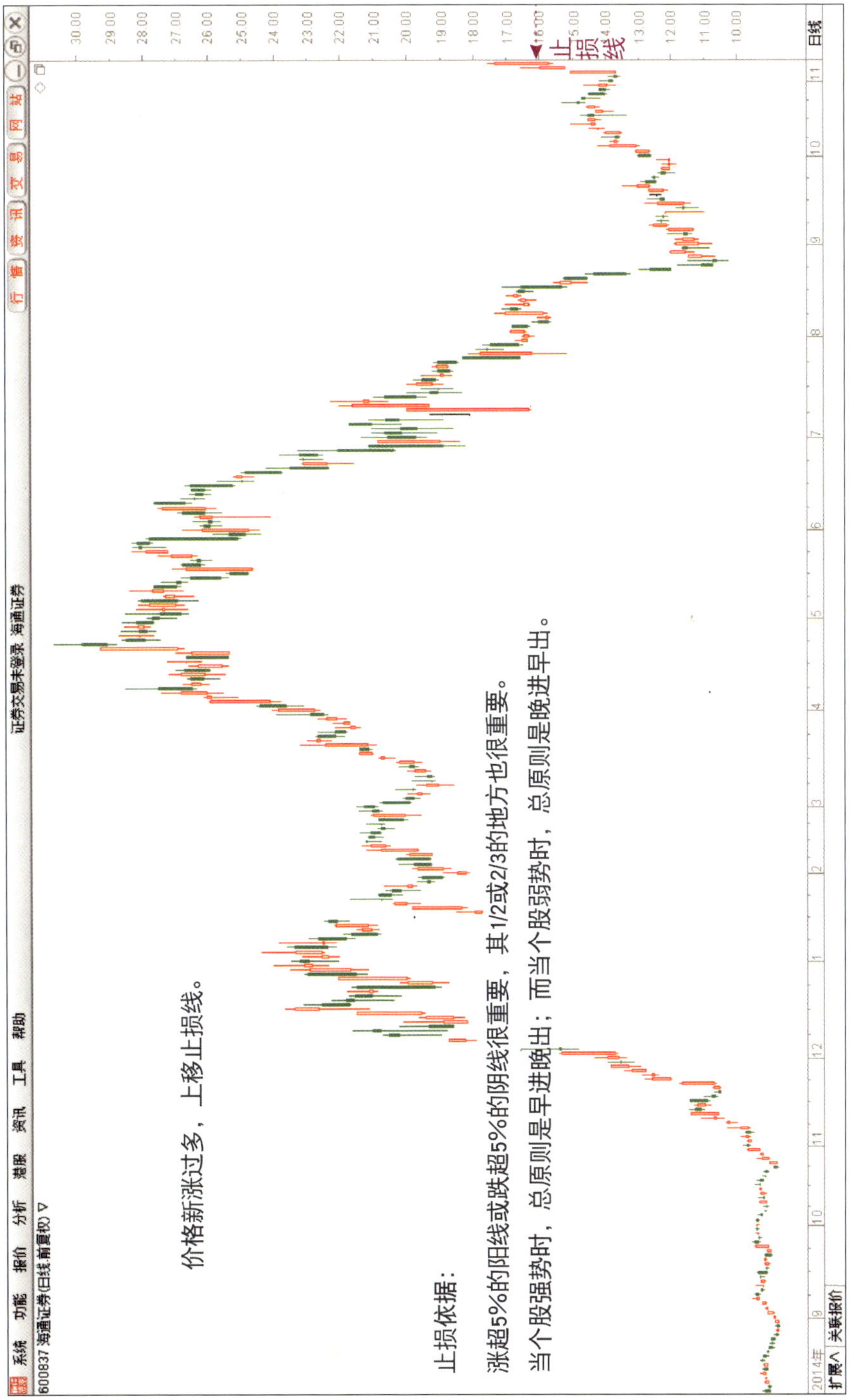
600837 海通证券(日线 前复权)
证券交易未登录 海通证券
日线
止损线
价格新涨过多，上移止损线。
止损依据：
涨超5%的阳线或跌超5%的阴线很重要，其1/2或2/3的地方也很重要。
当个股强势时，总原则是早进晚出；而当个股弱势时，总原则是晚进早出。

图253

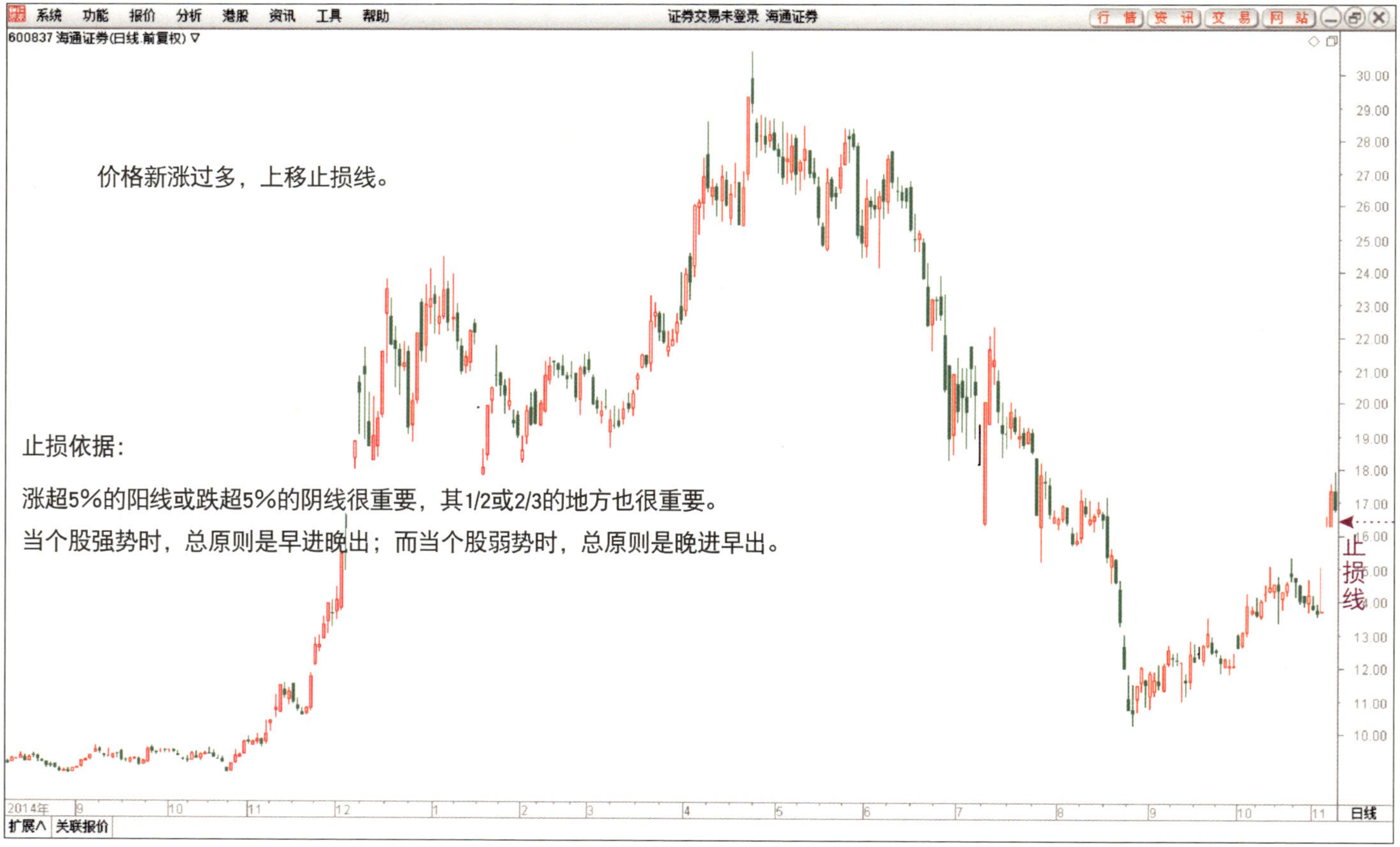
系统 功能 报价 分析 港股 资讯 工具 帮助
证券交易未登录 海通证券
行情 资讯 交易 网站
600837 海通证券(日线 前复权) ▽
价格新涨过多，上移止损线。
止损依据：
涨超5%的阳线或跌超5%的阴线很重要，其1/2或2/3的地方也很重要。
当个股强势时，总原则是早进晚出；而当个股弱势时，总原则是晚进早出。
止损线
30.00
29.00
28.00
27.00
26.00
25.00
24.00
23.00
22.00
21.00
20.00
19.00
18.00
17.00
16.00
15.00
14.00
13.00
12.00
11.00
10.00
2014年
9
10
11
12
1
2
3
4
5
6
7
8
9
10
11
日线
扩展∧ 关联报价

图254

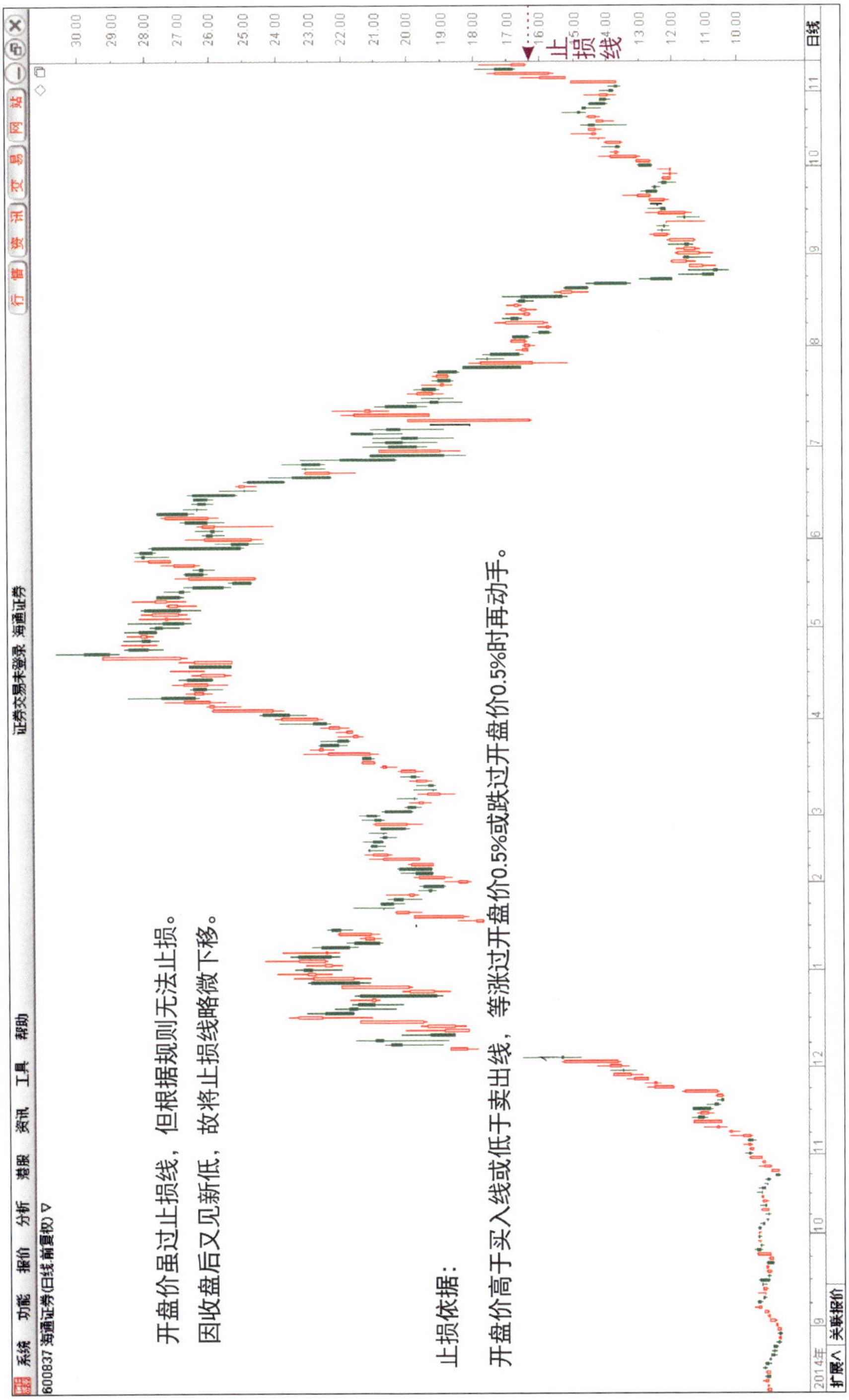
600837 海通证券(日线 前复权)
止损线
开盘价虽过止损线，但根据规则无法止损。
因收盘后又见新低，故将止损线略微下移。
止损依据：
开盘价高于买入线或低于卖出线，等涨过开盘价0.5%或跌过开盘价0.5%时再动手。

图255

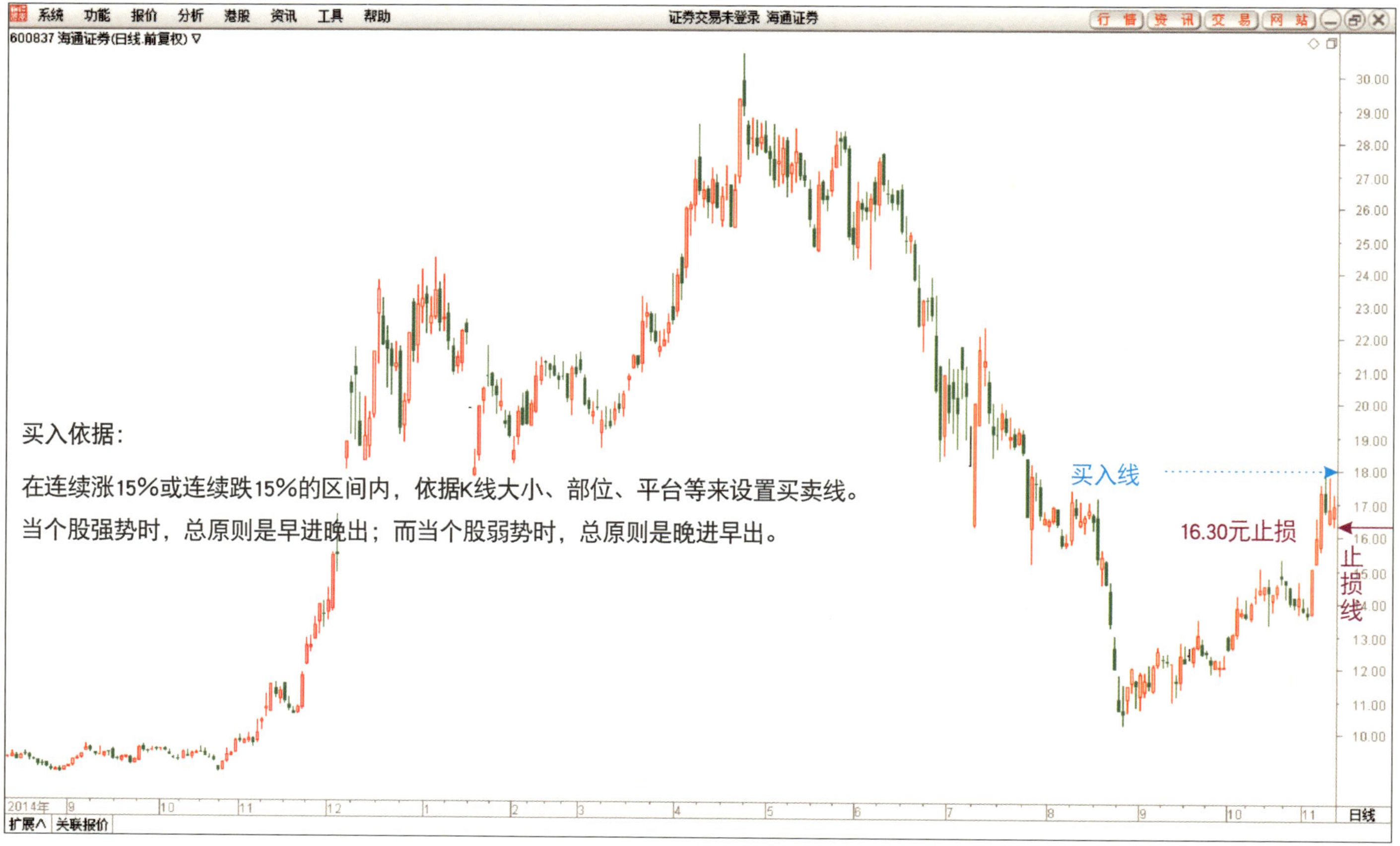
系统 功能 报价 分析 港股 资讯 工具 帮助
证券交易未登录 海通证券
行情 资讯 交易 网站
600837 海通证券(日线,前复权)
买入依据：
在连续涨15%或连续跌15%的区间内，依据K线大小、部位、平台等来设置买卖线。
当个股强势时，总原则是早进晚出；而当个股弱势时，总原则是晚进早出。
买入线
16.30元止损
止损线
30.00
29.00
28.00
27.00
26.00
25.00
24.00
23.00
22.00
21.00
20.00
19.00
18.00
17.00
16.00
13.00
12.00
11.00
10.00
2014年
日线
扩展
关联报价

图256

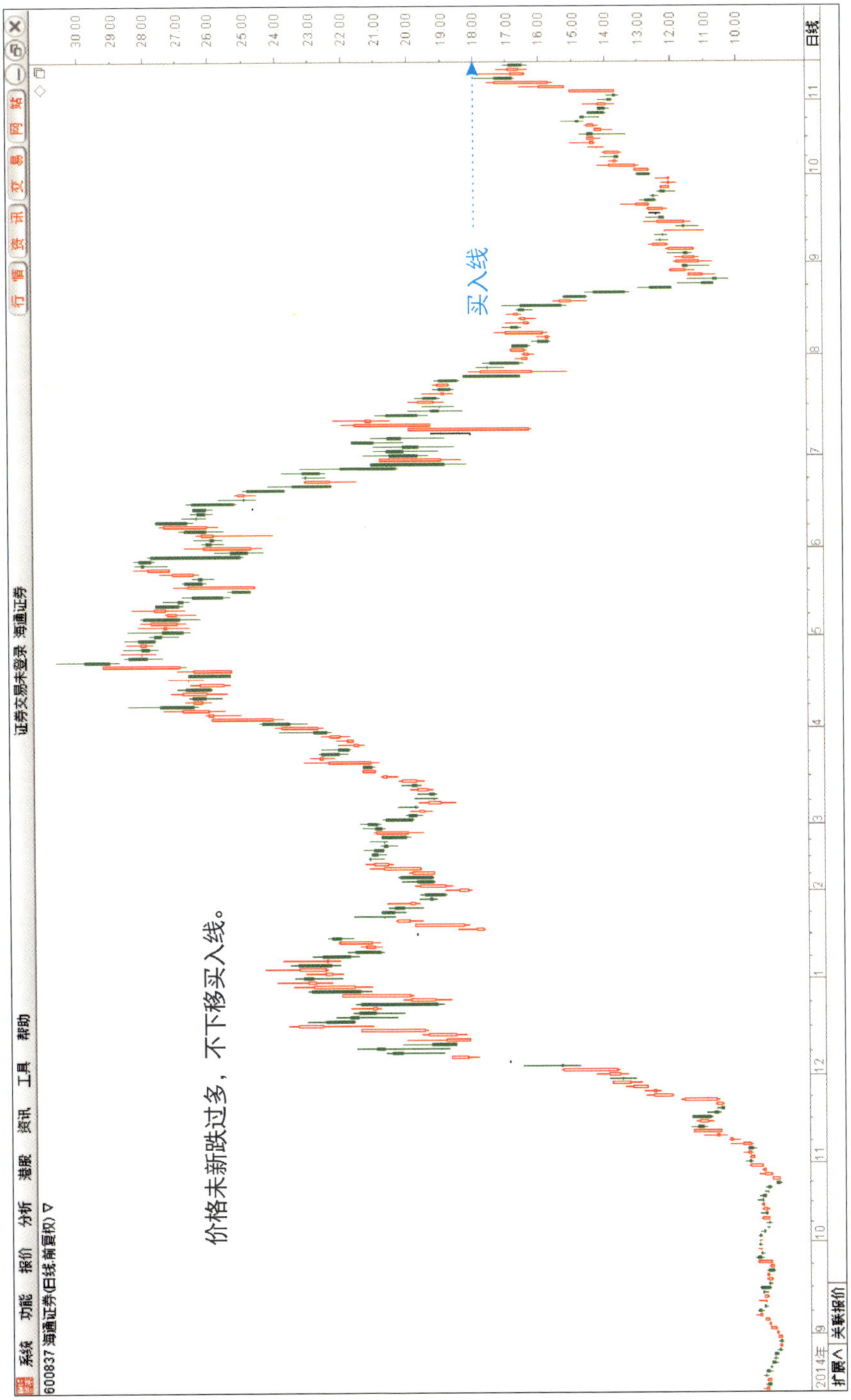
系统 功能 报价 分析 港股 资讯 工具 帮助
600837 海通证券(日线,前复权) ▽
证券交易未登录 海通证券
行情 资讯 交易 网站
30.00
29.00
28.00
27.00
26.00
25.00
24.00
23.00
22.00
21.00
20.00
19.00
18.00
17.00
16.00
15.00
14.00
13.00
12.00
11.00
10.00
日线
买入线
价格未新跌过多，不下移买入线。
2014年 9 10 11 12 1 2 3 4 5 6 7 8 9 10 11
扩展∧ 关联报价

图257

系统 功能 报价 分析 港股 资讯 工具 帮助
证券交易未登录 海通证券
行 情 资 讯 交 易 网 站
600837 海通证券(日线,前复权) ▽
价格未新跌过多，不下移买入线。
买入线
30.00
29.00
28.00
27.00
26.00
25.00
24.00
23.00
22.00
21.00
20.00
19.00
18.00
17.00
16.00
15.00
14.00
13.00
12.00
11.00
10.00
2014年 9 10 11 12 1 2 3 4 5 6 7 8 9 10 11
日线
扩展∧ 关联报价

图258

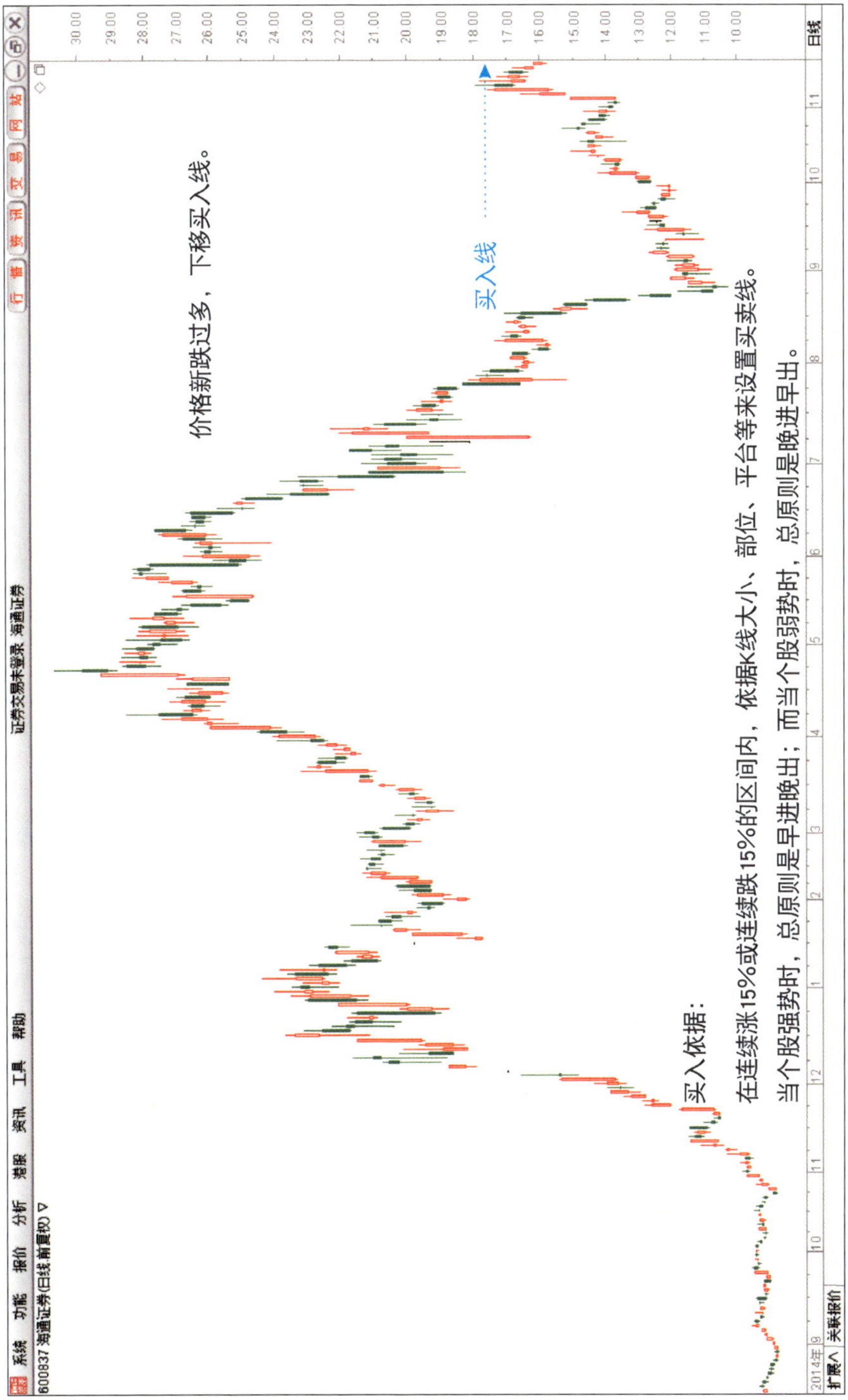
系统 功能 报价 分析 港股 资讯 工具 帮助
证券交易未登录 海通证券
600837 海通证券(日线 前复权)
价格新跌过多，下移买入线。
买入线
买入依据：
在连续涨15%或连续跌15%的区间内，依据K线大小、部位、平台等来设置买卖线。
当个股强势时，总原则是早进晚出；而当个股弱势时，总原则是晚进早出。
日线

图259

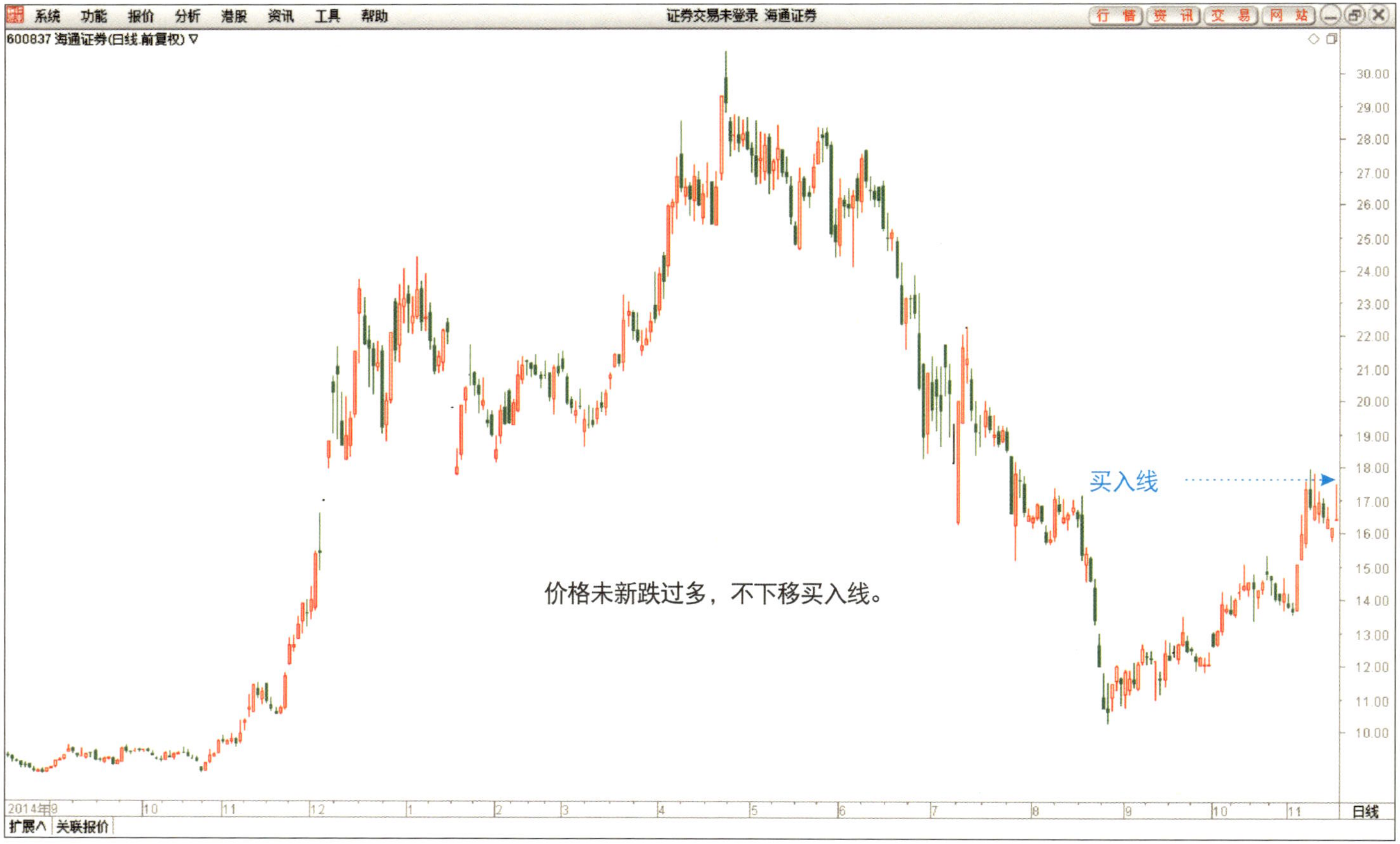
系统 功能 报价 分析 港股 资讯 工具 帮助
证券交易未登录 海通证券
行情 资讯 交易 网站
600837 海通证券(日线 前复权)
买入线
价格未新跌过多，不下移买入线。
日线

图260

系统 功能 报价 分析 港股 资讯 工具 帮助
证券交易未登录 海通证券
行情 资讯 交易 网站
600837 海通证券(日线,前复权)
买入线
价格未新跌过多，不下移买入线。
30.00
29.00
28.00
27.00
26.00
25.00
24.00
23.00
22.00
21.00
20.00
19.00
18.00
17.00
16.00
15.00
14.00
13.00
12.00
11.00
10.00
2014年
10
11
12
1
2
3
4
5
6
7
8
9
10
11
日线
扩展
关联报价

图261

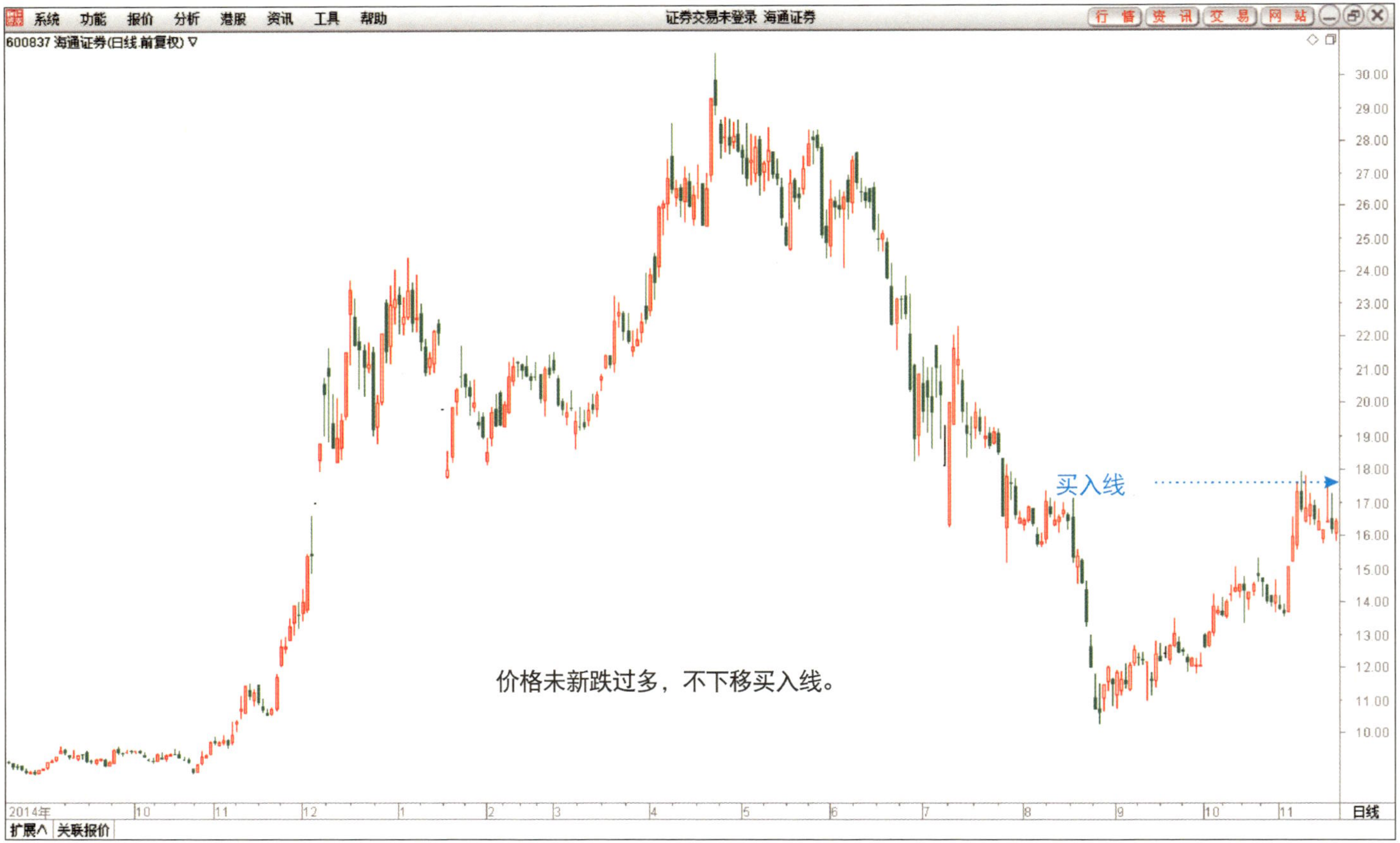
系统 功能 报价 分析 港股 资讯 工具 帮助
证券交易未登录 海通证券
行情 资讯 交易 网站
600837 海通证券(日线,前复权)
30.00
29.00
28.00
27.00
26.00
25.00
24.00
23.00
22.00
21.00
20.00
19.00
18.00
17.00
16.00
15.00
14.00
13.00
12.00
11.00
10.00
买入线
价格未新跌过多，不下移买入线。
2014年
10
11
12
1
2
3
4
5
6
7
8
9
10
11
日线
扩展
关联报价

图262

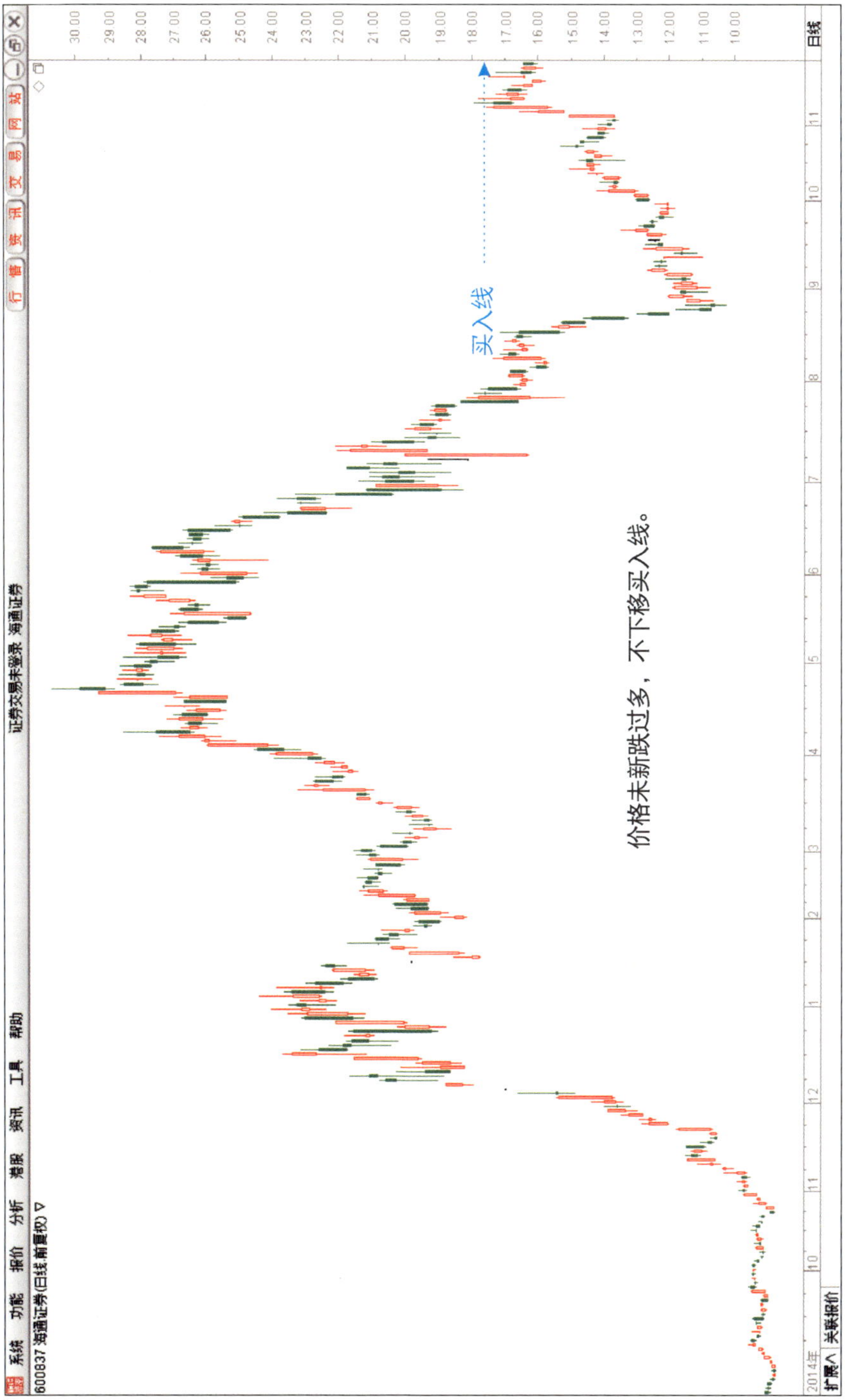
系统 功能 报价 分析 港股 资讯 工具 帮助
证券交易未登录 海通证券
行情 资讯 交易 网站
600837 海通证券(日线 前复权)
30.00
29.00
28.00
27.00
26.00
25.00
24.00
23.00
22.00
21.00
20.00
19.00
18.00
17.00
16.00
15.00
14.00
13.00
12.00
11.00
10.00
日线
2014年
10
11
12
1
2
3
4
5
6
7
8
9
10
11
扩展 关联报价
买入线
价格未新跌过多，不下移买入线。

图263

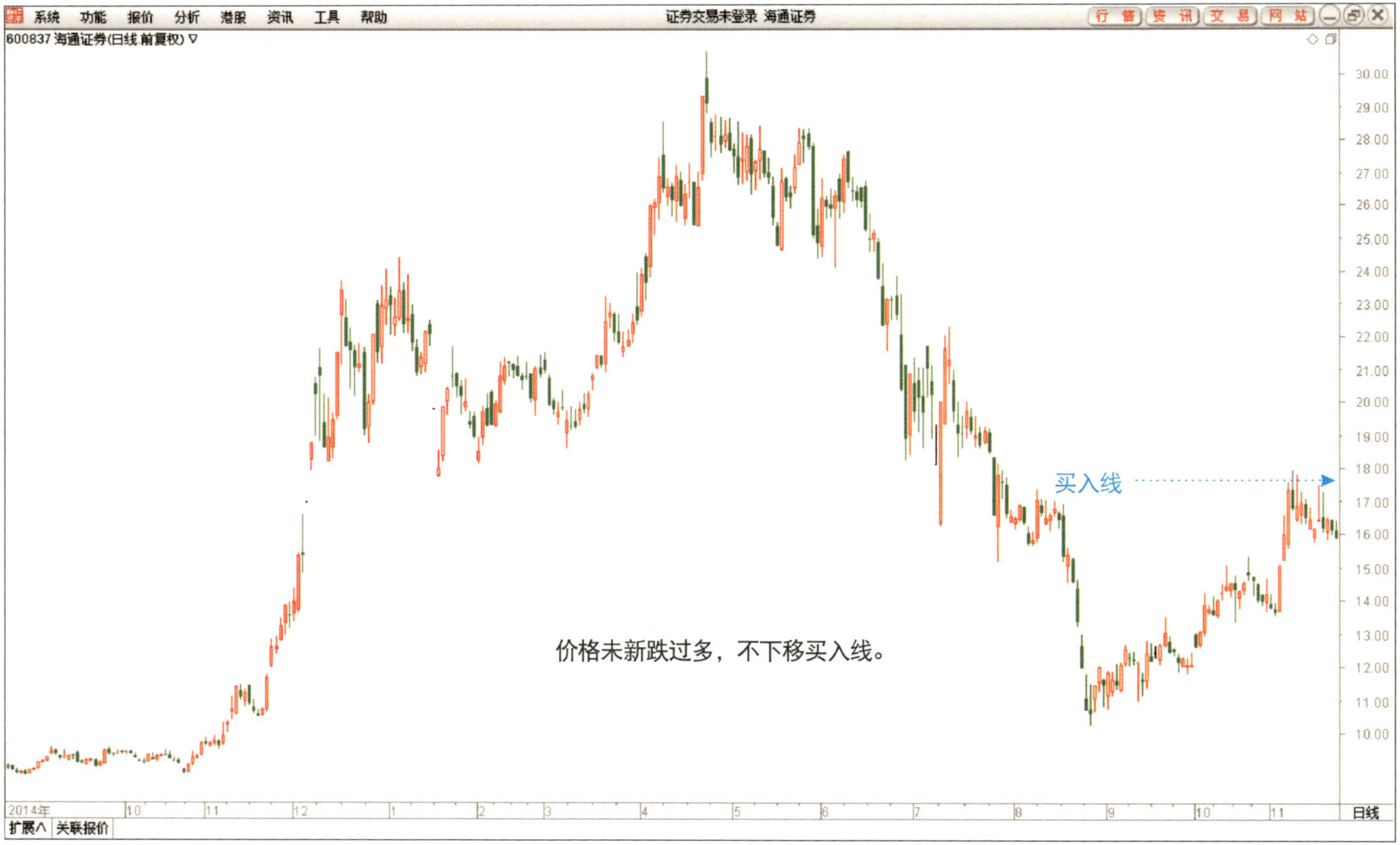
系统 功能 报价 分析 港股 资讯 工具 帮助
证券交易未登录 海通证券
行情 资讯 交易 网站
600837 海通证券(日线 前复权)
30.00
29.00
28.00
27.00
26.00
25.00
24.00
23.00
22.00
21.00
20.00
19.00
18.00
17.00
16.00
15.00
14.00
13.00
12.00
11.00
10.00
买入线
价格未新跌过多，不下移买入线。
2014年
10
11
12
1
2
3
4
5
6
7
8
9
10
11
日线
扩展
关联报价

图264

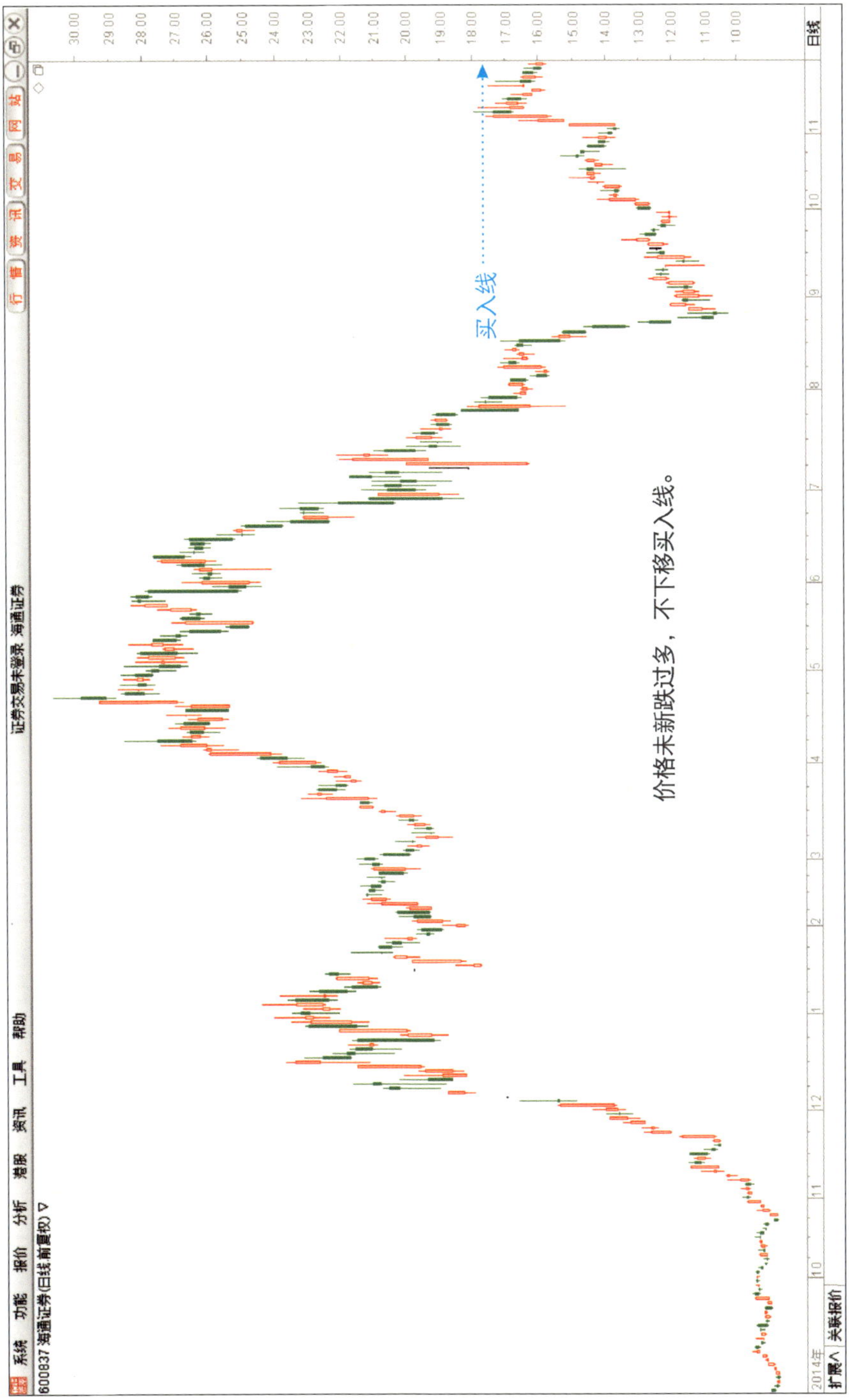

图265

系统 功能 报价 分析 港股 资讯 工具 帮助
证券交易未登录 海通证券
行情 资讯 交易 网站
600837 海通证券(日线,前复权)
30.00
29.00
28.00
27.00
26.00
25.00
24.00
23.00
22.00
21.00
20.00
19.00
18.00
17.00
16.00
15.00
14.00
13.00
12.00
11.00
10.00
买入线
价格未新跌过多，不下移买入线。
2014年
10
11
12
1
2
3
4
5
6
7
8
9
10
11
日线
扩展
关联报价

图266

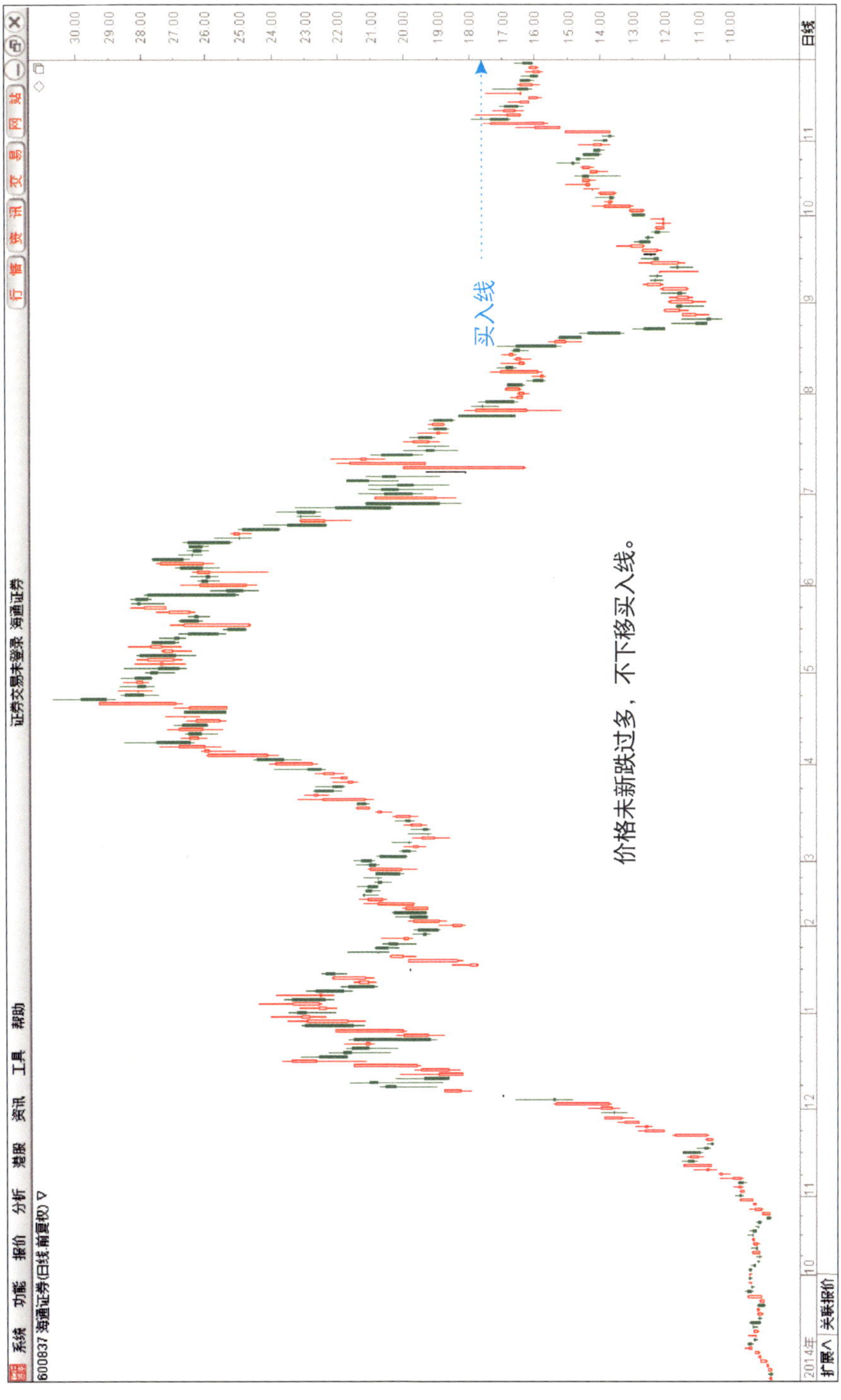

图267

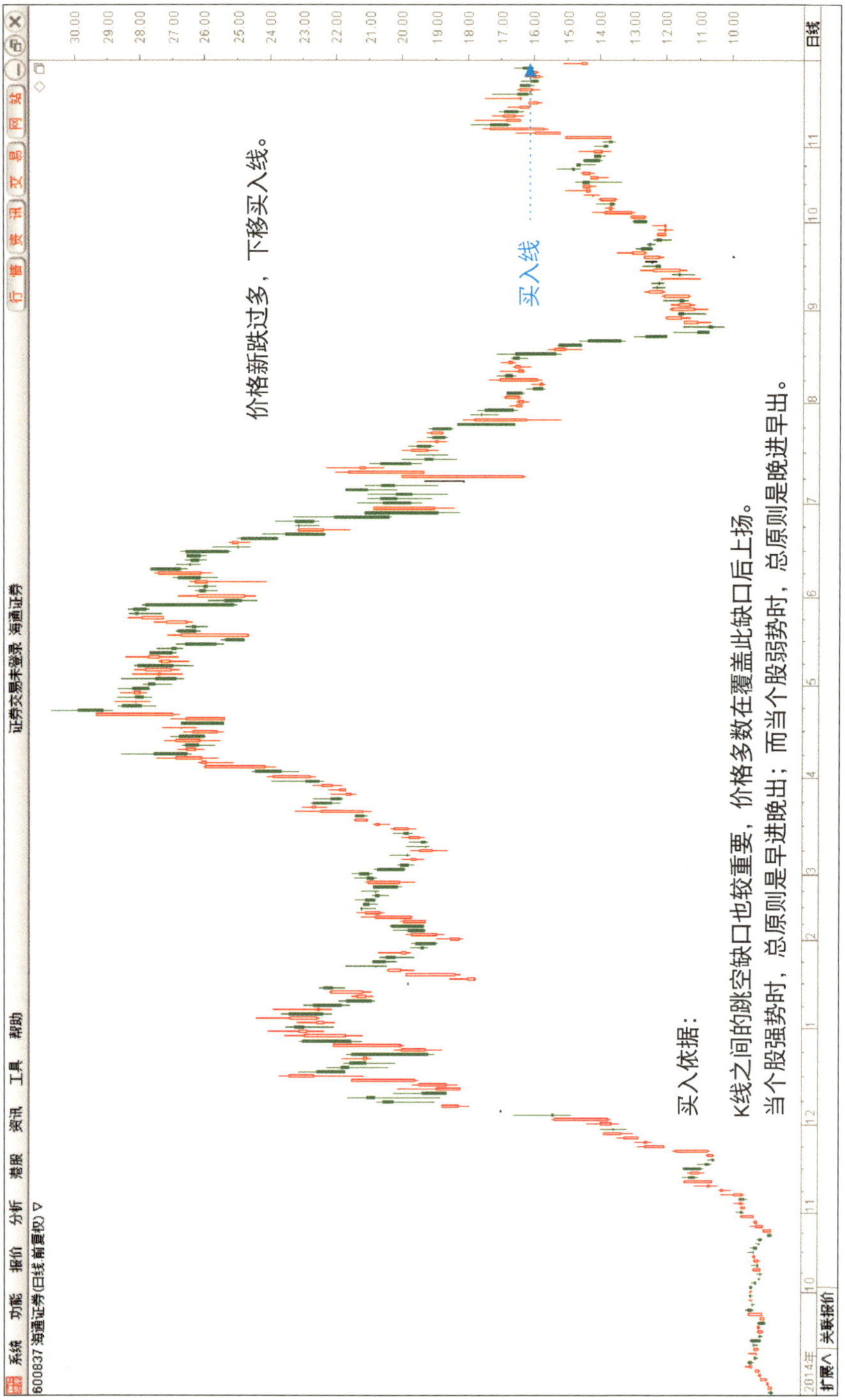

系统 功能 报价 分析 港股 资讯 工具 帮助
证券交易未登录 海通证券
行情 资讯 交易 网站
600837 海通证券(日线 前复权)
价格新跌过多，下移买入线。
买入线
买入依据：
K线之间的跳空缺口也较重要，价格多数在覆盖此缺口后上扬。
当个股强势时，总原则是早进晚出；而当个股弱势时，总原则是晚进早出。
30.00
29.00
28.00
27.00
26.00
25.00
24.00
23.00
22.00
21.00
20.00
19.00
18.00
17.00
16.00
15.00
14.00
13.00
12.00
11.00
10.00
2014年
10
11
12
1
2
3
4
5
6
7
8
9
10
11
日线
扩展 关联报价

图268

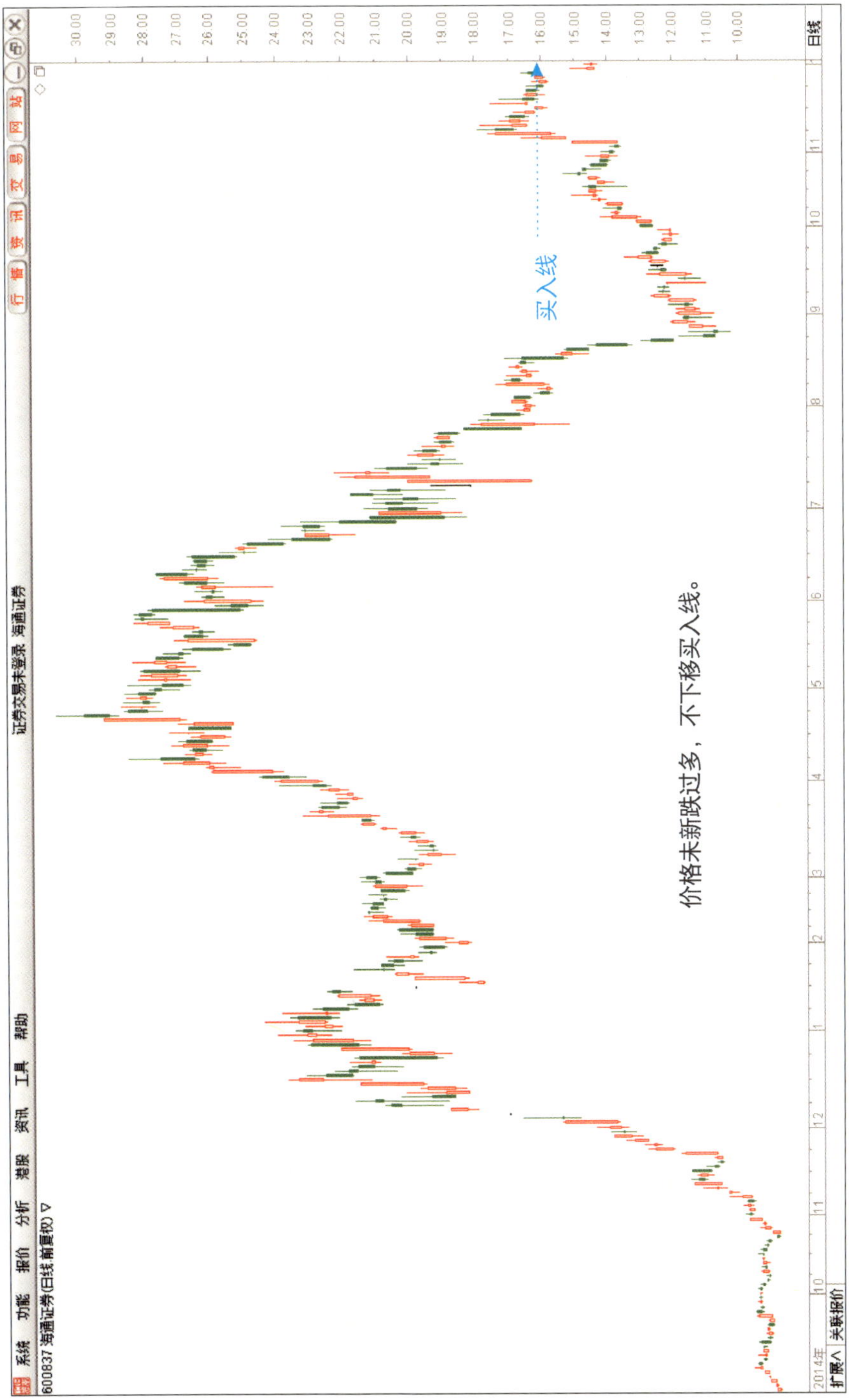
系统 功能 报价 分析 港股 资讯 工具 帮助
证券交易未登录 海通证券
行情 资讯 交易 网站
600837 海通证券(日线 前复权)
买入线
价格未新跌过多，不下移买入线。
扩展 关联报价
日线

图269

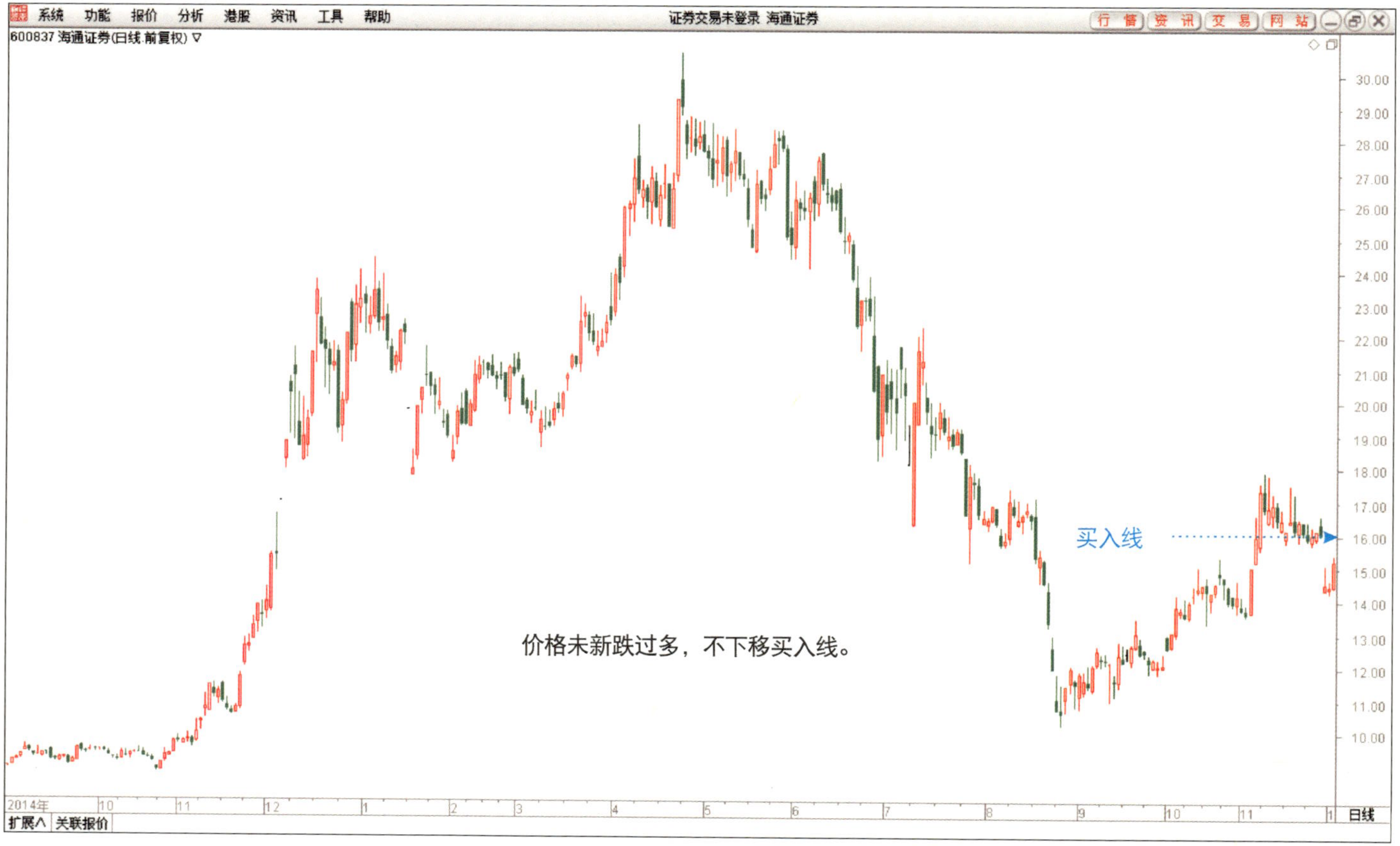
系统 功能 报价 分析 港股 资讯 工具 帮助
证券交易未登录 海通证券
行情 资讯 交易 网站
600837 海通证券(日线,前复权)
30.00
29.00
28.00
27.00
26.00
25.00
24.00
23.00
22.00
21.00
20.00
19.00
18.00
17.00
16.00
15.00
14.00
13.00
12.00
11.00
10.00
买入线
价格未新跌过多，不下移买入线。
2014年
10
11
12
1
2
3
4
5
6
7
8
9
10
11
1
日线
扩展∧
关联报价

图270

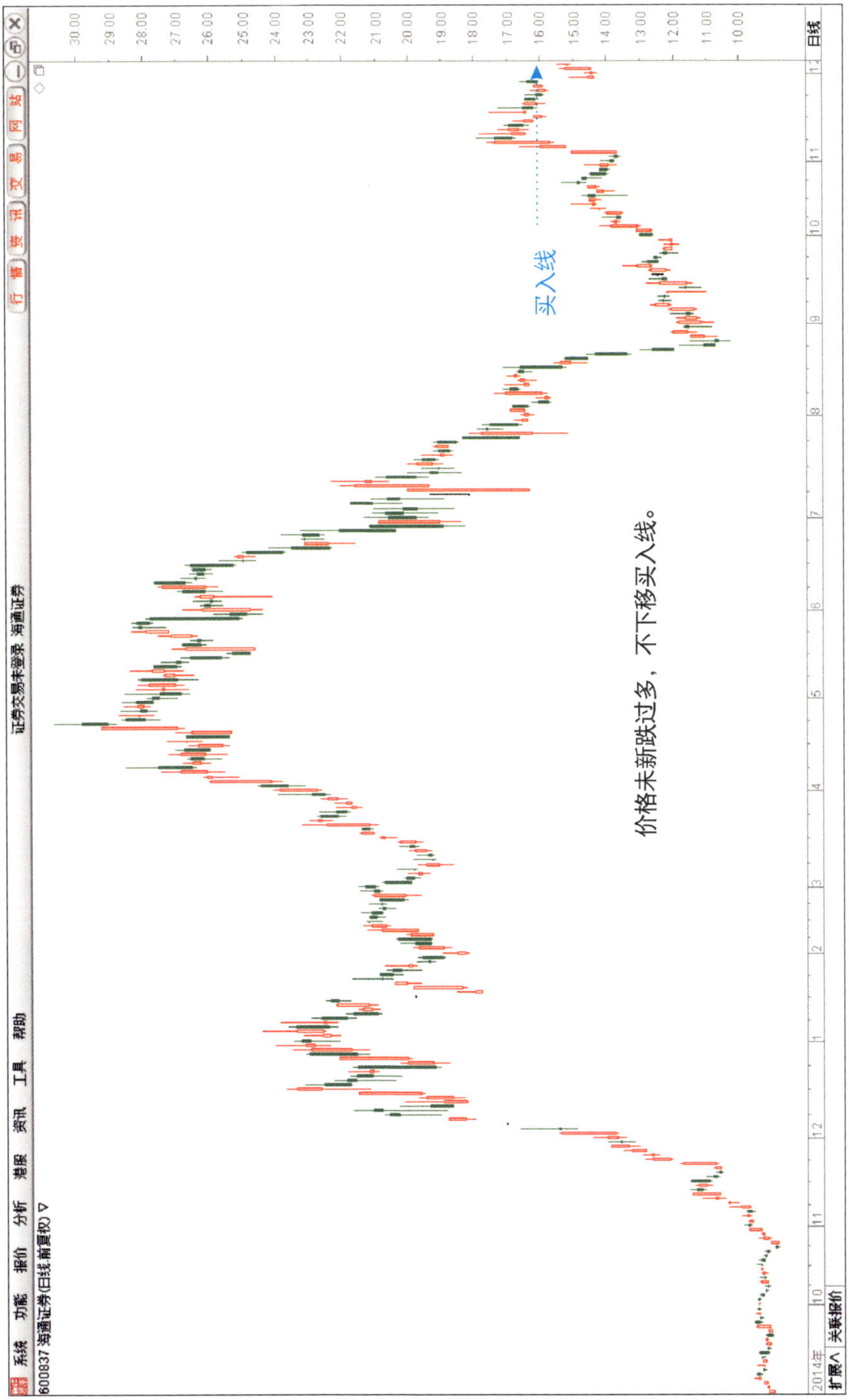

图271

系统 功能 报价 分析 港股 资讯 工具 帮助
证券交易未登录 海通证券
行情 资讯 交易 网站
600837 海通证券(日线,前复权) ▽
30.00
29.00
28.00
27.00
26.00
25.00
24.00
23.00
22.00
21.00
20.00
19.00
18.00
17.00
16.00
15.00
14.00
13.00
12.00
11.00
10.00
买入线
价格未新跌过多，不下移买入线。
2014年 10 11 12 1 2 3 4 5 6 7 8 9 10 11 12
日线
扩展∧ 关联报价

图272

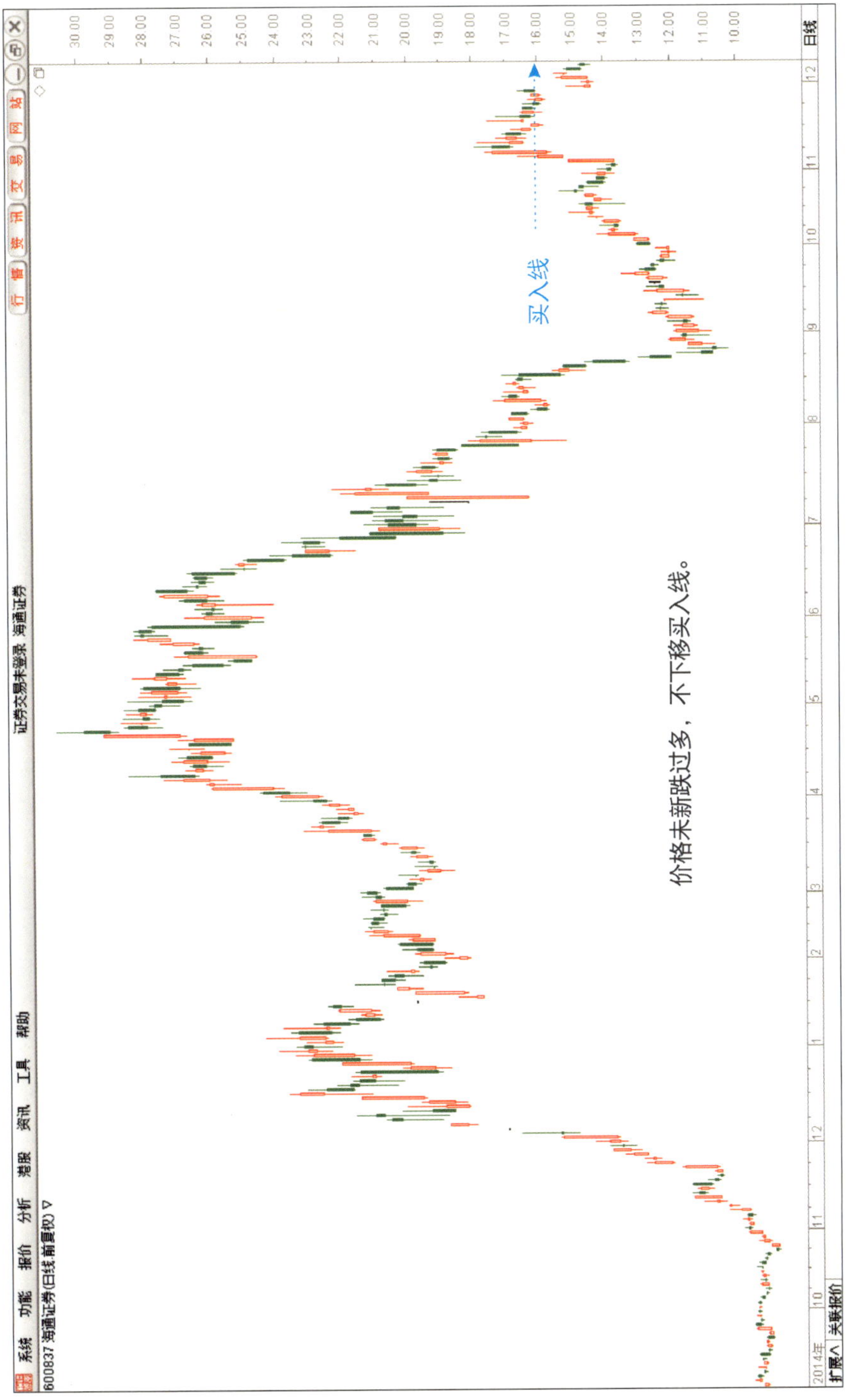

系统　功能　报价　分析　港股　资讯　工具　帮助
证券交易未登录　海通证券
600837 海通证券(日线 前复权) ∇
买入线
价格未新跌过多，不下移买入线。
日线

图273

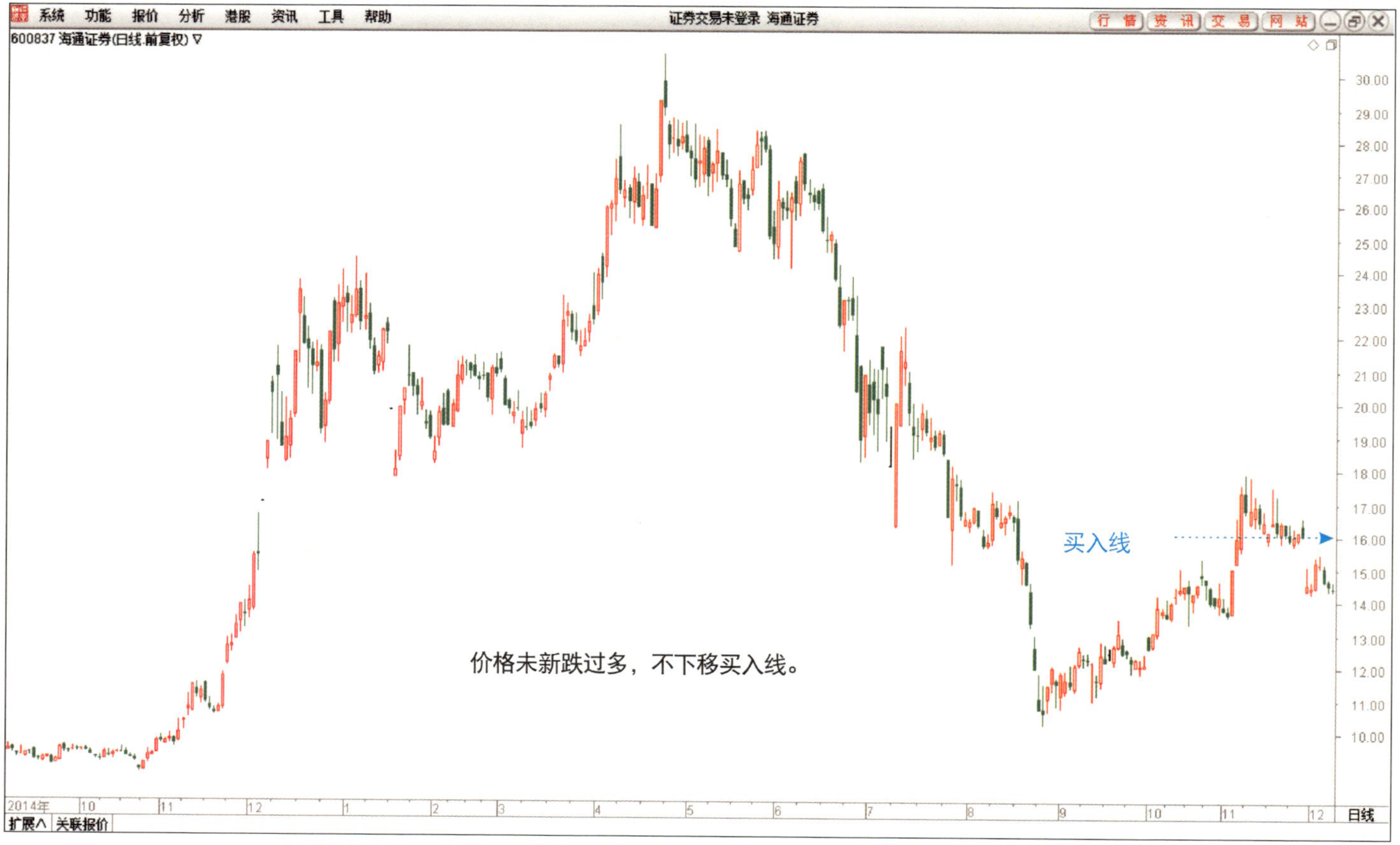
系统 功能 报价 分析 港股 资讯 工具 帮助
证券交易未登录 海通证券
行情 资讯 交易 网站
600837 海通证券(日线,前复权)
30.00
29.00
28.00
27.00
26.00
25.00
24.00
23.00
22.00
21.00
20.00
19.00
18.00
17.00
16.00
15.00
14.00
13.00
12.00
11.00
10.00
买入线
价格未新跌过多，不下移买入线。
2014年 10 11 12 1 2 3 4 5 6 7 8 9 10 11 12
日线
扩展 关联报价

图274

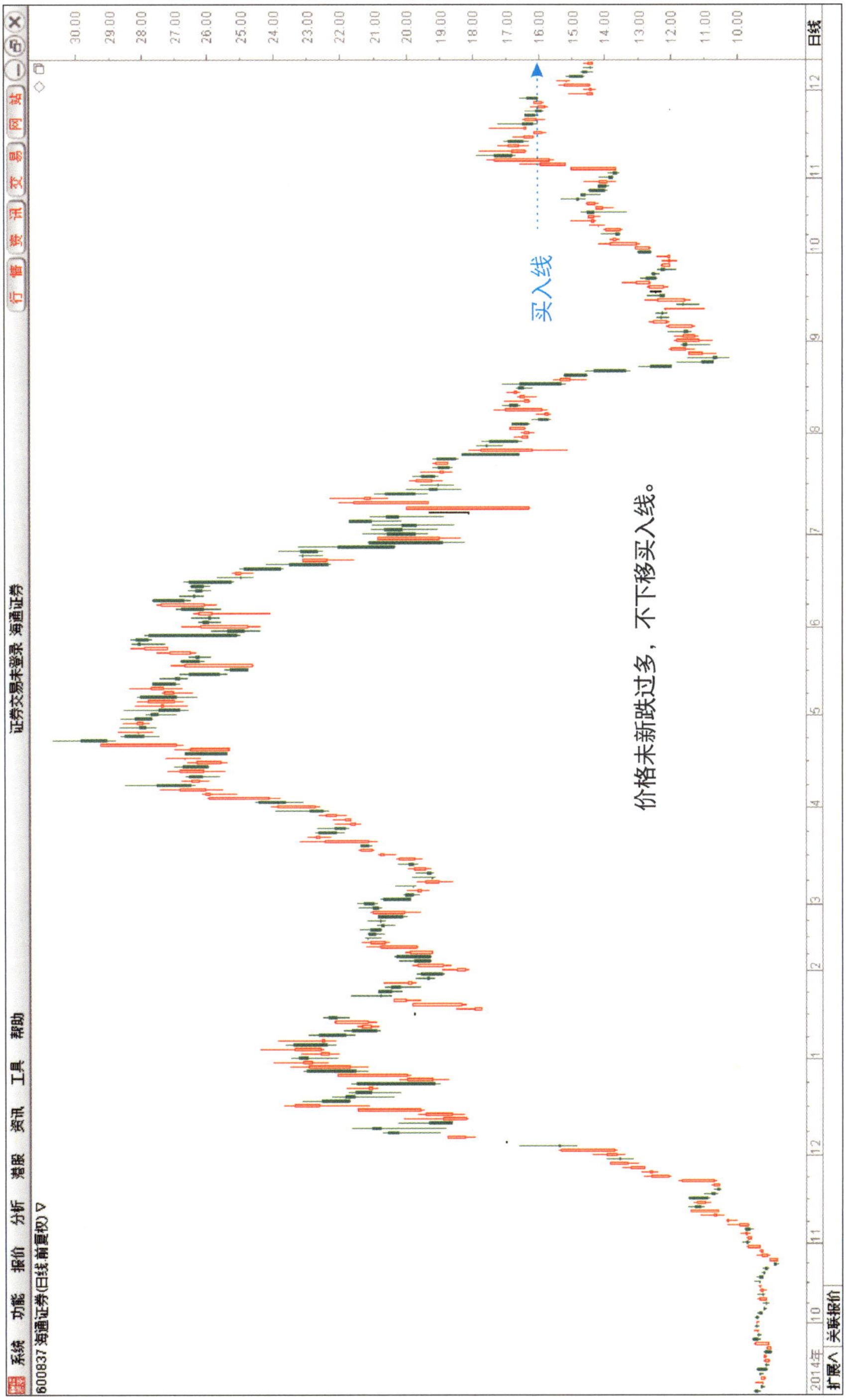
系统 功能 报价 分析 港股 资讯 工具 帮助
证券交易未登录 海通证券
行情 资讯 交易 网站
600837 海通证券(日线 前复权)
买入线
价格未新跌过多，不下移买入线。
日线
2014年
扩展∧ 关联报价

图275

系统 功能 报价 分析 港股 资讯 工具 帮助
证券交易未登录 海通证券
行情 资讯 交易 网站
600837 海通证券(日线,前复权) ▽
30.00
29.00
28.00
27.00
26.00
25.00
24.00
23.00
22.00
21.00
20.00
19.00
18.00
17.00
16.00
15.00
14.00
13.00
12.00
11.00
10.00
买入线
价格未新跌过多，不下移买入线。
2014年 10 11 12 1 2 3 4 5 6 7 8 9 10 11 12
日线
扩展∧ 关联报价

图276

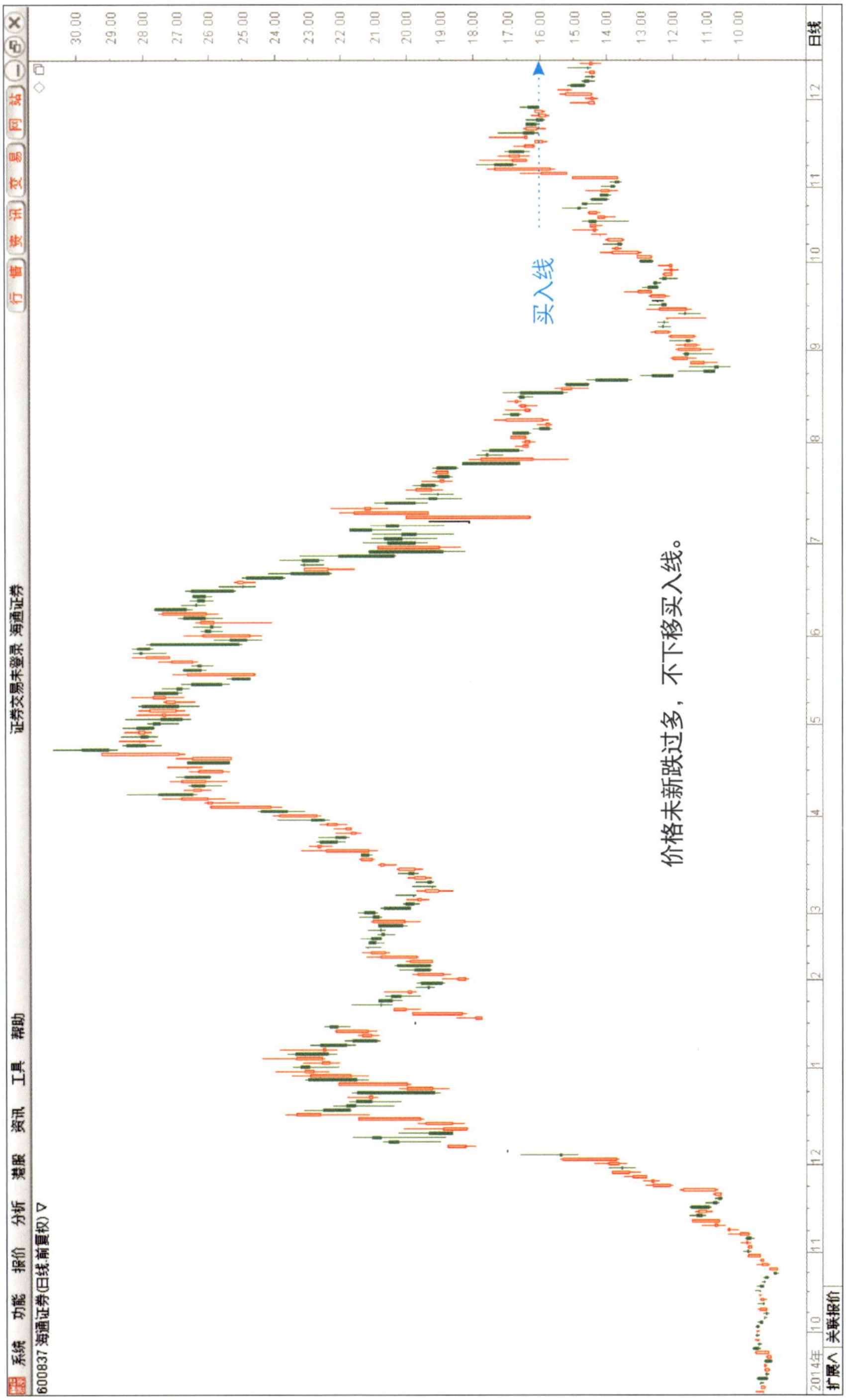
系统 功能 报价 分析 港股 资讯 工具 帮助
证券交易未登录 海通证券
行情 资讯 交易 网站
600837 海通证券(日线,前复权)
30.00
29.00
28.00
27.00
26.00
25.00
24.00
23.00
22.00
21.00
20.00
19.00
18.00
17.00
16.00
15.00
14.00
13.00
12.00
11.00
10.00
买入线
价格未新跌过多，不下移买入线。
日线
2014年
扩展∧ 关联报价

图277

系统 功能 报价 分析 港股 资讯 工具 帮助
证券交易未登录 海通证券
行情 资讯 交易 网站
600837 海通证券(日线,前复权)
30.00
29.00
28.00
27.00
26.00
25.00
24.00
23.00
22.00
21.00
20.00
19.00
18.00
17.00
16.00
15.00
14.00
13.00
12.00
11.00
10.00
买入线
价格未新跌过多，不下移买入线。
2014年 10 11 12 1 2 3 4 5 6 7 8 9 10 11 12
日线
扩展∧ 关联报价

图278

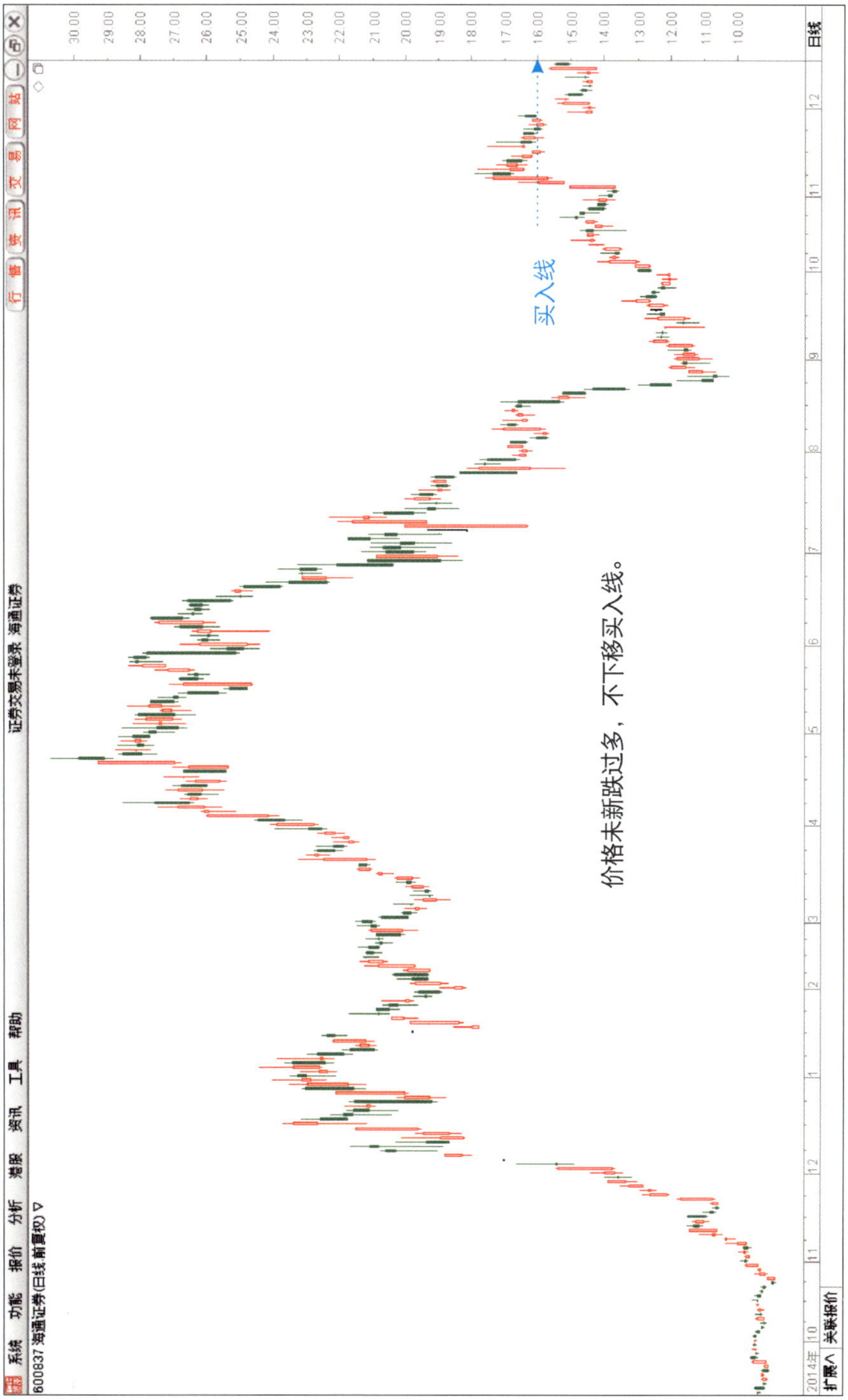

图279

系统 功能 报价 分析 港股 资讯 工具 帮助
证券交易未登录 海通证券
行情 资讯 交易 网站
600837 海通证券(日线 前复权) ▽
30.00
29.00
28.00
27.00
26.00
25.00
24.00
23.00
22.00
21.00
20.00
19.00
18.00
17.00
16.00
15.00
14.00
13.00
12.00
11.00
10.00
买入线
价格未新跌过多，不下移买入线。
2014年 10
11
12
1
2
3
4
5
6
7
8
9
10
11
12
日线
扩展∧ 关联报价

图280

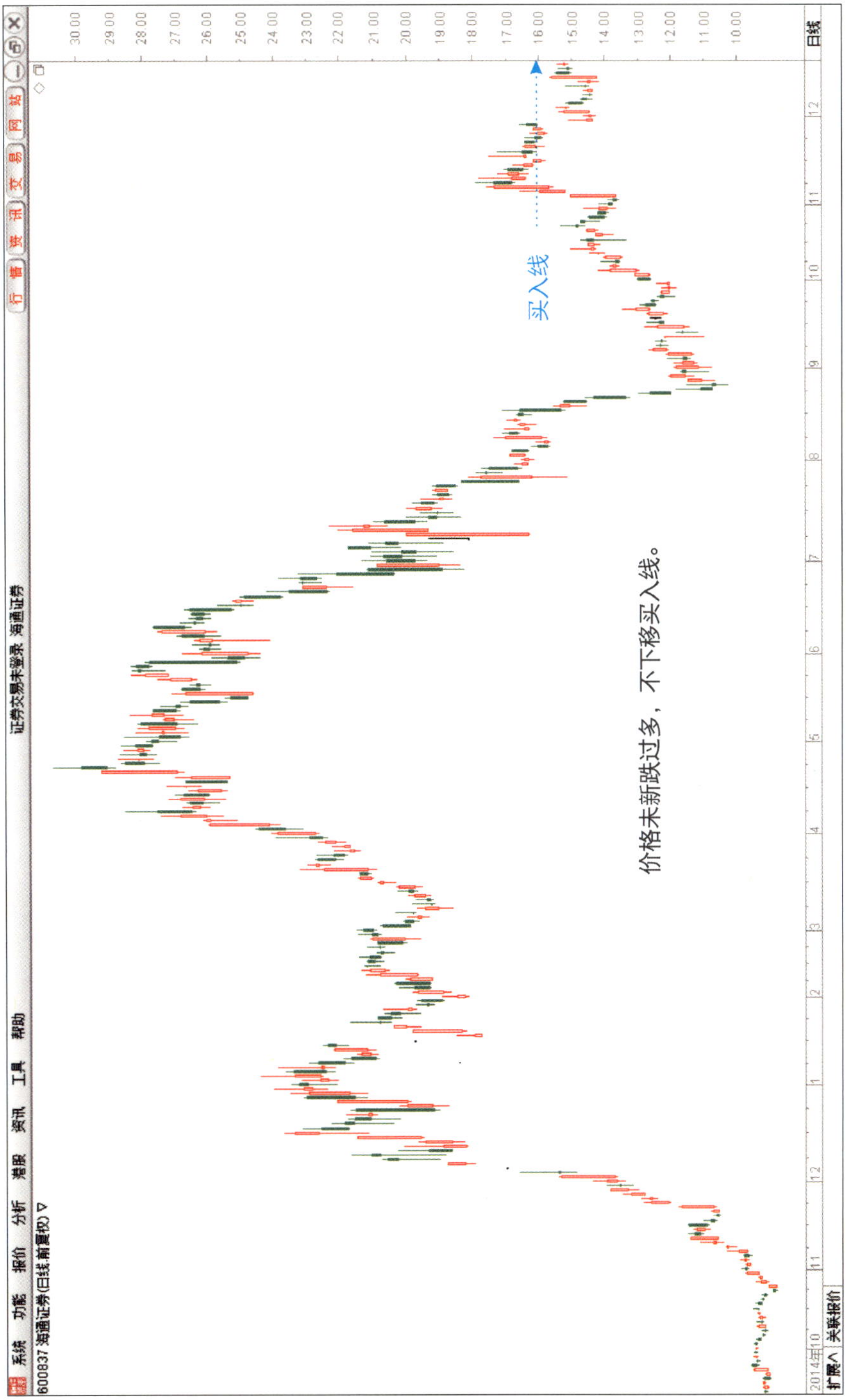

图281

系统 功能 报价 分析 港股 资讯 工具 帮助
证券交易未登录 海通证券
行情 资讯 交易 网站
600837 海通证券(日线,前复权)
30.00
29.00
28.00
27.00
26.00
25.00
24.00
23.00
22.00
21.00
20.00
19.00
18.00
17.00
16.00
15.00
14.00
13.00
12.00
11.00
10.00
买入线
价格未新跌过多，不下移买入线。
2014年
11
12
1
2
3
4
5
6
7
8
9
10
11
12
日线
扩展
关联报价

图282

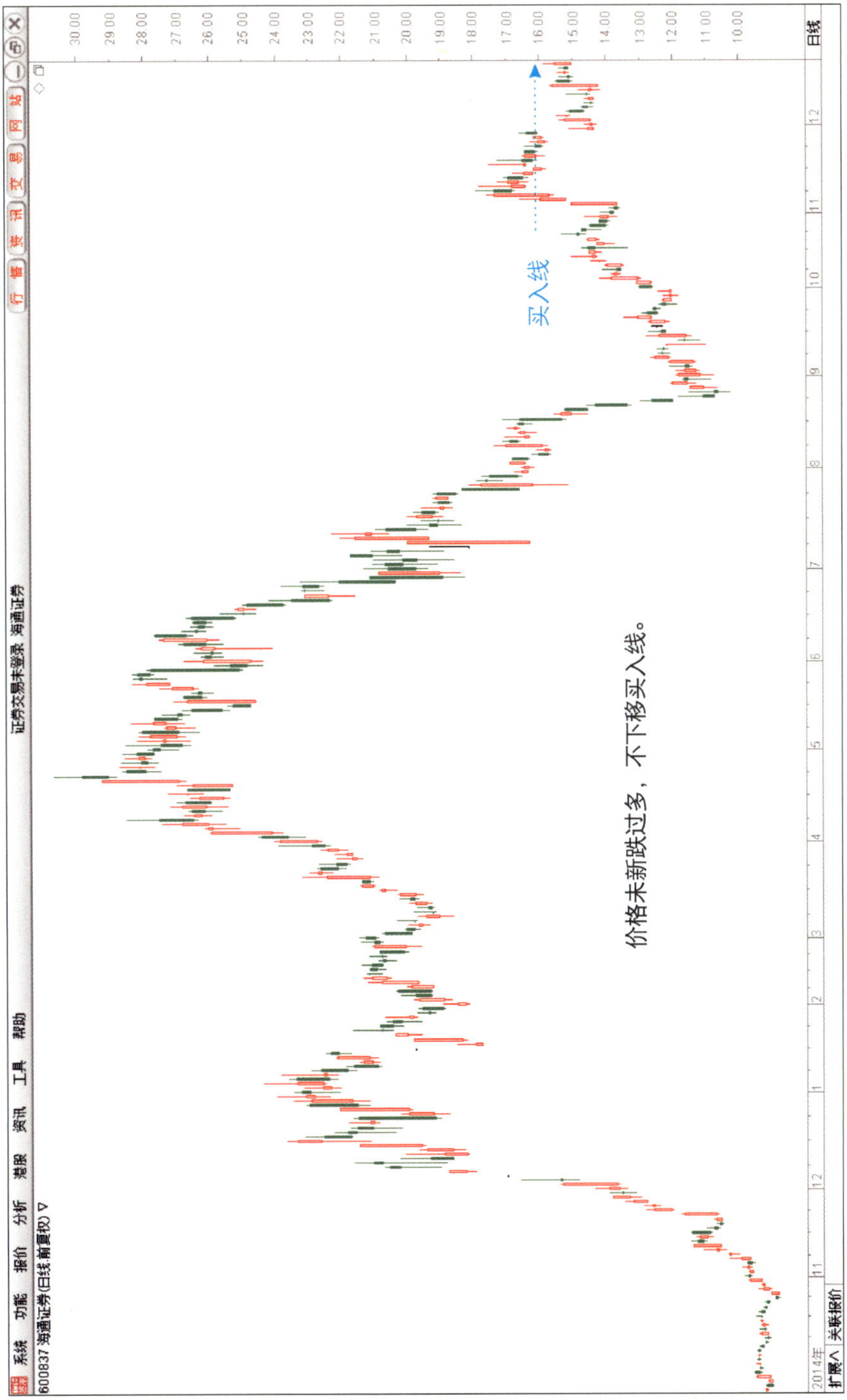
系统 功能 报价 分析 港股 资讯 工具 帮助
600837 海通证券(日线,前复权)
证券交易未登录 海通证券
行情 资讯 交易 网站
30.00
29.00
28.00
27.00
26.00
25.00
24.00
23.00
22.00
21.00
20.00
19.00
18.00
17.00
16.00
15.00
14.00
13.00
12.00
11.00
10.00
日线
买入线
价格未新跌过多，不下移买入线。
2014年
扩展∧ 关联报价

图283

系统 功能 报价 分析 港股 资讯 工具 帮助
证券交易未登录 海通证券
行情 资讯 交易 网站
600837 海通证券(日线,前复权)
30.00
29.00
28.00
27.00
26.00
25.00
24.00
23.00
22.00
21.00
20.00
19.00
18.00
17.00
16.00
15.00
14.00
13.00
12.00
11.00
10.00
价格未新跌过多，不下移买入线。
买入线
2014年
11
12
1
2
3
4
5
6
7
8
9
10
11
12
日线
扩展∧
关联报价

图284

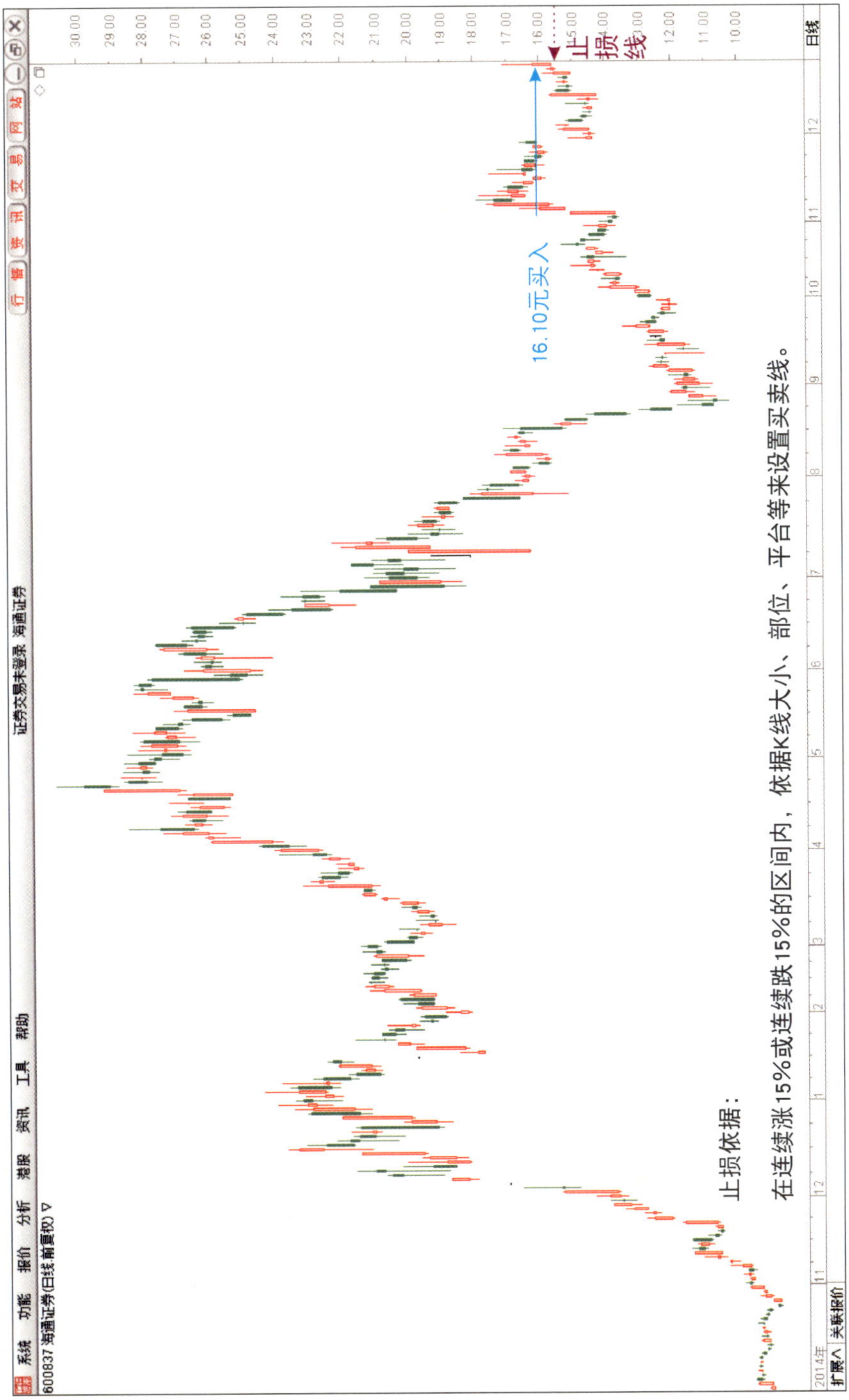
600837 海通证券(日线 前复权)
证券交易未登录 海通证券
16.10元买入
止损线
止损依据：
在连续涨15%或连续跌15%的区间内，依据K线大小、部位、平台等来设置买卖线。

图285

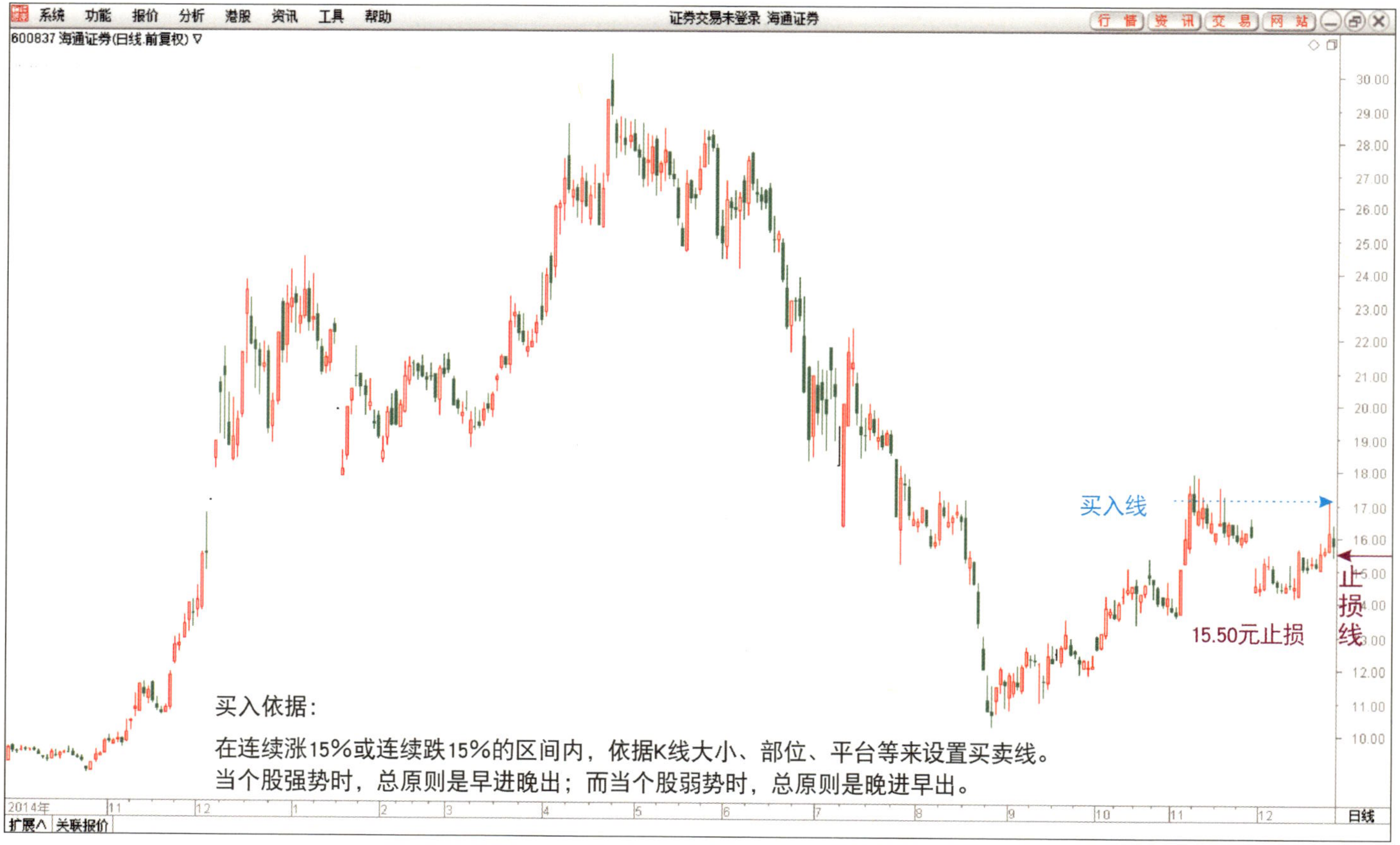
系统 功能 报价 分析 港股 资讯 工具 帮助
证券交易未登录 海通证券
行情 资讯 交易 网站
600837 海通证券(日线,前复权)
买入线
止损线
15.50元止损
买入依据：
在连续涨15%或连续跌15%的区间内，依据K线大小、部位、平台等来设置买卖线。
当个股强势时，总原则是早进晚出；而当个股弱势时，总原则是晚进早出。
2014年
扩展 关联报价
日线

图286

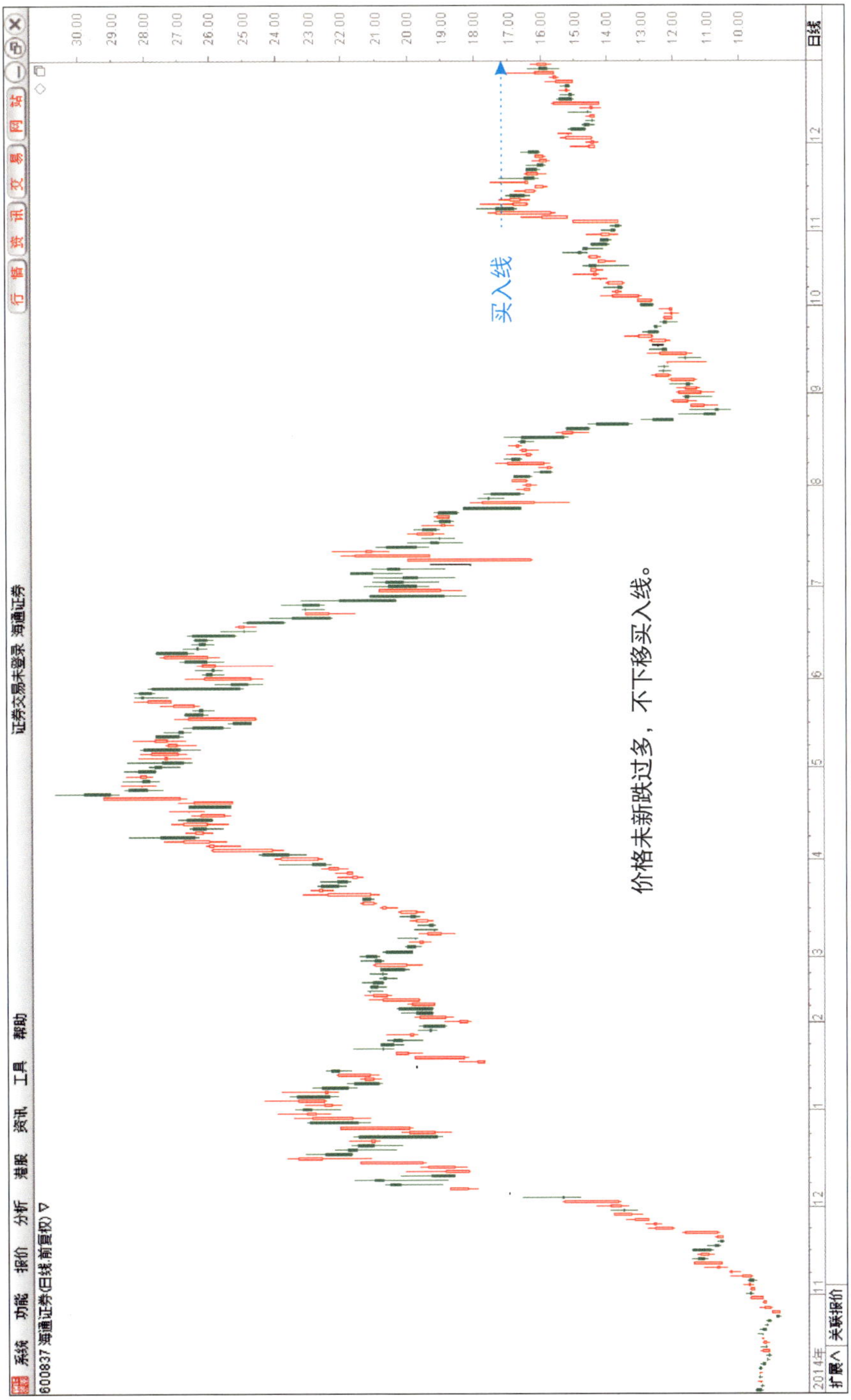
系统 功能 报价 分析 港股 资讯 工具 帮助
证券交易未登录 海通证券
600837 海通证券(日线,前复权)
买入线
价格未新跌过多，不下移买入线。
日线
扩展 关联报价

图287

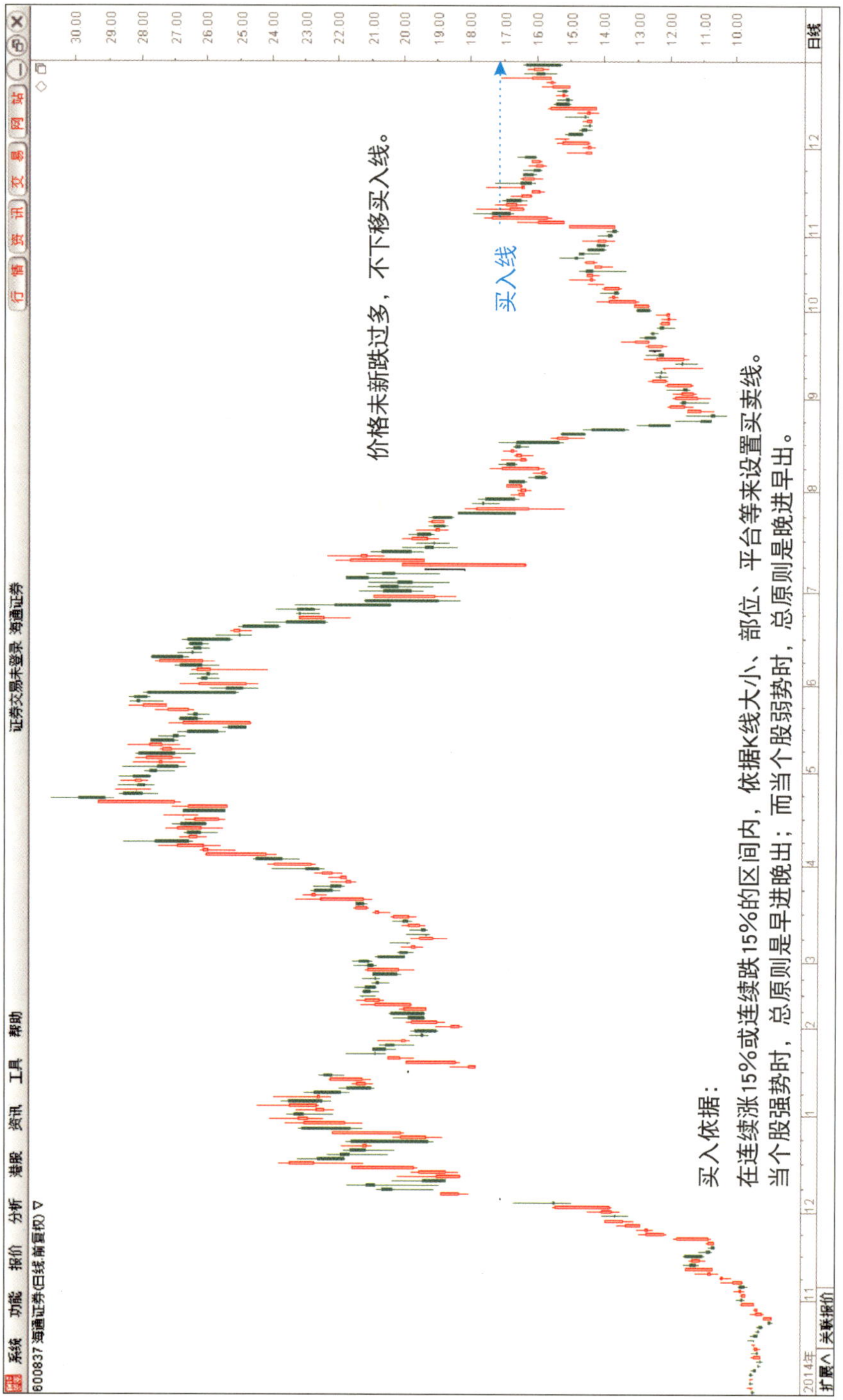
系统 功能 报价 分析 港股 资讯 工具 帮助
证券交易未登录 海通证券
600837 海通证券(日线 前复权)
行情 资讯 交易 网站
30.00
29.00
28.00
27.00
26.00
25.00
24.00
23.00
22.00
21.00
20.00
19.00
18.00
17.00
16.00
15.00
14.00
13.00
12.00
11.00
10.00
价格未新跌过多，不下移买入线。
买入线
买入依据：
在连续涨15%或连续跌15%的区间内，依据K线大小、部位、平台等来设置买卖线。
当个股强势时，总原则是早进晚出；而当个股弱势时，总原则是晚进早出。
2014年
日线
扩展 关联报价

图288

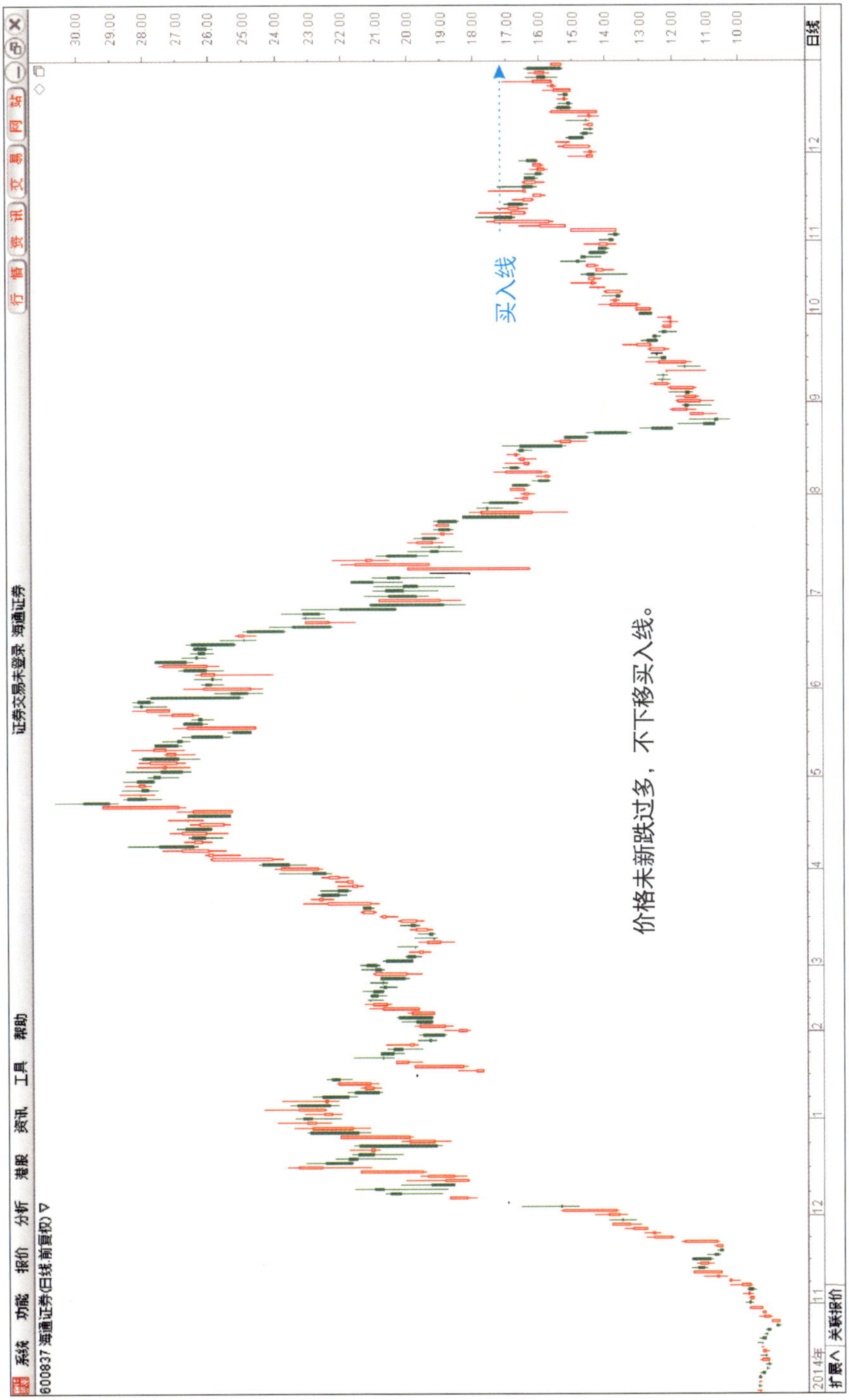

系统 功能 报价 分析 港股 资讯 工具 帮助
证券交易未登录 海通证券
行情 资讯 交易 网站
600837 海通证券(日线,前复权)
买入线
价格未新跌过多，不下移买入线。
日线
扩展 关联报价

图289

系统 功能 报价 分析 港股 资讯 工具 帮助
证券交易未登录 海通证券
行情 资讯 交易 网站
600837 海通证券(日线 前复权) ▽
买入线
价格未新跌过多，不下移买入线。
30.00
29.00
28.00
27.00
26.00
25.00
24.00
23.00
22.00
21.00
20.00
19.00
18.00
17.00
16.00
15.00
14.00
13.00
12.00
11.00
10.00
2014年
11
12
1
2
3
4
5
6
7
8
9
10
11
12
日线
扩展∧ 关联报价

图290

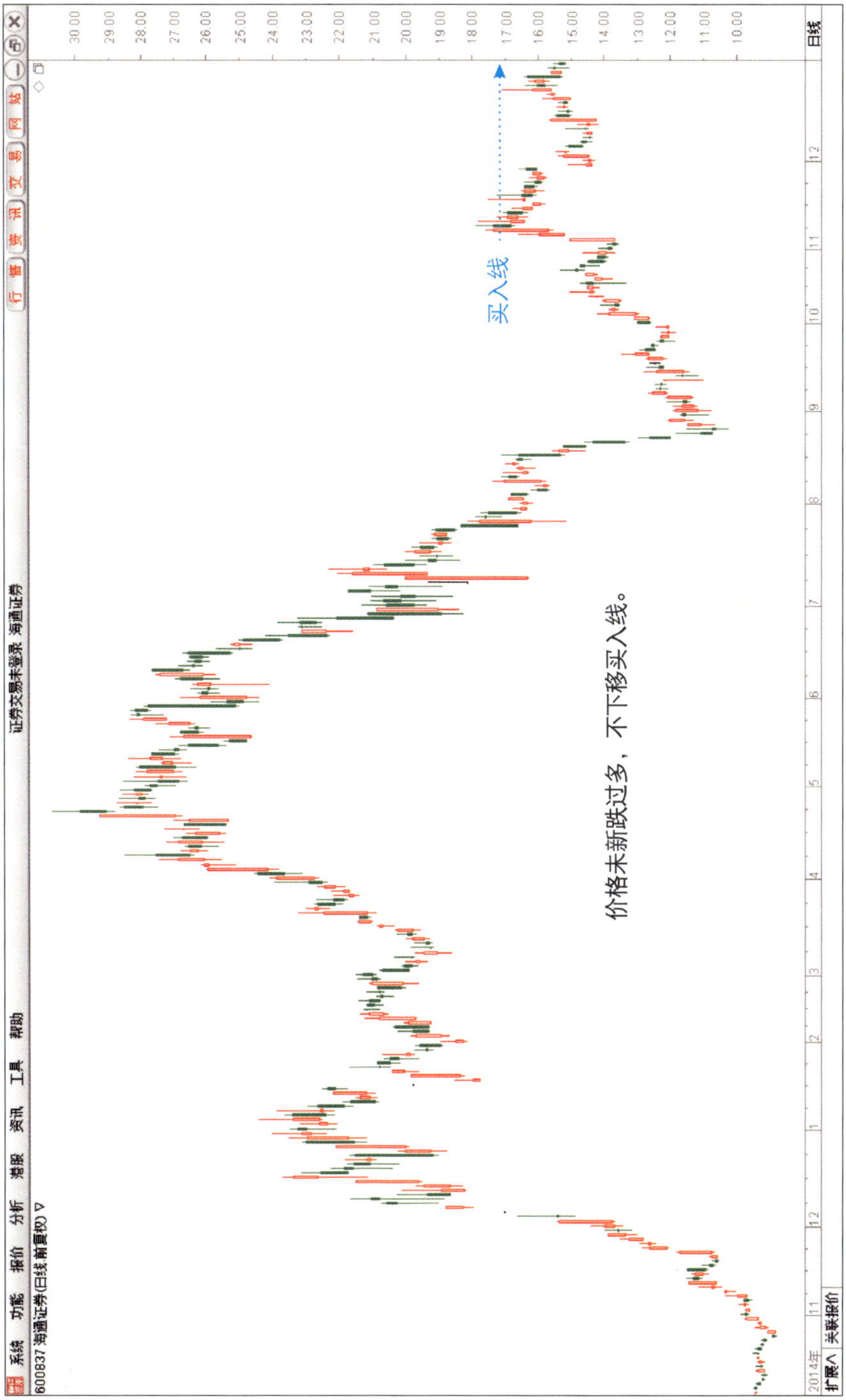

图291

系统 功能 报价 分析 港股 资讯 工具 帮助
证券交易未登录 海通证券
行情 资讯 交易 网站
600837 海通证券(日线,前复权)
价格新跌过多，下移买入线。
买入线
买入依据：
在连续涨15%或连续跌15%的区间内，依据K线大小、部位、平台等来设置买卖线。
当个股强势时，总原则是早进晚出；而当个股弱势时，总原则是晚进早出。
日线
扩展 关联报价

图292

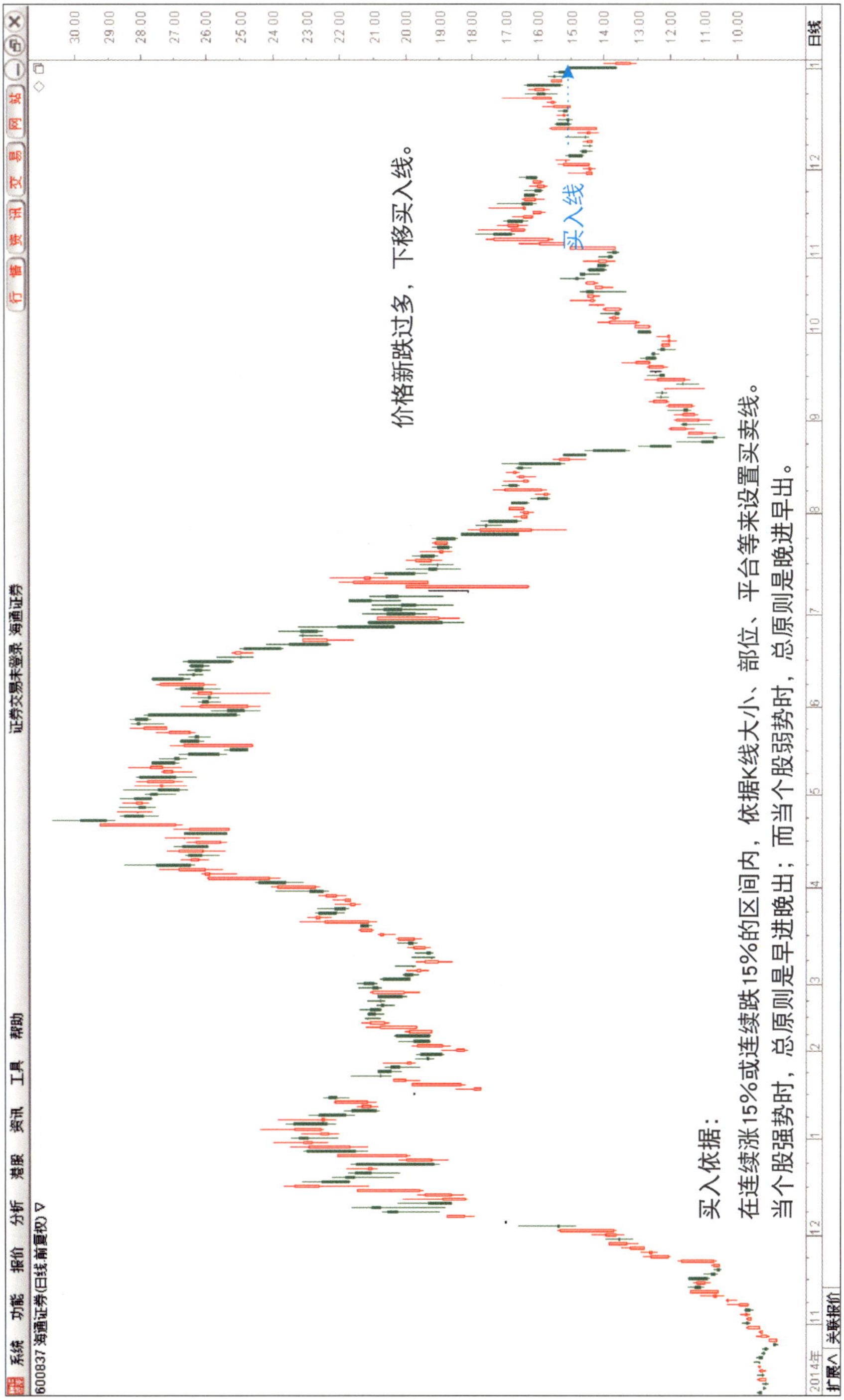
600837 海通证券(日线 前复权)
价格新跌过多，下移买入线。
买入线
买入依据：
在连续涨15%或连续跌15%的区间内，依据K线大小、部位、平台等来设置买卖线。
当个股强势时，总原则是早进晚出；而当个股弱势时，总原则是晚进早出。

图293

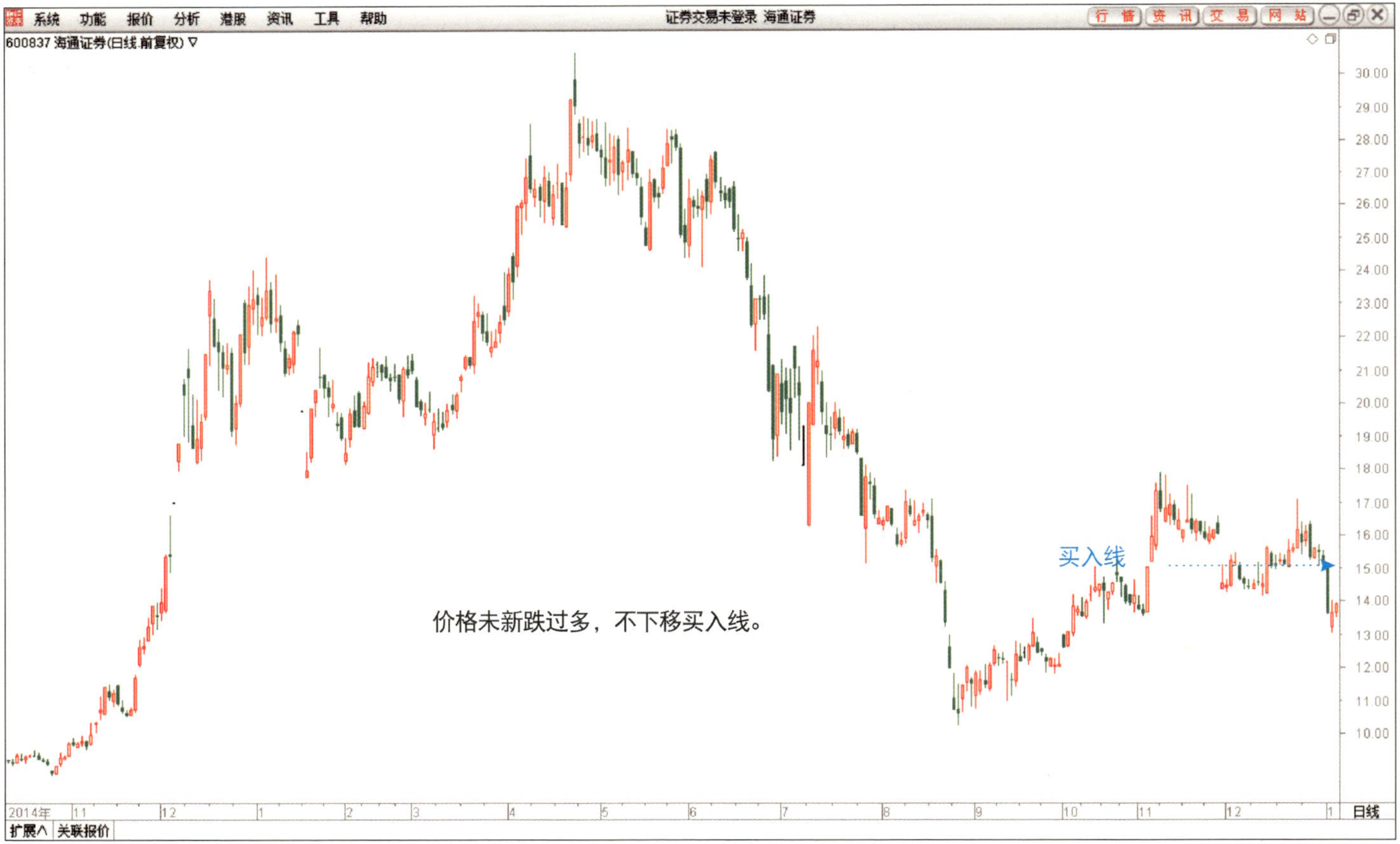
系统 功能 报价 分析 港股 资讯 工具 帮助
证券交易未登录 海通证券
行情 资讯 交易 网站
600837 海通证券(日线,前复权)
30.00
29.00
28.00
27.00
26.00
25.00
24.00
23.00
22.00
21.00
20.00
19.00
18.00
17.00
16.00
15.00
14.00
13.00
12.00
11.00
10.00
买入线
价格未新跌过多，不下移买入线。
2014年
11
12
1
2
3
4
5
6
7
8
9
10
11
12
1
日线
扩展∧
关联报价

图294

系统 功能 报价 分析 港股 资讯 工具 帮助
证券交易未登录 海通证券
行情 资讯 交易 网站
600837 海通证券(日线,前复权)
价格新跌过多，下移买入线。
买入线
买入依据：
涨超5%的阳线或跌超5%的阴线很重要，其1/2或2/3的地方也很重要。
当个股强势时，总原则是早进晚出；而当个股弱势时，总原则是晚进早出。
2014年
日线
扩展 关联报价

图295

系统 功能 报价 分析 港股 资讯 工具 帮助
证券交易未登录 海通证券
行情 资讯 交易 网站
600837 海通证券(日线,前复权)
30.00
29.00
28.00
27.00
26.00
25.00
24.00
23.00
22.00
21.00
20.00
19.00
18.00
17.00
16.00
15.00
14.00
13.00
12.00
11.00
10.00
价格新跌过多，下移买入线。
买入线
买入依据：
涨超5%的阳线或跌超5%的阴线很重要，其1/2或2/3的地方也很重要。
当个股强势时，总原则是早进晚出；而当个股弱势时，总原则是晚进早出。
2014年 11 12 1 2 3 4 5 6 7 8 9 10 11 12 1
日线
扩展 关联报价

图296

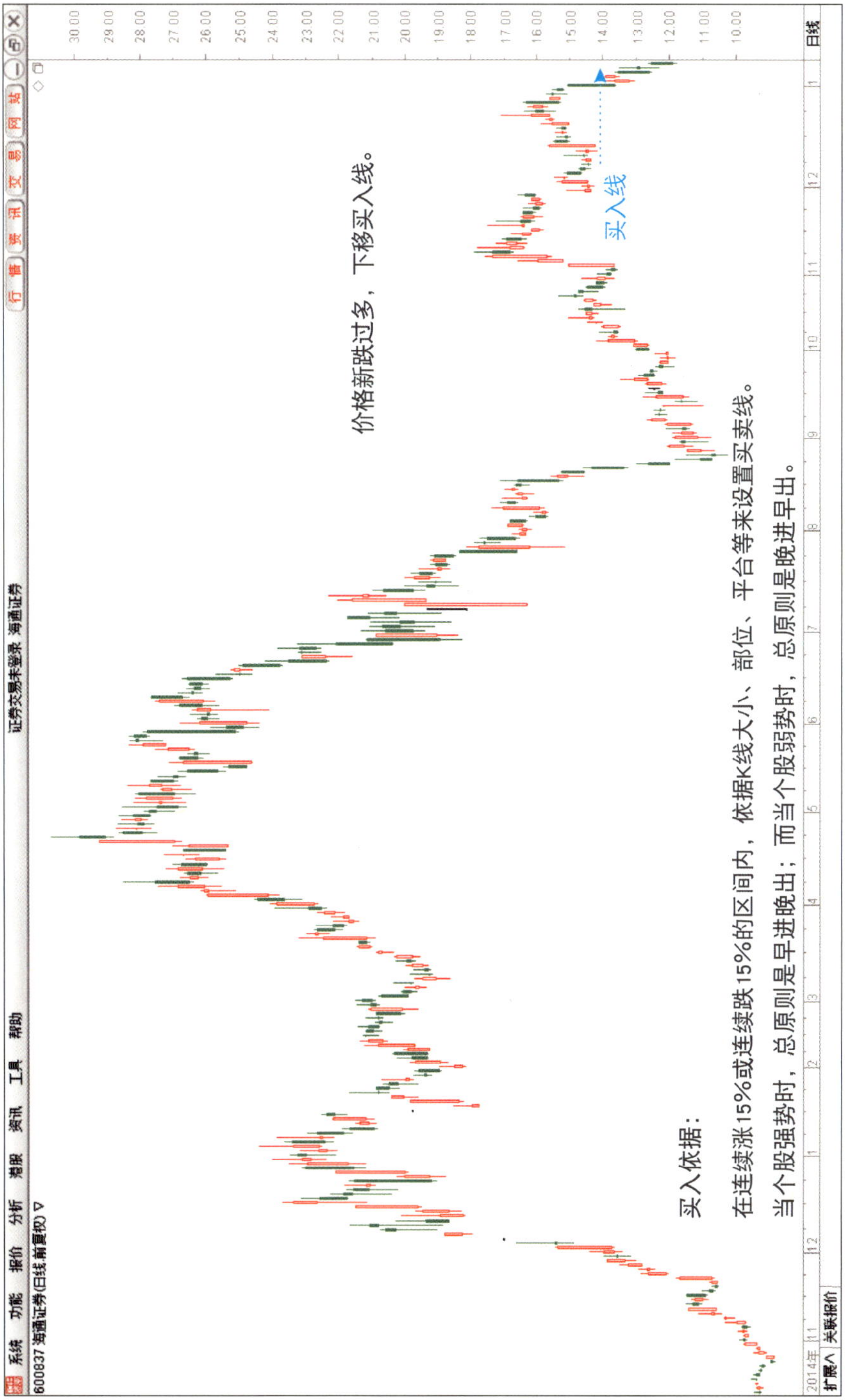
系统 功能 报价 分析 港股 资讯 工具 帮助
证券交易未登录 海通证券
行情 资讯 交易 网站
600837 海通证券(日线 前复权)
30.00
29.00
28.00
27.00
26.00
25.00
24.00
23.00
22.00
21.00
20.00
19.00
18.00
17.00
16.00
15.00
14.00
13.00
12.00
11.00
10.00
价格新跌过多，下移买入线。
买入线
买入依据：
在连续涨15%或连续跌15%的区间内，依据K线大小、部位、平台等来设置买卖线。
当个股强势时，总原则是早进晚出；而当个股弱势时，总原则是晚进早出。
2014年
扩展A 关联报价
日线

图297

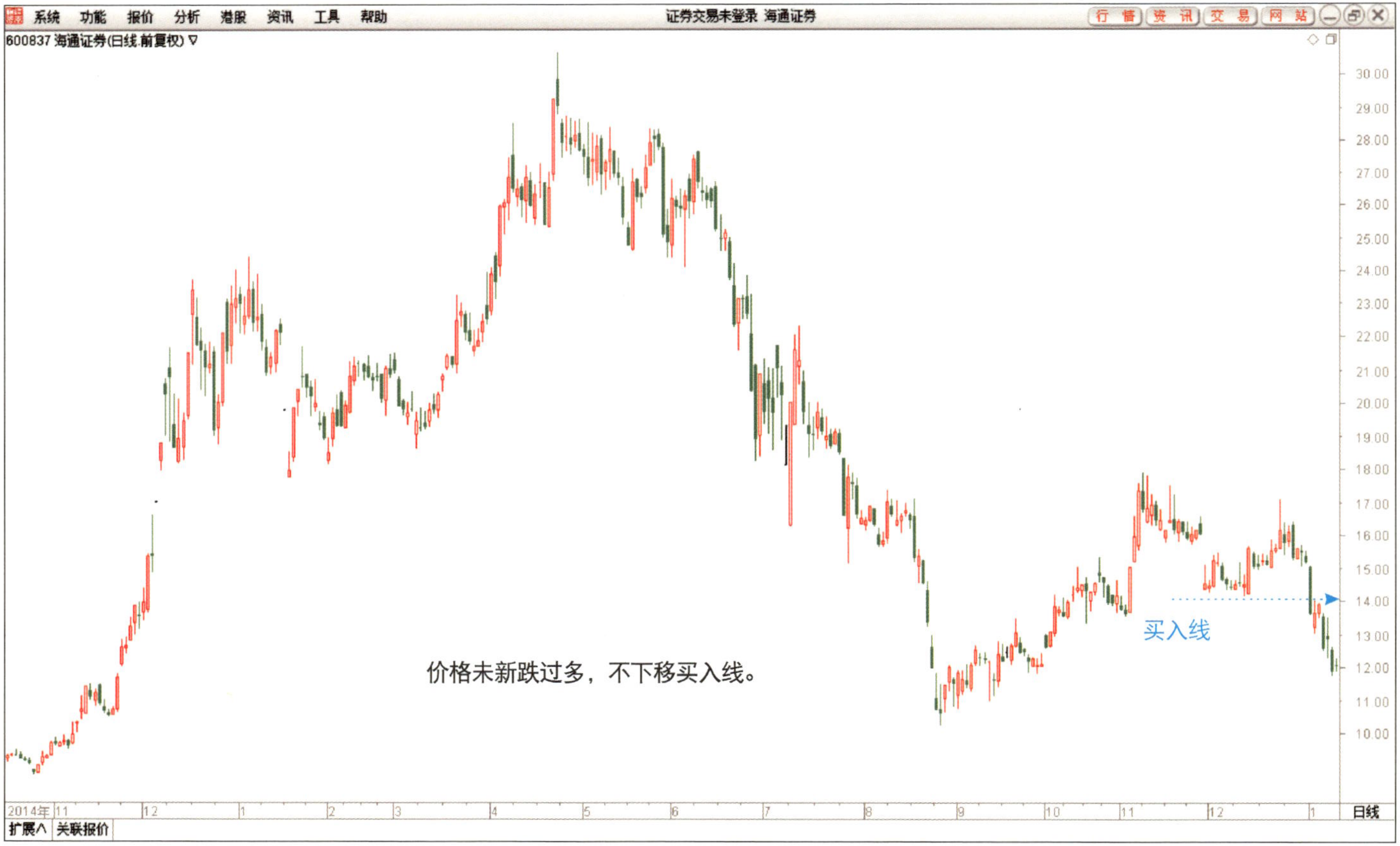
系统 功能 报价 分析 港股 资讯 工具 帮助
证券交易未登录 海通证券
行情 资讯 交易 网站
600837 海通证券(日线,前复权)
30.00
29.00
28.00
27.00
26.00
25.00
24.00
23.00
22.00
21.00
20.00
19.00
18.00
17.00
16.00
15.00
14.00
13.00
12.00
11.00
10.00
买入线
价格未新跌过多，不下移买入线。
2014年 11
12
1
2
3
4
5
6
7
8
9
10
11
12
1
日线
扩展 关联报价

图298

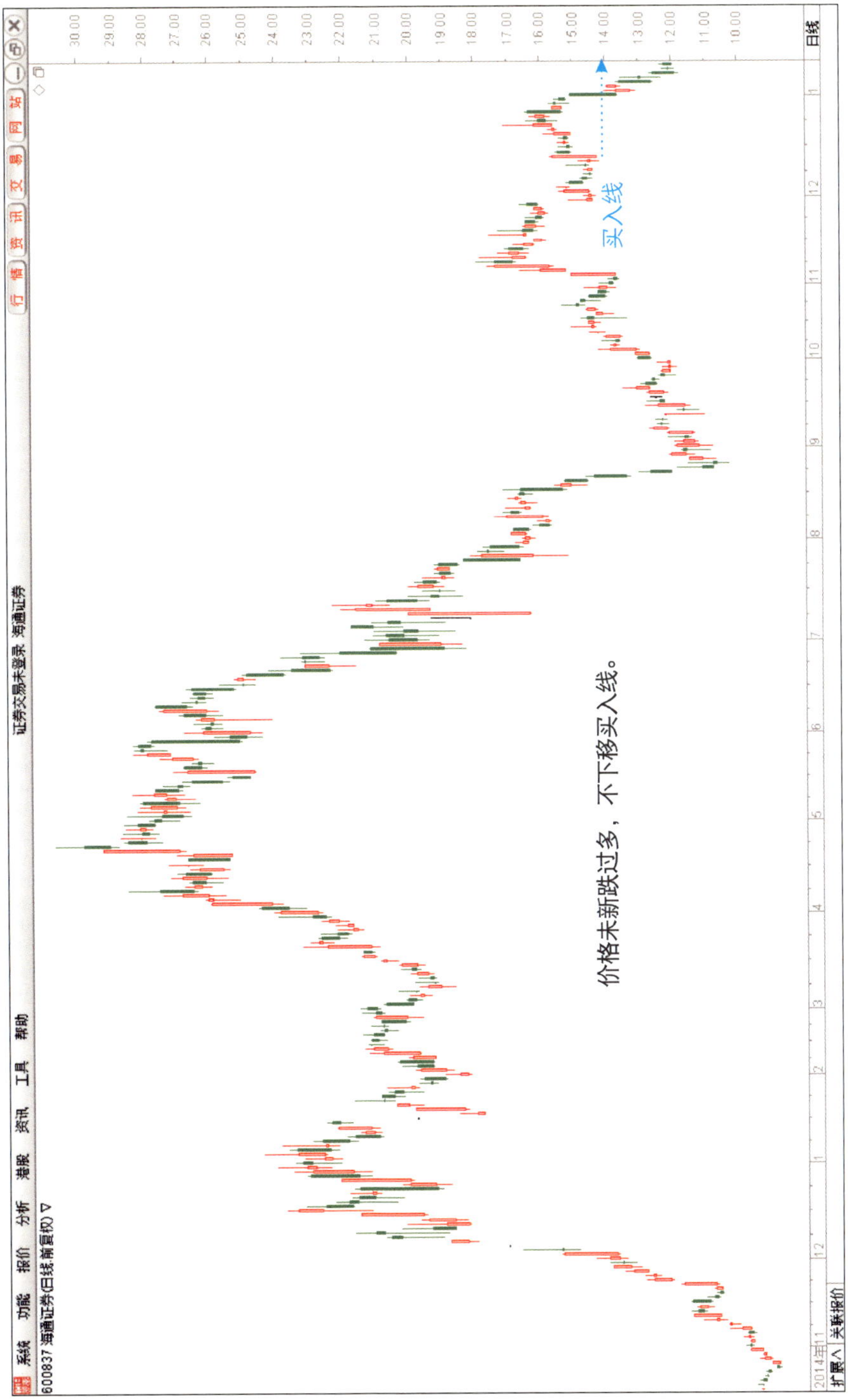
系统 功能 报价 分析 港股 资讯 工具 帮助
证券交易未登录 海通证券
行情 资讯 交易 网站
600837 海通证券(日线 前复权)
日线
买入线
价格未新跌过多，不下移买入线。
扩展 关联报价

图299

系统 功能 报价 分析 港股 资讯 工具 帮助
证券交易未登录 海通证券
行情 资讯 交易 网站
600837 海通证券(日线 前复权)
价格新跌过多，下移买入线。
买入线
买入依据：
在连续涨15%或连续跌15%的区间内，依据K线大小、部位、平台等来设置买卖线。
当个股强势时，总原则是早进晚出；而当个股弱势时，总原则是晚进早出。
2014年
扩展 关联报价
日线

图300

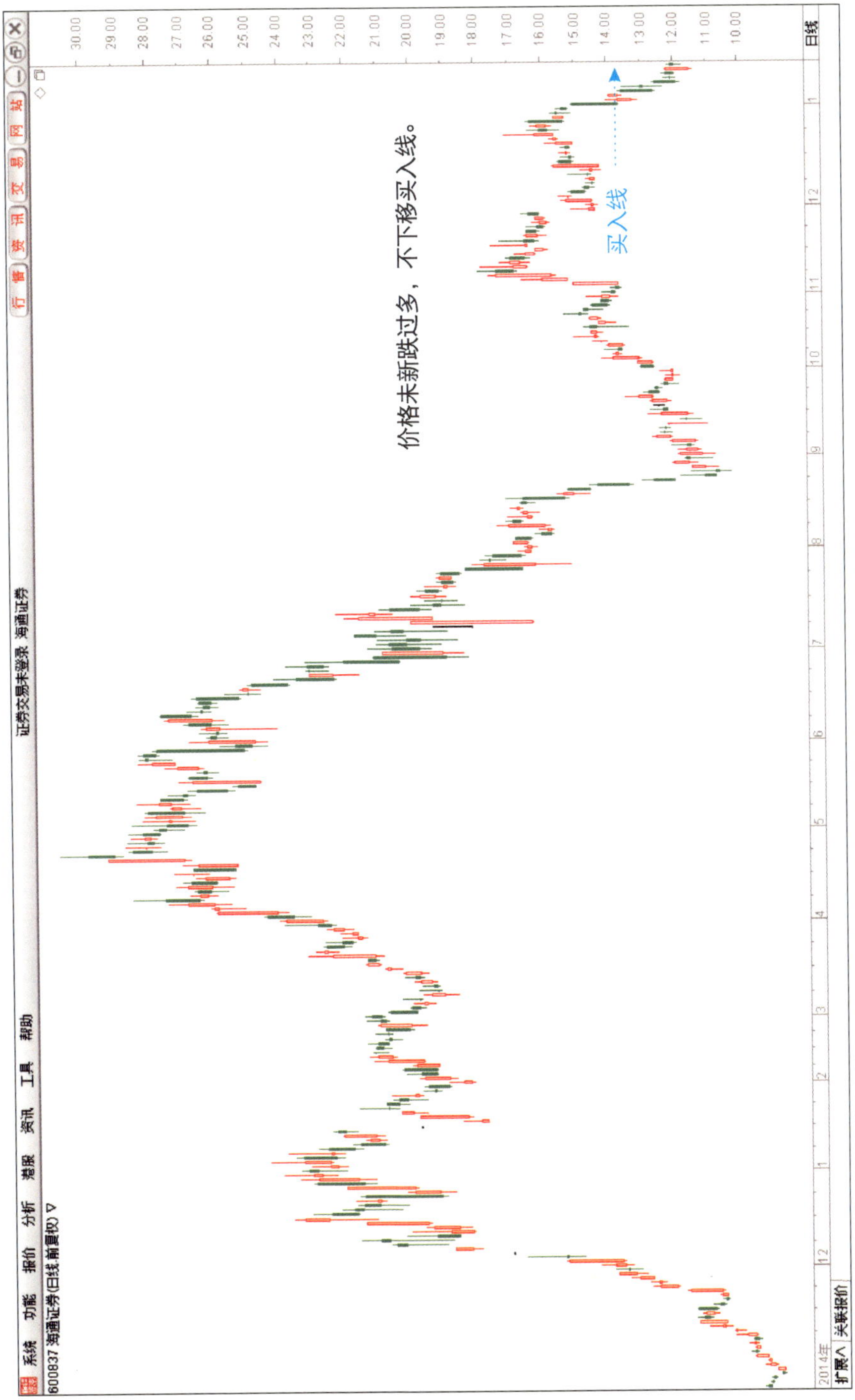
系统 功能 报价 分析 港股 资讯 工具 帮助
证券交易未登录 海通证券
行情 资讯 交易 网站
600837 海通证券(日线 前复权)
价格未新跌过多，不下移买入线。
买入线
日线
扩展∧ 关联报价
2014年

图301

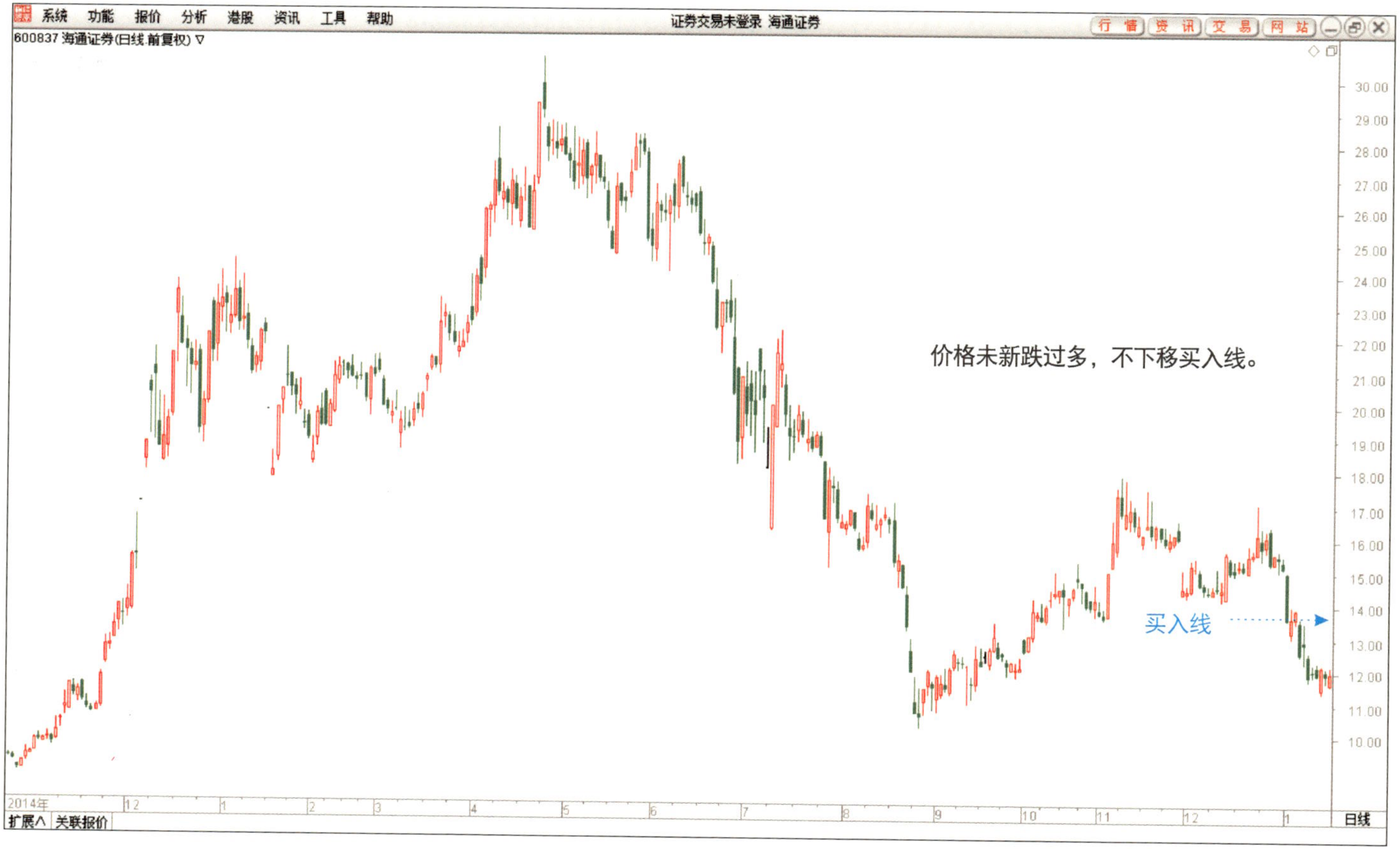
系统 功能 报价 分析 港股 资讯 工具 帮助
证券交易未登录 海通证券
行情 资讯 交易 网站
600837 海通证券(日线 前复权) ▽
价格未新跌过多，不下移买入线。
买入线
30.00
29.00
28.00
27.00
26.00
25.00
24.00
23.00
22.00
21.00
20.00
19.00
18.00
17.00
16.00
15.00
14.00
13.00
12.00
11.00
10.00
2014年
12
1
2
3
4
5
6
7
8
9
10
11
12
1
扩展∧ 关联报价
日线

图302

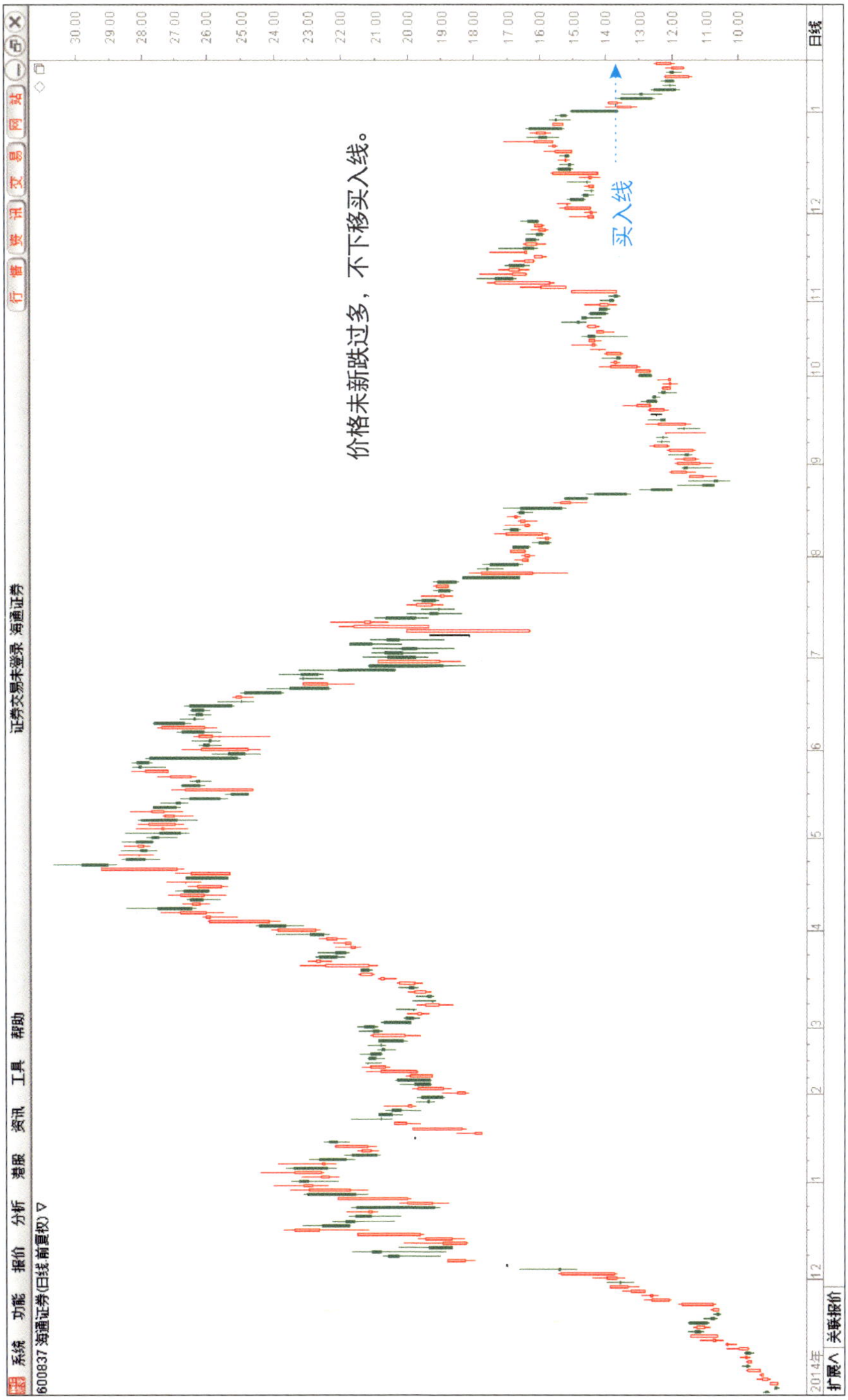
系统　功能　报价　分析　港股　资讯　工具　帮助
证券交易未登录　海通证券
行情　资讯　交易　网站
600837 海通证券(日线 前复权)
价格未新跌过多，不下移买入线。
买入线
扩展∧　关联报价
日线

图303

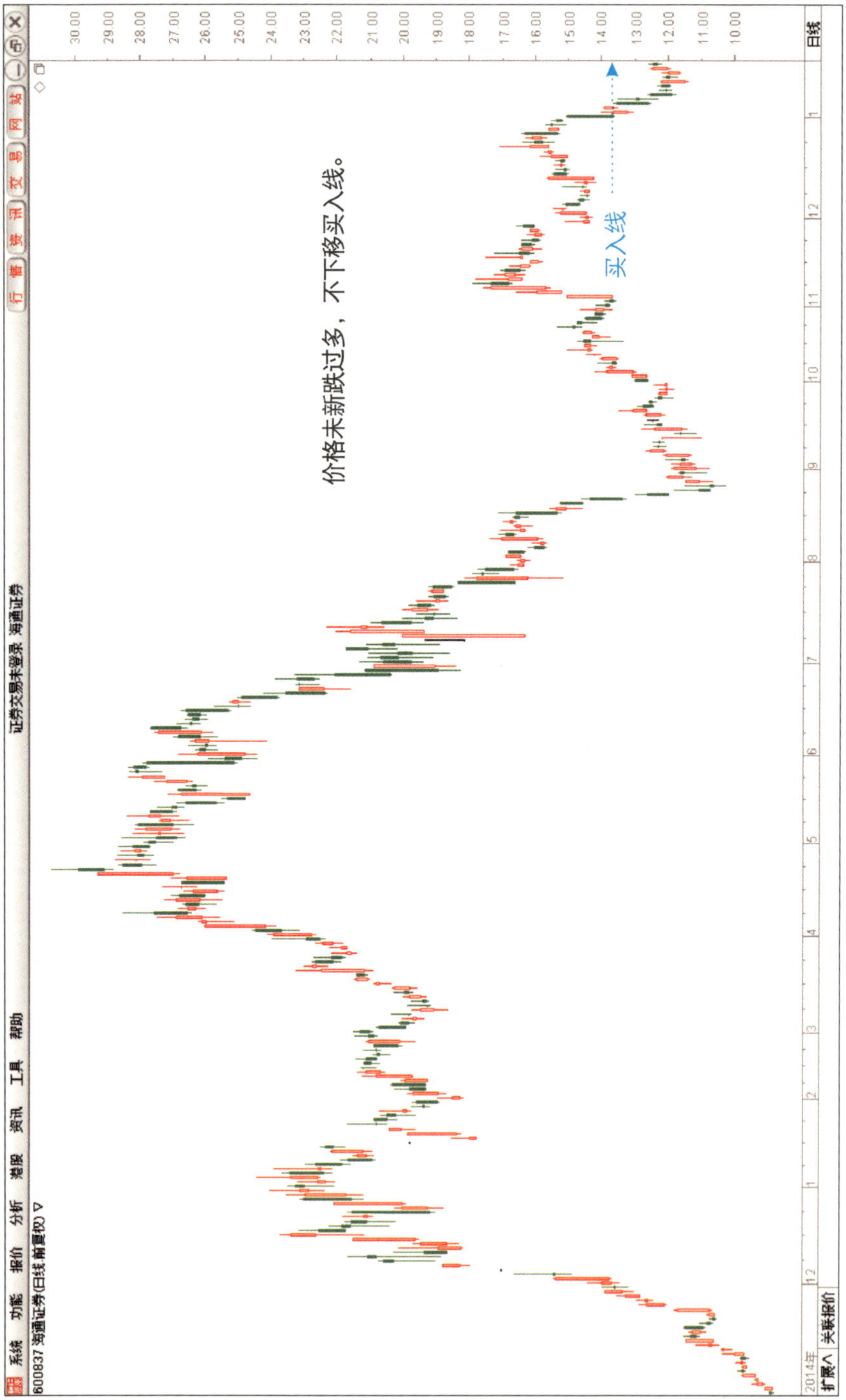
系统 功能 报价 分析 港股 资讯 工具 帮助
证券交易未登录 海通证券
600837 海通证券(日线 前复权)
价格未新跌过多，不下移买入线。
买入线
30.00
29.00
28.00
27.00
26.00
25.00
24.00
23.00
22.00
21.00
20.00
19.00
18.00
17.00
16.00
15.00
14.00
13.00
12.00
11.00
10.00
日线
扩展 关联报价

图304

四、彭石K线交易法模拟交易完整信号点

图305

面对这样的交易图谱，即使最终复合盈利率高达122.57%，是否也仍心有不甘？那么，有没有更简单、更有效的交易方法？答案是：有！更好的交易法是均线交易法，让我们一起来阅读第三章中级教程的内容。

第三章
CHAPTER 3
中级教程

第一节　彭石均线交易法

一、彭石均线交易法的优点及特色

1. 之所以在方法前面加上“彭石”二字，是为了区别市场上其他均线交易方法，那些方法并不实用。

2. 本交易法完全凭均线交易，且自成一体，既能把握主要上涨趋势，又能及时规避重大风险。

3. 本交易法只能捕捉牛市行情且善于捕捉牛市个股机会，对于震荡市或熊市行情则无能为力。

4. 本交易法因抓主要趋势且极力避免K线的躁动，故其软肋是：有可能会在止损线之处等出跌停板。

5. 本交易法不适合在均线还没站好队时就出现突然连续涨停的行情，对于此状况K线交易法也无解。

6. 本交易法不适合用于连续大跌之后的急反弹行情，因为此时局势常不稳，均线系统还没跟上。

7. 本交易法的交易次数大大少于K线交易法，可省事省力地捕捉牛股，避免资金陷入牛皮市或熊市。

8. 若想资金利用率最大化，则不宜用此方法做一只股票，而宜用其轮流选择已蓄势待发的个股。

9. 所有的买卖点均在一日或多日之前就已设置好，且可能会隔日移动，完全杜绝非理性交易行为。

10. 不必预测行情走势，不必追随新闻消息，不必研究行业报告，不必时刻盯盘，纯顺势而为。

11. 本交易法几乎适合所有有均线及成交量正常的个股、ETF、基金、商品、外汇，属主流交易法。

12. 本交易法若能用类似“投资赢家”的自动埋单软件，则实用性会更出众，上班、开会皆不误。

二、均线图简述

在证券市场中，对价格趋势进行平滑处理的最有效方法，就是计算价格的移动平均线（MA）。所谓“移动”，是指每天产生的新价格会被纳入后一日的平均计算法里，形成更新的价格平均值。具体来说，移动平均线是用统计处理的方式，将若干天的股价加以平均，然后连接成一条线，这条线就是移动平均线。其计算公式为：第n天的MA=（$C_1+C_2+\cdots\cdots+C_n$）$\div n$，C_1为第1日的收盘价，以此类推，n则为计算周期。

移动平均线的理论基础来源于道氏理论的“平均成本”概念，它是当今证券市场上广泛运用的技术指标，甚至一些业内人士把它作为股票价格的一部分来对待。由于其构造方法简单，效果容易检验，且信号明确客观，所以构成了大部分趋势交易系统的基础。

移动平均线是股价的生命线，是对交易成本最直观的反映，其本质上是一种追踪趋势的工具（又被称作弯曲的趋势线），目的在于显示旧趋势或将终结、新趋势正在萌生的行情走势；其另一个作用则是使价格运动变得平滑，过滤了很多K线的躁动现象。

移动平均线可以分为短期移动平均线、中期移动平均线、长期移动平均线，以研判股价的短期、中期和长期的变动趋势。但不论何种周期的均线，其本质都是反映股票在不同时间周期里的平均交易价格。交易者可从不同的时间角度去察看现有股价比过去是便宜了还是贵了，过去的交易者现在是处于套牢状态还是获利丰厚，并由此决策目前股票是否适合买卖的问题。

在行情分析软件上，均线随同1分钟K线、5分钟K线、10分钟K线、15分钟K线、30分钟K线、60分钟K线、日K线、周K线、月K线、45日K线、季K线、年K线等一同出现。如同成交量一样，它们也构成了股价走势分析的基石。下面，只简单介绍几种即将用到的均线。

3日均线：一般是行情分析软件中最短的日周期均线，由于其计算的时间周期太短，所以其常密切跟随股价“上下乱窜”，几乎可以当作K线来看待。20日均线：又称为月线，标志着股价在过去一个月中的平均交易价格目前处于股票整个运行趋势中的什么位置，是考察股价短期走势向中期走势演变的中继线。40日均线：基本上等于两月线。这条均线位于中期均线的前端，是一条承接短期均线和中期均线的中继线，对于研判股价的中期行情常常能起到先知先觉的作用。

一般来说，单根均线虽然也可以预示行情的一些状况，但在具体的买卖点和对大周期的把握上，用多根均线的可靠性还是要高一些。将不同周期的几根均线放在一起进行比较，往往可以得知目前价格趋势的行进状况，并揭示当前的主要趋势是开始启动还是即将完结、是趋于顺畅还是陷入纠结，由此为我们的入场或离场提供交易指导。

一般而言，软件系统默认的日均线组合为：5日均线、10日均线、20日均线、60日均线，而在彭石均线交易法中，偏向于用3日均线、20日均线、40日均线来指导交易。这是因为连续3日的涨跌可以预示近期K线的变动状况，而20日均线可以指示当前一个月以来人们的平均购买成本大致在什么位置，40日均线则说明了近两个月以来的市场价格变动方向，由此可揭示股价短期、中期的变化趋势。

均线的特性及功能大致可以分为八种：助推、修复、背离、服从、粘连、扭转、平行、交叉。在研究两根及两根以上均线与股价的相互关系时，主要是看均线的收敛、交叉、粘连、发散、平行、斜率、间隔、背离等要素。见下图（仅作了解）：

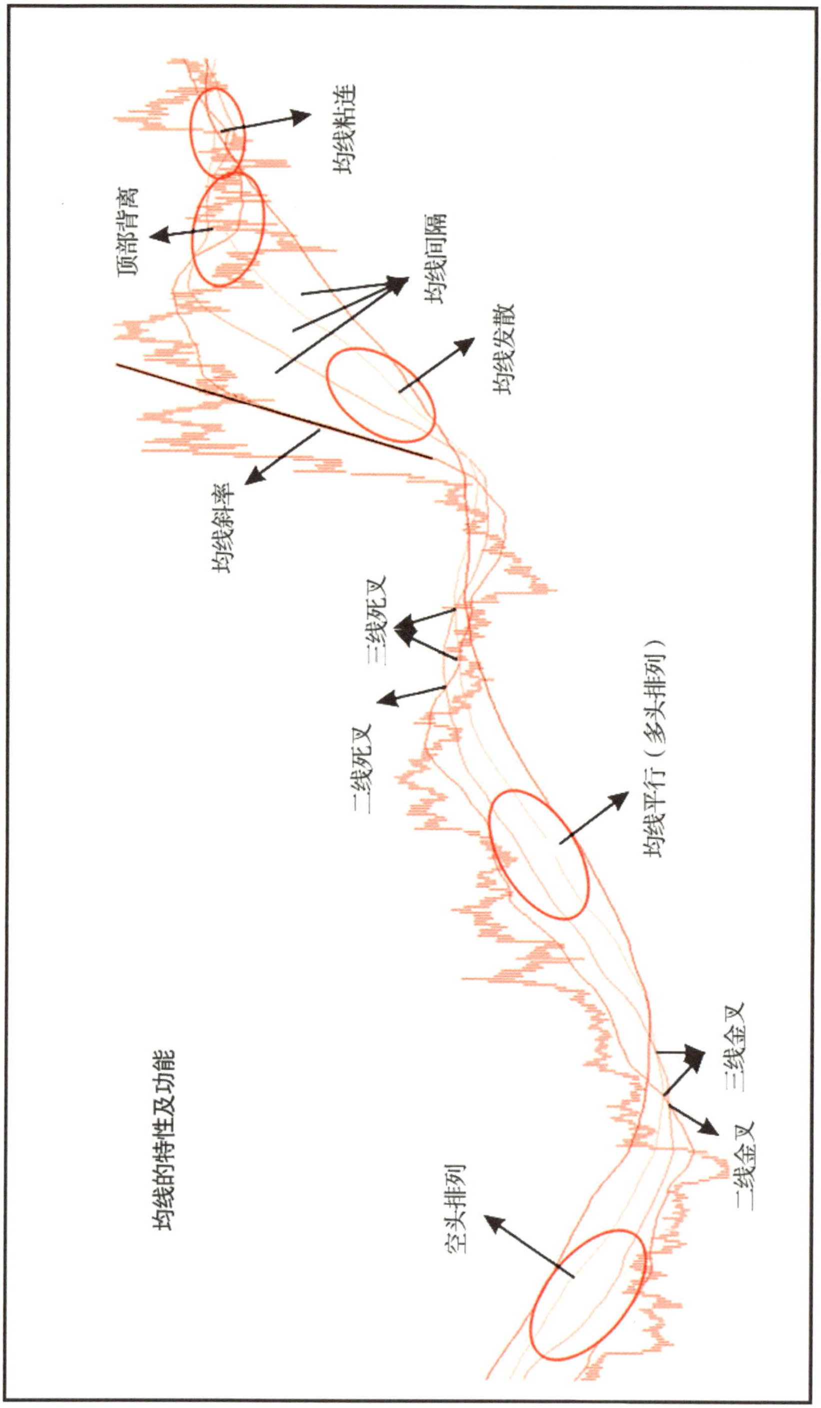
均线的特性及功能
均线粘连
顶部背离
均线间隔
均线发散
均线斜率
三线死叉
二线死叉
均线平行（多头排列）
三线金叉
二线金叉
空头排列

图306

找到一根均线，尾随着股价走势并和股价走势保持适当的距离，只要股价不跌破这根均线就可以一直持有。这根均线应该较为灵活，能够及时发出应有的信号，同时又适当迟钝，以避开价格“上蹿下跳”所带来的错误信号。然后把时间周期放宽，以同样的思路再找到另一根具有更大包容性的均线，并将其作为交易时的辅助判断依据——这就是彭石均线交易法的理论根基。

三、彭石均线交易法的规则

1. 若当日K线涨幅超过1%，且3日均线高于20日均线，20日均线高于40日均线，则买入（最好是寻找那些连续跌超1年且跌幅超过50%的股票，涨幅超过2倍的就不要进了）。

2. 若在买入线的5%内有之前所形成的平台线或压力线，则必须高过它们才能买入（此处的平台线和压力线，只取之前明显的K线开盘价或收盘价，不用理会上影线）。

3. 若之前近半月涨幅超过15%或1个月内涨幅超过30%，则买入前要见到回调2天或5天才能买入（所谓回调2天或5天，是指连续2天或5天收盘价明显低于2天前或5天前的收盘价）。

4. 若1个月内连涨40%以上或2个月内连涨80%以上，却一直无机会买入，则放弃（特指个股经过漫长下跌后开始启动之际，或止损后个股大跌但又开始启动之时）。

5. 若买后涨超70%，但日K线跌过1%并跌过20日均线3%且3日均线下穿20日均线，则止损（之所以如此，是因为个股上涨1倍以上，包含买入前的低价，风险就比较大了）。

6. 若买入后没有涨超70%，则跌过40日均线3%之后止损，近半年内涨过1倍的除外（如果是半年内涨1倍以上，且已买入又曾止损，则此后再入场就不能用第5条了）。

7. 若在预计止损之处的3%之内存在近期K线的最低价，则必须比其更低后才能止损（该条同时适合第5～6条，此举不仅考虑到了均线的重要性，也考虑到了K线的价值）。

8. 若开盘时的价格已经低于止损线，则只要盘中的价格低于止损价即可择机止损（如果开盘价已低于止损线，且开盘后就一直往上涨，则再跌过涨幅一半即可止损）。

9. 不能提前止损，因为止损后的均线往往还比较正常，止损后就会再进场、再止损（如果累计上涨超过2倍，而交易者实在忍不住止损了，那么就去寻找其他股票吧）。

第二节　彭石均线交易法模拟交易

一、彭石均线交易法模拟交易说明

1. 此次选择了9只股票来进行模拟交易，涵盖金融、地产、电力、机械、制造、电器、商场、制药、互联网9大行业，流通市值覆盖40亿～1000亿元，具有一定的代表性。

2. 为了和K线交易法相比较，此批模拟交易的开始日期仍然是2014年10月30日，结束日期也依旧是2016年1月20日（有的图表上的日期已超过了1月20日，但无关紧要）。

3. 所参考的数据只有K线和均线，而均线也仅仅是参考了3日均线、20日均线、40日均线。之所以没有在图表上显示成交量，是因为多数时候是价格决定了成交量。

4. 因为值得买入的时机很少，所以此次就没有采用逐日显示K线走势的方式来进行模拟交易，而是在一张已走完的K线走势图上直接标注买卖点，这样既简洁又直观。

5. 每张图中均标注有买入线和止损线，有时会略做说明，但没有标明交易规则，因为均线交易法只有4条买入规则和4条止损规则，理解后就知道为何要在那里交易了。

6. 有些股票在盘中实际交易时的价格并非图表上的价格，因为实际交易时没有分红或送股，而此后一旦有过就会“除权”，但为了连贯图形走势又必须“前复权”。

7. 由于均线在实盘中会随着K线的涨跌而时刻上下变动，但图表上的均线却都是K线走完后所呈现的结果，故在实盘交易时的买卖点或与图表上的标注点略有不同。

8. 所有的卖出行为无论盈亏均称为“止损”。这是因为买入股票后就要设止损线，当价格继续上升时，止损线就会上移，且一定是浮盈有所减少后才会按计划卖出。

9. 至于连涨2倍以上且又连续5日急涨40%以上的行情是否要依据K线交易法来止损，以及大跌50%之后的个股是否可以采用K线交易法来博取短线收益，请大家自行斟酌。

二、彭石均线交易法模拟交易结果

在9只股票上依据彭石均线交易法各模拟交易了300个交易日，时间是从2014年10月30日到2016年1月20日。模拟交易时没有计算交易滑点、手续费和印花税。表2是具体的交易统计情况。

表2　彭石均线交易法模拟交易结果

所属市场	股票名称	2016年1月的流通市值	交易次数/次	买入价/元	卖出价/元	赢/平/亏	盈亏比例	复合收益率
主板	海通证券	约1000亿元	1	10.40	21.80	赢	109.62%	109.62%
			2	22.05	27.15	赢	23.13%	158.11%
			3	15.50	15.05	亏	−2.90%	150.62%
	金地集团	约700亿元	1	8.40	9.15	赢	8.93%	8.93%
			2	10.50	14.05	赢	33.81%	45.76%
	国投电力	约400亿元	1	6.75	10.15	赢	50.37%	50.37%
			2	10.55	11.65	赢	10.43%	66.05%
中小板	苏宁云商	约500亿元	1	8.95	18.50	赢	106.70%	106.70%
	华兰生物	约200亿元	1	32.30	32.50	赢	0.62%	0.62%
			2	36.00	59.15	赢	64.31%	65.33%
			3	41.50	40.50	亏	−2.41%	61.35%
	三七互娱	约60亿元	1	18.70	53.70	赢	187.17%	187.17%
创业板	机器人	约300亿元	1	36.00	103.00	赢	186.11%	186.11%
	恒顺众昇	约100亿元	1	5.20	33.00	赢	534.62%	534.62%
	华中数控	约40亿元	1	17.40	22.80	赢	31.03%	31.03%

2014年10月30日至2016年1月20日，沪市指数涨幅为24.49%，中小板指数涨幅为23.49%，创业板指数涨幅为44.49%。此期间通过本交易法，主板市场、中小板市场、创业板市场各3只股票的平均复合盈利率分别为87.48%、118.41%、250.59%；A股全市场9只股票的平均复合盈利率为152.16%；在为期15个月（300个交易日）的模拟交易中，平均每只股票的交易频率为1.67次。

三、彭石均线交易法模拟交易图谱

以下是在9张股票图上，依据彭石均线交易法所做的模拟交易图谱。

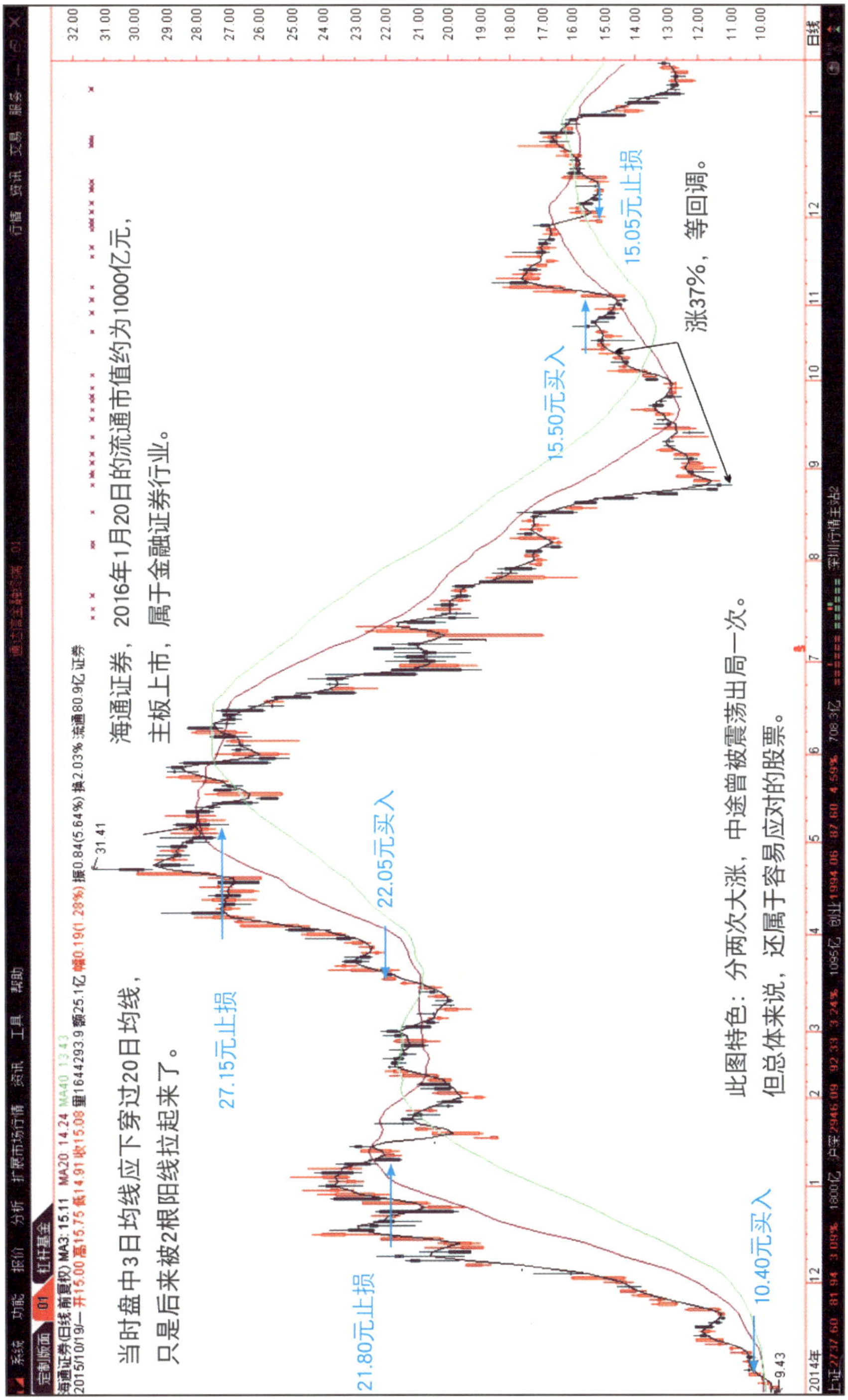
当时盘中3日均线应下穿过20日均线，
只是后来被2根阳线拉起来了。
海通证券，2016年1月20日的流通市值约为1000亿元，
主板上市，属于金融证券行业。
10.40元买入
21.80元止损
27.15元止损
22.05元买入
31.41
9.43
15.50元买入
15.05元止损
涨37%，等回调。
此图特色：分两次大涨，中途曾被震荡出局一次。
但总体来说，还属于容易应对的股票。

图307

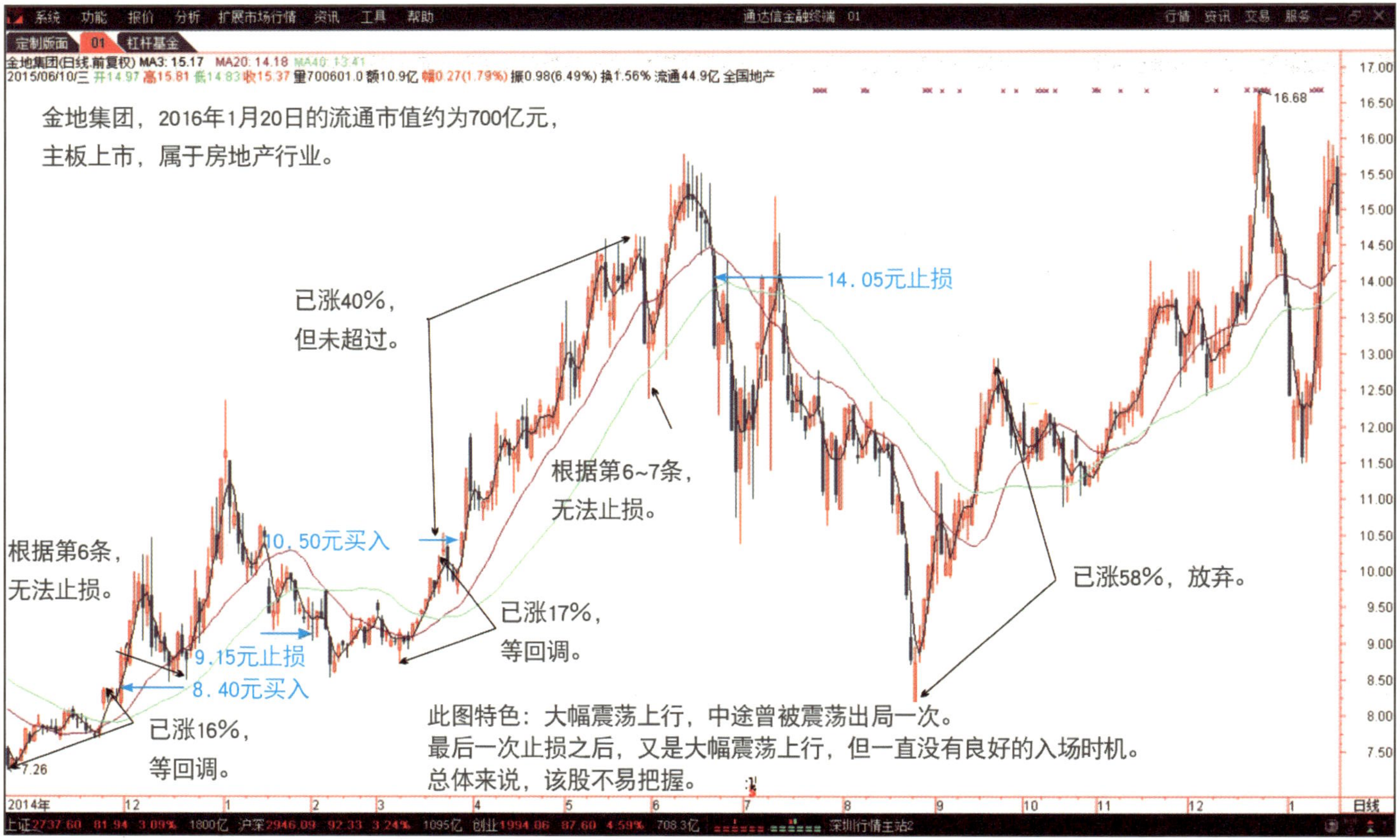
金地集团(日线,前复权) MA3: 15.17 MA20: 14.18
金地集团，2016年1月20日的流通市值约为700亿元，
主板上市，属于房地产行业。
已涨40%，
但未超过。
14．05元止损
根据第6~7条，
无法止损。
10．50元买入
根据第6条，
无法止损。
9.15元止损
8．40元买入
已涨16%，
等回调。
已涨17%，
等回调。
已涨58%，放弃。
此图特色：大幅震荡上行，中途曾被震荡出局一次。
最后一次止损之后，又是大幅震荡上行，但一直没有良好的入场时机。
总体来说，该股不易把握。
16.68
7.26

图308

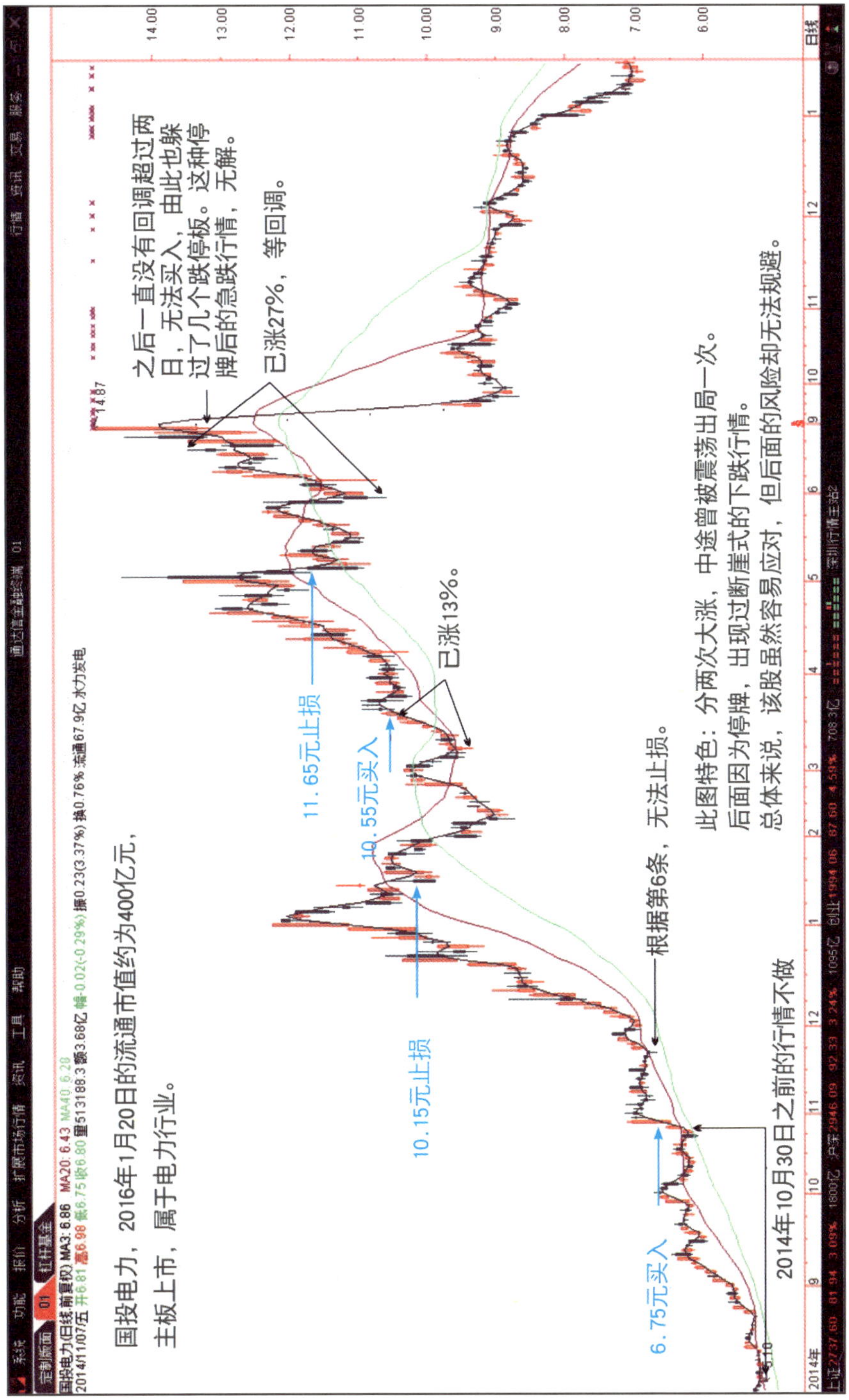
国投电力，2016年1月20日的流通市值约为400亿元，
主板上市，属于电力行业。
6.75元买入
2014年10月30日之前的行情不做
10.15元止损
根据第6条，无法止损。
10.55元买入
11.65元止损
已涨13%。
已涨27%，等回调。
之后一直没有回调超过两日，无法买入，由此也躲过了几个跌停板。这种停牌后的急跌行情，无解。
此图特色：分两次大涨，中途曾被震荡出局一次。
后面因为停牌，出现过断崖式的下跌行情。
总体来说，该股虽然容易应对，但后面的风险却无法规避。

图309

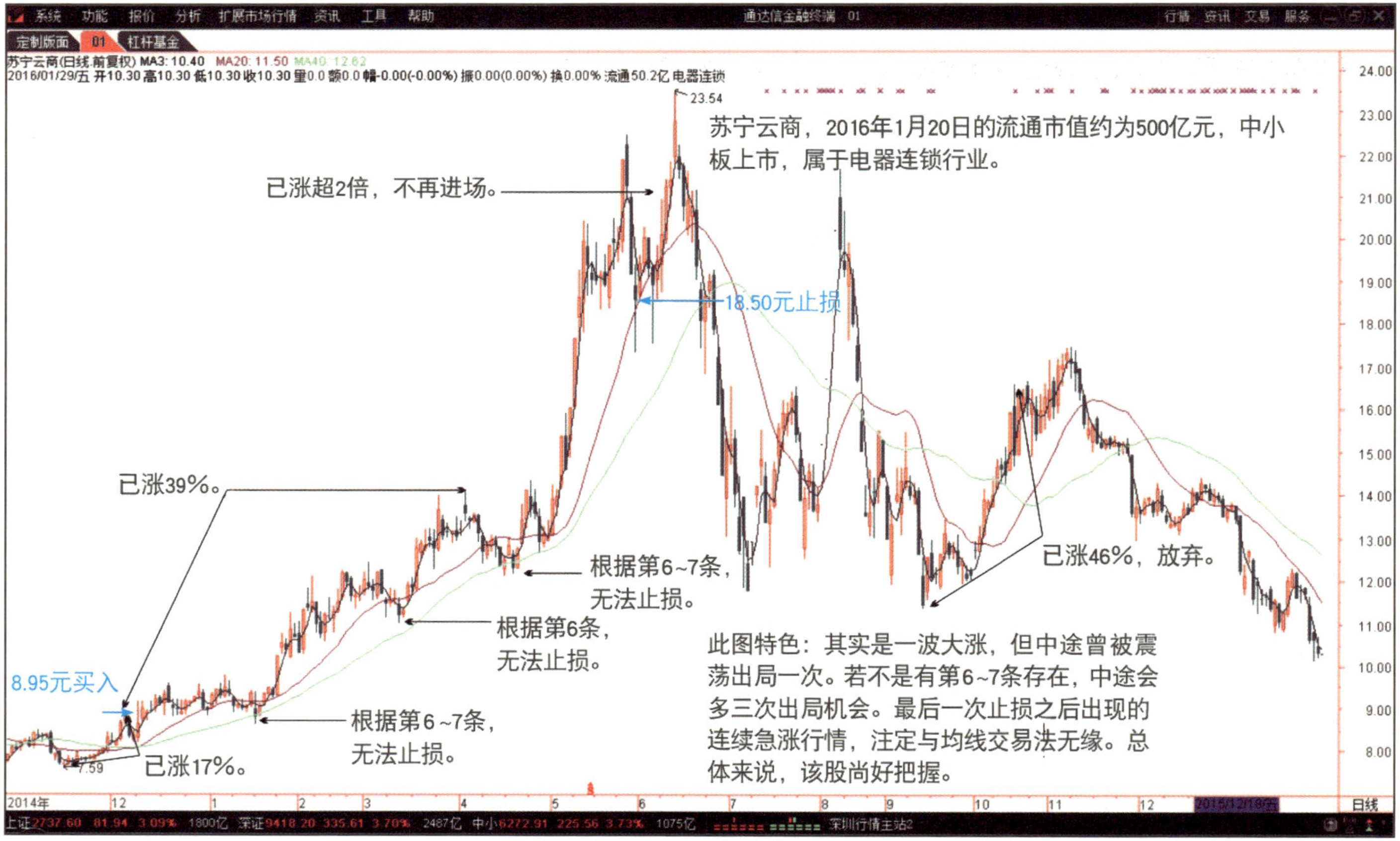
苏宁云商，2016年1月20日的流通市值约为500亿元，中小板上市，属于电器连锁行业。
已涨超2倍，不再进场。
18.50元止损
已涨39%。
根据第6~7条，无法止损。
根据第6条，无法止损。
8.95元买入
根据第6~7条，无法止损。
已涨17%。
已涨46%，放弃。
此图特色：其实是一波大涨，但中途曾被震荡出局一次。若不是有第6~7条存在，中途会多三次出局机会。最后一次止损之后出现的连续急涨行情，注定与均线交易法无缘。总体来说，该股尚好把握。

图310

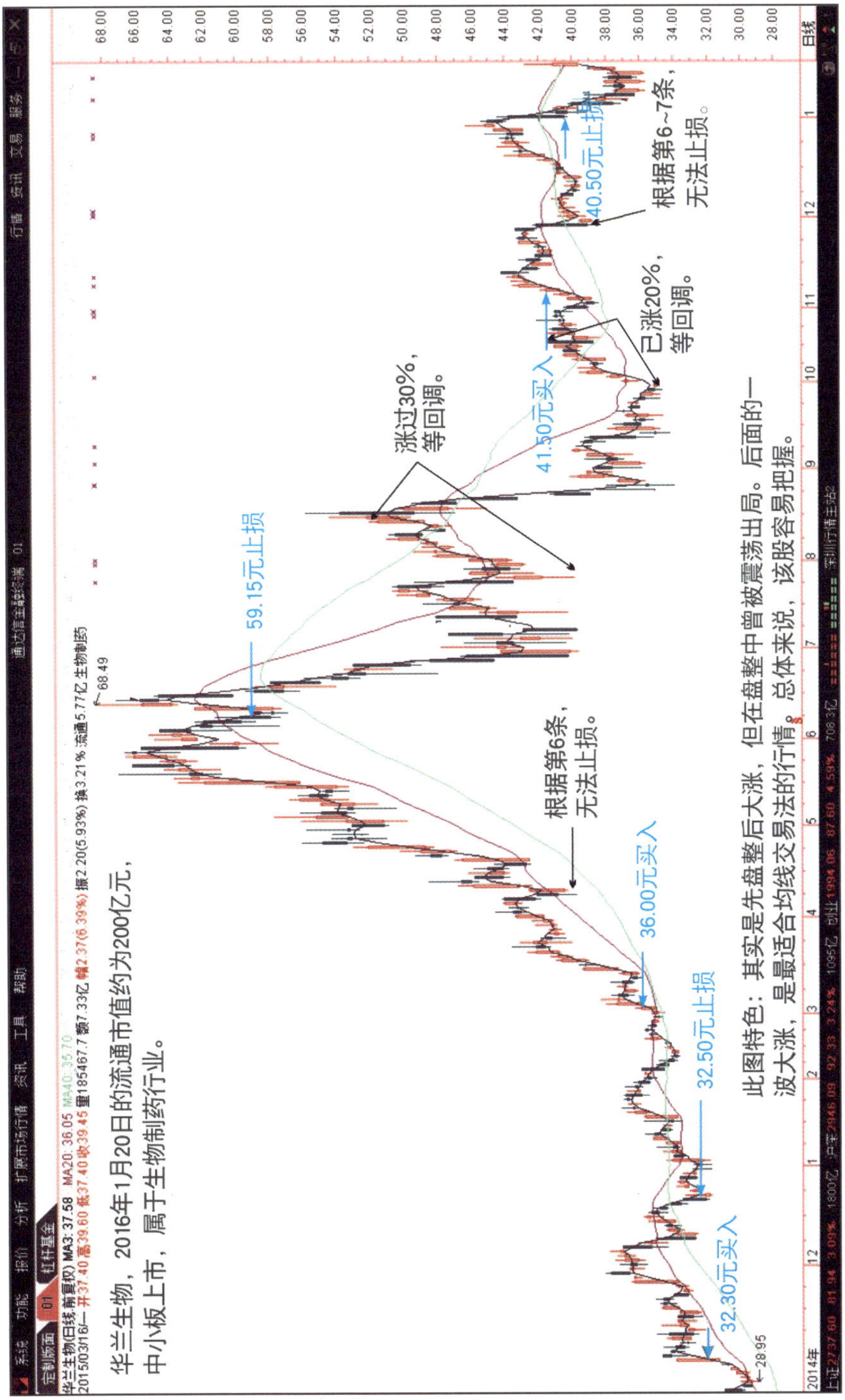
华兰生物，2016年1月20日的流通市值约为200亿元，
中小板上市，属于生物制药行业。
32.30元买入
32.50元止损
36.00元买入
根据第6条，
无法止损。
59.15元止损
涨过30%，
等回调。
41.50元买入
已涨20%，
等回调。
40.50元止损
根据第6~7条，
无法止损。
此图特色：其实是先盘整后大涨，但在盘整中曾被震荡出局。后面的一
波大涨，是最适合均线交易法的行情。总体来说，该股容易把握。

图311

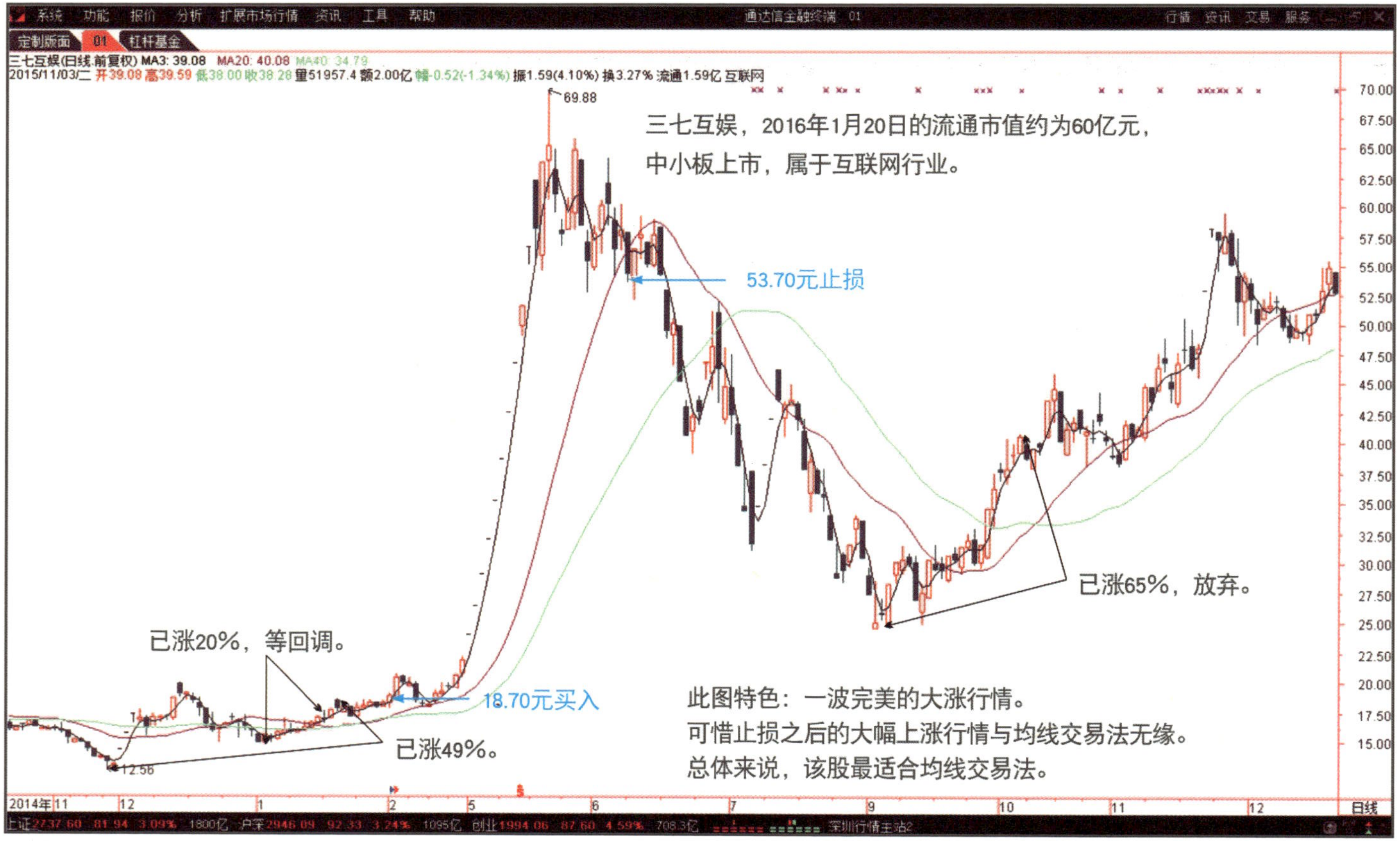
三七互娱(日线,前复权) MA3: 39.08 MA20: 40.08 MA40: 34.79
三七互娱，2016年1月20日的流通市值约为60亿元，
中小板上市，属于互联网行业。
53.70元止损
已涨65%，放弃。
已涨20%，等回调。
18.70元买入
已涨49%。
此图特色：一波完美的大涨行情。
可惜止损之后的大幅上涨行情与均线交易法无缘。
总体来说，该股最适合均线交易法。

图312

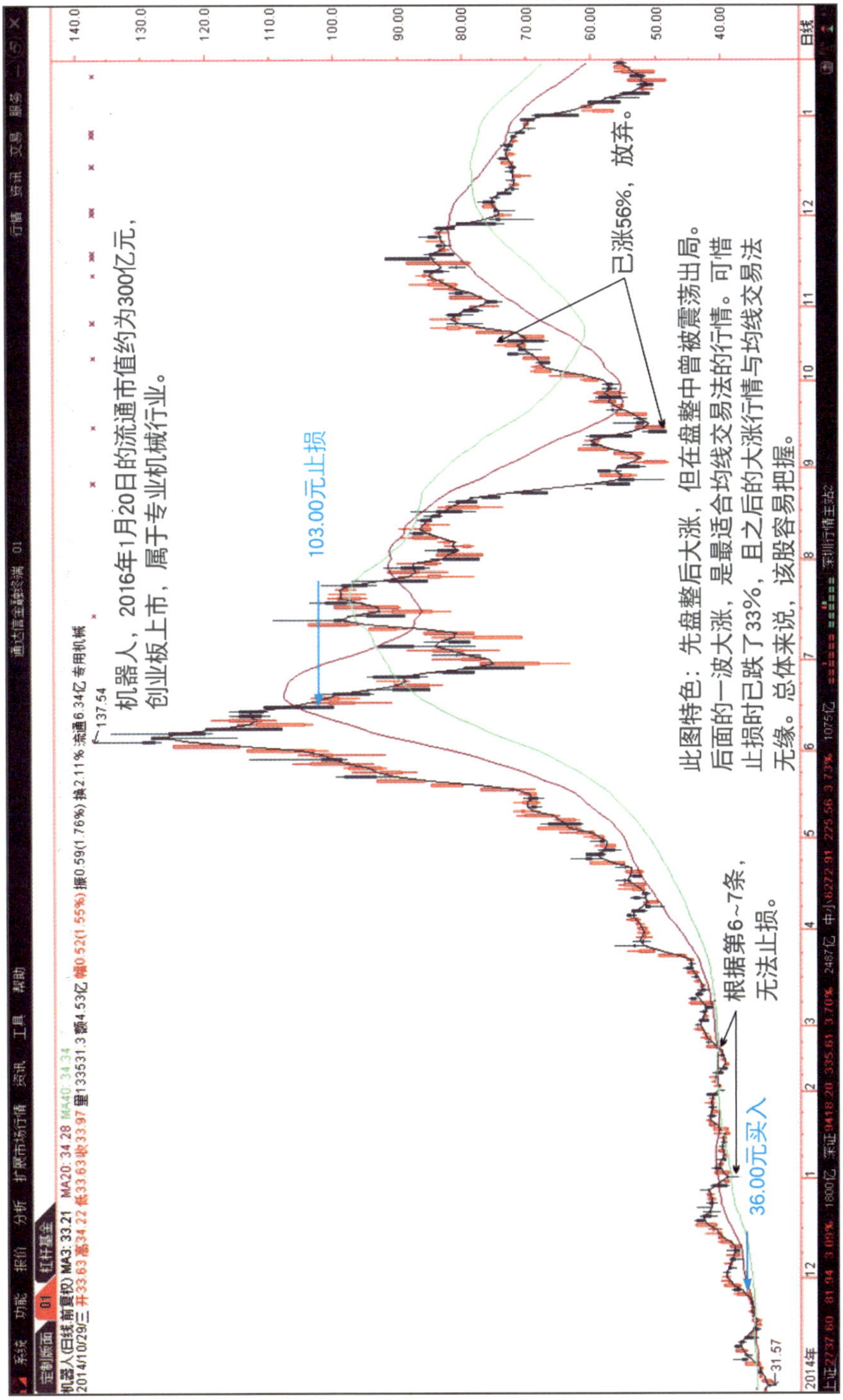
机器人，2016年1月20日的流通市值约为300亿元，创业板上市，属于专业机械行业。
103.00元止损
已涨56%，放弃。
此图特色：先盘整后大涨，但在盘整中曾被震荡出局。后面的一波大涨，是最适合均线交易法的行情。可惜止损时已跌了33%，且之后的大涨行情与均线交易法无缘。总体来说，该股容易把握。
根据第6~7条，无法止损。
36.00元买入

图313

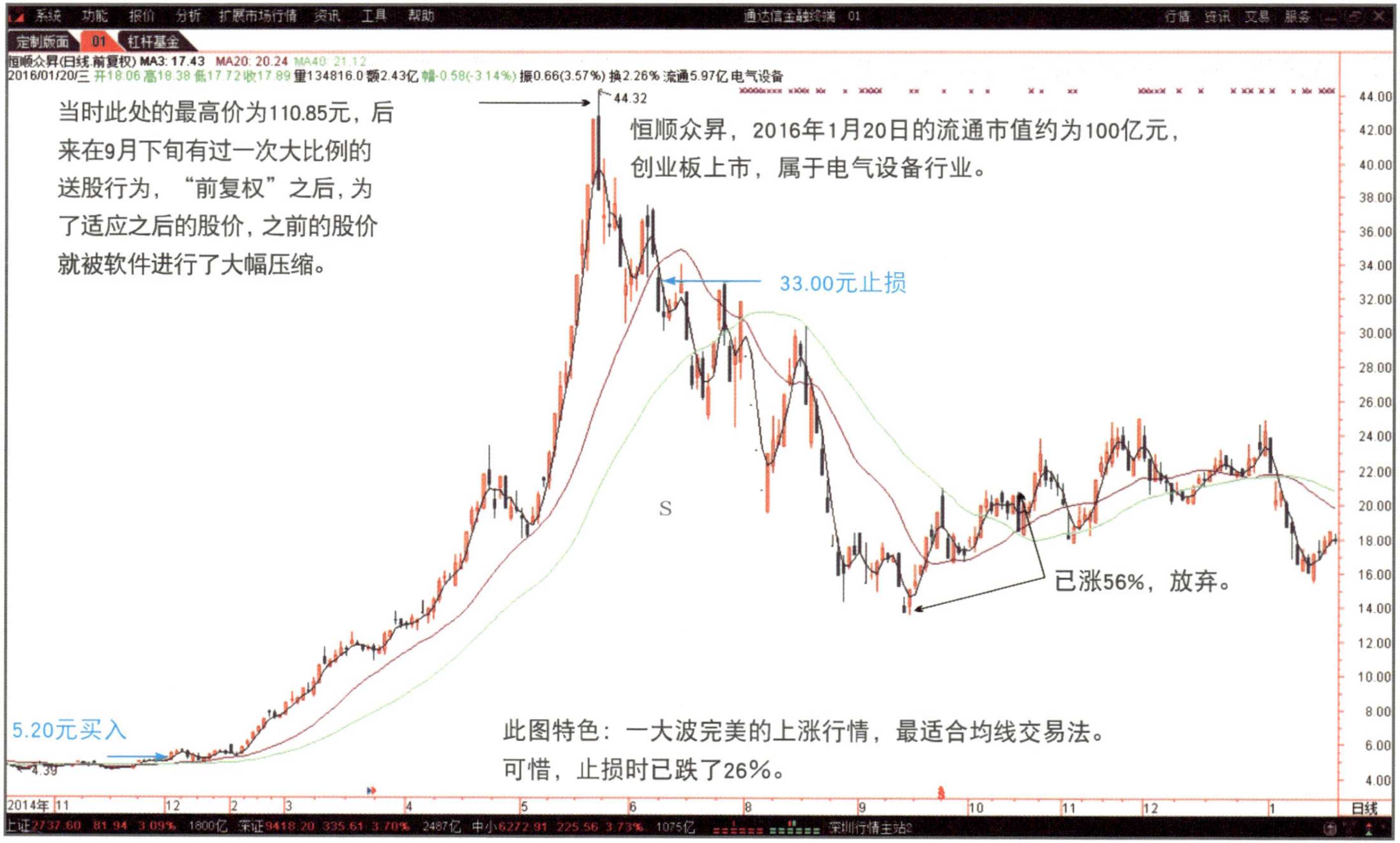
当时此处的最高价为110.85元，后来在9月下旬有过一次大比例的送股行为，“前复权”之后，为了适应之后的股价，之前的股价就被软件进行了大幅压缩。
恒顺众昇，2016年1月20日的流通市值约为100亿元，创业板上市，属于电气设备行业。
33.00元止损
已涨56%，放弃。
5.20元买入
此图特色：一大波完美的上涨行情，最适合均线交易法。
可惜，止损时已跌了26%。
44.32
4.39
S
日线

图314

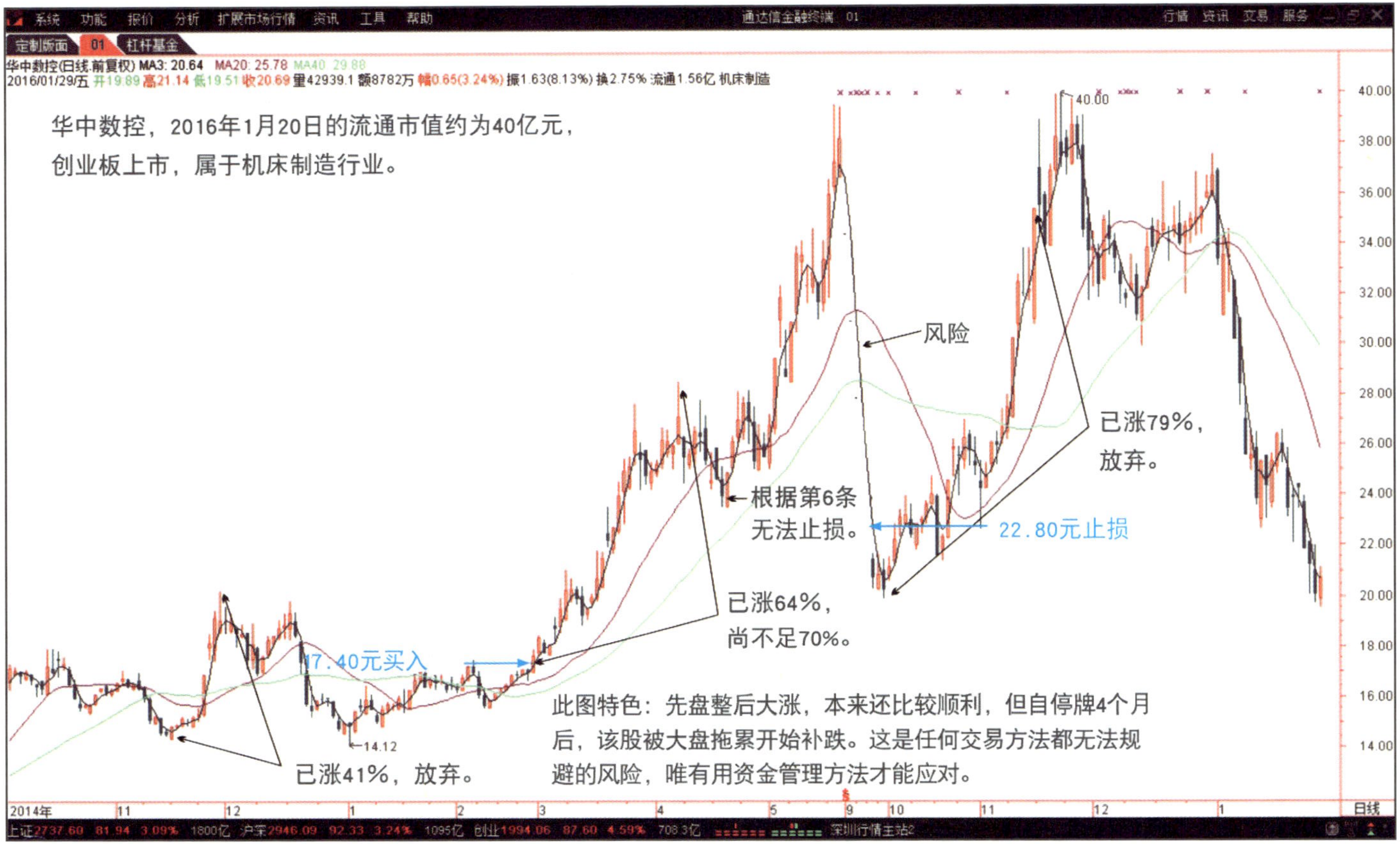
华中数控，2016年1月20日的流通市值约为40亿元，
创业板上市，属于机床制造行业。
风险
已涨79%，
放弃。
根据第6条
无法止损。
22.80元止损
已涨64%，
尚不足70%。
17.40元买入
已涨41%，放弃。
此图特色：先盘整后大涨，本来还比较顺利，但自停牌4个月
后，该股被大盘拖累开始补跌。这是任何交易方法都无法规
避的风险，唯有用资金管理方法才能应对。

图315

西方交易者普遍认为，长期盈利必须连过三关：交易情绪、资金管理、交易方法，而这三者的重要比例依次为6∶3∶1。现在，交易的方法和策略大家都有了，交易情绪也随着有备无患的交易方法而得到了有效控制，剩余的就只有资金管理有待深究了。

善用资金管理者，轻术而重道，想不盈利都难；不善用资金管理者，重术而轻道，即使盈利丰厚也难免饮恨而归（参考2015年6月的断崖式跌停行情）。资金管理重于交易方法，管理资金即是管理风险，中外同行早已达成共识。尤为可贵的是，即使单用资金管理方法，也可获得一门交易技术，并且这门技术从逻辑上来说会更加靠谱，尤其是在熊市之中（此时，均线交易法难有作为，K线交易法也收效甚微）。

如何在熊市中盈利？如何在牛市中用好杠杆？应在何时去掉杠杆？详见高级教程。

第四章
CHAPTER 4
高级教程

第一节 彭石资金管理法

一、彭石资金管理法的优点及特色

1. 讲述了资金管理的重要性。
2. 讲述了资金管理的三个方面：组合、仓位、过程。
3. 讲述了盈亏比和获胜率以及入市资金相互之间的关系。
4. 讲述了如何加仓和减仓。
5. 讲述了如何止损和止盈。
6. 讲述了如何在牛市中加减杠杆的资金管理策略。
7. 讲述了如何利用凯利公式在熊市中获利的策略。
8. 讲述了未盈利之前以及盈利之后如何管理风险。

二、资金管理简述

（一）资金管理概述

基本面分析主要是针对买卖什么的问题，技术性分析主要是针对何时买卖的问题，而资金管理则主要是针对买卖多少以及如何买卖的问题。交易对象、交易时间、交易数量和风险控制构成了交易行为的整体，而交易行为的成功，则取决于这四要素的整体成功，任何一个要素的失利都可能导致整个交易行为的失败。

但是，绝大多数交易者偏重选股和选时，却常常忽略交易资金的使用策略。实际上，这里面隐藏着巨大的风险。为什么一个成功率高达70%的交易者最终却以亏损收场，而另一个成功率只有30%的交易者最终却能收获胜利？原因就在于他们的资金分配方式和资金管理技巧不同。前者总是小赢，只是出现了两次重仓的大亏损，于是便把所有的盈利输完还要再搭上本金；后者则总是在小单上出错，但一旦看准了时机则会大胆加仓，于是最终扭转了亏损的局面。

可见，资金管理是一门不能忽视的学问，往往不是交易方法决定你最终的盈亏，而是你完全可以把握的资金管理方法在决定你的成败，如同田忌赛马。仅从常识我们就可以知道，无论什么市道，无论多大把握，都投入既定资金并一以贯之，肯定是错误的做法，就更别说每次都是满仓交易了。

（二）专业交易者的资金管理

专业交易者通常都是市场赢家，他们除了精于计算牌面概率与胜算大小之外，还擅长资金管理方法。没有人能预知未来的牌面，但赢家常常在赢，而输家往往在输，运气不会总眷顾谁，关键在于两者的下注方式有所不同。赢家的操作思维如出一辙：目前的牌面不好，不跟；有形成好牌的机会，跟；有形成大牌的机会，加码。而输家则总是在寻找预测牌面的神奇方法，或者总是在赌“下一张牌应该很好”。

专业交易者往往厌恶不确定的风险，不愿接受报酬为负数的状况，所以他们精于计算。他们知道，只要赢率为正，哪怕始终只有51%的胜率，他也最终会是赢家，但前提是要合理控制资金使自己能够长期赌下去。所以，他们不会为追求刺激而进场，不去承担不必要的风险；手气好时，他们知道如何保护既有获利；手气不好时，他们也知道鸣锣收兵；他们很少会因稳赢的感觉或第六感而超计划增加赌金，只会根据胜算的高低和对对手的心理观察来调整赌金的大小；他们只赌自己有把握的局，不会因为桌上的赌金很多就去冒险，也不急于想在下一把就捞回全部亏损；他们不在意输钱，认为只要遵守自己的规则和纪律，输钱虽然是难免的，但赢钱也是必然的；他们更知道，只有严格遵循出手纪律，才能使自己随时有资本参加赌局，并成为最后的赢家。

（三）资金管理的重要作用

同样是博弈的舞台，很多交易者却把大量的时间花在了行情的预测上，他们认为，只有“牌”好才能赢，为了寻找“一副好牌”，他们往往将过多的精力花在了市场而不是花在自己身上；他们以为成功的交易需要有很准的预测水平或很高的获胜率，因而穷尽所有去研究那些不可知也不可控的市场行情，如此反而忽视了自己能够控制的交易节奏和资金管理方法，导致“小赚大赔”或“大赚大赔”的现象此起彼伏，并最终陷入亏损的泥潭。索罗斯曾说过：看对看错并不重要，重要的是，看对时你赚了多少，看错时你赔了多少。所以，只要问问大家在交易中的每笔最大利润是多少，每笔最大亏损是多少，就能知道他是股市赢家还是输家。

有无资金管理方法是区别赢家与输家的关键所在，成功的交易者总是把正确的资金管理方法列为赚钱的头条原则。无论你是什么类型的交易者，也无论你是在用什么方式从市场中盈利，如果你不知道如何管理交易资本，是很难在市场中获得长久生存权的（譬如2015年6~7月的A股暴跌行情，就曾导致一批中产阶级从市场经济中消失）。最佳交易者并不是那些偶尔盈利最多钱的人，而往往是那些赔得最少的人。即使我们拥有世界上成功概率最高的交易系统，如果不懂得如何有效管理资金，也最终会在一次很小的失败概率中以破产而告终，如同“长期资本管理公司”——曾经是华尔街最耀眼的明星。

（四）资金管理的三个方面

1. 投资组合：投入什么。

对于大资金而言，集中投向某一只股票所面临的风险比较大，所以必须分散投资，建立投资组合。建立投资组合的目的不只是盈利，更重要的是防止大资金的系统性风险。因为相关性越强的股票，趋势同步反向时的风险就越大；而越是重仓的单一股票，趋势反向后的风险也越大。投资组合的原则就是要求最大限度地降低单一品种的投资风险，不要“将鸡蛋放在一个篮子里”，同时也不要对投资对象采取平均主义的做法，而应有侧重、有技术地进行分散投资。

投资组合往往涉及三个层面的内容：不进行单一品种的投资交易，比如交易对象可包括股票、债券、权证等品种；不进行关联行业的投资交易，比如生产制造业和公用事业的关联度较低，可同时考虑；应进行多周期的投资交易，即交易中应包括长线投资品种和短期交易品种。

但是在运用投资组合时，要注意把握资金分散的度。分散是指对非关联交易品种的分散，但其本身也要讲究集中的原则，不能无限制地进行分散，造成开杂货铺的现象。一般来说，面对近3000只股票，我们有精力管好的股票数量往往难以超过9只，这9只股票还有可能涵盖短、中、长线三类交易风格。

2. 投入仓位：投入多少。

（1）如何控制仓位。

所谓仓位，就是我们在个股上的持股数量或资金投入大小。对于仓位的管理，最简单的方法就是：风险大而盈利大时，持仓数量减少；风险小而盈利大时，持仓数量增大；做短线交易时，持仓数量减少；做长线交易时，持仓数量视盈亏比而增加；对于大盘股，持仓数量可以视其他综合条件而增加；对于小盘股，持仓数量应相对减少，除非是想控股。

具体到策略上，可分三步走：其一，根据大盘性质来确定入市资金。比如，牛市中使用90%的资金，平衡市中使用50%的资金，熊市中使用20%的资金。其二，根据交易对象的盈亏比来确定建仓资金的大小。比如，对于个股而言，当风险<收益时，可及时介入，甚至加仓；当风险>收益时，不可介入，若有股票应考虑减仓；当风险＝收益时，没有必要进场，若手中有股票可继续持股。其三，根据交易风格来控制仓位，不同的交易者有不同的交易风格，自然就会看准不同的交易时机进行建仓、增仓、减仓、平仓等交易，于是仓位就可得到有效控制。

如果对风险和盈利的估算比较迷茫，对投入多少或加仓多少也比较困惑，请继续看后面。

（2）盈亏比与获胜率。

盈亏比是预期收益与未来风险的比值。假设在某段时间内某股即将上涨的空间是2元，而可能下跌的空间是0.5元，那么盈亏比就是4：1。获胜率即是买入股票后在某一段时间内最终实现盈利目标的可能性。盈亏比和获胜率之间具有紧密的联系。假设我们有10万元本金，始终选择盈亏比为3：1的行情满仓做10次，同时设止损价为买入价的–3%（盈利目标为买入价的9%），那么：

0胜0负时：亏3万元；

1胜9负时：亏1.8万元；

2胜8负时：亏0.6万元；

3胜7负时：赚0.6万元；

4胜6负时：赚1.8万元；

5胜5负时：赚3万元。

可见，只要我们能在10次交易中赢得3次，即可小有盈利（没有考虑复利和交易成本）；而如果我们能始终在盈亏比为4：1时入场，那么只要在10次交易中赢得2次，即可勉强保住本金。由此可见，是否盈利并不完全取决于获胜率，过多地在获胜率上投入精力，并非明智之举。

盈亏比是我们入场时首先要关注的问题，但这是一个上涨空间和下跌空间的测量问题，是一个静态的问题，只需通过丈量股价未来阻力区间和支撑区间即可得到答案。高盈亏比的机会看起来很多，特别是在熊市之中，但个股行情会不会如期启动则往往限制了我们的介入时机。一般来说，个股会不会启动、启动的能量有多大、市场是否配合等问题，属于获胜率的问题。

（3）保本时的盈亏比与所需获胜率。

一般来说，在能确定盈亏比的情况下，交易保本时所需的获胜率=1÷（盈亏比的分子及分母之和）×100%。比如：若我们打算买入一只股票，经过周密分析后，预计其买入价为10元，止损价为9.7元（亏损0.3元），止盈价为11.2元（盈利1.2元），那么预测的盈亏比为1.2：0.3=4：1，所需获胜率为1÷（4+1）×100%=20%。即在不计算交易成本的情况下，我们只需要20%的获胜率就可以保住本金。由此类推，保本时的盈亏比与所需获胜率的关系见表3。

表3　保本时的盈亏比与所需获胜率的关系

报酬/风险比	所需获胜率
1：1	50%
1.5：1	40%
3：1	25%
4：1	20%
7：1	12.5%

可见，若想交易取得成功，当股票的盈亏比越小时，对获胜率的要求越高；而当股票的盈亏比越大时，对获胜率的要求可以越低一些。实际上，对于盈亏比我们可以固定下来，但获胜率却不是我们人为可控制的。所以，重视高盈亏比是交易的第一要务。但对于获胜率，我们也要尽量将其提高到50%以上，因为每次预测的盈亏比只是一幅静态画面，其真实性具有很大的不确定性。

总体来说，交易长期获利的关键是能正确评估出个股的盈亏比和获胜率。这里的预计盈利，不是指我们能预测到的个股最高目标收益，而是在正常情况下个股可能达到的合理价位目标；这里的亏损，是指我们依据技术标准所能承受的最大亏损额度，一旦亏损达到这个额度，就必须出局；这里的获胜率，是一个极富个性的经验判断问题，它需要我们对个股的发展趋势有正确的认知。

（4）获胜率与入市资金的关系。

在盈亏比为1：1的情况下，是不是在获胜率越高的行情上投入的资金越多，其投资回报就越高呢？有研究者在长期获胜率分别为63%、60%、57%且盈亏比为1：1的基础上做了如表4的对比。

表4　获胜率与入市资金的关系

获胜率	投入5%资金	投入10%资金	投入14%资金	投入20%资金	投入30%资金	投入40%资金
63%	3.24倍收益	8.22倍收益	14.50倍收益	25.28倍收益	27.99倍收益	9.95倍收益
60%	2.40倍收益	4.50倍收益	6.23倍收益	7.49倍收益	4.37倍收益	0.78倍收益
57%	1.78倍收益	2.46倍收益	2.67倍收益	2.22倍收益	0.68倍收益	0.06倍收益

可见，在长期获胜率为63%的情况下，资金收益的增长倍数似乎一直随

着入市资金的增加而增大；但是，当入市资金比例达到30%之时，资金收益的递增速度开始变慢；而当入市资金比例达到40%之时，资金收益则开始大幅递减。为什么会出现这样的现象呢？这是因为在大资金上所产生的小概率损失会大大影响总资金的收益率。

在长期高胜率的情况下，合理的入市资金并非和投资收益保持正比关系，这是一个绝大部分交易者都不会知道的问题，那些以为胜算大就加大投入的交易者，即使吃过很多亏，也往往不知道最后的命运是什么。即使他们知道要使自己的年度投资回报率保持为正数，但在实际的操作过程中，也往往因为不懂上述问题而使交易过程与期望结果南辕北辙。在此，资金管理的价值越发凸显。

（5）盈亏比与入市资金的关系。

前面论述了长期获胜率与入市资金的关系，那么，盈亏比与入市资金是否也有类似的关系呢？答案是肯定的。国外大量的统计结果表明，对于固定获胜率为50%而盈亏比不同的交易行为，都会有一个最佳的入市资金比例，见表5。

表5　盈亏比与入市资金的关系

报酬/风险比	最佳入市资金比例
1.5：1	15%
2：1	25%
3：1	30%
4：1	40%
5：1	45%
7：1	50%
报酬/风险比更高的交易，其最佳入市资金比例趋近于获胜率	

可见，如果我们对每次进场的获胜率把握都能达到100%，那么每次满仓操作无疑是明智的选择；但如果交易者承认自己也会有失误，那么就该谨慎地控制入市资金的比例了。从理性和合理性的角度来说，最高的进场获胜率难以超过80%，而最大的盈亏比也难以超过10：1（只是预测时的盈亏比，并

非实际交易时的盈亏比），所以理论上单笔交易的最佳入市资金比例应介于10%~80%。

有些交易者在理解上述常识后，往往会继续深入研究，并在交易过程中去实践这些研究。但在实践的过程中需要注意，我们对获胜率和盈亏比的判断都是一些主观的看法，具有很大的不确定性，因而上述结论往往很难被正确应用，而单笔10%~80%的资金投入比才是值得我们重点关注的要点。

（6）凯利公式的应用。

凯利公式是一个计算每次赌局中应出多少资金才算最合适的数学公式，在业内颇有名气。凯利公式为：$f=p\div r_1-(1-p)\div rw$，其中，f为最优下注比例，p为预计获胜率，r_1是预计损失率，rw是预计盈利率。显然，该公式把我们之前所论述的获胜率及盈亏比一并包含进来，使我们可以直接得出想要的结论。假设盈利时可获利100%，而亏损时则会亏掉100%（盈亏比是1∶1），且获胜率是60%，那么，根据凯利公式可以算出最优投入资金比例为：$f=0.6\div 1-(1-0.6)\div 1=0.2$，即20%。有人就此通过电脑模拟计算，经过5000次交易之后，100元本金在每次投入40%资金的情况下，其最终获利为2280万元，而每次投入20%资金的最终盈利结果却是：676642000000000000000000000000000000000000000000000000万元——这就是凯利公式的威力，它可以剔除迷惑和盲从，直接得出一个属于未来的结论。

但上一个例子是有问题的，因为在交易股票时，除非股票被摘牌，否则任何单次交易都不可能亏完所投资金。现在，我们换一个更适合的例子。从长期来看，我们交易的获胜率最多维持在50%左右，倘若我们能始终做到盈利100%或亏损50%即离场（盈亏比为2∶1），那么最佳的投入资金比应该是多少呢？根据凯利公式$f=0.5\div 1-(1-0.5)\div 2=0.25$，即25%。如果我们能始终做到盈利250%或亏损25%即离场（盈亏比为10∶1），那么根据凯利公式$f=0.5\div 1-(1-0.5)\div 10=0.45$，即最佳投入资金比为45%。可见，凯利公式为了保全资金的安全性，从不会出现超过50%的资金投入度，更别说是满仓交易和杠杆交易了。

那么，在什么时候个股会有10倍的盈亏比呢？绝大多数只有在牛市，这就是为什么在2015年的牛市冲刺时，大家都在加杠杆的原因。那么，在熊市中如何管理资金呢？首先应将获胜率降低到40%，其次预计盈利20%或亏损10%即离场，再根据凯利公式$f=0.4\div1-(1-0.4)\div2=0.1$，可得出最佳投入资金比为10%。这也是大资金不愿意在熊市中交易的原因，因为要保证资金安全就必须降低资金投入度，可过低的资金投入度会导致总资金的投资回报率低下，还不如去购买国债。

（7）三位一体的盈利考虑。

其一，寻找高盈亏比的机会。对于短线交易者来说，盈亏比须达到2：1才值得进场；对于中、长线交易者来说，盈亏比须达到4：1才值得进场。这样的机会一般不难寻找，但问题是既然找到了高盈亏比的机会，也预料到了后期的盈利空间，就要能忍住小亏损和小盈利，耐心地等待大盈利的到来。要知道，用多次小亏损换一次充足的盈利，不仅是我们必须具备的经验，也是世界级交易大师的成功之道。尽管交易大师也非常看重高胜率这个条件，但是他们的交易成功率却不会高于50%，这是他们极其看重止损且敢于在看准的时机上进行加仓的结果。

其二，寻找高胜率的机会。这需要我们有良好的分析功底和丰富的市场经验，但最重要的是耐心等待，等待比分析更重要，好的交易机会不是分析出来的，而是等出来的。很多交易者之所以屡屡亏损，其实自己也知道原因，那就是每次没有等到较有把握的机会即匆忙入场。但高胜率的机会都不会很确定，往往也是我们一厢情愿的看法，即使有90%的获胜率，如果行情偏偏走到了剩下的10%的概率里，亏损也一样会发生。所以，寻找高胜率的机会虽然很重要，但我们也不要过于指望高胜率，并据此盲目加大资金投入。

其三，合理加大资金投入。重仓出击最有信心的品种和重仓出击最有信心的点位，是使利润最大化的必然措施。不加大资金投入力度，不集中持有优势股票，就难以真正实现“以多次小亏损换一次充足盈利”的战术。但也不要过于确信自己的判断，因为即使是90%的获胜率，那也是你自己估算出来的；而如此高的获胜率，恰恰是诱使你加大投入的陷阱，是使你最终翻船的阴沟。合理的方法是将个股的资金投入比例控制在10%~50%之间，即使在该股上出现了重大的亏损，我们也有机会重新入市博弈。

（五）进出过程：如何买卖

1. 如何买卖的重要性。

在买卖股票的时候，如果资金量或持股量比较大，我们往往很难一次性交易完所要买卖的股票数量，于是就要先给自己规定一个交易时间和买卖价格的限制。比如，在购买股票时，我们可预先确定好最佳买入区间、次佳买入区间和适合买入区间，并做好每个价格区间上的资金投入准备；而在减仓和平仓的时候，也必须考虑好适合的价格区间和时间段，以避免和主力出货的时间相冲突，或防范市场高位的崩盘风险。

除此之外，对于资金比例的投放顺序也往往很有讲究，在什么状况下采用金字塔加仓法或减仓法，在什么状况下采用倒金字塔加仓法或减仓法，在什么状况下采用平均加仓法或减仓法等，均有讲究。田忌赛马之所以会赢，就是因为有相应的出场顺序。很多时候我们交易的成败，并不是由交易方法来决定的，而是由资金管理方法来决定的，甚至是由资金管理方法中的进、出场顺序来决定的，这在后面的熊市盈利策略中就表现得尤为突出。

实际上，投入组合、投入仓位和进出过程这三个方面常常牵一发而动全身。当市场风险增大的时候，不仅投入组合应做出调整，投入仓位也会做出调整，调整的时机也会同步考虑。但在K线交易法和均线交易法中，从来没有提到过交易数量和如何加仓及减仓的问题，这是因为交易方法只重视在何处买卖的一次性过程，至于买卖什么、买卖多少、如何加仓和减仓，并不是其考虑的重点，但这并不意味着它们在整个交易体系中不重要。

2. 如何加仓。

（1）递减加仓法。

当我们认为未来股价还能上涨但涨幅空间有限时，即可以采用递减加仓的方式进行增仓，这种方式又称为金字塔加仓法。比如首次建仓的资金为10万元，第二次追加的资金为5万元，第三次追加的资金为2万元，等等。当然，出现这种状况时，更多的时候是因为我们首次入场的资金已经占据了该股应投资金的一半以上，由于后期能投入的资金有限而行情又被谨慎看好，所以就会以递减加仓的方式继续增仓。

（2）递增加仓法。

当我们认为未来股价还有很大的增长空间时，即可以采用递增加仓的方式进行增仓，这种方式又称为倒金字塔加仓法。比如首次建仓的资金为10万元，第二次追加的资金为20万元，第三次追加的资金为30万元，等等。之所以这样操作，一方面是因为股价的未来涨幅空间很大，另一方面则是轻单谨慎测试行情的结果。当我们在获胜率为60%的行情上投入20%的资金后，如果行情能继续展开，快速且大量追加投入也就成了必然的举措。

（3）平均加仓法。

平均加仓法是一种简单的加仓方式，它只用将备用资金分为2~4等份，在行情看好的时候继续追加即可，每次追加的资金均为1等份。此方法介于前面两种方法之间，较为中庸，交易者对个股后续获利空间的判断和对行情准确把握的程度，也介于前两者之间。

3. 如何减仓。

前面所讲述的金字塔加仓法、倒金字塔加仓法、平均加仓法同样适用于减仓。当行情有犹豫退缩的现象时，可采用递减减仓法，即先大量减仓，保住大部分利润，只留小部分股票在市场中继续承受风险；当行情不易判断的时候，可采用递增减仓法，即先少量减仓，而后见势不好时再加大减仓量；当然，面对上述行情时，也可直接采用平均法进行减仓。

虽然止损多数涉及交易方法，且多数是一次性止损行为，但因为部分减仓行为也是浮动止损行为，所以下面把止损也放在减仓的领域一并讲述。

除此之外，对于大资金而言，往往还有一个止盈的动作，如果不是一次性止盈，那么该行为也属于减仓的范畴，所以下面把止盈也放在减仓里一并讲述。

4. 止损概述。

管理资金，其实是在管理风险，而管理风险除了主动分仓和分时之外，被动止损也是其核心重点（尽管浮动止损已划入减仓的范畴）。关于止损，最好的比喻是“鳄鱼法则”。该法则提示：假如一只鳄鱼咬住了你的脚，如果你试图用手去解脱你的脚，鳄鱼便会同时咬住你的脚与手，你越挣扎，被咬住的地方就越多。所以，万一鳄鱼咬住你的脚，最好的办法就是牺牲一只脚。按此逻辑，股市里的止损法则就是：一旦股价趋势开始反向，必须立刻按照原定止损计划卖出股票，不得抱任何侥幸心理，更不能延误时间，否则，你可能马上就会被市场一段段地吞没。

但是，对于经常止损的交易者而言，多数似乎对小亏损不甚在意，认为亏损百分之几很正常，也可以承受。于是在不经意的情况下，其资金规模越来越小，直至扳本越来越难。表6以10万元的交易本金为例，看看亏损后的扳本代价有多大。

表6　亏损后的扳本代价

亏损百分比	剩余本金/万元	需要追回的本金/万元	需要获利的比例
10%	9	1	11%
20%	8	2	25%
30%	7	3	42.9%
40%	6	4	66.7%
50%	5	5	100%
60%	4	6	150%
70%	3	7	233%
80%	2	8	400%
90%	1	9	900%
95%	0.5	9.5	1900%

通过上面的分析可以看到，扳本所需获利的比例会随着亏损的增加而变得越来越大，当交易者的资金亏损比例达到30%的时候（还没有包括交易的成本），要扳回败局就已经是困难重重了。

5. 止损的重要性。

进入股市后，一方面，我们要应对永远无法确定的市场风险，包括国外经济及金融局势的恶化，国内宏观经济及货币政策的重大调整，地震、洪水、暴雪等自然灾害，上市公司突发性的利空消息，庄家资金链断裂或操盘手被抓，市场群体心理出现巨变等风险；另一方面，我们还要为自己的片面识别能力、错误性预测、情绪化交易、非常规化操作、不稳定的交易水平等买单。可见，我们每一次的交易其实都是不确定的交易，面对无数次不确定的交易，如果没有一套合理的止损准备，就意味着没有一副盔甲保护自己免于“意外死亡”。从另一个角度来说，止损就等于新生，只有放开那只紧抓亏损的手，才有机会把握新的行情。市场永远是涨和跌的循环，永远会给我们提供反败为胜的机会，但前提是必须还有运作的资本。

无论是证券市场、期货市场还是外汇市场，资金管理都是交易过程中的重中之重，而止损又是资金管理的灵魂所在，唯有落实交易策略并严守止损规则，我们才能在资本市场中长久生存。俗话说，“留得青山在，不怕没柴烧”，股票市场上每天都有获利机会，我们不必留恋那些连主力都不眷恋的股票，更没有理由长期保留亏损股，把股票交易当作储蓄行为。如果你手握的亏损股将来会出现反弹机会，那么同期市场往往会有更多的股票出现反弹机会，而且在主流资金的推动中，这些个股的获利能力常常比你所持的亏损股要强很多。

止损是职业交易者的常规动作，但止损又往往是一把难用的“钝刀”，它将一点一点地割去交易者的资金，使交易者难以接受连续亏损的现实，因而容易回到持股期盼的状态。所以，对于立志成为职业交易者的投资者而言，合理运用止损是其必须具备的交易能力。每一个职业交易者在进场之前，都必须进行风险评估，以知道自己在这笔交易中所愿意承受的最大亏损程度。预先知道你能接受的亏损幅度，并坚决执行已有的止损计划，是止损的根本要义。

6. 如何止损。

我们之所以不愿意止损，一个是观念上的问题，一个是习惯上的问题，再一个是技术上的问题。下面，就来谈谈止损的技术方法。止损一般可分为主动止损和被动止损，前者是在买入股票时就预先计划好了止损点，后者则是当股票下跌后才开始考虑止损的部位。尽管可能都是在同一个点位止损离场，但前者属于理性交易，难以出现意外的损失，而后者则属于感性交易，难以获得令人满意的止损点，因而容易出现较大的亏损。

止损的方法通常有固定金额止损法、固定比例止损法、技术形态止损法、时间周期止损法、基本面止损法。用得最多的往往是固定比例止损法，但该方法必须根据我们的交易风格和个股股性来使用。比如，做短线交易的，其止损比例可以定为3%~5%，因为这种交易只追逐强势趋势，允许行情折返的余地很小；做中线交易的，其止损比例可以定为10%~15%，允许行情有较大的折返余地，以避免在个股调整之时被动出局；做长线交易的，其止损比例可以定为20%~50%，允许行情折返的空间更大，其锁定的是公司的长期价值而非短期的市场价格波动。前面讲述的K线交易法和均线交易法是在固定比例止损法中融合了技术形态止损法，既控制了单笔最大的风险承受能力，又考虑到了市场大众的心理及情绪波动，应该说是较为实用的一种止损方法。

在具体设置止损的时候，有一些技巧需要掌握。比如，要确定当时大盘的趋势状况，若当时大盘有明显可见的上升趋势或下降趋势，则止损的幅度应该适当放宽或收窄；若当时的大盘趋势不明或处于震荡期，则止损的幅度应该适中。止损时还应考虑个股的波动性，这是一个个性化的因素，因而也是最适合市场状况的应对方式。此外，止损点可以随着股票价格的上涨而提升，但往往不可向下移动，当止损的部位到达时应立刻止损；而当股价高得难以巩固时，或可设置一个针对当日的新止损点，以保证在获得高收益的情况下顺利出局。最后切记，止损不可能每次都正确，但从长期的结果来看，止损一定是正确的，无论是K线交易法还是均线交易法，均已做出了证明。

7. 如何止盈。

止盈就是放弃风险日益增高的盈利机会，转而收获已有的获利成果的行为。其本意是防止到手的盈利变成损失，因而宁可放弃高风险的继续获利机会。但这和“有利就落袋为安”的做法是有本质区别的，因其放弃的是高风险部分的盈利机会，而且是有技术依据和理性原则的放弃，并非放弃一切的上涨机会，更不是凭想象做自我了断。如果说止损是对恐惧和侥幸心理的应战，那么止盈就是对贪婪和期盼心理的应战，这需要我们具有前瞻性的眼光和大度的胸襟，敢于舍弃后续的小利润，勇于收获眼前的胜利果实。

很多交易者对止损看得很重，但对于止盈则没什么概念，因为交易实战中有一条法则：看住你的亏损，让你的盈利奔跑。但是，树是长不到天上去的，再沉甸甸的稻谷也要收割后才有价值，股票的买卖是有风险的，夜长梦多的现象比比皆是，只有离场才意味着风险的终结。若是在熊市里不讲止盈，每次都是以浮动止损来离场，那么每次交易就更难以盈利了。比如，在K线交易法中曾硬性规定：进场需要股价至少涨7%以上，而离场也需要股价至少跌7%以上，这就意味着个股即使反弹了15%~20%，最终也是无利可图。所以在熊市博反弹的时候，我们是需要事先给出一个目标止盈价位的。K线交易法和均线交易法之所以没有提出这一点，是因为这是一个很个性化的方案，无法定性并测试结果。

严格来说，止盈其实也是一种止损，只是它更贴近股价的阶段性高点。因为我们一般很难在股价阶段性的最高点卖出，往往都是在股价大幅上涨之后的某日，当股价无法再创新高或遇到新的阻力位而开始回落时，才会卖出股票；此时，股价已在达到阶段性高点之后开始回落，相对于最高价而言，浮盈已经开始缩水，所以此时的止盈其实是止损。到关键时刻止损而保持盈利，即是止盈的核心要义。理解了这一点之后，我们就应该知道，对于小资金而言，止盈往往是被动性的滞后动作，都是价格开始下滑后才采取的浮动止损措施；而对于大资金而言，止盈才是主动性的提前行为，因为交易者需要考虑提前出场，否则赶在行情最高峰时，在散户和主力的出货夹击下，就很难顺利脱身了。交易者可能将股票在该段行情的最高点卖出，也可能在交易者卖出股票之后股价依然持续高涨，但止盈的交易者仍然出色地完成了盈利目标，使资金获得了自由。

第二节　彭石资金管理法的策略

一、牛市资金加减仓策略

参考大盘走势，若均线呈多头排列状态且均高于250日均线，且涨幅为

10%~15%（与行情启动附近的最低价相比），则持仓资金由10%提升至20%（或直接新增至20%），因此时的获胜率开始加大，且一旦牛市启动后，盈亏比也会加大；若均线呈多头排列状态且均高于250日均线，且涨幅为15%~25%，则持仓资金由20%提升至40%；若均线呈多头排列状态且均高于250日均线，且涨幅为25%~35%，则持仓资金由40%提升至60%；若均线呈多头排列状态且均高于250日均线，且涨幅为35%~45%，则持仓资金可由60%可提升至90%；若均线呈多头排列状态且均高于250日均线，且涨幅为45%~55%，则持仓资金可由90%融资提升至120%；若涨幅为55%~65%，则持仓资金可由120%融资提升至150%；若涨幅为65%~75%，则持仓资金可由150%融资提升至180%。因牛市时，大盘至少要涨1倍，而个股往往能涨2倍，且券商正常融资比例往往为1∶1，所以如此规划还是比较合理的，尽管有些激进（对杠杆比较忌讳的则无须增加杠杆资金，且应适当降低资金投放速度）。

若大盘涨幅超过1倍，无杠杆的资金可按兵不动，但有杠杆的资金则要开始降杠杆，即开始动用止盈策略。比如，当大盘涨幅超过1倍时，股市占用资金应从180%降到140%（若大盘连涨近1倍而中途没有做过1~3个月的调整，则资金应从180%直接降到100%，因为后面继续上涨的可能性比较小）；当大盘涨幅超过1.5倍时，股市占用资金应从140%降到100%；在高风险区域撤掉杠杆之后，剩余资金则按照既定的交易规则离场（在2015年6~7月的大跌中，很多中产阶级之所以遭受覆灭之灾，就是因为在高位仍带杠杆地坚持所谓的长线投资策略。长线投资或许没有错，但带杠杆的长线投资且多数还能成功的则闻所未闻）。没有杠杆的资金，则可以任由趋势上涨，最后凭既定的规则离场，譬如凭彭石K线交易法或均线交易法中的规则离场。

当大盘指数从涨幅超过1倍之后又跌穿60日均线且在一周之内都无法回到60日均线之上时，则几乎可以确定熊市即将来临。覆巢之下无完卵，此时所有的股市占用资金都要降到10%~50%，甚至全部清仓后1年之内都不要再入场。

二、熊市资金盈利策略

在彭石均线交易法的讲解结束时，曾说即使单用资金管理方法也可获得一门交易技术，且该技术从逻辑上来说会更靠谱，尤其在熊市之中。大家知道，在熊市获利是比较困难的，因为行情大概率向下，而A股只能靠买涨而获利，这显然就只有靠小概率来获利了。但熊市中的反弹行情屈指可数，即使行情出现了反弹，幅度也往往不高，若是用追涨杀跌的K线交易法，往往难以尽如人意。但是，若不在对行情的捕捉上做文章，而是从资金管理上想办法，就能破解单靠捕捉行情而难以稳定获利的不足之处。大家都知道，赌局若有足够的资本，且每次下注的资金均是前面亏损之和，则无论前面亏过多少，只要有一次获胜即可扳回本金，且只要有一段时间的运气，就可以获得正收益。该方法在赌局中往往还有一些风险，因为有时连续亏损的次数远远超过预期，但是在股市中就不一样了，因为股市下跌最多只有90%而不是无数次为0。

根据常理，个股刚进入熊市时，若连跌30%，则反弹概率从很小转到50%，但因为反弹幅度往往不高，导致盈亏比不高，所以配合凯利公式，只可投入20%的资金，亏损10%或盈利20%即离场；假设本次交易失败，则个股继续跌到40%，反弹概率会增加到55%，而反弹幅度会更高，从而致使盈亏比更高，此时可投入40%的资金，亏损10%或盈利30%即离场；假设本次交易又失败，则个股继续跌到50%，反弹概率会增加到60%，而反弹幅度和盈亏比会更高，此时可投入60%的资金，亏损10%或盈利40%即离场；假设本次交易继续失败，则个股继续跌到60%，反弹概率会增加到65%，而反弹幅度和盈亏比会更高，此时可投入100%的资金，亏损10%或盈利50%即离场（如股价从10元跌到了4元，则只要回到原来跌幅1/3的位置，即6元附近，就是反弹了50%）……假设此次交易终于成功，则之前总资金已亏损12%，但盈利却有45%（因为曾经亏损过，所以最后一次的投入资金大约为初始资金的90%），即净利润为33%。即使本次交易还是失败，总资金也不过亏损22%。

如果我们中途从不止损，而是像其他大资金一样，总是越跌越买，那么当个股反弹50%时，或许我们的资金还处于保本状态，若是侥幸不离场，后面即会面临漫长的套牢煎熬，使资金使用率非常低；如果我们没有上述策略，总是满仓交易或总是以某一等份资金交易，若是连错4次，则即使最后一次在个股反弹50%时离场，也只能使资金处于亏损或保本状态，由此可见上述交易策略的成功之处。

三、盈利前后的风险控制

风险管理是一个系统，涉及如何分散投入股票、如何分散投入时间、如何加仓、如何离场、如何止损等问题。这当中，既要顾及总的可亏损额度，预料到未来问题的极端状况，同时还要考虑到未盈利前及盈利后的风险控制问题，其重要性和复杂程度并不逊于交易方法。

表7的内容大致论述了对于加杠杆的资金如何进行风险管理的方法。

表7　加杠杆资金的风险管理法

<table>
<tr><th></th><th>未盈利前如何控制风险</th><th>盈利后如何控制风险</th></tr>
<tr><td rowspan="5">100万元本金</td><td>1. 假设100万元本金可亏20%，券商融资杠杆为1倍</td><td>1. 收益每增加10万元，则可用资金增加到20万元</td></tr>
<tr><td>2. 一开始只用2/10的资金入场（即只用20万元资金）</td><td rowspan="2">2. 按照上条的规定及推测，当100万元的本金分别增加到110万元、120万元、130万元、140万元、150万元、160万元时，可动用的资金应分别为40万元、60万元、80万元、100万元、120万元、140万元、160万元，即当盈利大于本金60%时，所有本金及盈利才全部投入股市，此后再去考虑融资的问题</td></tr>
<tr><td>3. 为防范风险且把握更多机会，将20万元资金再5等分，分至2~5只股票上</td></tr>
<tr><td>4. 每等份资金入场后的止损为开仓价的−10%，即每只股票可亏4000元，保留50只股票的入场机会</td><td>3. 当资金达到160万元时，可向证券公司融资160万元，且每盈利10万元就增加30万元可用资金。当320万元资金分别增加到330万元、340万元、350万元、360万元、370万元、380万元、390万元、400万元时，可用资金应分别为190万元、220万元、250万元、280万元、310万元、340万元、370万元、400万元，至此，全部本金、融资资金、所有盈利均已用完</td></tr>
<tr><td>5. 若买入后未有浮盈且遇大假，则只可留50%的仓位承担风险</td><td>4. 即使400万元资金入场后遇到全部股票行情回撤20%的极端状况，也最多只亏损80万元的浮盈，仍剩余160万元自有资金</td></tr>
</table>